教育部哲学社会科学系列发展报告
MOE Serial Reports on Developments in Humanities and Social Sciences

2012中国能源发展报告

2012 China Energy Outlook

主　编　林伯强

北京大学出版社
PEKING UNIVERSITY PRESS

图书在版编目(CIP)数据

2012中国能源发展报告/林伯强主编.—北京:北京大学出版社,2012.11
ISBN 978-7-301-21548-7

Ⅰ. ①2… Ⅱ. ①林… Ⅲ. ①能源发展-研究报告-中国-2012 Ⅳ. ①F426.2

中国版本图书馆CIP数据核字(2012)第270377号

书　　名:2012中国能源发展报告
著作责任者:林伯强　主编
责 任 编 辑:仙　妍
标 准 书 号:ISBN 978-7-301-21548-7/F·3396
出 版 发 行:北京大学出版社
地　　址:北京市海淀区成府路205号　100871
网　　址:http://www.pup.cn
电 子 信 箱:em@pup.cn　　QQ:552063295
新 浪 微 博:@北京大学出版社　@北京大学出版社经管图书
电　　话:邮购部62752015　发行部62750672　编辑部62752926　出版部62754962
印 刷 者:北京鑫海金澳胶印有限公司
经 销 者:新华书店
730毫米×980毫米　16开本　32.25印张　596千字
2012年11月第1版　2012年11月第1次印刷
定　　价:79.00元

该报告由厦门大学中国能源经济研究中心和闽江学院新华都商学院能源经济与低碳发展研究院合作出版

前　言

能源价格改革我们每年都说，但是，进程缓慢是一个现实。我们可以理解为什么能源价格改革缓慢，因为每次改革，政府都必须充分考虑所有的经济、社会、政治风险，才会确定改革时机和改革幅度。但是，我国目前能源领域的矛盾基本上集中在能源价格上，能源价格改革缺位已经在影响社会和谐、经济运行、宏观决策、节能减排、能源行业发展的可持续性、整个经济发展的可持续性等，这种现状需要改变，因此，我们将《2012 中国能源发展报告》的内容焦点放在能源价格改革上。

能源政府定价存在许多问题。首先，只要政府定价，就常会被理解为政府在涨价而不是市场涨价，因此涨价是政府不愿意做的事，导致能源价格长期低于供应成本；其次，政府常常很难向公众解释这种状况，能源紧缺时价格要涨，能源过剩时价格也要涨。因此，定价机制很重要，没有明确的定价机制，价格的风险预期就不明确，能源企业就必须博弈，甚至与政府博弈、与消费者博弈。因此，为了不让价格博弈影响经济运行和社会稳定，政府需要通过改革建立合理透明的价格机制，并且尊重价格机制。透明合理的能源价格机制的关键点是透明的定价机制、透明的能源企业成本，以及公平有效的能源价格补贴。

能源价格改革可以理顺能源产业链，保障能源供应。比如说，发电产业链，包括煤炭、发电、电网三个环节。每个环节都需要关注到，需要理顺，有的环节赚钱，有的不赚钱，结果就可能是能源短缺。在一个能源产业链中，如果某个环节实行计划价格，某个环节实行市场价格，理论上是行不通的，现实中也是不可持续的。经验告诉我们，三个环节必须兼顾，必须有一个价格机制把产业链连起来。

能源价格改革有利于消费者参与和社会和谐。我国仍处于一个经济转型发展时期，能源企业基本是国企，涉及垄断（电网）、能源价格改革和提价，有时是必须的，甚至还可能是为了提高能源效率，为了使今后能有较低的能源价格。但是，缺乏价格机制的政府定价，对于公众来说，是一笔糊涂账。目前的每次改革和提价都演变为供需双方的“博弈”、各方力量的对比，公众的质疑使社会和谐受到很大的影响。透明合理的价格机制，可以让公众理解合理的价格和补贴，当然，这需要以相对透明的企业成本为前提。

能源价格改革可以鼓励国外资本和民营资本参与能源投资。在目前国企一家独大和价格由政府控制的情况下，投资放开还不足以吸引外资和民营进入。例如，电力发电侧已经对外资和民营开放了二十多年，我们没有看见外资和民营的大量进入，看到的反而是外资变现退出。目前能源行业国企一家独大，越做越大。除了扩大资金来源的需要，要提高行业效率，也必须要有民营企业和外资的参与，它们的进入会为能源行业设定一个经营底线和必要的财务纪律性。

能源价格改革可以减少能源成本。缺乏价格机制的市场扭曲将带来更大的浪费和成本，导致今后更高的能源价格。首先，近期的电荒说明，发电产业链的煤电矛盾会导致缺电。能源过剩与短缺都会给经济带来损失，但是短缺的成本远大于过剩的成本。比如说，电力短缺的限电有很大的经济成本，而在发电装机不缺的情况下限电，成本更大。其次，如果发电企业走到了需要"集体突围"寻找其他发展来盈利的地步，那么，我们面临的可能是今后更大的行业矛盾和成本。再次，"计划煤"和"市场煤"的差价导致不稳定的电煤契约，难以保证稳定的供应。我国煤炭运输主要靠计划安排，没有煤炭合同，就很难安排运力。只要有差价，就一定有中介，也会产生相应的交易成本。

能源价格改革有利于能源监管。能源特性决定了政府不会远离能源。但是，政府应该尽量选择市场的办法接近市场。价格机制可以同时设计补贴和税收，这都是相对市场化的做法。具体地说，政府对能源价格的监管有两个重要方面：一是对能源企业进行严格的成本和价格监管；二是如果政府认为有必要维持相对稳定的能源水平，可以运用直接补贴，完善补贴机制的设计很重要。大多能源企业都属国有，政府可以在相对市场化的税收和补贴上做文章。除了稳定透明的价格机制，还可以运用补贴的方法去补贴消费者，这在市场化的发达国家也是常有的。

能源价格改革可以避免煤炭重回"计划"。电力消费了中国近50%的煤炭，只要电价受控，煤炭就无法完全市场化。缺乏一个理顺发电产业链的价格机制，如果电价无法上涨，而煤价持续上涨，煤炭的相对市场化地位终将受到挑战，也就是说，如果政府选择管制电价，可能需要考虑同时管制煤价。也可以问，既然可以管制电价，为什么不能管制煤价？

能源价格改革有利于市场化改革。如果确立某一价格机制，比如说，煤电联动，从开始时由政府按照机制决定联动，逐渐过渡为由电力企业自主联动；从政府设定联动范围的企业自主联动，到由电力企业根据市场供需自主调价，政府价格监管；基本上就是一个价格市场化过程。发达国家在能源价格调整机制的很多方面也是这么做的，如燃料调整机制。能源改革的关键是建立一个合理透明的定价机制。如何定价，都离不开加强企业财政廉洁方面的改善和能源效率的提高。

至少从表面上看，这就是我们常说的渐进性改革，符合中国的基本改革策略。但是，渐进性改革应该可以分成两种：一种是主动的渐进性，一种是被动的渐进性。主动的渐进性改革应该是有步骤、有计划、有目标的渐进改革。主动的渐进性改革除了目标明确，还有时间要求，一旦确定改革，就坚定不移地推行。

但是，我国能源价格的改革，大多还是属于被动的渐进性改革，因为都是出现问题才去改，或者矛盾积累过多，或者已经到不改革不行的时候。即使改革，常常是幅度尽量小，或者比预期小。我们可以理解为什么能源价格改革缓慢，常常沦为被动的渐进性改革。因为每次改革，政府都必须充分考虑所有的经济、社会、政治风险，才会确定改革和改革幅度。但是，被动的渐进性改革是有成本的。

首先，被动的渐进性能源价格改革的成本比较大。能源既是生产资料，也是生活资料，现代社会中，它基本上与所有的经济活动和居民生活直接相关，具有重要性、复杂性和敏感性，改革过程中存在和面临的社会经济问题很多。现实中，我们的能源价格改革常常会因为各种社会经济问题而淡化或搁浅。能源价格成为政府宏观政策工具的另一个风险，就使改革因此丧失一些重要机会，扭曲必然增加成本，主要是增加可持续发展的成本。因为，如果没有可行的能源替代，无法反映稀缺和环境成本的能源价格政策，将导致能源无效或低效使用，这意味着将来更高的能源价格、更多的排放，以及更大的环境成本。

其次，被动的能源渐进性改革的成本还引申出代际问题。能源不可再生的稀缺性和其环境外部性决定了能源的代际问题非常值得关注和讨论。由于能源的不可再生性导致能源成本将持续上涨，目前的低能源成本的选择应该是一个代际的推移。比如说，由于能源企业基本国有，我们的确可以通过能源企业亏损来压低能源成本，但是，国企的亏损最终需要政府（公众）埋单。也就是说，能源成本不可避免，可以选择的是：是现在，还是以后埋单。在应对环境问题上，基本上也是这个道理。因此，能源的代际问题是，下代人的幸福程度往往建立在这代人是否愿意对能源环境成本负责任的基础上。从经济学的角度，一个可能的解释是能源稀缺和环境问题都具有外部性，除非政府有为，现代人没有主动承担外部成本的动力。

没有透明定价机制的能源行业，除了会带来投资和运行的不确定性，还会影响能源行业的可持续发展，保障能源供应，从而增加能源成本。合理透明的能源价格机制不仅是为了缓解能源企业的财务负担和解决能源产业链矛盾，更重要的是为能源投资提供一个相对确定的商业环境，即为能源投资尤其是民营和外企的能源投资提供可以预期的财务保障。可以说，能源价格（如电价）已经到了改革的关键时期，需要改革的方面比较多，而且需要配套进行。无论改革与否，能源价格会逐步上涨，透明的定价机制是赢得消费者理解的关键，是为消费者参与定价留有一席之地的表现。

在经济转型的过程中，由于整个市场化改革配套的缺位，我国的确很难进行一次性的、整体性的能源价格改革。但是，对于一些比较重要的价格改革，应该需要有目标、有计划地推进。就是说，在确定一个方面的改革之后，就应该坚定不移，不受其他因素的影响，如果举棋不定，拖泥带水，改革就谈不上有步骤、有计划了，就会沦为解决矛盾式的被动渐进性改革。

改革过程中，常常会出现突发事件或宏观问题，但是不能让它们影响改革，因为它们会经常性地存在。比如说，目前的通货膨胀水平不应当阻挡阶梯电价出台，因为阶梯电价对通货膨胀水平影响很小。主动的渐进性改革，就是除了特别重大威胁，政府都应该到位地把准备成熟的改革推出去。如果说由于目前的通货膨胀等问题，把本应该上一年推出的价格改革，延迟到下一年、下两年，这就不是渐进性改革，而是被动式改革。

政府在能源价格改革方面常常说明“择机”改革，“择机”就意味着“不确定”，等待改革时机是相对的。的确，改革的时机很重要，可以影响改革效果和接受程度，但是，除了改革时机本身的争议性，等待改革时机也是个很不确定的事件。对于能源价格改革来说，最好的时机是能源价格低廉的时候，现在看来，这个时候可能非常难等到，也很可能等不到了。

与《2011中国能源发展报告》一致，本书开篇对2020年中国能源需求趋势进行展望，并对一次能源结构进行预测，进而测算了与能源相关的二氧化碳排放量、能源强度与碳强度，结论表明经济增速适度放缓对减缓能源需求过快上涨具有积极的影响，完成“十二五”节能减排约束性目标以及2020年碳强度目标需要积极节能并进一步优化能源结构。同时，开篇还对电力需求量及电力结构进行了预测。除了对全国的能源需求展望，继《2011中国能源发展报告》选择的十个地区，本年度报告还将针对全国另外十个代表性地区，即北京、黑龙江、河北、陕西、上海、湖北、江西、甘肃、云南和广西进行了能源需求趋势的分析和预测。

第二章总括性地介绍了能源市场化改革的必要性。作为能源安全的一个重要环节，能源市场化改革不仅关系到能源资源的合理利用和能源产业的健康发展，而且还关系一个国家社会经济发展的长期稳定和可持续性。同时，本章还重点分析了能源市场化改革的内涵，包括放松管制、取消不合理的能源补贴、实现能源供应多元化、推动节能减排以及促进能源金融发展。

第三章至第六章分别针对石油、天然气、煤炭以及电力价格市场化改革，详细介绍了国际能源市场的形成及其运行机制，以及国际格局的形成和交易体系的构建等。同时，各章还重点介绍了全球各国能源价格市场化的改革历程与基本经验。我们将各国的能源市场分为四种类型，一是以美国为代表的资源丰富、经济发达的国家；二是以俄罗斯为代表的资源丰富的转型中国家；三是以日本、韩国等为代表的资源贫乏，但经济发达的国家；四是以印度为代表的资源贫乏的发展中国家。不同类型的国家，其能源价格市场化改革的路径也不一样，取得的经验和成绩也不尽相同，非常值得我们借鉴与参考。但是有一点必须指出的是，能源价格市场化改革必须符合发展的规律，应该立足于本国自身的国情和国际政治经济环境，有步骤、有目标地不断推进。能源价格市场化改革很难一蹴而就，它需要与许多其他综合配套的政策来共同完成。

此外，本书还在附录部分分列了五十条2011年中国能源发展的重要事件，并提供了大量我国能源发展领域的相关数据，供有兴趣的读者特别是能源领域的科研人员进行查询阅读。本报告力求全面、深刻地反映中国能源发展问题，希望为能源经济学者、工作在能源领域第一线的实践者、社会各界对能源问题与政策感兴趣的广大读者，特别是为能源政策当局提供准确、及时的能源发展信息，更好地认清能源发展现状。

“中国能源发展报告”系列获得2010年教育部哲学社会科学研究(发展)报告资助。该项目的申请和成功得到了厦门大学社科处的大力协助。教育部哲学社会科学研究(发展)报告资助项目申报工作从2010年6月份开始，经过组织专家严格评审，一共有来自北京大学、中国人民大学等国内10所高校13个项目最终入选。教育部哲学社会科学研究报告资助项目是教育部为鼓励高等学校组建研究团队，围绕特定领域或问题开展长期跟踪研究，及时向党和各级政府，以及重要行业与领域提供决策咨询和信息服务，以进一步扩大哲学社会科学研究成果的社会效益而设立的，三年为一个资助评估周期。

“中国能源发展报告”系列原来是每两年一期。从2006年开始，已经由清华大学出版社等出版发行了《2006中国能源发展报告》、《2008中国能源发展报告》、《2010中国能源发展报告》和《2011中国能源发展报告》。2010年起，“中国能源发展报告”将更改为突出专题的年度报告。该系列报告全面涉及能源、环境、气候等热门话题，目的是为广大公众传播能源经济和环境知识，为学术研究人员提供比较详细的数据和前沿的理念，还为能源环境决策者制定能源环境经济政策提供依据和理性参考。“中国能源发展报告”系列报告是厦门大学中国能源经济研究中心的旗舰报告，凝结了中心历年来以多种形式取得的研究成果，目前在业界和学界都享有很高的声誉。

本书还受到新华都商学院的资助，以及新华都能源经济与低碳发展研究院在数据采集、分析处理和模型建立等方面的大力支持。

本书是团队合作的结果，能源中心的黄光晓、孙传旺、孔庆宝、刘霞、张国梁、毛东昕、邹楚沅、杨莉莎、王晓蕾、龙厚印、李江龙、谢璇、刘泓汛、邓思齐、冯霞、吴边好、洪东升、胡明明、张燕江、欧鹏等博士研究生、硕士研究生参与了编写。特别感谢孙传旺、黄光晓所做的大量组织和协调工作。北京大学出版社的赵学秀编辑和仙妍编辑对本书的出版做了大量细致的工作，深表感谢。厦门大学中国能源经济研究中心的所有教师、科研人员、行政人员、研究生为本书编写提供了诸多帮助。我们深知所做努力总是不够，不足之处，望读者指正。

林伯强

2012 年 8 月于厦门

目　录

第一章
中国能源需求趋势展望

本章对2020年中国的能源需求趋势进行预测，具体包括对中国一次能源需求、中国一次能源消费结构、中国能源强度、中国二氧化碳排放量、中国碳强度、中国电力需求和中国电力消费结构等方面的预测。报告考虑了经济增长率、产业结构、能源价格、城市化水平等因素，运用协整模型，同时在不同经济增长情形假设下，预测了中国的能源需求。基于马尔科夫分析法，分有无目标约束的两种政策情形，分析和预测了中国一次能源消费结构和电力消费结构。继《2011中国能源发展报告》选择的十个地区，本年度报告还将针对全国另外十个代表性地区，即北京、黑龙江、河北、陕西、上海、湖北、江西、甘肃、云南、广西，进行能源需求趋势的分析和预测。

第一节　全国篇

一、各变量的情景设置

《国民经济和社会发展第十二个五年规划纲要》提出未来中国经济社会发展目标与保障经济运行的政策方向，将通过加快转变经济发展方式，加强并改善宏观调控，统筹兼顾，改革创新，着力解决经济社会发展中不平衡、不协调、不可持续的问题。相比“十一五”规划，经济增长预期指标由年均增长7.5%下调至7%。从近期的宏观经济运行情况来看，经济增长已经开始由一味追求高速增长向重质量调结构的方式转变。预计未来中国未来经济增长率将保持在一个更加合理和温和的范围。中国社会科学研究院张延群的《中国经济中长期增长潜力分析与预测:2008—2020》中的计量模型结果显示，2011—2015年，中国国内生产总值(GDP)年均增长率将保持在8.3%，2016—2020年在6.7%左右。结合近几年GDP的增长速度，以及未来宏观经济运行的趋势，我们对GDP的年均增长率设定分高速、中速和低速三种情景(见表1-1)。重工业在GDP中比例的设定是根据国务院发展研究中心课题组对2005—2020年中国经济发展前景的分析进行的。2010年，城镇人口占全社会总人口比例为49.95%，2020年的城市化水平采用国家统计局的预测结果，即2020年城镇人口比重为60%。能源效率指标采用单位工业能源产生的工业增加值表示，根据历史变化设定。表1-2即是对2011—2020年城市化率、产业结构、能源效率三个变量变化的预测值。能源价格受经济、社会、政治、天气等很多不可预期因素的影响，同时中国能源价格还受到政府的管制，可预测性较差。而且在模型中，价格的影响不显著，因此，暂不考虑价格。

表1-1　全国经济增长率情形设定　　单位:%

年份	高速	中速	低速
2011—2015	8.5	7.5	6.5
2016—2020	7.5	6.5	5.5

表1-2 全国经济增长主要变量变化率的预测值 单位:%

变化率	城市化率	产业结构	能源效率
2011—2015	1.85	-0.22	2.80
2016—2020	1.85	-0.22	2.60

二、中国一次能源需求预测

2011年,中国的一次能源消费达到34.8亿吨标煤,按中速增长情形预测到2020年将增长到45.8亿吨左右(见图1-1)。基于当前经济增长放缓的事实以及对未来经济增长适度温和的判断,2020年一次能源需求比《2011中国能源发展报告》中的预测结果低了2.2亿吨,更接近于国际能源署(International Energy Agency,IEA)在《2010年全球能源展望》(World Energy Outlook 2010)设定的新情景下,中国2020年一次能源需求为45.13亿吨标煤的结果。根据图1-1可以看出,到2020年,中国一次能源需求仍将保持较高增长。不同的经济增长速度对能源需求的影响比较明显,经济高速增长情形下2020年的能源需求将达到49.3亿吨标煤。中国目前仍处于城市化工业化阶段,保持较高的GDP增速需要较多的能源支撑。

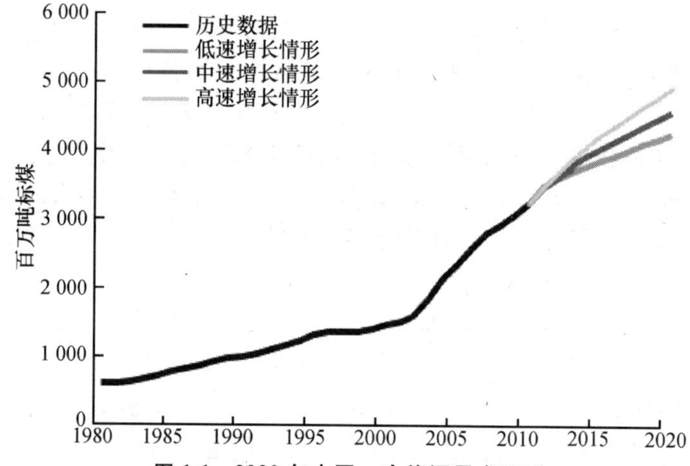

图1-1 2020年中国一次能源需求预测

三、中国一次能源消费结构的预测

以煤为主的资源禀赋和煤炭的相对价格优势决定了中国中长期仍将保持以煤为主的能源消费结构,但煤炭的碳排放系数最大,更多的煤炭消费会导致更多的二氧化碳排放。纵观其他发达国家的增长轨迹,除非遇到飞跃性能源技术革命或重大的能源危机,一国经济在其快速增长阶段实现跨度较大的能源结构调整的机会很小。能源结构与能源成本之间有较密切的联系,越清洁的能源往往越贵,而保障经济较快增长的目标决定了经济所能承受的能源成本必须稳定在一个较合理的范围，因此，调整能源结构将是个较长期的过程。

中国政府一直在政策上积极引导能源结构向多元化发展。虽然近年煤炭的比例有所下降，但中国一次能源消费结构并未出现显著的多元化发展。假设没有政策的积极引导，煤炭比重的上升将很难得到约束，中期内中国以煤为主的一次能源消费结构不会改变。而如果施加一定的政策引导和目标约束，通过淘汰产能、总量控制等政策手段，将在一定程度上引导煤炭的合理开发与利用，同时可再生能源在能源消费中的地位将会明显上升。但是，预测结果表明，即使在能源结构政策上给予支持，2020 年煤炭消费比例仍将保持在 63.9%（见图 1-2）。这一结果一方面说明现阶段大规模调整能源结构的难度较大，在 2020 年之前煤炭依然是最主要的一次能源；另一方面说明政府需要更合理的政策手段来解决可再生能源产业目前存在的问题，理顺产业链，增加研发与应用的投入。

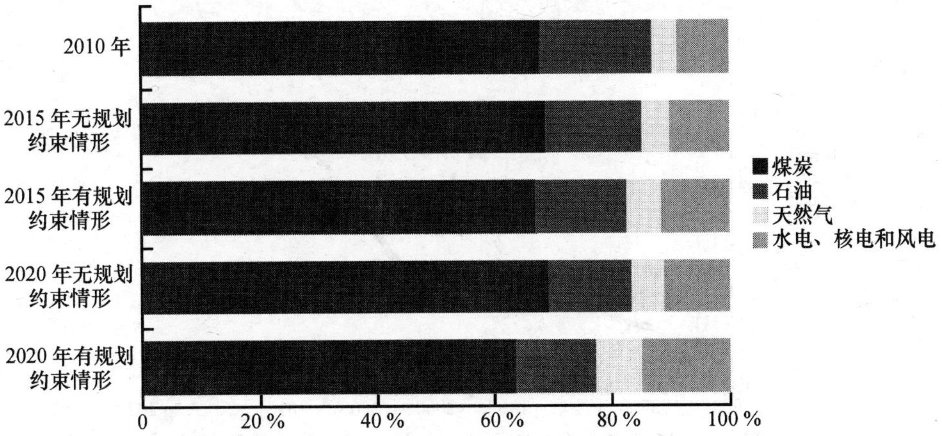

图 1-2　2020 年中国一次能源消费结构的预测

注：无能源规划目标的约束，即在自发状态下，根据历史数据预测的消费结构；有能源规划目标的约束，即根据《可再生能源中长期发展规划》以及“十二五”规划纲要，2020 年一次能源中核电、风电、水电等的比例合计大约在 16%，2015 年清洁能源目标为 11.4%。其中有个假定为，国家能源政策引导主要针对水电、核电、风电及其他可再生能源制定，可再生能源的份额增加由煤炭份额减少来补充，石油和天然气依然按照固有的转变趋势。

四、中国化石燃料二氧化碳排放量预测

在碳捕捉与储存（Carbon Capture and Storage，CCS）大规模得到应用之前，与能源相关的二氧化碳排放与一次能源结构和一次能源消费之间有很强的关系。一般来说，在一次能源消费不变的情况下，能源结构越清洁，二氧化碳排放量越小，而在一次能源结构不变的条件下，能源消费越多，二氧化碳排放量越大。图 1-3 是相对 2020 年中国化石燃料相关的二氧化碳排放量预测。预测结果表明：第

一，在有政策引导和目标约束的一次能源结构条件下，2020年经济增长中速情形的二氧化碳排放约为95.4亿吨。由于降低了对未来经济增长的预期，这一结论较《2011中国能源发展报告》中速情形的预测结果略低3亿吨左右。第二，高经济增长伴随着能源的高消费和高排放。高速情形的二氧化碳排放比低速情形增加约14亿吨。第三，即使配合能源结构调整，二氧化碳排放的增速有所减缓，但由于巨大的排放量基数，排放增长仍呈上升趋势。第四，二氧化碳排放总量上升符合经济增长的基本规律，在中国目前的发展阶段实现排放总量的下降的可能性非常小。第五，控制一次能源消费总量，优化一次能源消费结构，将是减少二氧化碳排放的最有效手段。总的来说，虽然中国不可能实现排放总量的下降，但仍可以通过制定和执行更为严格的政策，减缓二氧化碳排放的增长速度。

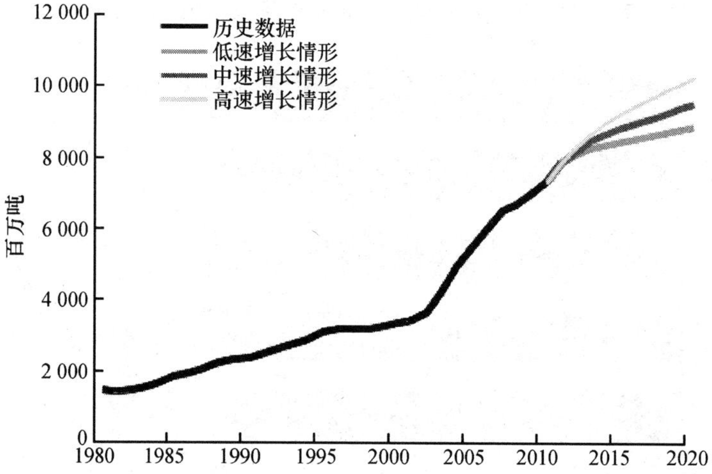

图1-3　2020年中国化石燃料相关的二氧化碳排放量预测

国际社会应该公平地看待中国二氧化碳排放的增加。经济发展的先后已经造成了能源分配和环境污染的不公平。从西方开始工业革命的1750年到1950年间的两个世纪里，发达国家化石燃料燃烧释放的二氧化碳占总排放的95%。从1950年到2000年一些发展中国家开始实现工业化的半个世纪里，发达国家的排放量仍占总排放量的77%。累计世界主要国家1965—2000年的二氧化碳排放量，中国仅占全球排放的9.5%，而美国、日本、德国分别占到26.5%、5.2%与5.2%。即使算上中国城市化与重工化特征最明显的10年，1965—2010年中国的排放也仅占到全球的12.7%，而美国占到25.0%。因此，如果说二氧化碳排放导致了全球变暖，那么全球气候变暖主要是发达国家的经济发展造成的。中国与发达国家处于不同的发展阶段，发达国家已经越过了二氧化碳增长的拐点，因此两者在同一时间的排放不具有可比性。事实上，中国政府一直都以积极的态度对待二氧化碳的减排。

五、中国电力需求预测

发达国家的经济发展历程表明，在工业化阶段，经济增长与电力需求增长大致保持1∶1的关系。在2020年之前，中国处于高速工业化城市化发展阶段的属性不会发生太大改变，这同时也是刚性的能源电力需求阶段，电力消费将继续保持较高的增速，这是不可避免的。图1-4中的三种情景说明经济增长越快，电力需求也增长越快。2011年，中国的电力消费量为4.69万亿千瓦时，预计到2020年，电力需求将达到7.5万亿千瓦时左右。

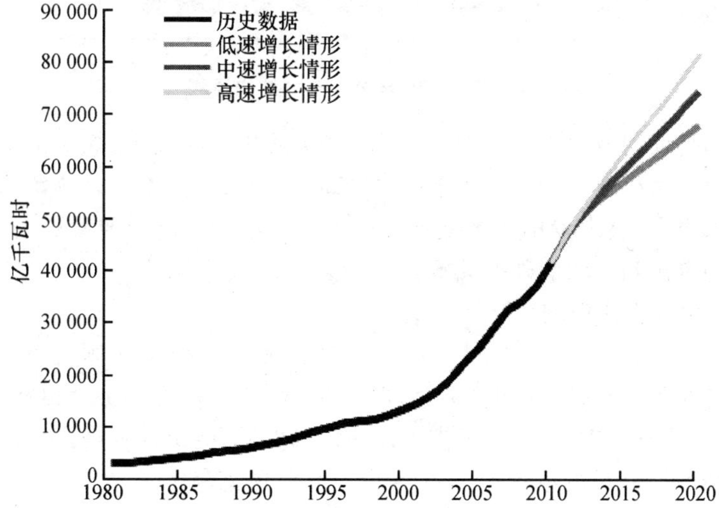

图1-4　2020年中国电力消费量预测

六、中国电力结构预测

以煤为主一次能源结构在一定程度上决定了火电为主的电力结构。图1-5是2020年中国电力结构预测结果。与一次能源消费结构相似，电力结构短期难以发生较大调整。在电力需求预测总量不变的前提下，有规划与无规划两种情景相比，火电比例将有所下降，而核电和其他可再生能源的比例明显上升。具体而言，由于水电资源主要集中在西南地区，而且经济可开发潜力很难有明显提高，因此水电比重的变化相对较小。对火电的替代主要依靠核电与风电的较大规模利用。尽管受日本福岛核事故的影响，核电开发过程将更加谨慎，但中国未来核电迅速发展的趋势不会明显改变。由于发电用煤占全部煤炭消费的一半左右，即使加快核电与可再生能源的发展，中国以火电为主的电力结构仍将持续相当长的一段时间。

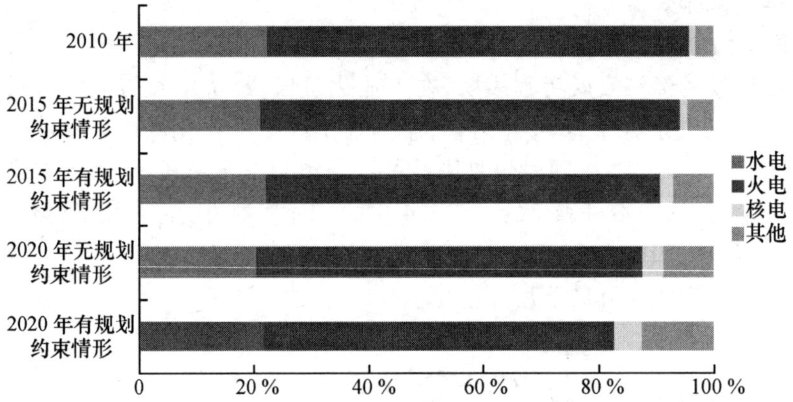

图1-5 2020年中国电力结构预测

从中国目前的发电资源条件看,不可再生的化石能源中,煤炭资源丰富。而核电与其他可再生能源的发电成本都比较高。因此,如果不考虑资源稀缺和环境影响的外部成本,火力发电成本最低。可再生能源的发展需要政府的支持,同时电价要体现资源和环境的外部成本。

七、中国能源强度的预测

能源强度反映的是能源效率的高低。图1-6是2020年中国能源强度预测结果。从较长时间来看,中国的能源强度整体呈逐渐下降的趋势。但在2002年之后,随着重工化与城市化加快,经济呈现外延式发展,能源强度在之后的几年出现反弹,在2005年达到相对高点。"十一五"期间,国家制定了针对能源强度的约束性指标,并将指标分解至各省、直辖市、自治区,各地积极推行节能减排政策,能源

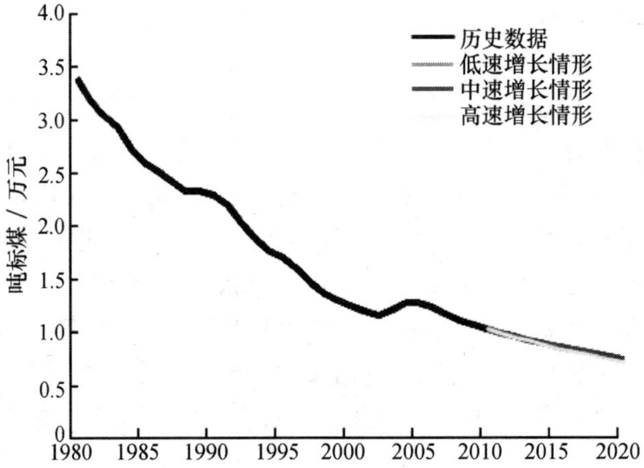

图1-6 2020年中国能源强度预测

强度开始下降。“十一五”末,中国基本实现了能源强度较2005年下降20%左右的目标。“十二五”规划继续对能源强度提出了约束目标,要求至2015年年末能源强度较2010年下降16%,并同时将指标分解至各地区。根据图1-6可以看出,在低中高三种经济增速下,能源强度的走势大体一致,都能基本实现“十二五”的目标,三种情形相差不大,但在经济水平较高情形下的能源强度稍小。要降低能源强度,关键的是降低重工业的比例,提高能源利用效率。

八、中国碳强度的预测

由于2020年之前中国一次能源结构较大规模调整的难度很大,中国的碳强度走势与能源强度基本一致。碳强度计算的是一国在一定时期内,单位GDP产生的二氧化碳排放量。相对于能源强度而言,碳强度还受能源结构的影响。由于中国的能源消费结构长期以煤为主,而且化石能源约占一次能源总消费的90%,二氧化碳主要由化石能源燃烧造成,所以在能源结构变化不大的条件下,碳强度和能源强度的趋势基本一致。“十二五”规划在能源强度目标的基础上,还加入了碳强度约束目标,即至2015年年末,碳强度较2010年下降17%。而在较早的2009年哥本哈根全球气候大会上,中国政府已经承诺到2020年单位GDP碳排放(碳强度)要在2005年的基础上下降40%—45%的目标。要实现该目标,关键是提高能源效率,并调整一次能源消费结构。图1-7是2020年中国碳强度排放预测结果,预测显示,2015年碳强度较2010年下降18%左右,而2020年较2005年碳强度下降43%—45%,基本可以完成政府提出的减排目标。

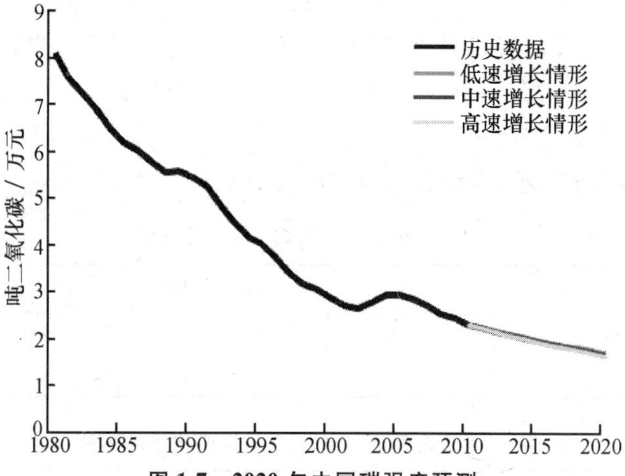

图1-7　2020年中国碳强度预测

第二节 北京篇

一、各变量的情景设置

北京市作为中国的首都,经济发展中各项指标均位居前列,据《北京市"十二五"规划》回顾:"十一五"时期,北京市地区生产总值年均增长 11.4%,总量达到 13 777.9 亿元,人均超过 1 万美元。经济发展高端化格局初步形成,中关村国家自主创新示范区加快建设,六大高端产业功能区初具规模,首都经济特征进一步显现,第三产业比重达到 75%。本报告假设未来北京市的经济发展仍保持较快增长的趋势,但由于金融危机后国际国内面临的经济形势,增速较历史有所回落。与全国情形划分类似,根据北京市未来不同的经济增长率,分为高速、中速、低速三种情形进行预测(见表 1-3)。表 1-4 是 2011—2020 年,对北京市经济增长主要变量变化率的预测值。按照《北京市"十二五"规划》要求,"十二五"期间,北京市地区生产总值年均增长应保持在 8% 左右,万元地区生产总值能耗降低 17%。同时根据《北京城市总体规划》,到 2020 年北京市城镇人口规模规划控制在 1 600 万人左右,占全市人口的比例为 90% 左右。2010 年,北京市第三产业在 GDP 中的比重已经占到了 75%。根据《北京市"十二五"规划》要求,到 2015 年北京市服务业占比需要达到 78% 以上。1985—2010 年北京市单位工业能耗产值增加了 287%,年均增加了 7.0%,其中在 2001—2009 年,北京市单位工业能耗产值增加了 7.2%。随着北京市全面建设"人文北京、科技北京、绿色北京"各项措施逐步落实,估计北京市单位工业能耗产值将按照年均 7% 的速度稳步持续提高。由于价格的决定涉及储量、政策、市场偏好、替代能源等多种因素,同时由于中国能源价格还没有完全市场化,价格的决定在一定程度上仍受到政府的调控,很难对其进行预测,因此,本节对价格水平暂不进行假设。

表 1-3 北京市经济增长率情形设定 单位:%

	高速	中速	低速
2011—2015	9.0	8.0	7.5
2016—2020	8.6	7.5	6.9

表 1-4 北京市经济增长主要变量变化率的预测值 单位:%

	城市化率	产业结构	能源效率
2011—2015	0.46	0.75	7.00
2016—2020	0.46	0.69	6.80

二、北京市一次能源需求预测

预测结果显示，在不同的经济增长情形下，到2020年北京市一次能源需求分别为0.87亿吨、0.94亿吨和1.01亿吨标煤（见图1-8）。中速情形下的年均增长率为3.43%，低于《北京市“十二五”时期能源发展建设规划》中提到的年均增长5.34%的引导性预期，也低于北京市2001—2010年5.68%的年均增长率。这是因为“十一五”以来北京市地区生产总值年均增长为11.4%，而在“十二五”规划中将增长目标降低为8%，向追求质量的增长思路转变，而经济增长的速度对能源需求有着显著的影响，较高的GDP增速需要更多的能源需求作为支撑，因此在能源效率提升得以持续的前提下，实现在《北京市“十二五”时期能源发展建设规划》中确立的2015年全市能源消费总量控制在9 000万吨标煤左右的目标还是较有把握的。

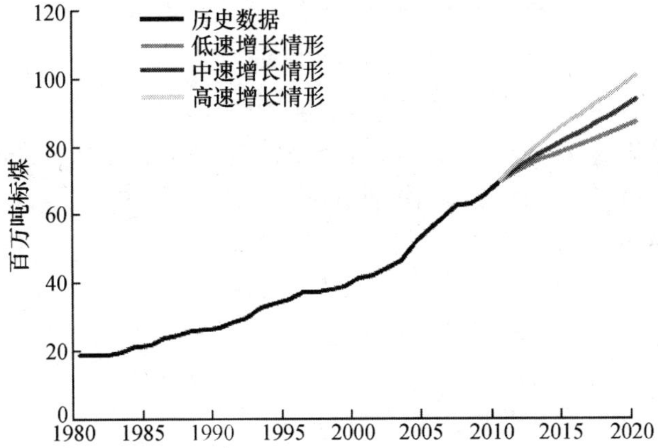

图1-8　2020年北京市一次能源需求预测

三、北京市一次能源消费结构的预测

由于近年来北京市在结构调整和优化发展环境方面取得了显著成果，特别是奥运期间对于绿色城市建设的诸多措施，使北京市的煤炭的消费比重持续下降，能源结构逐渐朝清洁化发展。在无规划约束情形下，北京市在未来10年内煤炭的消费比重还将进一步下降，由2010年的53.4%①下降到2015年的45%和2020年的37.1%；石油的消费将由2010年的30.3%略微上升到2015年的31%和2020年的32.4%。由于北京市政府积极增加天然气在一次能源消费中的比重，天然气消费将由2010年的13.1%显著上升到18.13%。可再生能源（水电、风电）

---

① 在北京市能源消费结构表中一部分的能源消费来自调入电，已参照北京市统计中的历史处理方法及来源地区电力结构将其分摊计入一次能源消费。

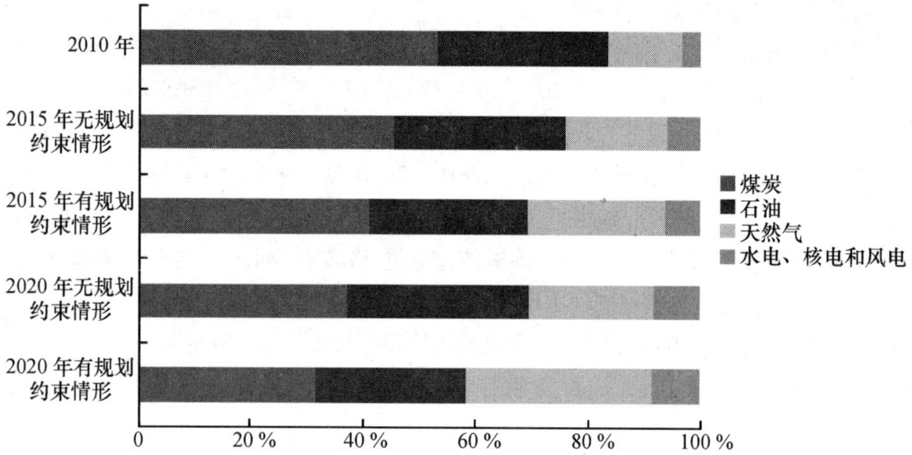

图 1-9 2020 年北京市一次能源消费结构的预测

和核电的消费比重则会逐步提高,从 2010 年的 3.4% 上升到 2015 年的 5.8%。根据北京市在《北京市"十二五"时期能源发展建设规划》中预期性与约束性的规划,2015 年北京市能源消费结构中,石油消费的比例为 28.3%、天然气的比例为 24.5%、新能源和可再生能源的约束性比例为 6.1%,报告在此基础上进一步进行了有规划约束的能源消费结构预测。有能源结构约束下的一次能源消费结构情形显示,2020 年,北京市的煤炭消费比例为 31.6%,石油的比重会下降,达到 26.6%,天然气比例在规划下将会显著上升,达到 33.29%,新能源和可再生能源将会进一步增加,达到 8.5%。

四、北京市化石燃料二氧化碳排放量预测

北京市 2010 年以来采取措施大力控制二氧化碳排放,节能减排工作力度一直位于全国前列,预测结果显示至 2020 年北京市二氧化碳排放将得到进一步控制。在经济高速增长情形下,2020 年北京市与化石能源相关的二氧化碳排放量约为 1.96① 亿吨。这一排放量在中速增长情形约为 1.81 亿吨。在低速增长情形下,二氧化碳排放量降为 1.69 亿吨,较高速增长情形下降了 14%(见图 1-10)。

五、北京市电力需求预测

预测结果显示,到 2020 年北京市高速、中速与低速情形下电力需求分别为 1 478 亿、1 372 亿和 1 271 亿千瓦时。电力需求量预测走势如图 1-11 所示。随着经济的发展,北京市电力消费量仍存在较快的增长,在经济低速增长的情况下,电力需求增长远低于高、中速情形下电力需求的增长幅度,这说明经济增速的速度对能源需求有着显著的影响,较高的 GDP 增速需要更多的电力消费作为支撑。

---

① 由于北京市的能源消费中一部分为调入电,为避免重复计算二氧化碳排放,已将该部分剔除。

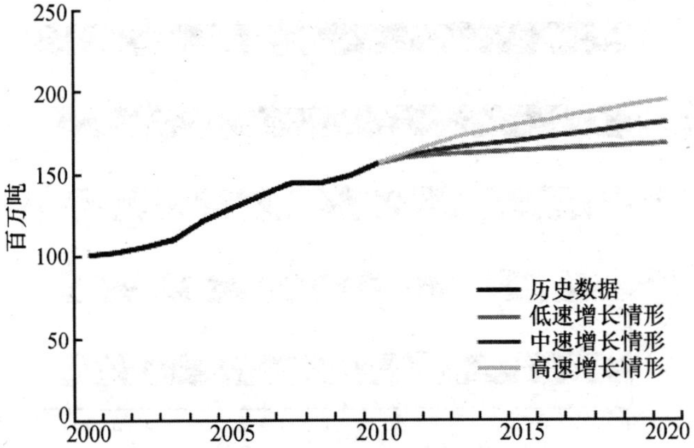

图 1-10　2020 年北京市化石燃料相关的二氧化碳排放量预测

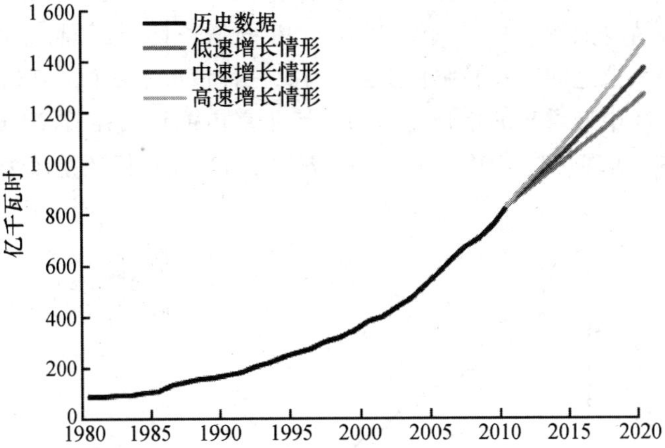

图 1-11　2020 年北京市电力消费量预测值

六、北京市电力结构预测

由于资源的限制，北京市近年来水电装机的发电量保持稳定，随着北京市发电量的增加，水电的比重将持续下降，《北京市“十二五”时期能源发展建设规划》中预期电力装机容量将由 2010 年的 595 万千瓦增加到 2015 年的 1 044 万千瓦，年均增长 11.9%，其中可再生能源装机将由 38 万千瓦增加至 67 万千瓦，年均增长 12.01%，这一约束将在电力结构中得到体现，根据马尔科夫模型，北京市 2010—2020 的电力结构预测如图 1-12 所示。

七、北京市能源强度的预测

根据国家统计局数据，“十一五”期间，北京市能源强度累计下降 26.59%，超额完成“十一五”国家分配的约束性节能目标。根据国家“十二五”的节能目标分

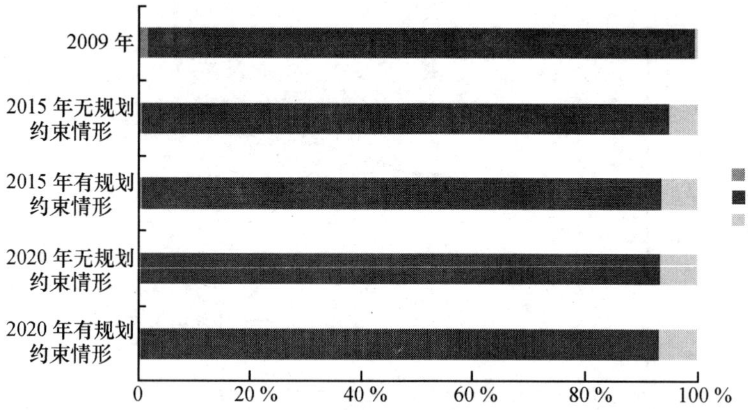

图 1-12 2020 年北京市电力结构预测

解,北京市"十二五"期间能源强度下降目标为 17%。根据预测,至 2020 年,北京能源强度走势情况如图 1-13 所示。尽管 GDP 的增长情形不同,但由于现阶段经济增长与能源需求之间存在较强的关系,因此三种情形下单位 GDP 能源消费之间的差异不大。在中速增长的情形下,2015 年北京市能源强度在 2010 年的基础上将会下降 22%,实现单位 GDP 能耗下降 17% 的约束性指标还是较为有把握的。

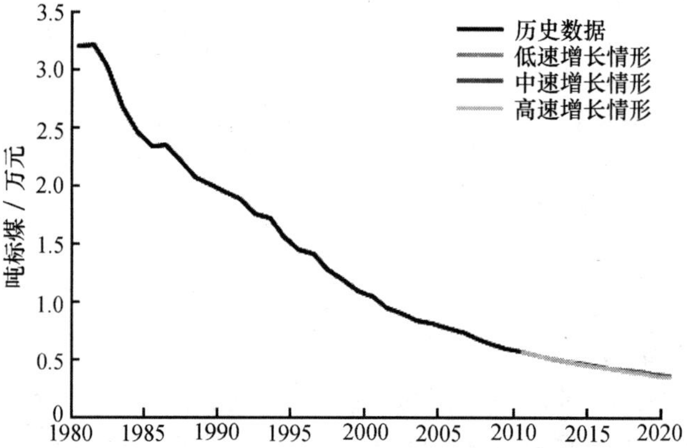

图 1-13 2020 年北京市能源强度预测

八、北京市碳强度的预测

与能源强度一致,北京市碳强度三种情形差别也比较小。《北京市"十二五"时期能源发展建设规划》中确定了单位 GDP 二氧化碳排放下降 18% 的约束性指标。根据预测,"十二五"期间北京市碳强度累计下降 24% 左右(见图 1-14),可以看到北京正在全面建设"人文北京、科技北京、绿色北京",向中国特色世界城市目标迈进,加快构建清洁高效低碳的现代能源体系。

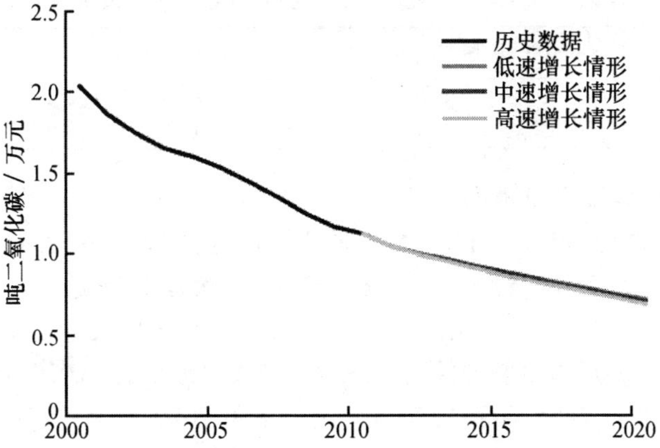

图 1-14 2020 年北京市碳强度预测

第三节 黑龙江篇

一、各变量的情景设置

2010 年黑龙江省 GDP 达到了 10 368.60 亿元，首次突破万亿元大关，位居全国第 16 位，处于中游水平，黑龙江省经济发展潜力较大。1985—2010 年 26 年间，黑龙江 GDP 平均增长率为 9%，近五年的平均增长率为 12%，考虑到全国经济增长目标较“十一五”有所降低，黑龙江未来经济增长率整体预期也将下降。本节设定 2011—2015 年低速、中速和高速三种情景下的 GDP 增长率分别为 9%、10% 和 11%。相应地，2016—2020 年低速、中速和高速三种情景下的 GDP 增长率分别为 8%、9% 和 10%（见表 1-5）。表 1-6 是对 2011—2020 年黑龙江经济增长主要变量变化率的预测值。根据 2020 年城镇人口比例为 65% 的条件，设定黑龙江省城市化率的年均增长率 2%。1985—2010 年 26 年间，黑龙江重工业比重经历了一个先降低后增加的过程，假设 2015 年达到峰值后逐渐下降。能源效率指标采用单位工业能源产生的工业增加值表示，根据历史变化设定。能源价格受经济、社会、政治、天气等很多不可预期因素的影响，同时中国能源价格还受到政府的管制，可预测性较差。而且在模型中，价格的影响不显著，因此，暂不考虑价格。

表 1-5 黑龙江省经济增长率情形设定 单位：%

	高速	中速	低速
2011—2015	11.0	10.0	9.0
2016—2020	10.0	9.0	8.0

表 1-6 黑龙江经济增长主要变量变化率的预测值 单位:%

	城市化率	产业结构	能源效率
2011—2015	1.6	0.5	5.0
2016—2020	1.4	-0.5	5.0

二、黑龙江一次能源需求预测

在2002年之前,黑龙江省一次能源消费的增速较为平缓,年均增长率不足2%。而2002年之后,随着经济的外延型增长,一次能源消费增速明显加快,这一时期年均增长率达到8.1%。根据预测结果显示,经济增长速度对能源需求有着显著影响。如图1-15中的预测值,经济高速增长情形下,到2020年黑龙江省一次能源需求为1.89亿吨标煤,而中速与低速情形下2020年黑龙江省能源需求量分别为1.75亿吨标煤与1.61亿吨标煤。对比不同情形,2010—2020年,黑龙江能源需求的增长率分别为5.4%、4.5%、3.7%。

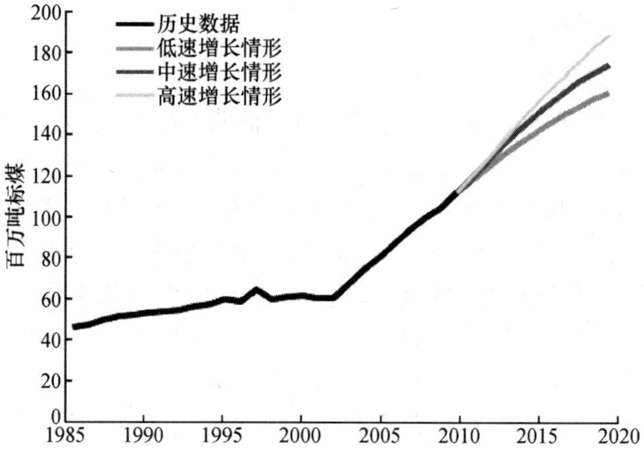

图 1-15 2020年黑龙江省一次能源需求预测

三、黑龙江一次能源消费结构的预测

黑龙江省一次能源消费结构以煤炭为主,虽然近年来黑龙江省对石油、天然气及其他可再生能源的利用逐渐增加,但是煤炭消费在能源结构中的比重依然很高。2010年黑龙江省煤炭消费量占能源消费总量的比例为67.4%,比全国70.4%的平均水平稍微低。图1-16对有无规划约束两种情况下,2020年黑龙江省一次能源消费结构进行了预测。在无规划情形下,按照目前一次能源消费结构的变化趋势,至2020年,煤炭的消费比重还将进一步提高,至2020年达到72.61%;石油比重则将下降至2020年的19.59%;天然气比重基本保持不变;而可再生能源(水电、风电)和核电的消费比重略微提高。整体上,以煤为主的一次能源结构并没有明显改变。而在积极政策的引导下,随着中俄天然气管道的开通，黑龙江省作为俄罗斯天然气进口的第一站，天然气消费量会有较大幅度的上升。经过修正，2020年黑龙江的一次能源消费结构中煤炭的比例下降至50.97%，而天然气和清洁能源比重分别上升至20.14%和9.30%。与无约束下的情形相比，煤炭的比重大幅下降，而天然气的比重明显提高。天然气与其他常规化石能源相比，相对清洁。未来黑龙江借助地域优势，合理利用天然气，不仅可以优化能源消费结构，减少环境污染，同时，现阶段天然气相对低廉的价格对当地经济增长与人民生活水平的提高都有积极影响。

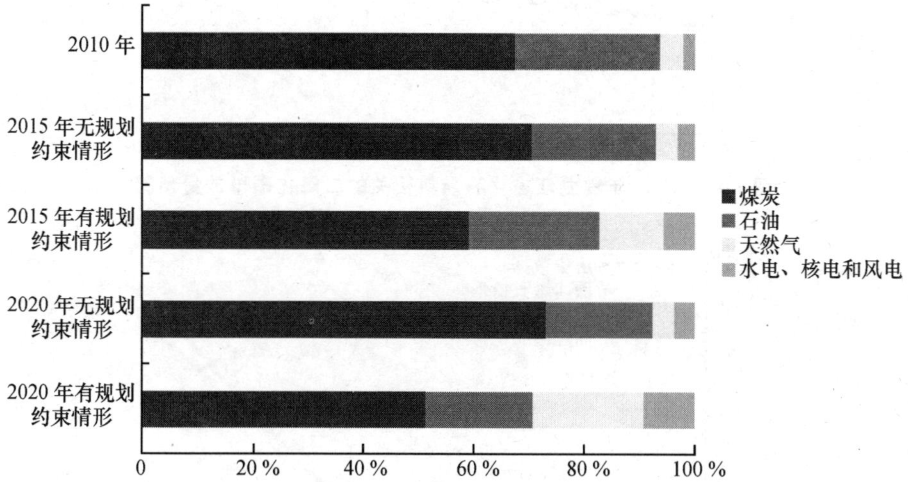

图1-16　2020年黑龙江省一次能源消费结构的预测

四、黑龙江化石燃料二氧化碳排放量预测

2010年黑龙江省与化石燃料相关的二氧化碳排放量约为2.69亿吨，而根据本节预测的未来一次能源消费总量以及一次能源消费结构走势，可以预测出在有规划约束的情形下，2020年黑龙江省在高、中、低速经济增长下，二氧化碳排放量分别为3.93亿吨、3.62亿吨、3.34亿吨（见图1-17）。

五、黑龙江电力需求预测

改革开放以来，黑龙江省电力工业经历了持续和快速增长，发电装机容量由1996年的870.73万千瓦增加至2010年的1965万千瓦。与发电装机快速增长相对应是黑龙江省电力消费也保持了持续快速增长的趋势。2010年，黑龙江省电力消费量达到了762.6亿千瓦时，比上一年增加10.7%。根据本节对各个变量的设定，预测了未来黑龙江电力需求的增长情况。

预测的结果显示，到2020年，黑龙江省电力需求按GDP高、中、低速增长三种情形将分别达到1514亿千瓦时、1399亿千瓦时、1285亿千瓦时，与2010年全省的电力消费相比，年均增长为7.1%、6.2%、5.3%。

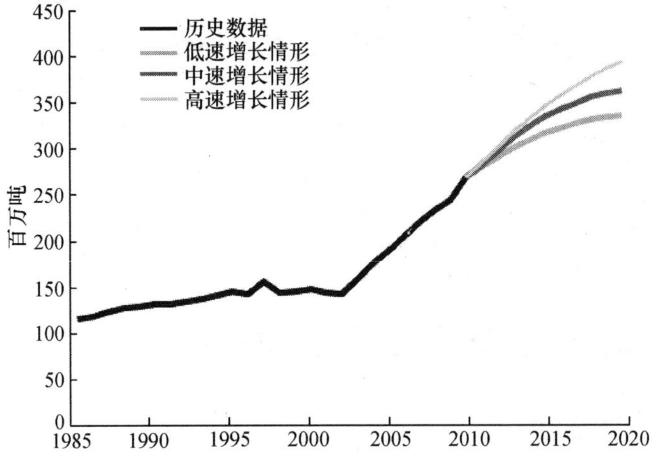

图 1-17　2020 年黑龙江省化石燃料相关的二氧化碳排放量预测

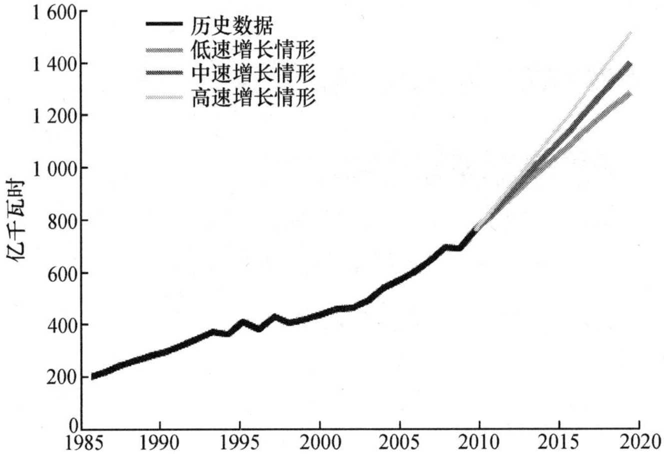

图 1-18　2020 年黑龙江省电力消费量预测

六、黑龙江电力结构预测

按照黑龙江省电力结构变化的现实情况，马尔科夫模型的预测结果显示，至2020年，火电的消费比重将出现一定幅度的下降，由2010年的85.46%下降到2015年的78.70%和2020年的72.48%；水电的消费结构将有小幅度的下降，水电比例由2010年的4.8%下降到2015年的3.39%和2020年的2.39%；风电及其他可再生能源发电的比例有较大幅度的上升，由2010年的9.74%上升到2015年和2020年的17.91%和25.13%。

黑龙江省可再生能源资源尤其是风能储量丰富，是中国风能资源最丰富的5个省份之一。为促进水电、风电、太阳能发电等可再生能源的快速发展，2010年黑龙江省政府出台《黑龙江省新能源和可再生能源产业发展规划》。根据《黑龙江省新能源和可再生能源产业发展规划》,到 2015 年和 2020 年,黑龙江省的水电装机分别达到 140 万千瓦和 260 万千瓦(不含抽水蓄能电站),风电装机分别达到 420 万千瓦和 720 万千瓦,生物质能发电分别达到 48 万千瓦和 120 万千瓦,太阳能光伏发电装机分别达到 15 万千瓦和 50 万千瓦。

在有规划约束情形下,可再生能源发电和核电装机将进一步替代火电装机。从目前至 2020 年,火电的比重由 2010 年的 85.46% 下降到 2015 年的 72.91% 和 2020 年的 66.17%;水电、风电和其他电力的比重则分别上升。其中水电由 2010 年的 4.8% 上升为 2015 年的 6.09% 和 2020 年的 7.65%;风电及清洁能源电力的比例由 2010 年的 9.74% 上升到 2015 年的 21% 和 2020 年的 26.18%。根据估计,2020 年黑龙江省电力装机结构预测结果可用图 1-19 表示。

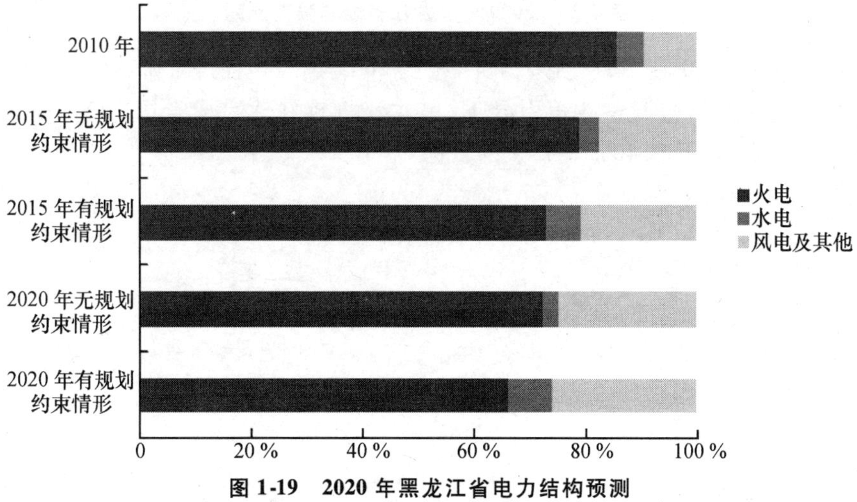

图 1-19　2020 年黑龙江省电力结构预测

七、黑龙江能源强度的预测

根据国家统计局数据,黑龙江省 2010 年能源强度较 2005 年下降了 20.79%,较好地完成了“十一五”能源强度目标要求。而“十二五”黑龙江的单位 GDP 能耗约束性目标为 16%。根据模型预测结果,在三种经济增长情形下,“十二五”期间黑龙江能源强度累计下降幅度为 16.5%—17.8%(见图 1-20),表明黑龙江省“十二五”节能目标能够完成。

八、黑龙江碳强度的预测

根据一次能源需求量预测结果和能源消费结构预测结果,2015 年黑龙江省碳强度为 2.15 吨二氧化碳/万元,较 2010 年下降约 22%,可以完成“十二五”规划所分配的碳强度目标。根据图 1-21 对 2020 年黑龙江省碳强度预测结果,2020 年碳

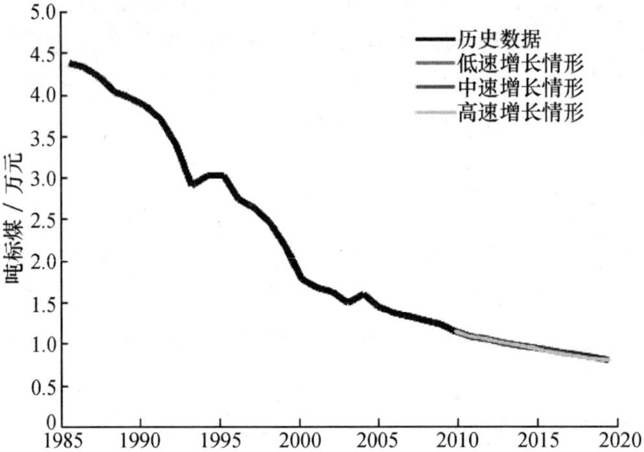

图 1-20　2020 年黑龙江省能源强度预测

强度为 1.68—1.70 吨二氧化碳/万元，相比 2005 年的碳强度下降 52% 左右，意味着在积极的能源结构调整政策引导下，黑龙江将较好地完成全国 2020 年二氧化碳强度较 2005 年下降 40%—45% 的目标。

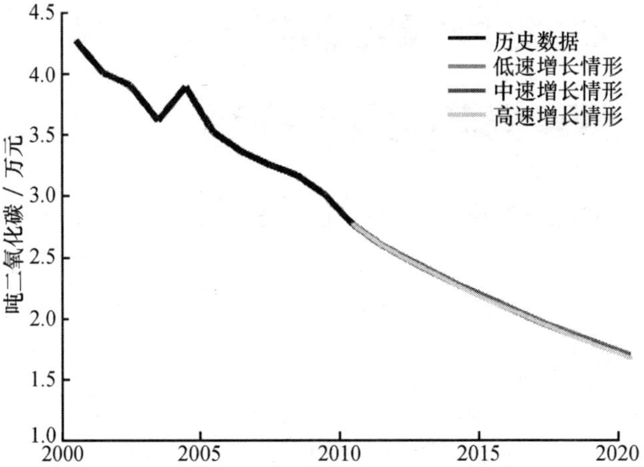

图 1-21　2020 年黑龙江省碳强度预测

第四节　河北篇

一、各变量的情景设置

2010 年河北省地区生产总值实现 20 197.1 亿元，按可比价格计算，比上年增长 12.2%。本节认为未来河北省经济仍将保持较快增长趋势，但增速有所回落，将分为低速、中速、高速三种经济增长情形进行预测。根据《河北省“十二五”规划纲要》,“十二五”期间,河北省经济社会发展的主要目标是:到 2015 年,生产总值预期突破 30 000 亿元、年均增长 8.5% 左右。本节将此规划目标作为低速发展情形,取中速和高速分别为 9.5% 和 11%。而 2016—2020 年则各相应降低 1 个百分点。根据 2010 年 10 月河北省政府办公厅下发的《关于加快城市化进程的实施意见》,到 2015 年,河北省城市化率由 45% 提高到 54%;到 2020 年,城市化率要达到 64% 左右。因此,2011—2015 年城市化率增速应为 3.57%;2016—2020 年增速应为 3.46%。2009 年,河北省第三产业在 GDP 中比重为 35%,根据“十二五”规划,到 2015 年,河北省第三产业的比重将达到 38%。1985—2009 年,河北省工业能效年均提高 4%,考虑到提高能效的难度,本报告假定,2011—2015 年能效提高速度为 3.5%,2016—2020 年,能效提高速度为 3%。由于中国能源价格决定在一定程度上仍受到政府的管制,1985—2005 年能源价格平均上涨率为 3.5%,同时考虑到当前能源供求关系的失衡和国际能源价格快速上涨,未来能源价格上涨是必然趋势,但由于价格波动的幅度受经济政治等太多因素影响,因此本节对未来能源价格不进行设定。

表 1-7　河北省经济增长率情形设定　　单位:%

	高速	中速	低速
2011—2015	11.0	9.5	8.5
2016—2020	10.0	8.5	7.5

表 1-8　河北省经济增长主要变量变化率的预测值　　单位:%

	城市化率	产业结构	能源效率
2011—2015	3.57	1.28	3.5
2016—2020	3.46	1.28	3.0

二、河北省一次能源需求预测

图 1-22 的预测结果显示,到 2020 年河北省一次能源需求分别为 3.88 亿、4.13 亿、4.65 亿吨标煤。在经济高速增长的情况下,能源需求远高于低、中速情况下能源需求的增长幅度,这说明经济增长的速度对能源需求有显著影响,较高的 GDP 增速需要更多的能源作为支撑。产业结构向低能耗、高附加值的轻工业和第三产业的结构调整是一个长期的过程,通过能源效率的提高和技术进步减少的能源消费不足以使整体能源消费下降。

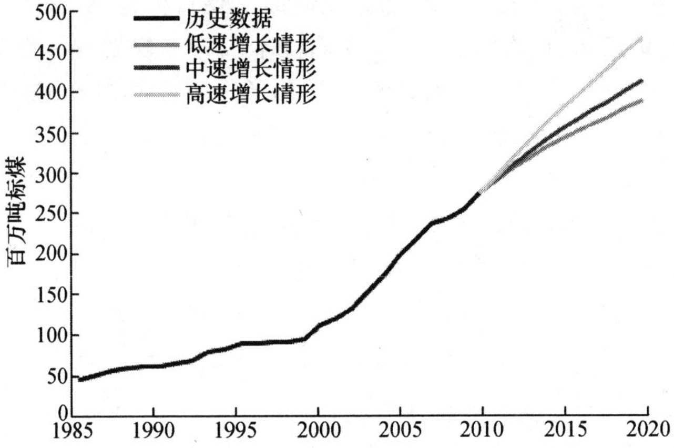

图1-22 2020年河北省一次能源需求预测

三、河北省一次能源消费结构预测

根据马尔科夫模型的预测结果,2020年,在无规划约束的情况下,一次能源消费结构中,原煤份额将下降1.43%,原油份额将增加0.95%,水电和天然气将增加0.48%,可再生能源份额仍不足1%。具体预测结果如图1-23所示。这本身符合目前减少原煤消费份额,增加可再生资源和天然气消费方针。但是,煤炭在一次能源结构中仍然占据着绝对重要的地位,改善的幅度很小。根据《河北省能源"十二五"发展规划》,河北省将加快能源结构调整步伐,2015年全省一次能源消费中,煤炭所占比重将降到85%以下,非化石能源所占比重达到6%。本节将在此基础上,进一步对有规划约束的一次能源消费结构进行预测。结果显示,2020年,河北省的煤炭消费比重下降至77.90%,石油的比重达到8.15%,天然气比例将达到6.83%,清洁能源比重将增加至7.12%。

四、河北省化石燃料二氧化碳排放量预测

预测结果显示,2020年,在经济高速增长情形下,河北省与化石能源相关的二氧化碳排放量约为10.8亿吨。在中速增长情形下,这一排放量为9.6亿吨,而低速增长情形中,下降为9.0亿吨,较高速增长情形下降了16.5%(见图1-24)。

二氧化碳排放的预测结果表明:第一,高经济增长伴随着能源的高消费和高排放。第二,即使在严格的能源规划下,能源消费结构得到调整,二氧化碳排放的增速减缓,但排放量仍呈上升趋势。第三,不同能源消费结构下的二氧化碳排放量差异巨大,说明通过调整能源消费结构来减少二氧化碳排放是有效的。虽然河北省不可能实现排放总量的下降,但仍可以通过制定和执行更为严格的政策,减缓二氧化碳排放的增长速度。

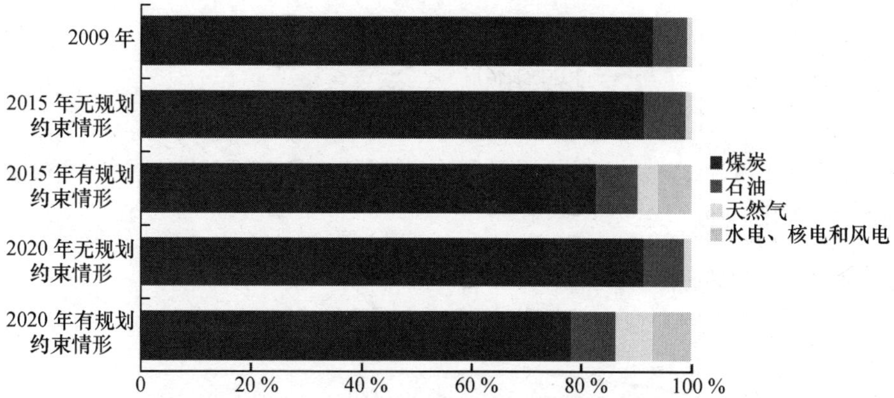

图 1-23　2020 年河北省一次能源消费结构预测

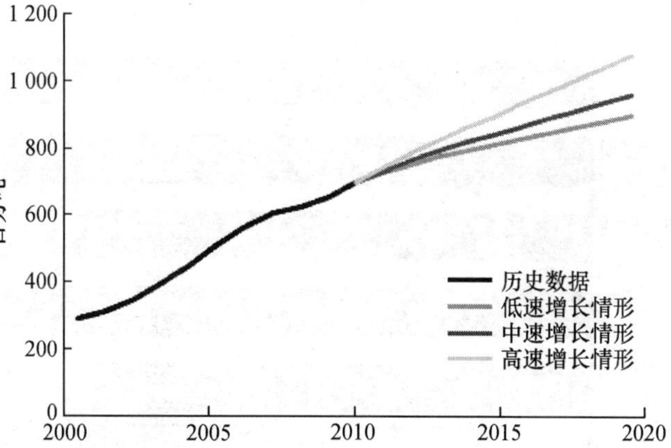

图 1-24　2020 年河北省化石燃料相关的二氧化碳排放量预测

五、河北省电力需求预测

预测结果显示，在经济高速、中速、低速增长情形下，到 2020 年河北省的电力需求分别为 5 470 亿、4 856 亿和 4 237 亿千瓦时。电力需求量预测走势如图 1-25 所示。在经济高速增长时，电力需求远高于低、中速情形下电力需求的增长幅度，说明经济增长速度对电力需求有显著的影响，较高的 GDP 增速需要更多的电力消费作为支撑。

六、河北省电力结构预测

河北省目前主要以火电装机为主，水电与其他形式发电的比例还不足 2%。根据马尔科夫模型的预测结果，在无规划约束情形下，2020 年河北省火电份额将下降 1.59 个百分点，水电份额也将下降 0.02%，而风电及其他清洁能源电力份额将上升 1.61%（见图 1-26）。《河北省能源“十二五”发展规划》中规划新能源发电

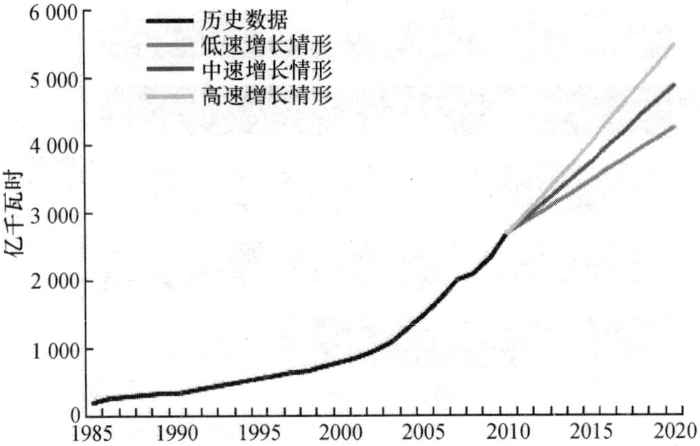

图 1-25 2020 年河北省电力消费量预测

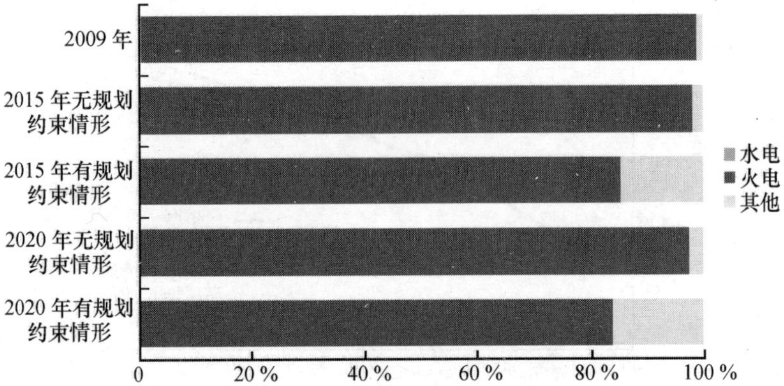

图 1-26 2020 年河北省电力结构预测

装机占全部发电装机容量的比重达到 15%，这一约束将在未来河北省电力结构中得到体现。预测得到 2020 年河北省的电力结构将体现出清洁程度的进一步提升。同样，有无规划约束下的情形相差较大，河北省的电力结构调整也面临着较多的挑战。

七、河北省能源强度预测

根据国家统计局数据，2010 年年底河北省单位 GDP 能耗较 2005 年下降了 20.11%，较好地完成了“十一五”国家分配的能源强度目标。《“十二五”规划纲要》要求河北省“十二五”期间能源强度约束性目标为 17%。根据本节对河北省一次能源需求量以及 GDP 的预测，可以计算河北省 2020 年的能源强度指标（见图 1-27）。不同经济增长情形下，河北省 2015 年能源强度较 2010 年下降均为 17.5% 左右。

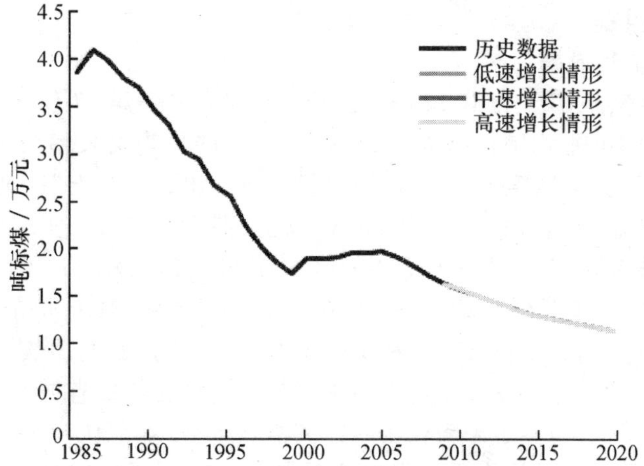

图 1-27　2020 年河北省能源强度预测

八、河北省碳强度的预测

按国家“十二五”规划对河北省碳强度约束性目标的要求，“十二五”期间河北省能源强度需下降 18%。经过计算，2015 年河北省单位 GDP 二氧化碳排放在三种情形下较 2010 年都将下降 22% 左右。配合积极的能源结构调整政策，改善能源结构，河北省能较好地完成“十二五”碳强度目标。2020 年较 2005 年碳强度下降 48% 左右，基本可以实现政府提出的全国 2020 年碳强度较 2005 年下降 40%—45% 的目标。

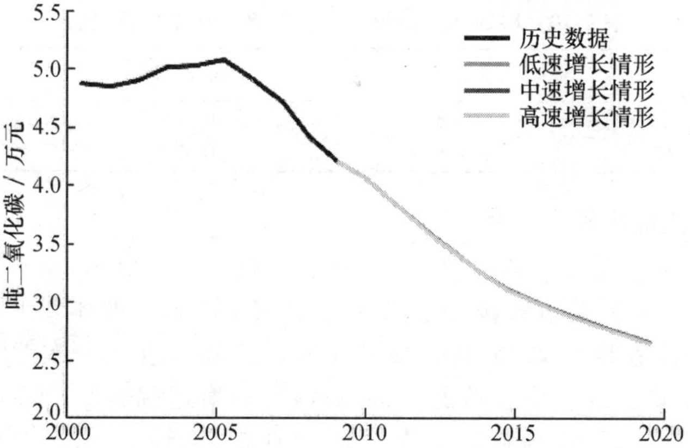

图 1-28　2020 年河北省碳强度预测

第五节 陕西篇

一、各变量的情景设置

2010年陕西省GDP为10 123亿元,位于全国各省份第17位。1979—2008年30年间,陕西GDP平均增长率为10.8%,近五年的平均增长率为14.9%,《陕西省国民经济和社会发展第十二个五年规划纲要》指出,“十二五”时期,陕西将保持高速发展,生产总值年均增长目标为12%以上;到2020年,要实现生产总值再翻一番。因此,本节设定2011—2015年低速、中速和高速三种情景下的GDP增长率分别为11%、12%和13%。相应地,2016—2020年低速、中速和高速三种情景下的GDP增长率分别为10%、11%和12%(见表1-9)。表1-10是对2011—2020年,陕西省经济增长主要变量变化率的预测结果。目前陕西省城市化水平与全国平均水平相比略低,但鉴于未来较快的经济增长水平,本节认为2020年陕西省城市化率能够达到全国平均水平。根据陕西省“十二五”规划,2011—2015年,陕西省将大力促进产业结构优化升级,工业增加值占生产总值的比重达到43%以上,同时规划中特别提出要做强做大能源相关产业,发挥能源优势。因此意味着到2020年,陕西省重工业比重可能将呈现持续上涨的趋势。单位工业产值能耗根据历史变化进行设定。价格因素暂不考虑。

表1-9 陕西省经济增长率情形设定 单位:%

	高速	中速	低速
2011—2015	13.0	12.0	11.0
2016—2020	12.0	11.0	10.0

表1-10 陕西省经济增长主要变量变化率的预测值 单位:%

	城市化率	产业结构	能源效率
2011—2015	2.8	0.6	2.5
2016—2020	3.5	0.4	2

二、陕西省一次能源需求预测

2000年以前陕西一次能源消费保持平稳,而自2000以来,一次能源消费增长迅速。根据三种不同的情景,未来陕西省能源需求增长速度体现了不同的发展态势。在中速增长情形下,2015年和2020年分别是2010年的一次能源消费的1.35倍和1.67倍。高速经济增长情况下,能源消费的增速就更快,2020年是2010年的1.79倍。这显示了作为资源型的省份,陕西未来能源需求压力更为严峻。具体地,在低速增长情形下,2015年一次能源需求为1.15亿吨标煤,2020年为1.39亿吨标煤,中速增长情形下,2015年一次能源需求为1.20亿吨标煤,2020年为1.49亿吨标煤,高速增长情形下,2015年一次能源需求为1.25亿吨标煤,2020年为1.59吨标煤(见图1-29)。

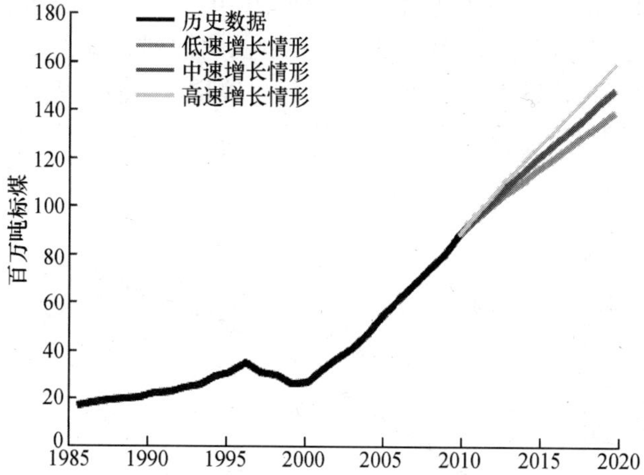

图1-29　2020年陕西省一次能源需求预测

三、陕西省一次能源消费结构的预测

无规划约束情形下陕西中长期的一次能源消费结构变化情况表明,作为重要煤炭资源型省份,陕西省煤炭消费持续上升,由2010年的73.6%变为2015年的75.6%和2020年的77.0%,以煤为主的能源结构进一步凸显。借助积极的政策干预,陕西省将以西部地区大型煤电基地建设为机遇,推进一次能源结构调整。以《陕西"十二五"能源发展规划》为基础,未来陕西省有约束的一次能源结构预测结果显示:尽管煤炭在一次能源结构中依然占据重要地位,但比重有较明显下降,2020年降至54.7%;"十二五"天然气消费量年均增长19%左右,伴随"气化陕西"工程的进行,天然气的比重将明显提高,2020年达到15.7%(见图1-30)。

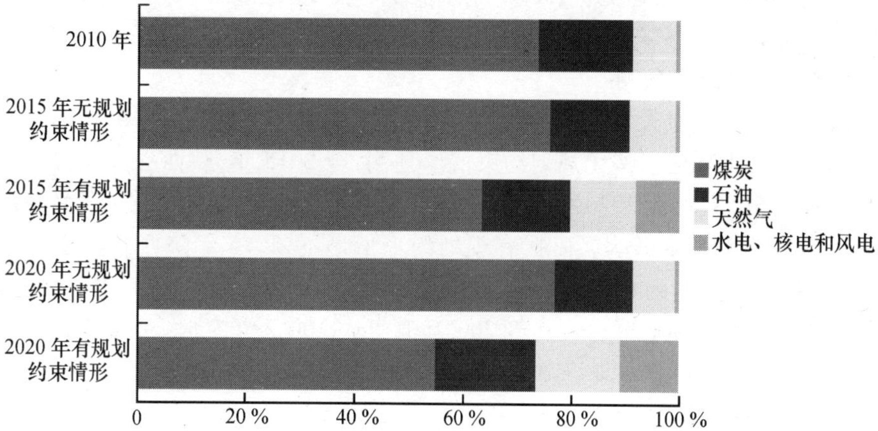

图1-30　2020年陕西省一次能源消费结构预测

四、陕西省化石燃料二氧化碳排放量预测

根据预测结果显示，在中速增长情形下，2010—2020 年陕西的二氧化碳排放量年均增长率达 3.7%，由 2010 年的 2.15 亿吨，增加到 2020 年的 3.08 亿吨。而在高速和低速情形下，陕西省 2020 年的二氧化碳排放量将分别达到 3.31 亿吨和 2.89 亿吨（见图 1-31）。

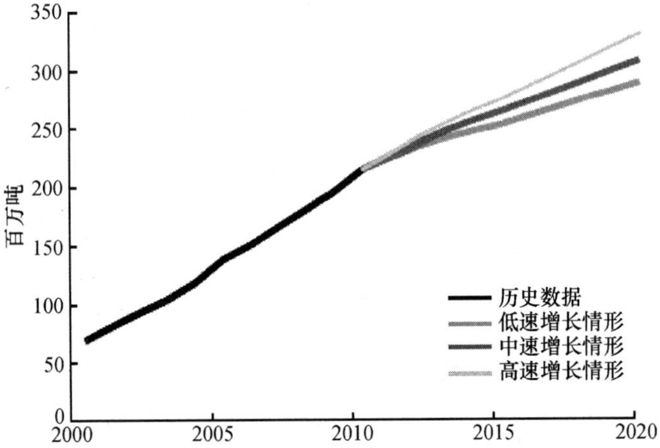

图 1-31 2020 年陕西省化石燃料相关的二氧化碳排放量预测

五、陕西省电力需求预测

陕西电力消费的历史发展趋势和未来的增长情景预测结果显示，1985—2000 年陕西电力需求保持平稳，年平均增速约为 7.2%，而自 2000 以来，电力消费的增长迅速，至 2010 年保持年均增速 10.6%。按情形假定，在中速增长的情形下，2015 年和 2020 年的电力消费分别比 2010 年增长 147% 和 203%。而高速经济增长情况下，电力消费增速更快，2020 年的电力需求可以达到 1 929 亿千瓦时（见图 1-32）。

六、陕西省电力结构预测

陕西省作为煤炭大省，火电的比重一直很高，2010 年火电占 89.3%，而且水电大都集中在陕南地区。按无规划约束情形预测，至 2015 年，陕西省火电比重将进一步上升至 94.8%，而 2020 年将达到 95.8%，持续上升的火电比重无疑将对陕西的环境产生较大程度影响。而在有规划约束情形下，2015 年陕西省火电比重较 2010 年有所下降，达到 87.4%，水电装机预计达到 350 万千瓦时，风电、太阳能发电和生物质发电装机容量分别达到 200 万千瓦时、100 万千瓦时、50 万千瓦时。至 2020 年，火电装机将进一步下降为 82.3%（见图 1-33）。

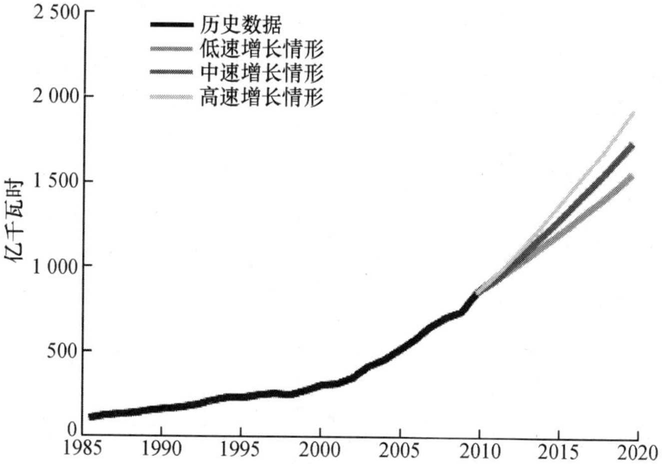

图 1-32　2020 年陕西省电力需求预测

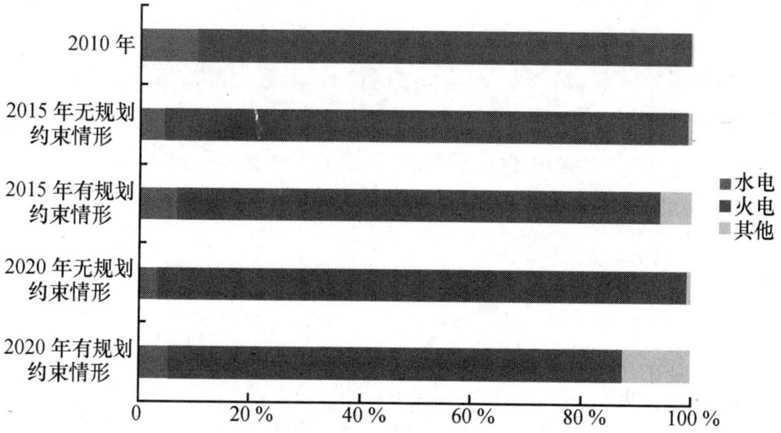

图 1-33　2020 年陕西省电力结构预测

七、陕西省能源强度的预测

国家统计局数据显示,2010 年陕西省单位生产总值能耗在 2005 年基础上下降了 20.25%,完成了国家的约束性能源强度目标。“十二五”期间国家分配的能源强度目标为 16%。根据计算,在三种情形下,2015 年年底陕西省能源强度较 2010 年的降幅为 16%—17.8%,可以较好地实现“十二五”能源强度目标。

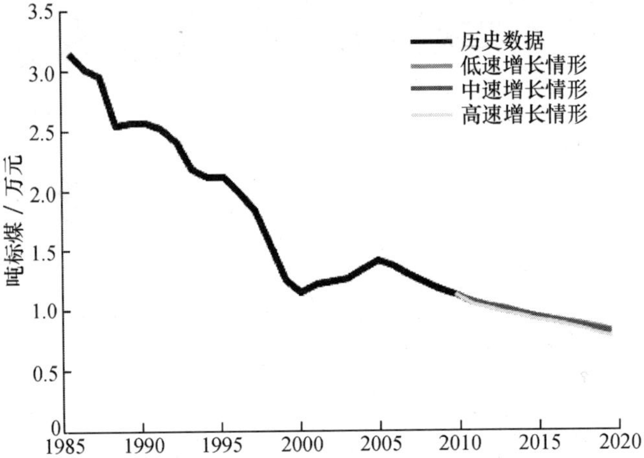

图 1-34 2020 年陕西省能源强度预测

八、陕西省碳强度的预测

“十二五”陕西省碳强度约束目标为 17%，即 2015 年年末单位 GDP 二氧化碳排放较 2010 年年末下降 17%。配合陕西省“十二五”能源结构调整政策，清洁能源比重较 2010 年有明显提升，2015 年陕西省碳强度较 2010 年下降幅度约为 25%，可以圆满地完成碳强度约束目标。而 2020 年陕西省碳强度较 2005 年下降了 50%—53%，可以达到全国 2020 年碳强度减排的目标要求（见图 1-35）。

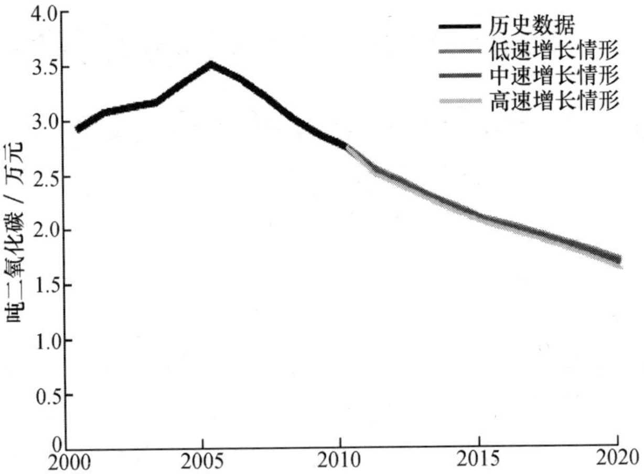

图 1-35 2020 年陕西省碳强度预测

第六节　上海篇

一、各变量的情景设置

本节将上海经济未来增长分成三种情形,分别为高速、中速与低速。2011—2015 年,取上海市"十二五"规划制定的 8.0% 的经济增长目标为低速增长率指标,取 2010 年经济增长率 10.0% 为高速增长率指标,以 9.0% 为中速增长率指标。2015—2020 年,分别将以上情形的增长率下调 1%,作为该阶段的平均增长率(见表 1-11)。表 1-12 是对 2011—2020 年,上海市经济增长主要变量变化率的预测结果。2010 年,上海的非农人口占总人口的比重为 88.9%,已经达到相当高的水平,2006—2010 年,每年的城市化率增长率是递减的(从 1% 逐年减到 0.6%),由于城市化率越高,其增长速度就越慢,因此以年递增速度 0.5% 作为将来 10 年的城市化率增加的平均速度。上海 2010 年第三产业比重为 57.3%,上海"十二五"规划要求,到 2015 年第三产业的比重将达到 65%,但实际上 2001—2010 年,第三产业比重从 52.4% 上升到 57.3%,仅上升 5 个百分点,因此,从规划的可行性考虑,保守地设定到 2020 年第三产业比重达到 65%,年均增长率为 1.26%。根据历史数据,假定上海工业能耗 2011—2015 年期间平均每年降低 3.5%,2015—2020 年期间每年下降 3.0%。价格因素难以进行预测,因此暂不考虑 2010—2020 年的价格水平变化。

表 1-11　上海市经济增长率情形设定　　单位:%

	高速	中速	低速
2011—2015	10.0	9.0	8.0
2016—2020	9.0	8.0	7.0

表 1-12　上海市经济增长主要变量变化率的预测值　　单位:%

	城市化率	产业结构	能源效率
2011—2015	0.5	1.26	3.5
2016—2020	0.5	1.26	3.0

二、上海市一次能源需求预测

1985—2010 年,上海一次能源消费年均增长率为 6.1%,整体增长态势平稳。根据上述情形设定的预测结果显示,在保证上海市经济增长战略要求的情况下,到 2020 年上海总能源需求分别为 1.96 亿、1.81 亿和 1.63 亿吨标煤,年均增长率在 5% 左右(见图 1-36)。

三、上海市能源消费结构的预测

2010 年上海市一次能源消费结构中煤炭占比 42.3%,远低于全国平均水平。

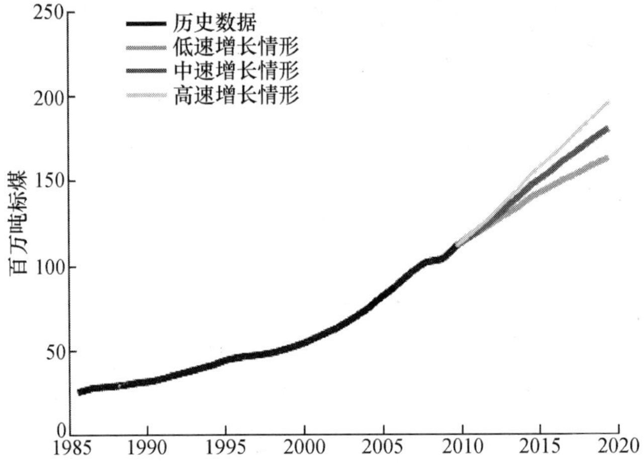

图1-36 2020年上海市一次能源需求预测

按照上海市目前一次能源消费结构的变化趋势,根据马尔科夫模型的预测结果显示,到2020年,上海市能源消费结构中,煤炭份额将继续下降10.65个百分点,石油份额将下降1.27个百分点,而天然气比重将会增加5.19%,水电、核电与风电比重将增加6.74%(见图1-37)。可以看到,这本身就较好地符合了目前减少原煤和原油消费,增加可再生能源和天然气消费的一次能源消费结构调整的方向,因此,对于有约束的情形不再另行预测。

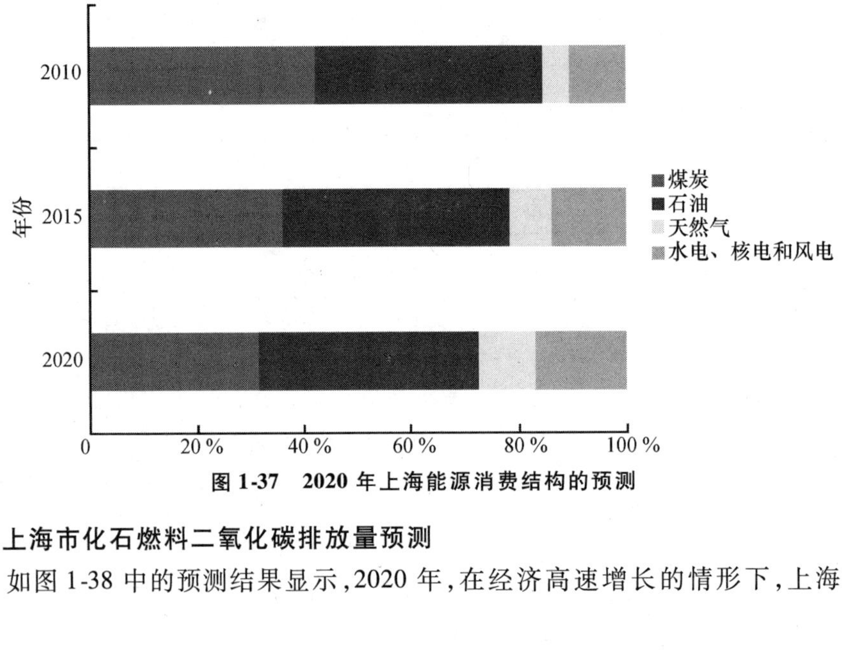

图1-37 2020年上海能源消费结构的预测

四、上海市化石燃料二氧化碳排放量预测

如图1-38中的预测结果显示,2020年,在经济高速增长的情形下,上海市与

化石能源相关的二氧化碳排放量约为3.69亿吨，中速增长情形约为3.40亿吨，而低速增长情形的排放量为3.08亿吨。低速增长情形较高速情形二氧化碳排放量下降了约17%。

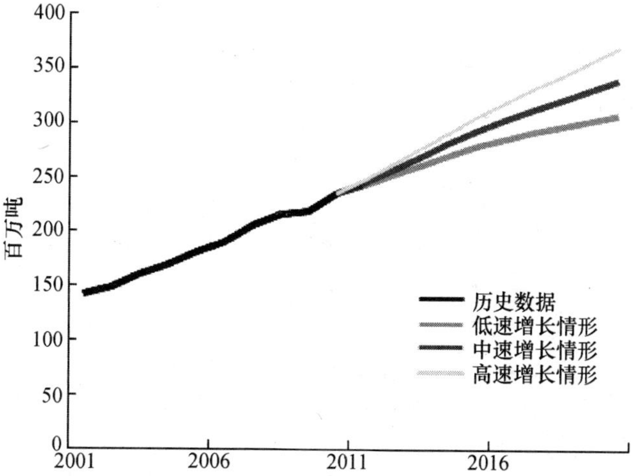

图1-38　2020年上海化石燃料相关的二氧化碳排放量预测

五、上海市电力需求预测

1985年上海市电力消费为204亿千瓦时，2010年增长至1 296亿千瓦时，增长了近6.4倍，年均增长率为7.7%。根据图1-39中的预测结果显示，高速增长情形下2020年上海电力需求为2 766亿千瓦时，而中速与低速情形下分别为2 537亿和2 192亿千瓦时。经济增长的速度对电力需求有着显著的影响。

六、上海市电力结构预测

上海的电力消费来源分为外省调入和本市发电，而本市发电量中，绝大部分为火力发电，此外有不到0.5%的清洁能源发电。《上海市电力发展“十二五”规划》提出：合理配置市内市外电源，争取在2015年使市外来电比重提高到40%左右；提高清洁能源发电的比例，燃机占市内装机比重提高到约30%，水电、核电占市外电源比重提高到60%左右。所以上海“十二五”期间电力结构的发展趋势，重点在于加大本市火力发电（燃煤、燃气），以及外省调入（特别是西南水电的向家坝水电站）电力的发展力度。向家坝—上海特高压直流输电示范工程投运（预期2015年）后，每年可向上海输送320亿千瓦时的清洁电能，最大输送功率约占上海高峰负荷的1/3。另外，《上海市电力发展“十二五”规划》要求在“十二五”期间继续投资新能源发电建设，到2015年，风电、太阳能、生物质能的装机容量预计将达到总电源容量的2%以上，发电量占比有望突破1%。综合以上分析，在有规划约束的情况下，上海能源结构预测如图1-40所示。

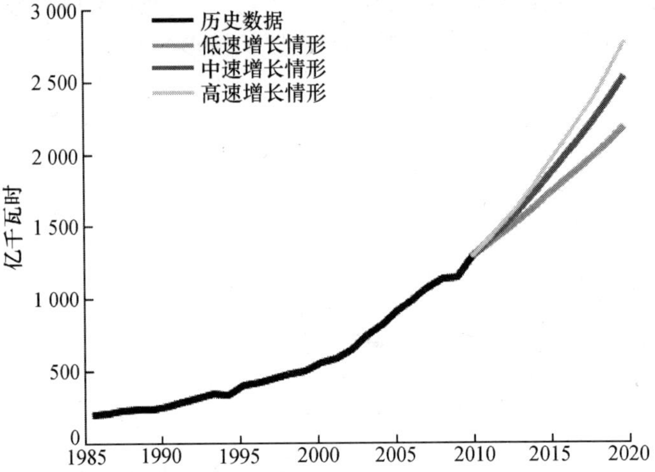

图 1-39　2020 年上海市力消费量预测值

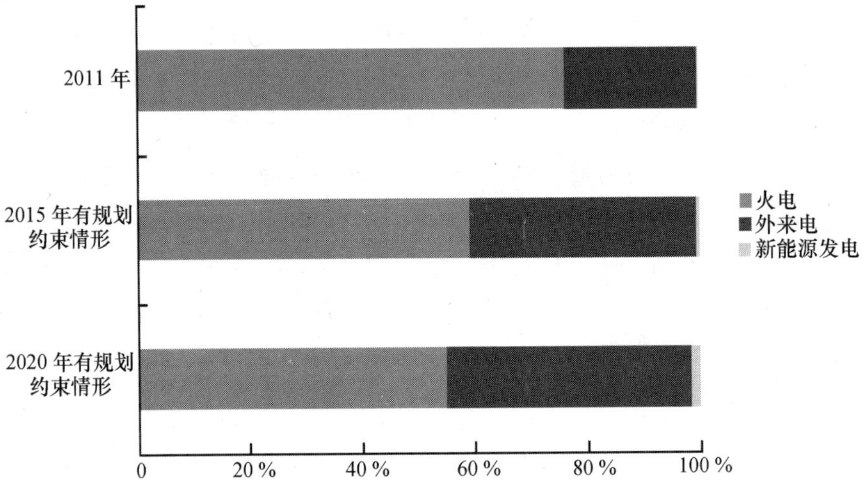

图 1-40　2020 年上海电力结构预测

七、上海市能源强度的预测

根据国家统计局数据，2010 年上海市能源强度在 2005 年的基础上下降了 20%，完成了“十一五”国家分配的能源强度约束目标。《“十二五”规划纲要》要求上海市 2015 年能源强度较 2010 年下降 18%，比全国平均目标高 2 个百分点。根据本节对上海市一次能源需求量的预测，可以计算上海市至 2020 年的能源强度变化情况（见图 1-41）。相比于 2010 年，2015 年和 2020 年的能源强度分别下降约 15.8% 和 30.3%。预测结果未能达到上海市“十二五”能源强度下降 18% 的目标，但差距不大，预测结果表明约到 2016 年，上海市能达到能源强度下降 18% 的目标。

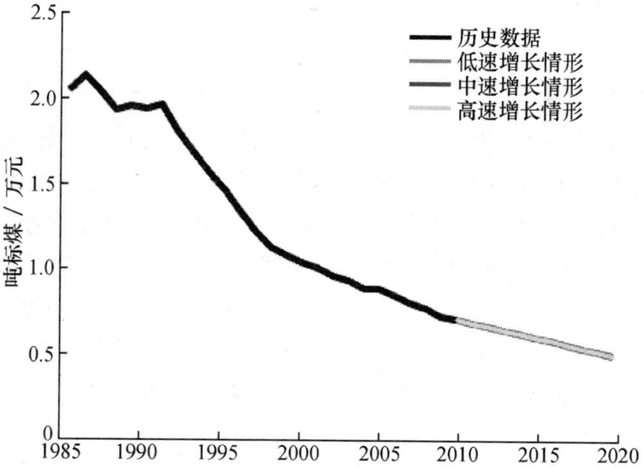

图 1-41　2020 年上海能源强度预测

八、上海市碳强度的预测

"十二五"上海市需要完成的碳强度目标是 2015 年碳强度较 2010 年下降 19%。根据对上海市化石燃料相关的二氧化碳排放量的预测，可以计算出上海市未来碳强度的变化情况（见图 1-42）。三种经济增长情形下，2015 年上海市碳强度较 2010 年年末下降均超过 19%，上海市可以完成"十二五"的碳强度目标。通过比较上海市 2020 年与 2005 年的碳强度指标，三种情形都下降了 50% 左右，也可以达到国家制定的 2020 年碳强度减排目标。

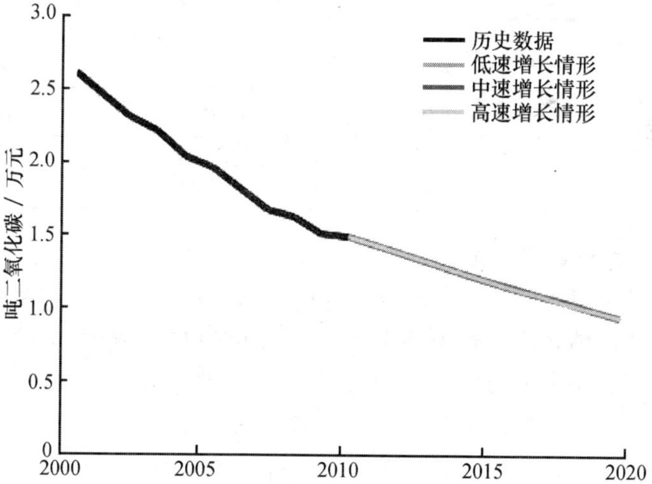

图 1-42　2020 年上海碳强度预测

第七节 湖北篇

一、各变量的情景设置

2010年湖北省GDP达到了15 967.61亿元人民币，位居全国第11位。1985—2010年，湖北GDP年均增长率约10%。湖北省近年经济增速不断加快，近十年年均增长率达到了12%，近五年甚至超过了14%。《湖北省经济和社会发展第十二个五年规划纲要》指出，"十二五"期间湖北省生产总值目标为年均增长10%以上。基于历史增速和规划目标，本节认为湖北省经济仍将保持较快的增长趋势，但增速较历史情形有所放缓。2011—2015年，湖北省在低速、中速和高速三种情景下的GDP增长率分别为9%、10%和11%。而2016—2020年，低速、中速和高速三种情景下的GDP增长率分别为8%、9%和10%（如表1-13所示）。表1-14显示了2011—2020年，湖北省经济增长主要变量变化中的预测结果。目前湖北省的城市化率略低于全国46.6%的平均水平。但考虑到湖北省未来经济增速与城市化进程可能高于全国平均水平，因此，认为2020年湖北省城市化率水平将与全国平均水平持平。产业结构、工业增加值能耗等指标假定都以历史变化率为依据。能源价格在预测中暂不考虑。

表1-13 湖北省经济增长率情形设定 单位：%

	高速	中速	低速
2011—2015	11.0	10.0	9.0
2016—2020	10.0	9.0	8.0

表1-14 湖北省经济增长主要变量变化率的预测值 单位：%

	城市化率	产业结构	能源效率
2011—2015	2.2	1.78	3.0
2016—2020	3.0	1.78	2.5

二、湖北省一次能源需求预测

三种不同的情景，体现了不同的能源需求发展态势。如图1-43所示，2000年以前湖北一次能源消费增长较为平稳，而自2000年以来，能源消费迅速增长。在中速增长情况下，2015年和2020年的一次能源消费量分别是2010年的1.30倍和1.52倍，预测一次能源消费量分别为1.97亿和2.29亿吨标煤。高速经济增长情况下的能源需求增速更高，2020年的一次能源需求为2.51亿吨标煤。从总体上看，湖北省未来的经济增速较全国平均水平略高，城市化和工业化进程还将继续，对一次能源需求提出了较高的要求，GDP增速的加快需要更多的能源作为支撑。

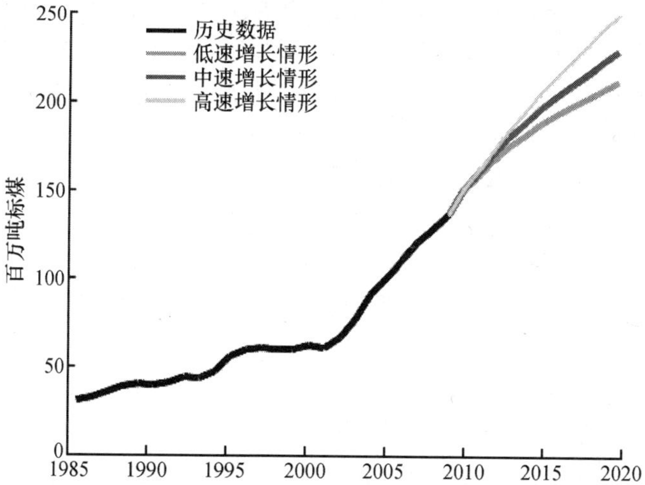

图 1-43　2020 年湖北省一次能源需求预测

三、湖北省一次能源消费结构的预测

作为华中地区经济较发达的省份，湖北省煤炭及其他化石能源的资源比较匮乏，而水电相对丰富。但水电资源利用程度已经较高，未来继续开发的空间和潜力有限。总体上说目前湖北省的一次能源结构与全国平均水平相比更为清洁。根据马尔科夫模型的预测结果，按照目前一次能源消费结构的变化趋势，在无约束规划情形下，由于水电开发空间的缩小，湖北省非化石能源的比重有所降低，煤炭的比重升高，2020 年达到 63.5%（见图 1-44）。内陆地区发展核电为湖北省提

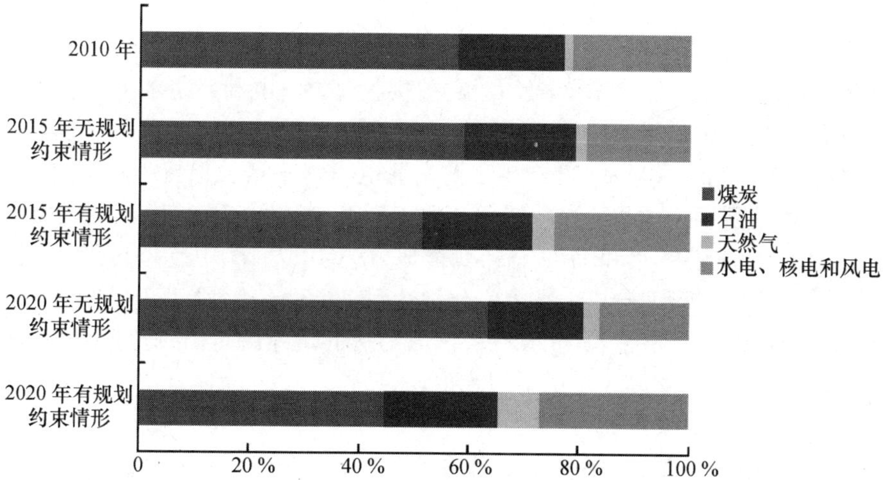

图 1-44　2020 年湖北省一次能源消费结构预测

供了良好机会，根据湖北省“十二五”规划，力争在“十二五”期末，基本建成咸宁核电项目，并开工建设第二个核电项目。在有规划约束情形下，到 2020 年，煤炭比重较 2010 年下降 12.6 个百分点，石油比重上升至 20.3%，天然气比重为 7.7%，水电、核电及其他清洁能源比重达到 27.0%。

四、湖北省化石燃料二氧化碳排放量预测

根据一次能源结构的预测结果计算，在中速增长情形下，2020 年湖北省二氧化碳排放量为 4.0 亿吨，2010—2020 年这一数据年均增长率为 3.0%。而在高速和低速增长情形下，湖北省 2020 年的二氧化碳排放量将分别达到 4.4 亿吨与 3.7 亿吨（见图 1-45）。

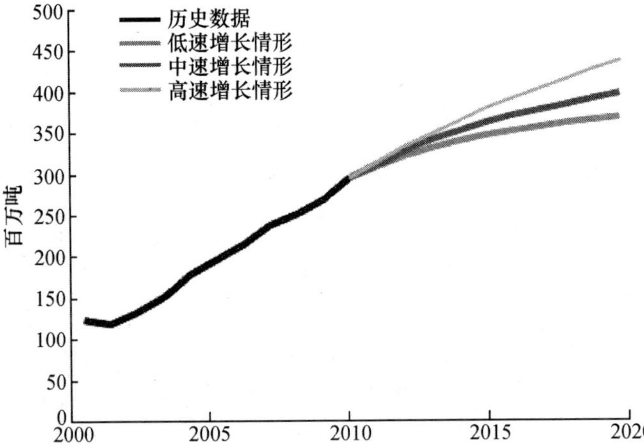

图 1-45 2020 年湖北省化石燃料相关的二氧化碳排放量预测

五、湖北省电力需求预测

湖北省“十二五”电力需求增长较快，拟接收北方火电和西南水电以满足日益增长的用地需求，为华中地区发展提供电力保障。电力消费的历史发展趋势和未来的增长情景预测结果显示，2000 年之前湖北电力需求增长保持平稳，而自 2000 年以来，电力消费迅速增长。在中速增长的情形下，2015 年和 2020 年的电力消费分别是 2010 年的 1.44 倍和 1.82 倍。具体地，在 GDP 高速、中速和低速增长三种情形下，到 2020 年，湖北省电力需求将分别达到 2 863 亿、2 576 亿和 2 342 亿千瓦小时（见图 1-46）。经济增长速度越快，电力消费的增速就更高，而且总体上湖北未来的电力需求增速略高于全国平均水平。

六、湖北省电力结构预测

在无规划约束情形下，根据马尔科夫模型的预测结果，火电比重将出现上升趋势，2015 年达到 67.5%；而水电和其他电力形式的消费比例下降，同时 2015 年

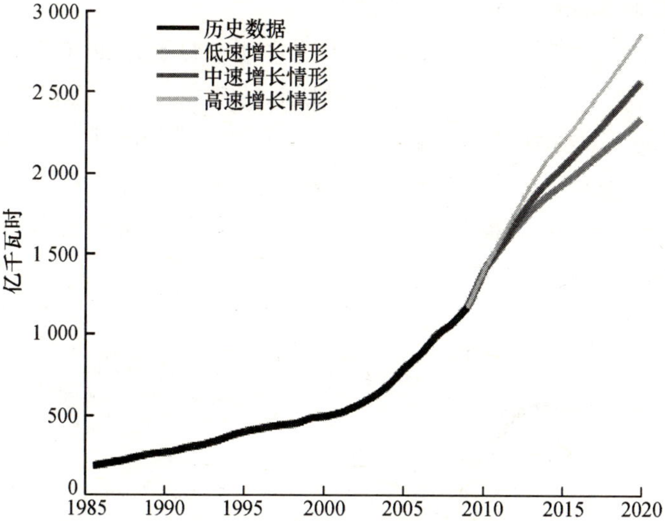

图 1-46　2020 年湖北省电力需求预测

咸宁核电项目并未建成发电。2020 年火电比重达到 70.3%，而核电、风电及其他（包括接收外送电力）占到 3.2%。按湖北省"十二五"规划要求，"十二五"期间湖北省将大力发展核电，优化发展火电，有序开发水电，加快发展新能源，合理消费煤炭，积极引进省外能源，构建安全、经济、清洁的现代能源产业体系。具体而言，力争到"十二五"期末，基本建成咸宁核电项目，开工建设浠水核电项目，在鄂东负荷中心以外地区开展第三个核电项目前期工作。因此，在有规划的情形下，核电、风电等新能源以及接收外送电力的比重将有大幅度提高，但由于水电资源的潜力有限，水电比重继续上升的难度较大。根据预测，2020 年火电比重为 58.3%，水电比重为 30.1%，其他电力比重达到 11.6%（见图 1-47）。

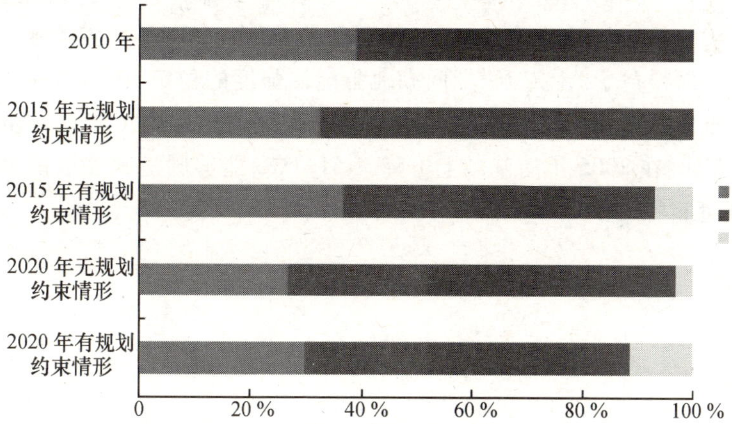

图 1-47　2020 年湖北省电力结构预测

七、湖北省能源强度的预测

根据国家统计局数据,“十一五”末湖北省能源强度在2010年的基础上下降了21.67%,超额完成了湖北省“十一五”期间的节能目标。按预测数据计算,在GDP高速,中速和低速增长三种情形下,2015年湖北省能源强度将可较2010年下降16—18个百分点,与“十二五”规划要求的能源强度目标基本吻合(见图1-48)。具体地,中速增长情况下,2015年能源强度为0.98吨标煤/万元,2020年为0.86吨标煤/万元。

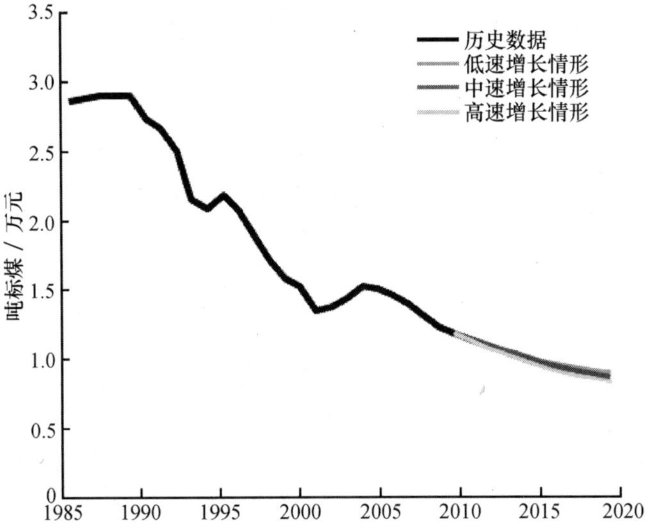

图1-48 2020年湖北省能源强度预测

八、湖北省碳强度的预测

通过计算,中速增长情形下,2015年湖北省每万元GDP二氧化碳排放为1.80吨,在2010年的基础上下降了22.2%,超额完成了“十二五”湖北省碳强度约束性目标。这一方面得益于“十二五”期间湖北省能源强度的稳定下降,另一方面归功于湖北省积极能源结构调整政策的引导。2020年湖北省碳强度将进一步下降至1.49亿吨/万元,在2005年的基础上下降了51.1%,能够圆满地完成国家规定的2020年碳强度目标(见图1-49)。

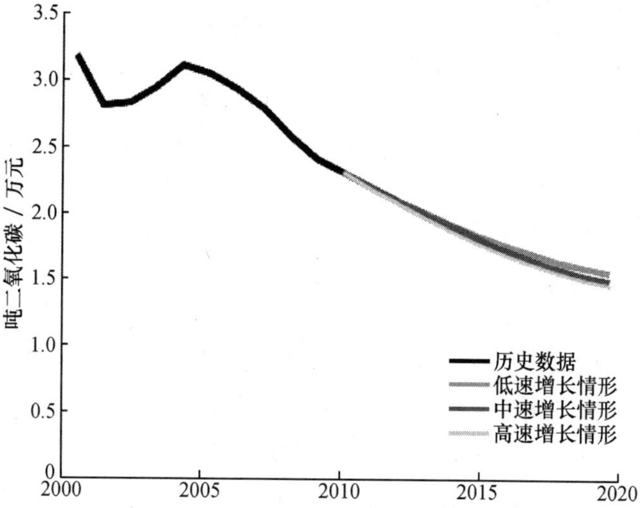

图 1-49　2020 年湖北省碳强度预测

第八节　江西篇

一、各变量的情景设置

近几年,江西省经济发展速度始终保持较高水平,“十一五”期间,全省生产总值翻了一番。根据江西省“十二五”规划纲要的总体目标要求,“十二五”期间江西省经济总量将跨上新台阶,全省生产总值保持年均 11% 以上的增长速度,非农业比重达到 90% 以上,城镇化率达到 52.8% 。本报告假设,至 2020 年,江西经济仍保持较快增长的趋势,和全国情形划分类似,根据江西省未来不同的经济增长率,分为高速、中速、低速三种情形进行预测(见表 1-15),其中以“十二五”目标作为高速增长情形。表 1-16 显示了 2011—2020 年,江西省经济增长主要变量变化率的预测结果。2010 年年末,江西省城镇化水平较全国平均水平略低 5 个百分点,“十二五”期末按规划目标达到接近 53% ,保守估计,2020 年,江西省城镇化水平将达到 58% ,仍低于全国平均水平。产业结构数据以江西省非农产业的变化率为指标。考虑到未来各种对高耗能产业的控制措施的逐步落实,估计江西省单位工业增加值的能耗将以年均 2.5%—3.5% 的速度变化。同前面章节一样,价格因素暂时不做预测。

表 1-15　江西省经济增长率情形设定　　单位:%

	高速	中速	低速
2011—2015	11.0	10.0	8.0
2016—2020	10.0	9.0	7.0

表 1-16 江西省经济增长主要变量变化率的预测值 单位:%

	城市化率	产业结构	能源效率
2011—2015	2.61	0.56	3.5
2016—2020	2.97	0.40	2.5

二、江西省一次能源需求预测

2010 年全省能源消费总量 0.64 亿吨标煤,比 2005 年 0.43 亿吨标煤增长 48.3%,年增长率为 8.2%。考虑到江西省工业化、城镇化程度还不高,2010 年全省人均能源消费水平约为全国平均水平的 56%。预测结果显示,在低速、中速、高速三种增长情形下,到 2020 年,江西省一次能源需求分别为 0.88 亿、0.97 亿和 1.04 亿吨标煤。由于无论何种情形下,未来江西经济增长速度的预期都较"十一五"有明显下降,因此,"十二五"能源需求年增速将有所回落,保持在 5.6% 左右。

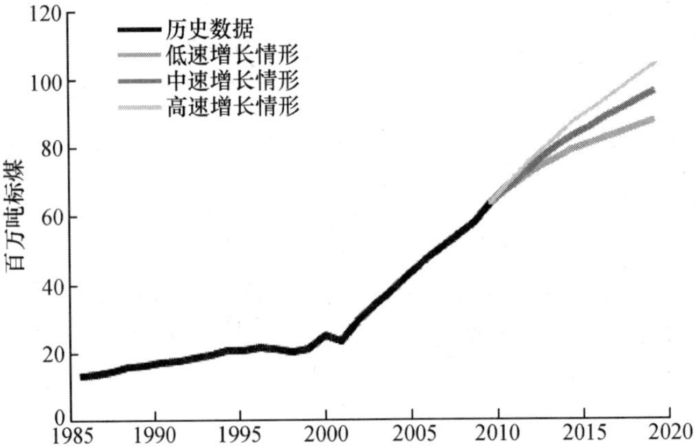

图 1-50 2020 年江西省一次能源需求预测

三、江西省一次能源消费结构的预测

江西省一次能源结构中煤炭一直占据着主要位置,2010 年,江西省一次能源结构中,煤炭占比为 68.0%,石油占比为 16.4%,天然气占比为 1.0%,水电及其他占比为 14.6%。从江西省自身的资源禀赋来看,常规能源只有少量煤炭及水能,目前为止尚未发现油气资源,而且风电技术可开发量仅为 310 万千瓦,短期内能源结构改善的空间非常有限。在无约束的情形下,根据马尔科夫模型的预测结果,按照江西省一次能源消费结构目前的这种变化趋势,到 2020 年,煤炭份额将上升近 10 个百分点,石油份额下降 1.8 个百分点,天然气比重增加 1.8%,而水电及其他能源则将下降至 5.7%(见图 1-51)。若无政策约束,江西省未来一次能源结构很难得到进一步改善。

在天然气方面,应采取积极的政策引导,充分利用川气东送、西二线、西三线、

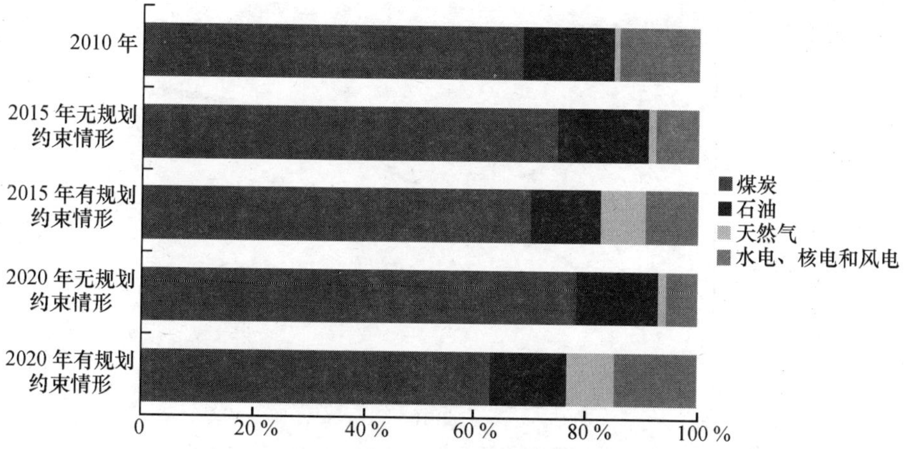

图 1-51　江西一次能源消费结构的预测

新粤浙线等各类气源渠道并加快省内天然气管道和压缩天然气站的建设,合理推广天然气的利用程度。核电方面,应齐心协力地积极推进江西澎泽核电项目建设,力争在 2020 年之前并网发电。同时,因地制宜地开发利用太阳能、生物质能、水能、地热能和风能,特别是以鄱阳湖陆地以及部分高山风资源较好的区域为重点,集中建设一批风电场,努力提高可再生能源在能源结构中的比例。如图 1-51 所示,在有约束的情形下,预测至 2020 年,江西省煤炭将部分被有效地替代,比重下降至 62.9%,而天然气的比重上升至 8.7%,水电及其他能源比重达到 15%,基本满足国家 2020 年的清洁能源占比目标。

四、江西省化石燃料二氧化碳排放量预测

由于 2015 年之前,一次能源结构调整的空间较小,同时一次能源需求增长较快,因此化石燃料相关的二氧化碳排放量增长速度较快。根据预测结果,2015 年,在经济高速增长情形下,江西省与化石能源相关的二氧化碳排放量约为 1.93 亿吨。在中速增长情形下,这一数据也达到了 1.85 亿吨。而 2015—2020 年期间,天然气、核电及可再生能源的利用程度增大,江西省化石燃料相关的二氧化碳排放量增速减缓,中速增长情形下 2020 年的排放量约为 2.00 亿吨(见图 1-52)。

五、江西省电力需求预测

图 1-53 中的预测结果显示,在高速、中速及低速增长情形下,到 2020 年,江西省电力需求分别为 1 442 亿、1 300 亿和 1 172 亿千瓦时。“十二五”期间江西省电力需求年均增长率为 8.2%,将略高于全国平均水平。

六、江西省电力结构预测

无规划约束情形下,江西省以火电为主的电力结构在 2020 年之前很难得到改变,火电的比重将进一步增大。根据预测,2020 年江西省火电比重为 92.1%,水

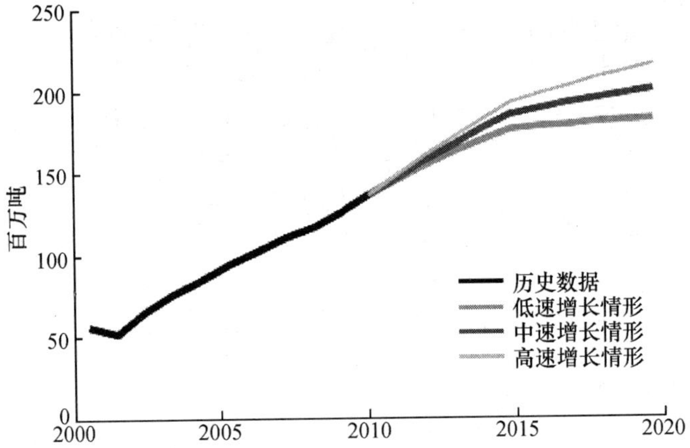

图 1-52 2020 年江西省化石燃料相关的二氧化碳排放量预测

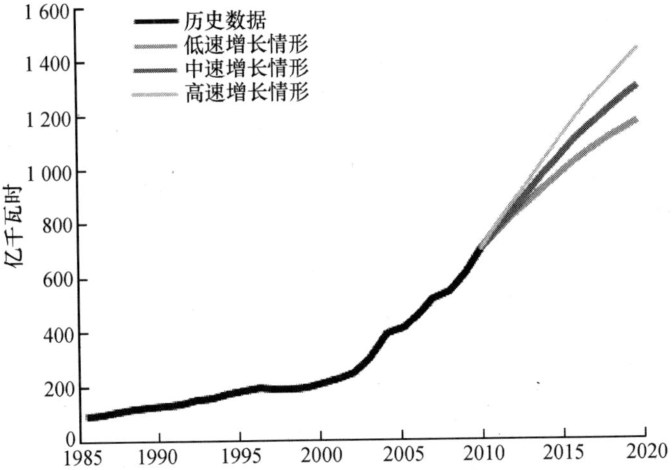

图 1-53 2020 年江西电力消费量预测

电及其他占 7.9%。尽管火电对大气环境的影响较大,但由于江西省自身的资源限制,即使在有约束的情形下,为满足经济发展与人民生活需要,短期还将主要依靠火电。按江西省"十二五"能源规划目标,"十二五"期间江西省重点续建项目包括景德镇电厂等 6 个项目及新建贵溪电厂和九江电厂 2 个项目,并将扩建神华国华九江煤电一体化项目。"十二五"期间尽快开工建设彭泽核电站一期工程,争取开工建设万安核电站一期工程。在积极政策推动下,确保 2020 年江西核电部分机组并网发电。按预测结果,在有规划约束情形下,2020 年江西火电比重为 73.7%,水电及其他占比为 26.3%(见图 1-54)。

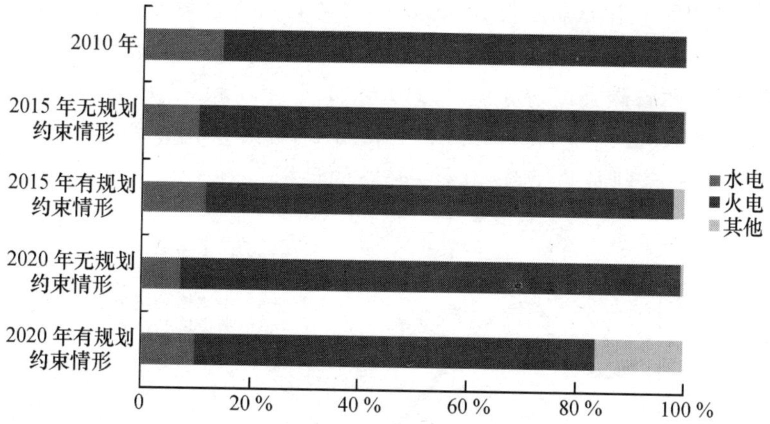

图 1-54　2020 年江西省电力结构预测

七、江西省能源强度的预测

根据国家统计局数据，按 2005 年价格计算，2010 年江西省能源强度为 0.845 吨标煤/万元，而 2005 年江西省能源强度为 1.057 吨标煤/万元，2010 年在 2005 年的基础上下降了 20.4%，较好地完成了国家“十一五”的节能目标。根据预测结果计算，三种情形下，2015 年江西省能源强度较 2010 年下降 15.9%—17.6%，大致可以完成国家“十二五”分配的能源强度约束性目标（见图 1-55）。

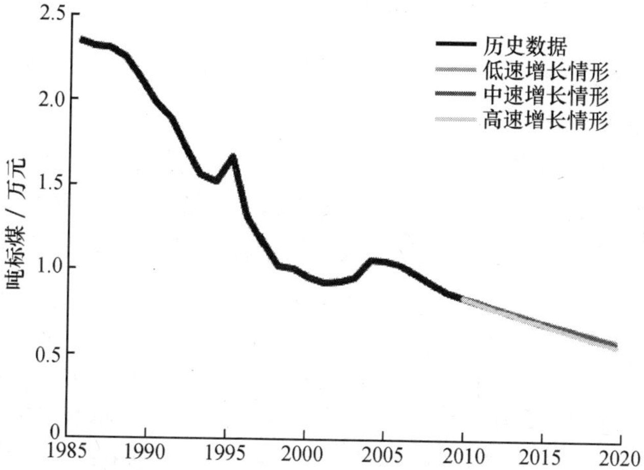

图 1-55　2020 年江西省能源强度预测

八、江西省碳强度的预测

2010 年江西省单位 GDP 二氧化碳排放量为 1.815 吨，根据预测，在低速、中速和高速增长情形中，2015 年碳强度分别为 1.580 吨、1.561 吨和 1.547 吨二氧化碳/万元,较 2010 年下降幅度仅为 13.0%—14.8%,与国家"十二五"要求的碳强度目标还有一定距离。2020 年,随着核电并网与可再生能源利用程度加大,三种增长情形下,江西省碳强度分别为 1.219 吨、1.186 吨和 1.163 吨二氧化碳/万元(见图 1-56),较 2005 年下降了 43.9%—46.5%,可以完成全国 2020 年较 2005 年单位 GDP 二氧化碳排放量下降 40%—45% 的目标。

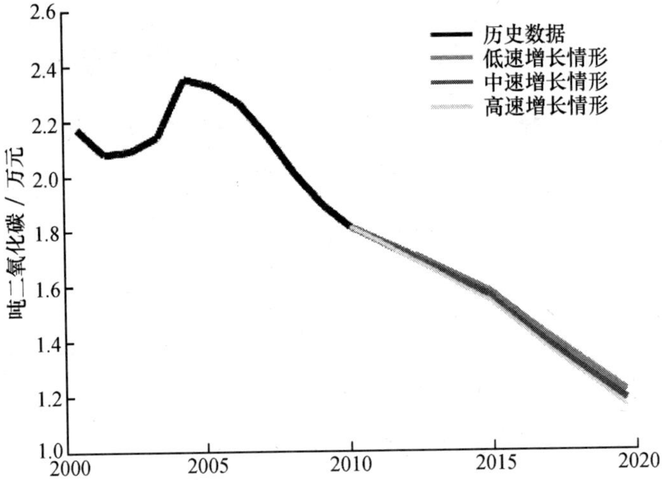

图 1-56 2020 年江西省碳强度预测

第九节 甘肃篇

一、各变量的情景设置

甘肃省地处中国西部地区,是全国主要干旱省份之一。与其他省份相比,甘肃省经济总量较小,人均收入偏低,整体社会经济发展水平落后于全国平均水平。2004—2010 年,甘肃省地区生产总值占全国的比例始终停留在 1% 左右,2010 年甘肃省人均 GDP 约 1.6 万元,是同年全国水平的一半,在各省、自治区、直辖市中位列倒数第三。但从经济增长速度上看,甘肃省正处于工业化和城镇化加速发展的重要阶段,从"十一五"开始,甘肃省城镇化进程加快,第二产业比重逐渐提高,工业结构明显重型化,全省地区生产总值年均增长 11.14%,人均生产总值年均增长 10.7%。以甘肃省"十二五"规划经济增长的目标作为中速增长情形,我们对甘肃省目前至 2020 年的经济增长情形作如下设定:2011—2015 年,GDP 增速分高、中、低三种情形,分别为 13%、12%、11%,而 2016—2020 年 GDP 增速分别为 12%、11%、10%(见表 1-17)。表 1-18 显示了甘肃省经济增长主要变量变化率的预测结果。产业结构数据方面,将采用第二产业增加值在全省 GDP 所占比重作为指标。参照其他地区的发展经验,甘肃省的工业化水平目前尚处于初期,并将向中期过度。甘肃省2010年的第二产业增加值比重为48.7%，这仅仅相当于山东省1997年的水平，浙江省1992年的水平。在1997—2007年这十年间，山东省第二产业增加值比重年均环比增长1.9%。在1992—1999的七年间，浙江省第二产业增加值比重由47.5%增长到54.6%，第二产业比重实现年均环比增长2.0%。考虑到甘肃省是西部落后省份，地理位置限制了其对外贸易的发展，即使在国家的西部大开发政策下，其工业化速度应当难以超过处于相同阶段的山东与浙江。因此，根据甘肃省"十二五"规划目标，假设2015年甘肃省第二产业比重为50%，2020年达到55%。"十一五"末期，甘肃城镇人口比重达到35.1%，远低于全国平均水平。规划到2015年，甘肃省城镇化水平达到40%，保守估计2020年达到50%。能源效率采用单位工业产值耗电量作为指标，假定甘肃省单位产值工业电耗在2011—2020年年均下降3%。能源价格会受到诸多不可测因素影响，因此暂不做预测。

表1-17　甘肃省经济增长率情形设定　　单位：%

	高速	中速	低速
2011—2015	13.0	12.0	11.0
2016—2020	12.0	11.0	10.0

表1-18　甘肃省经济增长主要变量变化率的预测值　　单位：%

	城市化率	产业结构	能源效率
2011—2015	3.5	0.3	3.0
2016—2020	4.0	0.5	3.0

二、甘肃省一次能源需求预测

2002年之前，甘肃省一次能源需求的增速较平稳。而2002—2008年，随着工业化与城市化进程加快，一次能源需求的增速加快，年均增速接近10%。2008年之后增速有所回落。2010年甘肃省一次能源需求为0.59亿吨标煤。预测结果显示，在高速、中速和低速三种经济发展速度的情形下，到2015年，甘肃省一次能源需求分别为0.80亿、0.84亿和0.88亿吨标煤，至2020年将分别达到0.93亿、1.02亿和1.12亿吨标煤(见图1-57)。

三、甘肃省一次能源消费结构预测

甘肃省一次能源消费结构以煤炭和石油为主。2010年甘肃省煤炭和石油消费量占总能源消费量的比例分别为63.3%和28.7%。煤炭消费量比重略低于全国的平均水平，而石油消费量比重较全国平均水平略高。尽管近年来甘肃省大力发展清洁能源，其水电、风电及其他能源占比在2010年为5.1%，仍低于全国平均水平。利用马尔科夫模型对甘肃省2011—2020年的能源结构进行预测，图1-58

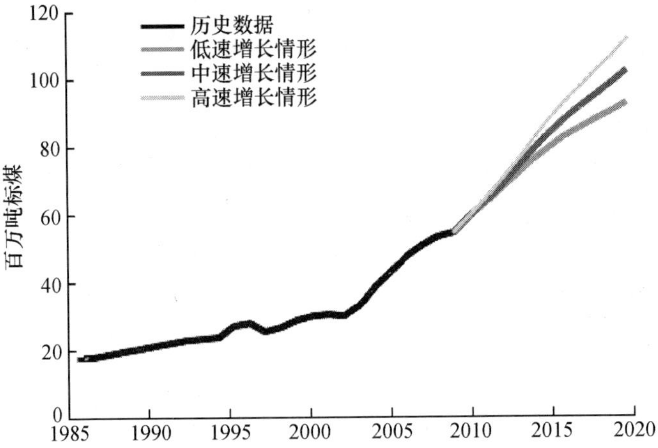

图 1-57　2020 年甘肃省一次能源需求预测

显示了预测结果。在无规划情形下，到 2015 年，煤炭份额将有所提高，而其他一次能源的比例都略有下降。2020 年，煤炭比重上升至 70.4%，而清洁能源比重不到 3%。甘肃省“十二五”规划中提出，要依托华亭国家大型煤炭基地，大力建设能源、煤化工综合开发工程；并继续推进鄂尔多斯盆地陇东石油、天然气及煤炭资源勘探开发工程。积极发展风能、太阳能、核能及核燃料、生物质能等新能源产业，建成全国重要的千万千瓦级风电示范基地和大型太阳能发电示范基地，加快建设核燃料生产基地和乏燃料后处理基地（乏燃料后处理是核燃料循环后段中最关键的环节，是指对核反应堆中卸出的乏燃料中所含的有用核燃料进行分离并回收利用），并建设确保风电外送的输电通道。在有规划约束情形下，将实现天然气与清洁能源对煤炭的较好替代，2020 年煤炭比重下降至 58.2%。

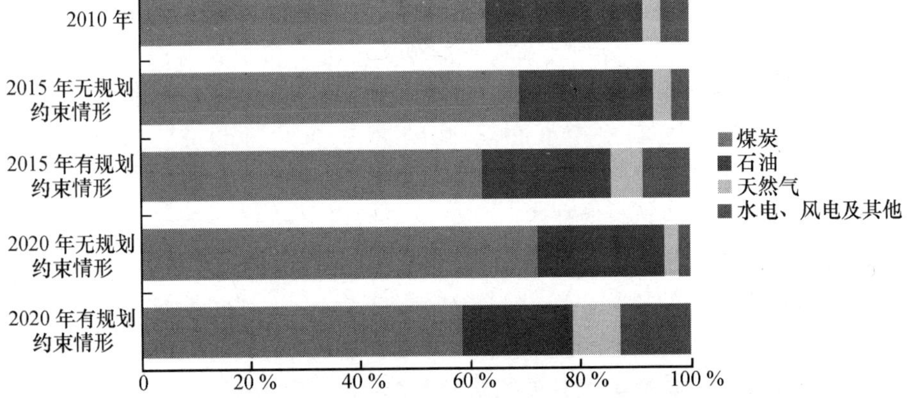

图 1-58　2020 年甘肃省一次能源消费结构的预测

四、甘肃省化石燃料二氧化碳排放预测

图 1-59 中的预测结果显示，在中速增长情形下，2010—2020 年，甘肃的二氧化碳排放量年均增长率达 4.60%，由 2010 年的 1.38 亿吨，增加到 2020 年的 2.16 亿吨。而在高速和低速情形下，甘肃省 2020 年的二氧化碳排放量将分别达到 1.96 亿吨和 2.36 亿吨。

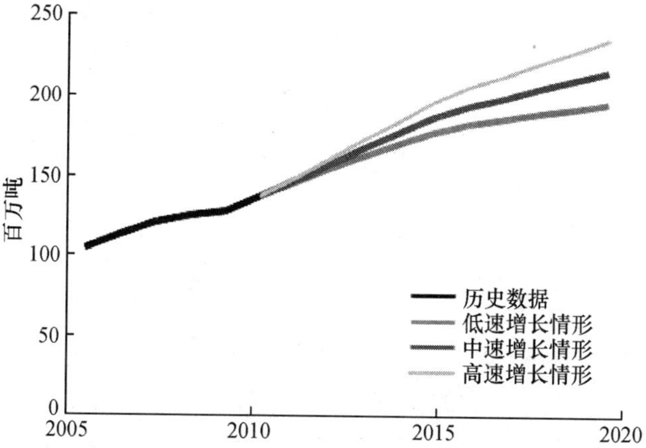

图 1-59　2020 年甘肃省化石燃料二氧化碳排放量预测

五、甘肃省电力需求预测

在过去的十年间，甘肃省电力需求一直保持着较快的增长。2003—2010 年，甘肃省全社会用电量翻番，从 2003 年的 398 亿千瓦时增加至 2010 年的 804 亿千瓦时，年均增速达到 10.6%。图 1-60 中的预测结果显示，在中速增长情形下，到 2015 年甘肃省电力需求将达到 1 159 亿千瓦时，2020 年达到 1 507 亿千瓦时。而 2020 年低速与高速增长情形下，甘肃省的电力需求分别为 1 405 亿千瓦时和 1 613 亿千瓦时。与同期全国平均水平相比，甘肃省的增长速率较快，一方面是由于甘肃省预期经济增长速度比全国平均水平略高，另一方面由于甘肃省目前人均用电量还比较低，电力需求的增长有利于经济社会发展和人民生活水平的提高。

六、甘肃省电力结构预测

甘肃是西部资源较为匮乏的省份，2010 年全省并网装机 2 358 万千瓦，其中火电占 63.8%、水电占 29.4%、风电占 6.7%。从增速上看来，2010 年风电增速约为 90%，火电增速 25% 左右，而受资源约束，水电增速不到 5%。图 1-61 显示，在无规划约束情形下，按照甘肃省电力结构变化的实际情况，利用马尔科夫模型进行预测，甘肃省 2020 年火电比重将进一步提高，由于风电规模较小，尽管有所增长，但仍低于水电比重。而考虑政策的积极引导，一方面努力发展水电，进一步加强黄河、洮河、黑河、疏勒河等水资源配置和水电开发规划工作；另一方面，按“十二

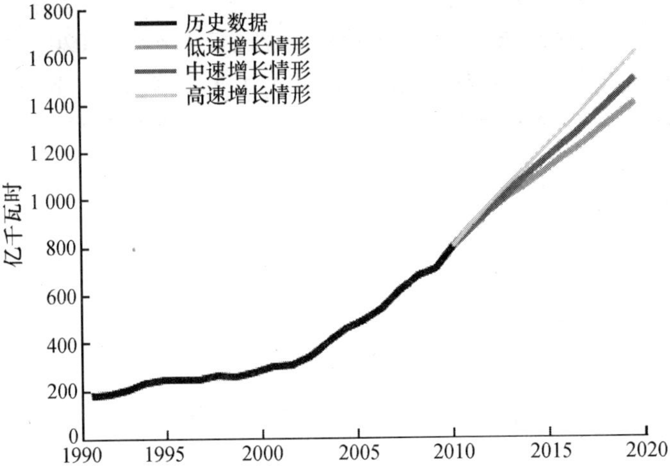

图 1-60 2020 年甘肃省电力消费预测

五”规划目标，风电装机规模将达到 1 700 万千瓦以上，太阳能发电装机规模达到 100 万千瓦以上。在有规划约束情形下，2020 年甘肃省火电比重将下降至 58.5%，风电与太阳能发电占比接近 20%。配合新能源调峰配套电源和特高压直流外送电网工程的建设，甘肃将实现有规模的风电外送。

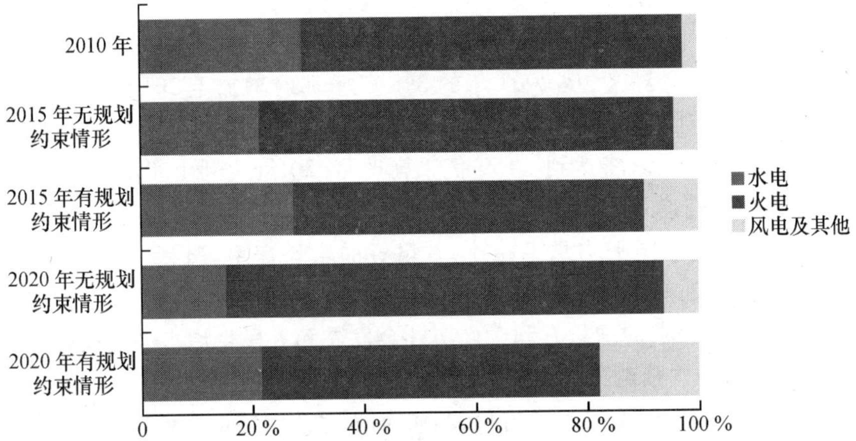

图 1-61 2020 年甘肃省电力结构预测

七、甘肃省能源强度预测

根据国家统计局数据，2005 年甘肃省能源强度为 2.260 吨标煤/万元，2010 年较 2005 年下降 20.26%，为 1.801 吨标煤/万元，较好地完成了国家“十一五”节能指标。“十二五”甘肃省的节能目标为 2015 年年末能源强度在 2010 年基础上下降15%。根据预测,在中速增长情形下,"十二五"期间甘肃省能源强度累计下降15.4%,而高速与低速增长情形下这一数据的降幅分别为16.2%和15.0%,能够较好地完成节能约束性目标(见图1-62)。

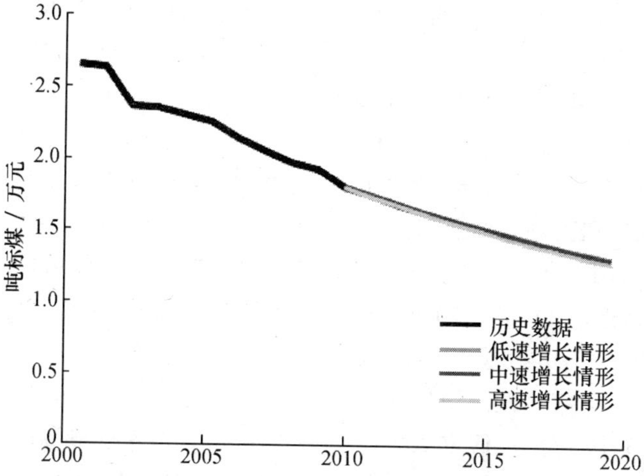

图1-62　2020年甘肃能源强度预测

八、甘肃碳强度的预测

2010年甘肃省碳强度为4.18吨二氧化碳/万元。根据"十二五"甘肃省碳强度目标要求,2015年较2010年碳强度下降幅度为16%。如图1-63所示,配合积极的规划约束,在高速、中速和低速增长情形下,甘肃省均可以较好地完成该目标。同样,根据预测结果,2020年甘肃省碳强度较2005年下降50%左右,需要积极发展天然气和可再生能源,同时尽力改善能源效率。

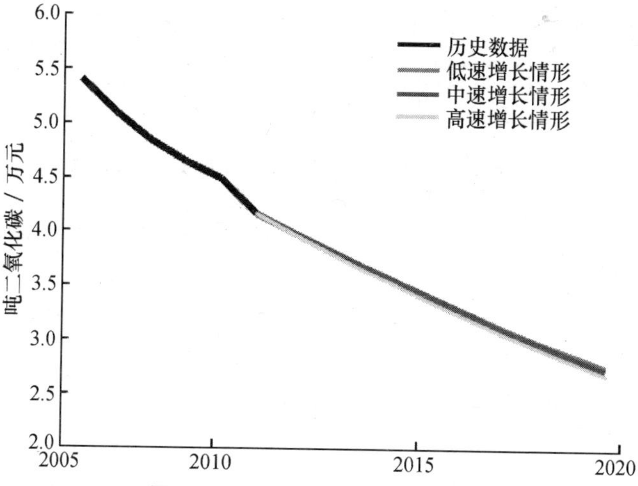

图1-63　2020年甘肃碳强度预测

第十节 云南篇

一、各变量情景设置

"十一五"期间,云南省经济增长速度年均达到11.8%,略低于西部地区平均水平13.9%,但高于全国平均水平。2011年上半年,云南省地区生产总值达3 603.13亿元,按可比价格计算,比2010年同期增长13.1%,比一季度加快0.6个百分点,比全国平均水平高出3.5个百分点,GDP总值排名居于全国第24位,增速居全国第15位。根据云南省"十二五"规划,全省预计在2011—2015年间实现地区生产总值和人均生产总值年均增10%以上,生产总值翻一番的目标。本节将假定2011—2015年云南省低速增长情形下经济增长率为9.0%,中速情形下10.0%,高速情形下11.0%,2016—2020年低速、中速和高速增长情形增长率分别为8.0%、9.0%、10.0%(见表1-19)。表1-20显示了2011—2020年,云南省经济增长主要变量变化率的预测结果。2010年云南省城镇人口比重为35%,低于全国平均水平近15个百分点,假定2020年云南省城市化水平达到50%。根据云南省1980—2010年历史数据,该省工业增加值占生产总值比重的年均增长率为0.4%左右,考虑到未来云南省工业化进程步伐将进一步加快,本节设定云南省2011—2020年的工业化增长速度为0.6%—0.7%,即到2015年全省工业增加值比重达37.3%,到2020年达38.5%。根据云南省单位工业增加值能耗的变化情况,假定2011—2020年云南省能源利用效率年均提高速度为3%。同样,价格因素在预测中暂不考虑。

表1-19 云南省经济增长率情形设定 单位:%

	高速	中速	低速
2011—2015	11.0	10.0	9.0
2016—2020	10.0	9.0	8.0

表1-20 云南省经济增长主要变量变化率的预测值 单位:%

	城市化率	产业结构	能源效率
2011—2015	3.5	0.7	3.5
2016—2020	4.0	0.6	2.5

二、云南省一次能源需求预测

改革开放以来,云南省经济快速发展,能源消费总量随之不断上升。1980—2000年,云南省一次能源需求平均年增长率为6.6%。2000—2010年,一次能源需求增长速度提高到9.6%,2010年达到0.87亿吨标煤。根据预测结果,在高速情形下,2015 年和 2020 年云南省一次能源需求总量分别为 1.16 亿吨标煤和 1.45 亿吨标煤,中速情形下分别为 1.10 亿吨标煤和 1.34 亿吨标煤,低速情形下分别为 1.06 亿吨标煤和 1.24 亿吨标煤(见图 1-64)。

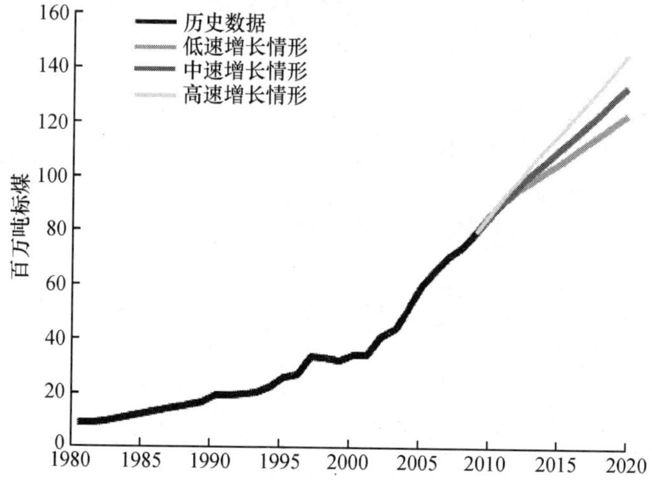

图 1-64　2020 年云南省一次能源需求预测

三、云南省一次能源消费结构的预测

云南省一次能源消费结构以煤为主,油气资源匮乏,水电资源较丰富。2010 年,云南省一次能源消费总量中水电的比重超过了 20%。在无规划约束情形下的预测结果显示,2020 年,云南省煤炭比重将有小幅提高,石油和天然气比重有所下降,水电及其他能源的比重基本稳定。这一结果表明,在没有积极政策干预的情形下,受自然资源条件与经济增长特征的影响,2020 年云南省一次能源结构基本与 2010 年保持接近。云南省"十二五"规划制定了 2015 年年末实现非化石能源占一次能源消费比重达到 30% 左右的目标,这一目标大致是全国非化石能源比重目标的 3 倍。同时,云南省"十二五"规划提出,控制性利用煤炭,鼓励利用水电和天然气,依托中缅油气管道,实施加快石油炼化基地建设及天然气利用等改善能源结构的政策,并且提出了以电代燃料的发展战略。在有规划约束的情形下,采用马尔科夫模型预测的结果显示,2015 年,云南省煤炭比重有所下降,同时天然气与水电及其他能源的份额大幅上升。至 2020 年,煤炭比重下降至 53.7%,石油比重为 9.1%,天然气比重达到 10.7%,水电及其他能源占到了 26.5%(见图 1-65)。

四、云南省化石燃料二氧化碳排放量预测

2000—2010 年,云南省二氧化碳的排放量年均增速高达 8.2%。根据预测结果,到 2015 年,云南省高、中、低速三种经济增长情形下的二氧化碳排放量分别为 2.03 亿吨、1.93 亿吨和 1.82 亿吨;到 2020 年,高、中、低速三种情形下排放量将分别达 2.57 亿吨、2.37 亿吨和 2.19 亿吨(见图 1-66)。

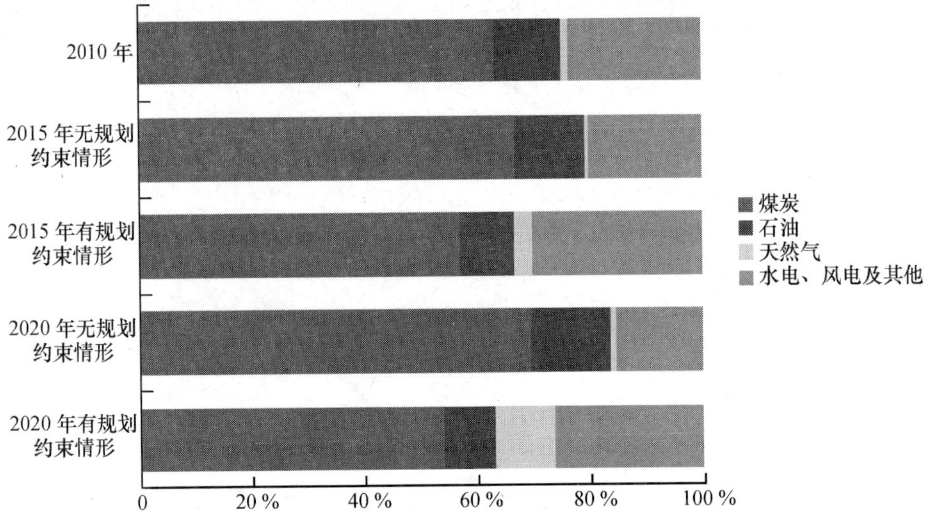

图 1-65 2020 年云南省一次能源消费结构预测

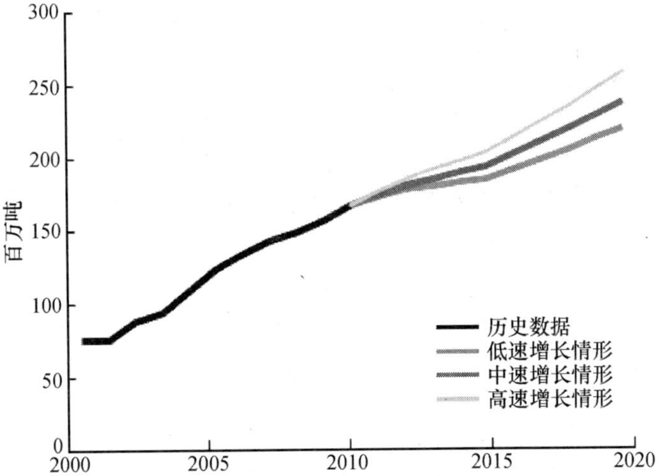

图 1-66 2020 年云南省化石燃料二氧化碳排放量预测

五、云南省电力需求预测

1980—2000 年，云南省年均电力需求增长速度为 8.2%。2000 年以后，由于经济增长速度加快，以及经济增长方式的转变，电力需求大幅上升，2010 年达到 1 004 亿千瓦时。据预测，在经济高速增长情形下，云南省在“十二五”末期电力需求总量为 1 558 亿千瓦时，2020 年的电力需求总量为 2 086 亿千瓦时；在经济中速增长情形下，云南省 2015 年电力需求总量为 1 500 亿千瓦时，2020 年电力消费总量为1 952亿千瓦时;而在低速增长情形下,云南省将保持平均8.5%左右的增长率,2015年电力需求总量将达1 442亿千瓦时,2020年电力需求总量达1 822亿千瓦时(见图1-67)。

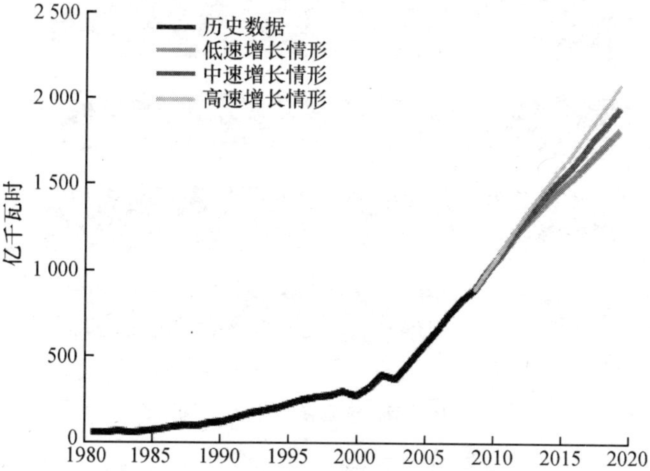

图1-67　2020年云南省电力需求预测

六、云南省电力结构预测

云南省是中国西部电力输出主要省份之一,也是少数几个以水电为主的省份之一。2010年,云南省与湖北省、四川省成为水电装机容量超过2 000万千瓦的省份。若以无规划情形发展,随着电力需求的增加,水电比重将有所下降,至2020年降至45.7%,火电将取代水电成为主要的电力供应来源。云南省"十二五"规划提出,要把云南建设成为国家"西电东输"战略工程的可再生能源基地,加快"三江"干流水电开发,适度发展中小水电,扩大西电东送、云电外送规模,并努力实现缅甸水电送云南,2015年云南省内水电装机将接近6 000万千瓦。按此目标发展,在有约束情形下,2015年,云南省水电比重将达到66.9%,2020年有望保持在60.2%左右(见图1-68)。

七、云南省能源强度的预测

根据国家统计局数据显示,2005年云南省能源强度为1.740吨标煤/万元,在西南五省区中排名第二。2010年年底,云南省完成了国家制定的"十一五"节能目标,能源强度降至1.438吨标煤/万元。按图1-69中的预测结果计算,在中速情形下,2015年云南省能源强度较2010年年底下降15.5%,满足云南省"十二五"单位GDP能耗下降15%的约束性目标。2020年,云南省能源强度指标为1.053吨标煤/万元。其他两种情形的结果与中速增长情形的差异不大。

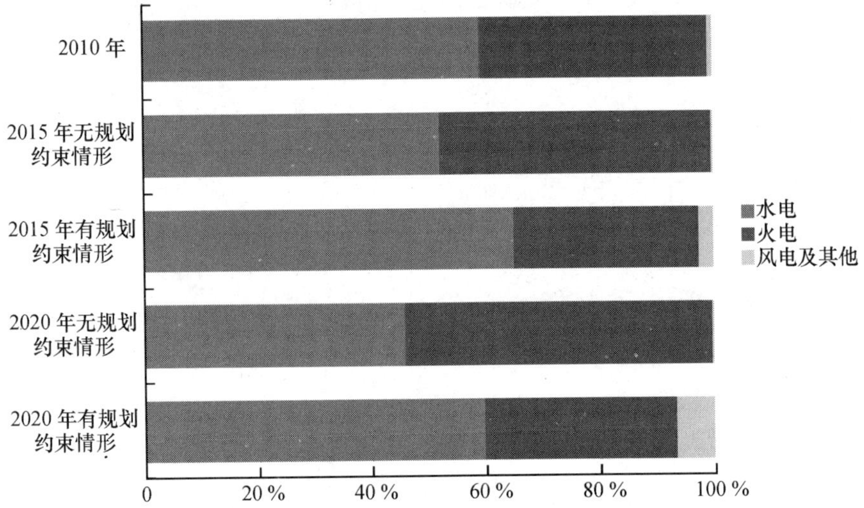

图1-68　2020年云南省电力结构预测

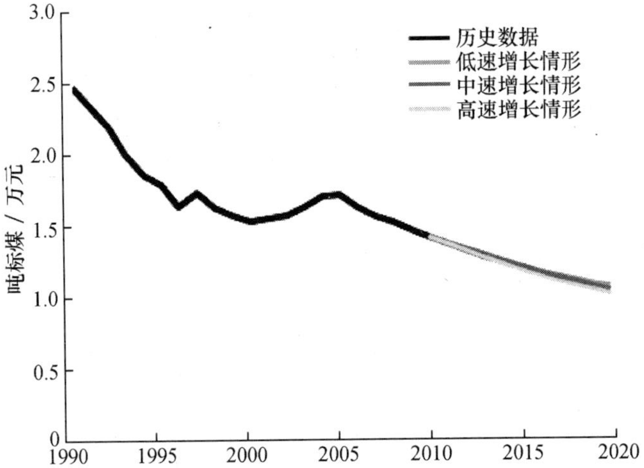

图1-69　2020年云南省能源强度预测

八、云南省碳强度的预测

按照“十二五”规划对碳强度目标的要求，2015年年末云南省碳强度在2010年年末的基础上下降16%。在有规划约束的情形下，“十二五”末云南省一次能源结构中非化石能源和天然气的比重有较明显的提高，使得整体的碳排放系数得到改善。根据图1-70中的预测结果计算，2015年云南省可以超额完成其“十二五”碳强度目标。在中速增长情形下，2020年云南省碳强度可以下降至1.863吨二氧化碳/万元，较2005年下降47.8%。这一结果满足了国家规定的2020年碳强度下降目标。

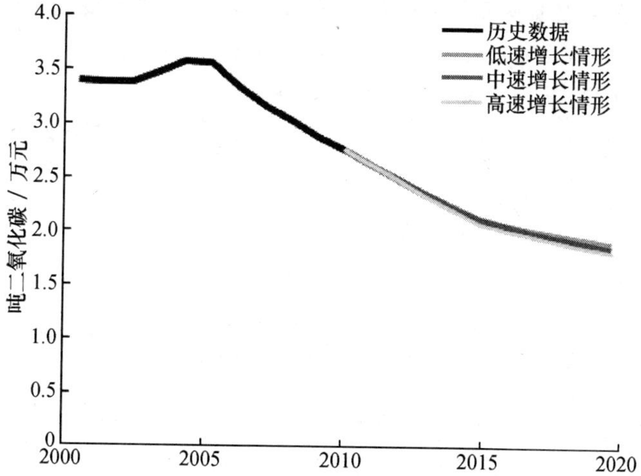

图 1-70　2020 年云南省碳强度预测

第十一节　广西篇

一、各变量的情景设定

在经济总量方面,2005 年广西生产总值为 3 984. 10 亿元,2010 年已突破 9 000 亿元,达 9 502. 39 亿元,年增量达 1 743. 23 亿元。按可比价格计算,2010 年广西 GDP 比上年增长 14. 2% ,并已连续 9 年实现两位数增长,增速为 1995 年以来第二高,仅次于 2007 年的 15. 1% 。从实际数据来看,广西近五年 GDP 的增长速度分较低、中等和较高三种情景。2010—2015 年,将《广西国民经济和社会发展第十二个五年规划纲要》制定的经济增长目标——10% 作为中速发展情形下的经济增长率指标,2016—2020 年,该指标取 9% (见表 1-21)。表 1-22 显示了广西经济增长主要变量变化率的预测结果。经济结构方面,广西第一、二、三产业增加值占地区生产总值的比重分别为 17. 6% 、47. 5% 和 34. 9% 。2010 年,工业对广西生产总值增长的贡献率超过 50% ,达 54. 5% 。其中规模以上工业增加值、城镇固定资产投资增速均排在全国第 1 位;社会消费品零售总额增速排全国第 7 位、西部第 2 位。根据历年广西第三产业占 GDP 比重的增长速度的均值,假设 2011—2020 年,广西第三产业保持 1. 48% 的增长速度。在城市化进程方面,按照《广西国民经济和社会发展第十二个五年规划纲要》要求,到 2015 年,地区城镇化水平应在 2010 年 40. 6% 的基础上提高 9. 4% 。假设 2011—2015 年年均城镇化水平增长 4. 25% ,这样到 2015 年,广西地区的城镇化率将达到 50% 。由于 2015—2020 年与 2010—2015 年同样处于较快发展的阶段,故可假设 2015—2020 年期间年均城镇化水平的增长速度保持不变,仍为 4. 25% 。对于能源效率,1985—2010 年期间,广西地区单位能耗的工业增加值从66元/吨标煤上升至575元/吨标煤,年均能源效率上升率为9.04%,其中在2001—2010年,年均能源效率上升率为6.25%。考虑到能效的提高越来越难,这一点是符合我们的预期的。因此,对2010—2015年能源效率变化率数值设定一个相对较小的保守估计平均值4%,2015—2020年为3%。对于能源价格,由于价格的决定涉及储量、政策、市场偏好、替代能源等多种因素,很难对其进行预测。

表1-21 广西经济增长率情形设定

单位:%

	高速	中速	低速
2011—2015	11.5	10.0	8.5
2016—2020	10.5	9.0	7.5

表1-22 广西经济增长主要变量变化率的预测值

单位:%

	城市化率	产业结构	能源效率
2011—2015	4.25	1.48	4.00
2016—2020	4.25	1.48	3.00

二、广西一次能源需求预测

利用上述对变量的设定,我们模拟2011—2020年广西能源的长期均衡需求。模拟的结果表明,在相对低速的经济增长设定下,2020年能源需求量为1.09亿吨标煤;在中速增长的设定下,2020年能源需求量为1.17亿吨标煤;在高速增长的设定下,2020年能源需求量为1.26亿吨标煤。增长率分别为3.22%、3.97%和4.75%(见图1-71)。

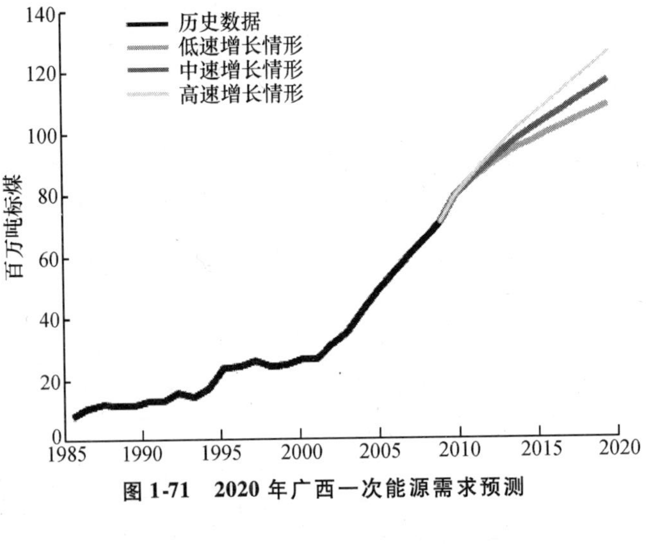

图1-71 2020年广西一次能源需求预测

三、广西一次能源消费结构预测

广西地区一次能源消费以煤为主,2010 年煤炭份额占到了 62.7%。同时广西水电资源也相对丰富,水电占一次能源消费比重的 16.5%。在无约束情形下,马尔科夫模型预测结果显示,2020 年广西的煤炭比重将上升到 71.2%,石油和天然气占 17.7%,水电和其他能源占 11.1%(见图 1-72)。可以看到,无约束情形下,煤炭比重的增加将给广西生态环境带了较大压力。广西"十二五"规划提出,广西将推进能源多元清洁发展,转变能源生产和利用方式,优化能源结构。具体包括:深度开发水电,突出抓好龙滩水电站二期建设;建成防城港红沙核电一期,开工建设防城港红沙核电二期,推进防城港白龙核电和平南白沙核电前期工作并力争开工建设;开工建设西气东输二线工程、中缅天然气管道工程、支线管网、配气管网及附属设施;积极利用云南水电资源,扩大与贵州煤电联营合作;非化石能源占一次能源消费比重达到 20%。如图 1-72,有规划约束的情形下的预测结果表明,2020 年广西煤炭比重较 2010 年下降了 7.1 个百分点,而天然气的比重上升至 5.5%,水电、核电及其他能源比重将达到 25.5%。一次能源结构朝着多元化发展。

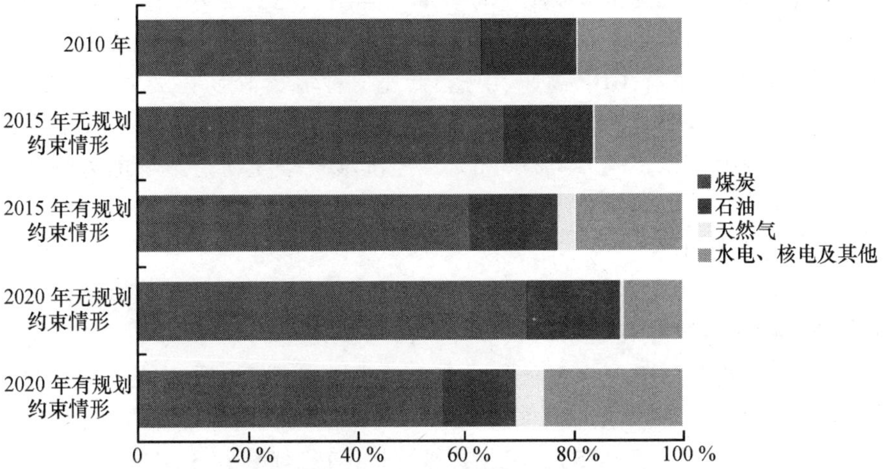

图 1-72　2020 年广西一次能源消费结构预测

四、广西化石燃料二氧化碳排放预测

化石燃料的燃烧会伴随着二氧化碳的排放,根据上述预测的 2011—2020 年能源消费总量和一次能源结构,可以预测出相应的二氧化碳排放。可以看到,在高速、中速、低速三种不同的增长率下,广西 2020 年的二氧化碳排放量分别为 2.31 亿吨、2.14 亿吨和 1.99 亿吨。

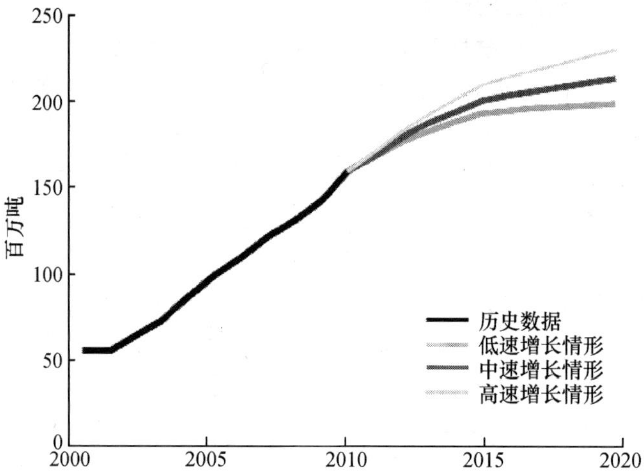

图 1-73　2020 年广西化石燃料二氧化碳排放量预测

五、广西电力需求预测

改革开放以来,广西电力需求经历了持续和快速的增长。2010 年,电力消费增长达到了 993.2 亿千瓦时,1985—2010 年年均增长达到了 10.8%。而未来广西经济的持续发展,城市化工业化进程的进一步推进都会需要大量电力的支撑。图 1-74 中的预测结果显示,GDP 高速、中速、低速三种增长情形下,2020 年广西电力需求将分别达到 2 031 亿、1 880 亿、1 725 亿千瓦时,相比于 2010 年实际的电力消费,年均增长分别为 8.2%、7.4%、6.6%。经济增长率变动是影响电力需求变化的主要因素。

六、广西电力结构预测

广西水电资源较有丰富,是国家"西电东送"重要电源基地,电力结构中火电与水电所占的比重比较接近。2010 年,广西水电占电力总量的 51.5%,火电占 47.2%,其他形式电力所占比重很小。在无约束的条件下,马尔科夫模型的预测结果表明,2020 年广西水电的比重较 2010 年下降了近 20 个百分点,转变为以火电为主的电力结构(见图 1-75)。根据广西"十二五"规划,"十二五"期间将建成岩滩水电站扩建工程,并开工龙滩水电站二期、抽水蓄能电站等项目;力争西部地区首座建设的核电站防城港红沙核电一期顺利并网,并开工防城港红沙核电二期,同时加快广西平南核电前期工作;开工上思、藤县、合浦、武宣等生物质发电项目,合浦西场、玉林大容山、桂林、防城港企沙等风电项目。如图 1-75,根据预测,在有规划约束的情形下,2015 年广西水电比重为 40.2%,火电比重为 47.5%,核电、风电等其他形式电力占比为 12.3%。

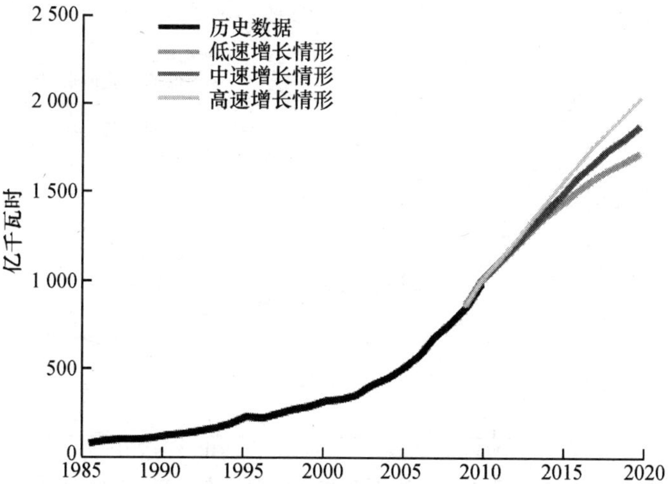

图 1-74　2020 年广西电力需求预测

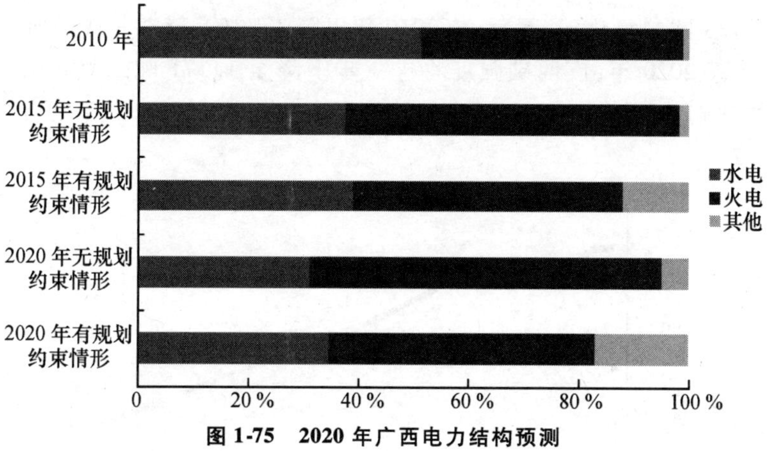

图 1-75　2020 年广西电力结构预测

七、广西能源强度预测

广西的能源强度整体呈逐渐下降的趋势，但在 2000—2005 年，出现停滞和小波反弹。2010 年年末，广西能源强度较 2005 年下降了 15.22%，是全国除了西藏、新疆和海南之外，下降幅度最小的省份。根据预测结果，三种经济增速下，能源强度的走势基本一致，都可以完成国家制定的“十二五”节能目标。具体而言，中速情形下，2015 年能源强度将在 2010 年基础上下降 15.8%，而在高速与低速情形下分别下降 16.7% 和 15.1%（见图 1-76）。

八、广西碳强度的预测

根据计算，2010 年广西单位生产总值二氧化碳排放量为 2.095 吨二氧化

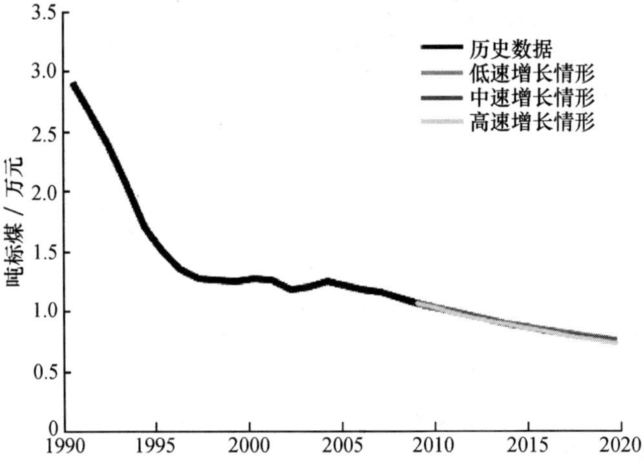

图 1-76　2020 年广西能源强度预测

碳/万元,处于全国各省区的较低水平。在中速增长情形下,2015 年碳强度指标将下降至 1.733 吨二氧化碳/万元,较 2010 年下降 17.3%,能够完成广西“十二五”碳减排目标。2020 年,广西碳强度将进一步下降至 1.371 吨二氧化碳/万元,在 2005 年的基础上下降了 45.6%,也将达到国家规定的 40%—45% 的碳强度目标(见图 1-77)。

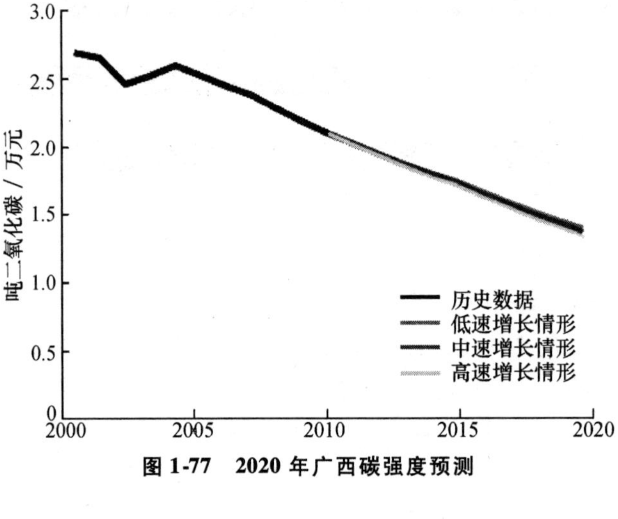

图 1-77　2020 年广西碳强度预测

第二章
能源价格市场化改革

20世纪70年代两次石油危机的打击，迫使西方国家开始重视能源供应对经济发展、社会稳定和国家安全的影响。1974年成立的国际能源署（IEA）最先提出了以稳定原油供应和价格为核心的"能源安全"概念，其目的就是保障能源供应的稳定，同时维持能源价格在合理区间。20世纪80年代以后，随着全球环境污染和气候变暖问题的日益严重，国际社会开始逐渐形成一个共识，即能源的开发利用不应对人类赖以生存与发展的自然生态环境构成威胁。由于能源问题不再仅仅是一个单纯的社会经济问题，能源安全也就被赋予了环境保护和可持续发展的新内涵。新的能源安全的概念包含了供应安全、经济安全（价格）和环境安全三个层面。

能源市场化改革作为能源安全的一个重要环节，不仅关系到能源资源的合理利用和能源产业的健康发展，而且还关系一个国家社会经济发展的长期稳定和可持续性。能源市场化改革的核心则是定价机制问题，也就是通过市场化的手段，借助价格信号来传递能源市场信息，进而实现能源资源的有效配置和合理利用，优化能源产业结构，促进节能减排和新能源开发利用。

能源价格市场化改革是一个渐进的过程，也是一个需要一系列综合配套工作的复杂工程。但是，无论是发达国家还是发展中国家，都必须根据其所处的国际政治经济环境，结合本国社会经济发展状况和实际资源禀赋以及国际能源市场的运行情况，依托能源产业的独立与发展，通过国家立法的形式，来推动能源价格市场化改革。同时，还必须借助金融市场来规避能源价格波动给社会经济发展带来的风险，实现能源市场与金融市场的一体化整合，最大限度地控制能源价格波动的不利影响。

中国作为新兴市场国家，对能源的需求不断上升，而受制于自身的资源禀赋和外部的国际形势，如何通过能源价格市场化改革来以合理的价格获得稳定的能源供应，以及应对环境污染和全球气候变化问题，便成为中国社会经济可持续发展过程中面临的一个重要课题。

第一节　能源价格市场化改革与能源安全

一、能源安全的概念

第一次石油危机中，欧佩克（OPEC）通过采取限产禁运以及官方定价等政策，逐渐控制了国际石油市场，并沉重打击了西方主要石油消费国的经济，也引发了第二次世界大战后最严重的全球经济衰退。国际能源市场格局的改变迫使西方国家开始重视能源供应对经济发展、社会稳定和国家安全的影响。1974年，为了抗衡OPEC对国际石油市场的控制，应对石油供应短缺和油价暴涨，由15个经合组织（OECD）成员国发起成立了国际能源署（IEA）。在促成IEA成立的纲领性文件《国际能源纲领协议》中，首次提出了能源安全(Energy Security)的概念，即“在任何情况下，以各种方式，在可承受的价格下获得充足的能源”。这一概念是从能源供应和能源价格的角度出发对能源安全进行诠释的。1977年，IEA提出了“12项能源政策原则”，包括减少石油消耗、石油供应多元化、鼓励节能和能源替代、扩大核能利用、提供适宜的投资环境、加大能源研发和新能源技术投入以及与产油国进行对话与合作等政策措施。正如美国剑桥能源委员会①主席、能源问题专家丹尼尔·耶金在其著作《石油博弈》中所指出的那样，“能源安全的目标就是以合理价格，通过不损害国家主要价值和目标的方式，确保充足、可靠的能源供应”②。

20世纪80年代以后，随着全球环境污染和气候变暖问题的日益严重，能源问题不再仅仅是一个单纯的经济问题，能源安全概念也就被注入了环境保护和可持续发展的新诠释。1993年，美国对外关系委员会专家约瑟夫·罗姆在其著作《对国家安全的重新界定》中指出：“能源安全的目标是增加经济竞争力和减少环境恶化，并确保充足可靠的能源服务。”1997年《京都议定书》的签订则标志着环境保护和减少温室气体排放等问题被国际社会纳入能源安全的范畴。2006年，欧盟委员会发布的能源政策绿皮书就将可持续性与竞争力、供应安全并列为其能源战略的核心，也是其能源政策的三个重要支点。③

二、能源安全的内涵

简而言之，能源安全的内涵包含了三个层次，涉及能源供应、能源经济和能源环境。

1. 供应安全

能源供应的安全是指维持能源供给的稳定以满足社会经济发展的正常需求。能源供应可能面临的风险可以发生在能源的生产、运输、加工(炼化)等多个环节。自20世纪60年代以来，世界上发生过的十多次石油天然气供应中断事件，其中多数是由于地缘政治原因引起的战争或冲突(如第四次中东战争、两伊战争、海湾战争、伊拉克战争、俄罗斯乌克兰天然气管道之争、利比亚内战等)导致的，也有由自然因素(如墨西哥湾飓风)和社会因素(如恐怖主义分子袭击油田和炼油厂、伊朗核危机等)导致的。

2. 经济安全

经济安全是指在能源供求相对平衡的前提下，能源价格波动被控制在一个合理的范围内。能够影响国际能源市场的因素非常多，从自然灾害、地缘政治导致

① 美国剑桥能源委员会(CERA)成立于1983年，总部设在美国波士顿，是一家全球著名的能源咨询机构，主要为国际能源公司、各国政府和跨国金融机构提供能源领域的信息咨询服务。

② 林伯强、黄光晓，能源金融[M]. 北京：清华大学出版社2011年版。

③ 同上。

的突发事件、汇率波动等外部因素的不确定性冲击，到库存变动、海运能力不足等市场内部因素的变化，都有可能影响国际能源价格。当然，更多的时候，石油市场是在众多因素的共同作用下运行的。① 从宏观层面上讲，国际能源市场价格波动是由国际政治经济格局决定的；从微观层面上讲，国际能源市场价格波动尤其是短期剧烈波动与市场投资者的行为密切相关，诸如过度投机、流动性过剩等金融市场行为都有可能是国际能源市场价格剧烈震荡的原因。

3．环境安全

环境安全是指能源的生产、运输、加工、使用以及废弃物处理等环节不应对人类自身赖以生存与发展的自然生态环境构成威胁。任何一种能源的开发利用都会对环境造成一定的影响，其中不可再生能源对环境的影响最为严重，尤其是煤炭、石油、天然气等可耗竭的化石燃料。进入21世纪后，全球气候异常变化趋势更加明显，减少温室气体排放成为国际社会的共识，而这就与能源消费密切相关。环境安全作为能源安全的一个重要组成部分，并不是绝对限制能源的开发利用，关键是促使人类社会在能源开发利用的过程中尽量减少各个环节可能对环境造成的影响，提高能源利用的效率以及寻找更加清洁的替代能源。

三、能源市场化改革与能源安全的关系

能源市场化改革的核心是引入竞争，建立有效的能源市场结构和定价机制。一般而言，能源市场化改革的进程主要从以下三个方面推进：一是价格逐步开放；二是放松准入限制，鼓励社会资本进行能源投资，增加能源供给；三是抑制市场垄断，逐步增加市场竞争性。

能源市场化改革主要通过以下两个途径对能源安全造成影响，一是能源市场内部的市场结构、市场行为和市场绩效的调整；二是对能源输送、分配所依赖的基础设施的规制。从能源市场化改革的内容与能源供给的关系来看，能源市场化改革并不必然导致能源安全问题。从长期来看，能源市场化改革理顺了能源价格，使能源价格能够反映市场供求的变化，有利于保证能源安全，但在能源市场化推进过程中，能源市场化改革会增加能源产品的波动性，而在能源保障机制没有建立的情况下，会导致能源的非自愿配给和能源价格非预期增长的问题出现。②

政府可以采用行政手段来解决这种能源供求上的短期不平衡问题，但如果经常发生，那么这种非自愿配给就构成了能源安全问题。而能源价格的非预期增长，则主要是由能源供给的突然减少或能源需求的突然剧增造成的，虽然同样可以通过非自愿配给的方式解决，但从社会效率角度来看，依靠价格变动要优于行

① 林伯强、黄光晓，能源金融[M]．北京：清华大学出版社2011年版。

② 张华新、刘海莺，能源市场化与能源安全[J]．中国矿业，2008年第3期。

政干预。由于能源的需求价格弹性比较小，能源价格的上升并不会导致消费者相应地减少能源消费，所以最终会增加消费者的经济负担。一些发达国家已经建立了完善的能源价格波动预防机制，来缓解能源价格非预期增长带来的影响。但由于我国针对能源价格波动的预防机制正在建设中，所以能源价格的非预期增长所带来的能源安全问题是值得重视的。

实际上，能源价格的非预期增长与非自愿配给是相互联系的，前者通常发生在能源供给短期内出现短缺的情况下，或当能源价格出现非预期的增长时，能源需求虽然也会做出相应的调整。但由于能源供求的调整会受到能源输送和分配基础设施能力的制约，当两者出现不一致的情况时，就会造成非自愿配给。但非自愿配给并不一定导致能源价格的非预期增长，能源运输和分配网络过载或其他故障，也可以导致非自愿配给，但不会影响能源价格和由于价格变化导致的能源需求的变化。

从某种意义上讲，能源市场化过程中产生的能源安全问题，其根本原因是能源市场化进程不彻底，在旧机制被取代的同时，新的保障机制没有建立或不够完善。因此，基于能源安全视角考虑，能源市场化改革的目标就是要加快建立市场化机制，保障在转型过程中，满足能源供应的社会需求，谨防供给不足同时抑制价格的过度波动。可以采取以下措施来保证市场化改革的顺利推进。

1. 建立能源价格波动的补偿机制

从国际经验来看，能源市场化改革都需要建立能源价格波动的补偿机制，由于能源大多具有较低的需求价格弹性，如果没有补偿机制，消费者将承担能源价格波动的损失，在增加社会成本的同时，也降低能源市场调节的有效性，将会造成更大的损失。建立能源价格波动的补偿机制的政策目标，并不是由政府完全承担能源波动的损失，而是着眼于通过税收补贴等手段，降低社会福利的总损失。

2. 建立应对国际能源波动的缓冲机制

能源储备制度是应对能源波动的缓冲机制，尽管能源储备制度在经济性上存在争议，即能源储备在长期内增加的成本，是否大于由于能源储备在短期内调节能源波动所减少的损失，但能源储备制度在化解能源风险上有重要作用。另一个有效的手段，是通过能源供应的多元化，来分散风险。

3. 建立能源基础设施的激励规制机制

在短期内，能源基础设施体系是保障能源安全的根本，包括能源的生产、运输和分配的基础网络。完善能源基础设施，需要有合理的投资激励机制。而激励机制的核心是建立合理的价格体系，电力、石油、天然气市场化改革中，都涉及基础网络服务的定价问题。在进行能源市场化的过程中，特别是实行下游基础网络与上游市场纵向分离的同时，要通过制定适合合理的公共网络的具有激励性的接入价格,在保障竞争的同时,促进下游基础设施的发展。

4. 建立能源投资的长效保障机制

在长期内,能源供给安全的目标主要是保证能源部门,在最佳时间和最佳地点能够吸引到足够的投资,维持能源的生产、运输和分配能力。从国际经验来看,能源生产和输送上长期投资的不足,是导致能源安全问题的一个主要原因,针对这一原因,需要建立能源投资的长效保障机制,来完善能源市场结构、产业结构和市场规则设计等方面。

第二节 能源价格市场化改革的内涵

从20世纪70年代第一次石油危机以来,特别是进入21世纪后,能源市场化改革已经成为国际社会的一种趋势,也构成了各国能源安全战略的一个重要组成部分。能源价格市场化改革是一个复杂的过程,也是一个综合的、系统的演变过程。学术界对于"市场化"这一概念有两种理解:一是指市场机制在一个经济体内资源配置过程中发挥作用并引导经济体制转变的过程;二是指转轨国家的资源配置由计划经济转向市场经济的过程。对于欧美发达国家的能源市场化改革而言,更多的是第一层含义,即通过扩大市场机制作用范围进而实现资源配置效率的提升;对于像中国这样的发展中国家和社会主义国家,更多的是第二层含义,即通过引入市场机制来减少政府干预,实现资源的优化配置,同时也反过来促进经济体制的改革。

能源价格市场化的概念是针对能源管制而言的,这种管制体现在政府对整个能源市场、能源产业的过多干预上,并直接导致了能源价格扭曲,从而出现诸如能源效率低下、能源供应不足、能源成本过高和能源产业垄断等弊端。由于各国具体国情不同,在能源市场化改革上具体做法和推进程度也不尽相同,但是,总体而言,基本上是沿着放松价格管制—破除能源产业垄断—完善市场机制的方向发展。

具体而言,能源价格的市场化改革的内涵包括五个方面。

1. 放松管制

能源价格市场化改革的基本途径就是放松管制,而放松管制是按照从生产端到运输、配送再到终端消费价格这样的顺序展开的,这一点可以从天然气和电力价格的市场化改革中最明显地体现出来。

以美国天然气价格市场化改革为例,在改革以前,美国的天然气产业在这三个环节上基本是进行统一的价格控制或经济管制,生产方生产天然气并将大部分天然气交付给管道商,而天然气井口价被严格控制,结果导致了严重的供应不足。1978年,国会通过了《天然气政策法案》(Natural Gas Policy Act,NGPA),授权成立联邦能源管制委员会(FERC)接替联邦动力委员会(FPC)来管理天然气市场。NPGA 首先改变了井口价管制的形式和范围,建立天然气井的分类体系,为各类别的气井规定了新的井口价,并确定了解除管制的时间表;其次取消了生产者向管道公司销售天然气的许可证制,但保留长期合同机制;再次颁布《发电厂和工业燃料使用法案》(Fuel Utility Act,FUA),规定提供给电力和工业用户的新气井采取"增量定价",而对普通用户则采取新、老气井的均价。通过随后的一系列法令和相关法案,美国政府逐渐放松了管制,并进行了两次产业结构重组。第一次结构重组针对的是销售环节,在 NGPA 颁布后,逐步解除了对天然气井口价的管制,同时迫使天然气管道公司放弃对市场的垄断,建立"气对气"的市场机制,允许地方配气公司和大用户直接与天然气生产商签订长期合同,或者从现货交易中心购买天然气,同时允许其他的经销商(包括营销商、地方配气公司和生产商)进入二级销售市场。第二次结构重组针对的是管道输送和配送环节,通过引入"第三方准入"(Third-Part Access,TPA)原则,建立"管对管"的市场机制,实现天然气运输与销售分离,由不同的经营者单独进行,管道公司主要从事天然气承运业务,并且对所有托运人提供无歧视的运输服务。

2. 取消不合理的能源补贴

能源价格市场化改革的经济学实质就是要取消不合理的能源补贴,同时对在市场化改革中可能受到影响的群体进行针对性的补贴。

根据联合国环境规划署(UNEP)的定义,任何与能源部门相关的政府行为,只要满足降低能源生产成本、提高能源生产者的市场价格,或者是降低能源消费者的购买价格三个条件的其中之一,就是能源补贴。能源补贴是政府对能源市场的干预手段,也是政府能源政策的一个重要组成部分。能源补贴的形式有很多,根据补贴对象的不同,可以分为生产侧补贴和消费侧补贴,前者是指对生产者进行补贴,后者则是对消费者进行补贴;根据补贴对能源价格和成本的影响途径,能源补贴又可以分为直接补贴和间接补贴两种类型,前者是指诸如财政拨款或税收政策等直接对价格或成本产生影响的手段,后者则是指诸如资助研发等隐性措施。一国政府选择能源补贴的重点和手段都不同,需要综合考虑许多因素,如补贴的总成本、涉及的交易费用和管理费用,还有补贴的成本对不同社会阶层的影响等。一般来说,发达国家倾向于对化石燃料征收能源税或碳税,以此来鼓励使用清洁能源;而在发展中国家,与能源消费相关的问题主要涉及能源供给、环境保护和能源安全方面,因此,政府多将重点放在保证能源的低价供给上,同时还会比较倾向于鼓励电网和天然气管线等能源基础设施的投资。①

① 林伯强、黄光晓,能源金融[M]. 北京:清华大学出版社 2011 年版。

发达国家和发展中国家几乎都存在能源补贴，这从一个侧面反映出能源补贴实际上对经济和社会发展是有利的，比如可以弥补由于外部性导致的市场失灵，提高贫困人群的生活水平以及保护环境，保护本国能源企业不受国际竞争的影响等。对发展中国家来说，能源补贴是政府能源战略乃至国家发展战略的一个重要组成部分，适当的能源补贴不仅是合理的，而且是必需的，其不仅有助于实现社会公平，而且有利于发展能源产业。但是也应注意补贴的方式和适用的范围及程度，并且要随着社会经济和能源市场的发展进行适当的调整。①

表 2-1　能源补贴的主要形式

政府干预的形式	典型例子	补贴发挥作用的途径		
		降低产品成本	提高能源生产者获得的价格	降低能源消费者支付的价格
直接资金调拨	给生产者拨款	●		
	给消费者拨款			●
	低息或者优惠贷款	●		
优惠税收待遇	税收返还或免税	●		
	投资的税收抵免	●		●
	增加折旧补助	●		
贸易限制	配额和贸易限运		●	
由政府直接提供的那些未按全额计算的有关能源的服务	直接投资基础设施	●		
	公共研究与发展	●		
	责任保险及报废	●		
管理能源部门	需求担保	●	●	
	价格控制		●	●
	市场准入限制		●	

资料来源：UNCP, Reforming Energy Subsidies: Opportunities to Contribute to the Climate Change Agenda, 2008。

3. 实现能源供应多元化

能源价格市场化改革的基本目标是保障能源安全，实现能源供应的多元化和能源价格的合理化。比如欧盟能源市场一体化的建设就是围绕着能源供应多元化和保障供应安全进行的。

欧盟（European Union, EU）是由欧洲共同体（European Communities, EC）发展而来的，而在战后欧洲一体化的启动上，能源安全问题是发挥了决定性作用的主导因素。由于大多数欧洲国家的能源资源相对匮乏且分布不均衡，自给率低，能源问题一直是制约欧洲经济发展的主要因素。在不同的历史发展阶段，能源需求

① 林伯强、黄光晓，能源金融[M]. 北京：清华大学出版社 2011 年版。

对欧洲的发展产生不同的压力，也推动了欧洲的一体化进程。在促成欧共体诞生的三个主要条约中，有两项直接与能源问题有关，分别是《欧洲煤钢共同体条约》和《欧洲原子能联营条约》。

第一次石油危机为欧共体共同能源政策的形成提供了一个契机。1974 年 1 月，欧共体理事会通过决议，成立能源委员会负责制定共同的能源政策。而随着 IEA 的成立，欧共体各国逐渐开始形成统一对外能源政策和立场的共识，而欧共体的能源战略从建设短期的应急机制到开始转向长期的结构调整，即倾向于通过市场化机制提高能源产业竞争力、提高能效和发展替代能源来逐步摆脱对石油的过度依赖。1974 年 12 月，欧共体理事会通过了为期十年的能源计划，为共同能源政策奠定了初步基础。

从 20 世纪 80 年代开始，欧盟通过一系列法律法规，围绕能源市场一体化、能源外交、能源税收、能源环境等领域，逐渐形成较为完善的能源战略体系。1996 年 12 月欧盟委员会颁布了《关于电力市场化改革的指令》(96/92/EC)，这是欧盟第一个关于电力市场的指令，对欧盟电力行业的组织、生产、输送、配送及市场信息透明化等方面进行了具体的规定，并要求各成员国在 1999 年 2 月必须开放电力市场，允许第三方进入和用户自由选择。1998 年 6 月，欧盟委员会又颁布了《关于天然气市场改革的指令》(98/30/EC)，为欧盟天然气行业的生产、输送、储存、分配和供应等环节制定了类似的规定，并要求各成员国在 2000 年 8 月以前采取相应的立法措施以实施该指令。1989 年欧共体就决定对能源消费税设定“最低税率”和“目标税率”，允许成员国在最低限度上实行有差别的税率。1992 年 10 月，欧共体理事会颁布了对矿物燃油统一征收最低消费税的指令。1997 年，欧盟委员会公布了碳税/能源税提案，提出新的最低税率框架。2000 年 11 月，为了应对气候变化政策对能源战略的影响，欧盟委员会又推出《迈向欧洲能源供应安全战略绿皮书》(COM/2000/769)，确定了统一的欧盟能源战略的基本框架：加强政策协调，确保能源供应安全，建立统一的内部能源市场，减少能源消费对环境的影响，以及加快新能源和可再生能源的发展。2003 年 10 月，欧盟颁布了《关于重构对能源产品和电力征税框架的指令》(2003/96/EC)，对欧盟各成员国能源税的征收范围、最低税率、差别税率和减免政策进行了规范。

作为仅次于美国的第二大能源消费区域，欧洲的能源对外依存度更高。一直以来，欧盟都把能源市场化改革作为能源供应多元化和能源价格合理化的重要手段和工具。虽然欧盟能源进口来源比较广泛，但是欧盟仍采取协商一致的能源市场化政策。

由于天然气和可再生能源在欧盟能源消费结构中的比重不断上升，欧盟对电网和天然气管线的天然垄断的担忧也在不断增加。由于欧盟的电网和油气管线不是局限于某一个单个国家，而是跨越几个成员国的泛欧能源网络，因此，欧盟将发展泛欧能源网络，作为推动欧盟内部能源市场开放的基础。目前，欧盟优先发展的泛欧能源网络项目包括7个跨国电力传输线路和5个跨国输气线路。这些能源输送网络不仅覆盖整个欧盟地区，而且也包括巴尔干地区、波罗的海地区、地中海地区、中东地区以及俄罗斯等欧盟能源进口地。

为了进一步提高能源产业的竞争力，保障能源供应安全，2001年3月，欧盟委员会宣布了全面开放电力和天然气市场的计划，提出在5年内彻底消除能源产业垄断的构想。2003年6月，欧盟发布《关于内部电力市场共同规则的指令》(2003/54/EC)和《关于内部天然气市场共同规则的指令》(2003/55/EC)，要求加快开放电力和天然气市场的进程。按照欧盟的指令，能源企业按功能进行拆分，即输送与分配分离，生产与供应的分离。能源公司必须将生产和运输部门分割成单独的法人实体，将投资决策和日常管理分开，比如垂直一体化电力企业可以拥有输电系统的产权，也允许存在输电、配电系统联合运营机构，但是，必须为输电、配电业务设立单独的账户。欧盟开放能源市场的目标是：通过提高电气生产和输送领域的竞争和效率，逐步建立统一的内部能源市场；降低能源价格，保护消费者权益。其核心就是在能源市场的输配送环节引入第三方，使消费者能够自由选择供应商和管线运营商。①

4. 推动节能减排

节能减排的根本动力在于能源的稀缺性和可耗竭性与全球经济增长带来的能源需求的快速增长之间的矛盾，而能源价格的市场化改革将有助于体现能源的这种稀缺性和可耗竭性，并有助于通过市场定价的方式对能源利用给环境带来的外部性进行弥补和缓解。

提高能源价格和加大节能领域投资是实现节能目标的主要途径，也是国家能源政策的重要组成部分，而通过能源价格的市场化定价，不仅会提高企业和个人的节能意识，而且可以引导对节能领域的投资，但是能否取得预期的效果，则取决于资本与能源之间的相互关系，也就是所谓的能源替代问题。

能源替代是指通过对能源消费的内部结构调整或者改变能源与其他非能源的投入比例，以达到节约不可再生能源、降低能源投入成本、提高能源利用效率、保护生态环境并最终实现经济可持续发展的目标。能源替代包括内部替代和外部替代。前者是指能源内部的结构问题，即不同能源之间的替代，比如清洁高效能源对化石燃料能源的替代；后者是指基于能源价格的变化，通过能源与资本、劳动等生产要素之间的替代，实现三者投入的优化配置，达到降低能源成本、提高产

---

① 林伯强、黄光晓，能源金融[M]. 北京：清华大学出版社2011年版。

出的目的。但是,不管是外部替代还是内部替代,都取决于能源价格机制。

从外部替代的角度来看,在不同经济发展阶段,能源与资本等要素之间可能存在不同的关系。当能源与资本之间呈现替代关系时,加大节能领域的资本投入就可以促进能源节约;反之,当两者呈现互补关系时,试图扩大资本投入来替代能源,就会因为能源缺乏需求弹性而达不到预期的效果,节能只能更多地依靠提高能源价格来迫使社会能源较少的消耗。

从内部替代的角度来看,虽然能源价格的提高有助于能源结构转向高效、清洁能源,但是也要注意反弹效应可能造成的负面影响。所谓的反弹效应是指某种能源利用效率的提高在开始时会降低该能源消费,然而,如果能源价格不变,节省能源会使产品成本或能源服务的使用成本下降,引起需求的反弹。有许多研究结果证实了反弹效应的存在,反弹效应使得政府为提高能源效率而进行节能的努力成果将比预期更小。反弹效应取决于许多因素,包括资源形式、资源使用设备以及资源市场和总体经济的发展程度。在特定条件下,由于存在反弹效应,能源效率提高甚至最终可以导致能源需求增加。这种情况发生在一些发展中国家或新兴国家的低能源价格政策下的能源市场。对于成熟的市场,尽管存在反弹效应,但节能效果依然存在。

因此,尽管由于国情不同,不同国家能源政策的着眼点和倾向也不同,但是能源价格市场化一直是各国节能减排政策的重要组成部分。通过降低单位经济产出的能源消耗和污染物(温室气体)排放,不仅可以达到保障能源安全和应对全球气候变化的双重目的,而且也是最为经济、环保的措施和手段。

20世纪70年代的石油危机之后,OECD成员开始把节约能源作为实施能源战略的重要组成部分,通过法律、法规等命令控制型政策,强化能源管理与规划,目标是减少能源消耗,遏制能源消费量的上升势头,保证能源的供应安全。进入80年代后,欧美发达国家普遍推行经济激励型政策,通过现金补贴、税收减免和低息贷款等财税政策鼓励节能技术的研发和推广,以及相关项目的投资。进入90年代后,环境问题尤其是温室气体引发的全球气候变暖则成为国际社会关注的新焦点,OECD成员逐渐将节能减排作为各自能源战略的核心,从单纯的关注能源供应安全,转向以能源环境安全为主导的新能源战略。新能源战略更加注重基于市场的政策组合工具,提倡综合使用多种手段,发挥市场在资源配置中的作用。随之产生的合同能源管理、白色证书交易(针对节能量配额)、绿色证书交易(针对可再生能源发电配额)和碳排放权交易等市场化机制,在节能减排领域取得显著成效。①

① 林伯强、黄光晓,能源金融[M]. 北京:清华大学出版社2011年版。

5. 促进能源金融发展

能源金融(Energy Finance)是一种新的金融形态,是国际能源市场与国际金融市场相互渗透与融合的产物。通过对全球主要经济体和能源生产国的能源战略及其演变过程的分析可以发现,能源金融在能源战略体系中的作用越来越受到各国的重视。能源金融已经不仅仅是服务于能源战略的一种手段和工具,而是国家战略的一个重要组成部分。①

能源价格的市场化是能源金融发展的基本条件,反过来能源金融的发展也使得能源市场价格的形成更加合理。两者的关系可以归结为以下几点。

第一,能源金融的发展会影响国际能源市场中能源商品的价格形成。虽然能源金融的边界与内涵随着全球社会经济的发展而不断演变,但是其核心仍是对于能源商品尤其是石油的定价权的争夺。西方发达国家尤其是美国通过其在国际货币体系中的优势地位,加上其成熟的金融市场体系,逐渐形成了以能源商品期货市场为主导的能源金融市场,强化了其对国际石油价格的控制。目前,国际石油市场已经形成了包括现货、远期、期货等在内的较为成熟、完善的市场体系,期货交易逐渐替代现货贸易和长期合同成为国际能源市场的定价基础。以美国纽约商品期货交易所(NYCME)、伦敦国际原油交易所(IPE)为中心的国际石油期货市场的期货合约价格已经成为全球石油贸易现货交易、长期合同的主要参考价格。而随着国际金融资本的介入,能源商品尤其是石油的"金融属性"不断增强,市场投机风气也越来越重,这不仅导致国际能源价格波动加剧,影响到全球能源安全,而且也影响到了全球经济的发展。

第二,能源金融的创新有助于实现能源市场外部性的内在化,进一步推动节能减排的发展。OECD成员很早就认识到目前面临的环境问题、全球气候问题既是人类可持续发展的障碍,也是一次人类跨越传统发展模式的契机,以碳排放交易市场为代表的能源金融创新逐渐成为国际金融体系发展的趋势,也成为西方发达国家能源战略新的组成部分。2006年启动的欧盟排放交易体系(EU ETS)是在《京都议定书》规定的灵活机制基础上建立起来的、全球第一个采取强制性减排措施的温室气体排放权交易市场。目前EU ETS已经形成了场外、场内、现货、衍生品等多层次市场体系,以及伦敦能源经纪协会(LEBA)、欧洲气候交易所(ECX)等多个交易中心,2008年的交易额占全球碳排放市场交易额的近80%。而据IEA的估计,在2008—2012年,全球碳排放权交易规模每年可递增300亿美元,2012年达到1 900亿美元,有望成为与国际石油市场并肩的碳排放权交易市场。能源金融创新不仅为节能减排提供了金融工具和手段,更重要的是引导了全球未来经

① 林伯强、黄光晓,能源金融[M]. 北京:清华大学出版社2011年版。

济发展的方向，即绿色低碳的可持续发展模式。

第三，通过兼并、收购等能源金融手段可以推动能源产业链的整合与优化，提高跨国能源公司的整体规模和竞争力，进而影响到国际能源市场价格的形成。进入20世纪90年代后，跨国石油公司为应对国际石油市场的新形势，普遍采取并购重组策略，实现其一体化的发展战略，最终形成以英国石油、埃克森美孚等为代表的超级跨国石油公司。作为能源战略的重要一环，跨国石油公司借助资本市场得以巩固其在国际石油市场上的优势和垄断地位，也为西方发达国家全球能源战略的实施奠定了基础。①

第三节 能源价格市场化改革的基本经验

能源价格市场化改革作为能源安全的一个重要环节，不仅关系到能源资源的合理利用和能源产业的健康发展，而且还关系一个国家社会经济发展的长期稳定和可持续性。能源市场化改革的核心则是定价机制问题，也就是通过市场化的手段，借助价格信号来传递能源市场信息，进而实现能源资源的有效配置和合理利用，优化能源产业结构，促进节能减排和新能源开发利用。

我们将各国的能源市场分为四种类型，一是以美国为代表的资源丰富、经济发达的国家；二是以俄罗斯为代表的资源丰富的转型中国家；三是以日、韩等为代表的资源贫乏但经济发达的国家；四是以印度为代表的资源贫乏的发展中国家。不同类型的国家，其能源价格市场化改革的路径不一样，取得的经验和成绩也不尽相同，非常值得我们借鉴与参考。

但是，有一点必须指出的是，能源价格市场化改革必须符合发展的规律，应该立足于本国自身的国情和国际政治经济环境，有步骤、有目标地来不断推进。能源价格市场化改革很难一蹴而就，它需要许多其他政策的综合配套来共同完成。因此，能源价格改革将是一个不断规避风险、不断整合资源的渐进的过程。

一、美国

自第二次世界大战以后，美国宏观经济、政治理念从较强的政府主导倾向开始转向自由主义。特别是以萨缪尔森为首的新古典综合派的经济理论在1973年的“滞胀”面前束手无策，自由主义思潮开始复苏，里根政府就是奉行自由主义经济思想并以此制定放松管制，开放市场的经济政策和能源政策的。

通过对美国的能源价格市场化改革历程和能源政策的回顾与分析，我们可以初步构建美国能源市场化改革的基本框架。

第一，通过法律的形式明确了能源资源的所有权、勘探权和开采权，然后用市

① 林伯强、黄光晓，能源金融[M]．北京：清华大学出版社2011年版。

场竞标方式确定油权的租让价格，稀缺的资源得到了准确的市场评价。

第二，能源资源的勘探、开发、加工、批发和营销都是由私人公司经营，政府不直接干预，能源价格由市场供求决定。这极大地提高了能源企业的积极性，平抑了能源的过高需求。

第三，政府在介入能源市场的过程中，其采取的策略仍是以市场化手段为主，行政干预非常少见。比如美国战略储备石油的采购、储存、释放基本上采取市场招标机制，这样不仅灵活了交货时间，而且减少了储备成本。

第四，政府对能源行业的政策干预主要采取的是投融资、补贴、技术援助和税收优惠等政策，其重点在于促进能源行业的有序发展，并提高能源企业参与国际竞争的能力。

第五，强化能源金融市场的作用，促使能源企业借助金融衍生品工具和期货市场来分散和回避国际能源价格激烈波动的影响，或者降低经营成本。

以上这些做法，既减少了政府的监管成本，避免了国家垄断产生的低效率和政治腐败，又提高了私人石油公司的利润，满足了社会需求，实现了经济的可持续发展，从而被证明是有效的。

总结美国能源市场化改革的经验与教训，我们可以获得以下认识。

1. 市场化改革必须有目标性和连续性，并通过立法巩固已有的改革成果

美国政府在放开能源价格管制的过程中，均是通过法案形式保证政策的实施，确保政策的连续性。这种做法的优点有两个：其一，法案具有稳定性，在经济主体对未来预期不确定时，法案的制定和实施对稳定经济行为作用巨大；其二，法案具有前瞻性，前一法案往往为后续法案提供了改革的目标，后续法案在既定目标指引下，根据客观环境，不断做出新的调整。

2. 市场化改革应抓住时机，尤其是要充分把握国际能源市场的发展趋势

美国能源价格市场化改革是在国际油价走高时，进行了充分讨论、酝酿，又适逢国际油价下滑时让价格与国际接轨，使其改革得以顺利进行。给我们的启示是，在高油价时对放开油价带来的种种问题可进行充分估计和讨论，一旦国际油价下跌，应该趁机接轨，以减少油价增幅过大带来的经济和社会问题。

3. 市场化改革的决心至关重要

美国政府为了放开能源价格管制一直与国会进行协商。比如在1979—1980年的第二次石油危机中，美国政府抓住时机，终于赢得了国会的支持。里根总统上台伊始，果断放开能源价格，表现了政府决策的决心，也取得了成效。事实上，对于改革利弊的反复持续的讨论往往会使政府陷入越来越被动的境地，对政府的执政能力是一个巨大考验。

4. 市场化改革的核心就是价格与国际市场接轨

美国能源价格市场化改革的经验表明,以维护低油价为目的的油价管制机制会扭曲价格关系,抑制生产,刺激石油过度消费,同时也不利于经济增长方式的转变。对石油对外依存度较高、能源资源形势趋紧的国家来讲,更应采用与国际接轨的、以市场定价为基础的石油价格机制,价格管制只能作为特殊时期如石油危机时期的特殊手段来应用。

5. 市场化改革应以竞争性的市场结构为基础

美国能源价格市场化取得的成功,与构建竞争性能源市场结构的努力是密不可分的。美国的能源市场由数个巨型公司(如埃克森、德士古这样的大型石油公司业务涉及所有环节,实现了业务的一体化)和大量"独立"公司(数万家非一体化的公司仅涉及某个环节),其他还有部分一体化的公司(可能从事两个或三个环节的业务)组成。各类能源企业之间的竞争非常激烈,既不会出现一家或几家公司垄断市场的局面,同时又形成与政府干预相抗衡的强大力量,有力地维护了市场机制的良性运转。

二、俄罗斯

俄罗斯是世界上的能源大国,但长期以来却因国内能源集团的垄断与机构的官僚体制,导致能源体系运作不良,以致面临着不得不进行改革的窘境。2000年普京任总统后,决定将反垄断改革提上议事日程,逐步展开改革进程,以确保俄天然气和电力市场长远的经济利益,发展和强化与欧盟以及独联体的互动关系,并促使俄能源业与国际市场接轨。

1. 俄罗斯能源市场化改革的特点

长期以来,俄罗斯在苏联解体后进行的能源市场化改革是与转型经济的"私有化"进程同步展开的。其能源市场化改革带有强烈的转型经济特点,值得我们吸取其中的经验教训。以俄罗斯的油气资源领域的"私有化"进程为例,大概经历了股份制改造、拍卖、拍卖兼并购重组等三个阶段。从经济转轨以来俄油气工业私有化的基本进程可以看出,其突出特点是改革力度大、进程快,权力逐步下放,短时间内撤销了石油部、天然气部,并对其进行私有化和股份制改造,将原来高度集权的计划体制逐渐变成以市场为导向的股份制,开始吸收外资参与,国家仍通过控股、掌握配额及实际支配人事任命等权限,来确保联邦中央的主导地位。石油天然气企业因其本身规模巨大,加之参与国际竞争的需要,因而出现集团化的资产重组趋势。与石油部门不同的是,俄罗斯天然气生产、运输和销售活动至今仍处独家垄断地位,反映了俄罗斯天然气工业走向市场化的过程与在稳定经济中发挥其作用的矛盾性,以及苏联时期高度集中的计划经济体制对俄罗斯油气工业体制的变革起到的深刻的制约作用。政府经常动用非市场经济手段管理油气行业并长期制约其市场化进程。[①] 目前，从俄罗斯国内来看，只要俄天然气工业股份公司仍然保持着其对国内天然气运输系统的所有权和经营权，那么任何旨在重新分配剩余产能的建议都将是对其现有利益的损害。而该公司又是与能源运输和出口直接相关的垄断性企业，同时由于石油工业自身的垂直一体性特点，旨在消除补贴、提高效能的政策选择被进一步限制了。与此同时，市场与定价之间日益加强的联系将决定政策与投资的互动选择，同时也决定了改革势在必行。不过政治方面的考虑仍将普遍存在，并将主要体现在履行政府的社会承诺和增强外部影响力方面。[②]

2. 所取得的成效

俄罗斯油气工业私有化的主要成效表现在油气产业的结构改革基本完成，其股份制改造的完成为经营机制的转换创造了前提条件，从而有利于其扩大生产规模，提高经济效益。同时，金融工业集团对大型油气公司取得控股权，将有利于油气企业按市场机制运作从而提高其效益。金融工业集团会积极吸收国外先进的管理经验，重视技术引进和进行技术开发，依国际标准组织生产、销售和服务，努力使油气企业具备与国际先进大企业竞争、抗衡的资格和地位。金融工业集团把收购作为扩大自身势力的主要手段，要比直接投资建设新企业简捷得多，不需要重新组织技术力量和操作工人，降低了交易成本。金融工业集团在油气生产、销售、工艺技术研制开发，特别是管理方面与国际先进水平接轨，既有利于油气企业按市场机制运作，也有利于油气企业参与国际竞争。

3. 存在的问题

从总体上讲，俄罗斯油气工业体制改革并未达到预期目的，经济转轨之前的深层次问题并未解决。这表现在以下几个方面。

（1）改革后俄罗斯油气企业的经营机制没有根本改变。按俄政府意图，油气企业的股份制改造、私有化及最终组建上下游一体化公司是为了打破部门垄断，在俄出现一批能参与国内外市场竞争的油气公司。但从其实际运作情况看，传统计划体制影响根深蒂固，俄一体化油气公司仅在组织形式和规模上类似于西方同类公司，其经营机制仍带有“指令—服从”的旧体制烙印，基本无生产经营独立性，无法灵活选择投资方向，难以发挥自身的优势和技术特长，因此油气企业依然缺乏活力。其具体表现是油气勘探和生产在很大程度上仍像旧体制时期那样处于分离状态，油气企业无偿占用国家油气资源的方式未根本改变；油气价格仍由国

① 戚文海，俄罗斯石油天然气工业私有化评价——对俄自然垄断产业产权改革的透视[J]. 俄罗斯中亚东欧研究，2003 年第 6 期。

② 路易斯 · 斯基纳，俄罗斯能源战略的调整[J]. 经略，2011 年第 10 期。

家控制，与其他商品的价格相比，油价实质上一直呈下降趋势，因而油气企业更新固定资产的投资能力不断下降。在运输、销售和出口等方面，国家仍对油气企业有诸多干预。企业被限制在单一生产活动中，经营自主权十分有限，更不用说融资能力了。

（2）股份制改造中油气企业所有权和经营权过于分散。现代西方股份有限公司的所有权与经营权是既分离又统一。根据西方现代企业制度演化规律，企业的产权结构总是在企业成长的漫长过程中适应生产规模、经营规模、代理成本等问题逐渐地有机形成的。俄罗斯现行股份制改造模式，恰恰使俄罗斯油气企业的所有权股份分散在国家公司、俄罗斯公民、企业职工和企业领导之间。在一体化公司中，经营决策权分散在国家控股公司、生产联合体和炼油厂之间，一方面很难形成统一高效的决策，另一方面也使企业的经营自主权难以落实。

（3）一体化石油公司建立后俄罗斯国内未形成竞争机制。按市场经济要求，只有在竞争机制形成和发育的过程中，才能实现新的价格、投资和税收政策。但是，历史上形成的燃料能源工业的组织机构严重地阻碍了竞争机制的形成和发展。天然气工业在俄罗斯天然气工业股份公司建立以后仍然是一个庞大的垄断组织，犹如独立王国，它不仅迫使最终消费者接受自己的价格政策，而且可以左右最高立法机关关于价格、税收和投资问题的决议。

国家决定建立控制石油工业全过程的上下游一体化的大公司。按改革者的设想，这些公司将破除石油部门的绝对垄断，并形成能源市场的主体格局。它们不仅在国内互相竞争，而且将在国际市场上成为西方公司的竞争对手。但是，这些公司不是经济发展自然形成的，而是由上级决定建立的，因而仍具有宏观上行政命令的特征。这些一体化公司只是在规模上与西方公司相似，但其职能和经济自由化程度都不同，近乎于一种地区性的垄断组织。

（4）财税制度仍不合理。俄罗斯关于油气工业的财税制度仍不合理。俄油气工业的现行财税制度具有维护计划经济行为方式的作用。征税的对象仍是产量而不是利润，财政收入主要靠提高税率、增大税负取得。这使许多油气企业无法获得充分的税后资金用于扩大再生产。为解决该问题，俄罗斯政府设立了石油工业投资基金。石油工业投资基金实际上助长了企业对国家的依赖性，因为企业由此获得的投资可直接成为财务利润，构成企业的经济利益。因此，只要有石油工业投资基金存在，俄罗斯油气企业就不可能真正进入按市场经济规则运作的轨道。

（5）法律制度仍不健全。1995年，《产量分成协议法》及其相关法律的颁布实施，标志着俄油气领域开放度的显著提高。在《产量分成协议法》生效前，油气及其他矿物资源的勘探、开发、生产是依照《地下资源法》以颁发许可证的方式进行管理的。许可证规定的相应权限具有行政法的特性。而《产量分成协议法》产生后,政府与投资者之间形成契约关系,协议条款以协商方式确定,使协议具有国民特性,协议双方基本是平等的。但值得指出的是,《产量分成协议法》第一章规定,“在具有国民特性的产量分成协议中,协议方的权利和义务必须服从俄联邦法令”。这意味着协议方的某些权利和义务并不具有国民特性,而是由行政法决定,这样导致了契约式关系的不完全性,由于《地下资源法》的运作方式与《产量分成协议法》的运作方式基本上是相抵触的,就必然造成在保险、矿产权的延迟、中止等重要问题上缺乏明确的解决方式,由此带来行政管理的风险和争议解决的非仲裁性。值得注意的是,在协议中相关的地方政府分支机构并未成为独立的一方,这样势必产生一系列消极影响。首先,政府分支机构将不对俄联邦在协议中承担的义务负责,这将缩小隶属于俄联邦的财产范围;其次,如果政府分支机构非法干涉投资者履行协议的活动,投资者将不能从协议中获得应得利益,并且不能在商业法庭上采取行动对抗分支机构的所为;再次,从实际操作的角度看,还可能引发俄联邦与政府分支机构在产量份额上的冲突。

4．经验教训

私有化是俄罗斯经济转型中激进政策的核心组成部分之一,而石油工业的私有化是俄私有化的重要领域之一。与全俄私有化进程相比,油气工业的私有化还是相对滞后的。实际上,作为国民经济主导产业和自然垄断行业,由于其自身的复杂性,经济转轨以来俄石油天然气工业的私有化进程仍是分阶段进行的。

俄罗斯油气企业推行私有化时,首要失误在于对所有权结构进行任意且过快的分散化,破坏了经营权的权威性与统一性,导致众多股东之间信息交流和协调成本的增加,这样做虽瓦解了旧的责任制,但新的有效责任制却难以建立起来。①

因此,俄罗斯能源市场化改革的经验教训之一就是能源体制改革应在政府主导下,制定一个与整个国家发展紧密相关的能源发展战略。经验教训之二是能源市场化改革要尽可能引进市场机制,采取强有力措施确保产权结构明晰、责权利到位,防止国有资产流失,并建立合理的投资机制,这是建立健康稳定的能源市场、优化资源配置的有效途径。

三、日本和韩国

日本和韩国作为能源资源贫乏的国家,其产业结构也非常相似,都是以出口导向为主的外向型经济,因此,能源成为其经济发展的命脉和支撑。两国的能源市场基本上与国际能源市场接轨,其能源价格的市场化改革基本上能够体现其国内对能源的需求和国际能源供给之间的平衡。

---

① 杨斌,普京打击金融寡头的原因和启示[J]．经济管理文摘,2001年第8期。

1. 日本

日本能源价格市场化改革的经验可以归结为以下两点。

(1) 能源价格市场化改革要与国内环境相适应。比如日本的石油价格改革之所以这么成功,一个主要的原因就在于其在各个阶段所采取的措施始终是与当时的国内政治经济环境相匹配的。20世纪30年代的战争时期,石油的政治性占主导地位,与国家的政治前途密切相关;80年代的贸易自由化压力对当时处于经济发展关键时期的日本是一个不小的冲击;石油在政治和经济发展上的重要作用决定了日本政府在这些特殊时期需要对石油实行价格管制。而随着两次石油危机的爆发和对进口石油依赖性诉求的减少,日本政府逐渐开始放松对石油的管制,以此来适应日本经济的全球化发展。可见,日本的石油价改历程与其本国的经济和政治需求是密切相关的,并未因其他国家市场化定价成功就盲目采用。

(2) 能源价格市场化改革的风险要借助能源金融市场来规避。比如日本石油价格改革就是通过石油期货等市场化手段规避随之而来的价格风险。国际石油市场的价格变化并不是单纯受现货市场的实际供求关系影响,石油期货市场的大量投机性行为也左右着石油价格。两次石油危机以来,为了规避石油市场价格波动的风险,越来越多的石油消费大国将过去直接谈判约定固定价格的长期石油供货合同的做法,改为利用期货市场对原油和成品油进行套期保值的做法。大国的经验表明,合理开发石油期货有利于稳定石油价格,减少改革过程中油价波动产生的不良影响,同时,根据本国的具体情况选择不同的期货品种和合理的交割方式,能够最大化石油期货对本国的有利影响。

2. 韩国

韩国能源价格市场化改革的经验可以归结为以下三点。

(1) 能源价格市场化改革应与能源市场的改革同步进行。韩国政府的石油价格形成机制改革之所以能在短时间内获得成功,实现石油价格市场化,与在石油价格改革的同时,配套进行石油市场结构改革是密不可分的。一方面,韩国政府利用油价改革推动市场结构改革,在国内石油价格与国际油价接轨的阶段,允许不同企业可以制定不同的油品零售价格,这有力地促进了各市场主体之间的竞争。另一方面,韩国政府又通过渐进的市场结构改革为放开价格创造了良好的市场基础,在不同的价格改革阶段,政府逐步放松了对零售、炼制和石油进口等环节的准入限制,在产业链各环节形成有效竞争的市场格局,市场竞争不断增强,到价格放开的时候,对加油站的限制已基本取消,同时也允许外商投资炼油、零售等多个业务领域,这些都为石油价格市场化奠定了基础。

(2) 能源价格市场化改革应分阶段逐步推进。比如韩国成品油价格改革不是一步到位的,而是在确立市场化目标的前提下,有计划、分阶段进行的。政府先是让国内成品油价格与国际原油价格间接接轨，这种定价机制实行了8个月，有效提高了各经济主体对油价变动的适应能力。然后在间接接轨机制成功运营8个月的基础上，实现国内成品油价格与国际成品油价格直接接轨，从而使国内外市场的变动因素迅速反映到国内油价上。在直接接轨机制成功运作两年后，政府宣布放开油价，让企业自主定价。这种渐进式的改革方式既给企业和消费者留出一定的适应空间，又能保证改革一步步地向前推进，虽然有时改革的步子因内外部因素放缓了些，但最终能坚持下来，而没有发生诸如很多转型国家在油价改革中出现的改革长时间停滞或半途而废的现象。①

（3）政府主要通过税收等手段对能源价格的市场化改革进行宏观调控。比如1997年之后，韩国的成品油价格已经由市场定价，但韩国政府仍通过调整税率的方式对终端销售价格保持适当的监管和调控能力。韩国政府对石油价格的调控并不干预税前价格，而只是通过税收对税后价格有所调控，这一方面可以保证税前价格能够反映出成本和供求的变化，让石油价格由市场确定；另一方面也可以减少因国际油价大幅变化造成国内价格的大幅波动。因为对转型国家来讲，油价改革对本国经济结构、经济增长、企业竞争力、就业、物价等都会产生影响，如果改革导致价格波动过大，经济和社会在短期内将难以承受，会对一国经济产生负面影响。韩国政府建立的油价监控系统、价格监管、政府在特殊时期最高限价制度、在一定阶段采用的企业调价报告制度、缓慢放行制度、石油税收调控机制等，对稳定国内油价都起了非常重要的作用。②

四、印度

印度与韩国的能源价格市场化改革背景很相似，两者均开始于1994—2002年这段国际油价相对较低且比较稳定的时期，而且在改革的过程中都经历了严重的经济危机，但却由于具体实施政策的不同，导致了截然相反的改革结果：韩国从1994年开始进行油价改革，期间成功度过了金融危机，到1997年基本实现了石油定价的市场化，而印度在改革过程中存在很多不合理的政策和做法，市场化过于急切，最终导致了改革的失败。

对比韩国和印度的油价改革过程可以看出，韩国对石油价格进行的市场化改革是逐步向前推进的，并且在实行市场化的同时制定了较为完备的制度规范石油市场，以稳定石油价格；而印度在国际高油价的情况下过于急切地搞市场化，在提高税收及价格的同时，没有充分考虑本国财政情况而进行不适当的补贴，种种不合理的做法最终导致了改革的失败。从韩国和印度两国石油改革的不同效果，可

① 龙筱刚，韩国、日本成品油价格形成机制比较及其启示[J]．价格月刊，2009年第11期。
② 同上。

以得到以下三点启示。

1. 政府应该坚定进行改革的决心

政府的作用不应当仅仅止步于尽一切努力为改革的顺利进行提供各种便利措施和帮助，更应该在改革受到阻碍时坚持继续改革的信心。韩国和印度的石油改革过程中，均经历了严重的经济危机，造成国际油价的大幅波动，国内的物价因此而受到了很大影响，对本国消费者也很不利，但是，韩国政府并未因此而过多地干预石油市场改革的进行，只是采取适当措施稳定国内物价，为石油改革服务。而与之相比，印度政府则因为担心国内经济受到过大影响采取仓促的临时干预措施，并未对干预权如何行使、何时取消进行明确的规定，使得临时性的干预行为逐渐成为一种常态，虽然能暂时缓解国内经济的紧张局面，但长期却会产生严重的问题，导致改革进程的反复。

2. 价格改革的同时应该进行配套的市场结构改革

韩国在实行石油价格市场化的同时，制定了较为完备的制度来规范石油市场，这种配套的结构改革有利于稳定放开后的石油价格，政府对价格不能随意干预，价格信号传递顺畅，减少了价格市场化的风险。而对于印度来说，其石油市场的结构改革落后于进行的价格改革，在石油生产、进出口和国内流通领域还没有形成竞争性结构的情况下，放开的价格很容易被扭曲，国有公司虽有了定价权，但在政府政策与市场之间，它们更习惯与前者保持一致，而且易于导致价格垄断行为的产生。

3. 对石油产品的征税和补贴机制需合理

合理的价税联动机制可以有效缓解油价过快上涨对经济造成的冲击，虽然从2002年起，印度连续多次调低油品的关税和消费税，但由于印度的消费税起初一直采用从价征收的方式，在价格上涨时加重了消费者的负担，同时由于印度联邦和地方财政对油税依赖性过大，印度的税收调控作用受到了较大限制。而对于补贴机制来说，印度政府因为一直限制公共分销系统煤油和家用液化石油气的价格而承担了巨额的补贴，虽然补贴的初衷是为了照顾贫困线以下的家庭，但这类家庭只占以上两类油品消费者总数的10%，另外90%的消费者却搭了低油价的便车。由于补贴机制的不合理，导致了不公平和低效率，同时也让政府承担了严重的财政赤字。合理的补贴应该针对特定群体，保证补贴能真正用于应有的受益人。

虽然印度的石油改革总体以失败告终，但其实行的有管理的市场化定价仍具有一定的借鉴意义。对于转型国家来说，石油从由政府定价到价格实现完全市场化，这中间需要一定的过渡缓冲时间。而实行有管理的市场化定价，不是要求政府不直接干预价格，而是侧重于制定定价规则和加强价格监管，在放开价格的同时,政府仍可以进行必要的价格调控,这对于石油市场没有完全放开、竞争还不充分的发展中国家来讲是很有必要的,既可以打消政府顾虑,增强其放松油价管制的决心,也有利于防止油价波动过于剧烈对国内造成的冲击。

参考文献

[1] 林伯强主编、牟敦国副主编,高级能源经济学[M]. 北京:中国财政经济出版社 2009 年版。
[2] 夏义善主编、傅全章副主编,中国国际能源发展战略研究[M]. 北京:世界知识出版社 2009 年版。
[3] 林伯强主编、黄光晓副主编,能源金融[M]. 北京:清华大学出版社 2011 年版。
[4] 罗振兴,美国与东亚能源安全[J]. 美国研究,2008 年第 3 期。
[5] 杨光,欧盟能源安全战略及启示[J]. 欧洲研究,2007 年第 5 期。
[6] 扈大威,欧盟的能源安全与共同能源外交[J]. 国际论坛,2008 年第 10 卷第 2 期。
[7] 程春华,欧盟新能源政策与能源安全[J]. 中国社会科学院研究生院学报,2009 年第 1 期。
[8] 夏立平,当前美国国际能源战略及中美能源合作趋势[J]. 当代亚太,2005 年第 1 期。
[9] 江泽民,对中国能源问题的思考[J]. 上海交通大学学报(哲学社会科学版),2008 年第 42 卷第 3 期。
[10] 张华新、刘海莺,能源市场化与能源安全[J]. 中国矿业,2008 年第 17 卷第 3 期。
[11] 戚文海,俄罗斯石油天然气工业私有化评价——对俄自然垄断产业产权改革的透视[J]. 俄罗斯中亚东欧研究,2003 年第 6 期。
[12] 路易斯·斯基纳,俄罗斯能源战略的调整[J]. 经略,2011 年第 10 期。
[13] 龙筱刚,韩国、日本成品油价格形成机制比较及其启示[J]. 价格月刊,2009 年第 11 期。
[14] 杨斌,普京打击金融寡头的原因和启示[J]. 经济管理文摘,2001 年第 8 期。

第三章 石油价格市场化改革[①]

① 林伯强、黄光晓，能源金融 [M]. 北京：清华大学出版社2011年版。

在可预见的未来20—30年内，石油仍将是世界能源消费的主要组成部分，而国际石油价格对全球经济的影响也越来越大，甚至在某种程度上成为了全球经济发展的风向标。目前，国际石油市场已经形成了包括现货、远期、期货等在内的较为成熟、完善的市场体系，期货交易逐渐替代现货贸易成为国际能源市场的定价基础。由于石油产品的金融属性日益突出，国际金融资本对石油商品及其金融衍生品的过度投机行为使得国际石油价格逐渐脱离供需基本面，其剧烈的波动严重干扰了国际经济的正常运行。

由于全球石油主要生产地区和主要消费地区的分布并不均衡，而且随着全球经济一体化的发展，以及全球产业转移的趋势，新兴市场国家对石油的需求也在快速增长。全球石油生产与消费格局的巨大变化，不仅促进了国际石油市场范围和规模上的进一步扩张，而且在市场层次结构和体系上更是日臻完善。

纵观世界主要国家石油定价机制的演变，大都经历了垄断—管制—市场的过程，是一个逐步开放市场、规范运作的过程，同时也是国际政治经济演变发展的产物。

中国作为一个能源消费大国，随着经济的快速增长，国内石油供应已不能满足需求，依托国际石油市场，寻找长期稳定的石油供应渠道成为中国能源战略的重要组成部分。但是，随着中国能源对外依存度的提高，国际石油市场价格波动对中国经济发展的影响也越来越大。由于能源价格市场化改革的滞后，国内尚未能形成较有效的定价机制，在争夺国际能源定价权中处于不利地位，“中国需求”因素不仅未能影响国际能源定价，反而成为国际金融投机资本炒作的借口。因此，有必要对国际石油市场的格局和层次进行深入分析，总结世界各主要国家在石油价格市场化过程中的改革经验和教训，为进一步深化我国石油产品定价机制的市场化改革提供参考与借鉴。

本章首先对国际石油市场的形成及其运行机制进行全面阐述和分析，尤其是对国际石油市场格局的形成和交易体系的构建进行重点剖析；其次，对以美国为代表的发达国家石油价格市场化改革历程进行详细的介绍；再次，对以俄罗斯为代表的石油生产国以及以亚太地区国家（日、韩）及印度等为代表的石油进口国的石油价格机制的演变和未来的改革方向等问题进行了探讨。

第一节　国际石油市场[①]

一、国际石油市场的形成与发展

现代石油工业诞生至今已有150多年的历史，而国际石油市场大致经历由欧

① 林伯强、黄光晓，能源金融[M]. 北京：清华大学出版社2011年版，第61—72页。

美石油公司垄断，由欧佩克(OPEC)官方控制，以及形成以市场供求为基础的定价机制三个发展阶段。

(一) 欧美跨国公司垄断时期(1928—1973 年)

第一次世界前后至 1939 年，当时处于世界霸主地位的英国控制了世界主要石油市场。第一次世界大战结束后，英国控制了原奥斯曼土耳其帝国在中东地区的大片领土，这也是世界最重要的产油区。英国政府通过英波石油公司①及英荷壳牌石油公司(Shell)，实际控制了中东绝大部分的石油资源(主要是在伊朗和伊拉克)。同时根据英国政府制定的《石油条例》，本土及所属殖民地的石油生产均受英国政府管制。1929 年，英国控制了 100% 的中东和 90% 的远东石油生产。

1870 年，标准石油公司(Standard)成立，并于 1882 年演变为全球第一个石油行业垄断巨头——标准石油托拉斯，控制了全美 90% 以上的炼油生产及销售。20 世纪 20 年代末，美国不仅是世界主要的产油国，而且最早形成了完整的石油工业体系，并获得了中东地区的石油勘探权和开采权。1928 年，美国的埃克森石油公司②和英波石油公司、壳牌石油公司签署《阿克纳卡里"按现状"协定》(The 'As-Is' Agreement of Achnacary)，该协议内容包括：维持原油价格稳定；限制石油产品在国际市场的竞争；控制油制品的销售；以"单一原油价格制"决定石油价格等。三巨头企图从此结束石油市场的无序竞争、划分了各石油公司的市场范围。同年，美、英、法、荷四国政府和三家石油公司签署了《红线协定》(The Red Line Agreement)，之后在 1930—1934 年，又陆续签署了三个执行《红线协定》的附属协定。这一系列协议规定了参与协议各国除了与土耳其石油公司(TP)的会员国合作外，不得在红线内私自进行石油开发。1934 年，埃克森石油公司和英伊石油公司、英荷壳牌石油公司一起制定了海湾原油定价体制，即海湾基价加运费的计价制度。这一系列规则的制定，解决了欧美石油公司间有关石油价格、生产份额、市场份额以及中东未开发油田的开发准入标准等问题上的争议，为其共同垄断国际石油市场铺平了道路。上述一系列协议促成了国际石油卡特尔(Cartel)的形成和以欧美石油公司垄断定价为基础的国际石油市场。

---

① 英波(波斯)石油公司(Anglo-Persian Oil Company)成立于 1909 年，1927 年改名英伊(伊朗)石油公司(Anglo-Iranian Oil Company)，1953 年改名英国石油公司(British Petroleum，BP)。英波石油公司通过持有土耳其石油公司(Turkish Petroleum，TP)50% 的股权，控制中东石油资源。

② 1911 年 5 月 15 日，美国最高法院依据 1890 年的《谢尔曼反托拉斯法》，以反垄断的名义，判决将标准石油公司拆分为 37 家地区性、专业性的石油公司。原俄亥俄标准石油后被并入英国石油公司；原印第安纳标准石油改名为阿莫科石油(Amoco)，后来也被并入英国石油公司；原纽约标准石油改名为美孚石油(Mobil)，后被并入埃克森美孚(Exxon Mobil)石油公司；原得克萨斯公司后来发展成德士古(Texaco)公司，后被并入雪佛龙德士古(Chevron Texaco)公司；原新泽西标准石油改名为埃克森(Exxon)石油，后兼并美孚石油；原加利福尼亚标准石油改名为雪佛龙(Chevron)石油，后兼并德士古公司，成立雪佛龙德士古公司；原肯塔基标准石油被加利福尼亚标准石油并购，也是现在雪佛龙德士古公司的一部分。

20世纪30年代,在经历全球经济大萧条后,美国开始逐步取代英国的霸主地位,并形成由美国主导的垄断寡头下的国际石油市场新秩序。第二次世界大战使世界格局发生了根本的变化,国际石油市场随之发生了根本性变革。海湾原油定价体制在1947年和1949年分别被两次修改,英国主导的《红线协定》也在1948年被废弃。随着旧的市场配额限制和中东石油开采市场准入限制被打破,原来三巨头把持的石油卡特尔逐渐演变为八大石油巨头①控制的寡头垄断组织。英国在美国和苏联以外的地区所控制的石油产量从1938年的53%下降到1953年的33%,而同期美国控制的份额则从33%上升到53%。

20世纪50年代,欧美跨国石油公司控制了除美国本土和社会主义阵营以外的世界石油产量的98.3%,英、法干预苏伊士运河危机失败,美国通过扶持伊朗巴列维王朝在中东处于优势控制地位。美国石油公司在国际石油体系中的主导地位得到进一步确立。美国政府宣布不再直接干预国际石油体系,而是间接地为其提供安全保护。

这一时期,世界石油市场的发展状况是可以用"供过于求"和"石油依赖加重"来概括。需求方面,石油逐渐取代煤炭成为西欧和日本的主要能源,并且其石油进口依赖越来越深;世界石油市场由于产能过剩导致的价格低迷,加上中东地区的石油资源储量大、品质高、易开采、生产成本低,导致大批规模较小的独立石油公司和国家石油公司竞相到中东寻求发展,也加大了跨国石油公司的竞争压力,使其在炼化、运输和产品市场开发等下游产业领域的地位也遭到削弱。对于产油国来说,新石油公司的出现增强了它们在同国际石油公司谈判时的筹码,而西方国家对进口石油依赖的加深使产油国对国际石油市场的支配能力大大加强。供应方面,20世纪50年代末,由于中东连续发现特大油田,产量持续上升,而苏联开发了外高加索地区油田(第二巴库),把大量原油以低于中东石油0.6美元/桶的价格投放到国际原油市场,直接导致了世界石油市场供过于求,石油公司纷纷压低油价,使产油国蒙受经济损失。此外,在20世纪60年代中期之前,美国的剩余石油产能一直是西方国家可替代的石油供应来源,而到了1966年,中东主要石油出口国的石油出口首次超过美国的剩余石油产能,美国的剩余石油产能开始迅速下降。

(二)欧佩克官方定价体系(1973—1986年)

20世纪60年代,欧美跨国石油公司控制的除美国本土和社会主义阵营以外

① 在新的石油权力格局中,美国增加了四个席位,即海湾(Golf)、美孚(Mobil)、雪佛龙(Chevron)和德士古(Texaco),加上前述三家家石油巨头也就构成了通常所说的"石油七姐妹",另外还有法国石油公司(FP),即现在的道达尔(Total)石油公司的前身。

的世界石油产量的比例开始逐步下降。这主要是因为美国在国际政治体系中的位置开始有所衰落,由美国主导的国际货币体系——布雷顿森林体系出现严重危机,全球经济出现停滞。加上苏联在东西方冷战中占据了一定的战略主动性,美国对国际石油体系的控制力开始下降,而国际石油市场的供求状况及不合理的定价机制直接导致石油输出国组织的出现。

1960年9月,由伊朗、伊拉克、科威特、沙特和委内瑞拉的代表在巴格达召开会议,决定联合起来共同对付西方石油公司,维护石油收入。五国宣告成立石油输出国组织欧佩克①(OPEC),协调和统一各成员国的石油政策,并确定以最适宜的手段来维护它们各自和共同的利益。1968年1月,科威特、利比亚和沙特等国还发起成立了阿拉伯石油输出国组织②(OAPEC),以协调阿拉伯产油国间的石油政策,维护阿拉伯民族的集体利益。但是,在1970年以前,无论是OAPEC还是OPEC都还没有能力改变国际石油秩序,这主要是由于产油国对自己的能力和目标有一个学习的过程。而产油国间的竞争和博弈也削弱了联合行动的能力。

从1970年起,以利比亚为首的产油国开始与跨国石油公司提价谈判,到1973年10月欧佩克宣布单方面决定石油价格,美国主导的国际石油市场秩序开始不断受到以利比亚和伊朗为首的中东和北非主要产油国的挑战。1970年,欧佩克成员国召开加拉加斯会议,要求原油标价(跨国石油公司的原油收购价)反映汇率变化,提高税率,增加利润分成。在随后签订的1971年《德黑兰协定》、《的黎波里协定》和1972年《日内瓦协定》中,OPEC一致强烈要求欧美石油公司放开石油生产和定价的控制,允许产油国进入石油勘探、开发和冶炼领域。与此同时,OPEC成员国还采取接管或参股等形式的国有化措施,开始逐渐掌握本国的石油产业。到1976年,欧佩克成员国就已经完成或基本完成了石油工业国有化。

通过上述行动,欧佩克终于打破了几十年来国际石油公司垄断定价的特权,并形成新的石油卡特尔,而随后爆发的第一次石油危机,则使得国际石油定价权开始转移到欧佩克手中。1973年10月6日第四次中东战争爆发,为打击以色列及其支持者,欧佩克开始对西方国家实行石油限产及禁运,并于当年12月宣布收回原油标价权,将石油价格从1973年9月的2.59美元/桶升至1974年1月1日的11.65美元/桶。由于短期内石油需求和供应难以适应突发变化,供应短缺导致原油价格不断攀升,到1979年年初已升至15.85美元/桶。持续三年的高油价

---

① 目前欧佩克共有12个成员国,除创始国外,按加入时间先后分别是卡塔尔(1961年)、利比亚(1962年)、阿联酋(1967年)、阿尔及利亚(1969年)、尼日利亚(1971年)、厄瓜多尔(1973年)和安哥拉(2007年)。此外,过往成员包括印度尼西亚(1962—2008年)和加蓬(1975—1994年)。

② 阿拉伯石油输出国组织(Organization of Arab Petroleum Exporting Countries,OAPEC)共有11个成员国,即阿尔及利亚、利比亚、巴林、埃及、伊拉克、科威特、卡塔尔、沙特阿拉伯、叙利亚、突尼斯、阿联酋。

和原油供应短缺造成了二战后最严重的全球经济衰退，也被称为第一次石油危机。为了削弱欧佩克对国际原油市场的控制，1974 年经合组织（OCED）发起并成立了国际能源署（IEA），旨在通过石油消费国的合作，共同采取诸如石油战略储备、节能、开发新能源、援助非 OPEC 产油国石油开发等措施，减少对中东地区石油的依赖性。

1975 年 1 月，欧佩克宣布取消原油标价和市场价的双重价格制，实行单一价格制——欧佩克官方价格。1975 年 3 月，欧佩克发布宪章，确认欧佩克对原油产量与价格的决定权。1979 年伊朗发生伊斯兰革命和随后 1980 年爆发的两伊战争直接导致原油供应下降。欧佩克几次调整官价，从 1978 年的 12.6 美元/桶到 1980 年 7 月的 32 美元/桶，同时允许 5—9 美元/桶的差价，国际石油价格在 1980 年 7 月达到历史最高峰 39.5 美元/桶，这段时期也被称为第二次石油危机。

这一时期（1973—1980 年），欧佩克逐渐成为国际石油市场的支配性力量。从 1973 年欧佩克发动石油提价后，欧佩克成员国的石油总产量持续稳定增长，维持在约 3 100 万桶/日的产能，1980 年达到高峰，占世界石油总产量的 48%；而欧佩克成员国出口的石油占世界石油贸易量的 60%，对国际石油市场具有很强的影响力，特别是当其决定减少或增加石油产量时。同期非欧佩克产油国石油生产增长缓慢，基本维持在 1 800 万桶/日的水平。跨国石油公司逐渐淡出石油上游产业，其在国际石油市场上所占的份额由 1973 年的超过 90% 下降到 1980 年的 55%。

欧佩克采取的高油价政策促使世界其他国家纷纷投资开发新的油田，西方发达国家也开始不断加大对非欧佩克国家石油开发的投资，以增加原油供给。从 1980 年开始，欧佩克的石油产量迅速下降，而非欧佩克国家的石油产量则迅速上升，到 1981 年欧佩克和非欧佩克国家的产量开始持平，到 1985 年欧佩克的石油产量竟跌至 1 500 万桶/日的历史低位，而非欧佩克的石油产量迅速增至 2 300 万桶/日的历史高位。为维持官方价格，1983 年欧佩克决定将其总产量上限定为 1 750 万桶/日，并采取生产配额制。由于成员国在其产能高峰时已达到 3 100 万桶/日，各成员国都不愿意按配额限产，甚至折价销售，使得欧佩克的限产保价措施失败。1983 年 3 月，欧佩克首次将官方价格降至 29 美元/桶，并由沙特充当机动产油国，仍企图通过限产以维持原油价格水平。1985 年 2 月，欧佩克再次降低官方价格至 28 美元/桶，之后原油价格更加疲软，虽然沙特持续削减产量，但其努力仍被其他成员国的连续超产所破坏，最终于 1985 年年底放弃其机动产油国的角色。为夺回市场份额，沙特不得不采取净回值计价[①]（Netback Pricing）方法，进行变相降价。

---

① 净回值计价（Netback Pricing），又称为倒算净价格，是以消费市场上成品油的现货价乘以各自的收率为基数，扣除运费、炼油厂的加工费及炼油商的利润后，计算出的原油离岸价。

其他 OPEC 成员国纷起效仿，最终引起国际原油价格暴跌，1986 年 7 月跌至 11.58 美元/桶的价位，从而结束欧佩克官方定价机制对国际原油市场的控制。

（三）以市场供求为基础的多元化国际石油市场（1987—2000 年）

这一时期，国际石油市场的特点是形成了欧佩克官方定价、国际期货市场、现货市场三者共同作用的国际石油价格体系，而欧美石油公司通过一系列的兼并与重组，形成六个超级跨国石油公司，进一步加强了对全球石油产业的控制。

1986 年年底，欧佩克成员国达成减产协议，并决定于 1987 年 1 月 1 日恢复固定的官方价格。为此，欧佩克价格委员会制定了包括 7 种原油①在内的一揽子价格方案，其加权平均价格为 18 美元/桶（轴心价格）。然而，固定官方价格并不能消除国际原油市场价格不稳定性，1991 年海湾战争、1994 年墨西哥比索危机和 1998 年亚洲金融危机导致了三次石油价格暴跌。产油国为了稳定油价，转而采取让长期合同价格与现货市场价格挂钩的计价办法②。

20 世纪 80 年代，国际石油商品远期合约和期货合约开始出现。1983 年，美国纽约商品期货交易所（NYMEX）推出西得克萨斯中质原油（WTI）期货合约，1988 年，英国伦敦国际石油交易所（IPE）推出北海布伦特原油（Brent）期货合约。国际石油期货市场出现以后，由于其市场参与者众多、流动性充足、价格发现及时、能较好地反映了市场供求状况，从而使交易各方开始逐渐接受以国际期货价格为国际原油市场的参照基准价，再通过适当升贴水来确定长期合同价格。

1998 年 12 月份油价跌至 80 年代以来的最低点 11. 28 美元/桶后，国际石油体系出现了新趋势：欧佩克和非欧佩克成员国之间、产油国和石油消费国之间在稳定石油供应、石油价格问题上出现了空前的共识，达成了一系列的合作协议。

首先，欧佩克成员国间、欧佩克和非欧佩克产油国之间达成了以减产来稳定价格的共识。1998 年的亚洲金融危机使该地区的经济受到严重打击，石油需求减少，原油价格急剧下跌，一度跌到 10 美元/桶的水平。1999 年 3 月，主要的欧佩克成员国沙特和委内瑞拉与非欧佩克产油国墨西哥、俄罗斯和挪威达成石油减产协议，以制止油价下跌。2000 年 3 月，欧佩克通过了减产协议，将油价定在 22—28 美元/桶的范围内。而由于 1999 年年底全球经济出现好转，石油需求增长迅速，供应相对减少，库存持续下降，导致油价急剧回升，1999 年 12 月达到 25 美元/桶，

---

① 一揽子原油包括沙特轻油（Arab Light, API. 34 $17.52/b）、阿尔及利亚撒哈拉混合油（Sahara Blend, API. 44 $18.87/b）、印尼米纳斯原油（Minas, API. 34 $17.56/b）、尼日利亚邦尼轻油（Bonny Light, API. 37 $18.92/b）、阿联酋迪拜原油（Dubai, API. 32 $17.42/b）、委内瑞拉帝朱纳轻油（TiaJuana Light, API. 31 $17.62/b）和墨西哥依斯莫斯轻油（Isthmus, API. 36 $18.07/b）。

② 一般采用两种挂钩方式，一种是指按周、月或季度通过谈判商定价格的形式，另一种是以计算现货价格平均数（按月、双周、周）来确定合同油价。

2000 年 3 月 7 日突破 30 美元/桶大关。为了稳定市场，避免国际原油价格的暴涨暴跌，欧佩克决定采取"增产抑价"措施，并且制定了"自动平衡机制"，即在欧佩克一揽子油价连续 20 天不在 22—28 美元/桶的价格带内时，欧佩克日产量自动增加或减少 50 万桶/日，并力争把油价稳定在 25 美元/桶左右。

其次，产油国与石油消费国之间也形成了一定的共识，石油消费国对产油国对于石油价格和供应的管理从原来的反对立场转变为支持立场。2000 年 12 月的国际能源论坛上，美国公开支持沙特和欧佩克执行的价格带政策。双方达成了供应协议，由沙特负责协调国际石油市场供应。2003 年以来，虽然国际油价不断上涨，但欧佩克也不断提高产量，试图通过增加供给来平抑油价。

二、国际石油市场的现状与格局

（一）国际石油市场的现状

进入 21 世纪以后，世界经济全球化带来的全球经济区域结构变化不仅推动了国际石油贸易持续快速增长，而且也给国际石油市场格局带来新的变化，来自新兴市场经济国家的需求开始改变国际石油贸易的结构。目前世界最主要石油消费地区依次是亚太地区、北美洲和欧洲，主要石油产区是中东、独联体、非洲和拉美，中东、独联体和非洲所产石油的出口去向受地理位置的影响比较大，全球原油生产和消费的地理分割决定了国际石油贸易的流向（见图 3-1）。

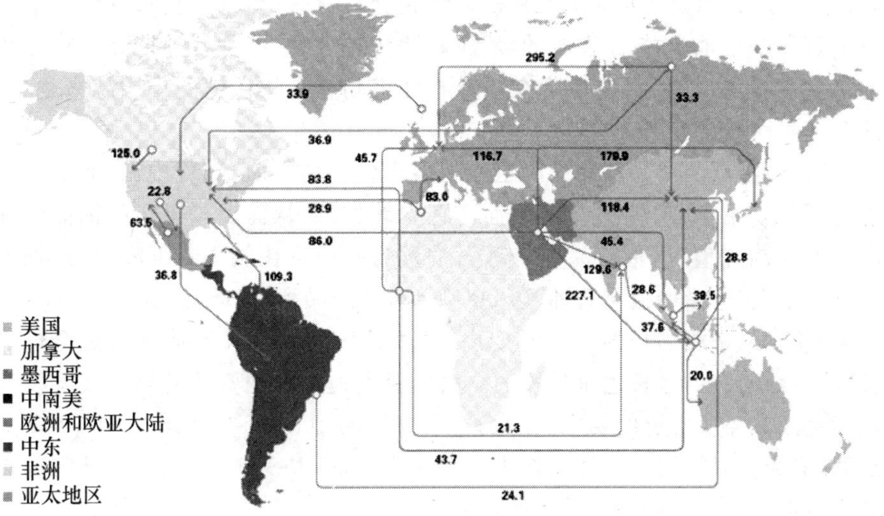

图 3-1　2010 年全球原油国际贸易主要流向（单位：百万吨）

资料来源：BP, Statistical Review of World Energy, 2011。

随着一些新兴经济体的高速增长和对石油消费需求规模的扩大，国际石油贸易规模在持续增长的同时，国际石油市场的贸易结构也在发生较大变化，形成了一些新的特点。

第一,石油消费国的进口渠道多元化趋势越来越明显。由于全球60%的石油贸易是通过海上运输来进行的,但是世界石油运输也越来越依赖少数几个航运通道,如果该航道运输受阻,势必会造成全球石油市场的巨幅波动。因此,各石油消费国纷纷采取措施,拓宽原油进口渠道,保证能源供应安全。在这一趋势下,俄罗斯等独联体国家和委内瑞拉等拉美国家的石油生产和出口大幅提升,在国际市场上的地位日渐增强。

第二,石油生产国的出口渠道也呈现多元化的趋势。自2003年以来,全球石油需求的新一轮增长主要来自中国、印度等新兴经济体,这些国家和地区对石油消费的需求增长速度较快,和日渐成熟且大量采用替代能源的欧美国家相比较,市场的潜力更大,因此,各产油国都加紧同这些新兴经济体开展石油贸易。比如独联体国家通向亚太地区的新石油管道正加紧建设,其中,中哈(中国—哈萨克斯坦)线已建成投入使用,俄罗斯泰纳线(伊尔库茨克州的泰舍特—远东滨海边疆区的纳霍德卡港)正在加紧建设,而俄库页岛外输管道、中缅石油管线等也已基本敲定并开始进行建设。

第三,国际石油贸易方式也在不断向多样化、体系化方向演变,而石油的金融属性日益凸显。主要表现在:现货交易中心规模化、功能化日益突出,形成了现货合同、远期合同、中长期合同等在内的体系化交易方式;尽管现货市场仍是形成国际石油贸易基准油价格的基础,但是随着期货转现货、期货转掉期和差价合约等新的衍生工具的出现,石油期货在整个石油市场交易体系中的作用越来越大,石油的金融属性日益突出。

第四,国际石油贸易产品结构也在朝多样化方向发展,随着中东、非洲等产油国纷纷开建炼油项目,使更多的原油留在本地加工,从而出口更多的油品以获得较高的产品附加值,原油贸易在全球石油贸易中所占比例不断下降,成品油的贸易比例不断上升,诸如液化石油气(LPG)等石油产品贸易日渐活跃。

第五,在未来相当长的一段时期内,亚太地区的经济发展速度将是全球最快的,因此石油消费的增长也是最快的。由于亚太地区石油资源的储量及开发远远不能满足区域经济发展的要求,亚太地区的原油进口量不断上升,1992年就已超过欧洲,成为世界第二大石油消费中心。在未来的10—15年中,亚太地区的石油贸易将对世界石油市场产生重大的影响。

(二)国际石油市场的格局

目前国际石油市场已形成了西北欧、地中海、加勒比海、新加坡、美国五大现货市场和纽约商品交易所(NYMEX)、伦敦国际石油交易所(IPE)、东京商品交易所(TOCOM)三大期货交易市场,而全球每年石油贸易量在130亿吨左右,通过现货市场成交的交易量只占了20亿吨左右,期货市场价格在国际石油市场定价中扮演了关键角色。

1. 国际石油现货市场

(1) 欧洲现货市场

欧洲石油现货市场主要包括分布在ARA(阿姆斯特丹—鹿特丹—安特卫普)地区的西北欧市场(以鹿特丹为中心)、伦敦市场和地中海市场。西北欧市场主要为德国、英国、荷兰、法国服务,这一地区集中了西欧重要的油港和大量的炼油厂,原油及油品主要来自俄罗斯和其他苏联地区,另外还有北海油田的原油和ARA地区炼油厂的油品。地中海市场主要分布在意大利地中海沿岸,供应源是意大利沿海炼油厂,另外还有一部分经黑海来自苏联外高加索石油产区,是这一地区重要的油品集散地。

伦敦石油现货市场主要的交易品种是北海布伦特混合原油,主要是为远期合约的实物交割服务,远期交易市场最终需要实物油的交割,但大多数交易是出于套期保值的目的,在实物交割前,一批货会多次转手,因此交易十分活跃。欧洲现货市场交易油品结构和美国不同,柴油是欧洲现货交易量最大的成品油,约占市场总交易量的一半。

(2) 美国现货市场

美国是世界上第三大原油生产国,但最近十年来由于消费需求上升和炼化生产能力的下降,已转变为进口大于自产,其60%的原油需要进口,而且还要大量进口成品油。美国进口的原油主要来自南美地区、英国和尼日利亚。美国现货市场交易量最大的成品油是汽油,其次是取暖油。

美国石油现货市场主要是在墨西哥湾沿岸和纽约、南加州等地,于是濒临墨西哥湾的休斯敦、大西洋沿岸的波特兰港和纽约港形成了一个庞大的石油现货市场。美国市场与欧洲市场的不同之处在于,由于美国拥有覆盖范围广泛的完善的输油管道系统,可以在全国范围内运输原油,其货物批量的大小比欧洲用船运进行贸易灵活得多,使得美国石油现货市场参与者更多,交易活动更活跃。

(3) 亚太现货市场

20世纪80年代以来,亚太地区特别是东亚的石油市场伴随着经济的持续发展迅速扩大,中国、印度等国的石油消费持续增加。20世纪90年代世界石油需求的年平均增长速度为1.3%,而亚太地区的年均增长速度为3.6%。20世纪初,亚太地区的原油需求增长速度继续高于世界原油需求的平均增长速度。由于地处马六甲海峡国际航道的地理优势,新加坡市场逐渐成为亚太地区石油现货交易的中心,其油品供应主要来自中东和东南亚(主要是印尼、马来西亚、文莱等国)。燃料油和石脑油传统上是这一地区的主要交易品种,石脑油主要是满足日本的进口需要,同时柴油、航空煤油和汽油也是重要的交易品种。

2. 国际石油衍生品市场

目前,全球主要的国际石油期货市场有三个,即纽约商品交易所(NYMEX)、伦敦国际石油交易所(IPE)以及东京商品交易所(TOCOM)。NYMEX 能源期货和期权交易量全球最大,占到三大能源交易所总量的60%,其上市交易的西得克萨斯轻质低硫原油(WTI)期货合约是全球交易量最大的商品期货合约,也是全球最重要的定价基准之一。IPE 交易的北海布伦特原油(Brent)期货合约也是全球最重要的定价基准之一,全球原油贸易的50%左右都是参照布伦特原油价格体系定价的。TOCOM 虽然也占有一席之地,但其影响力远逊于前两个市场,也未能成为国际石油定价的基础。

此外,石油场外衍生品交易也非常活跃,主要交易品种是非标准化的互换合约和场外期权,虽然场外衍生品市场价格和流动性缺乏透明度,其风险度量和控制也较困难,但仍受到许多能源公司和贸易商的欢迎。

3. 原油长期合同价格机制

由于原油产地、集散地不同,品质也存在较大差异,国际原油市场长期贸易合同价格通常采用公式计算法,即选用一种或几种国际基准原油的价格,以此为基础,根据不同油品之间标准差异加上适当的升贴水来获得。

不同贸易地区所选择的基准油也不同,出口到欧洲或从欧洲出口的原油,基本上选择布伦特原油;出口到北美的基本上选择 WTI 原油;出口到亚太地区(远东)的基本上选择阿曼(Oman)或迪拜(Dubai)原油。由于在原油石油种类和品质、不同地区之间的运费,相对供求情况、炼油厂产能、消费习惯等方面存在较大的差异,不同原油品种之间保持一定的价差。在市场相对平稳的情况下,可以通过一定的升贴水来确定不同原油的价格。

基准原油参考价是根据成交前后一段时间内基准原油的现货价格、期货价格或某报价机构的报价计算出来的价格。计价期一般是以装船提单日(bill of landing,B/L)为基础,与运输距离有关。以沙特原油为例,出口到欧洲市场,参考基准选择北海布伦特原油现货价(Dated Brent),卸货日计价;出口到美国市场,参考基准为下个月纽约商品交易所的轻质低硫原油期货合约价,装船后50天计价;出口远东市场,参考基准为普氏报价[①](Platts)的阿曼原油或迪拜原油均价,全月计价。

---

① 普氏能源信息公司(Platts)是麦格劳—希尔公司(McGraw-Hill Companies)(NYSE:MHP)旗下子公司,也是世界领先的能源信息提供商。自1923年成立以来,Platts 凭借其公正独立的市场价格评估体系而获得国际认同。目前,普氏报价是公认的世界能源市场价格基准。

三、国际石油市场的价格形成机制

（一）欧洲市场的定价基准

欧洲石油市场发育比较成熟，其原油交易基本上都参照布伦特原油的市场价格体系进行定价。布伦特原油价格体系包括现货交易、远期交易、期货交易和场外掉期交易。布伦特原油市场体系作为一个整体，各个市场之间具有密切的联系，能够为市场参与者提供比较完善的风险规避机制。

现货交易：布伦特原油现货交易（Dated Brent）20 世纪 70 年代初，现货交易价格是在指定时间范围内指定船货的价格。现货交易一般是以现金交易，在交割期前 15 天设定好装货日期，货物有三天的装货时间。

远期交易：随着布伦特原油现货市场的发展，一些投资银行也参与了现货市场活动，并且和一些主要的石油公司和石油交易者，发展形成了布伦特原油远期市场。布伦特原油远期市场形成还有一个最基本的原因，即英国政府鼓励英国联合北海石油公司通过远期合约稳定石油销售价格，并把石油交易控制在安全范围内，以便于收税。1981 年，英国出现了 15 天布伦特原油远期合约（15-day Brent）交易市场，合约价格是指定交货月份但具体交货时间未确定的船货价格，其具体交货时间需由卖方提前 15 天通知买方。2000 年 10 月，15 天远期布伦特原油远期合约交易演变为 21 天远期合约（21-day Brent）交易。

期货交易：1988 年 6 月，IPE 推出布伦特原油期货合约，该合约标的物是三种国际基准原油之一的英国北海布伦特原油（Brent）。该合约上市后取得了巨大成功，也使得 IPE 成为国际原油期货交易中心之一。2002 年，为解决布伦特原油产量下降给估价带来的问题，普氏报价将福蒂斯原油（Forties）和奥斯伯格原油（Oseberg）引入布伦特原油价格体系，形成了 21 天 BFO（Brent-Forties-Oseberg，BFO）远期合约报价机制。目前组成 BFO 的三种不同等级的原油日产量在 150 万桶左右（分别大约为 40 万桶/日、40 万桶/日和 90 万桶/日），但是最高峰时，IPE 的布伦特原油期货合约日交易量高达 1.5 亿桶左右，杠杆系数在 100 倍左右。虽然布伦特原油只占世界总产量的 0.4%，但是布伦特原油期货合约却决定着全球近 60% 原油贸易的价格。布伦特原油期货合约可以选择进行实物交割，也可以选择期货转现货[①]（EFP）方式，由伦敦清算所（LCH）负责保证期货合约交易的安全性。

---

① 期货转现货（Exchange for Physicals，EFP）也被称为期现货对调（Against Actual，AA）等，是指持有同一交割月份期货合约的多空双方之间达成现货买卖协议后，变期货部位为现货部位的交易。具体的方法是协议双方向交易所提出申请，获准后分别将各自持仓按双方商定的平仓价格由交易所代为平仓（现货买方在期货市场须持有多头部位，现货卖方在期货市场须持有空头部位），同时双方按达成的现货买卖协议进行与期货合约标的物种类相同、数量相当的现货交换。

场外掉期①(swap)交易:原油掉期交易是指把所有同一种原油或原油价格指数相关的收益同与另一种原油或原油价格进行收益(未来现金流)互换的协议。原油掉期交易本来是用来转换原油实物、远期、期货之间的价差,对不同原油产品之间的价差风险进行管理。但是由于原油掉期交易是以保证金形式进行的,所以受到市场投机者的青睐而成为原油市场最主要的投机工具。此外,还有针对零售投资者的差价合约②(CFD)交易市场。

(二)北美原油定价基准

北美地区原油交易则主要参考WTI原油的市场价格体系进行定价,这也是全球交易最为活跃、流动性最大、成交量最大的商品期货品种之一。WTI原油的现货交易仅限于在美国本土进行,但受益于美国完善的石油输送管网,相关的交易、运输、交割等环节都非常便利,价格透明,成为北美地区的原油现货交易或向北美出口原油的参照基准;1983年,纽约商品交易所(NYMEX)推出的WTI原油期货合约,则是目前世界最主要的原油参考基准。NYMEX还推出了取暖油、汽油等成品油期货合约以及基于裂解价差的一系列场外衍生产品,场内交易通过票据交换所进行清算,场外交易则通过Clear Port清算网站进行清算。

(三)亚太原油定价基准

随着亚太地区石油消费的快速增长,其在世界石油消费市场的比重越来越大,但是由于亚太地区的原油期货市场不成熟,原油价格不能通过期货市场形成公开透明的价格形成机制,因此目前亚太地区仍缺乏一个能够反映本地区石油市场状况的定价基准。亚太地区虽然也有几种本地的基准油,如阿曼原油(Oman)和迪拜原油(Dubai)、印尼米纳斯原油(Minas)和杜里原油(Duri)、马来西亚塔皮斯原油(Tapis)等,但是仍未能形成具有国际影响力的基准原油。

由于亚洲地区目前还没有成熟的原油期货市场,也就缺乏一个区域性的基准原油,因此亚太地区的原油贸易长期合同价格主要是参照评估机构根据现货市场每日交易情况而评估出来的一个价格指数制定的。比如销往亚太地区的中东原油与新加坡普氏报价(Platts)中的阿曼原油、迪拜原油价格联动,普氏报价每月公布一次官价(或贴水),以提单日所在月份计价。除应用最为广泛的普氏报价外,还有阿格斯报价(Argus)、RIM报价、路透社终端(Reuters)、美联社终端、亚洲石油价格指数(APPI)、印尼原油价格指数(ICP)以及远东石油价格指数(FEOP)等多

① 掉期(Swap)也称互换,是交易双方依据预先约定的协议,在未来的确定期限内,相互交换一系列现金流量或者支付的交易。

② 差价合约(Contract for Differences,CFD)的原理与掉期类似,但所需资金更少,可以进行杠杆投资。由于机构掉期交易市场中存在较高的起始交易规模的限制,零售投资者无法进入,而差价合约作为一种杠杆投资工具,可以使零售投资者获得参与掉期市场的机会。

个机构报价。然而,由于亚太地区现货市场的参与主体较少、成交量小、易被操纵,机构报价难以客观、真实地反映亚太市场真正的供求情况,所以导致中东销往亚太地区的原油价格普遍偏高,即一直以来都存在的“亚洲溢价”(Asian Premium)①。

(四) 中东原油定价基准

中东地区的基准原油是迪拜原油,这是中东地区唯一可以自由交易的原油品种,也是中东地区向亚太地区出口原油的参考基准。由于迪拜原油产量不断下降,交易规模也日趋缩小,市场容易受到操纵,价格的权威性受到影响。2001 年,普氏报价将阿曼原油作为迪拜原油的替代品引入其报价体系中。由于中东原油主要以高硫原油为主,品质差异大、价差不稳定,同时缺乏一个市场交易形成的基础价格,因此无法与轻质低硫原油争夺国际原油市场的定价权。

中东产油国出口原油定价方式可以分为两类:一是与其出口目的地基准原油挂钩;二是根据出口国自己公布的官方价格(OSP)。比如阿曼公布的 MPM 指数,卡塔尔公布的 QGPC 指数、阿布扎比(阿联酋)公布的 ADNOC 指数,这些指数每月公布一次,具有滞后性。2007 年 6 月,迪拜商品交易所(DME)也推出阿曼原油期货合约。DEM 推出的期货合约品种有三个,一个是阿曼原油期货合约,这也是中东地区唯一采用实物交割方式的能源期货合约,另外两个是非实物交割的差价合约,即西得克萨斯轻质原油—阿曼原油差价合约和布伦特原油—阿曼原油差价合约。虽然目前阿曼原油期货合约的成交量比较小,但是 DME 所处的地理位置非常有利,一是地处全球最重要的产油区——中东地区,二是地处最主要的石油消费地区——欧美地区与亚太地区之间。这样,一方面可以为中东原油提供一个全球性的参考基准价格,进一步提升中东国家在国际石油定价体系中的影响力;另一方面还可以弥补欧美地区与亚太地区期货交易市场之间存在的时间差,对于形成全球一体化的石油价格体系具有非常重要的意义。

(五) 成品油定价机制

由于原油加工过程会受到原油质量、炼化技术等因素的影响,生成成品油时各类油品的比例也不同。不同成品油价格不同,一般沸点低的成品油(汽油、轻柴油)价格较沸点高的成品油(如燃料油)高,同一种类成品油又分不同等级,如汽油按辛烷值分不同牌号,柴油按凝固点分牌号,不同牌号之间的成品油价格也有差异,但这一价差较为稳定。

由于成品油生产成本的 80% 来自原油,因此成品油价格变化最大的影响因素

---

① 亚洲溢价是指在不考虑运费差别的情况下,亚洲主要的石油消费国对中东石油生产国支付的价格比从同地区进口原油的欧美国家每桶要高出 1—1.5 美元。

是原油价格的变化。季节性需求也是引起成品油价格变化的一个重要因素,通常情况下,夏季对汽油需求量会增大,而冬季对取暖油的需求量会增大。此外,成品油炼化产能也是影响成品油价格的重要因素,由于环保压力和预期回报率低的原因,欧美发达国家的炼油能力不断下降,比如美国自1976年以来就没有再兴建过新的炼油厂,而发展中国家炼油厂的技术水平有限,产能不稳定。在需求旺盛时,炼油能力对成品油价格的影响就会凸显出来。

相对原油市场而言,国际成品油市场的发展历史较原油市场短,定价方式的国际化程度相对较低。目前国际上主要有三大区域成品油市场,即荷兰的鹿特丹、美国的纽约以及亚太地区的新加坡市场,各区域的成品油国际贸易都以三大市场的主要交易品种作为定价基准,比如汽油以石脑油或93号汽油为参照基准;柴油以含硫量0.5%的柴油为基准;燃料油以黏度180(180CST)或380(380CST)的燃料油价格为基准。

第二节 美国石油价格的市场化改革

一、美国能源战略的演化①

美国的能源战略是美国国家安全的重中之重,也是其全球战略的基础和重要组成部分。石油作为美国能源体系中最重要的一环,其产业体系和市场结构的演化都受到美国能源战略变化的影响。

(一)美国的国内能源政策

美国的国内能源政策大致经历了三个阶段。

1. 保守主义时期

20世纪50年代到80年代初,美国政府的能源政策是以石油进口管制和石油价格管制为核心的。20世纪50年代初,美国还是石油净出口国,其石油的剩余产能足以保证西欧国家应对石油供应出现的临时性短缺。但是,随着本国经济的发展,石油的进口量不断上升,美国逐渐由石油净出口国变成石油进口国。美国本土的石油生产商纷纷要求政府对石油进口加以管制,以保护本国石油工业。1957年和1959年,艾森豪威尔政府先后颁布了《限制石油进口计划》和《强迫限制石油进口计划》,对进口石油采取进口配额制,以限制石油的进口。但在第一次石油危机爆发前,美国的石油进口量已经占到总消费量的36%。1973年,尼克松政府为了鼓励国内石油生产,减少石油进口,提交国会通过了《石油紧急配置法案》(Emergency Petroleum Allocation Act,EPAA),使得联邦政府有权对石油价格、生产、调配和销售进行管制。1969年,尼克松政府上台后,迫于石油供应的压力和美

① 林伯强、黄光晓,能源金融[M]. 北京:清华大学出版社2011年版,第27—34页。

国本土廉价石油资源已近枯竭的形势，才不得不放松对石油进口的管制，并最终终止了进口配额制。但是，由于美国政治体制下，石油消费者、石油生产者、环保主义者等不同利益集团的博弈，导致尼克松、福特、卡特三届政府先后颁布的多项法律中提出的减少石油消费和增加国内石油生产的目标都未能实现，而石油价格的管制政策一直持续到1981年里根政府上台才废除。

2. 自由主义时期

价格管制直接导致美国国内油价较国际市场低廉许多，不仅抑制了国内生产商的积极性，而且由于价格扭曲导致资源的浪费和进口依赖的加重。从20世纪80年代中期到90年代末，美国政府放松了对国内石油工业的管制。1980年，卡特政府正式将能源安全作为国家安全和外交战略的一部分，并在《国情咨文》中指出，确保海湾石油的供应畅通是美国的"关键利益"，任何敌对国家企图破坏美国在该地区的石油供应安全，美国将使用包括武力在内的一切必要手段予以反击。1981年，里根政府上台，其政策深受货币主义和供应学派的影响，主张采取自由放任的市场经济，在能源政策上也采取一系列放松管制的措施，包括取消价格管制、对石油公司减税等。同时，里根政府对80年代初的第一次跨国石油公司全球并购风潮也采取放任的态度，甚至通过立法豁免了《反托拉斯法案》(Antitrust Laws)对跨国石油公司并购的限制。1981年，里根政府提出市场机制主导下的能源工业发展政策，强调政府主要的职责是提出目标和原则，并扫除阻碍市场运作的障碍。1989年上台的布什政府延续了里根政府的能源政策，并在其任内通过了1991年的《国家能源战略》和《1992年能源政策法案》(Energy Policy Act of 1992)。尽管该法案中布什政府提出的增加美国石油、天然气生产，发展核能，以及在阿拉斯加国家野生动物保护区进行油气勘探等内容被国会否决，通过的法案更倾向于节能和开发可再生能源，这也成为后来的克林顿政府的国内能源政策的基调。但是，受80年代以来国际石油价格暴跌的影响，美国石油生产商严重受创，美国国内石油生产持续下降，石油进口持续攀升。

在整个20世纪90年代，国际石油市场供应充足，价格比较稳定，克林顿政府提出的节能、可再生能源开发、环保等政策受到传统能源产业和能源消费者的反对，而在国会中代表这些利益集团的共和党占多数，因而无法落实。这直接导致美国对进口石油的依赖日益严重①。

3. 多元化时期

进入21世纪后，国际石油市场供大于求的局面发生逆转，新兴市场国家对能源的需求，加上"911"恐怖袭击事件后中东局势的持续动荡，导致国际石油价格持

① 支持国内石油产业的发展，http://blog.cnfol.com/487/article/1311915094-50721365.html。

续攀升。为了解决能源短缺问题,小布什上台后,美国的能源战略开始转型,其核心是在减少对石油进口的依赖,同时改善能源结构,并强化对全球能源资源的控制,使其为美国的全球战略服务。小布什政府提出的多元化战略,具体包括:增加国内油气产量,同时发展新能源和可再生能源,以提高能源供应的自主性;扩大对非洲、中亚地区的开发,强化对海外油气资源的控制,提高能源供应的多元化,确保能源安全。小布什政府提交国会并通过了《2005 年能源政策法案》,确定了美国未来一段时期能源政策的基调,即开源节流,增加储备。小布什政府提出通过减税、补贴等方式鼓励深海、深层和边远地区的油气资源开发,同时出台了一系列相关法案,包括允许在阿拉斯加国家野生动物保护区开采石油、解除墨西哥湾近海石油开采禁令等。但是,扩大国内能源供应并不能解决美国石油进口的依赖问题,小布什政府也意识到了这点,并提出加强与主要油气生产国的关系,扩大油气资源的供应渠道,以确保油气供应的稳定。

2009 年,奥巴马上台,在延续多元化能源战略的基础上,提出了发展新能源经济的思路,提出新的温室气体减排目标以及发展清洁能源的新战略思想,不再将能源战略的重点仅局限于保障能源安全,而是希望通过参与全球应对气候变化的国际合作,发展新能源技术和产业,希望通过新能源经济的发展来带动美国经济的复苏和发展。同时,作为近期目标,美国应更多依赖于自产的油气,将继续放开东部和东南部沿海、墨西哥湾东部及阿拉斯加部分海域的油气田开发①。

(二) 美国的海外能源战略

不同于国内政策,美国的海外能源战略重点体现在美国的政治、军事、外交领域,根据不同历史时期的不同目标,大致可以分为三个阶段:(1) 第一次石油危机前,主要是确保美国石油公司在国际石油体系中的垄断地位,维护美国及其盟国的石油供应安全;(2) 第一次石油危机后,战略重点转向确保美国能源供应安全,通过加强与石油消费国的合作,共同应对石油供应中出现的突发问题,同时强化对石油生产国特别是中东产油国的分化和控制,保证石油供应的稳定;(3) 多元化战略,小布什政府上台后其能源战略的重点从以外为主转向内外兼顾,其海外政策虽然没有放弃对中东地区的控制,但将视野转向全球多个新兴起的石油产区,强调通过构建新的能源布局,为其全球战略服务。奥巴马政府延续了这一思想,但将重心更多地放在争取在国际气候谈判中占据主动地位。

具体而言,目前美国的海外能源战略包括了以下几个方面。

1. 国际合作机制

第一次石油危机中,阿拉伯产油国对支持以色列的国家采取选择性禁运措

① 多元化时期,http://blog.cnfol.com/487/article/50721179.html。

施,使得西方各石油消费国纷纷与美国拉开距离,采取不同的立场以改善和阿拉伯国家的双边关系来换取其石油供应。此时,美国不再有能力保证西方盟国的石油供应,而且美国的石油公司也失去了对中东石油资源的控制。当时的美国国务卿基辛格提出组建石油消费国联盟以对抗欧佩克、增强西方同盟国应对石油供应短缺的能力。1974 年,IEA 成立,美国拥有其理事会(决策机构)中 43% 的投票权,具有控制 IEA 政策方向的能力。美国通过这一平台,协调各西方主要石油消费国的立场,以削弱欧佩克等产油国组织对国际石油市场的影响力。

2. 石油战略储备

石油战略储备是美国能源战略的重要组成部分,也是美国应对国际石油市场波动和突发事件的重要制衡战略工具。1975 年,尼克松政府提出的《能源政策与储备法案》(EPCA)获得国会通过,授权能源部建设和管理战略石油储备系统,并明确了战略储备的目标、管理和运作机制。EPCA 授权的最大联邦战略储备规模为 10 亿桶,但从 1977 年开始正式储油,迄今从未接近过这个极限。而自建立石油战略储备以来 25 年间,美国政府仅在 1991 年海湾战争期间动用过政府储备,向市场投放了 3 300 万桶储备原油。海湾战争结束后,美国面临石油供应中断的威胁大大减小,克林顿政府改变了石油战略储备政策,为了减少财政赤字,不仅暂停了石油战略储备的补充,并且频繁动用战略储备对国际石油市场进行调控。到 2000 年年底,美国的石油战略储备由 1995 年的 5.92 亿桶降至 5.41 亿桶。小布什政府上台后,对石油战略储备政策进行调整,迅速恢复增加石油储备量。美国国会还批准了拨款增加库存设施,扩大储油容量,使之达到 10 亿桶的水平。2005 年 7 月,美国的战略石油储备达到创历史纪录的 7.2 亿桶,其中政府储备相当于约 60 天的石油进口量,加上商业储备可以达到 160 天的水平。小布什政府还严格控制动用储备,仅在 2005 年 8 月"卡特里娜"飓风导致墨西哥湾大部分炼油厂关闭时,才释放 3 000 万桶的战略石油储备。但是,过高的石油战略储备也遭到国内如航空业、运输业等石油消费大户的反对,奥巴马政府上台后就以金融危机和财政赤字为由,暂缓了增加石油战略储备的步伐。

3. 石油美元体系

美元作为国际石油贸易计价和结算的主要货币,不仅是美国能源金融体系的基础,也是美国能源战略的一个重要组成部分。根据 1974 年美国和沙特达成的一项秘密协议,沙特同意把美元作为其石油贸易的唯一计价货币,随后欧佩克其他成员国纷纷以美元作为贸易结算的计价货币。中东产油国出售石油获得美元后,要么从西方发达国家进口消费品,要么储蓄起来转而又在国际金融市场上进行投资。这样,不仅为石油进口国的经常账户逆差提供资金,而且增加了对外国金融资产的需求,会提高资产价格,压低石油进口国的债券收益率,有助于刺激石油进口国的经济活力。因此,在布雷顿森林体系崩溃后,“石油美元”策略拯救了美元,维护了其国际货币的地位,美元通过这种实质上的“石油本位”为石油这种战略商品注入了“金融属性”,同时也帮助美国重新控制了国际货币体系,以及国际石油市场。根据国际货币基金组织(IMF)的估计,石油出口国的真实石油收入在2005年就接近8 000亿美元,大大高于2002年的3 300亿美元。根据国际清算银行的估计,1998—2005年,欧佩克成员国因油价上涨带来的额外的石油出口收益超过13 000亿美元。考虑到欧佩克成员国的边际进口倾向仅有40%左右,本国金融系统又欠发达,国际资本市场上由此增加近万亿美元的资金,并带来所谓的“流动性过剩”问题。而美元供给的过剩,直接导致了近年来国际石油市场原油价格的持续暴涨。

4. 多元化能源战略布局

冷战结束以后,中东地区的安全局势仍长期处于不稳定状态,而其他地区的油气资源被不断发现,所以在巩固中东、北美地区的石油供应外,利用其政治、军事、经济上的优势,进行新兴油气产区开发,争夺油气资源,控制油气运输管线和通道,实现供应来源多元化就成为美国海外能源政策最主要的内容。

在北美地区,即使在美国实施石油进口配额制的时候,对加拿大和墨西哥的石油进口也是采取豁免政策的,而北美自由贸易区(North American Free Trade Area, NAFTA)成立后,三国在经济一体化的基础上,也逐步实现了能源市场一体化①。

在拉美地区,美国除了扩大对委内瑞拉等主要石油出口国的投资外,还鼓励巴西等国开发本国资源,满足本国需求。

在非洲地区,美国政府采取了一系列组合政策以改善产油国的投资环境,包括帮助提高政府管理水平、要求石油收入透明化、促进民主化转型(减少腐败)、给予出口商品免税优惠、加强军事援助等。美国政府通过美国进出口银行、美国国际开发署和它控制的国际金融机构为石油公司提供信贷担保或贷款,支持其石油开发活动。

在中亚—里海地区,美国政府主要通过外交、经济手段,以签订政府间能源合作协定、建立政府间能源磋商机制、支持建设摆脱俄罗斯、伊朗等地区大国影响的输油管道、建立军事合作关系等方式实现对这一地区石油资源的控制。

5. 多种手段并举

在海湾战争之前,美国对欧佩克采取的是对抗的政策,在IEA的框架下,通过

① 《北美自由贸易协定》中第606条款规定:各国不得对相互间的能源、石化产品的进出口在税收和进出口管制上执行高于本国国内贸易的标准,即享受国民待遇。

应急机制、信息机制等策略应对短期石油供应中断，同时借助市场力量，通过采取鼓励非欧佩克产油国扩大产能等措施削弱欧佩克"限产保价"政策的效力。此外，美国对欧佩克成员国还采取分化瓦解的政策，对沙特等持温和态度的国家，通过加强经济合作和提供军事安全保障，使其在欧佩克制订有关政策时做出对美国有利的决定；对利比亚、伊朗等持强硬态度的国家，则通过经济制裁、军事威胁等手段加以打击。

海湾战争后，冷战结束，国际政治格局发生重大变化，欧佩克国家间的分裂更加明显。1998 年亚洲金融危机导致国际石油市场价格暴跌，不仅使产油国经济受到严重损害，也使得美国本土 16.3 万口油井被迫关闭，严重威胁美国的石油安全。欧佩克和非欧佩克国家俄罗斯、墨西哥等达成减产协议，并确定相应的"价格带"，美国对此公开表示支持，认为这一策略与美国利益相符。随后，美国对欧佩克的态度逐渐从对抗转向对话与合作，通过推动如"联合石油数据倡议"项目，使得 IEA 的石油市场信息范围扩展到欧佩克和其他独立产油国，并以研讨会形式来协调能源市场供求关系，提高市场可预测性。美国对欧佩克的政策态度转变，主要是因为国际石油市场参与者的多元化、影响因素增多，无论是欧佩克还是美国都无法单独控制市场，因而合作变得更加迫切。同时美国对主要欧佩克成员国（沙特等）的控制能力增强，而这些国家在欧佩克石油政策的决策过程中占主导地位。另外，持强硬态度的欧佩克成员国由于多年的战争和经济制裁，石油生产受到严重约束，在欧佩克中的决策影响力也逐渐下降。

二、美国的石油市场化改革历程

美国的石油市场化改革经历了早期的联邦监管、保守主义时期、自由主义时期和多元化时期四个阶段，在不同的历史时期，美国政府根据国际经济环境和国内经济发展的需要，以及石油产业发展的特点，采取了不同的政策措施，对石油市场进行了不同程度的管制和规范。

（一）早期的联邦监管

美国是世界上第一个采用现代方法开采具有商业价值石油的国家。19 世纪末，美国石油工业开始兴起，在工业化和城市化过程中扮演了重要角色，增强了美国经济实力，带动美国工业产值跃居世界第一位，同时也为其全球扩张奠定了基础。

19 世纪末，美国石油工业的行业集中度显著提高，石油公司之间、石油公司与银行、铁路之间通过相互兼并以期达到规模经济和获取垄断地位。尽管美国国内石油工业带来了经济繁荣，但是在第一次世界大战前，美国政府并没有对石油公司的海外扩张给予积极的支持，甚至为了抑制石油行业的垄断情况，1911 年 5 月 15 日，美国最高法院依据 1890 年的《谢尔曼反托拉斯法》，以反垄断的名义，判决将当时控制了全美90%以上炼油生产能力的标准石油公司拆分为37家地区性、专业性的石油公司[①]。1920年，八家由标准石油托拉斯解体形成的公司发展成为美国最大的一体化石油公司。因此，早期的联邦政府对石油市场的监管主要是关注行业的集中度并维持石油市场的供需平衡。

但是，第一次世界大战后，美国政府认识到作为现代工业基础的石油工业的重要性。同时，伴随着汽车工业的发展，其国内石油消费量迅速增加。当时，美国汽车的拥有量从1913年的450万辆飞升到1920年的2310万辆，导致汽油需求的直线上升，美国国内的石油需求量从103万桶/日飞速增长到258万桶/日，这直接引发了油价的大幅上涨，1918—1920年，美国石油价格上升了50%，从每桶2美元涨到3美元。石油供应的紧张，也带动了美国石油进口，到1922年，美国有22%的石油需求依靠进口。

美国国内石油短缺直接吸引了更多的投机资金流向石油工业，同时在20世纪科技革命的带动下，石油地质学和勘探技术的发展，带动了美国石油工业的石油资源开发热情。从1925年起，美国每年新增石油储量都在10亿桶以上，石油年产量也从1922年的1.54亿桶增加到1929年的10亿桶，而这就导致了美国国内石油生产从短缺直接走向过剩，加上1931年开始的大萧条时代，大量工厂倒闭，失业人数猛增，石油需求急速下降，最终石油价格崩溃。1926年，德州原油价为1.85美元/桶。东得克萨斯大油田出油后，迅速降到每桶1美元，1931年5月底暴跌到每桶15美分，有的地方甚至跌至每桶2美分，导致成千上万的小石油公司破产。由于当时美国没有石油主管部门，得克萨斯州和俄克拉荷马州的政府出来收拾混乱局面，宣布进入紧急状态。对所有的石油生产商强制推行产量份额制，以行政手段限制原油生产，甚至强行命令整个油田停产19天。1932年4月，油价回升到每桶98美分。1932年11月，德州议会通过法律，规定油井要按比例生产。尽管如此，许多中小生产商仍悄悄地超产"热油"，1933年一度又陷入生产失控状态，油价再次滑落到每桶10美分[②]。

1933年罗斯福总统开始实施"新政"，改变原来放任自流的石油政策，加强了联邦政府对石油工业的管理和对石油市场的干预，开始控制国内石油生产以及交

① 其中，原俄亥俄标准石油后被并入英国石油公司；原印第安纳标准石油改名为阿莫科石油（Amoco），后来也被并入英国石油公司；原纽约标准石油改名为美孚石油（Mobil），后被并入埃克森美孚（Exxon Mobil）石油公司；原得克萨斯公司后来发展成德士古（Texaco）公司，后被并入雪佛龙德士古（Chevron Texaco）公司；原新泽西标准石油改名为埃克森（Exxon）石油，后兼并美孚石油；原加利福尼亚标准石油改名为雪佛龙（Chevron）石油，后兼并德士古公司，成立雪佛龙德士古公司；原肯塔基标准石油被加利福尼亚标准石油并购，也是现在雪佛龙德士古公司的一部分。

② 中国石油新闻中心，研究视点：对世界石油史上若干事件的思考（二），http://news.cnpc.com.cn/system/2009/07/07/001246066.shtml。

易市场。1933—1935 年,罗斯福政府主要依靠《国家复兴法》进行石油产量和油价的控制。1933 年,立法机构授权总统制止"非法热油"(超过各州定额的石油)的跨州买卖,罗斯福总统于 1933 年 7 月 14 日签署政令,禁止违背本州法律生产石油以及其他石油相关产品的跨州或对外交易。联邦政府认为必须禁止非法热油买卖,并且拥有调节洲际间交易活动的权力才能对全国石油产量和价格进行有效控制。根据全国工业复兴法(The National Industrial Recovery Act)制定的《石油法》(The Oil Code)还授予内政部长拥有可以为各州确定每月产油量限额的权力。根据《石油法》联邦石油署长可以根据石油工业顾问的意见以及能源署对石油需求的预计来确定各州的配额,各州石油署长根据当地专业机构和工业集团的意见确定各油井的配额。此外,联邦石油署长也有权限制石油进口量,可以通过颁布法令来管制成品油销售。各州实施的生产配额和石油产量限额政策,对原来石油经营方式(称为"捕获原则")是一次根本性改革,结束了石油过剩成灾的日子。到 1934 年年底,联邦政府与各州之间互相合作的新体系取得了实质性的进展。

1935 年 1 月《康纳利热油法》(The Connelly Hot Oil Act)代替《全国工业复兴法》,成为避免跨州买卖的非法石油交易,禁止生产"非法热油"的法令。《康纳利热油法》付诸实施后不但有效限制了非法石油买卖,而且各州都接受并自愿遵守建议性限额(此限额是由联邦政府矿务局预测得下一个阶段的石油需求,向各州分配)。随后《州际石油契约》(The Interstate Oil Compact)的颁布,使得石油委员会在各产油州纷纷建立,从而确定各自在全国石油生产中所占的地位;这些机构相互沟通、交流情报和计划;在各自州内通过统一立法来协调和稳定生产比例,其中最著名的要数得克萨斯铁路委员会(The Texas Railroad Commission)。联邦政府试图通过立法来限制销往其他州的石油,以补充州立法在这方面的作用,于 1935 年颁布了《石油和天然气节约的跨州协议》(International Compact to Conserve Oil and Gas),该协议也被定期更新。这个由七个主要石油生产州州长的代表组成的委员会起草的协议,制定了非强制的和自愿的石油生产限额,并鼓励通过合作节约石油和天然气。

然而,为了使石油产量的体系正常运转,仅仅控制本国各州产量是不够的,还必须制定有利于国内产油商的关税来控制外国廉价石油进口,否则在调控体系之外会形成第二条"非法热油"流,打破美国国内对石油产量的约束。罗斯福政府继续了胡佛政府限制石油进口的政策,1930 年国会通过了美国历史上最高的石油关税霍利—斯穆特关税(Hawley—Smoot Tariff),然而石油进口继续增加。尽管进口商实施自愿配额,但生产商要求政府对石油进口实施法律限制。1932 年,石油工业和产油州的危难局势使《关税法》在国会获得通过并成为法律。它规定对每桶进口原油和燃料油征收 21 美分关税,对每桶汽油征收 1.05 美元关税。石油关税增加了联邦政府的收入，及时限制了外国石油的涌入，从而使石油产量限额分配体系得以有效实行。1933 年的《全国工业复兴法》规定石油工业把石油进口限制在 1932 年 7—12 月的水平，平均每天 98 000 桶，甚至在 1935 年《工业复兴法》被宣布违反宪法后，美国石油进口仍然沿用这个标准。20 年代末到 30 年代初，石油进口量相当于美国国内需求的 9%—12%，关税法通过之后，这一比例减少至 5%。受打击最大的是委内瑞拉，它占美国原油进口量的一半还多，大约 55% 的委内瑞拉石油运往美国。委内瑞拉的石油工业因此开始大幅度萎缩，并迅速转向欧洲出口石油，从而使其超过美国成为欧洲最大的石油供应国。

在美国石油生产州和联邦政府的联合干预下，美国的石油业恢复了稳定。美国国内石油市场从此处于联邦和石油生产州政府的控制之下，各州一般能自觉地协调石油生产，维持国内石油市场的稳定，但是受到严格管制的美国石油市场成为脱离国际石油市场的一个独立的部分。因此将世界分成了两个截然不同的石油市场，一个是受到严格控制的美国石油市场，另一个是国际石油公司通过合作控制石油价格和石油生产的美国以外的市场。

（二）保守主义时期

20 世纪 50 年代前，美国国内石油供应基本立足本土，完全可以自给自足，甚至墨西哥湾沿岸各州还能够出口大量石油到欧洲。但是从 1950 年开始，中东石油开始以其低成本的优势，迅速扩大出口量。在欧洲市场上，中东石油迅速顶替了美国石油。不仅如此，中东石油还开始大量涌入美国市场。1946 年美国进口石油只占国内石油生产的 5%，石油进口大幅度上升后，1945—1950 年每年石油进口增长率 19%，1948 年美国成为石油净进口国。1950 年石油消费超过煤炭消费，而朝鲜战争进一步刺激了石油进口，此时美国石油进口量一度超过了国内石油生产量。大量廉价石油进口冲击了美国国内的国产石油工业，美国政府开始限制石油进口以防止国内能源利益集团利益受损。

为了国家安全和石油工业的发展，1955 年，艾森豪威尔政府设立能源供应和资源政策咨询委员会（The Advisory Committee on Energy Supplies and Resources Policy），负责分析美国面临的国际以及国内石油形势并提出应对政策。1955 年 2 月 26 日，咨询委员会发表报告，详细阐述了资源限制的原油政策，提出“如果原油的进口大大超过 1954 年国内原油的生产，国内的燃料形势会受到损害，以至于危及确保军用和民用的国内石油工业的有序增长和国家防御的必需储量。这种情况不足以刺激供应新来源的勘探和开发。因此，有必要由原油和燃料进口商通过自愿行动保证石油进出口的平衡以避免政府干预”。同时，咨询委员会还规定了石油工业应该自愿遵守的进口配额以促进石油进口。由此自 1954 年，美国石油进口量中的 70% 由美国五大国际石油公司控制了。但是，为了追逐利益，独立的石油公司不愿遵守自愿配额，也在继续扩大石油进口量，1956 年其在美国石油进口中的份额增加到了 42%。1959 年，根据《1958 年贸易协议延期法案》的授权，艾森豪威尔政府宣布制订“强制石油进口计划”（Mandatory Oil Import Program）。该计划以大量进口威胁国家安全为理由，设定了石油进口量的上限。该计划的实施使美国石油生产有效地避免了国外低价石油的竞争。对国产石油的需求增加，国产石油产量上升，利润提高。

到 20 世纪 60 年代初，强制石油进口计划变得非常复杂，并受到了美国国内的广泛批评，该计划被指责会使国内石油储备耗竭，国内石油产品价格提高。到 1970 年，美国国内石油产量达到顶峰，这有助于降低通过强制石油进口计划来限制进口的压力。到 1973 年，强制石油进口计划的实施办法也由绝对进口限额改为由能源部管理的一种许可费。

20 世纪 70 年代，第一次石油危机给美国国内石油工业带来了一次更为彻底的变革。在这之前的几十年，美国石油生产一直由得克萨斯州铁路委员会、俄克拉荷马州公司委员会和路易斯安那州资源保护委员会等类似机构控制。在这些机构统筹安排下，一方面考虑资源保护，另一方面随时维持价格避免供大于求，从而使得实际产量远远低于生产能力。这样可以给美国，也给整个西方世界提供了一种安全储备。从 1970 年开始，世界石油供需状况发生了很大变化。一方面美国石油需求剧增，另一方面由于油价过低无法吸引大量投资，美国逐渐失去剩余生产能力。1957—1963 年，美国剩余生产能力为 400 万桶/天，到 1970 年只有 100 万桶/天的剩余生产能力，同年美国石油生产达到美国石油业有史以来的生产顶峰——1 130 万桶/天，此后日产量便开始逐步下降。此时，美国石油工业的剩余生产能力几乎全部用尽，无法通过增加国内生产来抑止石油价格，甚至无法抵抗切断供应的威胁，逐渐丧失了影响局势的能力。1973 年第一次石油危机期间，美国确实减少了来自欧佩克进口石油的数量，同时，1974 年陡升的油价也使得美国石油消费量跌落到该时期的最低点。尽管如此，20 世纪 70 年代，美国的石油消费量占全球石油消费量的比例仍达到近三成，而在石油消费来源上，除了危机期间暂时减少了从欧佩克进口外，总体上欧佩克国家仍是美国石油主要进口来源（占美国石油总进口量的 70% 左右）。

1971 年 8 月 11 日，尼克松政府依据《1970 年经济稳定法案》实施了全国工资和价格控制，石油配给、油价管制和油权控制便开始于此时。尼克松政府实施的价格控制一共分为四个阶段。第一阶段是从 1971 年 8 月 11 日开始到 1971 年 11 月，对于所有工资和价格的控制，是对整个经济实行价格控制。幸运的是，全球石油价格在这 3 个月保持稳定，使第一阶段的价格控制对石油市场影响不大。第二阶段是从 1971 年 11 月 13 日持续到 1973 年 1 月，除了石油行业公司外，允许所有其他公司在第一阶段价格上限基础上不超过3%的价格涨幅，以反映生产成本。此外，对待拥有多产品的石油企业也采取差别政策，给以一定的灵活性。它们可以灵活制定一个加权平均价，只要阻止个别产品价格上升。第二阶段期间，只是在1972—1973年冬天，取暖油出现短缺。第三阶段是从1973年1月11日开始直至1973年8月结束。第二阶段的价格控制是强制性的，尽管政治压力巨大，但是联邦政府一直在积极鼓励遵守。1973年年初取暖用油价格飙升，导致1973年3月，尼克松政府不得不发出相当于价格控制第四阶段的"特别规则第1号"。该规则重新对国内23家最大的石油公司（占全国石油行业销售总额95%）制定价格管制方法。由自愿限价取代强制性限制，即向商界提供价格上涨指导建议，由公司自愿执行。"特别规则第1号"以及第三阶段后期的价格管制对国内石油市场产生了重大影响，因为当时绝大多数独立加油站的燃料都来自这23家大公司。

20世纪70年代，美国政府对石油价格的控制和石油市场的监管主要是通过以下三个法律实现的：《1973年紧急石油分配法》、《1975年能源政策和节约法》和《1976年能源节约和生产法》。这一期间，美国政府试图通过强行干预，例如人为地使国产石油价格低于进口石油价格，消除进口石油的竞争优势，从而促使国产石油取代进口石油，提高对国产石油的需求。在这种情况下，国产石油的产量和价格均高于无政府干预时的水平。这就是能源决策者面临问题的根源。如果维持其他因素不变，当价格上升到市场出清的水平时，国内石油生产商和供应商在不增加成本的情况下，获取了更高的投资回报。高利润驱动下，国内石油生产商大量投资勘探和建设新油井，并不断提高已投产油井的产量。这样便形成了经济租金，或称为意外利润或者财富无形中从消费者转移到生产者的现象。这时政府干预就应当介入，调整政策，以期通过下调价格和征税来阻止意外利润的转移，通过配给制度来消除稳产油井生产商、低成本石油炼油商（如大石油公司）等拥有的不当竞争优势。对石油和石油炼成品的监管是联邦应对通货膨胀立法的一个部分，例如《1970年经济稳定法案》就要求冻结几乎所有的工资和价格。

1973年《紧急石油分配法》（定价规则见表3-1）的通过主要是为了应对被特别规则第1号和第三阶段价格控制切断供应的独立加油站业主的抗议。因此，立法的核心内容是解决在1972年就存在的买方与卖方之间一触即发的冲突。同时，为避免国内石油价格继续上涨，《紧急石油分配法》还对石油生产、加工、批发和零售环节进行了多重限价，是一项多轨油价政策。此项政策的经济学原理是，控制旧油的价格以避免经济租金或者意外利润，放开新油价格以刺激投资和增加产量。

在该法案的定价体系中，将国产石油分为三种，对不同种类石油的价格要求不同。第一类是旧油，有两种情况归属于旧油。以1972年油井的平均生产水平为基准(BPCL)，将产量不高于基准的油井产出的石油称为“旧油”。如果一个石油公司某段时期的产量高于BPCL，某段时期的产量低于BPCL，就将高出的产量加入目前积累的产量(CCD)，在任何一个月若产量小于或等于BPCL与CCD之和的也定义为“旧油”。但是旧油不包括“残油”，即日产量少于10桶的油井出产的石油。“旧油”的定价方法为在1973年5月的平均市场价格水平上每桶再加0.35美元(允许小范围调整，价格大致控制在每桶5.25左右美元)，这样该价格基本上可以反映这些油井的生产成本。第二类称为“新油”：一种是1973年1月1日之后投产的新油井产出的石油称为“新油”；第二种是产量超过BPCL与CCD之和的油井产出的石油被称为“新油”。为了达到刺激生产的目的，与新油等量的旧油被称为“被释放的”石油，不受价格限制，即对于每一个国内石油生产者来说，为市场带来1桶“新油”即被允许释放他的1桶“旧油”。

表3-1 《紧急石油分配法》定价规则

类别	内容	定价规则	
		基础价	最高价
旧油	除残油以外，产量不高于1972年油井的平均生产水平	1973年5月的平均市场价格水平上每桶再加0.35美元	每桶5.25美元
新油	产量高于1972年油井的平均生产水平	无限制	
进口油		无限制	

资料来源：林伯强、黄光晓，能源金融[M]. 北京：清华大学出版社2011年版。

这样，根据“新油”和“旧油”这两项规定，1974年，美国60%的国产石油受到价格限制。1974年第一个月，美国新油每桶售价就高达10美元(1973年美国国内石油平均售价为4.17美元)。第三类是进口石油：这类石油也不受价格限制。1974年年初，这类石油加上运费在美国国内可以卖到每桶10美元的价格(1973年美国进口石油平均售价为4.08美元)。表3-2和表3-3显示了1974—1975年美国国内石油构成情况及在石油价格控制下美国国内石油价格。依据美国1975年3月国内石油构成的数据，“旧油”(受控价格5.25美元)占41%，“新油”(1975年3月均价11.74)占27%，进口石油(1975年3月均价13.28美元)占32%，这样国内炼油厂获得的有效石油价格为可以通过简单的比重加权算法算得的每桶9.49美元。这一政策成功地将美国国内石油价格压低至世界石油市场价格以下。

表 3-2 1974—1975 年美国国内石油构成情况

单位:百万桶/天

年份	月份	国内石油总量	国内石油来源					
			国内自产石油总量	旧油		新油		进口石油
				总量	占全部油量比例(%)	总量	占全部油量比例(%)	
1974	11	12.455	8.458	5.667	67	2.791	33	3.997
	12	12.450	8.471	5.591	66	2.880	34	3.979
1975	1	12.608	8.644	5.014	58	3.630	42	3.964
	2	12.549	8.488	5.178	61	3.310	39	4.061
	3	12.186	8.333	5.000	60	3.333	40	3.853
	4	11.983	8.567	—	—	—	—	3.416
	5	11.957	8.464	—	—	—	—	3.493
	6	12.251	8.344	—	—	—	—	3.907
	7	12.641	8.304	—	—	—	—	4.337
	8	12.909	8.238	—	—	—	—	4.671

资料来源:Federal Energy Administration, Monthly Energy Review 1975(10)。

表 3-3 1974—1975 年石油价格控制时期美国国内石油价格

单位:美元/桶

年份	月份	旧油		新油		进口油		国内加权价格	新油与进口油加权价格	国内价格
		价格	占总油量百分比(%)	价格	占总油量百分比(%)	价格	占总油量百分比(%)			
1974	11	5.25	45.3	10.90	22.4	12.53	32.1	8.85	10.25	5.00
	12	5.25	44.9	11.08	23.1	12.82	32.0	9.02	10.25	5.00
1975	1	5.25	39.7	11.28	28.8	12.77	31.4	9.27	11.25	6.00
	2	5.25	41.3	11.39	26.4	13.05	32.4	9.40	12.00	6.75
	3	5.25	41.0	11.47	27.4	13.28	31.6	9.49	12.56	7.31
	4	5.25	—	11.64	—	13.26	28.5	—	12.54	7.29
	5	5.25	—	11.69	—	13.27	29.2	—	12.64	7.39
	6	5.25	—	11.73	—	14.15	31.9	—	13.07	7.82
	7	5.25	—	12.30	—	14.03	34.3	—	13.38	8.13
	8	5.25	—	—	—	—	36.2	—	13.56	8.31

资料来源:Federal Energy Administration, Monthly Energy Review 1975(10) and Petroleum Situation Report。

由于石油行业中的石油公司除了八大石油公司外,还有众多小规模的独立生产商、进口商和炼油商。这种多重价格体系对不同公司有不同影响,需要额外的一套体系来处理这些例外情况。这样就使得整个价格体系的规则变得异常复杂。

同时《紧急石油分配法》在分配领域产生了一个严重的问题。进口原油是满足国内石油需求最昂贵的来源，然而它不受价格管制。因此，进口石油价格确定了美国国内零售汽油价格。但是，国内许多炼油厂已进入"旧油"标准，"旧油"是受价格控制。因此，这些拥有"旧油"的炼油商比拥有"新油"或依赖进口原油的炼油商获得更多的利润。作为回应，美国联邦能源署在1974年12月通过了一个"旧油权益计划"。要求拥有超出比例的（低于限价的）"旧油"的炼油商，需按照规定的价格将旧油卖给其他炼油商；要求能够获取（便宜的）"旧油"的炼油商购买这种低价油的采购权，旨在使得国内所有的炼油商具有相同的石油成本。炼油商向批发商和零售商销售的成品油的价格以1973年5月5日的价格为基准，并允许依据成本升高情况进行调整。联邦政府还规定，炼油商的一些与产品无直接关系的成本受到限价控制，不能在当月转移给零售商时，可以先将这些成本挂账，等待以后再进行转移和处理；成本转移的规定还包括将增加的成本在石油炼成品（如汽油、柴油和燃油）之间按比例进行分摊。而且，国会受到零售商压力被迫修改限价具体方法，允许其将转移来的石油和石油制成品成本全部转移给最终消费者。起初，由于限价的规定，购买炼成品的批发商和零售商很难将采购价格转移给消费者。这样他们一方面要接受由炼油商转移来的高成本，另一方面，他们的零售价受制于有时与转移成本无关的限价，盈利能力受到影响，这样的政策使零售商难以获取利润。最终，零售商成功说服国会修改限价办法，允许其将转移来的成本全部转移给最终消费者。当然，联邦政府也考虑到了价格控制在执行过程中可能遇到的阻力与困难。如果被控制价格的产品销售违反价格监管，能源部有权要求违反者退还超收价格。

新旧油政策的结果也是可以预料到的，这种双重价格体系导致石油公司把受到价格管制的石油留为己用，把进口石油和非管制石油卖给其他炼油商。为了阻止此类投机行为，联邦能源署又要求原油按照均价出售，这样严重打击了进口石油的积极性。国内石油企业对价格控制的反应是，当美国国内石油价格维持在低于国际市场价格的水平时，石油勘探投资和石油产量均下降了。价格下降和需求上升引起了短缺。到1974年年初，原油进口下架了25%，成品油进口下降了5%，加剧了国内石油短缺状况，1974年2月28日，能源署被迫宣布炼油商可以享受进口豁免。进口无疑大量增加，这是因为，对于很多炼油厂来说，最好的选择就是减少其对"旧油"的依赖，使其有权从其他炼油厂获得补贴。

1975年，福特政府提出的《能源政策和节约法》是对《紧急石油分配法》的修订，作为联邦政府对能源经济的另一个重要干预政策，在1976年2月正式生效。该法实质上是扩大了价格管制，建立了一个基本上涵盖了所有"新油"的三重价格管制制度，以取代旧的两重价格制度。三重价格中建立了一个绑定的平均价，即

7.66 美元/桶，这一数字是在当时国内石油的平均价格基础上增加了 10%，并考虑到每年通货膨胀和各种激励补贴而制定的。第二重和第三重价格是在一套较为复杂的系统下制定的。在《能源政策和节约法》的定价系统中，任何一个石油企业的 BPCL 均被定义为 1975 年较小的"旧油"月平均产量与 1972 年年均石油产量之和。下层石油（价格较低的石油）被定义为油井产量超出该企业的 BPCL 与 CCD 之和。第二重石油价格是在 1973 年 5 月 15 日的零售价格基础上加上由美国能源部决定的通货膨胀因素和激励调整因素而制定的。上层石油（价格较高）被定义为 1976 年前投资的油井超过相应第二类石油的那部分产油量加上 1975 年之后投产油井生产出的石油量。第三重油价定为 1975 年 9 月 30 日的石油零售价减去 1.32 美元再加上通货膨胀和激励调整因素所得的价格。阿拉斯加原油、美国联邦海军石油储备和三次为增加产量的采油项目的原油价格不受管制。

1976 年 9 月，紧急修订后的《能源政策和节约法》，规定在不考虑通货膨胀率或监管因素的情况下，国内石油平均价格上升上限为当年售价的 10%。与此同时，修订后的法规废除了除汽油、航空煤油、丙烷以及炼油产品外其他所有主要石油产品的价格管制。这种新的三重油价制度相比过去明显的变化是，在新的制度中有两个"旧油"。对于下层石油（便宜）和上层石油（较贵），上层石油被授予了可以划拨自身一部分石油成为下层石油的权利。为了应对 1977 年 2 月和 3 月的严冬，从 1976 年 4 月开始，进口到东海岸的部分剩余燃油和中间馏分油也被赋予类似资格和权利。1979 年的 5—9 月，畅销的石油也给予部分权利，例如进口的中间馏分油。与此同时，联邦政府也获得了战略石油储备的原油采购权和销售权。另外，修改后法案赋予总统的权力可以在 1979 年 5 月之后的任何时间里把石油价格控制设为等候状态。卡特政府积极利用这些权力，喷气燃料价格立即被放开、市场化了。1979 年 6 月，价格控制将那些 1978 年没有生产的离岸石油公司废除。1979 年 6 月，80% 的来自下层石油公司的产品被解除了价格控制。此外，在 1979 年 6 月，生产商被允许重新分配上层和下层石油的数量。截至 1979 年 3 月，生产商被允许重新确定下层油的 BPCL 低至 1979 年 6 个月的平均产出，被允许将 CCD 减至零。此后，在 1979 年，BPCL 减少了 1.5%，而且 1980—1981 年 10 月 BPCL 每个月减少 3%。1979 年 8 月 17 日，重质原油解除价格控制。1980 年，每个月石油行业中 4.6% 的上层油以及少量下层油放开了价格控制，以弥补新开展的三次采油项目相关的费用。通过行政命令，卡特总统在很大程度上废除了价格控制制度。1981 年 1 月，联邦政府取消了所有剩余的价格控制。在《能源政策和节约法》执行期间，美国国内 60%—70% 的石油产品受到联邦政府价格控制，结果国内平均每桶石油价格低于市场价格 3—5 美元。1979 年国际油价上涨进一步拉大了国内油价与市场价格的差距。1981 年，"旧油"的国内售价为 6 美元/桶左右,然而当时国际市场实时油价为 24 美元/桶左右。表 3-4 详细展示了《能源政策和节约法》的定价系统。

该法案的立法目的是通过提高价格刺激石油生产,提高汽车燃油效率,建立战略石油储备体系。目的是取消新旧油的价格差异,并最终解除价格控制。但是也导致了销售集团之后在分配上严重的不平等。这一法案将美国国内的石油价格定在低于世界市场价格的水平上,建立了一个受低效率的炼油厂欢迎的详细的供给"资格"体系。该法案还制定了提高汽车平均燃油效率的"公司平均燃油经济性"(Corporate Average Fuel Economy,CAFE)强制标准,即要求各种车辆达到每加仑燃料行驶一定里程的燃油经济性标准。为符合公司平均燃油经济性标准要求,汽车生产商开始生产和销售更多的小型(Compact)和超小型(Subcompact)汽车。自从核准实施以来,宽敞型汽车的销售逐年下降。1975—1978 年公司平均燃油经济性标准产生积极作用,提高了汽车燃油经济性,将每加仑汽油的行驶距离由原来的 15.8 英里提高到 28.6 英里。但从 1988 年起,随着对轻型卡车和运动功能型汽车(Sports Utility Vehicles)实行更宽松的燃油经济性标准,汽车的总体燃油经济性有所降低。

表 3-4 《能源政策和节约法》定价系统

类别	内容	定价规则
上层油	产量大于 1975 年最小的"旧油"月平均产量与 1972 年年均石油产量之和	1975 年 9 月 30 日的石油零售价减去 1.32 美元再加上通货膨胀调整因素
基准油	1975 年最小的"旧油"月平均产量与 1972 年年均石油产量之和	7.66 美元/桶
下层油	产量小于 1975 年最小的"旧油"月平均产量与 1972 年年均石油产量之和	在 1973 年 5 月 15 日的零售价格基础上加上通货膨胀因素和激励调整因素
豁免油	阿拉斯加原油、美国联邦海军石油储备和三次为增加产量的采油项目的原油	价格不受管制

1974—1980 年,政府主要是通过新旧油计划来进行联邦石油价格控制。每年将 9 亿—32 亿美元从易获得"旧油"的生产商和大型炼油厂转移到较难获得"旧油"的小型炼油厂。每年终端消费者得到的转移支付可以达到 5 亿—12 亿美元。预计转移支付总计为 14 亿—50 亿美元。然而,来自转移支付和适度消费的储蓄都是有代价的。价格控制和进口激励打击了国内石油市场发展的动力,据估计,价格控制使得国内石油产量比未受价格控制时低 0.3 万—1.4 万桶/天。原油生产者的财富损失超过炼油厂和消费者所获得的增加收益,二者之差,即经济学中所谓的无谓损失,1975—1980 年每年约为 10 亿—60 亿美元,这还尚未包括不易衡量的因素,例如监督管理机构管理和监督执行价格控制制度的成本、政治游说成

本等。也尚未包括在这个扭曲的经济管制制度下不可避免的但难以量化的各种各样的投资成本,这些投资是以牺牲其他投资为代价的。这样就造成了对国外石油的过度依赖,降低了美国应对世界石油方面冲击的能力。补贴油价带来的额外石油消费还导致了较高的环境成本。价格管制制度带来的巨大的政治压力,不可避免地使一部分人在牺牲另一部分人利益的基础上获得收益,进一步加剧了市场扭曲。

(三)自由主义时期

美国放开油价管制的构想是在1975年提出的,真正解除管制是1981年里根执政时期。1975年福特政府推出的《能源政策和储备法案》的立法目的之一是通过提高价格刺激石油生产并最终解除价格控制。而后的卡特政府更将能源问题置于优先地位,号称要在执政90天内制订能源计划。卡特政府要求征收新的联邦税收——原油均衡税(The Crude Oil Equalization Tax),把石油的国内价格抬高到世界水平,并要求开征汽油税,逐渐解除国内汽油的价格管制。1979年4月经济恢复署(Economic Recovery Administration)起草了解除石油价格控制的第一阶段计划,据此,解除油价控制将分阶段进行,于1980年1月开始,翌年9月结束。在第二次石油危机的冲击下,为了配合卡特总统逐步解除对石油和石油产品价格控制的倡议,国会终于在1980年4月通过了《原油暴利税法案》(Crude Oil Windfall Profit Tax Act of 1980),以期通过税收从石油生产商和使用费收入者处分得因解除价格管制而引起的额外收益的公平份额,由此获得的税收将用于为节约能源和为再生能源的生产提供税收优惠,并补贴低收入家庭因能源价格上涨造成的困境。

1981年里根政府上台,开始实施其所谓的"经济复兴计划",运用与凯恩斯主义不同的货币主义和供应学派的理论,实行小政府、低税收、少规章、小开支的自由放任经济政策。里根政府上台后的第一项行政令(12287号行政令)就是解除石油价格和分配管制,1981年1月28日美国国内油价首次与世界市场价格接轨(原计划是于该年10月1日解除价格管制)。里根政府决定放开油价主要基于三方面考虑:一是美国进口石油越来越多,而国内的生产不足;二是为了控制能源价格、产量和分配,价格管制限制了国内的生产、鼓励了浪费、增加了对国外石油的依赖;三是多年的价格管制使美国的石油生产低于其潜在能力,人为地增加了能源消费,恶化了国际收支状况,扼杀了技术进步,加深了对欧佩克的依赖,危及国家的能源安全。

美国油价放开后,国内市场价格开始向国际市场价格靠拢,随着国内外油价接轨,原来相对高成本的老油井重新开启,新油井开工,大大提高了美国本土的石油产量,极大地减少了对进口石油的依赖,石油净进口依存度从1981年的33.6%

降至1985年的27.3%。同时，由于全球新的石油供应国出现，引发国际原油价格一路平稳回落。1986年国际石油价格更是出现暴跌，欧佩克官方价格由1985年12月的每桶32美元跌到了1986年7月的每桶低于10美元，美国国内石油产量上升的势头也得到了逆转。而与此同时，需求也随价格的下降而上升，美国继续从国外大量购买石油，同时建立起庞大的石油战略储备。

当然，20世纪80年代中期出现的石油价格下跌的另一个原因是欧佩克未能控制产量，而当时全球超过四分之一的过剩石油都来自欧佩克的非波斯湾地区成员国，另外非欧佩克国家的石油产量也在逐步提升。由于卡特尔是一个非常不稳固的垄断组织，欧佩克成员国之间存在着内部产量竞争，而个别成员国生产量经常超过额定生产量。1985年，沙特阿拉伯在发现其石油出口较1984年降低了80%后，随即将其产量由每天1 000万桶将至200万桶时，试图恢复其在国际石油市场上的份额。其他欧佩克成员国做出相同反应，引起全球石油供应过剩。在1986年，沙特阿拉伯的石油出口增加到每天600万桶，导致油价降低到每桶10美元以下。其后不久，石油输出国组织重新降低产量，以期将石油价格稳定在每桶15—18美元。从那时起，石油价格的范围是1986年的每桶平均12.5美元到2003年的每桶27.5美元。

放松管制也有一些负面影响，比如很多在价格管制期间受惠于均权计划的小炼油厂商倒闭。1981年年初到1985年，美国炼油厂数减少了101家，炼油能力减少了300万桶/天。随着炼油商数目的减少，剩余的技术更先进的炼油商对特定品种石油的进口增加了。

（四）多元化时期

在整个20世纪90年代，布什政府和克林顿政府基本延续里根政府的放松管制政策，对整个石油市场的干预不断减少，而这一国际石油市场供应充足，价格比较稳定，但是由于低价导致需求快速增长，美国石油的对外依赖仍然十分严重。

进入21世纪后，国际石油市场供大于求的局面发生逆转，新兴市场国家对能源的需求，加上国际局势的持续动荡，导致国际石油价格持续攀升。为了解决能源缺口问题和降低对外依存度，小布什政府和奥巴马政府都是以多元化战略为核心，希望通过减税、补贴等方式鼓励深海、深层和边远地区的油气资源开发，增加国内油气产量，以提高石油供应的自主性，同时扩大对非洲、中亚地区的开发，强化对海外油气资源的控制，提高能源供应的多元化，确保能源安全。

2008年美国共发现10个新的油气地带，其中1个位于陆上的阿拉斯加北部盆地，9个位于美国墨西哥湾海域。根据IEA的数据，截至2008年年底，2008年世界石油剩余探明储量为1 838.82亿吨，美国石油剩余探明可采储量为29.2亿吨，占世界总储量的1.6%，居世界第12位。主要的含油气区为阿拉斯加油气区、加利福尼亚油气区和墨西哥湾油气区。2008 年美国石油消费量为 9.67 亿吨(见表 3-5),比上年增长 2.5%,而同期的石油产量为 3.35 亿吨,居高不下的石油进口对美国的国家能源安全构成威胁,2008 年美国石油对外依存度为 56.9%。

表 3-5 2001—2008 年美国石油供需情形 单位:亿吨

年份	生产	消费	进出口		净进口占消费百分比(%)
			进口	出口	
2001	3.52	8.96	5.74	0.44	59.2
2002	3.50	8.94	5.61	0.43	57.9
2003	3.41	9.14	6.05	0.44	61.4
2004	3.29	9.38	6.38	0.48	62.9
2005	3.10	9.45	6.67	0.54	64.9
2006	3.10	9.44	6.71	0.63	64.7
2007	3.12	9.43	6.72	0.69	63.9
2008	3.35	9.67	6.41	0.91	56.9

资料来源:BP, statistical review of world energy, 2009。

为了保证稳定的石油供应,分散进口风险,努力实行进口来源多元化,目前美国从世界 30 多个国家或地区进口石油。为了减少对中东石油的依赖,美国近年来一直努力将进口石油的中心从中东地区转移至北美、非洲、拉美等地区,但从波斯湾进口的石油仍占其总进口量的相当比重①。2008 年美国从欧佩克国家的石油进口量为 2.97 亿吨,从中东地区的进口量为 1.18 亿吨,从非欧佩克国家的石油进口量为 3.44 亿吨,从周边国家的石油进口量为 2.8 亿吨。

从 20 世纪 70 年代中期开始,美国本土 48 州(不含深水区)的原油产量呈现递减的趋势,开发井数和产油井数与 1981—1985 年相比降幅较大,每年的开发油井数基本稳定在 2 万—3 万口的水平,产量从 1976 年的 29.76 亿桶递减至 2004 年的 19.83 亿桶,产量年平均递减率为 1.15%。美国国内石油产量下降的原因是多种的,20 世纪 80 年代前,产量下降主要是因为美国政府的保守主义能源政策对石油产业的控制以及伴随的低油价和低投资,而之后的产量下降则主要来自新增可采储量的递降和开发难度的增加。随着原油产量的递减,美国政府对非常规油气资源和深水油气资源的开发制定了相应的税收豁免政策。20 世纪 80 年代中期以来,深水油气资源成为美国开发的重点。特别是 1995 年《免除深水矿区使用费法》颁布后,深水油气产量增长迅速。1992—2003 年,美国在深度超过 100 英尺的墨西哥湾深水区域共钻探油井 1 055 口,年均每口探井新发现储量达到 85.4 万吨。2006 年,美国新发现的 8 个重大的深水油气地带,全部在美国墨西哥湾深水区。

① 石油:2008 年美国石油供需形势分析,http://info.china.alibaba.com/news/detail/v0-d1005305883.html。

三、美国的石油市场

里根政府放松石油市场管制的基本精神是:政府通过给石油产业提供一个经济、技术和制度框架,使私人部门能够有效地满足国家目前和将来对石油资源、能源安全、市场公平竞争,以及保持清洁和安全的自然环境的需要。1981 年,里根总统曾在美国国会发布第三个国家能源政策计划时说:"我们国家的能源纲领不能够由政府僵化地规定,不能单调地制定生产和储备目标。我们的基本目标是让我们的人民得到生活所需的足够的能源。因此,应该由他们来决定能源的数量、种类和获得的途径。"

基本上,目前美国的石油市场仍是在这一指导思想下构建的,主要由勘探开发、炼化加工、成品油销售和油气储运等几个环节组成,美国的石油资源归联邦政府所有,私人石油公司通过参加政府公开招标租售程序获得石油资源的勘探开发权,政府不直接干预私人企业的石油炼化生产和成品油销售,原油和成品油的价格直接由市场供求关系决定。

(一) 勘探开发

在美国,地表或地下资源被视为土地的组成部分,土地所有者对地下的矿产资源享有所有权,只有从土地所有者那里得到许诺的人才拥有对地表或地下矿产资源采掘的权力,这种矿权制度被称为土地所有者体系。美国的土地是"三分天下",即联邦政府、州政府和私人约各占三分之一,因此美国有相当一部分的石油资源为国有资源。美国政府对石油资源不规定官方价格,其勘探权和开采权一直由市场配置,租让价格通过招投标确定。石油公司以竞价方式取得石油(天然气)勘探开发权,中标者向联邦政府支付勘探开发权的基本费和年租金。而且,每当有新的油气资源被发现并被抽取,联邦政府都有权收取一定比例的以产出价格为基础的油气开采费。但是,美国政府不参与石油企业的经营活动,完全由私人投资经营。如果市场油价长期大幅度波动,政府会根据市场状况适当地调整、减免已出租公有油区的油气开采费。

美国政府虽不直接定价,但也会采取了诸如财政补贴和减税等经济手段进行市场管理和干预。虽然美国石油资源还比较富足,但大部分油田都属于开采多年的老油田,由于地质和环保要求等原因,开发难度越来越大,勘探和生产费用越来越高。为了促进和稳定国内石油勘探和生产,美国能源部每年向所属实验室或民间企业拨付科研经费,与民间企业合作进行提高开采、钻井技术的研究开发。在过去 20 年中,美国钻井技术的提高已使石油开采成本从每桶 20 美元降低到 5 美元。此外,美国政府还通过补贴、技术援助和融资等手段支持国内能源企业参与国际市场竞争,获取和利用国际资源。通过能源部、贸易开发署和美国进出口银行等三大机构的支持,20 世纪 90 年代以来,美国各大石油公司在海外的投资都普遍高于在本国的投资。美国大型石油公司拥有的储量有一半在国外,盈利也主要来自于国外而不是国内。

（二）油气储运

美国的石油战略储备体系(Strategic Petroleum Reserve,SPR)是非军用项目,目标是防止石油禁运和石油供应中断。SPR 可以分为政府储备和商业储备两部分,两种原油库存分工明确,相对独立。商业储备则是属于企业市场行为,既没有法律规定的义务,也没有政府干预,企业根据市场供求和实力自主决定石油储备量和投放时机。政府主要通过公布石油供求信息来引导企业,通过免除石油进口关税和进口许可费等政策鼓励企业增加石油储备。

政府储备由联邦政府所有,从建设储库、采购石油到日常运行管理费用均由联邦政府财政支付,其库存只有总统才有权下令动用。政府储备点全部集中在得克萨斯和路易斯安那两个州的沿海地区,主要是利用巨型盐洞改造而成。政府储备的运行机制可以概括为:政府所有和决策、市场化运作。联邦财政设有专门的石油储备基金预算和账户,基金的数量由国会批准。从建设储库、采购石油到日常管理费用均由联邦财政支付。为了避免战略储备对市场价格的冲击,石油采购、储存、释放基本上采取市场招标机制,首要原则是成本最低。

美国政府决定战略石油储备规模主要考虑进口绝对量、经济对石油价格的敏感性和储备成本等因素,同时还要考虑石油中断的可能性。政府和国会根据国内需求和国际局势来适时调整战略石油储备量。在市场低迷的情况下,政府向石油公司招标,以市场价格购入,如果市场价格居高不下,则利用各种衍生工具推迟交割时间,同时购买行为本身要考虑到市场的稳定性。在购买时,能源部需要做出计划,并向社会公开计划以及进行公开竞标的时间。竞标之前,SPR 办公室由计划财务部门要求参与竞标的石油公司提交银行出具的信用证,并加以审核。SPR 办公室希望参与竞标的人越多越好, 这样可以把价格压得更低。另外,还允许中标的公司推迟交货,中标公司只要向 SPR 办公室的项目经理提出一个由公司确定的时间表就可以了。这样,中标公司就拥有很大的灵活性来决定到底如何交割、从哪里把油运来、什么时候增加本公司的头寸、利用什么样的衍生工具来进行套期保值等。中标公司的灵活性越大,也就越有可能报出更低的价格,而且市场上的其他参与者也不知道该中标公司什么时候会到市场上去买油或补充存货,所以也无法操纵市场来获取利益。联邦政府向市场投放战略储备的方式主要有三种:一是全面动用,即当“严重能源供应中断”时的动用;二是有限动用,储备石油低于5 亿桶时不能动用,动用总量不能超过 3 000 万桶,动用时间不能超过 60 天;三是测试动用,动用总量不得超过 500 万桶。全面动用和有限动用都需要总统决定,测试性动用和分配授权能源部部长决策。除此之外,还有一种“轮库”形式,即在解决因油品品质或区域性能源短期内短缺造成的石油供应紧缺时,用联邦储备与企业储备进行临时交换,事后按要求时间归还。

政府储备投入市场后回收的资金交财政部的石油储备基金专门账户,用来在未来补充石油储备。同时,为了降低维持石油战略储备的综合成本,当战略储备地周围的石油管道、油轮航道发生意外时,能源部有时会"借给"商业公司一部分原油,但要求它们在6个月之内补入同等数量的原油,并支付一定的费用。SPR还可能在其他一些情况下卖掉一些储备,比如当OPEC在全球石油的影响逐渐降低,或者市场更加成熟有效,或者政府出现巨大财政赤字的时候。

美国将石油存储在岩洞的做法也遵照了成本最低原则。在靠近墨西哥湾的得克萨斯州和路易斯安纳州的海岸上,有500多个可供储油的岩穴。这些岩洞最多可以存储约7亿桶的石油,目前共存有约6亿桶原油,这些石油基本是在1970—1995年期间购买注入的,共花费约160亿美元。岩穴储油每桶容积平均成本只有1.5美元,每年的日常运行和维护费用为25美分,而同样容积的地上油罐造价需要15—18美元。另外,这些海岸还是美国石油管线和炼油厂最集中的地区,墨西哥海湾有21家炼油厂,还有便于供油品运输的油罐、管道、驳船和码头,通过这些设施可以与中部和中西部的28个炼油厂相连,这49个炼油厂的产出能力几乎达到美国炼油厂总能力的50%。紧靠油品的生产企业,释放储备时的运输成本大大降低了。

(三)石油炼化和成品油销售

美国政府对于石油炼化行业基本没有诸如准入机制等管制措施,政府的主要责任是创造一个公平竞争的市场环境,防止出现市场垄断。炼油厂所生产的成品油在美国国内外市场的销售价格完全由市场决定,并随着国际石油市场价格的变化而波动。美国国内有两个有代表性的成品油现货市场:一个是墨西哥湾和得克萨斯州现货市场,另一个是东海岸的油品消费市场。美国国内成品油销售价格分三种情况:一是各石油公司通过自己建立的加油站以零售价格在国内市场销售;二是少部分成品油以批发价格卖给中间商;三是部分产品以国际市场价格出口。但是,无论以哪种方式销售,最终价格都是由市场来决定的。

政府并不制定和指导石油产品的市场价格,市场参与者主要通过运用石油金融衍生工具来分散和回避国际石油价格激烈波动的影响,或者降低储备成本或者达到其他目的。美国纽约商品交易所①(NYMEX)是目前世界上最大的商品期货

① 1994年,纽约商品交易所(NYMEX)和纽约商品期货交易所(COMEX)合并,仍称为纽约商品交易所(NYMEX)。合并后,NYMEX的期货交易仍分为NYMEX及COMEX两大部门,NYMEX分部主要负责能源期货及期权交易,COMEX分部主要负责金属期货期权交易。

交易所,全球能源及贵金属的现货和期货价格就主要以NYMEX的期货合约价格为参照的。合约通过芝加哥商品交易所(CME)的GLOBEX电子贸易系统进行交易,通过NYMEX的票据交换所清算。在交易场所关闭的18个小时里,合约交易仍可以通过互联网上的NYMEX ACCESS电子交易系统来进行,实现全球化交易。

1978年,NYMEX正式推出了全世界第一个石油产品期货合约——取暖油期货合约;1981年,推出汽油期货合约;1983年,推出WTI原油期货合约;1984年,推出无铅汽油期货合约;1986年,推出WTI原油期货期权合约;1987年,推出取暖油期权合约;1994年,推出裂解价差合同(Crack Spread Contracts)以及裂解价差期权①(Crack Spread Option)合约。2004年,在商品基金和对冲基金投资范围全球化的影响下,NYMEX也开始交易布伦特原油期货,并在这个基础上推出了WTI和布伦特原油的互换(WTI-Brent Bullet Swap)和价差期权②(WTI-Brent Crude Oil Spread Options);2007年,NYMEX还推出WTI原油和布伦特原油日历价差期权③(Calendar Spread Option)合约。美国的能源金融市场不断进行金融创新,为投资者应对国际原油价格波动提供了条件。

当然,美国政府也适当运用经济手段减少油价波动影响,其主要手段就是释放石油战略储备。比如2011年6月23日,美国能源部宣布,由于中东北非局势不稳导致国际石油供应受到影响,美国将向市场投放3000万桶战略石油储备,以稳定市场供应。美国政府动用石油战略储备,也是紧密关注市场动向,选择在适当时机投入市场的,之所以选择在6月底,一是为了应对7、8月美国传统的能源消耗高峰期到来,二是考虑中东北非尤其是利比亚局势不稳已经导致石油减产,会威胁到世界经济复苏,有必要对有进一步走高趋势的油价进行抑制。同时,国际能源机构(IEA)当天也宣布,其28个成员国将在接下来1个月内向市场投放总量为6000万桶的石油来稳定市场供应,平均每天向市场投放约200万桶。美国政府动用石油战略储备来平抑油价是以其雄厚的石油战略储备量为基础的,根据美国能源部的数据,当时美国的战略石油储备总量为7.27亿桶,可以维持美国市场至少6个月的需求。

四、美国的石油市场监管

美国政府对石油市场的监管主要体现在以下几个方面:制定石油工业发展战略、确立石油市场竞争规则和维护石油资源的可持续开发。美国政府对于石油市场监管的具体措施包括:制定油气勘探开发的公共政策和战略,推行各种计划和活动来鼓励私人企业实现政策目标;建立和实施适当的联邦绩效标准、限制和惩

① 裂解价差(Crack Spread)是指汽油或燃料油等成品油与原油的价差。当裂解价差扩大时,炼油商的利润就会增加。裂解价差期权(Crack Spread Option)就是以裂解价差为标的物的期权。

② 价差期权(Spread Option)是指以不同的资产的价差为标的物的期权。

③ 日历价差期权(Calendar Spread Option)是指标的物为同一资产不同到期日之间价差的期权。

罚措施，确保产业活动与公共利益相一致；有效地管理联邦土地，促进联邦所有的油气资源能在有效和环保的基础上得以可持续开发；防止石油企业滥用自然垄断优势地位控制市场等。美国对石油市场的监管，最主要的目标定位于提高市场效率和保障能源安全。

（一）监管部门

20世纪70年代，美国的石油市场监管主要是通过以下三个法律实现的，即《1973年紧急石油分配法》、《1975年能源政策和节约法》和《1976年能源节约和生产法》。为了实施相关立法制订的计划，60年代美国政府曾经成立了联邦能源办公室，后该办公室于1974年被依据《1974年联邦能源管理法》成立的联邦能源署所取代。1978年，美国成立能源部，取代联邦能源署，统一协调联邦内政部下属的矿产管理局、联邦环保署、劳工部、运输部等其他政府部门，共同履行对油气资源的开发利用以及对石油市场的监督管理职责。能源部下属的能源监管委员会是一个独立的能源监管机构，主要负责具体的监管政策制定和执行。

美国对于石油工业的监管分为联邦和州两个层级，即联邦能源监管委员会和州的公共事业监管委员会，联邦能源监管委员会主要负责跨州和跨国的监管，各州则要负责本地的监管。除了20世纪初期的反垄断和对跨州石油管道监管外，联邦政府在过去的一个世纪里对石油行业的监管不多。相反，联邦通过资源消耗补贴和国外税收抵扣等税收优惠政策来支持该行业。

（二）分级立法

分级监管不仅体现在监管部门的分级上，更重要的是体现在法律体系层面。联邦层面，美国拥有比较完善的联邦能源监管法律体系，涉及石油工业的主要包括《天然气法》、《菲利普斯决议》、《天然气政策法》、《联邦能源委员会436号令》、《放松进口管制法》，以及专门的反垄断法。

州一级层面的监管立法则可以追溯到1859年美国宾夕法尼亚州泰特斯维尔的第一口商业油井。当时依据天空法则确定财产权，即土地所有者对其土地的权力上至天下至地。天空法则仅仅适用于块状矿藏，而不适用于流动性的资源。因其在界定财产权范围方面的不确定性，该法则没能很好地促进石油工业的发展。因此，有助于石油和天然气行业发展的获取法则取代了天空法则。简单讲，获取法则的意思是油井经营者可以开采另一个土地所有者的土地下的石油，而不承担责任（参见“巴纳德诉讼孟浓加西拉天然气公司案”）。一经开采，获取该资源者拥有所有权。只要油井经营者不侵入他人土地，他便有权利开采这些资源。获取法则具有不当的经济后果，根据该法则，只有钻井者恶意对资源的过度消费，或者说有恶意对资源过度消费的趋势，而不够公平有效。各州对该法则的使用不同。例如，得克萨斯州采用了相邻权，即储油区地表的土地所有者有权获取公平的份额，且不因采油对其他业主造成损失。即便是采用了相邻权,在大型石油和天然气田被发现的20世纪初期,获取法则也仍然造成了大量的资源浪费。而且由于石油的生产超过了市场需求,也超过了石油管道的输送能力和炼油厂将其加工成可销售产品的能力,通常,未被销售的原油在露天大坑中存放,很容易引起火灾和泄漏。

20世纪的前30年,美国各州通过其石油和天然气保护法来解决浪费这一问题,参见诺斯卡特埃利的《石油天然气保护法解释版》和《通过跨州协议节约石油》。各州试图通过联营、制定开采率、限制油井间距和按照比例限产等措施来达到影响一定时间内石油产量和销售的目的。为了石油工业的可持续发展,得克萨斯州、路易安娜州和俄克拉荷马州等石油生产州通过州议会立法以保证向市场提供的石油量不对市场造成冲击,从而避免石油价格大跌到引起浪费的程度。

随着20世纪60年代中期美国国内石油产量达到高峰和进口增加,所有州都开始允许以最大的生产能力生产。尽管如此,一些相关的法规还继续有效。比如,大部分州规定在一定地域内油井的数量,并通过限制油井间距来保持持井压力,以降低钻探成本。一些州也要求合营经营,要求不同的土地和利益所有者分担钻探成本和分享开采结果。一些州也继续采用开采许可制度并要求采尽已钻探的油井。此外,各州沿用了“最大有效开采率规定”(Maximum Efficient Rate Regulation,MER),以提高石油开采效率。同样,达到要求规定的开采率被普遍认为是避免浪费的最好办法。

(三)资源立法

联邦政府不仅仅在价格方面取消价格控制,做出市场化的努力,在矿产资源的使用方面也进行了市场化的调节。联邦政府拥有超过6亿英亩的共有土地,其中包括密西西比河以西一半以上的土地。内务部下属的土地管理局被授权管理与公共土地相关的天然气和石油资源。国会于1920年通过了《矿藏土地租赁法》,该法将石油资源定性为可租赁的矿藏,联邦对在其土地上生产的石油和天然气收取使用费。国会于1987年通过了《联邦陆地石油和天然气租赁改革法》,该法改革了租赁办法,规定联邦所有的陆地上土地(除不多的特例外)应通过竞标方式出租。目前,《矿藏土地租赁法》和《联邦陆地石油和天然气租赁改革法》均有效。按照这两个法律和联邦的其他成文法,联邦必须对不予出租的土地进行标识说明。

内务部长通过联邦土地管理局执行《矿藏土地租赁法》,联邦土地管理局通过竞标和议标方式出租由内务部和由农林部森林服务局管辖的土地的石油、天然气和其他矿藏的开发权。有意承租的各方提供报价,报价最高的一方获得租赁权。年租赁费的范围是:前5年内,每英亩每年1.5美元;其后,每英亩每年2.0美元。虽然租赁费由国会确定,但可以通过法规予以调整。一旦在出租的土地下发现石油和天然气,承租方必须上缴适量的开采使用费。通常,上缴联邦的使用费为被发现资源的销售收入的 12.5%，其中 50% 直接由所在州收缴，但阿拉斯加州的收缴比例为 90%。内务部长全权管理土地的出租。对通过竞标出租的土地，租期为 5 年。如出租的土地在 5 年内没有石油或天然气出产，租赁合同结束。只可对处于生产期的土地的租赁合同展期。但在钻探已开始之后和开始生产之前，租赁合同可被展期两年。

近海土地的开采活动主要是指在外部大陆架上进行的石油开采活动。大陆架是与陆地相连的海底地带，有时也被称做外部大陆架。这是一个很大的领地，美国的大陆架面积超过一千亿英亩。大部分的海洋石油开发活动局限于加利福尼亚沿海和墨西哥湾，其总面积约为 2 500 万英亩。杜鲁门总统于 1945 年 9 月 28 日签署了关于《美国对外部大陆架海底资源政策》的宣言。此宣言规定，浅海土地界限以外的外部大陆架海底土地的管辖权属于联邦。因此，从海岸三英里开始到国际法认可的外部大陆架范围属联邦管辖。国会对此管辖权有更具体的规定，内务部长授权矿藏管理服务局负责大陆架土地的租赁。租赁体系是为了平衡包括自然资源利用和环境保护等在内的各种利益，租赁的决定过程冗长而复杂。租赁过程包括对可能的生产商的提名和提供这些生产商的信息、划定拟勘探的区域以及环境影响评价。在最终环境影响评价确定之后，通过招标系统发布销售信息。根据《美国对外部大陆架海底资源政策》1978 年的修正案，内务部部长可以采用包括定额现金和按比例开采使用费的办法招租，租赁的权益也包括勘探和开发。投标的形式可以是现金奖励加固定的使用费、使用费加固定的现金奖励或者这两种方法的各种组合。投招标办法拟达到的目的是平衡开发土地所涉及的经济、社会和环境利益，并保证政府按照市场价格获取公平的财政收入。

（四）税收体系

从全球范围看，美国的石油地质条件并不是最优越的，但它却能生产出较多的石油，究其原因，在于美国在开采国内石油资源，尤其是边际石油资源方面采取了多种税收优惠措施。

1. 实施矿区使用费滑动费率制及免税措施

《美国内政部土地管理局油气条例》将低产井的矿区使用费政策规定为：在产油期内平均日产量小于 2.1 吨的油井，对其矿区使用费实行滑动费率制，即产量高费率高，产量低费率低。条例还规定，自 1992 年 10 月 1 日起，内政部长可减免其低产井的矿区使用费。除此之外有些州政府还规定了一些特别优惠政策。

2. 对新油、重油生产采取低税率

为了持续不断地开发国内石油资源，美国将 1978 年以后发现的石油资源称为“新油”，将比重大于 0.959（API < 16）的原油称为“重油”。美国政府对新油和重油实行税收优惠。例如在征收暴利税时，新油的税率可由 70% 降到 30% 甚至

15%，重油降为 30%。再如特惠税税率，以阿拉巴马州为例，1984 年和 1996 年以后打的井在投产后 5 年内的税率分别为 6% 和 4%。

3. 对二三次采油实行低税费率

《油气条例》规定：二次或三次采油促使租赁地增产的，内政部长可将矿区使用费降低或者免除。《能源法规》规定：凡 1979 年以后实施的三次采油项目使有关油田产量得以提高的，其增产部分的暴利税减为 30%。三次采油所使用的高新技术所需费用，联邦政府允许其在所得税前扣除。

4. 允许抵扣

《油气条例》规定：钻井无形成本与开发费用在税前扣减。钻井无形成本、开发费用是指与地震、钻井有关的工资、材料、燃料等费用。无论勘探是否成功，投资者都有权在税前对该项费用进行扣减。若勘探获得成功，其扣减额约占全部勘探投资的 70%；若勘探失败，其扣减额相当于全部投资额。

5. 积极扶持小油气公司发展

根据美国独立石油协会（IPAA）的数据，2004 年美国小油气公司多达 7 000 余家。2001 年《美国国家能源政策报告》指出，美国国内约 50% 的原油产量、60% 左右的天然气产量来自小油气公司。为了扶持这些独立的油气开发商，使其免遭大石油公司的排挤，美国政府出台了一系列的政策来鼓励小油气公司的发展。联邦政府规定，日产油 133 吨以下的小石油公司，可获得产量 15% 的减免。钻井无形成本、开发费用扣减，大公司为 30%，中小公司为 40%。

6. 暴利税法案

原油暴利税法于 1980 年通过，取代了由《紧急石油分配法》、《能源政策和节约法》指定的价格管制制度。此税法并不是如同它的名称所属，它并非针对所有利得税，而是 1980 年 3 月 1 日生效的国内石油生产税，必须在出售石油利润确定前支付。因此，实质上，支付多少暴利税与利润并没有关系，但是生产者可以从所得税中扣除负债，因为它被认为是生产成本。暴利税征收的是原油市场价格与政府每季度在考虑通货膨胀与国家遣散税之后所调整的石油低价之间的差值，大部分适用于炼油商。具体税率：

（1）第一层油征收税率为 70%，即 1979 年之前国库里的储备油，此税法设立了第一层油的基础价格，是《紧急石油分配法》中根据 1979 年 5 月通货膨胀因素调整后上层油的价格 12.81 美元。

（2）第二级石油征收税率为 60%，包括剥离油和军队石油储备。第二级石油基础价格等于第一级石油价格上再加 1 美元，即 15.20 美元。

（3）第三级石油征收税率为 30%，即 1978 之后出产的石油、重油以及三次采油项目中增采的石油。税法为第三级石油建立了一个基础价格，即《紧急石油分配法》中价格控制下，在上层油的价格上限之上再加上 2 美元，即 16.55 美元。依然根据第一级石油中规定的通货膨胀因素进行调整。

(4) 对于每季度销售额小于 125 万美元或每天产量少于 5 万桶的独立生产商，生产销售税只针对每天最初的 1 000 桶石油征收。而且对于这种产量和销售量小的石油生产商的第一级和第二级石油征收也相对较少。第一级石油征收税率为 50%，第二级税率为 30%，当然都是在最初 1 000 桶豁免的情况下。

(5) 对于当地政府支持提供的慈善医疗机构、教育机构、印第安原住民部落进行税收豁免。免税部分还包括阿拉斯加产出石油以及三次采油项目中第一次增产石油。

1988 年 1 月，在暴利税执行了 33 个月并逐渐开始退出历史舞台的时候（彻底废除不得迟于 1991 年 1 月），联邦此项税收收入达到 2 273 亿美元。该税被废除的主要原因是它强加给政府和私营部门沉重的行政负担。总体来说，《石油暴利税法》并没有产生预期的影响，1986 年石油价格崩溃导致暴力税收影响平平。甚至在此之前的价格崩溃，税收收入就比预期的少很多，因为石油价格并没有如经济学家预期的那样急剧增加，国内生产也不如预期强劲。暴利税使得国内投资远远小于从前，据 IEA 的估计，暴利税收大概减少了美国 3%—6% 的国内石油生产量，同时增加了 8%—16% 石油进口量。

第三节 俄罗斯石油价格的市场化改革

一、俄罗斯的石油工业

俄国[①]的石油工业起源于阿塞拜疆地区，1870 年在巴库地区发现石油之后，俄国石油工业得到了很大发展。1873 年，俄国沙皇在石油生产方面实行门户开放，任何人均可到俄国从事石油这项冒险的事业，同年三月，著名瑞典诺贝尔家族开始涉足石油生意，1885 年，诺贝尔兄弟在巴库建起了最大的炼厂。1888 年，巴库的石油产量约为两千三百万桶，是美国产量的五分之四，大诺贝尔兄弟炼油的产量已占俄国煤油产量的三分之一。此外，当时俄国石油市场的另一重要参与者法国银行家罗斯柴尔德兄弟投资修了一条从巴库到黑海沿岸港口巴统的横贯高加索的铁路，将巴库石油从巴统改用油轮，经黑海和博斯普鲁斯海峡、达达尼尔海峡运抵欧洲，这条运输线的开通缩短了巴库油田与欧洲的距离，加快了外国资本经营的俄国石油工业的发展，出现了石油生产的第一次飞跃。19 世纪 80 年代末，俄国石油打破了美国美孚石油公司对世界最大煤油消费市场——欧洲的垄断。从此，俄国在国际石油市场上逐渐占据重要的地位。

① 1721—1917 年间为俄罗斯帝国，简称俄国或沙俄。

（一）俄罗斯的石油产量和消费量

俄罗斯石油储量丰富，生产能力强，2009年，俄罗斯石油产量达到了4.94亿吨，相比于2008年的4.88亿吨，同比增长1.25%，平均日产量为992.5万桶，超过了沙特阿拉伯800万桶的日产量，跃居世界首位。伴随着苏联解体后俄罗斯经济的转轨，俄罗斯的石油产量变化大致经历了以下三个阶段（见图3-2）。

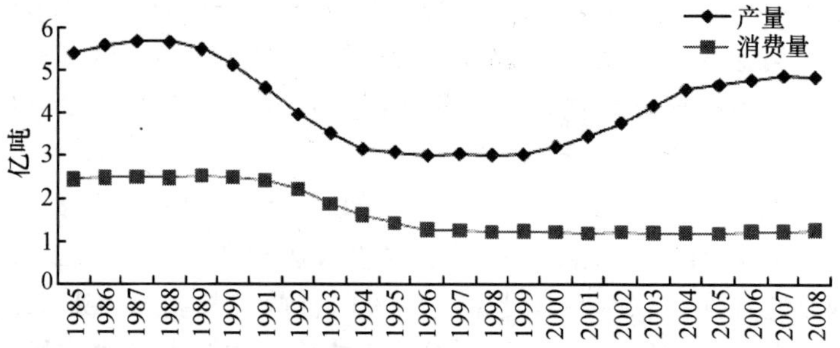

图3-2 俄罗斯历年原油产量和消费量

资料来源：BP, Statistical Review of World Energy, 2009。

1. 1990—1996年的衰退时期

1987年，俄罗斯原油产量达到最高值5.70亿吨，1991年经济转轨初期原油产量为4.62亿吨，随着俄罗斯石油私有化改革的进行，原油产量开始大幅下降，原油的国内消费和出口也出现很大的衰退，1996年，俄罗斯原油产量仅为3.03亿吨，较1987年时的高峰产量下降了47%。随着俄罗斯原油产量的下降，俄罗斯的石油消费量也呈现出下降的趋势。

2. 1997—1999年的稳定时期

随着对经济转轨初期激进政策的不断改进，俄罗斯原油生产企业的生产能力开始逐渐加强，从1997年开始到20世纪末，俄罗斯的原油产量基本保持稳定，1997年的原油产量为3.07亿吨，1998年为3.04亿吨，1999年为3.05亿吨，变化不大。

3. 2000年之后的恢复时期

进入21世纪，国际原油市场形势开始好转，国际市场原油价格大幅回升，从2000年开始，俄罗斯的原油生产逐渐恢复，此外，波罗的海石油管线等国内油气输送基础设施建设的投产，为原油出口提供了新的渠道，原油的恢复性需求也促进了原油的生产。到2008年，俄罗斯原油产量达到了4.88亿吨，较2000年的3.23亿吨增长了51%，占世界总产量的12.4%。石油消费量从1997年开始基本保持稳定，波幅不大，这主要是因为1999年之后增产的原油主要用于出口，国内对石油的消费量并未出现大幅的增长。

（二）俄罗斯石油出口

俄罗斯国内的能源消耗以天然气为主，生产的石油大部分都用于出口，本国国内消耗的石油所占比重还不到10%，俄罗斯是当今世界重要的石油出口国之一，石油也因此成为俄罗斯振兴国家经济的重要依托。

早在1987年的苏联时期，俄罗斯的石油出口量就占全球石油出口总量的25.7%，1991年以后，随着苏联解体和俄罗斯进行石油工业改革，俄罗斯的石油出口量有所下降，在1994—1999年降至最低点，石油出口量占世界石油出口总量的9%左右，随后，俄罗斯的石油出口量开始不断上升。图3-3显示了1996年以来俄罗斯石油出口量的变化情况，从1999年开始，俄罗斯的石油出口量开始直线上升，1999年俄罗斯的石油出口量为1.33亿吨，到2004年已上涨至2.58亿吨，涨幅达94%。2004年之后，俄罗斯的石油出口量在2.5亿吨上下波动，基本保持稳定。2004年俄罗斯原油出口量为2.3亿吨，占俄罗斯原油生产总量的50.2%，成为仅次于沙特阿拉伯的世界第二大石油出口国，2007年，俄罗斯石油净出口量为2.56亿吨，仍然仅次于沙特阿拉伯的3.39亿吨（见图3-3），2008年，虽然俄罗斯的石油出口量与2007年相比略有下降，但石油出口收入达1 517亿美元，同比增加了33%。2009年俄罗斯石油出口2.47亿吨，比2008年增加了1.8%，且在第二季度之后超过沙特阿拉伯成为世界上石油出口国家之首。

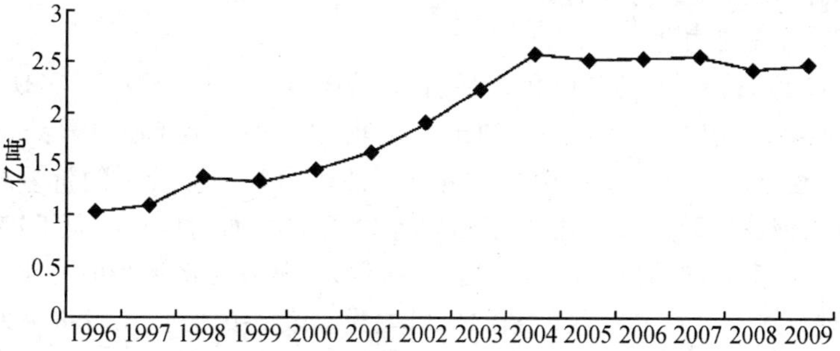

图3-3 俄罗斯历年石油出口量

资料来源：根据俄罗斯联邦国家统计局公布数据整理得到。

二、俄罗斯石油价格改革历程

（一）石油价格体系的改革

俄罗斯的石油工业经历了从国家垄断到放开市场、无序竞争，又从无序竞争到国家调控、规范市场的道路。在结构上，经历了由集中到分散、由分散到集约；在体制上，则经历了由国有化到私有化、再到国家石油公司占主导地位的多次重组兼并。

苏联时期，俄罗斯的石油工业体系是按照计划经济的要求建立的，石油企业均归国家所有，国家设有石油工业部，统一管理全联盟的石油勘探、开发、储运、加工、产品的销售和分配（包括对外贸易）。这个工业体系虽然存在着经营粗放、效率有待提高等问题，但同时也可以利用国家力量保证资金高度密集型的石油工业统一规划、全方位布局以及可持续发展，具有"计划手段"特有的优势。

苏联解体后，各加盟共和国的石油工业从原苏联肢解出去，石油工业部取消。20世纪90年代初，俄罗斯开始实行石油行业的企业重组改制，这标志着俄罗斯现代石油工业的诞生。这个阶段改革借鉴西方石油公司的经验，总体思路是根本改变之前苏联时期的繁冗体制，使整个石油行业归一个部委领导，改组成纵向一体化的石油公司，把从钻井到加油站的整个业务合并成一个企业。

这个阶段的改革实现了俄罗斯石油价格的自由化，表现在以下两个方面。

1. 国内市场价格自由化

在执行石油价格自由化的过程中，出现了很大的争论，一方面，自由化推行者认为实行石油定价自由化可以有助于减少俄罗斯对矿物燃料扭曲性的高消费，同时起到保护环境的作用；另一方面，自由化反对者则认为石油价格的自由化将导致通货膨胀，而且缩小的原油价格差距会不利于原油出口，从而影响俄罗斯的外汇收入。由于双方各执一词，无法协调统一，1992年1月俄罗斯开始实行的价格自由化改革中并不包括对石油价格实行自由化。但是，仅仅18个月之后，俄罗斯在石油方面的所有行政性控制措施基本取消，包括对利润率限制的取消、对石油在国内市场的销售配额的取消等。

2. 贸易方面自由化

在国内市场价格实现自由化以后，改革的注意力开始放在了实现贸易自由化。1995年年初，俄罗斯取消了石油出口配额，到1995年年底，国际价格扣除出口税之后已经与国内价格基本持平。由于石油国内和国际价格的价差缩小，1996年4月1日，俄罗斯政府宣布将平衡国内外价差的石油出口税降低50%，并承诺到1996年7月1日取消所有的石油出口税，但是，随着经济形势的恶化，俄罗斯不得不重新对石油及其产品征收高额的出口关税。表3-6显示了1998—2004年，俄罗斯原油国内价格与出口价格的比较。

表3-6 俄罗斯原油国内价格与出口价格比较

年份	国内价格(美元/吨)	出口价格(美元/吨)	国内与出口价格百分比(%)
1998	16.4	74.4	22.0
1999	37	110.9	33.4
2000	54.9	179.9	30.5
2001	49.9	156.4	31.9
2002	60.7	162.4	37.4
2003	70.1	181.2	38.7
2004	123.5	231.9	53.3

注：国内价格取当年12月的价格，出口价格取年平均价格。

资料来源：宋景义，转轨时期俄罗斯石油天然气工业及其对外经济联系研究[M]. 北京：中国经济出版社2008年版。

俄罗斯国内石油价格的自由化，在一定程度上促进了原油和成品油价格的上涨，使得石油的国内外价差不断缩小。2004 年起，俄罗斯政府开始采取强有力的措施，加强对石油行业的宏观调控，对石油业进行国有化改造。

但是，无论是私有还是国有，主导俄罗斯石油市场的一直是几个石油巨头，它们完全控制着石油开采、加工及销售的各个环节。其中，石油批发领域的垄断程度最高，俄罗斯多数加油站都是石油开采巨头直接开办的，一些独立于石油巨头的加油站几乎没有可能选择新的供货商，俄罗斯国内石油价格的形成在很大程度上是由纵向一体化公司决定的。

（二）石油工业体制的改革

苏联解体后，俄罗斯石油工业体制的改革大致可以分为三个阶段（见表 3-7）。

表 3-7　俄罗斯石油工业体制改革历程

时间	阶段	政策要点
1991—2000	叶利钦执政时期	国有资产私有化，成立纵向一体化石油公司；大型石油公司收购吞并中小型石油公司，由金融资本和垄断寡头控制的大型石油公司的权势逐渐扩大
2000—2003	普京执政的第一阶段	推动结构调整，整合大型石油公司
2003 年开始	普京第二任期	进一步开展石油工业机构调整，政府加强控制

1. 1991—2000 年叶利钦时期的石油工业私有化

1991 年，叶利钦上台，苏联解体，俄罗斯开始推行私有化改革。1991 年 2 月，俄罗斯组建了能源部，8 月，俄罗斯决定终止苏联能源和电力、煤炭、石油天然气等部门在俄罗斯领土上的权力。1992 年 11 月 17 日，叶利钦签署《关于石油工业、炼油工业、油品销售业的国有企业、生产联合体及生产科研联合体推行私有化和改造为股份公司的命令》（第 1403 号总统令），总统令规定：尽快使所有石油企业获得独立的法人地位；组成纵向一体化的石油公司；在 3 年内将政府控制的股份出售完毕。此后，能源部又改组为燃料动力部，国家石油天然气总公司分解为俄罗斯石油股份公司和俄罗斯天然气股份公司，由国家控股，代表国家督促石油企业的私有化改革。3 月底，俄罗斯国有资产管理委员会与燃料动力部联合制定了石油企业股份制和私有化改造的具体实施办法，标志着俄罗斯石油工业体制改革正式开始。按照计划，俄罗斯石油部门的私有化应在 1995 年之前分两个阶段完成：首先，1993 年 1 月—1994 年 6 月，按照市场经济的原则改造原有的国企，建立股份制公司；其次，从 1993 年开始，将国家控股公司改造成国家参股的公司。

根据第 1403 号总统令，俄罗斯从俄罗斯石油公司分离出 40% 左右的优良资产，组建了卢克石油公司、尤克斯石油公司和苏尔古特石油天然气公司三家纵向一体化的石油公司,随后的三年又陆续组建了其余的纵向一体化公司,1995年,俄罗斯石油公司改制为股份制企业,成为俄罗斯石油股份公司,不再代表政府管理一体化的地区公司,开始处于与其他石油公司相同的市场地位,所有一体化的公司均由国有资产管理委员会和燃料动力部控制,从而形成了垄断竞争的石油工业管理体制。通过并购和重组,到20世纪90年代末,俄罗斯共有11家纵向一体化石油公司(见表3-8),这些纵向一体化公司的业务覆盖了油气资源勘探、开发、加工、运输和销售等各个环节,到2000年,这些公司控制着俄罗斯88%的石油开采量和79%的炼油能力,俄罗斯对石油工业的管理基本形成了寡头垄断的格局,不同于天然气工业的是,这些石油公司是遵循基本的竞争规律发展起来的。

表3-8 俄罗斯纵向一体化公司组建情况

组建开始时间	公司名称
1992年	卢克石油公司、尤科斯石油公司、苏尔古特石油天然气公司
1994年	西丹科石油公司、斯拉夫石油公司、奥纳科石油公司、鞑靼石油公司
1995年	秋明石油公司、西伯利亚石油公司、巴什基尔石油公司、俄罗斯石油公司

资料来源:沈剑锋、吴冬梅,俄罗斯石油工业发展趋势多维透视[J].俄罗斯中亚东欧市场,2005年第3期。

纵向一体化石油公司的所有制结构在改革的过程中也不断发生变化:转轨初期,国家以俄罗斯石油公司这个国有独资石油企业的名义在所有石油公司中一般控股51%,而普通股为38%,私人股份只在少数子公司存在。随着纵向一体化公司的建立,国家的控制能力不断削弱,公司股权进一步分散,私人业主得以用较少的股份控制庞大的公司。表3-9反映了俄罗斯纵向一体化石油公司国有持股情况的变化。

表3-9 俄罗斯石油公司国有股权变化情况

	1995年	1996年	1997年	1998年	1999年	2000年
卢克	45	42.5	33.1	26.6	26.6	17
尤科斯	86	53	0.1	0.1	0.1	0.1
苏尔古特	40.1	40.1	40.1	0	0	0
西丹科	100	85	51	0	0	0
斯拉夫	93.5	92	90	85.8	85.8	85.8
奥纳科	100	85	85	85	85	85
鞑靼	46.6	46.6	30.3	30.3	30.3	30.3
秋明	—	100	91	51	49.8	0
西伯利亚	—	100	51	0	0	0
俄罗斯石油	—	100	100	100	100	100

资料来源:冯连勇,俄罗斯石油天然气工业的私有化及其启示[J].石油科技论坛,2001年第4期。

除了组建的十几个大型纵向一体化石油公司,俄罗斯国内还存在带有一定程度自发性的独立石油公司,1994 年 5 月,叶利钦批准一批中小石油企业私有化。到 20 世纪 90 年代末,俄罗斯国内还存在着五十几家中小石油公司,这些中小石油公司大体可分为三类:

(1) 一般由原来属于一个生产联合体的一个或多个生产单位组成,以承租形式经营某个油气盆地的一部分,以切尔纳戈尔石油公司为代表。

(2) 主要从事商业贸易和出口,这类公司明显带有商业性质,以赫尔梅斯和里塔克公司为代表。

(3) 因中央政府与地方当局意见不一致自发改组而成的公司,这些地方当局一般均有民族分离倾向,为了通过油气开发、出口等来发展本地区经济,往往试图建立自己的油气公司。这类石油公司有萨梅科(萨哈林岛陆上石油公司)、辛科(西西伯利亚公司)和伊尔库茨克州的俄罗斯油气公司。

俄罗斯这个阶段在石油工业部门实行的私有化,尽管使得国家控股在企业里大规模退出,但是政府对石油行业的无制约干预和管制权力却原封不动地保留了下来,甚至更加严重。私有化虽然增加了俄罗斯石油公司的数量,形式上出现了俄罗斯石油工业的虚拟繁华,但实质上却导致俄罗斯石油部门的生产力受到很大破坏,原油产量大幅度下跌,石油企业的效益不断下滑,1999 年与 1990 年相比,石油产量下降了大约 41%(见图 3-4),石油开采和石油加工企业的亏损比重由 1997 年的 22.7% 和 15.2% 分别上升到 1998 年的 24% 和 27.6%。

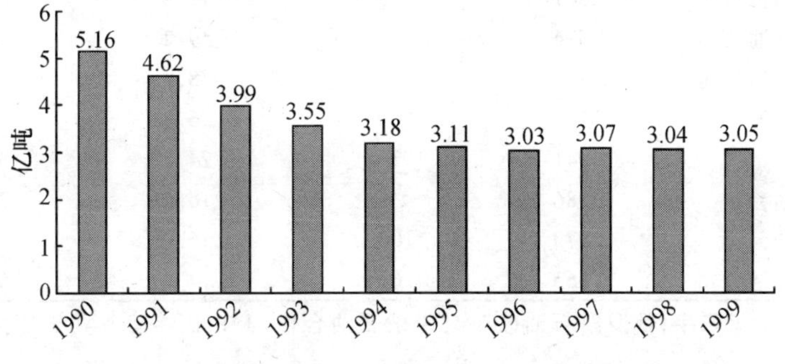

图 3-4　俄罗斯 20 世纪 90 年代石油产量的变化

资料来源:冯连勇,俄罗斯石油天然气工业的私有化及其启示[J]. 石油科技论坛,2001 年第 4 期。

2. 2000—2003 年普京执政第一阶段的私有化改革

普京执政以后,随着原油价格开始回升,俄罗斯的财政状况开始好转,国家经济也开始恢复增长,普京时期在石油方面的主要政策是加强国家权威,打击寡头,强化国家对经济命脉的控制,同时限制外资进入油气产业。

2001年12月21日,新的《俄罗斯联邦国有和私有企业私有化法》颁布,俄罗斯石油天然气工业化私有化开始进入兼并、重组、拍卖混合的新阶段。按照计划,这个阶段的私有化方式主要是:直接出售国有大公司股份;国内大石油公司之间的资产并购;在国内石油公司间就油气开采权竞拍;政府对有利于国有或国家控股油气的方面做出安排;与国外大石油公司建立合资公司;外国石油公司按《产品分成法》参与开采等。这个阶段实行的私有化规模较前两次小得多,而且只是形式上的私有化,政府通过官员和一些与政府联系密切的人士对形式上的私有企业进行监控,这些企业在本质上仍然由国家控制。

2000年9月,奥纳科石油公司拍卖了85%的国有股份,秋明石油公司耗资10亿美元成为该公司的所有者,奥纳科成为11个纵向一体化公司中第一个不再单独存在的公司。同年8月,西丹科石油公司与秋明石油公司达成合并契约,合并后,由秋明石油公司控制着之前西丹科石油公司75%以上的股份。经过这些合并,俄罗斯石油工业中的纵向一体化公司由原来的11家变为9家,俄罗斯近90%的石油产量都控制在这9家石油公司手中(见表3-10)。

表3-10 2002年俄罗斯九大石油公司的储量、国家股份占有率和产量

公司名称	石油储量(百万吨)	国有或地方政府占有率(%)	产量(百万吨)	国有股份所占比重(%)
卢克石油公司	3 344	8	78.2	15.50
尤克斯石油公司	2 607	0	72.8	0
苏尔古特石油公司	1 504	1	49.2	0
秋明英国石油公司	3 707	0	38.0	0
西伯利亚石油公司	753	0	26.3	0
鞑靼石油公司	841	33	24.2	30.58
斯拉夫石油公司	286	0	16.2	74.95
俄罗斯石油公司	1 573	100	16.0	100
巴什基尔石油公司	365	65	14.5	64.69

资料来源:韩彤宇,俄罗斯石油改革与中俄石油合作[J].长春工业大学学报,2006年第6期。

3.2003年至今对石油工业的进一步调整

2003年4月,尤科斯石油公司和西伯利亚石油公司合并,秋明石油公司(TNK)和西丹科石油公司合并为BP-TNK公司。同年,俄罗斯检察院以偷税为由,对尤科斯石油公司控股人霍尔多夫斯基起诉,市值110亿美元的尤科斯石油公司股票被检察院冻结,尤科斯破产进入倒计时;2004年,俄罗斯石油公司以超过90亿美元的价格收购了尤科斯油气公司的核心资产尤甘斯克油气股份公司,这是俄罗斯石油公司未来发展趋势的一个转折点，预示着俄罗斯政府对俄罗斯石油公司控制的有意强化，被很多人称为俄罗斯石油公司“再国有化”的开始；2006 年，国家控股的天然气工业公司以超过 130 亿美元的价格收购了西伯利亚石油公司。

2006 年，针对各界对俄罗斯石油行业是否重新国有化的质疑，俄罗斯总统助理舒瓦洛夫称国有的俄罗斯石油公司全部实行私有化的进程在任何情况下都是不可逆转的，而这一进程将在 3—10 年内完成，目前的问题是如何尽快作出私有化的决定。私有化应该通过上市公开募捐来完成，俄罗斯石油的国有股也会在适当的时机公开发行，但每位投资者持有的股票不会超过俄罗斯石油公司股票总额的 10%。

此外，2003 年 5 月 22 日，俄罗斯联邦政府批准实施《俄罗斯 2020 年前能源战略》，这是俄罗斯 2020 年之前能源行业发展的指导性文件。《能源战略》规定在石油工业实现私有化的基础上，创造条件使中小型采油企业平等参与能源基础设施建设和石油加工项目。从《能源战略》可以看出，俄罗斯在石油方面对内和对外截然不同的两种政策：对内，俄罗斯进一步限制外资进入，强调能源尤其是石油产业的发展要立足于国内力量，依赖国内企业的改革、市场的建立、法律体系的完善以及国内的投资等，国家应保持对石油运输管道的绝对控制权；对外，则需坚持扩张政策，依靠占领国际市场并不断拓展，以确保稳定的需求市场，尤其是对欧洲市场的巩固和对中亚能源资源的控制。

总体来说，在叶利钦时期，对石油工业影响最大的国家政策是自由化、私有化和对外开放；而在普京执政时期，对石油市场的政策类似于德国的社会市场经济模式，主要表现有对关系国家命脉的油气资源进行控制，打击寡头，限制外资进入油气战略产业等，其目的是在混合所有制的基础上，建立一个效率优先兼顾公平，实行有序的竞争，同时又能保持强大国家干预力量的社会市场经济体系，这既不同于叶利钦时期的完全新自由主义路线，也区别于“再国有化”路线。

（三）对外资的开放情况

俄罗斯油气领域外资的进入历程，大致可分为两个阶段：叶利钦时期的对外资自由开放和普京时期的对外限制。

1. 叶利钦时期的对外资自由开放

随着苏联解体，外资开始有机会进入俄罗斯的石油领域。由于 20 世纪 90 年代俄罗斯自由化改革初期的激进错误，导致很多石油公司经营困难，迫于投资压力，俄罗斯政府允许石油企业采取合资与合作经营的方式吸引外资。1991 年，俄罗斯政府颁布《外国投资法》，但由于国际石油市场低迷，加之俄罗斯国内的经济环境恶劣、政策法规不完善，所以，外国公司的投资热情并不高。

1994 年 12 月，俄罗斯颁布有关产品分成协议项目的总统令，1995 年 12 月 30

日,《产品分成协议法》生效,协议规定:"初期开采的油气收入优先用来补偿油田开发费用;开采初期投入补偿完毕之后,由开发者与国家按照约定比例分配利润;开发者支付产品的利润税;除去合同规定税费之外不再受其他税种约束。"该协议通过详细列明外国石油公司在项目实施期内所得的利益份额来保护外国石油公司的利益,避免其因俄罗斯财政体制的任意变更而受到损害。1999年1月,又颁布了对该法的《修改补充法》,打破了外资进入俄罗斯战略资源领域的禁区,为外国投资者提供了更多的权力和法律保护,减少了外国投资者的顾虑。但是,由于受到遭受俄罗斯税则不断变更之苦的俄罗斯国内大型石油公司的抵制和阻止,2003年6月,俄罗斯政府又对该协议做了修订,《产品分成协议修正案》生效,俄罗斯政府表示今后在对新的动力资源产地进行开发时,必须以普通的税收制度为基础,产品分成协议只是备用方案。

20世纪90年代中期,俄罗斯与国外公司签署了三个大型油气产品分成合同:位于远东萨哈林州的萨哈林-1项目、萨哈林-2项目和位于科米共和国涅涅茨自治区季曼—伯朝拉海的哈里亚格油田项目。随着这几个合同项目的签署,外资开始较大规模地进入俄罗斯的石油开发领域。这个时期,进入俄罗斯石油工业的外国直接投资都高度集中在政府推动的大型项目开发上,自首批产品分成协议实施以来,俄罗斯境内有250多个大小油气田列入了按照协议开发的清单,共有26个按照产品分成协议实施的项目,但是,在协议框架下实际运营的投资项目却只有以上三个。

除了《产品分成协议》之外,这个时期,政府还积极鼓励外资以合资、合作的方式参与石油项目。1996年,叶利钦签署法令,取消了外国自然人和法人在俄罗斯石油公司持股不超过15%的限制,允许外国公司拥有俄罗斯石油公司100%的股份。但是,由于该时期俄罗斯政治局势混乱,经济不断恶化,法律制度不完善等,除了这几个项目以外,国际资本对投资俄罗斯油气工业并不积极,该时期的最大项目是围绕萨哈林-1、2油气项目开发引进的,这些项目的逐步开发,构成了当时外资在俄罗斯油气领域的主要经济活动。

2. 普京时期的对外限制

这一时期,又可以分为两个阶段。

(1) 普京执政初期,基本上延续了叶利钦时期的政策,外资在俄罗斯的投资活动主要表现在大规模并购俄罗斯油气公司的资产,比如秋明石油公司和英国BP公司各占50%组成的合资公司THK-BP。1998—2003年上半年,油气工业占俄罗斯利用外资总量的25.8%,占工业利用外资总量的52.5%。

(2) 普京总统第二任期以后,随着国际石油价格持续上涨,俄罗斯石油公司的财务状况和信用等级不断好转,政府对国家政治和经济的控制开始全面加强,对待外资进入本国油气资源领域的态度也发生了根本性的变化。2002 年,俄罗斯政府准备出售斯拉夫石油公司内国家控制的 74.95% 的股份,虽然招标过程邀请了包括中国石油天然气集团公司在内的 7 家公司参加,但最终,由于俄罗斯通过紧急立法禁止任何国有股份超过 25% 的企业(包括国外企业)参与俄罗斯国有股份的拍卖,斯拉夫公司的股份被西伯利亚石油公司和秋明石油公司共同购得,这是俄罗斯的一个转折点,标志着俄罗斯鼓励和吸引外资进入其油气市场的政策全面倒退。

而法律规定方面,继《产品分成协议法》被叫停以后,《外国投资法》也处于修改边缘,2006 年年底,俄罗斯政府向国家杜马提交了一系列关于维护国家安全、调整外资在俄罗斯战略经济领域投资的文件,初期文本规定:"俄罗斯联邦政府是唯一管理外资进入战略领域的国家机关,任何涉及国家安全的外资进入和并购必须通过政府授权机关的批准。"此外,根据《外国投资法》的初稿,还出台了《矿产资源法》的修改意见稿,将俄罗斯几乎所有的大中型内陆和大陆架油气田(其中包括仍未分配开发许可证的 30 个油田和 40 个气田)都包括在了战略资源领域,而外资要进入这些油气项目,则必须符合以下条件:国家机关审议通过;外资需要将开发项目的控股权转交给俄罗斯国有公司;国家可能提出诸如承担根据国家需要供油等义务要求;限制自由贸易区或者过境投资(公司总部必须处于注册国家);战略性油气资源项目中的国外投资所持股份超过 25% 时,必须向联邦政府报批。

2007 年 1 月,俄罗斯政府又通过两个法律的修改:一个禁止外国公司和外资控股公司在航天、军工、核能等 40 个领域开展业务;另一个限制外资公司在油气田开展业务,外资公司禁止进入 5 亿桶以上储量的油田。

可以看出,俄罗斯对外资进入本国油气领域的限制在一步步加强。虽然如此,但由于俄罗斯国内的经济形势好转,国外投资主体向其石油领域的投资热情并未减弱,这个时期外资主要以信用贷款等"其他投资"的形式进入俄罗斯油气行业。

(四)石油出口情况

苏联时期,对外贸易处于国家的垄断体制之下,原油的出口业务由 1931 年成立的苏联石油公司对外贸易公司运营,70 多年来,苏联石油公司共出口了约 45 亿吨原油和成品油。

随着苏联解体,俄罗斯在石油领域推行私有化改革,成立的纵向一体化公司控制了原油生产和销售的全部环节,其在俄罗斯国内石油开采和加工总量中所占的份额达到 90% 左右,油气产品的出口一般是由专门的下属机构运作。苏联石油出口公司(后更名为纳夫卡—莫斯科)的作用不断下降,出口的原油数量不断减少,1995 年,原油出口量为 3 000 万吨,到 2001 年,已下降到 400 万吨,最终走向解体。

2001 年 9 月,俄罗斯政府出台一套新的简化石油出口的体制,取消单个公司控制出口渠道的权利,避免这些公司在某些出口渠道进行垄断。2002 年,普京政府一方面取消了国内石油出口限制,另一方面大力推行能源外交,政府允许各公司在公开条件下提交价格、数量、出口时间等方面的竞争性提案,从而促使俄罗斯石油以最高价格售出,增加俄罗斯硬通货的收入和税收收入。但是,从 2004 年 8 月 1 日起,随着俄罗斯政府对石油工业的控制加强,对出口原油也开始征收重税,提升了政府对石油出口的控制力。

在石油出口管道的控制方面,俄罗斯出口原油和成品油的主要渠道有干线管道运输、管道与海运相结合运输以及铁路运输这三种。其中,前两种运输方式是俄罗斯出口原油和成品油的主要运输形式。俄罗斯的原油运输干线管道完全被国有的石油运输公司控制,俄罗斯 90% 以上的原油都是通过这个公司控制的管线输送的。长期以来,管道系统有限的输送能力严重制约着俄罗斯的石油出口,但是,由于近几年修建了波罗的海管道系统,俄罗斯的原油出口能力有了大幅度提高,同时,在世界石油价格较高的前提下,成本较高的铁路运输也成了一种有效的出口渠道。

三、俄罗斯的石油市场监管

在俄罗斯石油企业重组和石油工业改革的进程中,国家逐步从石油工业的生产中退出,给石油企业以自主经营权,但国家并未对石油产业放任不管,而是通过一些经济手段对石油行业进行调控,这主要包括俄罗斯对石油部门税收制度的改革以及在此基础上建立的稳定基金制度。

(一) 财税政策

俄罗斯对石油工业征收的主要税种有增值税、利润税、统一社会税、消费税、出口关税和矿产资源开发税等。其中,增值税、利润税和统一社会税是所有经济行业都要缴纳的通用税种,目前,这几个税种的税率分别为 18%、24% 和 26%。而出口关税和矿产资源开发税则是石油部门两个最大的主要税种。

1. 消费税

俄罗斯政府对石油(包括天然气凝析油)以特殊方式征收消费税,消费税的征收以每吨作为纳税标准。1995 年 3 月 29 日,俄罗斯政府颁布了《关于在俄罗斯境内开采的石油出口关税和消费税的决定》,规定自 1995 年 4 月 1 日起,石油加工企业每销售一吨石油需交纳 39.2 卢布消费税,这是一个加权平均的消费税税率。但是在该税率仅实行了两个多月之后,1995 年 6 月 26 日,俄罗斯政府又颁布了《对在俄罗斯境内开采的石油规定差别消费税税率的决定》,从 1995 年 6 月 1 日起,对具体的石油天然气开采企业规定差别消费税税率,该税额计入石油(包括天然气凝析油)的价格,且该税率表经常变更。

目前石油(包括天然气凝析油)的消费税税率由俄罗斯政府根据各个不同产地的矿产地质条件和经济地理条件有区别地加以规定。石油消费税的纳税人是在俄罗斯境内及其大陆架从事石油(包括天然气凝析油)开采的企业和组织,而课税对象是已销产品的数量,如果石油开采企业进行石油加工或将石油作为用于工业加工的委托加工品而转交给其他企业和组织,课税对象则是转交用于加工的石油的数量。

在2002年之前,俄罗斯境内销售的原油和成品油都要缴纳消费税,从2002年1月开始,俄罗斯取消了对原油消费税的征收,但对成品油消费税的征收照旧。表3-11显示了2002年取消原油消费税的前后几年,俄罗斯石油消费税税率的变化情况,2002年之前,俄罗斯对原油每吨征收66卢布的消费税,2002年之后,对原油的消费税取消,但对汽油和柴油等成品油的消费税却是逐年增加的。

表3-11　俄罗斯石油消费税税率

年份	消费税(卢布/吨)			
	原油	汽油(辛烷值低于80)	汽油(辛烷值高于80)	柴油
2001	66	1 350	1 850	550
2002	0	1 512	2 072	616
2003	0	2 190	3 000	890
2004	0	2 460	3 360	1 000

资料来源:宋景义,转轨时期俄罗斯石油天然气工业及其对外经济联系研究[M].北京:中国经济出版社2008年版。

2. 矿产资源开发税

2002年1月1日,俄罗斯开始对石油部门征收矿产资源开发税,用来取代原有的矿产使用税、矿产开采地再利用费和原油、凝析油的消费税。作为俄罗斯调控石油产业的主要工具之一,矿产资源开发税的征收有一套自己的计算方法,它是以政府确定的指令性价格作为基准税率,再乘以国际石油价格指数,进而得出实际税率,具体公式为:矿产资源开采税 = 开采数量 × 基准税率 × 国际石油价格指数 K_u。

其中,基准税率由财政部根据原油的价格确定,是不固定的,国家会随着原油价格的升降不断进行调整。2002—2003年,矿产资源开发税的基准税率为340卢布/吨, 2004年为347卢布/吨,2004年12月10日,俄罗斯财政部发布第114号令,从2005年1月1日开始该法令生效,对石油征收的矿产资源开发税的基准税率提高到419卢布/吨(见表3-12)。

表 3-12　俄罗斯矿产资源开发税基准税率变化情况

年份	基准税率(卢布/吨)
2002—2003	340
2004	347
2005 以后	419

资料来源:郭晓琼,关于俄罗斯石油部门矿产资源开采税改革的探讨[J]. 俄罗斯中亚东欧市场,2009 年第 1 期。

K_u是国际石油价格指数,其大小取决于乌拉尔石油的平均价格、卢布对美元的平均汇率以及俄罗斯的基准汇率①。2005 年以前,国际石油价格指数的免征税门槛为 8 美元/桶;随着原油价格的上涨,2004 年 5 月 7 日,俄罗斯又将石油开发税的起征点提升到 9 美元/桶,国际石油价格指数的确定公式随之进行了修改。2008 年,全球金融危机爆发,对俄罗斯的石油产业也产生了很大影响。为了刺激开发那些较难进入的油田,保证俄罗斯的石油产量, 2008 年 7 月 4 日,俄罗斯国家杜马②通过第 158 号联邦法,将石油开发税的起征点进一步提高到 15 美元/桶,这相当于降低了 6 美元/桶的石油税负。但这次的税率调整中,国际石油价格指数公式的变动与之前的调整略有不同,这次调整只是将公式中分子的 9 改为 15,而分母中的 $9 \times 29 = 261$ 却并未随之更改为 $15 \times 29 = 435$,这样一来,K_u的降幅比预期要低,相应地,石油开采税税率的降幅也低于预期(见表 3-13)。此后,俄罗斯能源部还提议,从 2010 年起将矿产资源开发税的起征点从 15 美元/桶提高至 25 美元/桶,这也就意味着石油企业的税收负担能降低到 50% 以下,从而使石油企业每年多获利 120 亿美元。

表 3-13　俄罗斯国际石油价格指数的确定方法

公式	年份	备注
$K_ц = (Ц - 8) \times P/252$	2002—2004	Ц:征税期内乌拉尔石油的平均价格(美元/桶); P:征税期内中央银行确定的卢布对美元的平均汇率
$K_ц = (Ц - 9) \times P/261$	2004—2008	
$K_ц = (Ц - 15) \times P/261$	2008—2009	

注:252 由 8 乘以当年俄央行确定的基准汇率 31.5 得出,261 由 9 乘以当年的基准汇率 29 得出。

资料来源:宋景义,转轨时期俄罗斯石油天然气工业及其对外经济联系研究[M]. 北京:中国经济出版社 2008 年版。

若乌拉尔石油的价格上涨,则国际石油价格指数也会增大,从而导致矿产资源开发税的税负增加,表 3-14 显示了在不同的乌拉尔石油假设价格下实际税率的

① 俄罗斯的基准汇率是卢布对美元、欧元双货币篮子形成的实际有效汇率。

② 俄罗斯国家杜马是俄罗斯联邦会议的下议院,有 450 个议席。

大小比较。可以看出,由于油价的不同,即使基准税率相同,但是实际税率却有很大的差别,60 美元/桶油价下的实际税率是 20 美元/桶油价下实际税率的 4 倍还多。

表 3-14　不同油价水平下石油矿产资源开采税税率比较

乌拉尔石油价格(美元/桶)	20	30	40	50	60
国际石油价格指数	1.1924	2.2764	3.3604	4.4444	5.5284
基准税率(卢布/桶)	419	419	419	419	419
实际税率	500	954	1 408	1 862	2 316

注:基础税率以 2005 年开始实施的 419 美元/桶为例,汇率取同年美元对卢布的汇率 1:28.28。

俄罗斯的矿产资源开发税是石油部门最重要的税种,对石油征收矿产资源开发税,既有优点,又有弊端。优点在于,以统一的矿产资源开发税代替之前的三种税费,可以在相当大的程度上提高税收的透明度;同时,在国际石油价格持续走高的情况下,开征矿产资源开发税可以增加国家的财政收入,有利于实现预算平衡,使税收的预算功能有所增强。弊端在于,矿产资源开发税在执行的过程中是统一征收的,并未对不同的油田区别对待。不同油田因所处的地理位置不同、开采的环境不同,会造成开采的难易程度差别,由此会导致开发成本有所差异,比如说,地理位置偏僻和基础设施不完善的油田,开采的成本就会相对较高,此外,处于开发早期和成熟开发期的油田,其开发成本也会不同。而矿产资源开发税的征收并未考虑到这些区别。

为了弥补矿产资源开发税的不足,俄罗斯先后提出了 5 种改革方案:产品分成协议制度、降低个别地区矿产资源开发税税率指数、对矿产资源开发税实行累进从价税率、实行各种形式的净收入税、实行免税期制度,这 5 种方案各有利弊,经过比较,结合俄罗斯当时的市场化程度和体制特征,2006 年 7 月 21 日,俄罗斯颁布《关于税法第 26 章修改》,从 2007 年 1 月 1 日起,开始对矿产资源开发税实行免税期制度,该制度的主要目的是根据油田产地分布的特征和开采程度的不同征收石油开采专门税,具体变化表现在以下两个方面。

(1) 引进新的系数 K_B。为了修正矿产资源开发税税率,俄罗斯引进了新的评价油田开发程度的系数 K_B,引进该系数后,矿产资源开发税的计算公式变化为:矿产资源开发税 = 油田开发程度系数 K_B × 基准税率 × 国际石油价格指数 K_u,与之前的计算公式相比,将税基由开采出的石油实物数量变成了油田开发程度系数。该系数充分考虑了油田开发程度的影响,随着开发程度的提高,此系数会呈现逐渐降低的趋势。其确定方法为:当某一地区的资源开发程度介于 0. 8—1 时,该系数的取值可以通过以下式子获得:$K_B = 3.83 - 3.5 \times N/V$,其中,$N$ 表示根据上一年纳税期间国家矿产资源平衡表确定的油田累积开采量,V 表示根据至 2006 年 1

月1日前国家矿产资源平衡表初步确定的 A、B、C、D 级可采储量之和;由于油田实际储量可能比初步探明储量多,所以可能存在油田的开发程度超过1即 N/V 大于1的情形,此时 $K_B=0.3$;其余的情况下,则 $K_B=1$。

(2) 对于偏僻地区的油田开发实行零税率。修改后的方案规定,萨哈共和国(雅库特)、伊尔库茨克州和克拉斯诺亚尔斯克边疆区境内的东西伯利亚油田,若满足:累计产量不超过2 500万吨;满足在自国家颁发勘探开发许可证之日起的10年内或者地质研究(普查、勘探)和开发许可证颁发的15年内这两个条件,则可以免交开采税。也就是说,在上面提到区域内的油田,若在2007年1月1日前获得许可证且资源开发程度不超过0.05,则从2007年1月1日起10年内累计生产的2 500万吨原油实行零税率。

新的税收政策既部分弥补了统一的矿产资源开发税的缺陷,又保证了国家财政收入的增加。一方面,对新油田实行免税期制度能够对东西伯利亚新油田的开发起到刺激作用,为未来国家的预算收入奠定基础;另一方面,新的政策主要针对新油田和开采程度系数高的油田,能够延长即将枯竭油田的开采期限,从而对石油开发税及其他税收的征收起到了保障作用。

3. 出口关税

由于俄罗斯的石油大部分都用于出口,国际油价的波动对俄罗斯石油出口部门的影响很大,俄罗斯通过对原油和成品油征收高低有别的出口关税来控制原油和石油加工企业的超额利润。

2002年之前,俄罗斯石油出口关税的调控是通过政府的命令来进行的,没有明确的法规和调控准则。2002年,俄罗斯进行税制改革,确定了现行的税收制度,开始根据国际油价的变化对石油征收税费。当乌拉尔国际原油的价格低于15美元/桶(合109.5美元/吨)时,原油的出口不征收关税;当油价高于25美元/桶(合182.5美元/吨)时,则按照25.53+40%×(油价-25)×7.3的标准来征收关税;而当油价介于两者之间时,则按0.35×(油价-15)×7.3的标准来征收关税。

随着国际油价的不断走高,2004年5月7日俄罗斯政府颁布第33-ϕ3号决定,修改俄罗斯海关税法等相关法律,从2004年8月1日起,开始实行新的累进出口税制,对原油出口征收讨伐性重税,以此来调控高油价情况下原油出口的超额利润。对原油出口关税的征收,根据乌拉尔国际原油价格的高低,按照低于15美元/桶、15—20美元/桶、20—25美元/桶、高于25美元/桶四个标准采取不同的征收办法(见表3-15)。这种税制虽然有利于调节石油公司从国际原油价格上涨中获得的超额利益,但同时也打击了石油公司出口的积极性。

表 3-15　俄罗斯原油出口关税税率变化情况

乌拉尔国际原油价格	关税税率(美元/吨)	
	2002 年—2004 年 7 月 31 日	2004 年 8 月 1 日开始
低于 15 美元/桶	0	0
15—20 美元/桶	0.35 × (Ц − 15) × 7.3	0.35 × (Ц − 15) × 7.3
20—25 美元/桶	0.35 × (Ц − 15) × 7.3	12.78 + 45% × (Ц − 20) × 7.3
高于 25 美元/桶	25.53 + 40% × (Ц − 25) × 7.3	29.2 + 65% × (Ц − 25) × 7.3

注:Ц 代表乌拉尔原油价格(美元/桶)。

资料来源:宋景义,转轨时期俄罗斯石油天然气工业及其对外经济联系研究[M]. 北京:中国经济出版社 2008 年版。

2004 年 1—12 月,俄罗斯原油的出口关税从 31.2 美元/吨上调到了 101 美元/吨,上涨的幅度为 226%。进入 2005 年,俄罗斯的原油出口关税继续上涨,到当年的 12 月 1 日,关税已上涨到了 179.6 美元/吨。2006—2007 年 8 月,俄罗斯的原油出口关税在 200 美元/吨上下徘徊,虽然也有波动,但总体来说并未出现大幅的下跌或上涨;从 2007 年 10 月份开始,俄罗斯的原油出口关税开始一路走高,直至达到 2008 年 8 月份的 495.9 美元/吨,创下了历史新高;随后,随着国际油价的大幅下跌,俄罗斯的原油出口关税也不断下降,这种情况一直持续到 2008 年年底;进入 2009 年,俄罗斯的原油出口关税开始逐渐上升,截至 2010 年 4 月份,为 268,9 美元/吨(见图 3-5)。

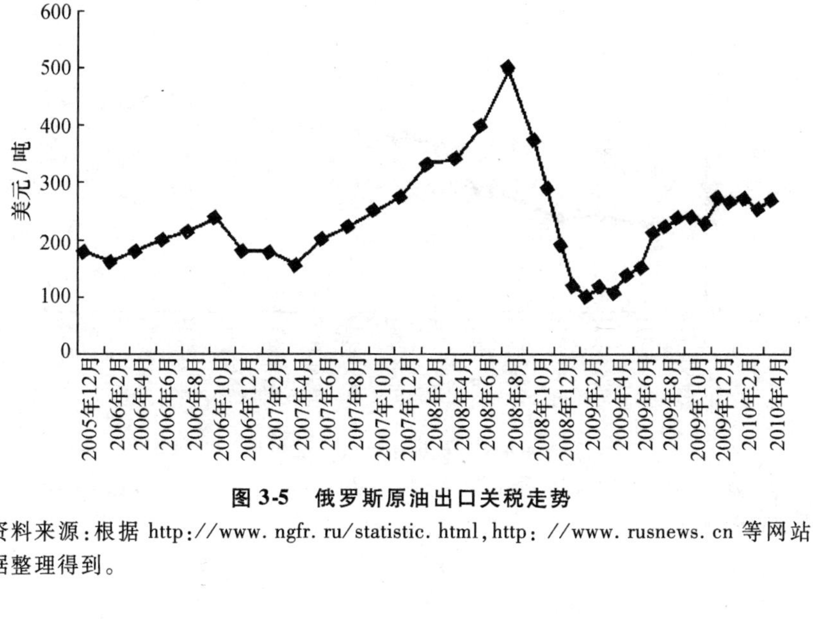

图 3-5　俄罗斯原油出口关税走势

资料来源:根据 http://www.ngfr.ru/statistic.html, http: //www.rusnews.cn 等网站的相关数据整理得到。

从上述分析中可以看出,俄罗斯的原油出口关税是与国际石油市场的定价相挂钩的,征收的出口关税随着乌拉尔国际原油的价格不断变化,这种与实际出口价格相挂钩的征税方式相当公平、公开、透明,既能使本国的石油公司少受国际市场价格波动的影响,又能保证国家作为油田的真正主人得到每一桶原油出口的应得收入。根据俄罗斯阿尔法银行的测算,当俄罗斯的乌拉尔原油价格高于25美元/桶时,油价每提高1美元,需支付的出口关税就占其中的65%,除去其他税收,留给公司的收入提高空间只有11%,如此一来,因国际油价提高而带来的原油出口收入的增加大部分都归国家所有。

此外,在2008年以前,俄罗斯每两个月调整一次原油出口关税,这样做的目的是为了在国际石油市场价格高于俄罗斯国内原油价格的情况下,通过上调石油出口关税来防止石油大量出口,从而保障国内成品油价格的相对稳定。随着2008年国际金融危机的爆发,2008年7月份以后,国际油价开始大幅下跌,为了保障本国石油行业的持续发展,从2008年12月开始,俄罗斯政府开始改为每月调整一次原油出口关税。2009年12月1日开始,俄罗斯政府又开始对东西伯利亚开采的原油实行出口零关税政策,包括万科尔油田、塔拉坎油田和上琼斯克油田等13个油田在内的东西伯利亚地区油田都可享受此项优惠。

随着俄罗斯政府对出口原油关税的调整,轻质油品和重质油品的出口关税也随之发生变化,图3-6和图3-7显示了2009年以来轻质油品和重质油品出口关税的变化情况,其变化趋势与原油出口关税的变化情况基本相同。

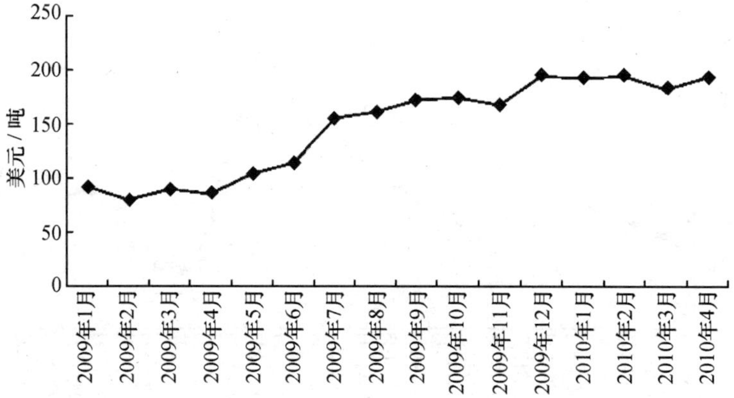

图3-6 轻质油品出口关税

资料来源:根据 http://www.ngfr.ru/statistic.html,http://www.rusnews.cn 等网站的相关数据整理得到。

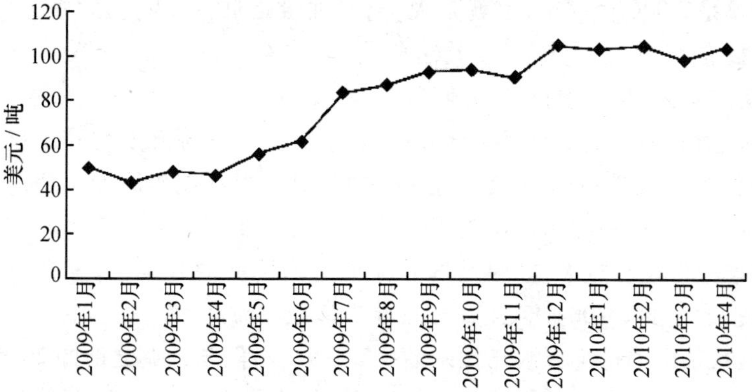

图 3-7　重质油品出口关税

资料来源：根据 http://www.ngfr.ru/statistic.html，http：//www.rusnews.cn 等网站的相关数据整理得到。

总体来说，俄罗斯政府从 2002 年开始在石油部门实行的新的税收制度，强化了油气部门税负与国际市场上石油价格之间的关联性，出口关税、矿产资源开发税的调高或调低都与油价的高低相关联，同时，俄罗斯在适当时期配合税收改革实行降低相关油气税收税率、实行税收优惠政策、减轻油气公司税负等配套措施来保证俄罗斯油气的供求平衡。

（二）稳定基金的设立

因国际油价近年来连年上涨，石油公司会因此获得很大的出口利润，而俄罗斯的财政收入在很大程度上依赖于石油出口，石油出口又取决于国际油价的高低，因此，随着国际油价的不断调整，超额利润具有一定的波动性。为了缓解社会上对控制石油资源的金融寡头的不满，同时保证俄罗斯的预算稳定，早在 2001 年俄罗斯就有人建议对此征收超额利润税，并在此基础上建立稳定基金，以此将油价走高时获得的超额收入储备起来，这样既可以应对油价下跌的风险，同时也可以用这项基金解决一些迫切的社会问题。

2003 年 12 月 23 日，俄罗斯正式颁布第 184 号联邦法律，规定自 2004 年 1 月 1 日起设立联邦预算稳定基金，并在中央银行设立专门的账户来掌管这部分基金。随后在 2005—2007 年各年的年度预算法中以及俄罗斯总统年度预算咨文中都有对稳定基金形成和使用的专门规定。设立该基金的主要目的是确保国家预算的稳定，避免原油价格波动导致的不良影响，促进国家经济稳定发展。具体来说，当原油价格低于基准价格时，用来弥补联邦预算赤字；而当稳定基金总规模达到一定程度时，可以在联邦预算法的规定范围内将超出的部分用于其他目的。根据 1991—1999 年国际原油市场 18 美元/桶的平均价格计算出的目前稳定基金的最低储备规模是5 000亿卢布,也就是说,当石油价格低于18美元/桶的时候,稳定基金必须拥有5 000亿卢布的最低储备量,以弥补基准价格27美元/桶和18美元/桶之间的差额,从而维持联邦预算的正常支出。

稳定基金的来源主要有两个部分:即是来自矿产资源开发税和出口关税两个税种的超额税收收入,这是稳定基金的主要来源,当乌拉尔原油价格高于基准价格时,提取这两个税种的超额税收收入纳入此项基金。

而基准油价是在过去10年的国际原油平均价格的基础上,考虑各种客观因素的影响来确定的。2004年的基准油价为乌拉尔油价20美元/桶,从2006年1月1日开始,基准油价上调为乌拉尔油价27美元/桶,与上调之前的20美元/桶相比,计入稳定基金的资金减少了110亿美元,占GDP的1.2%,而预算日常收入增加了160亿美元,占GDP的1.8%,但稳定基金占预算收入的比重仍保持在49%的水平上①。

稳定基金的来源除了两个税种外,还包括财政年度初联邦预算资金余额的一部分以及稳定基金本身投资运作所获得的收益,其中,联邦预算资金的余额是指次年2月1日前当年财政年年初的预算剩余资金和一年中俄罗斯联邦财政部用来填充暂时性资金漏洞的流动资金。表3-16体现了稳定基金的来源。

表3-16 2006年俄罗斯稳定基金中超额税收收入的比例

税种	计入预算(亿美元)		计入稳定基金(亿美元)		稳定基金占预算收入比例(%)
	石油价格每增加1美元/桶	总计	石油价格每增加1美元/桶	总计	
石油开采税	7.2	174	6.9	165	95
石油出口关税	11.5	276	11.5	276	100
石油产品出口关税	2.3	55	0	0	0
利润税	1.1	26	0	0	0
石油部门合计	22.1	531	18.4	441	83

资料来源:郭晓琼,俄罗斯联邦稳定基金的发展[J].俄罗斯中亚东欧市场,2008年第1期。

自2004年以来,由于实际油价远远高于预期的基准价格,加之俄罗斯政府多次上调矿产资源开发税和石油出口关税税率,稳定基金总额的增长已超出预期。为了应对基金贬值的压力,2006年4月21日,俄罗斯政府参考国际上一些资源国的做法颁布了N229号《俄罗斯联邦稳定基金管理程序》政府令,确定了稳定基金的管理模式:政府授权财政部对稳定基金进行管理,而财政部则与中央银行签订合同委托中央银行对稳定基金进行运作。此外,还规定了稳定基金的资产币种构

① 郭晓琼,俄罗斯联邦稳定基金的发展[J].俄罗斯中亚东欧市场,2008年第1期。

成和基金中外汇的可使用范围：首先，基金中的卢布可兑换成外汇，其中45%可兑换成美元、45%兑换成欧元、10%兑换成英镑，实际外汇币种构成与规定币种构成的偏离幅度为美元±5%、欧元±5%、英镑±2%。其次，基金中的这些外汇可以用来购买外国债券，购买时需遵循俄罗斯联邦政府的有关规定：稳定基金可以持有奥地利、比利时、芬兰、法国、德国、希腊、爱尔兰、意大利、卢森堡、荷兰、葡萄牙、西班牙、英国和美国这14个国家的有价债券；发行国家的债券等级必须达到惠誉国际信用评级有限公司或标准普尔公司评定的AA-级或者穆迪公司评定的Aa3级；所购买债券的偿还期限可以从3个月到3年不等，发行价格不超过票面价值的15%。

2007年12月29日和2008年1月19日，俄罗斯又陆续颁布了N955号《储备基金管理程序》政府令和N18号《国家福利基金管理程序》政府令，而2006年4月21日颁布的N229号《俄罗斯联邦稳定基金管理程序》政府令随着这两个政府令的生效自动作废。新的政府令规定，自2008年2月1日起将俄罗斯稳定基金拆分为储备基金和国家福利基金两部分，拆分后储备基金和国家福利基金分别占原稳定基金的80%和20%，石油开发税和出口关税收入仍是拆分后两种基金的基本资金来源，从法律规定上看，两种基金的管理模式与之前的稳定基金也没有大的变化，但根据需要进行了相应调整。对稳定基金进行拆分的目的主要是使不同的基金更加具有针对性：储备基金的作用基本上等同于稳定基金，是稳定基金的延续，主要用来缓冲国际石油价格下跌对俄罗斯可能造成的预算冲击，而国家财富基金则用来对风险资产进行增长型的投资，主要用于对公民的养老基金拨款。①

俄罗斯政府除了用经济手段对俄罗斯进行宏观调控外，还存在一些非市场控制手段，比如针对国内市场的石油供应制定的国家定额指标以及各种国家规划的执行等。此外，俄罗斯还制定了反垄断法，成立了反垄断部，经常对石油市场参与者进行检查，查处市场垄断和恶性竞争的经营行为，为石油公司创造良好的竞争环境。如2005年将尤科斯公司和西伯利亚石油公司收回国有，以及2006年收回“萨哈林-2”项目和科维克塔油气田外资持有的部分股份都是政府对能源寡头打击的体现。与此同时，俄罗斯石油运输公司75%的股份仍然由国家持有，政府牢牢控制着输油管道，从而在很大程度上控制了石油市场，这也有助于加强国家对石油生产企业的监管，保证国家税收和稳定的外汇收入。

四、俄罗斯的石油金融

俄罗斯油气资源产量丰富，是世界第一大石油出口国，其石油开采量占世界产量的10%，出口量占世界石油贸易总量的12%，但由于历史原因，俄罗斯在国际

① 李建民，《俄罗斯主权财富基金管理评析》，《国际经济评论》，2008年第3期。

市场上的主导力却与其自身的油气出口大国地位不对等，作为世界石油期货两大交易中心的美国纽约和英国伦敦，在两地交易的美国轻质石油和北海布伦特石油期货是国际原油定价的风向标。在石油的出口过程中，美国和欧洲国家长期控制着俄罗斯石油出口的定价权和外汇交易权，俄罗斯的出口油价一直是参照北海布伦特石油期货价格来确定的。通常俄产出口的“乌拉尔牌石油”每桶价格比布伦特石油低 2—6 美元(见图 3-8)，俄罗斯每年因此损失数亿美元。

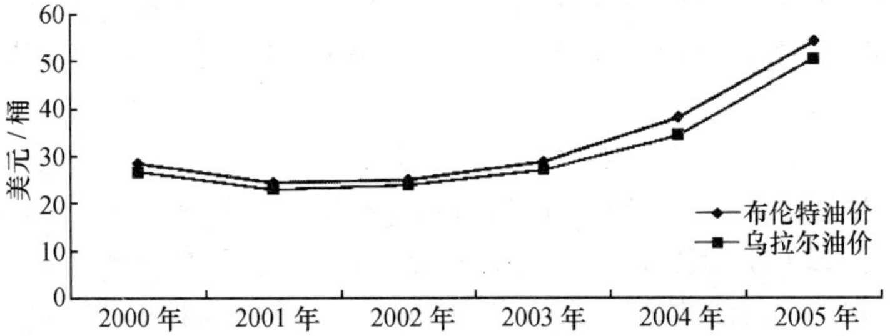

图 3-8 布伦特原油价格与乌拉尔原油价格比较

注：乌拉尔原油价格取地中海市场的价格。

资料来源：根据 IEA 数据整理得到。

为了使俄产石油的出口价格与布伦特石油脱钩，赢得俄产石油定价权，同时加强卢布未来在国际金融市场的地位，2006 年 5 月，普京在国情咨文中正式提出，必须建立俄罗斯自己的能源交易所，用俄罗斯卢布定价进行原油交易。由于俄产的“乌拉尔牌石油”通常是根据俄罗斯石油公司与购货方直接签订长期买卖合同实现出口的，一直不是国际商品期货交易所的交易品种，为了让本国的石油期货在纽约交易所上市，俄罗斯政府给自己的出口石油起了一个新名字：“列布科牌”(REBCO)，打算等“列布科牌”石油在纽约交易所运转成熟后，再将此期货交易品种转回俄罗斯石油交易所用卢布交易。

2006 年 10 月 20 日，“列布科牌”石油期货开始在纽约商品交易所交易，采用美元定价，每张合约为 1 000 桶，交货地点在位于波罗的海的港口城市 Primorsk，但交易量很低，几乎无人问津。不过，一个石油期货品牌由出现到在国际上得到认可并不是一朝一夕的事情，以布伦特石油期货为例，从 1985 年开始推出到拥有大量合同也用了三四年时间，因此，俄罗斯并不因此而气馁。

与此同时，2006 年 10 月 7 日，普京在自己的生日宴会上宣布将石油交易所定在圣彼得堡，2007 年 6 月，俄罗斯政府发布《关于通过商品交易所组织石油和成品油交易的决定》，指出国家将大力支持交易所的活动，要求“政府机关(主要是国防部和农业部)通过交易所购买每年所需 25% 的成品油，国家持股比例超过 25% 的公司必须要在这个交易所购买 15% 以上的成品油”。之后，俄罗斯经济发展与贸易部和圣彼得堡交易所签署了有关石油和油品供应采购的合作协议,2007 年 11 月 14 日,俄罗斯在圣彼得堡正式推出了石油交易平台,根据此前《关于通过商品交易所组织石油和成品油交易的决定》的建议,此交易平台完全由国家支撑,国家采购石油和石油产品总量的四分之一左右都在此交易。为了对原油期货交易进行支持,俄罗斯政府在供求方面都采取了一系列鼓励政策。在原油的供应方面,由国家控股的俄罗斯天然气工业股份公司、俄罗斯石油公司和俄罗斯石油管道运输公司三家公司保证最初阶段交易所的油品供应;在需求方面,对于那些通过交易所交易油品的公司,可以降低它们的出口关税,俄国防部、紧急情况部和农业部等用油大户是主要的买家。此外,俄罗斯石油交易所负责人向圣彼得堡交易所许诺投资 3 亿卢布(1 美元约合 24.4 卢布),为石油交易所尽早开张创造条件。国家采购的参与有效地提高了交易所的交易量。2008 年 3 月 3 日,石油交易平台正式开盘,从原油开始做起,并计划逐步扩展到石油产品、天然气和金属。新交易所可以用卢布和外币进行交易,旨在为俄罗斯的石油和其他自然资源提供一个公平的价格指示器。

随后,为了取得原油出口的定价权,俄罗斯开始着手在圣彼得堡成立规模更大的国际商品交易所,由俄罗斯石油公司、海外石油公司、石油运输公司、天然气工业石油公司、苏尔古特石油天然气公司、鞑靼石油公司共同参与筹建,根据计划,俄罗斯储蓄银行、天然气工业银行和对外贸易银行计划向国际商品交易所共同注资 7.5 亿卢布。与石油交易平台的定价功能不同,国际商品交易所的主要目标是对出口原油进行定价,而且为了独享石油出口定价权,俄罗斯政府坚持拒绝美国公司加入。2008 年 6 月 6 日,该国际商品交易所正式成立,同年 9 月 23 日,成功进行交易与结算。虽然当时正值金融危机席卷全球,但圣彼得堡国际商品交易所却吸引了众多大型名牌企业,目前,包括俄罗斯石油公司、卢克石油公司、俄罗斯天然气工业股份公司、TNK 秋明石油公司等在内的俄罗斯大型企业都在该商品交易所进行原油和石油产品交易,使用卢布结算。开始的交易品种只有柴油和航空煤油,2009 年之后,逐渐向其他品牌石油和成品油期货开放,并在适当时机将俄罗斯混合原油期货(REBCO)从纽约商品交易所撤回到俄罗斯国际商品交易所进行交易。

圣彼得堡国际商品交易所是以石油、天然气以及俄罗斯联邦领土上的其他货物交易为主要任务而建立的。其主要目标是建立一个有组织的商品市场,专注于实时的需求与供应,创建一个清楚、透明的机制,对基本的未加工产品制定公平的价格。该交易所开发了一套系统,保证达成交易的稳定性,不断推动整个市场的流动性。该交易所也是一个合法实体,旨在通过创建与调整外汇交易遵守交易所事先协定的规定以电子拍卖形式进行,从而形成交易批发市场。

俄罗斯石油期货交易所的建立,对俄罗斯可以产生多方面的有利作用:

(1) 抑制通货膨胀。目前,由能源和粮食价格上涨引发的全球性通货膨胀已经蔓延到俄罗斯,2007 年俄罗斯消费者物价指数(CPI)达到 11.9%,2008 年前 7 个月高达 9.3%,控制国内成品油价格是抑制通货膨胀的重要一环。俄罗斯石油交易所开市后,有助于稳定市场汽油价格,可以真正体现油品的价值,这在一定程度上抑制了国内日益严峻的通货膨胀形势。

(2) 提升卢布的国际地位。目前石油以美元进行计价的体制产生了大量的国际铸币税收益,美国可以通过输出美元这一虚拟符号来换取真实资源的注入,在供求不变的前提下,美元贬值可以直接推高石油价格,以实现本国利益,赢得国际竞争的主动权。而石油交易使用卢布结算可以提升卢布在国际金融市场的地位,提高俄罗斯的国际影响力。据统计,俄罗斯在对日和对华的石油贸易中,采用卢布结算的交易额已经分别达到了 8% 和 10%,如果美元继续贬值,原油进口国以美元以外的货币计价的积极性将增强,卢布计价将得到更多支持。

(3) 改变现有的国际能源形势。目前,俄罗斯石油出口量约占世界石油贸易量的 12%,随着欧佩克石油产量日益接近饱和,俄罗斯对本国石油产量和出口价格等政策的调控,会对国际能源供需形势产生越来越大的影响。提高俄罗斯能源大国的地位,向国际市场现行的石油定价体系进行挑战,也是俄罗斯成立石油交易所的最终目的。

第四节 日、韩石油价格的市场化改革

一、韩国

(一) 韩国的石油市场

1. 石油供应

韩国国内的石油储量很少,原油的供给几乎全部依赖进口,图 3-9 反映了 1997 年以来韩国石油进出口量的统计情况,可以看出,一方面,韩国的原油进口量一直居高不下,2008 年,原油进口量为 864 872 千桶;但另一方面,韩国的炼油能力很强。自 20 世纪六七十年代,伴随着韩国对于石油产业重要性的认识日益充分,一系列支持开发新炼油技术的举措使韩国企业生产的石油产品在数量和质量上均不断提高,生产出的石油产品的 80% 就能满足国内需求,剩余的 20% 则出口到中国、日本等地。此外,韩国还注重鼓励本国的石油企业开拓国际市场,以韩国最大的 SK 能源公司为例,如今,该公司在 16 个国家拥有 29 处石油产区,该公司旗下的蔚山炼油厂,每年加工 4 200 万吨原油,多年位居世界单厂炼油规模之首①,这为

① 莽九晨,韩国成了汽油出口国[J]. 共产党员,2008 年第 15 期。

韩国石油产业的发展打下了坚实的基础。2008 年上半年，韩国汽油等各种石油产品的出口额达 183.48 亿美元，在韩国的所有出口产品之中位居首位。

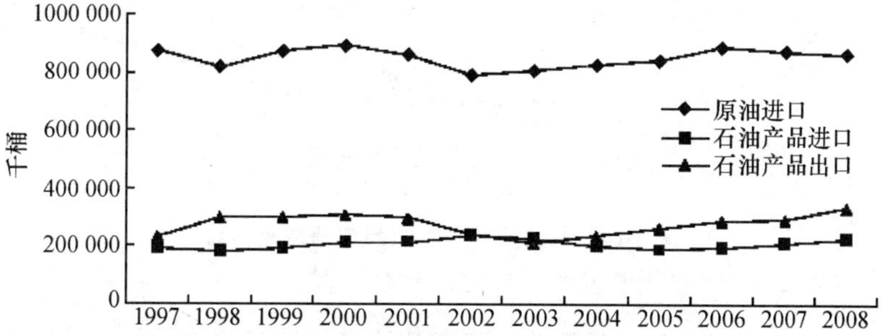

图 3-9 近年来韩国石油进出口量情况统计

资料来源：Korea Energy Economics Institute。

2. 石油消费

在韩国的一次能源消费结构中，一直以石油和煤炭两种能源为主，1965 年，韩国刚刚开始进行工业化，能源消费结构中煤炭占 60%，而石油仅占 10%。20 世纪 60 年代国际石油市场环境较好，韩国开始充分利用国际资源环境来调整本国的能源结构。1966 年，韩国的能源政策中心开始由煤炭转向石油，这之后，石油开始在韩国的能源消费中占据重要地位，1968 年石油超过煤炭成为主要能源消费品，到 1973 年，石油上升到 55%，煤炭跌至 35%；1979 年韩国的石油消费量达到最高，占能源消费总量的 63%，而煤炭继续下降至 30% 以下。20 世纪 80 年代以后，韩国开始逐渐减少对石油的消费量，1983 年石油消费量占能源消费总量的 60%，尽管比重较之前有所下降，但目前，石油在韩国的能源消费中所占的比重仍然最大。从图 3-10 可以看出，1965 年以来，韩国对石油和煤炭的消费量一直呈上升趋势，1965 年工业化伊始，韩国对煤炭的消费量要大于石油，但自 1968 年以后，韩国的石油消费量就一直处于石油消费量之上，且两者之间的差距逐渐增大。

此外，从图 3-10 中还可以看出，韩国石油消费增长经历了三个阶段。[①]

(1) 1987 年以前，石油消费量随着 GDP 的增长而增长。这个时期，韩国石油消费的增加比较缓慢，从 1965 年的 125.7 万吨增加到 1987 年的 2 976.8 万吨，而在此期间的 1978 年石油危机后，石油消费的增长几乎停止。

(2) 1988—1997 年，韩国石油消费快速增长。这一时期是韩国重化工、汽车制造业等快速发展的时期，伴随着的石油消费增长速度也相当快。1988 年为 3 564.4 万吨，1996 年首次突破 1 亿吨，1997 年又进一步增加到 1.1 亿吨。

① 李小地，美国和韩国石油消费历史与启示[J]. 国际石油经济，2006 年第 2 期。

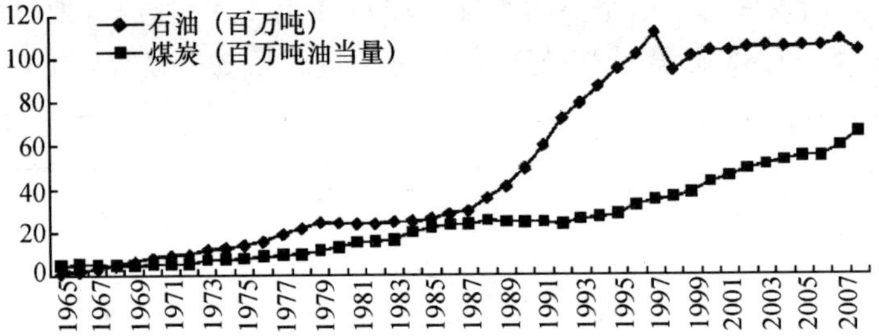

图 3-10 韩国石油和煤炭历年消费量对比

资料来源：BP，Statistical Review of World Energy，2009。

(3) 1997 年以后，石油消费增长速度开始降低。1997 年，东南亚爆发严重的金融危机，韩国重化工业也受到较大影响，政府开始进行产业结构调整，鼓励发展第三产业，同时对重化工业集团的生产规模进行压缩。随着以信息技术为代表的新经济快速发展，石油消费的增长速度相应降低，基本徘徊在一亿吨左右，波幅不大。

实际上，韩国历年的煤炭和石油消费之间存在着某种程度的替代关系，这从韩国的能源消费结构变化中也能看出来（见图 3-10 和表 3-17）。20 世纪 60 年代后期，随着石油消费在能源消费结构中的比例逐步提高，煤炭消费所占比重逐步降低；70 年代是石油消费的第一个高峰，也是煤炭消费的第一个低谷；随后的 80 年代，石油消费比例进入低谷而煤炭消费比例有所回升；进入 90 年代，随着石油消费比例的回升以及天然气和核电消费的增加，煤炭消费再次跌入更深的低谷。21 世纪以来，天然气消费比例强劲增长，天然气部分替代了石油消费，使石油消费再次回落。不过，总体来说，石油在韩国一次能源消费结构中所占的比重一直是最大的，虽然近年来有所降低，但仍然保持将近一半的比重。

表 3-17 韩国一次能源消费结构的变化 单位：%

	1985 年	1990 年	1995 年	1996 年	1997 年	2007 年	2008 年
石油	49.5	54.4	63.2	61.3	60.5	45.9	43.0
煤炭	41.7	26.8	18.9	19.5	19.4	25.3	27.5
天然气	0.0	3.3	6.1	7.4	8.5	14.7	14.9
核能	8.2	14.9	11.5	11.6	11.4	13.7	14.2
水电	0.6	0.5	0.3	0.2	0.3	0.3	0.4

资料来源：BP，Statistical Review of World Energy，2009。

3. 韩国原油价格变化

韩国为非石油生产国，国内所需要的原油全部依赖进口，因此，原油的进口成本是韩国原油价格变化的主要决定因素。表 3-18 显示了 2000 年以来韩国原油进口成本的变化情况，可见其原油的进口成本的上涨速度很快。2000—2008 年，除 2001 年和 2002 年两年之外，韩国的原油进口成本与上年相比都是上涨的，而且增幅均在 10% 以上。

表 3-18　2000—2008 年韩国原油进口成本（CIF 价）变化

年份	原油进口成本（美元/bbl）	同比变化率（%）
2000	28.2	66.9
2001	24.9	-11.9
2002	24.1	-3.0
2003	28.8	19.4
2004	36.2	25.5
2005	50.2	38.8
2006	62.8	25.2
2007	70.0	11.4
2008	98.1	40.1

资料来源：IEA，Energy price and tax，1st Quarter，2009。

2008 年，韩国原油进口成本的变化趋势基本与国际油价的涨跌一致，7 月份之前，原油进口成本不断上升，由年初的 90.2 美元/bbl 上涨到 7 月份的 132.1 美元/bbl，但上涨幅度不大。7 月份之后，韩国原油的进口成本开始随国际油价不断下跌，且与之前的涨幅相比，跌幅很大，到 2008 年年底，已降至 46.5 美元/bbl（见图 3-11）。

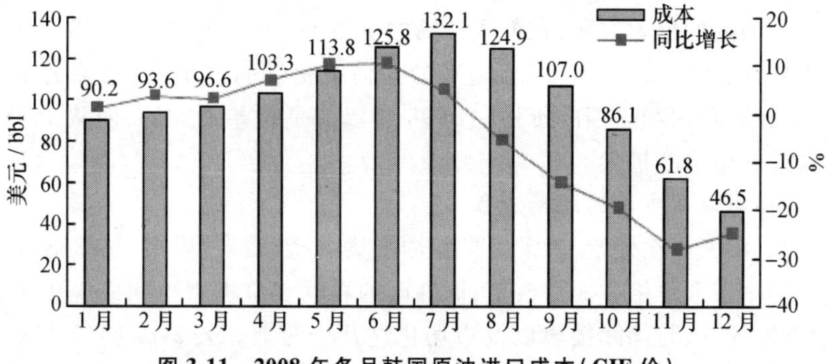

图 3-11　2008 年各月韩国原油进口成本（CIF 价）

资料来源：IEA，Energy price and tax，1st Quarter，2009。

4. 韩国成品油价格变化

韩国的原油短缺但是炼油能力强大，图 3-12 显示了 1991 年 1 月—2009 年 12 月韩国无铅汽油、柴油和煤油的月度平均含税价格变化情况。

（1）在油品价格波动方面，韩国的成品油价格与韩国的油价形成机制密切相

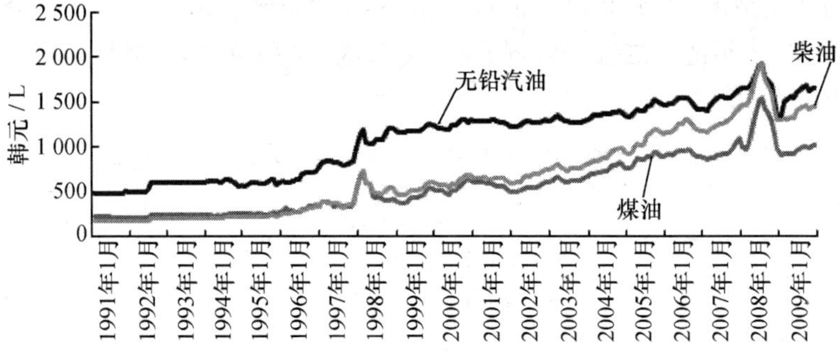

图 3-12 近年来韩国油品价格月度变化情况

资料来源:Korea Energy Economics Institute。

关,随着韩国成品油价格形成机制的改革,其成品油价格也在几个阶段呈现不同的变化趋势:1994 年韩国的成品油价格与国际联动之前,韩国的成品油价格增长十分缓慢,在很多时间都基本保持不变,无铅汽油、柴油和煤油分别从 1991 年 1 月的 477 韩元/L、179 韩元/L 和 238 韩元/L 上涨到 1993 年 12 月的 610 韩元/L、210 韩元/L 和 254 韩元/L;随着韩国的成品油价格与国际接轨,各种油品的价格较之前波动变得明显,增长速度加快,到 2008 年 7 月,随着国际原油价格上涨到峰值,韩国的无铅汽油、柴油和煤油的月度含税平均价格均达到了近年来的最高值,分别是 1 922.6 韩元/L、1 919.2 韩元/L 和 1 543.3 韩元/L,随后开始出现持续下跌,一直到 2009 年年初才开始逐渐回升,到 2009 年年底,分别达到了 1 646.5 韩元/L、1 441.3 韩元/L 和 1 024.2 韩元/L。

(2) 各油品的价差方面,在韩国油品的价格上,1991 年以来,无铅汽油的价格一直高于柴油,但是 2003 年以后,随着油品消费税制的改革,汽柴油的价格差距开始不断缩小;柴油和煤油的价格在 1998 年以前是相差不大的,而从 1998 年起,两者的价差开始不断扩大。

(二) 韩国石油市场的改革历程

从 1965 年工业化开始,为了促进石油市场的持续稳定发展,韩国政府对石油市场进行了一系列价格方面的改革,而韩国的石油定价机制也相应经历了政府定价、政府逐渐放开、与国际接轨以及市场化这几个时期。表 3-19 归纳了韩国石油价格改革历程。

表 3-19 韩国石油价格改革历程

阶段	政策	主要措施
政府定价时期	成本加利润法定价;监管炼厂利润;对部分油品实行低价政策;价格公告制度	1979 年 7 月,原油价格标准化制度
减少干预时期	放开部分油品价格控制;改革加油站相关制度;在石油公司中引入竞争	1992 年 7 月,对国内加油站实行商标注册管理制度
		1993 年 11 月,取消对加油站间距的限制
与国际联动时期	成品油价格先后与国际原油和成品油价格联动	1995 年 9 月,政府拟订石油产业自由化计划,随后修订《石油事业法》,放宽石油行业的市场准入标准
		1995 年 12 月 29 日,修订《石油事业法》,石油批发业的许可制变成登录制
		1996 年,取消国内加油站的商标注册管理制度,改为实施进口商资格审查制度
石油价格市场化时期	韩国石油业逐步进入完全竞争时代	1997 年 1 月,放开国内成品油价格和销售毛利的控制,放开对石油进口的限制
		1998 年,允许石油公司与加油站间直接交易
		1998 年 5 月,对外国开放石油零售
		1998 年 10 月,外国公司可以投资炼油企业,取消政府对炼油新增设备的控制并对外资开放
		2001 年 9 月 1 日,允许加油站经营多品牌油品
调整石油产品比价时期	改革石油产品相对价格体系,促进能源产品比价合理化	2001 年 7 月至 2006 年 7 月分 6 个阶段,使石油产品相对价格降到经合组织非产油国家石油价格水平
		2006 年之后新一轮调整

1. 1983 年以前的政府定价时期

在原油的定价方面,由于韩国资源匮乏,石油几乎都是依赖进口,1979 年第二次石油危机之前,韩国的石油进口业务完全由与韩国政府合资的两家美国大石油公司控制,美国的两大石油公司负责从中东产油国进口原油,而韩国则负责提炼加工,这种合作模式一直持续到 1979 年第二次石油危机。随着第二次石油危机爆发,美国的大石油公司不能再像以前那样从中东进口原油,韩国的石油供给出现危机,韩国政府开始采取一系列措施控制原油的进口:首先,韩国政府收回这两家石油公司中 50% 的美国商人持有的股份;其次,韩国政府官员亲赴中东产油国,在政府对政府的基础上谈判原油进口问题。最终达成的协议是:韩国政府将从美商手中收回的50%股份卖给一个由政府选定的企业财团,从而在中东原油输出国政府与韩国的私营公司之间进行贸易,虽然如此,但实际上控制原油进口的仍是韩国政府。此外,韩国政府还在1979年实行原油价格标准化制度,规定国内的原油价格,以此来加强对国内私营石油公司的控制。

在成品油的定价方面,这个阶段的成品油价格是由政府按照成本加利润的方法制定的,政府根据国内大多数炼厂的平均成本来确定成品油的价格,这种成本加利润的方法确保了企业的销售收入与生产成本的一致性,避免了企业的油品价格与生产成本脱节。除此之外,韩国政府还采取了以下几方面的措施,来保证政府定价的执行。

(1) 监管炼厂利润。政府根据炼厂利润的高低来调整成品油价格,若利润率过高,则降低成品油价格,减少企业毛利;反之,若利润过低,则提高成品油价格,增加毛利。总体来说,政府调整成品油价格的一个基本原则就是确保炼厂有10%的自有资金回报率。

(2) 对部分油品实行低价政策。实行低价政策的对象主要是那些对工业和居民影响较大的油品,政府实行这项措施的目的主要是控制消费指数,避免因油价过高而造成通货膨胀,影响经济的稳定。

(3) 实行价格公告制度。价格公告制度的实施主要分为两个步骤:首先,政府确定全国各地成品油的最高限价;其次,政府通过炼厂、代理商、加油站等各种分销渠道将确定的最高限价向社会公告。

2. 1983—1994年开始减少对石油市场的干预

政府对石油市场价格的管制带来了一系列问题:一方面,价格管制导致石油公司部分费用运用不当,不能体现出石油公司的合理利润,降低了石油公司的对外竞争力,导致五大石油公司出现非正常竞争,而且政府无法对发生的利润损失及时补偿,并且这些损失会逐步积累起来,导致损失越来越大;另一方面,价格管制扭曲了不同石油产品之间的价格关系,造成各流通环节的矛盾,不能进行正常的市场竞争,同时也容易引发民众对政府过度保护石油行业的不满。

从20世纪80年代开始,韩国国内要求石油市场自由竞争的呼声越来越高,韩国政府开始逐步减少对石油产品市场价格的干预。

(1) 放开对部分油品的价格控制。韩国政府对石油产品价格管制的放开是从那些对国民经济生活影响不大的石油产品开始的,再逐渐分阶段地扩展到各种石油产品。韩国政府对石油产品废止政府公布价格的进程如表3-20所示。

表 3-20 韩国政府放开石油产品价格历程

时间	主要政策内容
1983 年 2 月	解除对航空煤油和溶剂的价格限制
1985 年	将石脑油的价格与日本结转(C&F)价格相联系
1988 年 11 月	解除对柏油的价格限制
1989 年 3 月	取消石脑油的价格上限
1990 年 9 月	解除对部分燃料油品种(B-C 油)的价格限制
1991 年 1 月	放开无铅汽油和煤油的价格,但保留国内指导价

资料来源:《韩国推广 LPG 汽车的政策与启示》,广东省社会科学院环境经济与政策研究中心工作论文。

(2) 改革加油站的相关管理制度,活跃成品油零售市场。韩国政府对加油站实施的改革主要分为两步:

从 1992 年 7 月开始,韩国对国内加油站实行商标注册管理制度,该制度规定加油站只能经营其注册商标的汽油和柴油。在这种限制下,加油站可以选择的注册商标仅局限于国内几家大型石油公司,从而有利于国内石油公司控制国内的成品油零售市场。

1993 年 11 月,韩国取消了对加油站间距的限制。在这之前,政府规定城市公路旁 2 公里半径内只能设置 1 个加油站,取消此项限制后,国内的五大石油公司开始兴建大量加油站,1992 年,韩国加油站总数只有 4 953 家,到 1997 年,已增加至 1.06 万家。加油站数量的增加使油品销量有所增加,但由于经营成本较高,单站加油量其实是下降的。

(3) 在几大石油公司中引入竞争。在放开成品油市场之前,韩国的成品油零售市场基本控制在 SK、LG、现代、双龙和仁川公司这五大石油公司手中,作为放开成品油市场的前期准备工作,韩国先后在这五大石油公司间引入竞争机制,以此来推动石油公司进行结构调整和转型时期的改革重组,从而提高这些石油公司的竞争能力。

实际上,在 1994 年以前,虽然政府已经开始有意识地放开各种石油产品的价格,但基本上韩国国内的成品油市场还是处在政府的控制之下。在成品油价格上,韩国政府主要从五个方面进行价格调控(见表 3-21)。

表3-21 韩国政府进行油价调控的主要手段

调控手段	政策	具体内容
价格管理	价格公告制度	按分销阶段公布全国统一的最高销售价格;综合考虑产业/物价政策来制定每种产品的价格
出厂价管理	规定石油行业的出厂价	政府根据五大石油公司平均收益水平来制定出厂价,以此来管理并引导石油公司之间的竞争
利益监管	确定石油公司的收益水平	政府以五大石油公司平均收益水平为参考,确定石油公司的允许利润为10%
基金/税制	将附加基金/关税作为调价因素	政府将附加基金/关税作为最终产品价格的调整因素,当国内油价变动时,短期内可以通过基金及关税的调整来调控油价,如果油价变动过大,则再通过价格调整来解决
收益损失补偿金	对石油公司进行补贴	鉴于韩国石油产品执行的是实际最高销售价格制度,石油公司会发生收益损失,政府对石油公司直接给予补贴,补贴的资金来自原油进口收取的石油基金

这五种油价调控手段并不是同时运用的,一般要根据出厂价格和销售价格的不同情况按次序运用:① 当出厂价格正好等于销售价格时,只需维持油价管理基准的现状就可以了,不用再采取其他调控手段;② 当出厂价格高于销售价格时,第一阶段首先是降低基金/关税,其次是向石油公司支付收益损失补偿金,最后再视情况提高销售价格;③ 当出厂价格低于销售价格时,调控手段实施的顺序则不尽相同,首先第一步是提高基金/关税,其次是降低销售价格,最后才视情况根据最终结算的油价向石油公司收回超额的利益。

3. 1994年油价开始与国际联动

在石油价格被政府管制的时期,国际油价的变化并不能反映到国内,为了改变这种状况,从1994年开始,韩国开始根据国际市场石油价格的变化确定国内的成品油(包括汽油、煤油、柴油和重油)价格,国内成品油的价格基本上每个月调整一次。依照所选择的石油联动品种的不同,这一时期又可以分为与原油价格联动和与成品油价格联动两个阶段。

(1) 1994年2—10月,与国际原油价格联动。这个阶段,韩国政府根据上个月进口原油的价格变化情况来调整本月的国内成品油价格。成品油的定价公式为:本月销售价格 = 上月销售价格 ×(1 + 本月调整率),其中,调整率主要参照进口原油价格以及汇率的变化来设定,而且调整率的设定要使每月的销售收入与生产成本相适应。

此外,韩国政府还对成品油调价的最佳时间做了精确的分析。政府通过分析1980—1992年这13年间的国际市场原油价格和外汇兑换比率情况,认为当国际市场油价及汇率未出现大幅波动时，每个月对成品油价格作一次调整可以把国内外市场的变动因素迅速反映在国内油价中，同时也能够较有效地引导消费行为，并提高资源配置的效率，是调价的最佳间隔时间。

韩国政府将国内的成品油价格变化与国际原油价格联动，同时取消了此前未支付的石油公司收益损失补偿金，并废除了原有石油产品之间的相对比价关系。这些政策一方面将原来政府对油价的事前直接调控改为事后按调整因素的累计变化值确定调整率从而确定价格的方法，最小化了因短期油价大幅度调整带来的冲击，保证了成品油市场的稳定运行；另一方面，由于调整价格有明确的计价公式和间隔时间，机制较为透明，市场竞争更加激烈，能够促进石油公司提高需求预测能力和物流能力。这些改变都是在为下一步最终放开成品油价格做准备。

（2）1994 年 11 月—1996 年年底，与国际成品油价格联动。为了使国内的成品油价格更加贴近国际石油市场价格变动的趋势，1994 年 11 月开始，韩国又建立了与国际成品油价格联动的机制，以国际成品油价格（石脑油日本到岸价/石脑油新加坡离岸价，MOPS/MOPJ）为基础来确定本国的成品油价格，根据上上月 26 日—上月 25 日期间国际成品油的价格变化情况调整国内成品油价格，使当月成品油的进口完税价格立即反映到国内油价上面。这些做法尽可能缩小了国内市场成品油价格与国际石油市场价格之间的偏离幅度，同时使企业和用户对石油价格全面市场化有所准备。

此外，为了配合韩国成品油价格与国际接轨，韩国政府还采取了一系列措施：1995 年 9 月，韩国政府拟订了石油产业自由化计划，并于 12 月 29 日修订《石油事业法》，废除了不同石油制品、不同流通阶段的最高批发价告示制，石油批发业的许可制变成了登录制，放宽了石油行业的市场准入标准，极大促进了石油价格的自由化；1996 年，韩国政府取消了国内加油站的商标注册管理制度，开始实行进口商资格审查制度，取消了在此之前国内每家加油站只能经营其注册商标的汽油和柴油制品的限制，进一步促进成品油零售环节的市场竞争；此外，韩国还在 20 世纪 90 年代后期开始实行国有公司私有化计划，对能源工业各行业的国有企业进行市场化改造。

4. 自 1997 年开始石油价格实现市场化

随着韩国炼油公司之间竞争的日益凸显和成品油进出口的不断增加，韩国政府 1997 年之后进一步放开石油市场，具体表现在以下几个方面。

（1）价格方面：1997 年 1 月，韩国政府放开国内成品油价格（包括批发价和零售价）以及销售毛利的限制，企业成为成品油定价的主体，各石油公司根据国际油价和自身的收益变化等情况定期对价格进行调整，虽然各企业在定价的时候必须遵循与国际成品油价格联动的基本原则，但在变更价格的时间和方式上却有了更大的自主权。由于不同石油公司的价格可以不同,为了争取市场份额,国内石油公司纷纷降低油品出厂价,致使毛利向零售环节转移,一些批发商或代理商开始转向零售市场。从此,政府解除了对成品油市场的限制,独立零售商可通过自己的品牌经营进口油品,但由于大部分加油站都是石油公司的债务承担者,而且多数零售商和代理商的储备能力都不满足政府的零售商须持有60天销量油品库存的规定,因此,韩国的油品销售网络仍基本掌握在五大石油公司的手中。

(2)对外方面:韩国政府逐步解除国外资本进入韩国炼油业和零售业的限制。1997年1月,开始放开原油和成品油的进口及分销业务,允许成品油进口自由化;1998年5月,开始放宽外资进入韩国石油领域的控制,允许外资投资韩国炼油业,并对外国开放石油零售;同年10月,取消政府对炼油新增设备的控制,废除了炼油许可证制,开始实行注册制,只要是具有炼油设备并且具备60天内销量或45天生产量的储存设施的企业,只需要备案而不需申报。同时,炼油业开始对外资开放,允许外资持有国内石油企业50%以上的股份。

(3)其他方面:1998年起,韩国政府开始允许炼厂直接向加油站销售成品油,石油公司和加油站间可以直接进行交易。过去韩国油品的流通途径是石油公司→代理店→加油站三个阶段,1998年之后,石油公司的油品可以通过多种途径进行流通,包括:石油公司→代理店→加油站、一般销售店、代理店直销→最终消费者、石油公司→LPG加气站、直销及其他方式→消费者(见图3-13)。

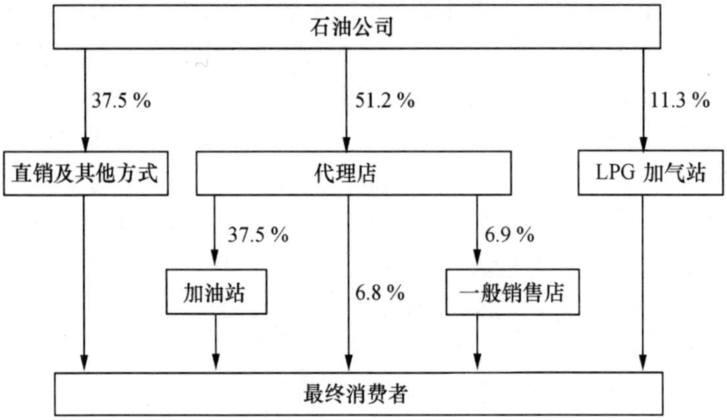

图3-13 韩国石油市场结构

资料来源:罗承先,韩国石油业经营现状与存在的问题[J].当代石油石化,2003年第11期。

后来,石油公司为了缩短流通途径,把众多直营代理店合并为一个大型石油销售公司,或吸收直营代理店后直接经营,3个阶段的流通结构被逐渐弱化缩短到两个阶段。此外,由于石油公司与加油站直接交易,剩余的直营代理店的竞争力也不断弱化。

在石油公司基本控制了韩国国内的油品销售网络之后,2001 年 9 月,开始允许加油站经营多个品牌的油品,加油站可以通过多元采购、事后登记的方法来购买石油产品,进一步减少了对国内石油公司的保护,以此来促进石油公司整合成品油零售市场、提高公司竞争力,从此,韩国石油业完全进入了市场竞争时代。

5. 2001 年开始改革石油产品相对价格体系

韩国是一个资源短缺的国家,能源使用效率低于欧美国家,其关键原因在于能源产品的比价不合理。随着韩国石油业进入 21 世纪市场竞争时代,为了使能源价格合理化,促进韩国工业向低能耗经济产业转变,韩国开始在石油业市场化的条件下改革石油产品的相对价格体系。这个过程主要经历了两轮调整。

(1) 2001 年,韩国政府专门设立了“能源价格合理化规划团队”,政府根据专家团提交的研究报告,重新调整能源的比价体系,制定了各部门能源资源相对价格体系的改革方案:在交通燃料方面,对液化石油气(LPG)的课税大幅提高,以缓解液化石油气车辆过快的增长;在工业用油方面,根据工业竞争力和环境的保护要求,将重油价格略微上调;在居民用油方面,调整煤油的比价,以避免燃料从民用部门流向运输部门。改革方案于 2001 年 7 月至 2006 年 7 月分 6 个阶段施行(见表 3-22),从而调整了石油产品的比价,使石油产品相对价格降到了经合组织非产油国的水平。

表 3-22　韩国石油产品的相对价格变化

日期	燃料类型		
	汽油	轻质油	LPG
2000 年 7 月	100	47	26
2001 年 7 月	100	52	32
2002 年 7 月	100	56	38
2003 年 7 月	100	61	43
2004 年 7 月	100	66	49
2005 年 7 月	100	70	54
2006 年 7 月	100	75	60

注:汽油价格以 100 计算。

资料来源:Ministry of Commerce, Industry and Energy of Korea。

(2) 2006 年 7 月完成第一次石油产品相对价格体系的改革后,根据新出现的情况,韩国政府又进行了新一轮调整,以使石油产品的价格体系更趋于合理化。此轮调整的具体内容包括:

在成本方面,将交通拥挤和环境污染带来的社会成本纳入到石油产品的价格

中去,这一方面能促进各种能源资源的公平竞争,另一方面也有利于减少能源消耗和二氧化碳排放;

在税负方面,通过调整各能源资源的税负率来提高其分销效率,对于交通燃料,按照发达国家的做法,以石油产品类型来划分税率等级;

在补贴方面,税收收入增加后,对受能源价格上升影响最大的消费群体进行补贴,以投资能源节约与环境友好的能源设施的形式将部分资金返还给能源使用者;

在稳定价格方面,尽量向消费者提供准确的价格信息,按一贯的做法调整原油价格,采取相关措施使进口原油价格波动的影响降到最小。

(三)韩国政府对石油价格的监管

1. 政策法规

由于石油业对一国的经济和其他产业都具有很大的影响,过去30年韩国政府对石油业的价格、炼厂扩增、流通、进出口等的限制比其他行业都要严格。基于物价政策、产业政策,政府对石油公司的利润进行直接控制;而随着经济规模扩大,炼制能力大幅增加,政府的直接限制逐步淡化,尤其是受到乌拉圭回合谈判结果和WTO体制正式实施的影响,经济的开放进一步推动了石油业限制的缓和,但政府对石油市场并非放任不管,而是一直采取必要的监管措施。

韩国政府在能源政策制定上的主导作用一直比较突出。1977年韩国动力资源部成立,1993年,韩国将动力资源部和商工部合并为商工资源部,1994年改为通商产业部,1998年又更名为产业资源部。目前,该部门是韩国成品油流通的主管部门,从事炼油和石油进出口的企业必须具备相关的资格条件,并到产业资源部注册。代理店(批发企业)经营和加油站经营分别由省级政府和市县级政府负责按注册条件注册,同时,两者的设立条件有所区别,一般代理店的设立条件需要有:注册资金1亿韩币,不少于700吨的库容和不少于50吨的运输设施;加油站的设立条件以汉城为例:不少于40吨的储油设施、不少于4个加油枪。

此外,韩国在石油工业方面的法律也比较完备:在规范石油勘探开发上游领域方面,有基本法律《石油开发法》,而在规范石油炼制、进出口和销售等下游领域方面,则有基本法律《石油事业法》,《石油事业法》规定了成品油从业者的具体资质条件,规定成品油从业者要承担石油储备的义务,保证成品油供需平衡稳定,维护消费者的利益。

1997年以后,韩国的石油业开始实现市场化,为了避免石油价格完全放开对社会可能造成的较大冲击,韩国政府进一步强化了对石油业的监管措施,具体表现在以下几个方面。

(1) 实行价格监管。为了防止石油市场放开导致的不正当竞争,韩国通过制定《公平交易法》来规范市场行为，作为韩国的反垄断机构，韩国的公平贸易委员会对国内各家石油公司油价的制定进行监督，以防止国内石油价格的非正常上涨[①]。针对韩国鲜京公司、现代石油公司、加德士公司和双龙炼油公司2004年4月1日至6月10日期间合谋抬高汽油、柴油和煤油价格的行为，公平贸易委员会进行了非常严厉的处罚，于2007年2月22日宣布对这四家石油公司总共处以526亿韩元的罚款。

（2）对石油价格的申报限制逐渐取消。在政府刚开始放开石油价格的时期，石油公司在调整石油价格前必须要按规定向政府进行事前报告，随着条件的成熟，逐步放宽申报制度直至完全取消。具体的调整时间和安排如表3-23所示。

表3-23　韩国石油公司价格申报制度变化

时间	申报制度
1997年1—6月	价格变更三天前向政府申报
1997年7—1998年2月	价格变更一天前向政府申报
1998年3—2001年12月	价格变更一天后向政府申报
2002年1月后	废除向政府申报价格变更的制度

资料来源：国务院发展研究中心，《韩国成品油价格改革及启示》，“应对国际能源环境重大变化，加快转变我国经济发展方式”课题组。

（3）利用油价监控系统进行售价监控。韩国政府引进了油价监控系统，有利于及时、准确地掌握国内各地区自1997年1月市场放开后的成品油销售价，防止产生市场混乱，促进石油产品的稳定供给。

由此可以看出，韩国对石油价格进行的市场化改革是逐步向前推进的，并且在实行市场化的同时制定了较为完备的制度来规范石油市场，稳定石油价格。

2. 成品油的价税制度

（1）成品油价税构成概况

在韩国，成品油的价格是在原油成本的基础上，加上炼油利润、分销费用和国内税收构成的，具体构成情况见表3-24。因此，对石油产品的终端用户来说，最终购买的成品油价格实际上包含了价格和税收两个部分。以2009年4月为例，韩国车用柴油的零售均价为1 204.45韩元/L，其中包括了交通能源环境税358.54韩元/L、教育税53.7韩元/L、运行税107.56韩元/L和增值税109.5韩元/L，税收占柴油价格的比例达52.25%；普通车用汽油的零售均价为1 441.59韩元/L，其中交通能源环境税为514韩元/L、教育税为77.1韩元/L、运行税为154.2韩元/L、增值税为131.05韩元/L，税收占到了汽油价格的60.79%。可见，在韩国，税收在

① http://finance.sina.com.cn/roll/20100125/01507300495.shtml

成品油价格中占有相当高的比例。

表 3-24 韩国成品油价格构成

	价格构成情况	价格子项构成情况
成品油价格	原油成本	进口原油到岸价
		进口关税
		进口附加税
	炼油利润	炼油加工费用
		毛利
	分销费用	储存成本
		运输费用
		销售成本
	国内税收	交通能源环境税
		教育税
		运行税
		增值税

资料来源:张静,韩国的成品油价格与税收[J]. 化学工业,2009 年第 8 期。

韩国现行成品油税制的确立经历了一个比较漫长的过程,随着韩国石油价格形成机制的改革,韩国在油价逐步实现自由化的过程中,成品油的税收制度也在不断完善和发展。1996 年,韩国进行了一次成品油税制的改革(见表 3-25),改革后的成品油税制更加符合韩国成品油市场化的方向,税收成为韩国成品油价格市场化后韩国政府调控油品价格的主要手段。

表 3-25 1996 年改革前后韩国成品油税制的不同

阶段	征税方法	税目品种		税率
改革前	从价税	特别消费税		汽油:价格的 150% 柴油:价格的 20% 煤油:价格的 10%
		教育税		特别消费税的 30%
改革后	从量税	汽油	交通税	514 韩元/L
			教育税	77 韩元/L
			运行税	154.2 韩元/L
		柴油	交通税	364 韩元/L
			教育税	53.78 韩元/L
			运行税	107.56 韩元/L
		煤油	特别消费税	90 韩元/L
			教育税	13.5 韩元/L

目前,韩国政府规定在各个环节都要对石油产品征税:在石油产品进口环节,征收关税和进口附加金;在流通环节,对汽油和柴油要征收交通税、教育税和运行税,对煤油则要征收特别消费税、教育税和附加金。除此之外,对每一种石油产品还要征收10%的增值税。总体来说,韩国对石油产品征收的税主要有以下四种,即交通税、教育税、运行税和增值税。其中,交通税、教育税和运行税统称为消费税,也是韩国燃油税的主要税种,交通税和教育税又属于国税的范畴,而运行税则是地方税种。

交通税。韩国1994年开始征收交通税,用来替代改革之前的特别消费税,2007年又把交通税改称为交通能源环境税,征收期限延长到2009年。交通税的征收范围仅限于汽油和柴油,其纳税人是生产和分销汽油及其类似替代产品以及柴油的人,或者是从保税区进口汽油、汽油替代品以及柴油的人。该税种是从量税,根据韩国交通税相关法律的规定,政府可以根据国内经济形势和国际石油市场价格的变化在基准税率30%的范围内上下调整交通税的实际税率,以2008年为例,韩国税法中规定的基准税率为汽油472韩元/L、柴油335韩元/L,在此基准税率的上下30%内调整交通税的税额都是允许的。此项税收的税款主要用于为道路和交通设施等基础设施的建设集资。在韩国,交通税的税收收入仅次于所得税,是韩国中央税的第三大收入来源,同时也是韩国第二大主要的间接税。

教育税。教育税的征收对象与交通税相同,其征收是以交通能源环境税为税基的,税率是税基的15%。教育税是一种固定的中央税,需要按季度缴纳,征收的税款主要用于给政府的教育账户提供资金支持。

运行税。运行税的征收对象仅限于车用汽油和柴油,征税税基为交通税,税率会随着时间不断调整,以2009年5月21日为例,当天更新的税率为26%。运行税是地方税,主要是为了扩大对省级政府的财政支持,增加地方政府的税收收入。

增值税。增值税是韩国第一大税,税基为炼厂环节的售价(出厂价+交通税+教育税+运行税等),其税率为10%,纳税人是生产或制造应税货物的厂商。

表3-26 韩国对石油产品征收的税种情况

税种名称	征收标准
交通税	在基准税率30%的范围内适当调整实际税率
教育税	交通税的15%
运行税	税基为交通税,税率可随时间调整
增值税	炼厂环节售价的10%

资料来源:邓郁松,韩国成品油价改之启示[J]. 中国石油石化,2009年第19期。

（2）汽油的价税构成

表3-27和图3-14分别显示了近年来韩国92号无铅汽油的价税构成情况。从中可以看出：随着近年来原油成本的不断上升，汽油的不含税价格和含税价格都是在不断上升的，但是，税收占汽油总价的比重在不断下降。其中，消费税占总价的比例每年均不相同，大致在50%上下徘徊，而且随着汽油含税价的增长有不断减小的趋势，而增值税在汽油价格构成中所占的比重一直是9.1%，保持不变。

表3-27 韩国92号无铅汽油价税构成情况

年份	不含税价格（韩元/L）	消费税（韩元/L）	增值税（韩元/L）	含税价（韩元/L）	消费税比例（%）	增值税比例（%）
2000	396.1	738.8	113.5	1 248.4	59.2	9.1
2001	419.4	744.2	116.4	1 280.0	58.1	9.1
2002	409.6	744.1	115.4	1 269.1	58.6	9.1
2003	433.2	743.8	117.7	1 294.7	57.4	9.1
2004	497.3	743.7	124.1	1 365.1	54.5	9.1
2005	554.5	743.8	129.8	1 428.2	52.1	9.1
2006	609.7	744.0	135.4	1 489.1	50.0	9.1
2007	641.6	744.6	138.6	1 524.7	48.8	9.1
2008	859.1	681.7	154.1	1 694.9	40.2	9.1

注：① 消费税包括交通税、教育税和运行税；② 消费税和增值税比例是指两者占含税总价的百分比。

资料来源：IEA, ENERGY PRICE&TAXES, 1st Quarter 2009。

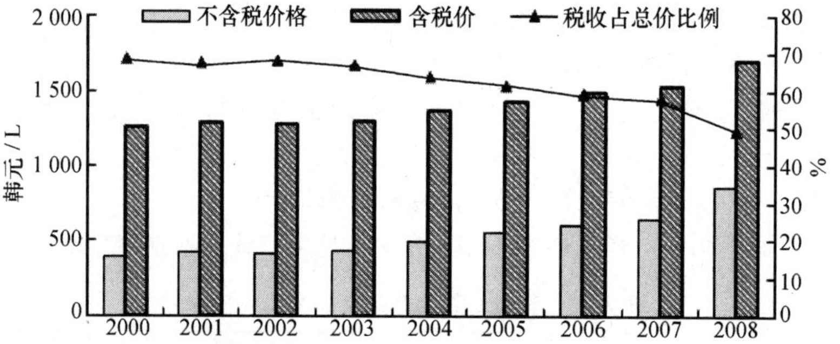

图3-14 韩国92号无铅汽油价税构成

（3）柴油的价税构成

表3-28和图3-15显示了韩国非商用柴油近年来的价格构成情况，可以看出：近年来，韩国非商用柴油的税收在柴油总价中比重一直不超过50%。其中，消费税占总价的比例随时间变化较大，而增值税在柴油含税价中所占的比重一直是9.1%，保持不变。

表 3-28　韩国非商用柴油价税构成情况

年份	不含税价格（韩元/L）	消费税（韩元/L）	增值税（韩元/L）	含税价（韩元/L）	消费税比例（%）	增值税比例（%）
2000	377.4	179.7	55.7	612.8	29.3	9.1
2001	377.4	208.6	58.6	644.6	32.4	9.1
2002	347.9	268.2	61.6	677.7	39.6	9.1
2003	389.9	316.9	70.7	777.5	40.8	9.1
2004	459.5	365.5	82.5	907.5	40.3	9.1
2005	560.2	419.3	98.0	1 077.4	38.9	9.1
2006	637.8	471.6	111.0	1 220.3	38.6	9.1
2007	646.1	508.8	115.5	1 270.3	40.1	9.1
2008	988.2	479.7	146.8	1 614.7	29.7	9.1

注：① 消费税包括交通税、教育税和运行税；② 消费税和增值税比例是指两者占含税总价的百分比。

资料来源：IEA，Energy price and tax，1st Quarter，2009。

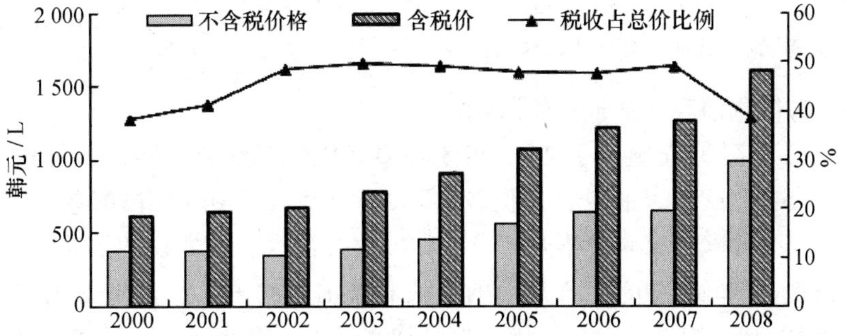

图 3-15　韩国非商用柴油价税构成

汽油和柴油的价税构成相比，既有相同点，又有不同点：一方面，汽油和柴油的税收主要都是由交通税、教育税、运行税和增值税这四种组成，其中增值税占税后价格的比例相同，且固定不变；另一方面，对于税收在总价格中所占的比例，汽油高于柴油。政府如此制定税率是为了通过税率来调节不同油品的价格，从而达到从宏观上引导市场消费行为的目的。

从表 3-29 可以看出，2000 年，柴油和汽油的出厂价格每升只有 18.7 韩元的差别，但是税后价格为汽油 1 248.4 韩元/L、柴油 612.8 韩元/L，每升相差 635.6 韩元。究其原因，一方面是因为当时柴油是工业发展和货物运输的主要原料，另一方面是因为柴油车油耗低于汽油车，同一部车子若将其汽油引擎换成相同马力的柴油引擎，行驶 100 公里的话，油耗会较装汽油引擎时下降 30%。可见，汽油和柴油税收的差别体现出韩国政府对柴油发展的侧重。

此外,表3-29显示了最近几年韩国汽油和柴油主要税目的征收情况,从税率的变化也可以看出韩国税收的变化情况是根据国际石油市场状况和本国的油品销售状况不断调整的。2008年,国际原油价格高涨,韩国政府明显加快了减税的速度,其目的是通过税收调节宏观调控油价,帮助国内制造业度过能源危机,随着2009年能源危机的逐渐消除,韩国政府对汽油和柴油征收的税收也有所增加。

表3-29 韩国近年来成品油主要税目变化情况

时间	征收税目					
	汽油			柴油		
	交通税(韩元/L)	教育税(%)	运行税(韩元/L)	交通税(韩元/L)	教育税(%)	运行税(韩元/L)
2006年	526	15	140	351	15	93
2007年	505	15	164	358	15	116
2008年3月	472	15	127	335	15	90
2008年10月	462	15	138	328	15	97
2009年4月	514	15	154	364	15	107.56

资料来源:韩国石油协会统计数据。

(4)韩国汽油和柴油价税的国际比较

图3-16和图3-17显示了2008年3月OECD国家汽油和柴油的价税比较情况,可以看出,北欧国家的税收比例较高,大部分都高于OECD国家的平均水平,这主要是因为北欧国家是最早开始设计和征收燃油税和消费税的国家,各项税制都比较完善,而韩国2008年3月份的汽油和柴油税收占税后价格的比重分别是49.2%和40.4%,均低于OECD国家的平均水平55.9%和43.2%,在OECD国家中排第18位。相较于2006年,韩国的汽油和柴油税收占税后价格比重为57.4%和45%,分别高于和略低于OECD国家平均水平的54%和46.4%来说(OECD统计数据),韩国对成品油的征税有所降低,这主要是因为较高的税率虽然抑制了石油的过度消费,但也同时提高了制造业的成本价格,会削弱本国制造业在国际上的竞争力。

除了在汽油和柴油等成品油方面实行的一系列税制以外,韩国政府还对农业和渔业用油实行免税,并对出口油品实行退税政策,以达到宏观调控成品油市场的目的。

二、日本

(一)日本的石油市场

1. 日本石油市场的特点

与世界上的其他国家相比,日本的石油市场具有以下两个突出特点。

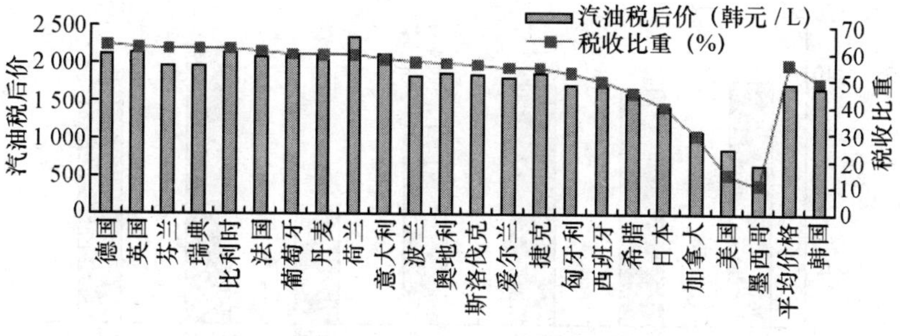

图 3-16　2008 年 3 月 OECD 国家汽油价税比较

资料来源:韩国石油协会统计数据。

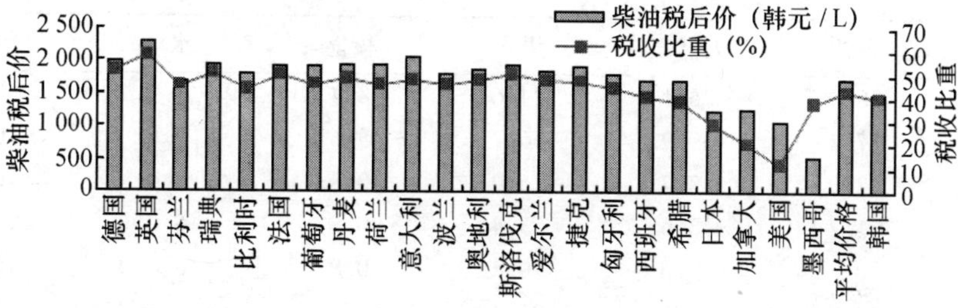

图 3-17　2008 年 3 月 OECD 国家柴油价税比较

资料来源:韩国石油协会统计数据。

(1) 石油在一次能源消费结构中的比例较高。

日本是石油消费大国,1962 年,石油取代煤炭成为日本的主要消费能源,从此,日本开始对石油高度依赖。1973 年第一次石油危机的时候,日本对石油的依存度达到了 77.4%,随着时间的推移,日本陆续采取一系列节能措施,降低本国石油的消费量,但是,石油的消费比例依然很大(见表 3-30)。

表 3-30　日本对石油依存度的变化

1973 年 (第一次石油危机)	1979 年 (第二次石油危机)	1985 年	1990 年	2000 年	2008 年
77.4%	71.5%	56.3%	58.3%	51.8%	43.7%

资料来源: BP, Statistical Review of World Energy, 2009。

2008 年,日本的石油消费量达 2.2 亿吨,占世界石油消费总量的 5.6%,仅次于美国和中国,居世界第三,日本对石油的依存度与往年相比虽然有所下降,但是与世界上其他国家相比,日本的石油在一次能源消费中的比例仍然较高。2008 年,日本石油在一次能源消费中的比重为 43.7%,不仅高于世界平均水平 34.8%,而且高于美国的 38.5% 和中国的 18.8%(见图 3-18 和表 3-31)。

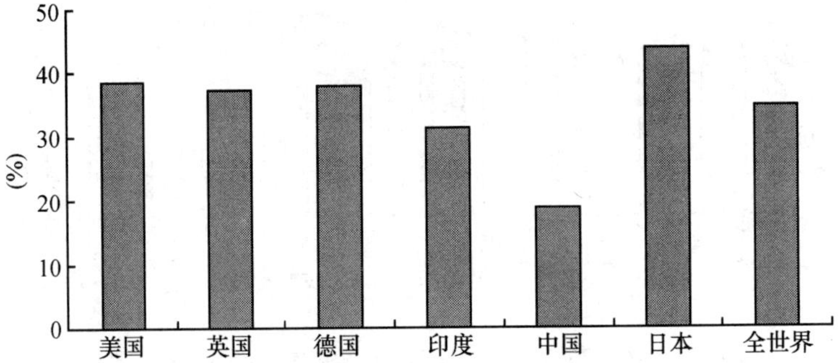

图 3-18 2008 年各国石油占一次能源消费比重的对比

表 3-31 2008 年世界主要国家一次能源消费结构对比 单位:%

国家	石油	天然气	煤炭	核能	水电	合计
美国	38.5	26.1	24.6	8.4	2.5	100
英国	37.2	39.9	16.7	5.6	0.5	100
德国	38.0	23.7	26.0	10.8	1.4	100
印度	31.2	8.6	53.4	0.8	6.0	100
中国	18.8	3.6	70.2	0.8	6.6	100
日本	43.7	16.6	25.4	11.2	3.1	100
全世界	34.8	24.1	29.2	5.5	6.4	100

资料来源:BP, Statistical Review of World Energy, 2009。

(2) 石油资源匮乏,石油的对外依存度很大。

日本石油的对外依存度很大,2008 年,日本石油进口量达 2.44 亿吨,其中,进口原油 2.03 亿吨,仅次于美国,是世界第二大石油进口国,国内消费的石油几乎全部依赖进口,原油的对外依存度达 94.1%,远远高出美国 55% 的原油对外依存度。目前,日本进口石油的主要来源是中东地区,2008 年,日本进口的 2.44 亿吨石油中,有 1.97 亿吨来源于中东地区,占日本石油进口总量的 80.7%(见表 3-32)。

表 3-32 2008 年美、中、日石油对外依存度对比

国家	进口原油(亿吨)	进口产品(亿吨)	总进口量(亿吨)	从中东进口(亿吨)	原油对外依存度(%)	从中东进口比例(%)
美国	4.87	1.5	6.37	1.2	55.0	18.8
中国	1.79	3.9	2.18	0.92	47.6	42.2
日本	2.03	4.1	2.44	1.97	91.4	80.7

资料来源:BP, Statistical Review of World Energy, 2009。

2. 日本石油价格的走势

对于日本的原油来说,其价格主要由生产成本决定,同时又受到供求关系、期货市场等的影响，而考虑到日本的石油大多依赖进口，因此，国际形势的变化以及原油的进口成本对日本原油价格的影响很大。表 3-33 显示了最近十余年来日本原油进口成本的变化情况，可以看出，1998—2008 年，日本的原油进口成本从 13.68 美元/bbl 上升到了 100.98 美元/bbl。日本的原油进口成本与上年相比都是增加的，而且增幅基本都保持在两位数以上。

表 3-33　1998—2008 年日本原油进口成本（CIF 价）变化

年份	原油进口成本（美元/bbl）	同比变化率（%）
1998	13.68	-33.4
1999	17.38	27.0
2000	28.72	65.2
2001	25.01	-12.9
2002	24.96	-0.2
2003	29.26	17.2
2004	36.59	25.1
2005	51.57	40.9
2006	64.03	24.2
2007	70.09	9.5
2008	100.98	44.1

资料来源：IEA，Energy price and tax，1st Quarter，2009。

2008 年，随着国际原油市场上原油价格涨跌幅度明显，日本的原油进口成本也以 7 月为分水岭，呈现出先涨后跌的趋势。1 月份，日本的原油进口成本为 91.18 美元/bbl，随后，原油进口成本不断上升，到 7 月份时达到最高点 133.46 美元/bbl，随后原油进口成本开始不断下降，到 2008 年年底，已降至 49.87 美元/bbl，波动明显（见图 3-19）。

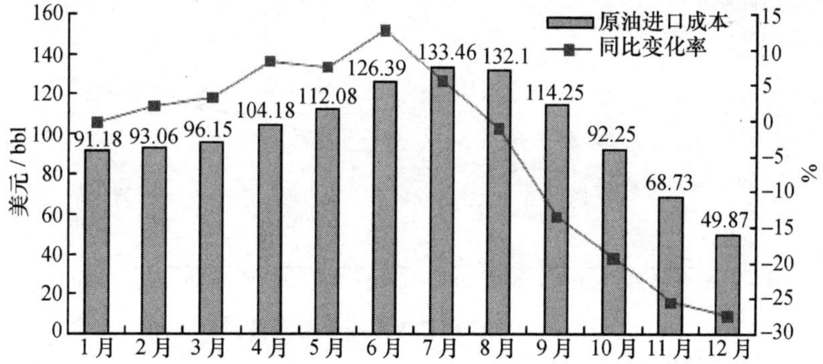

图 3-19　2008 年各月日本原油进口成本（CIF 价）

资料来源：IEA，Energy price and tax，1st Quarter，2009。

3. 日本成品油价格的构成和走势

对于日本的成品油来说，其价格除了受原油成本影响外，还会依市场需求、企业利润、竞争情况等因素的变化产生波动。具体来说，根据交货阶段和交易对象的不同，日本目前的成品油价格又可分为炼厂交货价、特约商供货价和加油站零售价三个部分。

(1) 炼厂交货价。炼厂交货价是油品贸易商和大型独立销售商向油品生产商购买时的价格，此价格是油品生产商参考成本和销售毛利等因素自行制定的。

(2) 特约商供货价。特约商供货价是供给加油站的价格，此价格主要是参考国际油价(主要参考新加坡普氏报价)的变动情况制定的。其定价参考公式是：特约商供货价 = 进口成品油到岸价格(CIF) + 税 + 国内费用及利润 + 到加油站的运费，各供应商在制定价格时可以考虑不同时期的零售市场情况和炼厂交货价格情况对其进行适当调整。

以上两种价格又统称为批发价格，主要有两种类型：一种叫做"成本连动型"，反映每月成本的变动情况；另一种叫做"市场连动型"，反映各地区市场的状况。

(3) 加油站零售价。加油站零售价是面向消费者的零售价格，其定价参考公式是：加油站零售价 = 购入价格(特约商供货价) + 加油站营运成本 + 加油站利润 + 各项税费。由于各个加油站的收益、周边的市场状况都不尽相同，不同的加油站之间会产生零售价差。

受原油进口成本不断上涨的影响，近年来，日本成品油的批发价格和零售价格也呈现上涨的趋势。图3-20显示了1998—2008年日本石油产品的批发价格指数和零售价格指数的变化情况，可以看出，2005年之前，日本石油产品的零售价格指数高于批发价格指数，而2005年之后，零售价格指数开始低于批发价格指数，到2008年，石油产品的零售价格指数为129.4，而批发价格指数为154.2。但总体来说，两种价格指数都是逐年上升的。

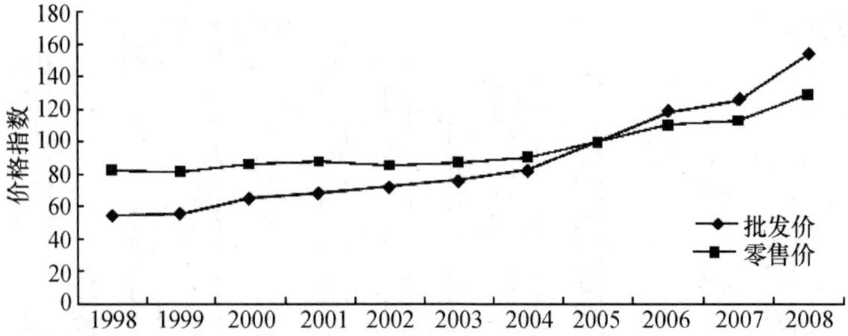

图3-20 日本石油产品价格指数

注：取2005年的价格指数 = 100。

资料来源：IEA, Energy price and tax, 1st Quarter, 2009。

具体到汽油和柴油来说,近年来两者的价格主要有以下两个特点。

(1) 在变化趋势上稳中有升。以2003年为界,汽油和柴油的价格增长速度有所不同,1998—2003年,汽油和柴油价格的上涨幅度较小,从2003年开始,随着国际原油价格的一路走高,日本汽油和柴油价格的上涨速度也开始加快,2008年,日本91号无铅汽油和非商用汽车柴油的价格分别达到了156.9日元/升和140.5日元/升,均达到了近年来的最高价格,日本国内汽油和柴油价格的波动与国际原油市场的价格波动基本保持一致。

(2) 汽油价格的上涨幅度大于其他油品。自两次石油危机后,日本大幅上调了汽油价格,而其他油品的上调幅度较小,从此,日本的汽油价格一直处于比较高的水平。以91号无铅汽油和非商用汽车柴油来说,近年来,前者价格一直高于后者,且价差停留在16—25日元/升(见表3-34和图3-21)。

表3-34 日本汽油和柴油价格对比

年份	汽油价格(日元/升)	柴油价格(日元/升)
1999年	98.3	78.8
2000年	103.9	81.3
2001年	104.9	84.5
2002年	104.2	82.8
2003年	106.3	84.5
2004年	112.3	88.1
2005年	124.5	100.3
2006年	137.5	113.0
2007年	139.8	118.9
2008年	156.9	140.5

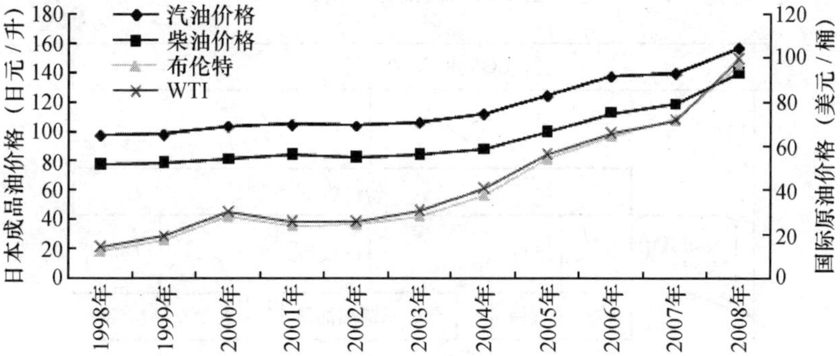

图3-21 日本成品油价格与国际原油价格走势比较

注:汽油价格和柴油价格都是指含税价;这里汽油的价格是指91号无铅汽油的价格,柴油价格是指非商用汽车柴油的价格。

资料来源:IEA, Energy price and tax, 1st Quarter, 2009。

4. 日本石油市场的结构

在日本,石油产品的经销渠道一般都是按照总批发—特约商—副特约商—零售商—消费者的模式设计的,而根据所销售的石油产品品种的不同,其主要流通渠道和各环节所占的比例会有所差别。具体来说,主要有两种分销渠道:① 对于石脑油、燃料油等消费量大的产品来说,由总批发公司直销的比例较高,一般都是通过批发商直接销售给最终用户;② 对于大部分汽油、柴油来说,主要是由炼油厂销售给一些石化公司、电力公司和大的工业用户,而对于大众使用的汽油和柴油来说,则主要是通过分布较广的特约商进行销售。

以日本几大石油公司之一的COSMO公司为例,图3-22和图3-23分别表示该公司汽油和柴油的分销渠道,可以看出,汽油和柴油中很大一部分都是经由特约店销售的,通过该渠道销售的汽油和柴油分别占到了其各自销售总额的80%和87%。

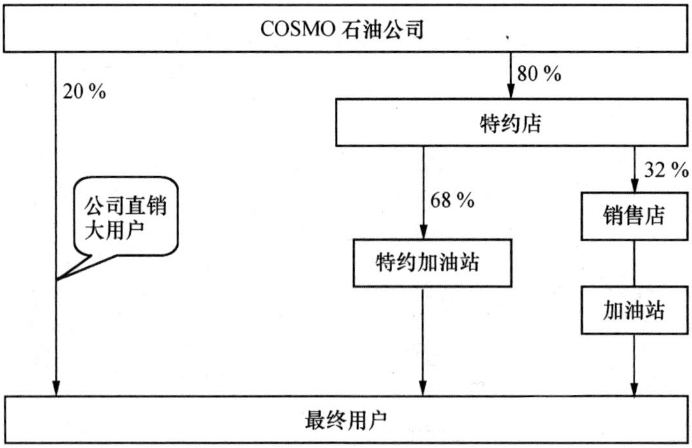

图3-22 汽油分销渠道

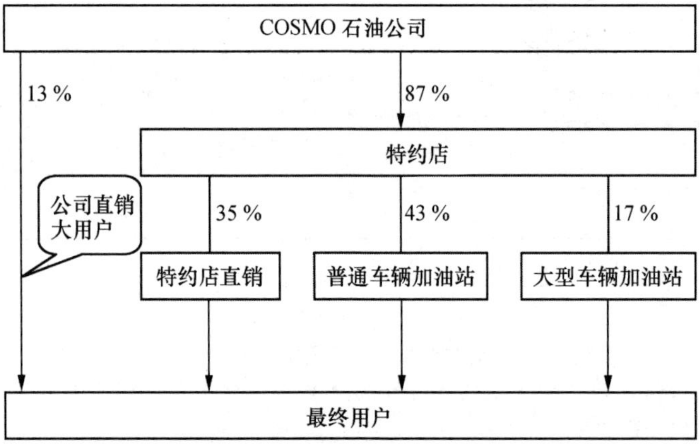

图3-23 柴油分销渠道

（二）日本石油市场的改革历程

日本的石油定价机制改革大致可以分为三个阶段，即政府管制阶段、逐步放开阶段和完全市场化阶段。

1. 1987年以前的政府管制阶段

1987年以前，日本的石油市场基本都处于政府的管制之下，但随着各个时期环境变化，日本政府对石油的管制政策也在不断变化，大致又分为以下三个时期。

（1）30年代战争时期的石油管制。日本的石油资源一向匮乏，20世纪30年代，日本国内自产的石油仅占其全部石油消费量的7%，其余则全部依赖进口，其中，从美国进口的石油占到了日本石油进口总量的80%。对于当时的日本来说，虽然石油仅占日本能源消费总量的7%，但石油的战略意义却并不停留于此，除了日常的能源消费，军事和海运业的发展都离不开石油。而当时的美国在亚洲推行经济和政治的“门户开放”政策，与日本称霸世界的野心格格不入，日本与美国的关系变得异常紧张，一旦关系破裂，日本的石油供给就会面临很大危机。

当时的日本石油市场，皇家荷兰壳牌石油公司的分号太阳公司和新泽西石油公司与纽约美孚司在远东合股成立的斯坦瓦克公司这两家外资公司占据了石油市场的60%，而剩余的市场被30家左右的小型日本石油商占据，它们的石油从几家美国石油公司进口。满洲事件爆发后，为了通过扩大市场份额获得商业利益，缩小外国公司的作用，同时为了让石油更好地为战争的需要服务，日本政府加强了对本国石油工业的控制，1934年，日本军方促使政府通过了《石油工业法》。根据此法，“政府被授权控制石油进口，决定各个公司的市场份额和售价，并可以征购各公司的产品；外国公司必须在市场需求以外，另备6个月的石油储备”。

（2）随着石油在能源市场确立主导地位，逐渐规范石油市场。1961年7月，日本政府提前实行石油进口自由化，以促进经济的发展。从1962年开始，石油取代煤炭成为了日本最主要的能源资源，也由此形成了日本高度依赖石油的能源消费结构。为了避免国际石油垄断势力对本国石油市场的损害，同时促使本国的石油市场更加规范化地发展，1962年5月11日，日本政府制定并颁布了《石油业法》，并在随后的1976年、1978年、1995年、1999年和2000年陆续对此法进行了多次修改。《石油业法》包括五章和附则，共29条。该法主要从两个方面对石油价格进行了管制。

① 政府对石油的进口和供给计划进行指导。一方面，新建炼油厂须经过政府主管部门的批准；另一方面，从事石油进口和销售业务要向政府主管部门申报，在特殊情况下，政府主管部门有权决定石油产品的销售配额，以此来防止石油市场

的供过于求。

② 石油销售价格标准化。此前，日本各种油品之间的价格差别不大，1962 年日本对石油产品开始推行第一次石油产品的标准价格，将煤油、轻柴油、汽油、A 重油作为收益油种。《石油业法》对石油价格的管制，加速了日本的能源消费结构从以煤为主向以油为主的转变，促进了日本石油石化工业的发展。

然而，随着石油危机的爆发，原油价格开始不断上涨，日本又在 1974 年和 1975 年分别推出了行政指导价格和第二次标准价格，大幅提高了汽油价格，同时，其他油品的价格也小幅上调。1976 年，日本对石油产业废除了政府的价格指导制度，但又开始实行“汽油限量生产指导”，此项制度一直实行到 1989 年。由于对汽油的大幅提价和随后的“汽油限量”政策，再加上当时日本石油公司依靠占石油全部需求 20% 的汽油销售来回收大部分成本，导致了汽油消费者与其他油品消费者之间的不平等待遇，石油经营者会偏重汽油销售，因此，此后的很长一段时期内，汽油价格一直保持较高的水平，远高于其他油品。1978 年起，日本开始征收石油税，对原油、各种石油产品、石油气以及液化天然气征税，征税所得的收入主要作为石油储备基金，以保障日本的石油供应安全。

(3) 贸易自由化压力下为保护本国石油产业进行的管制。20 世纪 80 年代初，中东国家大规模进行炼厂建设，导致其成品油出口大幅增加，欧盟及美国要求日本放开汽油的进口市场，对此，日本于 1986 年开始实施《特定石油制品进口暂定措施法》(简称“特石法”)，旨在降低贸易自由化下的压力，保护本国石油工业的发展。“特石法”规定了进口石油产品的公司的资格：从事石油产品进口的公司必须具备三个条件，一是替代生产能力，当石油进口中断时能在国内生产同类油品；二是储备能力，当石油进口量减少时，可以用国内设施储备同类油品以保证市场上的油品供应；三是质量调整能力，进口商需要有能力将进口油品的质量调整成符合国内质量标准的油品。由于这些限制比较严格，基本上只有一些较大的炼油公司才符合，因此，对石油进口公司资格的限制使日本的油品市场基本被国内的几家大型炼油企业所控制。此外，“特石法”还对进口的汽油、煤油和轻质原油实行注册制，对油品商也实行注册管理，要求油品的零售商必须获得批发商签发的供应证书，从而确保了国内炼油厂商生产油品的销售。

总体来说，1987 年前日本的石油市场都处于政府的严格控制之下。

2. 1987—1996 年的逐步放松管制阶段

两次石油危机导致石油价格大幅上涨，这给过度依赖石油进口的日本造成了很大的打击。为了减少对石油的依赖程度，日本开始不断开发替代石油的能源，并努力采取节能措施，减少石油的使用，但是，石油仍然是日本能源供给的主要来源。为了促进日本石油行业的发展,从1987年开始,日本政府根据“平时自由经营、非常时期政府控制”的原则相继采取了一系列措施,对石油产业放松管制,以适应石油产业内外环境的变化。1987年6月,日本政府制订了被称为“行动纲领”的5年计划,对石油产业分阶段地放松管制:

1987年,开始放松技术改造的审批,在二次精炼设备许可证制度的运用上采取灵活做法,从而放松了对建设炼油厂的管制;

1989年开始对石油的供给体制进行改革,取消了1976年开始实行的汽油生产配额,随后,3月取消了对某些石油产品生产计划的指导,9月废除煤油库存指导规定;

1990年3月,取消对加油站建设的指导以及加油站过户转让方面的规定;

1991年9月,开始放宽对一次精炼设备的认可限制,取消了蒸馏装置建设的规定;

1992年,取消了原油加工配额,同时开始考虑通过使国内油品价格与国际接轨的办法来降低汽油价格,提高石油业的竞争力,增加国内石油工业的进口效益。

通过实行这项5年的“行动纲领”,日本政府从炼油厂建设、石油供给以及加油站建设这几个方面逐步放松了对石油产业的管制,提高了石油精制等行业的经营自由度,强化了高效、合理的经营基础,这对形成具有国际竞争力的石油产业和保证日本的能源安全相当重要。但是,这只是一个过渡时期,还未实现市场化,此后,受泡沫经济崩溃和日元贬值的影响,外部环境要求日本的经济管理更具灵活性,因此,完全放宽石油产业限制的呼声越来越高。

3. 1996年以后的市场化阶段

(1) 废除“特石法”,开始市场化之路。1996年4月,日本政府废除了已实施十年的“特石法”,放宽了对石油产品进口的限制,增加了石油产品进口的自由度,只要符合《石油库存法》的公司,就可以进口所有的石油及产品,石油价格开始实现市场化。“特石法”的废除使得日本的石油市场主要产生了以下两个方面的变化:

取消了零售商必须获得批发商签发供应证明的制度,在申请登记建设加油站时不用再提交交易途径方面的证明文件,而改为对油品进口商进行资格审查的制度,提高了石油产业的竞争效率,有利于日本形成具有国际竞争力的石油产业;

油品进口商仍然需要满足储备能力和质量控制两个方面的条件,进口商必须具备70天销售量的储备能力,而且储备的种类要与进口石油产品相同。

此外,为了加强质量控制,日本政府还颁布了《汽油及其他燃料油质量控制法》,该法规主要列明了油品各个环节当事人需要承担的责任:对于油品的进口商或炼厂来说,具有对油品质量再担保的责任,而对油品的零售商来说,则具有对其所销售的油品进行质量控制的责任,此外还在加油站实行质量合格标识体系,以达到禁止销售不合格油品的目的。同时,1996年4月和1998年10月,日本通产省对进口油品的质量要求分两次进行了提高,而提高后的标准是世界上大部分炼油商在短期内都达不到的,通过实行这些措施,有效防止了因进口自由度增加而导致的国外油品大量涌入,能够有效保护本国的成品油市场。

"特石法"废除后,包括日本九大商社在内的14家公司开始自主进口成品油;同时,日本各石油公司引入了新的价格体制,降低了原来高出国际市场很多的汽油价格,相应地提高了煤油、柴油,尤其是重油的价格。由此形成了新的油品价格体系结构:日本油品批发价格每月结算一次,价格以上月新加坡市场各油品的离岸价为基础再加一定贴水形成,各种产品间的价差则根据批发的数量和物质流通的成本来确定。这种价格体系基本能反映国际市场油品价格的变化情况,使国内的成品油价格与国际市场接轨,增加了石油市场的透明度。

(2)对石油产业管制的完全放开。"特石法"废除之后,日本政府于1996年10月修改了《挥发油销售业法》,废除了控制建设加油站的"指定地区制度",取消了在特定区域限制建设新加油站的规定。1997年7月1日,日本通产省规定从7月14日起,日本炼厂可以自由出口油品,出口价格根据国际市场的价格自行确定。随后,东南亚发生金融危机,导致亚洲石油需求下降,石油出口受到阻碍,面对国内日益激烈的市场竞争,1998年4月1日,日本政府又放宽了对国内油品销售的限制,允许石油公司建立自助式加油站,以此来减少人员、降低成本。从1998年取消自助加油站的限制到2000年年底的短短两年时间,日本国内已开张356个加油站。对自助加油站限制的取消标志着日本基本上完全放开了对石油产业的管制,从此,日本的成品油价格形成机制开始由市场竞争取代了政府的行政控制。

此外,鉴于日本对进口石油的高度依赖性,日本政府还一直高度重视对海外石油资源的勘探开发,一方面,政府通过减免税收、设立海外勘探开发基金、对海外矿产勘查进行补贴和贷款支持等方式明确支持海外石油资源的勘探开发,另一方面,还通过一些金属矿业事业团、海外经济合作基金会等半官方组织对那些开发海外石油资源的本国企业提供资助以及技术支持等,以此来鼓励本国的石油开发企业到海外进行勘探开发。在政府的各项支持下,在日本企业界已经探索了一些可行的措施,比如多个企业联合成一个买家,这些措施对于提高日本企业在开发海外石油资源竞争中的实力很有帮助①。

日本的石油定价机制改革之路大致可以用表 3-35 来表示。

表 3-35　日本石油价格机制的改革历程

阶段	时间	主要政策
政府管制	1934 年	《石油工业法》,政府控制石油进口
	1962 年 7 月	《石油业法》,对石油价格进行管制,规范管理石油市场
	1962 年	推行第一次石油产品的标准价格
	1974 年	推出行政指导价格
	1975 年	推行第二次石油产品的标准价格,大幅提高汽油价格
	1976 年	废除政府价格指导制度,但实施“汽油限量生产指导”
	1978 年 6 月	开始征收石油税
	1986 年	《特定石油制品进口暂定措施法》(“特石法”),只有符合限制的石油公司才有进口的权力
逐步放松管制	1987 年	放松对建设炼油厂的管制
	1989 年	取消了 1976 年开始实行的“汽油生产配额”
	1990 年 3 月	取消对加油站建设的指导以及加油站过户转让方面的规定
	1991 年 9 月	开始放宽对一次精炼设备的认可限制
	1992 年	取消原油加工配额
基本市场化	1996 年 4 月	废除“特石法”,放宽对石油产品进口限制,石油价格开始实现市场化
	1996 年 10 月	修改《挥发油销售业法》,取消在特定区域限制建设新加油站的规定
	1997 年 7 月	日本炼厂可以自由出口油品,出口价格根据国际市场的价格自行确定
	1998 年 4 月	取消对自助式加油站的限制

随着日本石油市场的逐步放开,日本成品油的价格形成机制经历了一系列演变(见表 3-36)。目前,日本国内的原油价格和成品油价格基本上都是由市场竞争形成的,随国际石油价格的变动而变化,成品油价格的监督和指导主要由石油联盟和各大石油公司以及炼油企业协商,石油联盟负责,日本政府一般不再采取行政手段来控制市场价格。

① 李耐国,日本石油战略探析[J]. 太平洋学报,2005 年第 12 期。

表3-36 日本成品油价格机制的演变

时间	价格机制	主要内容	评价
20世纪70年代	对汽油单独实行高价	当原油价格上涨时,对煤油和液化石油气(LPG)实行固定价格,对柴油和重油A的价格略有控制,其他成品油按原油价格同比率上涨	造成了煤油、LPG价格与汽油价格之间的价差越来越大
20世纪80年代末	根据原油进口成本确定批发价	把原油(含进口成品油)相关的成本作为对象,以前一个月离岸价和近一个月内的平均汇率为基础,确定与前一个月相比变动的幅度,据此来修订本月的批发价格	成品油的批发价格能比较迅速、顺畅地向零售价格转移,确保了石油行业的收益
20世纪90年代中后期	与国际接轨的新的价格体系	按照同一水准对汽油、煤油、柴油不含税的批发价格进行调整	保证了市场的公平竞争,实现了成品油的安全和有效供给

资料来源:张静,日本的成品油价格与税收[J].化学工业,2008年第12期。

(三)日本的市场监管

如今,日本的石油市场已完全实现了市场化,政府不再对石油价格进行管制,只是通过监管的方式来确保石油市场的安全运行。日本政府对石油市场的监管主要体现在采取法制化管理和征收较高税费两个方面。

1. 法律法规

日本在石油市场方面的立法与国家石油政策紧密结合,重点集中于石油安全的保障体系,并在一系列的修改、废止和新的立法之中不断得到完善。

在政府对石油市场放开管制之后的几年内,日本政府对石油方面的法律进行了一系列旨在实现产业自由化的修改:2002年,日本政府首先废除了《石油业法》,实现石油精炼业自由化,撤销了石油产业的供给调整限制;2002年7月,为了保证本国的石油开发企业取得并维持海外石油天然气开采权,日本国会又通过了《独立行政法人—石油天然气—金属矿产资源机构法》,决定废除原隶属于资源能源厅的石油公团,将其归并到原隶属于资源能源厅的"金属矿业事业团",并以经济性原则为前提,成立了独立行政法人"石油天然气—金属矿产资源机构",隶属于经济产业省,其目标是促进石油资源和金属矿产的开发储备,保障石油资源和矿产资源的稳定低价供应,以及提供在国外或本国周围海域进行石油勘探、开采等相关活动的资金贷款和债务担保,促进石油和矿产业的健康发展。

日本政府对石油市场的法制化监管主要是通过通产省(经济产业省)进行的。日本的通产省在日本相当于能源部的角色,是日本国民经济的导向机构,在日本内阁中的地位仅次于外务省和大藏省,是日本产业界的"司令部",主管国家的能源总战略制定和实施,并建立了能源咨询委员会、国际石油调控机构和能源管理体系等,以指导和管理能源战略的实施。20世纪70年代的石油危机之前,没有专门的石油政策制定部门,主管日本能源的部门分散在矿山局、煤炭局和公益事业局等,石油管理工作从属于矿山局之下;石油危机之后,建立了通产省领导下的能源主管部门——资源能源厅,负责制定能源政策,但一般不直接干预石油公司的生产经营以及石油价格制定等石油产品的市场交易活动。2001年,通产省更名为经济产业省,与资源有关的资源能源厅也进行了相应的变革,相关政策的制定程序加透明高效,有利于政府更好地对石油市场进行法制化监管。

2. 税收体系

日本从1978年就开始征收石油税,为石油开发建设等活动提供资金支持,1988年以后,石油税从累进税率改成固定税率。近年来,日本政府对成品油一直征收重税,成品油的各个环节均存在税收:进口环节要征收原油关税和石油税;生产环节则征收航空煤油税、柴油税、汽油税和石油气税;流通环节还要征收消费税。对于石油进口依存度很高的日本来说,对石油征收较高的税金,主要作用是以较高的油价来抑制石油的消费,降低日本对石油资源的依赖,减轻世界石油价格波动对本国经济的影响。

在成品油中,汽油和柴油是征税的两个主要油品品种。1973年第一次石油危机之后,日本提高了汽油税的税负,主要是为了将增长的原油成本转嫁到汽油上,减小石油危机对国民经济的影响;1978年第二次石油危机之后,日本又同比例提高了柴油税的税负,但汽油税负仍然是柴油税负的2.2倍,与第二次石油危机之前相同;到了20世纪90年代初,日本再次逐步提高了柴油税负,将汽油税负与柴油税负之间的比例缩小至1.4∶1,有利于汽油与柴油之间的公平竞争。表3-37列出了石油危机以来日本对汽油和柴油税收进行的一系列调整。

表3-37 日本汽油和柴油的税收调整时间表

调整时间	汽油税(日元/升)	柴油税(日元/升)	汽油税与柴油税之比
1973年	28.7	15.0	1.9
1974年4月	34.5	15.0	2.3
1976年7月	43.1	19.5	2.2
1979年6月	53.8	24.3	2.2
1993年12月	53.8	32.1	1.4

资料来源:张静,日本的成品油价格与税收[J]. 化学工业,2008年第12期。

下面,分别具体介绍一下日本汽油和柴油的征税情况。

(1) 汽油。对汽油征收的税主要包括生产环节的汽油税和流通环节的一般消费税。

① 汽油税。汽油税又可分为挥发油税和地方道路税，两税的征收环节一般相同，都是在汽油从仓库装运时征收，合称为汽油税，税率为固定税率 53.8 日元/L，其中，挥发油税税率为 48.6 日元/L，地方道路税的税率为 5.2 日元/L。在用途方面，从属于国税的挥发油税是一种间接税，根据《道路收费收入相关特别法》，征收得到的税金先归国家普通账户所有，然后再纳入道路建设与改善这个特别账户，用来建设和改善道路交通，该项税种的征税对象是那些从炼油厂装运或保税区提货的汽油，纳税人则是国内生产汽油的制造商和进口汽油的进口商；地方道路税从 1955 年开始征收，征收的税金按照道路面积划拨给各个都道府县和指定市，主要用来建设和改善都道府县以及大城市的道路交通。

汽油税属于从量税，税率在若干年规定一次，在此期限内征收的税率是固定不变的。2008 年 4 月 1 日，日本自 1974 年起开始实施的《汽油税暂定税率特别措施法》正式到期，而延长该法案的计划未能通过，在日本已征收了 34 年的汽油税被迫停止征收，汽油税停征引起日本的汽油和柴油价格下降，其中汽油每升下降 25.1 日元，柴油每升下降 17.1 日元。然而，迫于日本政府在取消汽油税之后严重的财政压力和修建道路资金的需要，在取消汽油税仅一个月后，日本又再度恢复了汽油税暂定税率，自 2008 年 5 月 1 日起正式实施。新法案生效后，日本各地的汽油价格随之上升，5 月 1 日，日本石油销售企业当天的批发价从 130 日元/升提高到了 160 日元/升。

② 一般消费税。日本的消费税制度始于 1989 年，当时规定的税率为 3%，这个标准一直执行到 1997 年 3 月底。1997 年 4 月 1 日开始，日本政府将税率提高至 5%，税负由最终消费者承担。对汽油征收的一般消费税的税基为包含汽油税的总价，即所征收的汽油税也需要缴纳 5% 的消费税，这造成了重复征税，增加了消费者的缴税负担。

从图 3-24 和表 3-38 可以看出，随着汽油价格的不断升高，汽油税所占比例逐步缩小，消费税所占比例保持在 4.7%—4.8%，税收在日本汽油价格中所占的比重虽然近年来有所下降，但是仍然很大。

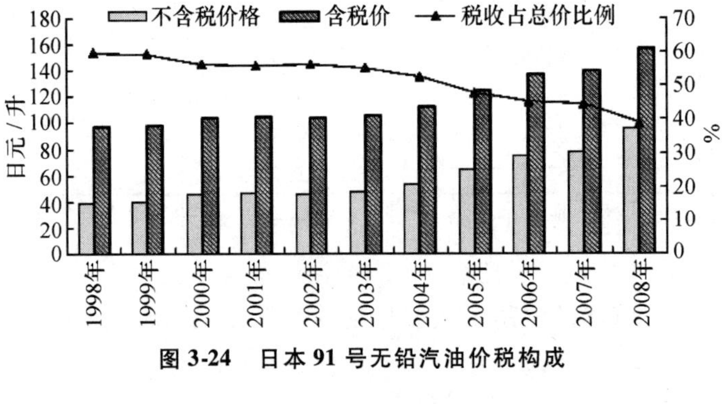

图 3-24 日本 91 号无铅汽油价税构成

表 3-38　日本 91 号无铅汽油价税构成情况

年份	不含税价格（日元/升）	汽油税（日元/升）	消费税（日元/升）	含税价（日元/升）	消费税比例（%）	税收比例（%）
1998	39.2	53.8	4.7	97.7	4.8	59.9
1999	39.8	53.8	4.7	98.3	4.8	59.5
2000	45.1	53.8	4.9	103.9	4.7	56.5
2001	46.1	53.8	5.0	104.9	4.8	56.1
2002	45.4	53.8	5.0	104.2	4.8	56.4
2003	47.5	53.8	5.1	106.3	4.8	55.4
2004	53.2	53.8	5.3	112.3	4.7	52.6
2005	64.8	53.8	5.9	124.5	4.7	48.0
2006	75.1	55.8	6.5	137.5	4.7	45.4
2007	77.3	55.8	6.7	139.8	4.8	44.7
2008	95.7	53.7	7.5	156.9	4.8	39.0

资料来源：IEA, Energy Price&taxes, 1st Quarter 2009。

（2）柴油。对柴油征收的税主要包括生产环节的柴油税（又称柴油交易税）和流通环节的一般消费税。

① 柴油税。柴油税设立于 1956 年，税额也是固定不变的，最初设立时只有 6 日元/L，到 1993 年提高至 32.1 日元/L。柴油税征税的对象仅限于使用柴油的汽车，征收柴油税的目的一方面是保持与汽油征税的平衡，另一方面也是保证地方道路建设的资金来源。柴油交易税与汽油税的在征税环节上有所区别：柴油税属于地方税，采用特别征收制度，是在使用柴油的汽车所有人购买柴油时征收的，这不同于对汽油从仓库装运时征收的汽油税。

② 一般消费税。对柴油征收的一般消费税与汽油也不尽相同：对柴油征收的消费税是按不含税净价的 5% 税率征收的，税基是不含税净价，不包括征收的柴油税，也就不存在汽油上的重复征税问题。

从图 3-25 和表 3-39 可以看出，随着柴油价格的不断升高，柴油交易税的比例越来越小，一般消费税的比例一直较小，而净价部分所占的比例则越来越大。

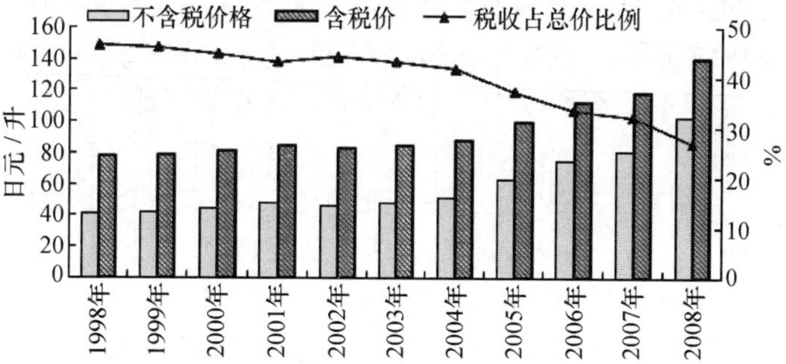

图 3-25　日本汽车用柴油价税构成

表 3-39 日本汽车用柴油价税构成情况

年份	不含税价格（日元/升）	柴油交易税（日元/升）	消费税（日元/升）	含税价（日元/升）	消费税比例（%）	税收比例（%）
1998	41.6	34.1	2.2	77.9	2.8	46.6
1999	42.4	34.1	2.2	78.8	2.8	46.2
2000	44.8	34.1	2.3	81.3	2.8	44.9
2001	47.8	34.1	2.5	84.5	3.0	43.3
2002	46.2	34.1	2.4	82.8	2.9	44.2
2003	47.9	34.1	2.5	84.5	3.0	43.3
2004	51.3	34.1	2.7	88.1	3.1	41.8
2005	62.9	34.1	3.2	100.3	3.2	37.3
2006	75.0	34.1	3.9	113.0	3.5	33.6
2007	80.6	34.1	4.1	118.9	3.5	32.2
2008	102.5	32.7	5.2	140.5	3.7	27.0

资料来源：IEA，国际能源署。

此外，在税收方面，日本政府还采取了若干优惠政策，对出口、煤油、飞机专用油、石油化学用油免汽油税；对船舶动力源、铁路车辆、农林经营用、钢铁、电力或化学工业原料免柴油交易税。

（四）日本的石油金融

日本国内所需的石油几乎全部依赖进口，是传统的石油进口国和消费国。石油期货市场的发展，有利于降低国际石油价格波动对日本经济造成的影响，而石油期货市场以日元计价，又能够确保日元汇率的稳定，从而最大限度地维护日本本国的石油安全和利益。

日本的东京工业交易所（TOCOM）是日本最早推出石油期货的交易场所，也是日本进行石油期货交易的主要市场，TOCOM 成立于 1984 年 11 月 1 日，由东京纺织品交易所（成立于 1951 年）、东京橡胶交易所（成立于 1952 年）和东京黄金交易所（成立于 1982 年）三个交易所合并而成。而石油期货的成功推出，也使得东京工业品交易所的成交量迅速上升，2002 年，东京工业品交易所的交易量是日本期货交易总量的 60% 还要多，在日本期货市场中占据重要地位。

1. 成品油期货

1999 年 7 月，东京工业品交易所首先上市了汽油、煤油期货合约，从此开始了汽油和煤油的期货交易。由于期货合约的设计合理、品种选择适当，成品油的期货合约受到了日本国内石油公司的欢迎，再加上很多现货商出于规避风险的目的也参与进来，同时又存在大量的投机者和期货商，增加了市场的流动性，成品油期货市场交易活跃，上市的仅一年的时间，汽油期货的成交量就达到了 10 649 179 手，煤油期货达到了 3 620 356 手，与日本当时的年消费量相比，这个汽油和煤油期货的成交量分别是现货消费量的 18 倍和 13 倍。随着成品油期货市场的发展，诸如 COSMO 之类的一些大型石油公司在向伊滕忠商社购买汽油和煤油时，也开始采用与东京工业品交易所汽油、煤油期货价格联动再加升贴水的办法成交。可以看出，日本成品油期货市场的影响和作用正变得越来越大。

与欧美国家的石油期货市场相比，日本东京工业品交易所推出的石油期货合约具有如下两个不同的特点：一是以日元对期货合约进行报价，二是以日本本国通行的计量单位千升为单位，同时以每手 100 千升作为合约规格。

同时，鉴于成品油期货合约的成功推出，在东京工业品交易所推出成品油期货后不久，2000 年 1 月 12 日，日本名古屋的中部商品交易所也推出了汽油和煤油的期货合约，同东京工业品交易所比较，每手交易单位由 100 千升变为 20 千升，采用定盘台约方式，主要吸引中小投资者参加，交易十分活跃。

2. 原油期货

2001 年 9 月，东京工业交易所继推出汽油和柴油的期货合约之后，又推出了中东原油期货合约。据统计，到 2007 年，东京工业品交易所原油类期货的交易量已达到了 1 489 018 手。中东原油期货合约的推出，不仅满足了日本本国强烈的套期保值需求，而且还给整个亚洲石油交易者提供了透明的价格基准和套利工具，这些也奠定了日本原油期货合约成功推出的基础。

此项中东原油期货在交易规则上混合了实物期货和指数期货的特点，并不以某种特定的基准原油为标的，而是根据国内原油进口定价时采用的阿曼和迪拜这两种主要基准油的平均价格兑换成日元后合成的一种并非实物商品的油种，同时，期货合约到期后不采用实物交割，而是使用现金进行结算。

对于日本这样一个原油的净进口国，采用“原油指数期货”交易具有多方面的好处。

（1）标的原油选取了根据本国进口原油记价中的两种主要基准原油，这不仅满足了国内对原油套期保值的需要，而且还容易吸引国际原油期、现货市场的参与者，促进了国内与国际原油市场对接，有利于日本在国际原油定价过程中维护自己的立场和利益。

（2）由于日本对原油进口的依赖性很大，如果进行实物交割，交易所就要建立原油交割仓库，对于日本来说，原油实物储备的成本很高，而期货合约到期后不采用实物交割而是使用现金结算，这样也就不用建立巨大的原油库存来应对实物交割，降低了原油交易的成本。

（3）中东原油期货合约以新加坡普氏公开市场同种原油报价的月度平均值作为结算价格，这能够有效防止对中东原油期货的过度投机，有利于维护了期货交易的安全。

总体来说，日本的石油期货市场虽然起步较晚，但是发展很快。所推出的成品油期货市场影响不断扩大，越来越多的大型石油公司将其作为成品油现货交易的参考标准；而东京工业品交易所推出的中东原油到目前为止依然是最成功的亚洲原油期货品种，它不仅在亚洲原油交易中扮演了价格指导的重要角色，而且对国际油价的影响度也在不断增加。

第五节 印度石油价格的市场化改革

一、印度的石油市场

（一）石油供求

从 1947 年独立一直到 20 世纪 70 年代末这段时间内，日本的原油产量一直不高，1948—1949 财政年度为 22.5 万吨，虽然随后的 60 年代有所增长，但到 1970—1971 年度[①]仍只有 680 万吨。进入 80 年代以后，印度政府开始着重发展石油工业，1985—1986 年度的原油产量达 0.3 亿吨，较 1980—1981 年度的 940 万吨增长了 221.3%。从 1985—1986 年度起，由于印度的许多老油田已达到开采极限，而对于 80 年代新发现的石油资源，由于大规模开采存在许多困难，产量较小，因此，原油产量的增速开始下降，随后进入 90 年代，石油产量开始趋于稳定，尤其是 1995 年以后，印度的石油产量基本都在 0.35 亿吨左右，上下波幅不大，2008—2009 年度，印度石油产量为 0.36 亿吨（见图 3-26）。

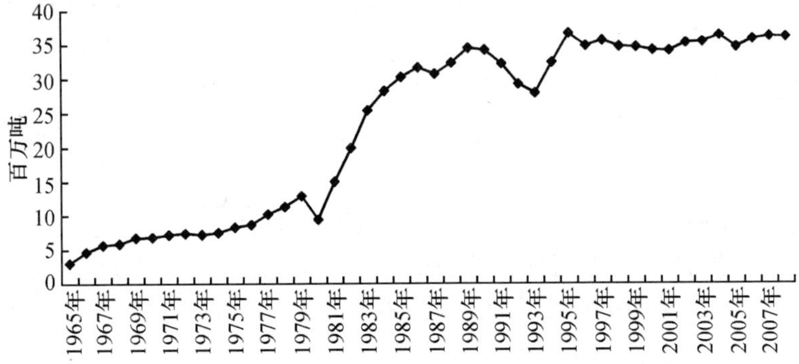

图 3-26 印度历年原油产量变化趋势

资料来源：BP, Statistical Review of World Energy, 2009。

而印度的石油消费量一直在不断增长。1990 年，印度的原油消费量达到了 5 794 万吨，而到 2000 年已增加到了 1.1 亿吨，短短十年时间，印度对原油的消费

① 这里是指财政年度，印度的财政年度从每年的 4 月 1 日开始，到第二年的 3 月 31 日结束。

量几乎翻了一倍，与世界平均石油消费水平相比，印度的石油消费量明显偏高。

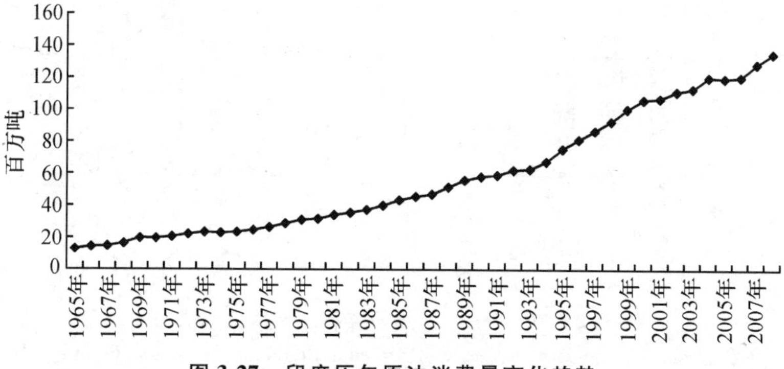

图 3-27　印度历年原油消费量变化趋势

资料来源：BP, Statistical Review of World Energy, 2009。

（二）石油的进出口

对比图 3-28 和图 3-29 可以发现，印度的原油消费量一直高于本国的产量，单靠印度自己生产的原油，是无法满足国内对石油的需求的，而这差额的部分，都要靠从国外进口来补足。除了进口原油以外，印度还从其他国家进口石油产品。随着印度对石油的消费能力不断增强，石油产品进口量的下降趋势并未维持多久，就又开始回升。

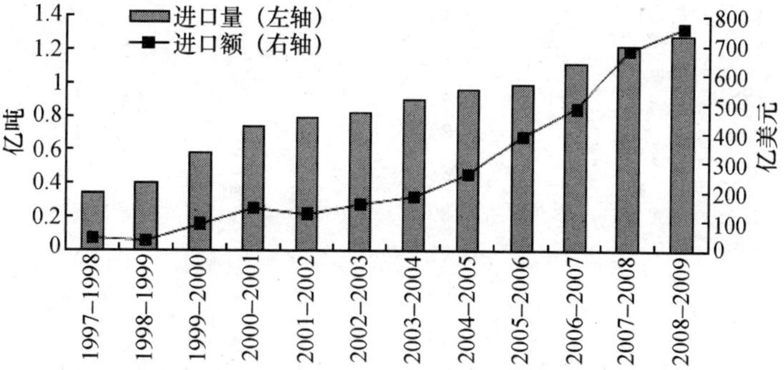

图 3-28　1997—2009 年印度原油进口情况

资料来源：Import/ Export of Crude & Petroleum Products, Petroleum Planning & Analysis Cell。

虽然印度的原油进口量一直不小，但 1973 年世界石油危机以前，由于世界石油价格比较低，因此印度的石油进口费用并不算太高，1960—1961 年度的石油进口总额为 1.5 亿美元，1970—1971 年度为 1.8 亿美元。但自 1973 年石油涨价以来，印度用于进口原油和石油产品的费用不断增加，1974 年和 1975 年印度先后两次强调发展煤炭，用煤来替代石油，但由于印度缺煤少电，煤电本身的需求都无法

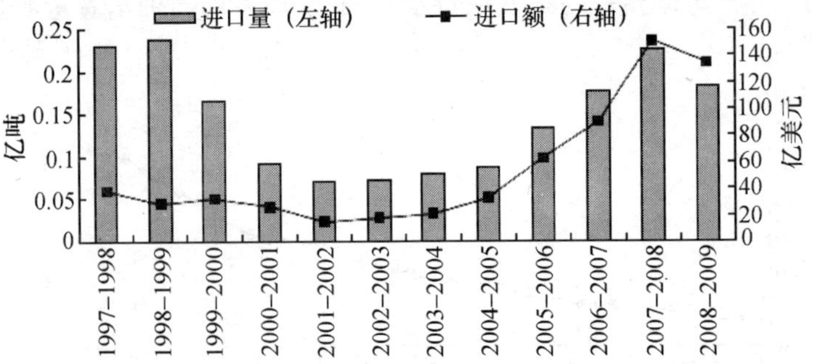

图 3-29 1997—2009 年印度石油产品进口情况

资料来源：Import/ Export of Crude & Petroleum Products, Petroleum Planning & Analysis Cell。

满足，因此该项替代政策的执行并未改变印度大量进口石油的状况。短短十余年时间，印度用于石油进口方面的花费却增长了十多倍（见表 3-40），这给印度的国际收支和经济发展带来了很大的风险。

表 3-40 近年来印度原油和石油产品进口总量和金额

年度	进口总量（亿吨）	进口总额（亿美元）
1960—1961	0.09	1.5
1970—1971	0.13	1.8
1980—1981	0.24	66.6
1990—1991	0.29	60.3
2000—2001	0.83	170.5
2001—2002	0.86	141.5
2002—2003	0.89	175.8
2003—2004	0.98	203.8
2004—2005	1.05	292.7
2005—2006	1.13	450.8
2006—2007	1.29	574.6
2007—2008	1.44	831.2
2008—2009	1.46	892.0

注：2007—2008 和 2008—2009 这两个年度的数据是印度当年的预测数据。

资料来源：1960—1961、1970—1971、1980—1981、1990—1991 年度的数据来自：殷永林，印度石油短缺对国民经济的影响[J]. 南亚研究季刊，1994 年第 4 期；2000—2001 年度以后的数据来自 Import/ Export of Crude & Petroleum Products, Petroleum Planning & Analysis Cell。

虽然印度的原油消费大部分依赖进口，但是其炼油能力较强，自印度独立后，石油工业的炼油能力得到了很大的提高。1948 年，印度的炼油厂只有迪格博伊一个，年炼油能力也只有 25 万吨，这导致 1948—1955 年这段时间里印度的石油产品主要依赖进口①；为了满足国内对石油产品的需求，从 1950 年开始，三家外国公司经印度政府批准在印度建立了三个炼油厂，1950—1951 年度印度的炼油能力提高到了 30 万吨，虽然这使印度对石油产品的进口有所减少，但由于炼油厂的生产权和销售权不能由自己掌握，不利于印度根据自身需求调节炼油厂的产量；20 世纪 60 年代，印度政府在外国的援助下建设了一些国营炼油厂，炼油能力开始不断增强。从 1999 年开始，印度的炼厂产能有了明显提高（见图 3-30），这减少了印度对进口石油产品的依赖，而且近年来，印度也开始向国外出口石油产品，且可用于出口的石油产品的种类和数量也越来越多。

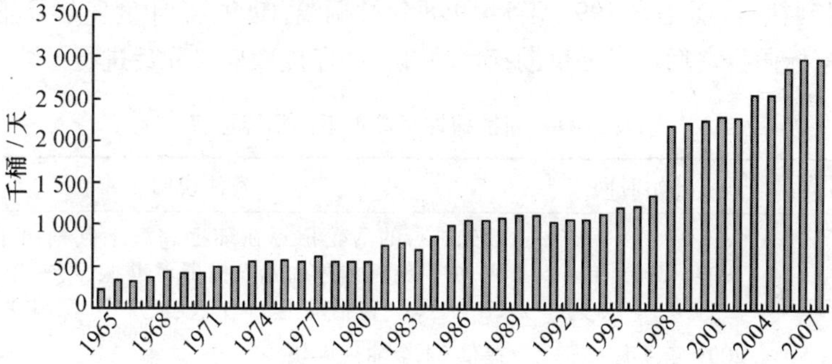

图 3-30 印度石油炼厂产能

资料来源：BP, Statistical Review of World Energy, 2009。

总体来说，一方面，由于印度石油工业上游的勘探和开发工作比较落后，不能获得较高质量的原油，无法与石油工业下游较高的炼油能力相匹配；另一方面，印度国内对石油产品的消费增长也大于本国炼油产能的提高。因此，虽然近年来印度的石油产品出口量逐年提高，但是印度从国外进口石油的总体状况并未改变。

（三）石油产业

1. 石油勘探

对于印度来说，勘探原油是石油领域的一个重要任务和挑战，在石油勘探方面，印度实行市场准入制度。

为了解决国内勘探开发的资金和技术困难，20 世纪 80 年代以后，印度先后向世界 34 个石油公司发出合作开采的邀请，通过招标的方式鼓励外国公司和私人部门参与国内石油的开发。1992 年，随着印度的私有化波及石油工业，为了鼓励石油工业的竞争，印度的石油勘探开发开始向私营部门开放，但是，当时的政府

① 晓冰，印度的石油工业[J]. 南亚研究，1982 年第 2 期。

政策要求参与石油开发的外国公司和私人部门办理投标的各种手续，这需要一个相当长的时期，而与此同时，政府又给本国的上游石油公司很多优惠和保护，影响了外国公司和私人部门的积极性，导致外国公司和私人部门对投标项目并不感兴趣。

1997 年，印度政府宣布了新的勘探许可政策（NELP），这是一个按照国际财务和合同标准，基于：（1）提供可与世界上最好条款相比的具有吸引力的条款；（2）提供公平的竞争场所，这两个准则确立的油气勘探生产合同，允许外国投资者进入长期以来由印度国有公司垄断控制的石油勘探领域，其目的是吸引外资和私营企业与印度国有公司一起投资勘探、共同开发新油层。该政策在宣布之后并未立刻得到执行，而是在 1997 年和 1998 年被搁浅，1999 年，印度发起首轮 NELP 招标，通过竞标向投资勘探者提供勘探区块，随后，印度政府又先后进行了多次招标。

表 3-41 新勘探许可政策下的招标进程

招标名称	开始时间	备注说明
NELP-I—NELP-III	1999—2003 年	最先进行的两轮招标在陆上和海上共划出了 47 个区块，提供给国内外的私人投资者勘探，第三轮又划出了 27 个区块（包括陆上 11 个、浅海 7 个、深海 9 个）
NELP-IV	2003 年 4 月	提供 24 个油气区块
NELP-V	2005 年	提供 20 个油气区块
NELP-VI	2006 年 2 月 23 日	提供 55 个油气区块供勘探招标（包括 24 个深海区、6 个浅海区以及 25 个陆上岩层），总面积约为 35.2 万平方公里，是前六次中招标区域最大、数量最多的一次
NELP-VII	2007 年 12 月	提供 57 个油气区块（9 个区块位于浅水区，19 个区块位于深水区以及 29 个区块位于陆上地区）
NELP-VIII	2009 年 10 月	提供了 70 个区块并收到了 76 份涉及 36 个区块的报价，国营印度原油天然气公司获得了其中的 17 个区块

新的勘探许可政策的主要规定有①：（1）对于外资企业，允许其进入炼油和管输业务，在炼油领域，外资在私人炼厂可 100% 控股，但在公有炼厂中的持股不得超过 26%，在分销系统和管道公司的持股分别不得超过 74% 和 51%，由外国投资促进委员会批准进入。（2）对于私人企业，在炼油领域，可以持有 100% 的资本和股权，由自动通道批准进入，受油气部政策的管理；在销售领域，只要其每年的原油产量在 300 万吨以上，或者在国内油气相关基础设施中的投资超过 4 亿美元，并且在偏远和服务欠发达地区的基础设施建设符合政府的增加要求，就可以销售除

① 张宏民，印度石油工业及其产业政策变迁[J]. 国际石油经济，2005 年 6 月。

汽、柴油以外的油品。(3) 在除炼油以外的市场调研、投融资、油气销售用基础设施建设等活动中,投资者可持有 100% 的资本或股本,受油气部发布的部门规章的管理;同时,允许外资和私人企业进入油气勘探领域并给予税收上的优惠,以此来鼓励国内的石油勘探,增加本国的石油自有储量。

签署的新的勘探许可政策合同是以国际油价为基准的,同时还实施了一定程度的税收优惠,比如说,深海作业在 7 年里可减免 50% 的矿产税,石油勘探和生产可享受 7 年的免税期。这些规定为外国投资者提供了和国有石油公司一样公平的竞争环境。

新的勘探许可政策消除了对国内企业的优惠,建立起更加公平的竞争环境,成功地吸引了大批国营、私营和外资企业投资勘探和共同开发沉积岩层,提升了印度国内石油产量, 2000—2006 年实施新勘探许可政策期间,印度石油储量年平均增长量是以前的两倍,达到 2.72 亿吨。

2. 石油销售

石油产品销售方面,在印度销售石油产品的公司需要获得政府发放的许可证后才能进行油品的销售。在石油产品价格管制时期,油品价格由政府规定,零售网的扩展也受政府的控制,印度只对印度石油公司、印度斯坦石油公司和巴拉特石油公司这三家国有石油公司发放销售许可证,三家公司的加油站约有 3 万个,网络庞大且遍及全国。同时,由印度政府出资 70% 、三大国有石油公司各出资 10% 成立了石油管网公司,建设了 16 条贯穿全国的油品管道,初步形成全国性油品运输网络,以此来解决国内油品销售体系不成型的情况,并完善和建设配套港口。2002 年 4 月之后,随着印度放开成品油价格,再加上国家石油公司的资金限制,除了三家国有石油公司以外,印度石油天然气公司、纳佳道纳石油公司和爱萨石油公司也相继在一定条件下取得国内销售的许可证,2003 年 3 月,民营企业爱萨石油公司开始进行油品的零售业务,石油产品零售市场逐渐形成以国有石油公司为主,私营企业为辅的油品销售体系。

此外,政府通过国有石油公司能够间接插手定价政策,而定价政策的制定会受到通货膨胀等因素的影响,如 2002—2006 年期间,国际市场上的汽油价格增加了一倍半,而印度的汽油零售价格只增长了 50% ,可见,印度的油品市场虽然逐步放松了管制,但并未实现真正的自由化。

(四) 石油价格体系

1. 原油价格

印度的原油价格采用一揽子定价方法,即根据印度国内消费的几种原油价格的加权平均来确定其原油的报价,其中,参考的几种原油价格和各种原油的权重见表 3-42,因此,印度的原油价格走势随着国际原油市场上几种原油价格的变化而变化。通过2004年以来印度一揽子原油价格与布伦特原油和迪拜原油的价格比较,可以看出,印度的一揽子原油价格与两种国际原油价格的走势基本相同,因此,国际石油市场价格的变化对印度原油的价格影响很大。

表3-42 印度一揽子原油价格参照标准

原油种类	所占比重(%)
布伦特原油(BFO)	38.6
迪拜原油(DUB-1M)	30.7
阿曼原油(OMA-1M-A)	30.7

资料来源:http://wiki.answers.com。

由于印度原油价格与国际接轨的定价方式,近年来印度的原油价格随着国际油价的走向而变化,从2004年开始,随着国际油价的上涨,印度一揽子原油价格也不断上涨,到2008年7月达到最大值132.47美元/桶,随后又开始下降,2008年年底价格降至40.61美元/桶,2009年开始,油价开始止跌回升不断上涨,截至2010年3月,印度一揽子原油价格已经上涨到78.02美元/桶(见表3-43)。

表3-43 近年来印度一揽子原油价格 单位:美元/桶

时间	2004—2005	2005—2006	2006—2007	2007—2008	2008—2009	2009—2010
4月	32.37	49.43	67.06	65.48	105.77	50.14
5月	36.09	47.02	67.33	65.76	120.91	58
6月	34.23	52.72	66.9	68.1	129.72	69.12
7月	36.35	55.01	71.29	72.58	132.47	64.83
8月	40.53	60.05	70.87	68.97	113.05	71.98
9月	39.15	59.74	60.94	74.78	96.81	67.7
10月	43.38	56.28	57.26	79.33	69.12	73.07
11月	38.81	53.31	57.8	89.11	50.91	77.39
12月	36.85	55.05	60.35	87.92	40.61	75.02
1月	40.99	60.61	52.63	89.52	43.99	76.61
2月	42.58	58.95	56.49	92.37	43.22	73.69
3月	49.27	60.01	60.27	99.76	46.02	78.02

资料来源:Petroleum Planning & Analysis Cell。

2. 成品油价格

对印度国内来说,使用最广泛的石油产品有汽油、高速柴油、公共分销系统煤油和家用液化石油气这几种,成品油的价格可以分为出厂价和终端零售价这两个价格。出厂价主要是参照进口平价法确定的,而终端价格则是在出厂价的基础上再加上流通成本、税收和销售利润等得到的终端价格。就零售价格来说,印度的成品油主要有以下几个特点。

（1）与周边国家相比，印度的汽、柴油价格与其他国家平齐或者略高，而煤油和液化石油气的价格则比其他国家低得多。图 3-31 显示了 2010 年 3 月份印度与巴基斯坦、孟加拉国、斯里兰卡和尼泊尔几种成品油的价格比较情况，可以看出，印度的汽油和柴油价格在这几个国家中处于居中地位，而煤油价格和液化石油气价格分别只有 9.23 卢比/升和 281.2 卢比/汽缸，其他几个国家中，斯里兰卡煤油价格最低，为 20.45 卢比/升，孟加拉国液化石油气价格最低，为 515.95 卢比/汽缸，印度的这两项价格分别只有这两个国家的 45% 和 55% 。

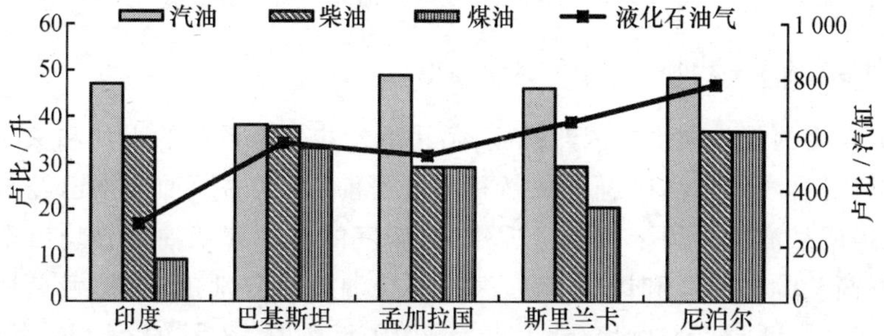

图 3-31　印度与相邻国家石油产品零售价格比较

注：印度、巴基斯坦、孟加拉国、斯里兰卡和尼泊尔的石油产品价格分别取德里、卡拉奇、达卡、科伦坡和加德满都这些地区的石油产品价格为代表。

资料来源：Petroleum Planning & Analysis Cell。

（2）印度税收占成品油零售价的比重近年来呈逐渐下降的趋势，但仍然较高。2006 年，印度税收在汽油零售价中的比重为 55% ，而同期英国和法国的这一比重分别为 68% 和 65% 。到 2010 年，印度汽油零售价中税收的比重为 48% ，虽然与 2006 年相比有所下降，且低于同期英国的 65% 和法国的 63% ，但与日本、加拿大、美国这些国家相比，其税收比重仍然很大。对于柴油来说，其税收占零售价格的比重为 25% ，与汽油相比，该比重相对较低，与其他主要的发达国家相比，也仅仅高于美国的 16% ，而低于其他发达国家的水平，相对来说还比较合理。

表 3-44　印度与其他发达国家汽油、柴油价格比较

国家	汽油			柴油		
	总价格（美元/升）	税前价格（美元/升）	税收比重（%）	总价格（美元/升）	税前价格（美元/升）	税收比重（%）
法国	1.84	0.68	63.04	1.29	0.68	47.29
德国	1.93	0.69	64.25	1.37	0.7	48.91
意大利	1.87	0.75	59.89	1.37	0.76	44.53
西班牙	1.57	0.73	53.50	1.23	0.74	39.84

（续表）

国家	汽油			柴油		
	总价格（美元/升）	税前价格（美元/升）	税收比重（%）	总价格（美元/升）	税前价格（美元/升）	税收比重（%）
英国	1.76	0.62	64.77	1.55	0.64	58.71
日本	1.38	0.71	48.55	1.16	0.75	35.34
加拿大	0.97	0.66	31.96	0.95	0.71	25.26
美国	0.72	0.61	15.28	0.75	0.63	16.00
印度	0.97	0.5	48.45	0.72	0.54	25.00

注：表中显示为2010年1月份的数据；印度的汽油和柴油价格按照1美元=45.96卢比来换算。

资料来源：Petroleum Planning & Analysis Cell。

（3）印度的成品油价格依然偏低，尤其是公共分销系统的煤油和家用液化石油气，政府对这两种油品的补贴依然很大。目前，印度的原油价格已经与国际市场接轨，但成品油价格还未接轨。近年来，印度的汽油和柴油价格均出现了较大幅度的提高（见图3-32和图3-33），汽油和柴油价格分别由2002年4月1日的28.75卢比/升和18.38卢比/升上升至2010年2月27日的51.36卢比/升和38.45卢比/升，增幅分别达78.6%和109.2%。而对于公共分销系统煤油和家用液化石油气来说，其价格一直由政府严格控制，政府对这两种油品提供补贴，实行低油价政策。表3-45和表3-46分别反映了2002—2003财政年度到2008—2009财政年度印度政府对公共分销系统煤油和家用液化石油气消费者的补贴情况，虽然来自政府财政预算的补贴有逐年减少的趋势，但消费者获得的补贴却是逐年增加的，这也反映出这两种油品的价格一直低于其市场价格。

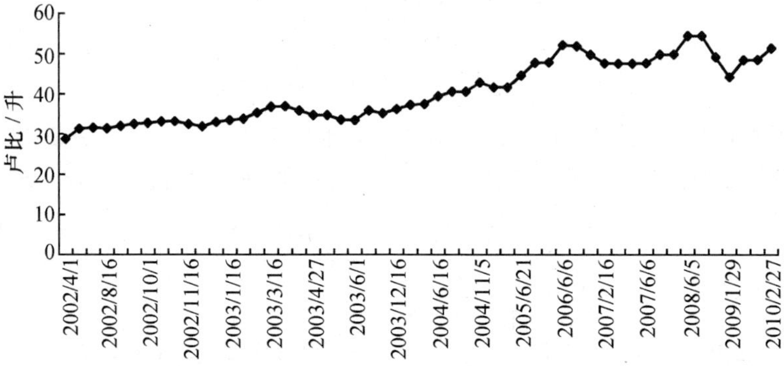

图3-32 印度近年来汽油价格走势

注：汽油价格取德里、加尔各答、孟买、金奈、班加罗尔、甘地纳格尔和海德拉巴七个地区的汽油价格平均值。

资料来源：Petroleum Planning & Analysis Cell。

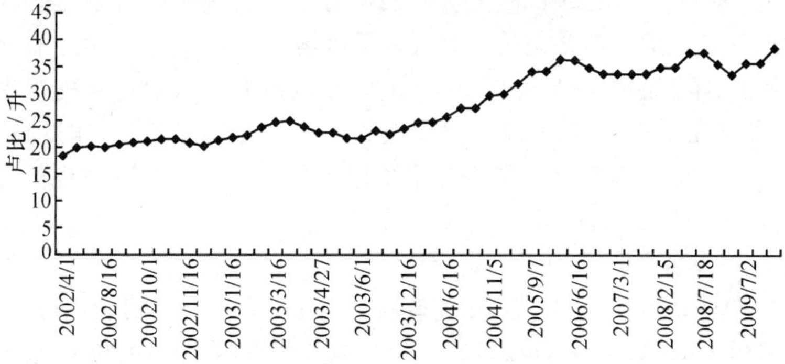

图 3-33　印度近年来柴油价格走势

注:柴油价格取德里、加尔各答、孟买、金奈、班加罗尔、甘地纳格尔和海德拉巴七个地区的柴油价格平均值。

资料来源:Petroleum Planning & Analysis Cell。

表 3-45　印度对公共分销系统煤油消费者的补贴　　单位:卢比/升

时间	石油公司的损失	来自财政预算的补贴	对消费者的总补贴
2002—2003 年度	1.69	2.45	4.14
2003—2004 年度	3.12	1.65	4.77
2004—2005 年度	7.96	0.82	8.78
2005—2006 年度	12.1	0.82	12.92
2006—2007 年度	15.17	0.82	15.99
2007—2008 年度	16.23	0.82	17.05
2008—2009 年度	24.06	0.82	24.88

资料来源:Petroleum Planning & Analysis Cell。

表 3-46　印度对家用液化石油气消费者的补贴　　单位:卢比/汽缸

时间	石油公司的损失	来自财政预算的补贴	对消费者的总补贴
2002—2003 年度	62.27	67.75	130.02
2003—2004 年度	89.54	45.18	134.72
2004—2005 年度	124.89	22.58	147.47
2005—2006 年度	152.46	22.58	175.04
2006—2007 年度	156.08	22.58	178.66
2007—2008 年度	214.05	22.58	236.63
2008—2009 年度	234.88	22.58	257.46

资料来源:Petroleum Planning & Analysis Cell。

二、印度石油定价机制改革历程

印度独立之初对石油价格采用进口平价法进行定价,1974 年石油危机之后到

21世纪初这段时间，印度的石油定价开始实行政府管理价格机制，进入21世纪后，2002年，印度政府对石油定价机制进行了市场化改革，但由于国际油价自2003年起持续上涨，印度油价改革被迫中止，2005年政府开始采取一系列措施对改革进行调整，最终在2006年又回到了政府定价时代。总体来说，自印度独立以来，印度石油的定价机制大致经历了进口平价法定价、政府管理价格机制、有管理的市场化定价、市场化之后的不断调整这四个阶段。

1. 1948—1974年的进口平价定价法

1947年印度独立后，1948年，印度政府与Burmah Shell公司达成协议，开始在石油工业实行VSA(Valued Stock Account)机制。所谓的VSA机制，主要是以进口平价法为基础，并将塔努拉港口(Ras Tanura)作为参考的基准港口，在这种定价机制下，主要石油产品的销售价格是塔努拉港口的离岸价格(FOB)加上海运费、保险、海运损失、进口税利息以及其他费用的总和。Burmah Shell公司作为市场价格的领导者，保证每种油品具有不同的VSA，其他石油公司则遵照由Burmah Shell公司确定的价格对各自的石油产品进行定价。

考虑到印度大量进口石油的特殊国情，印度政府随后成立了一系列委员会检查石油定价的整体操作情况(见表3-47)。

表3-47 印度成立的一系列石油定价委员会

委员会负责人	持续时间	主要职责及政策
K. R. Damle	20世纪60年代至1965年3月	参考普氏(Platts)石油价格来确定离岸价格(FOB)，同时，考虑到石油产品及用途的多样性，定价公式主要用来确定散装产品的价格，润滑油和润滑脂则实行价格管制，结合包装费、销售成本和利润等确定一个价格上限
T. N. Talukdar	持续至1965年12月	确定包括沥青在内的炼油厂生产的所有石油产品的出厂价格；确定进口石油产品的到岸价格；确定石油产品的销售和分销费用；确定润滑剂和特定油品的销售价格上限 较之Damle委员会有所进步，价格基于进口平价原则确定，有固定的定价公式：运输+保险+运费=到岸价格(CIF)，此定价方式不但合理，且能鼓励石油公司通过降低成本来提高自身的利润

（续表）

委员会负责人	持续时间	主要职责及政策
Shantilal Shah	1970 年 6 月成立，期限三年，有效期持续到下一个委员会成立	确定进口 POL（石油、油料及润滑油）的到岸成本；考察将包括内陆炼油厂在内的所有炼厂作为定价起始点的可行性；确定市场推广及分销费用、分销产品的利润以及汽油（MS）、高速柴油（HSD）、柴油（SKO）和轻质柴油（LDO）的经销商佣金；并不认为进口平价是确定价格的合适方法，但鉴于政府对石油公司的承诺，进口平价法仍继续使用；建议继续对润滑油和润滑脂的价格进行控制
S. Krishnaswamy 石油价格委员会（OPC）	1974 年 3 月成立	建议用 APM 取代进口平价法作为石油产品的定价方法：确定本国内陆和近海生产的原油的价格，并与进口原油的价格有所区别；创建储备账户，当进口原油价格超过国内价格时，相关的炼油商可以通过该账户来弥补国内原油和进口原油价格的差额，有利于石油产品销售价格的稳定，促进市场的稳定并为石油公司的发展提供资金支持

资料来源：H. L. ZUTSHI, Eye on Oil: A Symposium on Securing Oil to Ensure Our Energy Future, *Pricing Petroleum*, 2005 年 11 月。

2．1974—2002 年的政府管理价格机制

这个时期可以分为石油价格完全由政府制定和阶段性废除政府管理价格机制两个阶段。

（1）石油价格完全由政府制定

20 世纪 70 年代石油危机后，印度开始进行石油工业上下游的国有化运动；1974 年，印度石油价格委员会（OPC）提出以成本加成为核心的政府管理价格机制（APM）；1977 年，APM 机制正式开始实行，印度政府的石油价格开始按照成本加成的政府管理价格机制制定；1981 年 10 月，石油工业的国有化完成，国际石油巨头从印度撤出，印度政府控制了原油及油品的流通和价格；1986 年，印度石油成本评审委员会（OCRC）又对 APM 机制进行了修订，修订后的 APM 机制一直沿用到 2002 年才被完全废除。

APM 机制的核心内容是成本加成定价法，该定价法同时适用于印度国内原油和石油产品的定价，其价格由政府控制，石油生产商、炼油厂和销售公司不受国际油价波动的影响：对于国内原油来说，其价格是在印度石油天然气公司和印度石油公司这两大国有原油生产企业运营成本的基础上，再加上 15% 的税后收益形成的；而对于国内成品油来说，其价格则由炼油企业、管道运输和销售公司的运营成本加 12% 按净资产计算的固定税后收益形成。上下游公司的成本核算由企业提

出，政府审定。

此外，APM机制下政府还建立了一套石油储备账户，主要由原油价格平衡账户、成本和运费调整（C&F）账户、货运附加费储备（FSP）账户和产品价格调整（PPA）账户这四个账户组成。该账户一方面可以在国内价格和国际价格之间形成一个缓冲区，从而减少油价的波动，使消费者避免因国际市场油价波动带来的风险；另一方面可以对那些使用航空煤油、石脑油等对价格波动承受力不强的油品的部门进行补贴。

（2）阶段性废除政府管理价格机制

20世纪80年代末，印度政府开始逐步放松对经济的控制，特别是1991年6月印度新政府执政以来，开始将竞争机制引入曾受计划体制控制的市场，对国有企业实行私有化，弱化政府对经济的直接控制，到1992年，私有化浪潮已波及石油工业，从1994年起，印度开始讨论放宽油价管制。此外，APM机制的实行虽然在一定程度上能够保持国内石油价格的稳定，使国内市场不受国际石油价格变动的影响，但也存在着诸多弊端，无法给消费者带来更好的石油产品和服务，同时也未在原油开发和勘探上对国内的石油企业提供足够的资金支持。

一是石油企业效率低下。在APM机制下，企业的利润是由政府核定的，定价几乎可以补偿企业的所有成本，而市场竞争又不充分，这不利于石油企业效率的提高。

二是导致对石油产业投资不足。由于不存在经营压力，对于国内石油企业来说，没有足够的动力进行增加利润的投资；对于国外和社会资本来说，由于存在价格管制，也不愿或不便投资，由此会引发长期投资不足，抑制印度石油产业的发展。

三是消费者满意度低下。在APM机制下，所有成本上涨的负担最终都要由消费者承担，尽管国内油价在初始阶段相对偏低，但对于消费者来说，更多感受到的是因为石油成本不断上升而出现的涨价现象，却很难看到国内竞争环境的改善以及国内石油企业效率的提高这些有利方面，而且随着国内油价的逐渐上升，消费者对国内石油行业的不满也越来越大。同时，长期的低油价以及对消费者的价格补贴政策，会造成印度国内对石油的消费效率过低、利用效率不高。

由于存在着很多不足，随着时间的推移，APM这种定价机制越来越不符合国内外石油形势。1993年11月，印度开始放开润滑油的市场价格，这在某种程度上显示出APM机制的废除已经开始。1995年，政府成立了石油工业重组战略计划小组（R小组），对印度的石油工业进行评估并实施改革战略计划，计划小组认为APM机制不利于增加本国石油企业的全球竞争力，不能为石油公司提供足够的资金支持，同时也不利于成本的最小化和技术进步，建议实行自由的市场价格机制。1996年起，印度政府开始考察废除APM机制对经济结构各方面的影响，考虑废除APM机制；1997年11月，政府公布了废除APM的阶段性计划，取消了5种石油产品的 APM 定价机制，提出要在四年内分阶段取消 APM 机制，到 2002 年 3 月 30 日，印度政府全面废除除液化石油气和高级煤油之外所有石油产品的 APM 机制，从而实现了石油产品进口的自由化。

3. 2002 年开始有管理的市场化定价

2002 年 4 月，印度开始进行油价改革，取消了对油价的全面管制，实行有管理的市场化定价机制。在政府规定企业定价规则的前提下，企业有了一定的定价主动权，但这并不意味着政府对油价放任不管，概括来说，汽、柴油价格原则上由企业制定，而煤油和家用液化石油气的价格则继续由政府控制，同时政府财政为其提供补贴，因此被称为"有管理的市场化定价"，炼油厂价格依据进口平价法来确定，而消费者的消费价格则仍然与 APM 机制相关。

（1）炼油厂价格[①]

印度的炼油厂有些坐落于海边，有些则坐落于内陆地区，根据炼油厂所处地理位置的不同，政府对炼厂出厂价的确定有不同的标准。

对于汽油和高速柴油来说，在港口炼厂生产的油品和部分非炼厂港口的进口油品直接使用进口平价法来确定其出厂价，而对于一些较小的非炼厂港口进口油品和内陆地区的炼油厂来说，则还要再加上全部或部分运费，具体的确定标准如表 3-48 所示。

表 3-48　汽油和高速柴油炼油厂价格的确定标准

炼厂位置	定价方法	代表港口/地区
港口炼厂（包括部分非炼厂港口的进口油品）	进口平价法，原则：按普氏公布的亚太/阿拉伯海湾市场价格和阿古斯亚洲石油产品两者的平均价格确定 FOB 离岸价，再加上关税、保险、海洋损失、码头费用等，价格每两周调整一次	贾姆讷格尔（Jamnagar）、孟买（Mumbai）、科钦（Kochi）等港口的炼厂；根德拉（Kandla）和巴布迪布（Paradeep）两个非炼厂港口
从较小的非炼厂港口进口的油品	需要加上从最近的港口炼油厂到该港口的海运运费	果阿（Goa）
内陆地区	需要加上从最近的港口炼厂或进口油品港口到该炼厂铁路运费的 75%	马图拉（Mathura）、帕尼帕特（Panipat）、伯劳尼（Barauni）、科雅里（Koyali）
东北部地区炼厂	参照霍尔迪亚港口（Haldia）的进口平价价格	

资料来源：H. L. ZUTSHI, Eye on Oil: A Symposium on Securing Oil to Ensure Our Energy Future, *Pricing Petroleum*, 2005 年 11 月。

① Refinery gate price，指原油进入炼油厂的成本加上炼油成本。

对于公共分销系统的煤油和家用液化石油气来说，其港口炼油厂的炼厂价格与汽油、柴油的定价方法相同，位于内陆地区的炼厂出厂价也要加上相应的运费，但运费的比例与汽油、柴油的规定有所不同（见表3-49）。

表3-49 PDS煤油和家用LPG炼油厂价格的确定标准

炼厂位置	定价方法
港口	进口平价法，具体定价方法与汽、柴油相同
内陆	需要加上从最近的港口炼厂或进口油品港口到该地铁路运费的90%
东北部地区	参照霍尔迪亚港口（Haldia）的进口平价价格

资料来源：H. L. ZUTSHI, Eye on Oil: A Symposium on Securing Oil to Ensure Our Energy Future, *Pricing Petroleum*, 2005年11月。

此外，沿海炼油厂的石油产品也可以通过铁路或者管道运送到内陆地区，这种情况下，石油销售公司需要承担相应的实际运输成本。

（2）终端零售价

印度石油产品的终端零售价格虽然原则上是以炼厂环节的出厂价作为基准价格，再加上流通成本、消费税、其他地方税等各项税费后确定的，对于在零售店交易的石油产品，还要再加上运费，最后再加上销售税和增值税以及交易商佣金等，共同构成消费者的终端价格。但是，对于基准价格的确定，实际上仍然是参照各炼厂在APM机制下统一的仓库交货价来确定的。2002年8月，政府允许三家国有下游石油公司采取反映国际价格的汽油和柴油定价系统，但是为了应对随后出现的国际油价上升，2003年政府就冻结了这一定价系统。政府逐步上调了汽油和柴油价格以减少补贴，但对煤油和家用液化石油气的价格一直进行控制。

表3-50 石油产品零售价格体系

零售价格构成	具体标准
基准价格	原则上以炼厂出厂价为基准，实际上更多采用各炼厂统一的仓库交货价
运费	以APM时期的费率确定的名义铁路运费（NRF）
各邦的特定费用	各邦按照各自规定的费率征收
消费税	政府规定的合适税率
销售税/增值税	各邦按照各自规定的税率征收
交易商佣金	根据批发价和零售价来确定

资料来源：H. L. ZUTSHI, Eye on Oil: A Symposium on Securing Oil to Ensure Our Energy Future, *Pricing Petroleum*, 2005年11月。

这种有管理的市场化定价机制是对APM机制的重大革命，由于印度国有石油销售公司的石油产品有从国外进口或者直接从国内的炼油厂采购两个来源渠道，对石油产品的炼厂出厂价实行进口平价法，能使从各个渠道进口的石油产品成本相等,为石油销售市场的竞争提供了一个公平的环境。但随着国际油价持续大幅上涨,这项新机制并没有得到很好的执行,结合新机制的具体规定来看,主要有以下两个方面的原因:

一是新机制助长油品价格不断上涨。新机制规定,将国内炼厂的出厂价作为终端消费者的基准价格,基准价格加上各项固定的税费构成消费者承担的终端价格,在基准价格之外,唯一可变的因素是销售利润。在APM定价机制下,销售利润是由政府根据公司净资产确定的,尽管国际市场油价每天都会波动,但为了管理上的方便,销售利润并没有像出厂价格那样每月都进行调整;而在新机制下,由于竞争加剧,石油公司不再享受稳定的销售利润,而是在国际油价过高的时候通过压缩销售利润在一定程度上调节石油价格,以赢得客户。政府不再制定价格,但在特殊情况下有临时价格干预权。在高油价的情况下,这种定价方式也成为助长油品价格上涨的重要因素,而采用混合征收模式征收的油品消费税也成为进一步加重消费者经济负担的重要因素,再者,政府特殊情况下的临时干预权定位模糊,这也为之后印度实质上回归政府定价模式埋下了伏笔。

二是对油品进行补贴导致政府和企业的负担不断加重。2003年1月,印度政府发表《2002年公共分销系统煤油和家用液化石油气的补贴计划》,继续对煤油和家用液化石油气进行补贴,补贴纳入联邦财政预算,3—5年内逐步取消。从2003年开始,政府对这两种油品的补贴额开始减少,但由于印度国内对这两种产品的消费量一直较大,随着国际油价的上涨,油品的销售价格持续低于原油成本,补贴的总负担仍然很重,印度政府财政难以承受如此大的补贴金额,于是要求国有石油销售公司与上游石油公司共同承担补贴的责任。比如说,2003年9月,政府要求印度天然气管理局(GAIL)和印度石油天然气公司(ONGC)两个企业在将原油出售给国有石油销售公司时实行折扣价,以此来分担公共分销系统(PDS)煤油和家用液化石油气零售业务的销售补贴,而这两个公司分摊补贴的份额占总补贴额的三分之一。

不仅如此,政府预算补贴额还逐年下降,使石油企业承担的补贴数额不得不逐年上升,国有石油销售公司与上游石油公司对这两种石油产品的负担额度也由2002—2003财政年度的543亿卢比上涨到了2005—2006财政年度的2 370.4亿卢比(见表3-51),转嫁而来的巨额补贴造成了国有石油销售公司财务状况的恶化,严重削弱了其进一步投资和开拓市场的能力,国有石油销售公司遭受的损失可以通过2002年和2005年PDS煤油和家用液化石油气的价格以及销售亏损情况对比反映出来(见表3-52),这种补贴机制并未解决高油价问题,而只是把眼前的问题向后推而已。

表 3-51 印度对公共分销系统煤油和家用液化石油气的补贴 单位:亿卢比

年份	财政预算	上游和销售企业负担	合计
2002—2003	449.6	543.0	992.6
2003—2004	629.2	927.4	1 556.6
2004—2005	293.0	1 784.2	2 077.2
2005—2006	290.0	2 370.4	2 660.4

资料来源:根据印度石油产品定价和税收委员会的有关报告整理得到。

表 3-52 2002 年和 2005 年国有石油公司 PDS 煤油和家用 LPG 销售亏损情况对比

	PDS 煤油(卢比/千升)		家用 LPG(卢比/公吨)	
	2002 年 3 月	2005 年 9 月	2002 年 3 月	2005 年 9 月
国际价格	23.65	74.00	194	407
成本(以 IPP 为基础)	9 406	21 721	16 875	24 983
销售价格	6 961	8 068	12 105	16 641
差额	2 445	13 653	4 770	8 342
获得的补贴	2 445	815	4 770	1 590
亏损额度	0	12 838	0	6 752

注:PDS 煤油的国际价格单位以美元/桶计,家用 LPG 的国际价格以美元/公吨计。

资料来源:H. L. ZUTSHI, Eye on Oil: A Symposium on Securing Oil to Ensure Our Energy Future, *Pricing Petroleum*, 2005。

随着国际油价的不断升高,为了尽量保护油价改革的成果,印度政府采取了一系列措施:

一是设定价格移动带机制。为了稳定车用燃料的价格,2004 年 8 月 1 日,印度政府设置了油价调整的价格带,允许石油公司在一定的限制下调整汽油和柴油的价格。价格带根据过去 12 个月和过去一季度国际 C&F 的平均价格确定,石油公司可以根据设定的价格带在其上下 10% 内对汽、柴油的价格进行调整,调整时间为每两周一次。如果超出了价格带的范围,石油公司需要通过石油和天然气部要求财政部调整消费税,但是,此项价格移动带机制只在 2004 年 8 月 1 日汽油和柴油的价格分别上涨 1.10 卢比/升和 1.42 卢比/升时执行过一次,随后,由于油价一直不断上涨,此项机制很快就瓦解了。

二是分步循序提高油品零售价格。为了防止对经济社会造成大的冲击,印度政府要求石油公司分步小幅提高汽油和柴油等油品的零售价格,汽油的零售价格完全由进口平价决定,而柴油的零售价格则根据进口平价上升幅度的 50% 来调整,2004、2005 年这两年,印度政府分若干次上调了汽、柴油价格,具体见表 3-53。此外,鉴于丁烷和丙烷的价格上涨,政府也相应对家用液化石油气的价格进行了一些上调,以减少与国际液化石油气市场的差价,而对于公共分销系统煤油,自

2002 年 3 月以来,除了由于交易商佣金或者增值税的变化而有轻微上涨以外,政府并未对其价格进行调整。

表 3-53　2004 年印度汽、柴油价格的调整　单位:卢比/升

时间	汽油调整幅度	柴油调整幅度
2004 年 6 月 16 日	↑2.00	↑1.00
2004 年 8 月 1 日	↑1.10	↑1.42
2004 年 11 月 5 日	↑2.19	↑2.12
2005 年 6 月 21 日	↑2.50	↑2.00
2005 年 9 月 7 日	↑3.00	↑3.00

资料来源:Report of the Committee on Pricing and Taxation of Petroleum Products,2006。

三是降低联邦税。随着印度政府对石油产品零售价格的不断上调,为了减少石油价格上涨对消费者的冲击和影响,印度政府随后下调了石油产品的征收税率。将汽油、柴油、公共分销系统煤油和家用液化石油气的关税降低 5%,家用石油液化气和煤油到 2005 年 3 月已是零关税;同时,将汽油和柴油消费税降低 3%,公共分销系统煤油的消费税降低 4%。

这些措施在一定程度上缓解了国际石油市场高油价向印度国内的传递,但国际油价一直走高,国内通货膨胀压力越来越大,到 2006 年 1 月份,印度市场一揽子原油价格达到 60.61 美元/桶,印度政府不得不收回了汽油和柴油的定价权,印度成品油价格机制刚刚起步就又退回到了政府定价模式下。

4. 2005 年以后对改革进行的调整

这个时期又可以分为对改革的局部调整、政府完全收回成品油定价权以及新政策的提出三个阶段:

第一阶段:对改革的局部调整。

针对 2002 年石油价格改革存在的问题,2005 年 10 月,印度政府成立了由计划委员会、石油天然气部、财政部及国有石油公司共同组成的“印度石油产品定价与税收委员会”,建议采取一系列调整原则与应对措施对之前的改革进行调整,主要内容有:

(1) 以向消费者传递正确的价格信号为准则,油品价格尽量与国际接轨。对汽油、柴油的出厂价采取贸易平价法(TPP),贸易平价法的公式由进口平价和出口平价的加权平均形成,权重根据进口/出口产品的比重来确定,当时进口和出口的权重比设置为 80:20,其中,出口比重 20 是根据 2004—2005 年度石油产品出口在整个消费中的份额确定的。同时,将贸易平价作为最高限价,炼油厂据此确定出厂价,销售公司可以在零售价格上进行适当调整,但不得突破最高限价。

(2) 调整对油品税费的征收,减轻炼油商和消费者的负担。在消费税的征收

上,以单一征税模式替代原来的混合征税模式,即以特别税的方式征收,同时在兼顾消费者承受能力和促进资源节约两方面的基础上,适当确定较高的消费税税率,以鼓励对石油资源的节约。

(3) 逐步提高液化石油气的批发价格,使其零售价格逐渐达到市场水平,最终完全取消补贴。建立合理的补贴负担机制,免除油品销售公司承担的补贴责任,之前石油上游公司和销售公司承担的补贴由联邦政府统一征收和发放,政府通过财政预算来保证整个补贴账户的平衡。

该阶段印度政府对定价机制和税费结构的调整,目的并非仅仅是要降低石油价格,而是希望通过各项措施减轻消费者由于之前的石油定价机制和税费体制问题而承受的不合理负担,使政府财政收入的增长不过分依赖石油行业,确保石油行业在承担国家责任的同时保持其竞争力。

第二阶段:完全收回成品油定价权。

从 2006 年起,政府完全收回成品油定价权,印度国内成品油价格的上涨和税率的降低就成为一种权宜性的临时行为,而且价税变动也缺乏透明度。2008 年 6 月,政府继 2 月后再一次提高成品油价格,孟买的汽油和柴油价格分别上升了 11% 和 9%,批发价格指数(WPI)同比增幅高达 11.42%,除去燃料和食品项,通货膨胀率同比增长为 10.33%,政府又面临非常大的政治和社会压力。但提价并未从根本上扭转政府和石油公司因为油价管制造成的财务困境。2007 年印度石油公司总计因油价问题亏损超过 500 亿美元,为弥补石油公司的损失,联邦政府又不得不向石油公司提供补贴,2007 年印度政府向各石油公司支付了 78 亿美元的石油补贴,印度财政因此已不堪重负。

此后,印度所有的上游石油产品均由国有企业生产,对石油产品的补贴由这些企业和下游的国有企业一起分担。这种政府定价机制虽然在中短期内能够使国内价格保持稳定,但从长期来看,并不利于国家供求关系的稳定、石油公司竞争力的提高以及政府财政状况的稳健。

第三阶段:新改革建议的提出。

随着印度政府完全收回成品油的定价权,自 2006 年 6 月国际油价持续上涨以来,一直到 2008 年 6 月,政府都没有提高汽、柴油的零售价价格,国有石油销售公司的进口成本并未传递给国内汽油、柴油、家用液化石油气以及公共分销系统煤油等主要油品的消费者,这些产品的消费者得到了大量的补贴(见表 3-54)。结果,国有石油销售公司遭受了很大的损失,虽然这些损失部分能通过政府预算和上游石油公司来弥补,但也是杯水车薪,到 2008 年,国有石油销售公司终于还是不堪重负。

表 3-54 公共分销系统煤油和家用液化石油气的补贴 单位:亿卢比

年份	公共分销系统煤油	家用液化石油气	合计
2002—2003 年度	209.8	239.8	449.6
2003—2004 年度	265.7	363.5	629.2
2004—2005 年度	114.7	178.3	293.0
2005—2006 年度	105.7	160.5	266.2
2006—2007 年度	97.0	155.4	252.4
2007—2008 年度	97.8	166.3	264.1
2008—2009 年度	97.4	171.4	268.8

资料来源:Subsidy Allowed on PDS SKO & Domestic LPG, Petroleum Planning & Analysis Cell。

2009 年 8 月 31 日,印度石油和天然气部成立专家小组,试图对汽油、柴油、公共分销系统煤油和家用液化石油气这四种主要石油产品制定出一个定价框架,其目的是使其在国际价格框架下可行,并能满足政府的各项目标需要,在减轻政府财政负担的同时保证国内的石油产业有竞争力地健康发展。具体有以下几点:

(1) 对汽油和柴油实行市场定价。之前对汽油和柴油实行的价格管制制度导致了国家石油消费模式的不平衡,并且在财政上给国有石油销售公司和政府造成了过度的压力,同时会使私营的石油销售公司退出市场,影响了国内成品油市场的竞争。汽油和柴油大部分都用于终端消费,其价格的上涨应该由机动车辆的车主来承担,不应该对这两者进行补贴。汽油和柴油在炼厂和销售环节的定价都应该由市场决定,此外,由于国内对柴油的消费量高于汽油,因此还应该对柴油征收额外消费税,以此来平衡汽油和柴油的消费比例。

(2) 对公共分销系统煤油和家用液化石油气,应采取措施尽量减少国有石油销售公司因销售这两种油品而产生的亏损。这主要包括:

① 减少国内消费者对公共分销系统煤油和家用液化石油气的使用,政府对公共分销系统煤油的人均分配应该针对各邦有所差异,同时鼓励用电气化设备替代农村家用柴油,各邦公共分销系统煤油分配的合理化和农村的电气化有助于全印度公共分销系统煤油的使用量降低 20% 以上。

② 适当提高公共分销系统煤油和家用液化石油气的价格。假设 2010—2011 年度的原油价格介于 70 美元/桶和 140 美元/桶之间,则表 3-55 显示了在不同的原油价格下,提高煤油和液化石油气价格之后油品销售公司承担的损失比未采取措施情况下减少。可以看出,在采取减少配额和提高价格等措施的情况下,当原油价格是 70 美元/桶和 140 美元/桶时,公共分销系统煤油和家用液化石油气的亏损分别为 18 700 千万卢比和 61 800 千万卢比,较之不采取措施情况下的 36 500 千万卢比和 85 000 千万卢比,分别减少了 17 800 千万卢比和 23 200 千万卢比,政

府需要提供的财政预算支持也分别减少到了 19 780 千万卢比和 21 370 千万卢比。

表 3-55 不同油价下公共分销系统煤油(SKO)和家用液化石油气(LPG)的亏损情况

		原油价格(美元/桶)				
		70	80	100	120	140
单价	SKO(卢比/升)	17.4	20.7	27.4	34.1	40.7
	LPG(卢比/汽缸)	206.0	244.4	321.4	398.3	475.2
总亏损额(千万卢比)		36 500	43 500	57 300	71 200	85 000
减少的亏损额(千万卢比)	SKO 价格配额减少 20%	4 100	4 800	6 400	8 000	9 500
	SKO 价格提高 6 卢比/升	6 100	6 100	6 100	6 100	6 100
	LPG 价格提高 100 卢比/汽缸	7 600	7 600	7 600	7 600	7 600
采取措施后的亏损额(千万卢比)		18 700	25 000	37 200	49 500	61 800
上游石油公司补贴额(千万卢比)		1 660	4 980	16 600	29 880	43 170
亏损余额(千万卢比)		17 040	20 020	20 600	19 620	18 630
预算提供的补贴	SKO(千万卢比)	960	960	960	960	960
	LPG(千万卢比)	1 780	1 780	1 780	1 780	1 780
政府需要提供的财政预算支持(千万卢比)		19 780	22 760	23 340	22 360	21 370

注:公共分销系统煤油和家用液化石油气的销售量分别按 11.7 百万 KL 和 788.3 百万汽缸来计算,在不同原油价格下的销售量不变;政府财政预算对公共分销系统煤油和家用液化石油气的补贴率是固定的,因此并不受原油价格的影响。

资料来源:Government of India, Report of The Expert Group on A Viable and Sustainable System of Pricing of Petroleum Products, 2010。

③ 确定对公共分销系统煤油和家用液化石油气销售亏损的财政支持机制。这个机制实行的主要步骤是:首先,根据进口平价的原则确定国有石油销售公司的亏损额度,同时适时适度地修订油品的销售价格;其次,当国际油价上涨而国内零售价格保持不变时,虽然国有石油销售公司亏损的缺口会增大,但随着油价的提高,印度石油天然气公司等上游石油企业的收益也会增加,因此,可以按照一定的比率将印度石油天然气公司和印度石油公司这些上游石油公司的额外收益拿来弥补国有石油销售公司的部分损失,实际上,在之前的国家价格管制阶段,就已经实行了这项措施,而在建议的现行制度下,此项措施应该继续;最后,联邦政府提供现金补贴弥补余下的差额损失(见表 3-56)。

表 3-56　不同油价水平下上游石油企业应该提供的补贴比率

原油价格区间(美元/桶)	补贴比率(新增收益的%)
60—70	20%
70—80	40%
80—90	60%
90 以上	80%

资料来源:Government of India, Report of The Expert Group on A Viable and Sustainable System of Pricing of Petroleum Products, 2010。

以上的补贴措施只是过渡,随着公共分销系统煤油和家用液化石油气销售价格的逐步提高以及油品配额分配的合理化,最终应该只对贫困线以下的家庭提供补贴,而且补贴的发放应该通过智能卡或转账来实现,而非直接降低所提供产品的市场价格,除此之外,其他补贴都应该取消。

从印度独立之初到如今,其油价改革的大致过程可概括为表 3-57。

表 3-57　印度石油价格改革历程

<table>
<tr><th>时间</th><th>政策阶段</th><th>政策要点</th></tr>
<tr><td>1948—1974</td><td>进口平价法定价</td><td>实行 VSA 机制;成立一系列石油定价委员会</td></tr>
<tr><td rowspan="2">1974—2002</td><td rowspan="2">政府管理价格机制</td><td>1974—1996 年,实行以成本加成为核心的 APM 机制</td></tr>
<tr><td>1997—2002 年,阶段性废除 APM 机制</td></tr>
<tr><td>2002—2005</td><td>有管理的市场化定价</td><td>企业有一定的定价主动权,但政府并非对油价放任不管;采取一系列措施对付高油价,保护油价改革成果</td></tr>
<tr><td rowspan="3">2005 年以后</td><td rowspan="3">对改革进行调整</td><td>2005 年 10 月成立印度石油产品定价与税收委员会,对 2002 年改革存在的问题提出调整原则与应对措施</td></tr>
<tr><td>2006 年起政府完全收回成品油定价权</td></tr>
<tr><td>2009 年 8 月 31 日成立专家小组制定油品定价新框架</td></tr>
</table>

三、印度的石油市场监管

(一) 石油监管部门

随着石油价格逐步实现市场化和自由化,印度政府也有步骤地进行职能转变,不断完善石油监管体制,公布市场准入条件并进行监管,由直接管制逐步向监管与服务相结合转变。

如图 3-34 所示,印度石油工业的主管部门是石油天然气工业部(MPNG),主要由勘探、炼制、销售、财政和管理 5 个行业部门组成。在石油天然气工业部行政控制下有三个关键的组织,即石油工业协调委员会(OCC)、石油工业发展委员会(OIDB)和石油工业理事会(DGH),另外还有一个专门负责安全的石油工业安全理事会(OISD)。各个部门的主要职能如下。

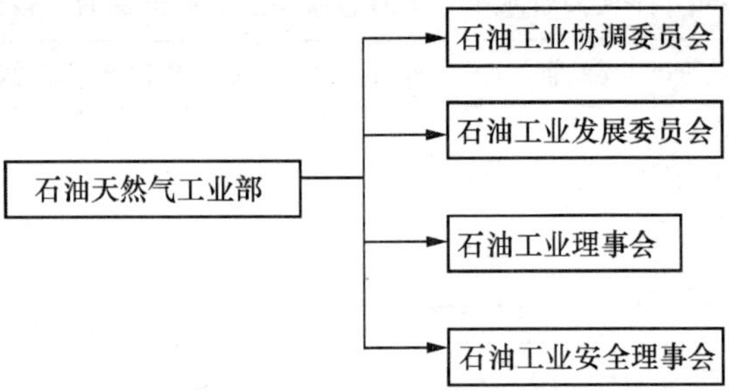

图 3-34 印度石油工业主管部门结构图

(1) 石油工业协调委员会。1975 年成立,其主要职能是:制订供应计划;向炼厂分配国产和进口的原油比例,决定炼厂的产品组合;对石油的短期供需进行预期估计并规划进口和储运的基础设施;具体执行政府对价格的管制并协调石油市场;监测石油储备账户和石油工业动态等。2002 年 4 月,随着印度政府对石油工业的管制取消,石油规划和分析小组(PPAC)取代了石油工业协调委员会,主要负责分析国内外石油市场价格的走势,评估未来石油进出口的趋势,同时维护有关数据库的有效运行以应对突发状况。

(2) 石油工业发展委员会。1975 年成立,其主要职能是:对石油工业的发展提供财政等方面支持,后来又逐渐延伸到对勘探生产、炼油、储运和销售等石油工业的各方面提供贷款及无偿资助。

(3) 石油工业理事会。1993 年成立,是代表国家的独立监管机构,对石油公司在石油天然气上游领域的活动进行监管,并确保国内的油田开发活动符合工程作业的要求。

除了石油天然气工业部,石油天然气委员会(即印度国家石油公司)也是印度分管石油和天然气的部门,成立于 1956 年,是印度石油及天然气勘探生产的国家石油公司,主要负责勘探生产石油、天然气,并进行原油的提炼、分销和进出口等。

此外,为了避免石油公司在政府取消对石油工业管制后对石油工业造成的垄断和可能由此引发的价格危机,同时基于兼顾公平的原则,确保偏远地区能够获得石油产品,印度国内有人建议在放开石油市场后成立两个监管部门,分别对石油的上游勘探生产和下游的炼油、储运和销售业务进行监管。2002 年提出的《石油管制法案》(Petroleum Regulatory Board Bill)建议将两个部门合二为一,该法案认为监管机构应该对石油及石油产品销售、液化天然气接收站和油气运输设施的建设运营等活动的市场准入进行监管,制定油品销售及加油站服务规范,确保各个地区都能获得石油产品;同时对石油价格进行监管,依法征收相关费用,确保分销系统公布油品的最高零售价格,并防治牟取暴利的行为发生;维护石油工业相关活动的信息数据库以供政府参考。其目的是促进公平竞争,保护消费者权益,但这一法案最终没有被批准通过。

(二) 税收制度

税收也是印度对石油市场进行监管的重要经济手段之一。印度实行的是分级征税制度,分为联邦、邦和地方三级。在石油方面,印度征税的税种主要有关税、消费税和销售税这三种,印度政府的财政对石油税收的依赖很大。

(1) 关税。印度依据《WTO 关税估价协议》和《1962 年海关法》来实行其关税制度,除了例外情况,均采用以货物 CIF 价计算的从价税征收模式。具体到石油进口来说,印度关税的征收对象包括成品油和原油,由基本税(Basic Duty)、附加税(又称平衡税 CVD)和特别附加税(SAD)三部分组成,其各自的计算方法分别为:基本税 = 货价 × 基本税率,附加税 =(货价 + 基本税)× 附加税税率,特别附加税 =(货价 + 基本税 + 附加税)× 特别附加税税率,而最终的进口税等于基本税、附加税和特别附加税这三者的总和。

(2) 消费税。消费税属于联邦税,是联邦税收收入的重要来源。随着国际油价的不断上涨,印度的消费税税率也逐渐提高,在联邦税收收入中所占的比重也越来越大,2004 年石油部门消费税占联邦税收总收入的 39%,到 2005 年则达到了 43%,2005 年,印度对消费税的征收还在采用从价与从量结合的混合征收方式,即在按价征收的基础上再加上一个特别税率,这种混合征税模式虽然能够在油价高涨的情况下为政府增加税收收入,但同时也加重了消费者的负担,随后,印度对汽油和柴油征收的消费税开始由从价与从量结合转向从量征收。而对于不同石油产品的税率设置,其基本原则是根据油品消费者的不同来确定,一般情况下是汽油税率较高,柴油略低于汽油,而煤油、液化石油气则适用低税率。这主要是因为汽油基本上用于终端的道路使用,大多是私人消费;柴油要作为中间产品供产业部门使用,不应该设置较高的税率;而煤油等产品则主要用于生活,应该按照保障低收入阶层生活的原则制定低税率(免税)。

(3) 销售税。销售税属于邦税,各邦根据具体情况规定其各自的销售税税率,其计税基础是交易者的石油产品营业额,收入归各邦自己所有,是印度地方税的重要税种之一。销售税通常使用从价征收的方式,但一些地方也采取从量与从价相结合的方法。表 3-58 列出了 2009—2010 年财政年度印度各邦石油增值税的(消费税的一种)征收情况,可以看出,各邦对石油产品征收的增值税税率根据其各自实际情况而有所不同,汽油为 20%—33%,高速柴油为 8.8%—23%,而公共分销系统煤油和家用液化石油气的增值税税率相对来说在各邦之间的差距较小。

表 3-58 印度各邦主要油品增值税税率 单位:%

印度各邦	汽油	高速柴油	PDS 煤油	家用 LPG
马哈拉施特拉邦	25% +1 卢比/升	23	4	0
古吉拉特邦	23	21	0	0
中央邦	28.75	23	4	4
德里	20	12.5	4	4
旁遮普邦	27.5	8.8	4	4
拉贾斯坦邦	28	18	4	0
哈里亚纳邦	20	8.8	4	0
安得拉邦	33	22.25	4	4
泰米尔纳德邦	30	21.43	4	4
比哈尔邦	24.5	18.36	12.5	1

注:表中数据以2009年4月1日的统计为准。

资料来源:Petroleum Planning & Analysis Cell。

随着印度对石油定价机制的改革和国际石油市场环境的变化,印度在原油和石油产品方面的税收制度也不断调整:

(1) 2004年,印度政府分别于6月16日和8月19日分两次调低了汽油、柴油等石油产品的消费税和进口关税税率。

(2) 2005年3月1日,原油的进口关税从10%下降到5%,汽油和柴油的进口关税也从15%下降到10%,公共分销系统煤油和家用液化石油气的关税和消费税均降为0。此外,航空涡轮燃料、沥青等其他石油产品的关税也有所下降,而由此产生的税收收入的损失则通过汽油和柴油消费税的增加来弥补,汽油的消费税由23% +7.50卢比/升增加到了8% +13.00卢比/升(即从12.07卢比/升增加到14.59卢比/升),而柴油的消费税由8% +1.50卢比/升增加到了8% +3.25卢比/升(即从3.15卢比/升增加到4.80卢比/升)。

(3) 随着国际油价的提高,印度石油公司的亏损现象越来越严重,2008年6月4日,印度政府通过了一项关于提高燃油价格、降低原油和燃油进口税及消费税的决议,降低原油和汽、柴油的关税和消费税水平:关税方面,原油进口税率由5%降为0,汽油和柴油进口税率从7.5%降为2.5%;消费税方面,将汽油和柴油的消费税均降低1卢比,分别变为13.78卢比/升和3.5卢比/升。此次调整使印度政府的进口税和消费税分别损失1 550亿卢比和660亿卢比左右,2008—2009财政年度国家税收总体减少2 266亿卢比。

(4) 2010年2月26日,印度财政部长慕克吉公布2010—2011财政年度预算报告,宣布为减少财政赤字,将原油和各类石油产品的进口基本关税提高5%,原油从零调升至2008年6月之前的5%,汽油从2.5%调升至7.5%,汽、柴油外的其他石油产品则从5%调升至10%；同时，对汽油和高速柴油的消费税每升提高1卢比(1美元约合46.08卢比)，从而使两者的价格分别上涨2.67卢比/升和2.58卢比/升。此次石油税收的调整主要是为了减少财政赤字，有利于抑制通货膨胀，在某种程度上可以视为印度政府收回经济刺激计划的开始。

近年来印度原油和石油产品的消费税和进口关税的具体调整情况如表3-59所示。

表3-59 印度石油消费税和进口关税税率调整情况

调整时间	消费税				进口关税		
	汽油	柴油	液化石油气	PDS煤油	汽油和柴油	液化石油气和煤油	原油
之前	30%	14%	16%	—	—	—	—
2004年6月16日	26%	11%	8%	16%	20%	10%	—
2004年8月19日	23% +7.50卢比/升	8% +1.50卢比/升		12%	15%	5%	10%
2005年3月1日	8% +13.00卢比/升	8% +3.25卢比/升	0	0	10%(后为7.5%)	0	5%
2008年6月4日	13.78卢比/升	3.5卢比/升	0	0	2.5%	0	0
2009年4月	5.35卢比/升	1.6卢比/升	0	0	汽7.5%，柴2.5%	0	0
2010年4月	6.35卢比/升	2.6卢比/升	0	0	7.5%	0	5%

注：表中的消费税和进口关税税率指基本税率，不包括附加税和特别附加税。

资料来源：Report of the Committee on Pricing and Taxation of Petroleum Products，2006年2月；Basic Statistics on Indian Petroleum & Natural Gas，Ministry of Petroleum & Natural Gas，2008年9月；Petroleum Planning & Analysis Cell。

四、印度的石油金融

近年来，印度每年的原油需求量都在1.2亿桶以上，但国内生产仅能提供3 500万桶左右，国内消费原油的70%都依赖进口。在印度，有1 000多家企业直接或间接受到油价波动的影响，油品价格逐步放开后，为了使国内企业避免国际油价剧烈波动的风险，印度需要建立自己的原油期货交易市场。此外，在伦敦国际石油交易所交易的布伦特原油期货中，亚洲油品所占的比例很小，而这些油品恰恰是一些亚洲国家所需要的，印度也需要一个市场来交易自己需要的油品，为自己的油商服务。

(1) MCX原油期货。2005年2月9日，印度在孟买大宗商品交易所(MCX)开始上市交易原油期货合约，与日本原油期货交易采用原油指数期货作为标的物不同，印度上市交易的是含硫量低于0.42%、API度①在37—42的轻质低硫原油，其品质与在美国纽约商品交易所上市交易的WTI原油几乎完全相同，也是亚洲首个成熟的原油期货。该原油期货以印度卢比标价，合约最低交易量每手100桶，报价为在孟买/新港（Mumbai/JNPT）港口交货的税前价格，每日价格最大波动4%，初始保证金5%，最小交割单位5万桶。初期，印度国内的5 000多家经纪公司可以参与期货合约交易，随后，外国投资机构和共同基金等全球投资者也获准参与。这是自2001年日本在东京工业品交易所上市交易中东原油期货以来亚洲又一次上市交易原油期货，同时，MCX也成为在英国伦敦和日本东京两个时区之间交易轻质低硫原油期货合约的第一个交易所。

2005年4月和5月，最先上市的两个MCX原油期货合约分别成功进行了交割，运行初期，平均每天的成交量有10多万张单子，每张合约大小为100桶，保证金为1万印度卢比（约合200多美元）（见图3-35），此后，印度石油公司、石油和天然气公司、印度斯坦石油公司、巴拉特石油公司等印度国内的石油巨头都逐渐开始参与MCX原油期货的交易，促进了原油期货合约的发展壮大。

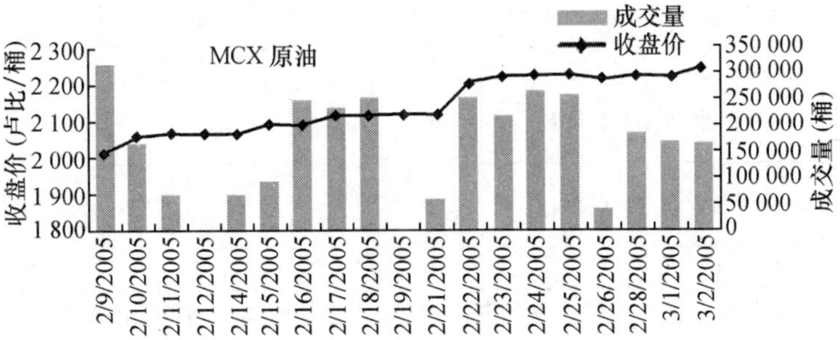

图3-35 印度原油期货市场初期交易情况

资料来源：张宏民，印度石油工业及其产业政策的变迁[J]．国际石油经济，2005年第6期。

一方面，虽然印度的原油期货交易以印度卢比作为计价单位，但由于印度存在外汇管制，国外资金的进出比较麻烦，印度在短期内成为对国际原油价格有影响力的国家的可能性并不大。但另一方面，作为一个石油进口量和消费量都很高的国家，印度首先需要的是一个能为本国服务的原油期货市场，MCX原油期货市场的建立，虽然暂时不能吸引印度以外的油商，但是有利于当地企业在交易中套期保值，规避油价急剧波动可能给企业以及整个经济体系带来的风险，同时也有

① 美国石油学会制定的用以表示石油及石油产品密度的一种量度。目前，国际上把API度作为决定原油价格的主要标准之一，API度愈大，相对密度愈小，表示原油愈轻，价格愈高。

利于在市场的发展过程中争取对油品交易的国际定价权。

(2) NCDEX 布伦特原油和燃料油期货。继 2005 年 2 月 9 日 MCX 原油期货合约开始上市交易,2005 年 9 月 8 日,印度国内最大的商品交易所——国家商品和衍生品交易所(NCDEX)又与欧洲最主要的能源期货及期权交易所——英国国际石油交易所(IPE)签署合作协议,9 月 15 日,国家商品和衍生品交易所开始提供布伦特原油的电子交易和燃料油期货交易,这标志着印度交易所的发展进入到了一个新的阶段。对于在 NCDEX 交易的原油期货来说,以卢比/桶标价,结算时参考 IPE 布伦特指数进行定价,IPE 负责在 NCDEX 的交易屏幕上通过 NCDEX 的将近 6 500 个交易终端提供 IPE 的实时价格。此外,NCDEX 也是印度第一个推出燃料油期货合约的交易所,由于在印度,从燃料油的生产到消耗,没有工厂有能力对冲燃料油带来的市场风险,这个燃料油期货合约的出现可以弥补这个不足,并提供可以对冲的平台。

参考文献

[1] 杨景民等,现代石油市场——理论、实践、研究、创新[M]. 北京:石油工业出版社 2003 年版。

[2] 宋景义,转轨时期俄罗斯石油天然气工业及其对外经济联系研究[M]. 北京:中国经济出版社 2004 年版。

[3] 褚玦海,石油期货交易[M]. 北京:中国金融出版社 2006 年版。

[4] 〔美〕卡罗 · A. 达哈尔著,丁晖、王震、郭海涛译,国际能源市场:价格、政策与利润[M]. 北京:石油工业出版社 2008 年版。

[5] 张宏民,石油市场与石油金融[M]. 北京:中国金融出版社 2009 年版。

[6] 林伯强主编,黄光晓副主编,能源金融[M]. 北京:清华大学出版社 2011 年版。

[7] 李畅、杨再斌,国际石油价格波动特点及影响因素的实证分析[J]. 资源科学,2007 年第 29 卷第 1 期。

[8] 董秀成、曹文红,国际油价预测中的各种不确定因素分析[J]. 中国石油大学学报(社会科学版),2000 年第 16 卷第 2 期。

[9] 焦建玲、范英、魏一鸣,石油价格研究综述[J]. 中国能源,2004 年第 4 期。

[10] 李纪建、管清友,石油双重属性与国际油价波动分析——一个国际政治经济的视角[J]. 国际石油经济,2007 年第 1 期。

[11] 管清友、张明,国际石油交易的计价货币研究[J]. 国际经济评论,2006 年第 7/8 期。

[12] 程伟力,影响国际石油价格因素的定量分析[J]. 国际石油经济,2005 年第 8 期。

[13] 林伯强、何晓萍,中国油气资源耗减成本及政策选择的宏观经济影响[J]. 经济研究,2008 年第 5 期。

[14] 郭晓琼,俄罗斯联邦稳定基金的发展[J]. 俄罗斯中亚东欧市场,2008 年第 1 期。

[15] 冯连勇,俄罗斯石油天然气工业的私有化及其启示[J]. 石油科技论坛,2001 年第 8 期。

[16] 韩彤宇,俄罗斯石油改革与中俄石油合作[J]. 长春工业大学学报,2006年第6期。
[17] 王海燕,哈萨克斯坦与俄罗斯矿产资源(石油)开采税浅析[J]. 国际石油经济,2009年第9期。
[18] 于忠荣、詹小洪,韩国的能源危机及能源政策[J]. 世界石油经济,1992年第3期。
[19] 广东省社会科学院环境经济与政策研究中心工作论文,韩国推广LPG汽车的政策与启示,2008。
[20] 邓郁松,韩国成品油价改之启示[J]. 中国石油石化,2009年第19期。
[21] 张静,韩国的成品油价格与税收[J]. 化学工业,2009年第8期。
[22] 张彤,日本石油期货市场的发展给我们的启迪[J]. 国际石油经济,2000年第11期。
[23] 张宏民,印度石油工业及其产业政策变迁[J]. 国际石油经济,2005年第6期。

第四章 天然气价格市场化改革

天然气作为一种高效、安全、清洁的能源，对于全球温室气体减排具有非常重要的意义，也是目前国际能源贸易的新宠。未来30年内，天然气在全球能源结构中的比重将会持续上升，甚至取代石油和煤炭成为最主要的化石燃料。

传统的国际天然气市场以管道交易为主，具有非常强的地域性特点，主要分为北美、欧洲和亚太三大区域市场，交易多以长期合同形式为主。但是，随着液化天然气(LNG)的发展，天然气国际贸易逐渐摆脱了地域限制，目前，LNG贸易占全球天然气贸易的30%左右，成为影响国际天然气市场价格的重要因素。

目前，国际天然气市场价格主要受到国际石油市场价格的影响，其定价的独立性相对有限，天然气的价格形成机制还有待进一步完善。但是，随着目前国际社会应对全球气候变化和温室气体减排的趋势，加上美国非常规天然气资源(主要是页岩气)的开发取得突破，以及日本福岛核事故后核电发展问题，国际天然气市场正酝酿着一轮新的变革。作为一种清洁能源，天然气将逐渐成为世界各国优化能源消费结构，推动低碳经济发展的一个重要能源来源，也将对国际能源市场结构和定价机制产生重大影响。

中国作为新兴市场国家，对能源的需求不断上升，而受制于自身的资源禀赋和外部的国际形势，如何从国际天然气市场中获得低价优质的天然气资源就成为中国改善能源结构，发展低碳经济面临的重要问题。考虑到美国页岩气开发直接导致其天然气进口量大幅度下降，由进口国转为出口国，国际天然气市场价格处于一个较为合理的状态，对于中国来说，无疑是一次非常良好的时机，不仅有助于在供给上获取更多天然气资源，而且可以借此机会，启动中国的能源市场化改革进程，推动能源价格形成机制的进一步完善，以优化国内资源配置，同时为争取国际能源市场的定价权打下基础。

本章首先对国际天然气市场的形成及其运行机制进行全面阐述和分析，尤其是对国际格局的形成和交易体系的构建进行重点剖析；其次，对全球最大的国内天然气市场——美国的天然气市场化改革历程进行详细的介绍；再次，对全球最复杂的管道天然气贸易的欧盟和俄罗斯的天然气市场化改革进行探讨；最后对以日、韩为代表的亚太国家天然气市场化改革进行了介绍。

第一节 国际天然气市场

一、国际天然气市场的形成与发展

(一) 天然气资源分布

1. 常规天然气

根据英国石油公司(BP)的统计，2010年全球常规天然气已探明储量达到187.1万亿立方米。但是资源的分布并不均衡，天然气主要产区分布在北美、欧洲及欧亚地区,其中,中东和俄罗斯的探明天然气储量占全球天然气已探明储量的2/3以上。俄罗斯、伊朗和卡塔尔是三大天然气资源大国,其储量分别占世界天然气总储量的23.4%、16.0%和13.8%,2010年世界天然气探明储量前十的国家占了世界总天然气探明储量的76.53%。

2. 非常规天然气

全球非常规天然气资源储量非常丰富,根据IEA的估计,全球天然气水合物陆地资源储量约为2.83千万亿立方米,海洋资源储量约为8.5万万亿立方米,除去天然气水合物外的非常规天然气储量约为常规天然气资源储量的5倍,主要分布在加拿大、俄罗斯、美国、中国和欧洲地区(见表4-1)。

表4-1 全球非常规天然气资源的区域分布情况 单位:万亿立方米

	Tight gas	Coalbed methane	Shale gas	Total
中东和北非	23	0	72	95
撒哈拉以南的非洲	22	1	8	31
苏联	25	112	18	155
亚太地区	51	49	174	274
中亚和中国	10	34	100	144
OECD中的太平洋国家和地区	20	13	65	99
南亚	6	1	0	7
其他	16	0	9	24
北美	39	85	109	233
拉美	37	1	60	98
欧洲	12	8	16	35
中东欧	2	3	1	7
西欧	10	4	14	29
世界	210	256	456	921

资料来源:IEA,World Energy Outlook, 2009。

(二)天然气工业

天然气工业及其市场特征与石油市场明显不同,主要表现在:第一,天然气不能低成本地大量储存,需要由复杂而且昂贵的储存设施和输送管道才能将天然气送到终端消费市场(全球70%的天然气是通过远距离油气管道进行输送的),天然气的输送费用占到终端用户价格的50%以上,而石油的运输费用仅占5%—10%;第二,天然气的运输、配送管网系统具有明显的规模经济效应,缺乏灵活性,其投资只有在生产者与潜在消费者达成长期供应合同后才能进行,不同于石油投资可以单方面、逐步进行;第三,在天然气的输送、配送环节容易形成自然垄断,特别是城市配送环节,一旦管线布设完成,一般终端用户不容易因为气价变动而采用其他能源进行替代。

按照不同的用途,可以将输气管道分为:

(1) 集气管道:从天然气田井口经集气站到气体处理厂或起点压气站的管道,用于收集从地层中开采出来未经处理的天然气。由于气井压力很高,一般集气管道的压力在 100 kgf/cm^2(千克力/平方厘米,1 千克力表示 1 千克物体在北纬 45 度海平面上所受重力)以上,管径为 50—150 mm。

(2) 输气管道:从气源的处理厂或起点压气站到各大城市的配气中心、大型用户或储气库的管道,是整个管网系统的主体。输气管道的管径比另两类管道管径大,最大可达 1 420 mm。天然气依靠起点压气站和沿线压气站加压输送,输气压力为 70—80 kgf/cm^2,管道全长可达数千公里。

(3) 配气管道:从城市调压计量站到用户支线的管道,压力低、分支多,管网稠密,管径小,除大量使用钢管外,低压配气管道也可用其他材质的管道。

图 4-1 显示了天然气输气管道的系统构成。

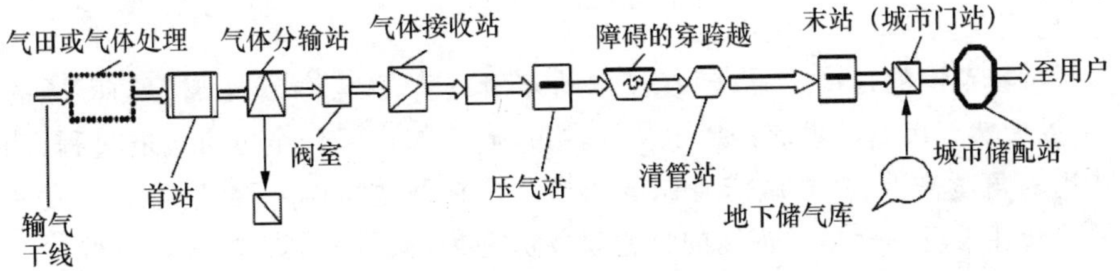

图 4-1 天然气输气管道系统构成

资料来源:林伯强、黄光晓,能源金融[M]. 北京:清华大学出版社 2011 年版。

早期天然气输气管道的输气动力全靠天然气井口压力。19 世纪 90 年代美国最先采用钢管作为输气管,并使用蒸汽驱动的压气机作为输送动力。20 世纪 20—30 年代美国开始采用双燃料发动机驱动的压气机给天然气增压,输送距离不断延长,并逐步建成州际输气管网,形成国内天然气市场。随着现代科学和工程技术的发展,以及市场对天然气需求量的日益增加,输气管道不断朝着大口径、高压力方向发展,并出现了规模巨大的管网系统。20 世纪 60 年代开始,欧美和苏联相继建成了超长距离输气管道,管道天然气的国际贸易开始兴起,并逐渐形成欧洲、北美两大区域市场。由于天然气的高昂运输成本限制了其在全球范围内的流动,因此管道天然气的生产与消费带有很强的地域性。1941 年,美国克利夫兰建成了世界第一套工业规模的液化天然气(LNG)装置;1964 年,LNG 的商业贸易开始出现(从阿尔及利亚出口到英国)。随着天然气低温液化、储存和 LNG 船舶技术的进步和远洋运输成本的下降,LNG 逐渐具备了与石油产品竞争的条件,LNG 国际贸易的范围越来越大①。

① 林伯强、黄光晓,能源金融[M]. 北京:清华大学出版社 2011 年版。

（三）市场发展及演变

20世纪60年代之前，天然气作为能源商品，主要在产气国国内使用。随着大型气田的相继发现，天然气探明储量、产量都呈现快速增长的趋势，产气国政府也逐渐放松对天然气市场的管制，天然气生产商开始向周边消费国出口天然气，但是受管道运输的限制，天然气国际贸易带有很强的区域性特点，形成三大区域市场，即北美、欧洲和亚太市场。

目前国际天然气市场仍是以管道天然气贸易为主，液化天然气（LNG）贸易为辅，但是LNG市场的发展潜力非常大。根据IEA的估计，到2030年，LNG贸易量将从目前全球天然气贸易总量的15%上升至40%。世界天然气市场将逐步由以管道为主的区域性市场过渡到管道和LNG并进的全球性市场。随着非常规天然气资源开发技术的日渐成熟，世界天然气资源分布格局也将逐渐发生变化，天然气消费将进一步扩大，预计到2030年位居一次能源消费的首位，新的"天然气时代"即将到来。

从市场范围的角度来看，随着技术的不断进步，天然气长距离运输问题的解决，世界天然气市场的发展经历了从国内市场、区域市场到全球市场的过程；从市场结构的角度来看，随着政府管制的放松和价格开放，世界天然气市场的发展经历了垄断性市场到竞争性市场的过程。以美国为例，目前其天然气市场经过两次结构重组后，逐渐形成了较为开放、灵活的市场结构，天然气价格主要通过合同机制和现货市场、期货市场来调节，实现了天然气价格形成机制的市场化。

1．管道天然气市场

管道天然气的价格形成方式与天然气市场的发育状况是密切相关的。根据管道天然气市场发展的不同历史阶段，各国的天然气市场表现出了不同的市场结构，在长期的发展过程中，天然气市场主要形成了两种类型，即垄断型市场结构和竞争型市场结构。

（1）垄断型市场

在天然气市场发展的早期阶段，天然气公司的运输网络并不向第三方开放，通过运输与销售的捆绑经营对市场进行垄断。这种不向第三方开放管道运输和配送系统的市场，即为垄断性市场结构。

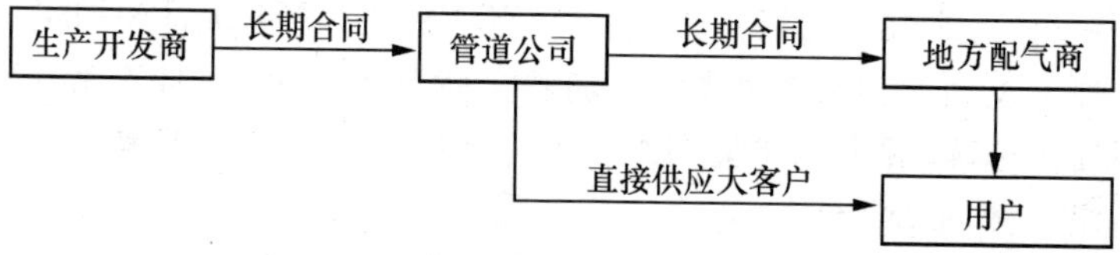

图4-2 天然气的垄断型市场结构

在垄断型管道天然气市场中,天然气的生产开发商主要进行天然气的勘探开采工作,通过签订长期照付不议合同的方式将开采的天然气出售给管道运输公司;管道运输公司以一级捆绑式价格(即包括向上游天然气开发商购气成本和管道运输服务成本两部分在内的捆绑价格)将天然气输送给各城市门站配气公司和大工业用户,并且一般也会与其直接供气单位签订长期照付不议合同;这样的合同安排使得管道公司不希望向第三方开放其运输网络,而是通过运输服务与销售的捆绑实现对供应市场的垄断。最终,各地方配气公司再将从城市门站购得的天然气通过配气系统输送给各终端用户,终端用户不仅需要支付上一级捆绑价格,还要支付地方配气公司的服务成本。在这种市场结构下,形成的价格也多为井口价、管输费、服务费一体的二级捆绑式价格,一般政府会对天然气价格进行管制。

(2) 竞争型市场

目前有许多国家已经实施或计划实施天然气市场的结构改革,鼓励气与气之间的竞争。主要目的是通过更多地依赖市场的力量,减少政府的直接干预来提高经济效率。目前,随着社会经济对能源需求的不断提高,大多数国家的垄断型管道天然气市场都会面临市场化改革的压力,这些压力来自天然气生产者、消费者和其他有机会分享经济租的其他能源提供者。垄断在天然气工业发展的早期是合适的,这主要是因为对管道运输而言,边际成本高、技术和投资风险大、投资回报率低。一旦基础设施建设投入的大量资金已经基本折旧,边际成本和风险回报的下降就会趋于上升。捆绑天然气定价缺乏透明度,运输服务也跟不上,加上利润非常高,导致政府不得不加强监管。

天然气竞争市场主要有两类,其市场开放程度和竞争压力也不同。

① 管道对管道的竞争:是指两个或更多的高压管输公司向同一目标市场运气。它们竞争的目标客户是大工业用户、电厂和直接与这些管道相关的地方分销公司。因为大工业用户和其他大用户都在长期合约下购气,因此真正的竞争范围非常有限。当市场中存在的管道很少时,竞争的压力也比较小。随着新管道的建设,竞争压力会增大,但是也限制了价格和超额利润。在德国,存在一定程度的管道对管道的竞争,主要是 Wingas 和 Ruhrgas 这两家公司竞争大工业用户。在美国,也存在潜在的管道之间的竞争,特别是在海湾地区和东北/中大西洋地区。

② 强制性第三方进入(third-part access,TPA):即要求管道公司或地方配气公司向第三方提供运输服务准入,在天然气生产者和消费者之间建立直接的买卖关系,通过“气对气”之间的竞争改进天然气工业的效率。

首先是批发市场的竞争,即第三方进入高压输气管道。非歧视性的第三方进入高压输送管道式是强制性的,这就要求管道公司将天然气的输送服务从捆绑的天然气销售活动中剥离出来。营销公司,包括管道运营分支机构,和工业用户、燃气电厂以及地方配气公司共同竞争天然气的销售。所有的市场参与者原则上都有机会在短期和长期转售天然气。目前,美国、加拿大、澳大利亚、新西兰和阿根廷等国家都引入了批发市场的竞争,并且欧洲和墨西哥也在计划大范围引入。

然后是零售业全面竞争,即第三方进入全部输配气系统。这就使得所有的终端用户,包括一些小的消费者都可以自由地选择他们的供应商。天然气运输和销售的各个层面都实行了分别计价,而且所有的气价管制都被解除。目前,只有英国实施了天然气零售业市场的完全竞争,但是在美国和加拿大,从地方管网被分开的大的终端用户也可以和天然气供给和地方配气公司单独签订供给合同。图4-3 显示了天然气的竞争性市场结构。

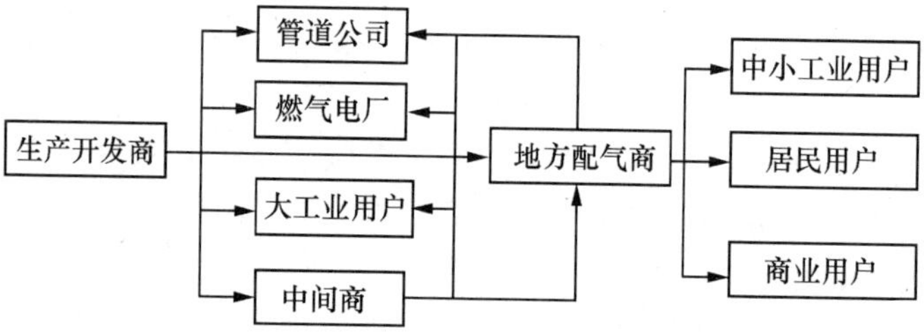

图 4-3 天然气的竞争型市场结构

管道之间的竞争原则上与基于第三方进入的供给竞争兼容,但是在现实中这样的市场并不存在。基于第三方进入全部输配气系统的零售业完全竞争是最完全的竞争形式。目前只有英国采取这种模式。而批发市场的竞争则是全面实施零售业竞争的中间阶段。

(3) 市场监管

无论天然气部门选择竞争模式还是某种程度的垄断,由于以下方面的原因都需要接受政府的监管。

① 自然垄断:天然气的管道运输和存储在大多数情况下被认为具有垄断特征,特别是对地方配气公司来说,这种特征更加明显。为控制服务商为寻求超额利润对供应市场形成垄断的局面,有必要进行政府监管。

② 供给安全:天然气供给安全可以被分为三个风险类别:一是由于市场的失灵而导致的短期供应中断的风险;二是没有充足的投资保障未来能源供应导致的长期供给风险;三是如果某一主要能源供应受到重大影响,其他替代能源不能及时补给的风险。这些都是政府管理者们需要管理的风险。

③ 垄断行为:还有市场集中度的问题。市场上的主导公司可能会通过掠夺性定价来扼杀竞争,这在天然气批发和零售业竞争的初期阶段时有发生。

④ 消费者利益保护:大多数国家的政府都会通过监管,来保护家庭部门的能源供给,特别是对贫困人群和弱势群体。

不同国家的市场竞争模式不同,政府当局对天然气行业的监管也有很大不同,可能采取比较宽松的管理模式,也可能采取比较明确的管理模式。宽松的管理模式的典型例子是德国和新西兰,这两国主要依赖一般竞争法和反托拉斯机构以事后解决的方式来处理垄断行为。而在美国和英国,监管方式则更加明确,为打破垄断,政府通过法律对天然气的气价、管输和存储各方面都建立了竞争机制。在监管措施方面,各国的措施虽然各不相同,但基本都包括以下几个方面:

① 建立明确的管理机构。这一机构的职能应当明确,管理程序应该透明和公正,应能快速解决准入纠纷。管理机构应当完全独立于被管理的公司,此外,一些国家选择了建立独立于政府的管理机构,以确保管理政策的长期稳定,避免政府通过天然气政策实现其他目的(例如通过税收调整增加财政收入)。如果一个国家的天然气公用事业企业归国家所有,则应优先考虑建立独立于政府的管理机构,以避免政府同时充当管理者和所有者的角色。在正在引入第三方准入制度的新西兰,则并没有将权力授予特定机构,而是依赖于商业委员会调查涉嫌违反一般竞争法的反竞争行为。

② 账目分离。这主要是指在会计和管理上将天然气公司的管道运输和存储活动分开,当然还包括所有权的完全分离。在传统管道公司的捆绑式销售方式下,地下储气设施通常是作为管道供气系统的组成部分而不单独收费。目前,这种情况已经发生了变化,在美国和加拿大等实行第三方准入制度的国家,用户可以单独购买储气服务。然而最彻底的方式是"所有权分离",将天然气的销售业务和输送业务划归法律上完全独立的不同实体。在美国,早在20世纪90年代,管道公司就成立了天然气存储和管输方面的单独的业务分公司。

③ 对价格和收益率的控制。大多数国家对价格的监管至今还比较明确。无论是在捆绑式服务的天然气供给领域还是没有捆绑服务的天然气运输和存储领域。这是因为具有自然垄断特征的天然气管道公司有可能赚取可观的经济租,并且缺乏改善运营效率的激励。如果天然气供给领域已经建立竞争,价格的管制就只用于运输业务。当然,对天然气捆绑价格的管理可能会保留住其优势,直到天然气市场的完全竞争模式建立起来,在英国即是如此。在德国就没有细致而直接的价格控制和监管,原因是能源之间的竞争有效地限制了价格竞争。在新西兰,也没有规定直接的价格和收益上限,但是政府也在加强对天然气公司的价格控制。

④ 第三方准入制度。准入制度主要有两种类型:谈判的第三方准入和规定的第三方准入。"规定的第三方准入"在管制者对管道公司进入管网、运营财务系统设置及系统使用收费方面的控制比较明确时会采用,这是一种比较直接的准入方法,该方法可以将产生纠纷的可能性降到最低,但也会带来如何确保有效运行(服务质量)和行业发展(管道与管网扩展)的问题。另外,该方法需要实施深入的监管,会带来较高的管理成本,目前在北美和英国采用。"谈判的第三方准入"比较

有利于解决上述问题。它主要是进入企业的自主监管,政府也会在其中扮演一定的角色以确保协商准入是有效率的。它一般需要业界准备正式的代码,设置必要的商业条款和条件,包括拒绝准入理由和发生争端时的仲裁机制。这种方法意味着各方在确定准入条款和条件时具有较大的灵活性,然而,随之带来的问题是如何保证公平地对待所有寻求进入管网系统的公司。尽管通过对天然气公司的账目进行审计来解决这一难题,但控制公司的账目也非常困难。一些欧洲国家,例如德国和法国,在执行欧盟天然气指令时选择使用这种方式。

两种准入方法的选择是一个复杂的问题。总体上看,配送领域更适合采用"规定的第三方准入",输送领域更适合采用"谈判的第三方准入";"规定的第三方准入"在推动竞争方面更为有效,如果成员国本身拥有一个占主导地位的综合天然气供应体系(例如法国),则这种方法将会比较容易实施。

无论是哪种方式的第三方准入制度,在实践中都不一定导致更大程度的竞争,特别是在供气方或生产者因为害怕降低井口价或边境价而不愿直接给终端用户供气时。政府和监管者可能采取一定措施向新进入者倾斜市场或者限制现有的垄断供应商来加速竞争的出现。这些措施包括定价限制和限制垄断供应商的活动及强制重组。

2. LNG市场

近年来,随着LNG相关技术领域不断取得进步,LNG的生产、运输和储存成本也随之不断降低,LNG国际贸易的格局也在逐渐发生变化,这对于正在形成中的全球天然气市场具有非常重要的影响。LNG产业发展的特点决定了LNG国际贸易的形式。LNG产业属于资本密集产业,项目的投资额相当可观。在LNG市场发展的初期,LNG项目投资方需要通过签订长期合同以便于项目融资和保证投资回报。所以,早期LNG贸易合同期都在20年以上。但是,进入21世纪后,由于市场的逐渐发展成熟,LNG国际贸易合同也出现了变化,不仅履约期限逐渐变短,开始出现合同期为3—10年的中期合同(见图4-4),而且合同条款更为灵活,甚至

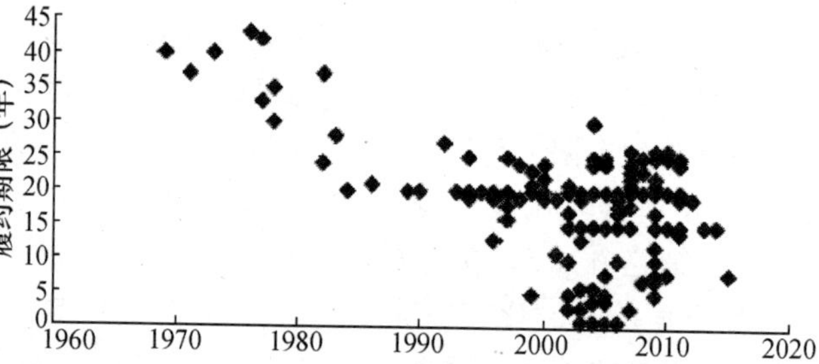

图4-4 LNG国际贸易长期合同的履约期限情况

资料来源:IEA,World Energy Outlook,2009。

"照付不议"条款也出现了松动。

由于 LNG 市场的供求状况难以预测，不仅呈现季节性波动的特征，而且还会受到全球经济发展状况、国际石油价格波动等因素的影响，加上亚太地区供应短缺，20 世纪 90 年代中期，LNG 短期贸易市场开始出现。进入 21 世纪后，LNG 的短期贸易迅速发展起来。根据国际 LNG 进口商组织（GIIGNL）的统计，2007 年 LNG 短期贸易量已占 LNG 贸易总量的 17.3%。而根据美国能源信息署（EIA）的估计，到 2030 年，LNG 的短期贸易量有可能达到世界天然气贸易总量的 15%—20%。LNG 短期贸易的迅速发展，以及随之产生的基于 LNG 短期贸易的互换、期货、期权等衍生金融产品的出现，大大推动 LNG 国际贸易的发展，虽然长期合同仍将在 LNG 国际贸易中仍占主导地位，但是将来可能会出现更多的贸易模式创新，LNG 国际贸易市场将从当初的单一的、双边的长期合同演变成为一个更加灵活、对市场信息反应更灵敏的、多层次的交易体系。

二、国际天然气市场的现状与格局

（一）天然气消费和贸易

随着气候变化和节能减排越来越成为全球关注的热点，天然气这种洁净环保的能源的市场份额将不断扩大。根据英国石油公司（BP）的统计，2010 年全世界天然气消费量已高达 3.193 万亿立方米，同比增长 7.3%，占一次能源消费的比例为 23.81%，是仅次于石油和煤炭的第三大能源。目前，OECD 国家的天然气消费约占全球消费量的一半，但是增长趋势日渐平缓；亚太、南美和非洲天然气市场发展迅速；中东地区由于其资源的优势，近年来整个地区的天然气消费量也在快速上升（见表 4-2）。

表 4-2　2010 年全球天然气消费情况

国家或地区	天然气（百万吨油当量）	能源消费总计（百万吨油当量）	占一次能源消费比例（%）
中国	98.1	2 432.2	4
日本	85.1	500.9	17
韩国	38.6	255	15.1
亚太地区合计	510.8	4 573.8	11.2
中南美洲合计	132.9	611.9	21.7
非洲合计	94.5	372.6	25.4
北美洲合计	767.4	2 771.5	27.7
欧洲和欧亚合计	1 023.5	2 571.5	39.8
中东合计	329	701.1	46.9
世界总计	2 858.1	12 002.4	23.81

资料来源：BP, Statistical Review of World Energy, 2011。

2010 年全球天然气贸易量达到 1.014 万亿立方米，同比增长 11%。其中管道天然气贸易量占总贸易量的 72.3%，LNG 贸易量占总贸易量的 27.7%。

根据 BP 的统计数据（见图 4-5），目前欧洲仍是全球最大天然气净进口地区，以管道天然气进口为主；亚太地区表现出较快的进口增速，尤其是 LNG 进口；北美地区未来天然气将逐步实现自给自足，并将有大量出口。特别是美国在非常规天然气生产（尤其是在页岩气领域）开采技术上已经取得了突破，其管道天然气和 LNG 进口量持续下降。

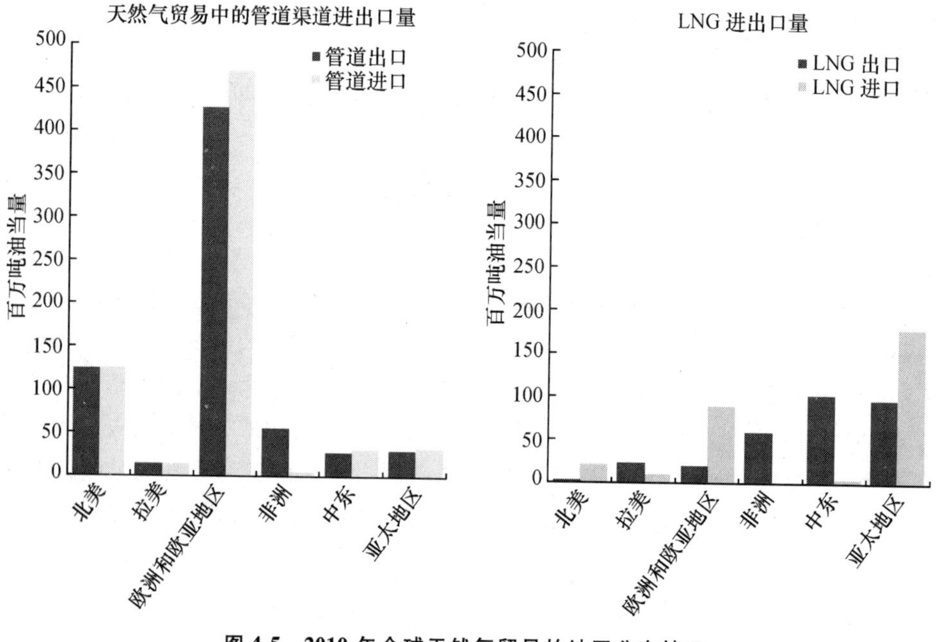

图 4-5　2010 年全球天然气贸易的地区分布情况

资料来源：BP, Statistical Review of World Energy, 2011。

图 4-6 给出 2010 年全球天然气贸易的流向和贸易量概况。欧洲进口的管道天然气主要来自俄罗斯，LNG 来自西非和北非，北美的管道天然气则以美、加、墨三国贸易为主。而产自卡塔尔、印尼、马来西亚和澳大利亚的 LNG 则主要是通过远洋航运出口到日本、韩国、中国台湾等东亚国家和地区。

虽然 LNG 贸易的全球化趋势日渐凸显，但是目前全球 LNG 市场的区域特征仍然很明显。全球 LNG 市场主要分布在亚太、欧洲和北美地区，其中亚太地区 LNG 市场交易量占全球 LNG 贸易量的 2/3。IEA 的数据显示，自 1995 年以来，全球 LNG 市场的规模一直保持平均每年 7.5% 的增长率，而这些增长主要集中在亚太地区。LNG 贸易对于欧洲和北美地区市场的意义在于弥补其管道天然气某些

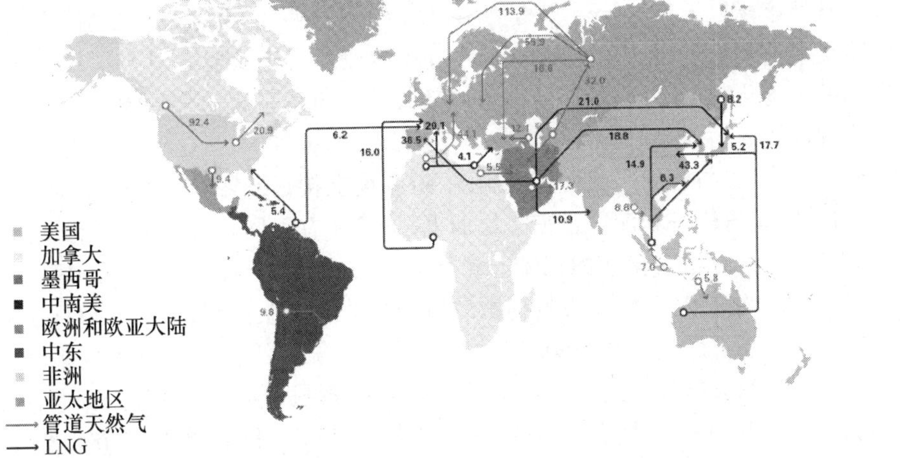

图 4-6　2010 年全球天然气国际贸易流向（单位：百万吨油当量）

资料来源：BP，Statistical Review of World Energy，2011。

方面的不足，利用 LNG 便于运输和储存的特点，在冬季等用气高峰期进行调峰，实现天然气市场的供求平衡。

（二）国际天然气市场的格局①

1. 北美市场

北美市场的天然气贸易基本上是在美国和加拿大之间进行的，两国天然气管网通过多条线路相连。在 2010 年以前，美国是全球第二大天然气生产国，也是全球最大的天然气进口国，每年有近 20% 的天然气消费量（约 900 亿立方米）需要进口。加拿大是美国的主要管道天然气进口国，2009 年加拿大出口了 922.4 亿立方米的管道天然气，几乎全部出口到美国，占美国天然气总消费量的 15.7% 和天然气进口总量的 90.4%。另外，2010 年以前，美国也从阿尔及利亚、阿联酋等国进口 LNG。

随着近年来美国非常规天然气生产（主要是页岩气）开采技术上取得的突破，管道天然气和 LNG 进口量持续下降。2009 年，美国天然气供应实现了历史性突破，天然气总产量达到 6 240 亿立方米，首次取代俄罗斯成为世界上最大的天然气生产国。根据 IEA 的估计，未来 20 年美国常规天然气产量将稳定在每年近 250 亿立方米的水平，美国天然气进口量将不断下降，2011 年美国天然气自给率 93.6%，EIA 预测其 2012 年成为天然气净出口国。

① 林伯强、黄光晓，能源金融［M］．北京：清华大学出版社 2011 年版。

2．欧洲市场

欧洲市场以天然气管道贸易为主，经历了十多年市场化改革之后，欧盟天然气市场目前仍处于向自由市场转变的过渡阶段。由于欧盟各成员国国内天然气市场的市场化程度不同，从而使欧盟内部天然气市场呈现出多层次的特点。在市场化程度较高的国家，如爱尔兰、英国、西班牙、德国等国，无论是市场的开放性和透明性，还是参与者的广泛性，都已在一定程度上接近欧盟相关指令的要求，在天然气生产、管道输送和配送这三个层面上，虽然还有不同程度的差别，但是基本上形成了若干厂商相互竞争的局面。市场化程度最低的国家是法国和基建设施不完善的中东欧国家，天然气市场仍被政府和少数大企业控制，市场开放度不高，短期交易仍不是很广泛。从1998年欧盟开始构建统一的天然气市场以来，欧盟各成员国之间的天然气短期贸易规模也越来越大，形成了荷兰的TTF、比利时的Zeebrugge、奥地利的CEGH、意大利的PSV和德国的EGT和BEB等多个天然气短期交易中心。现货市场在优化管网资源配置、确保市场供求平衡等方面发挥着重要作用，对于欧盟统一的天然气市场的形成具有重要意义。

3．亚太市场

亚太天然气市场的情况比较复杂，日本、韩国和中国台湾地区的天然气工业完全依靠进口LNG（主要来自中东和东南亚），其贸易量占世界LNG总贸易量的50%以上；出于经济的快速增长和改善能源结构的要求，中国对天然气资源的需求越来越大，但较为侧重天然气管道项目的建设，希望以此能够获得来自俄罗斯、中亚和缅甸等国家与地区的较为稳定的天然气供应。

2008年，全球LNG的贸易规模为2265.1亿立方米。亚太地区的LNG进口量达到1559.8亿立方米，占全球LNG总贸易量的2/3以上。亚太地区LNG的主要供应国是澳大利亚、马来西亚、印度尼西亚和文莱。2008年，澳大利亚出口1520万吨LNG，如果目前正在建设的众多LNG生产项目能够按期完工，2015年澳大利亚的LNG年生产量将扩大四倍，至6000万吨。马来西亚是目前世界上仅次于卡塔尔的第二大LNG出口国，其LNG生产中心位于沙捞越的民都鲁重工业区。印度尼西亚是目前世界上第三大LNG出口国，2006年之前是世界上最大的LNG出口国，后被卡塔尔取代。

三、国际天然气市场的价格形成机制①

天然气工业是一个完整的产业链，只有使产业链中各环节的收益保持一个合理的比例，才能保证天然气市场的协调发展。因此，国内天然气价格体系的发展取决于国内天然气市场结构的演变，而国际天然气市场价格的影响因素更为复

① 林伯强、黄光晓，能源金融[M]. 北京：清华大学出版社2011年版。

杂,不仅要综合考虑开采、生产、运输、储存等环节的成本和市场的供求关系,而且要从等价热值①的角度考虑替代能源的影响,当然,国际天然气市场价格主要是受到国际石油市场价格的影响。

(一)管道天然气

1. 管道天然气产业链

天然气工业上、中、下游产业链涵盖勘探开发、处理、运输、储气、配送网络等各个环节。

(1) 上游勘探开发

天然气生产商不仅负责天然气勘探开发,也负责处理和加工其所生产的天然气。由于天然气运输缺乏灵活性,通常只能用于地区消费,天然气生产依赖于特定市场的消费需求,由消费驱动供应。

(2) 中游管道运输

天然气管道运输是连接特定天然气产地和消费区的主要渠道,管道公司根据特定的项目铺设管道,控制特定的天然气流向,保证天然气运输过程的安全可靠。管网公司一方面要按长期合同承诺,按井口价向上游生产商购买天然气;另一方面要获得政府批准(管制情况下)以城市门站价向下游地方配送公司出售天然气。管网公司同样也依赖于特定的资源和市场,要综合权衡上游生产商生产成本、自身投资收益和管网维护费用、下游城市燃气供应商市场容量开发和替代燃料竞争等因素进行定价。

(3) 下游配送服务

地方配气公司不需要向上游生产商和中游管网公司那样投入大量资金建设生产设施和运输管网,而且也不依赖于特定的供应来源。城市管网扩容和终端用户管线布设的投资相对成本较低,而且铺设完管网后其服务的终端用户一旦选择使用天然气作为燃料,必然要考虑其在燃气设备的投资,所以城市燃气供应商的用户被称为"被捕获用户"(Captive Customers),其价格弹性小,即使其他燃料比天然气便宜,也难以在短期内转向使用其他燃料。

2. 管道天然气的定价机制

天然气的价格形成方式与天然气市场发育状况密切相关。国外天然气市场长期发展过程中形成了垄断市场和竞争市场两种不同的市场结构,市场类型不同,天然气产业链中各个环节采取的定价方式和经营模式也不同。

---

① 等价热值是指加工转换产出的某种二次能源与相应投入的一次能源的当量,即获得一个度量单位的某种二次能源所消耗的,以热值表示的一次能源量。也就是说消耗一个度量单位的某种二次能源,等价于消耗以热值表示的一次能源量。1千克(每立方米)某种固体(气体)燃料完全燃烧放出的热量称为该燃料的热值,符号是 q,单位是焦耳/每千克(J/kg),或焦耳/每立方米(J/m^3)。

(1) 垄断市场

在天然气工业及市场发展的早期,垄断一般被认为是适当的,其特点就是将天然气运输和配送(销售)进行捆绑(输气管网不向第三方开放),并对其所服务的市场实行垄断经营。这种垄断市场结构,以20世纪80年代的美国、加拿大为代表。当时美国的天然气生产商按照美国联邦能源管理委员会(RERC)确定的井口价将天然气出售给州际管道公司,管道公司将天然气输送到城市配送站,按门站价批发给地方配气公司或电力、工业等大用户。地方配气公司再通过配送管网输送给终端用户,其零售价格受到地方公共事业委员会(PUC)的监管。当然,不同国家之间的垄断市场结构也有所不同,但其定价机制基本类似。

在垄断条件下,下游天然气管道公司对天然气的运输和销售实行垄断,在这种情况下,主要有三种方法用于上游天然气的定价。

① 成本加成法,即在以成本为基础确定供气价格时,买方支付的价格是由卖方的成本加合理利润构成的。由于城市天然气定价处在燃气供应链的下游,天然气到达门站之后,需要通过城市管网分配到最终用户。所以,最终用户的价格 = 井口价 + 管网的运营成本 + 固定回报。对于民用和商业用户,可采取成本加成的定价方法,计算该类用户应分摊的成本,在此基础上确定一个合理的利润率水平,最终形成价格。

在实践中,成本加成法表现出以下几个方面的优缺点。优点主要是在垄断情况下,成本加成法可以限制生产者取得垄断利润,避免损害消费者利益;另外,在天然气发展初期,限制生产商利润,可以鼓励用气。但是这种方法的缺点也很明显,一是生产商的生产成本很难核定。这是因为不同的生产商生产条件差别很大,很难用一个统一的标准去衡量生产商的成本支出是否合理。二是生产商“合理”的收益同样难以确定。因为成本加成的公式设计中有一个主要的方面即如何对待未来开发成本,应该在定价中体现出对勘探开发的鼓励,但是未来勘探开发的风险和收益的确认是一件很困难的事。三是这种方法难以促使生产商降低成本,提高效率。因为这种方法暗含生产者的一切成本支出都可以从价格中得到补偿,这会使天然气生产商错误地认为对天然气田的开发可以不计成本,而不考虑其所开发出的天然气价格是否已超出市场能接受的水平。四是当生产商成本得不到合理补偿时,天然气价格就被低估了。总之,成本加成法使得价格与市场需求很难匹配,过高或过低的价格都反映出资源未被合理利用。

② 市场净回值法。这种方法是以天然气的市场价值为基础确定供气价格的方法。即根据用户使用的其他能源(与天然气存在竞争关系的能源)的市场价格,从市场价格中扣除管网的运营成本和相关的税费后再推出井口价格。可以用公式表示为:天然气的市场净回值 = 供给用户最便宜的替代燃料价格 - 输气成

本－储气成本税负。

如图 4-7 所示，目前主要有三种不同的平均市场净回值，针对三类天然气终端用户，即现有用户、新能源用户和现有石油用户。石油用户因燃料转换的投资较高，市场价值最低。天然气公司经谈判后，最终达成的基价在这三类用户的市场价值经加权平均后的最高值与最低值之间。

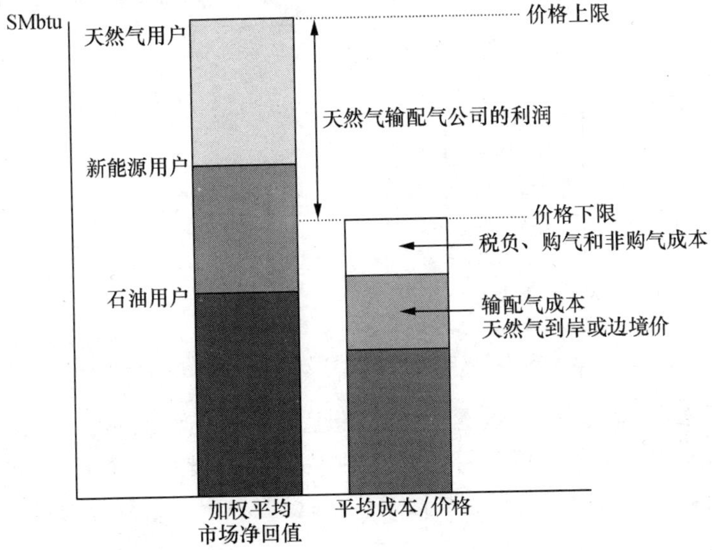

图 4-7　市场净回值定价法

天然气的市场净回值是上游供气价格的上限，高于这个上限，下游从事天然气运输、储气、配气的天然气公司就无法获得合理的投资收益。而上游供气价格的下限为生产商按照成本加成法确定的供气价格，低于这个价格，生产商就无法获得合理的投资收益。在上游气价的上下限之间，就是下游天然气输配储气公司的利润空间。

相比起成本加成法，市场净回值法同样具有其优势与缺陷。优点主要在于，这种方法可以反映天然气真实市场价格，有利于促进生产商降低成本；另外，上游供气价格与下游市场联动，市场信号可以传递给生产商，这有利于生产商及时根据市场需求情况开发新储量，扩大市场供应。缺点是市场的地理位置、需求情况会使不同气田价格存在较大差异，而且不同气田的生产成本也存在较大差异，这些外界的客观因素都会对厂商的利润产生较大的影响。

③ 成本加成法和市场净回值法相结合的混合定价方式。通常，净回值定价法要产生超常利润，这种价格歧视不可避免地会导致不同消费者类别的交叉补贴。政府或管理当局就会采取措施限制天然气公司应用净回值定价的范畴。因此，许

多国家垄断性天然气公司多采用成本加利润和市场净回值相结合的定价方式(见图4-8),试图用以成本和市场混合为基础的混合定价方法克服成本加成法的某些缺点,同时它又是对完全以市场为基础的定价方法的一种妥协,其内容可以包括下述内容的一项或数项:

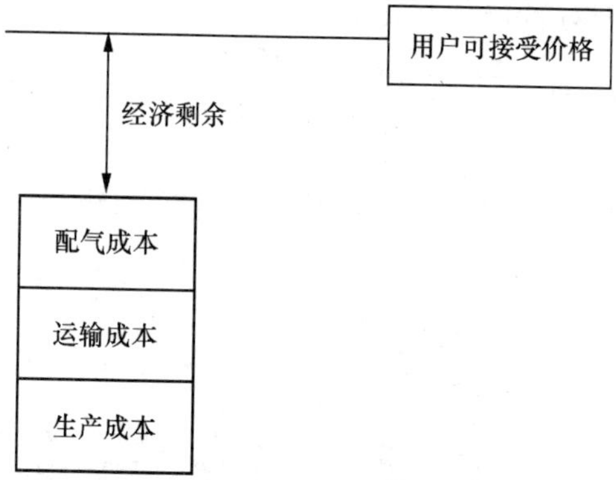

图4-8 以成本和市场混合为基础的定价方法

最低价格(价格下限)。设置价格下限是为了给生产商提供一个最低水平的收益率。价格下限的设置可采用下述三种方式之一:设置一个固定的价格;设置一个可以对通货膨胀率进行调整的固定价格;设置一个通过双方约定的价格公式确定的价格。

最高价格(价格上限)。设置价格上限是政府为了避免生产商从气田开发中获得高额利润而选择的方法。价格上限的设置方式与价格下限的设置方式类似,在某些情况下价格上限也可以表现为价格下限的倍数,比如是价格下限的2倍。

一个或多个与市场关联的定价(调价)公式。在价格上限与下限之间,天然气价格能够通过一个或一组将气价与市场及成本联系起来的公式进行调整。在定价公式中反映的因素可以包括国内和(或)国际市场的通货膨胀率,替代燃料(如燃料油、原油、煤)的价格,国内和(或)国际天然气的生产成本水平或生产效率,管道运输成本等。

(2) 竞争市场

竞争市场结构是天然气工业及其市场发展成熟的标志。在竞争市场中,管道公司对第三方开放输气管网,下游配送方可以自由选择上游生产商供应天然气并委托管道公司运输。这样,上游生产商之间为争夺市场而进行竞争,而管道公司的管网容量也成为一种可交易的商品,有利于提高天然气生产效率和管网运输系统的利用效率。美国、加拿大、英国最早引入第三方准入机制,建立了天然气竞争市场,欧盟则是在1998年才通过相关的指令,引入第三方准入机制,以增强欧洲天然气市场的竞争。

天然气运输带有自然垄断的性质,因此天然气市场改革的核心就是消除天然气供应方和消费者之间在运输上所受到的限制,建立一个开放透明、交易成本较低的竞争市场。具体的形式有两种:一是管网间的竞争,即引入两个或更多的管道公司向同一目标市场输送天然气,加大管道公司的竞争压力,但是因为大用户多采取长期合同的形式购买天然气,因此这种竞争十分有限;二是强制性第三方进入,即要求管道公司向第三方提供运输服务准入,在天然气生产者和消费者之间建立直接的买卖关系,这就要求管道公司切割天然气输送与销售之间的捆绑经营活动,在批发和零售环节进行充分的竞争。在批发市场,地方配气公司、大用户、燃气电厂等共同参与天然气的批发竞价,所有的市场参与者原则上都有机会在短期和长期转售天然气。

① 井口价。根据目前竞争性市场的两种竞争模式,即管道与管道的竞争和气与气的竞争,其上游定价模式也有所区别。

管道与管道的竞争情况下的价格决定。

管道与管道的竞争是指允许两个以上的天然气管输(高压)公司向同一个区域市场输送天然气,利用自己的管道争夺工业、发电厂和天然气地方配送公司等大用户。但是因为大用户多采取长期合同的形式购买天然气,因此这种竞争十分有限。这种竞争方式在德国比较明显,美国的部分地区也存有这种可能性。管道与管道的竞争对垄断公司采用的市场净回值定价方式有一定影响,但主要取决于终端用户和地方天然气配送公司改换输气公司的能力及供气商之间的竞争程度。如果参与竞争的供气商较少,供气商仍可与新管道公司寻求市场净回值价格,从而限制新公司争夺垄断公司用户的能力。在德国,Wintershall公司与俄罗斯Gazprom合资建立的Wingas公司通过建设一条并行输气管道进入德国天然气市场,降低了大工业用户的天然气价格。但是,虽然管道与管道的竞争缩减了管输公司的边际利润,但并未较大程度地改变市场净回值的定价结构,这主要是因为本地分销公司仍然试图通过签订长期供应合同对区域管输公司实行垄断。

第三方准入机制下的价格决定。

a. 天然气短期价格的决定

在第三方准入机制下,竞争性市场的天然气价格由市场供需的相互作用决定。在任何给定的时间点,无论是基于长期合约的合同价还是即期价,天然气的市场价格都由边际消费和边际供给决定。天然气的市场自由定价是指:在原则上,某一地区的天然气只有一种市场价。而在垄断情况下,可以在价格歧视的基础上为每一个终端用户设定不同的价格。如果没有管道运输能力的限制,竞争市场的不同区域市场的价格应该反映它们之间的输气成本。即当天然气由一个区域流动到另一个区域时,两个区域之间的价差即为它们之间的输气成本。而输气成本(运价)通常要受政府的监管。当两个区域之间的管网已被充分利用,这个市场就达到了供需平衡,这个市场的价格也就不再能影响其他市场了。目前,第三方进入输气网络的天然气市场只出现在美国、加拿大及英国。美国和加拿大的第三方进入限定在高压输气系统,由市场决定经高压输气管道直接供给大工业用户的批量价格及地方天然气配送公司的门站气价,门站价的增加额和零售价格则由配送公司的定价政策和管理部门对价格的监控决定。在英国,气与气的竞争延伸到了所有零售用户,其终端用户的价格是井口、边境批量价格加上输气成本和配送成本。

在短期,一个给定市场影响天然气需求的因素主要有以下几个方面:

一是季节性热负荷。季节因素对天然气短期需求的影响主要取决于居民和小商业用户利用天然气供热的比重,即天然气供热在整个供气负荷中的重要程度。这种重要程度越大,季节变化就会导致需求曲线的位置移动越大,天然气价格的变化就越大。例如在冬季,低温时间持续较长,就会导致天然气价格的大幅攀升。对于天然气发电部门,季节变化对天然气需求的影响及其程度取决于发电部门为居民和商业用户冬季供热及夏季供暖所使用的天然气量。

二是与天然气相竞争的燃料价格。替代燃料价格上升,天然气需求增加;替代性燃料下降,天然气需求减少。对大部分天然气消费者来说,他们没有能力在短时间内迅速地找到替代燃料,因此这部分用户短期内的天然气需求相对固定,价格缺乏弹性,这些用户需要长期不间断的天然气供应。而相比之下,有些大用户在短时间内转换所使用燃料的能力较强,他们对天然气的需求就是富有弹性的,天然气价格的变化会使他们对天然气的需求随之改变。

另外,供给曲线的形状会受到以下因素的影响:

一是生产者的生产政策,特别是他们的停产或因经济原因提前或延迟维修计划,以及他们存储天然气的意愿,决定他们以不同的价格投入市场。一般来说,供给曲线是比较陡峭的,因为在产量达到最大的维持性水平时,产量对价格是不敏感的。在产量比较低的时候,供给曲线比较平缓,这是因为生产者在产量减少时不愿以非常低的价格销售天然气。一般来说,供给曲线的位置根据总的短期生产能力而变化,特别是当储气能力缺乏时,主要是靠短期生产能力来平衡短期需求上的变化。

二是储气能力。如果生产商的储气能力较强,那么当市场需求变动时,厂商就可以通过储气库的储气来调节市场供应,从而防止价格的大幅波动。

b. 天然气长期价格的决定

在长期,对于一个给定的需求水平,竞争市场上的井口或边境天然气价格会收敛于天然气的长期边际生产成本(尽管在任何给定的时刻,价格不可能等于实际的长期边际成本)。如果生产能力的增长比需求的增长要快,天然气价格会比长期边际生产成本低,这会导致供给过剩。例如英国 1995 年的情况,它导致了在之后两年一些新领域发展的推迟。相似地,在生产能力方面投资的缺乏会导致价格超过长期成本,例如美国在 20 世纪 70 年代末的情况。

长期边际生产成本,包括勘探、开发、操作和维护支出,又取决于以下四个关键因素:

一是资源基础。这包括国内和国外两方面。如果一国的天然气资源比较丰富,勘探开发也比较容易,那么该国的天然气井口价就会比较低。比如美国和加拿大。

二是天然气的生产是否与原油伴生。如果是这种情况,那么原油的收入就可能收回全部的油田开发成本。

三是技术进步的情况。在天然气生产的各环节的技术进步会降低天然气的长期边际生产成本。

四是组织效率。包括企业内部的生产力和生产者之间的伙伴关系。在技术进步的基础上,加上有效的组织和合作,同样是降低天然气生产与供应成本的重要因素。

需求是价格决定的另一个方面,在长期需求也会取决于以下一系列因素,包括经济增长、竞争性燃料价格、终端使用技术和能源使用的环境限制等,这些都会促进或阻碍天然气的使用。

总之,在竞争市场,天然气的短期和长期价格都是由市场调控,自发形成的。在长期,场上的所有投入要素都是可变的,因此,当天然气的长期需求高于厂商的现有供给能力时,市场价格就会高于厂商的边际成本,厂商就会扩大生产规模;反之,当市场的长期需求低于厂商的现有供给能力时,市场价格就会低于厂商的边际成本,厂商为了减少损失就会缩小生产规模。

② 管输价。天然气产品与其他一般商品不同,其运输、储存和销售等环节都必须依赖天然气管道。天然气管线建设具有固定成本高(建设费用)、可变成本低(操作费用)的特征,这一特点决定了长距离运输管线和地方输配系统的管网具有较大的自然垄断性质。也就是说,规模越大的管线和管网,平均输送费用也越低。在这种资金结构的市场中,其他公司要进入这个市场并参与竞争是非常困难的。另外对于地区输配系统而言,如果同时存在几套系统为同一地区或城市服务,将会导致拥塞,因此有必要对地方输配系统的数量加以限制,这就进一步增强了地

方输配系统的垄断性。

天然气上中下游产业内业务活动的划分清楚地揭示出天然气行业的垄断环节主要存在于管线运输上，而其生产、批发供应、销售等环节则适合于竞争。对于这样的“混合产业”，为实现有效监管，必须采取有效的方法将垄断环节从其他竞争性环节中剥离出来，进而不断改进监管技术，提高监管效率。在完全竞争市场引入第三方准入机制后，这种捆绑的定价方式被打破，终端用户可以将上游购气和委托管道运输分离开来，选择不同的公司进行服务。这就要求制定单独的天然气管输价格。

a. 管道公司经营方式

目前世界各国管道公司开展经营活动的方式可以分为两种，即合同运输方式和普通运输方式。

合同运输方式是指用户签订合同购买一段时间内一定数量的管输能力，并且无论他们是否使用这些能力，都支付这些能力的费用；同时，管道公司要确保这些用户使用其预订的能力。如果一条管道的所有运输能力被购买合同签满，那么新的固定能力潜在用户只能排队等候，直至现有用户放弃其签订的能力，或者是管道扩建，再或者是有新建管道。采取合同运输方式的管道设施要按订单建设，即只有在用户愿意签订合同为新能力付费的时候，新管道才会开始建设。

普通运输方式是指如果没有签订合同，承运人就无权获得稳定的、预先规定的、一定数量的管输能力。目前这种方法主要由城市配气公司所采用。除了可变收费之外，系统用户为运输服务支付与提供运输服务的成本有关的固定费用。例如，相对于小型居民用户，城市配送系统的大工业用户支付的单位能力费用更少，因为为小型居民用户服务需要更贵的管道设施。采用普通运输方式的管道公司和城市配气公司，主要是根据其预测的服务需求来建设新的管输能力。实际上，因为管道系统使用者所用的管输能力往往难以量化，且由于法律的经营规定，普通运输是配气系统最常采用的方式。

目前合同运输方式主要在北美采用。建设新运输管道时，要有托运人的长期合同承诺作为支持，这种合同的期限最长达 15 年。当合同期满时，可以续签，通常续签的合同期限比原来短。托运人也可以在合同期满以后将这部分能力退回给管道公司，而管道公司则可通过一种被称为“开放期”的拍卖程序，重新出售这部分退回的能力。管道公司将依据竞标者所提出的合同期限长短来决定究竟将管输能力卖给谁，竞标的胜方是能够提供最长合同期限的企业。而多数欧洲国家天然气管输企业采用普通运输和合同运输相混合的更为一体化的方式，即管输公司提供捆绑式运输和天然气供应服务，类似于普通运输方式，它们是按对需求的预测来建设服务设施的，并承担提供普遍服务的义务。

b. 管输费率设计目标

确定管输收费的关键目标在于保证生产效率,即在保证既定服务质量的前提下,提供运输服务的成本要尽可能低。为了达到这个目标,运输收费应该:

保证管道系统的利用效率,主要是指管道系统得到最大限度的利用,因为管道系统的大多数成本是沉没成本,与已有的资本设备有关,无论是否使用系统,都必须要支付。而随着现有系统利用率的增加,其成本会逐渐降低。因此在保证既定服务水平的前提下,应该激励管道公司能够以低成本开展经营活动并维护管道系统,同时激励管道公司只有在扩建增加的收益能够大于扩建成本时才扩建管网系统。

提高管道系统的分配效率,主要是指托运人支付的费用应该反映提供服务的成本。对费率的设计应当使管输能力能够分配给出价最高的用户。如果收费高于或低于成本,管输系统的利用和运输的天然气数量都会不符合最高效的经济水平。同时,必须给予管输公司足够的收益,这一点极为重要,管输公司必须能够得到足够的收益,以获得允许的投资回报。实现经济效率目标也将确保这个目标能够实现,但是,过分强调足够的收入,也可能会使收费不反映经济效率。

c. 管输费率设计原则

运输费率的设计,应该以实现以下三个目标为原则:一是要合理反映服务成本,以维护消费者的利益;二是要反映管道公司所提供服务的成本结构,以确保各类用户之间不存在交叉补贴;三是要允许运输公司收回其建设和运营成本,并获得适当可靠的投资回报。基于以上原则,在费率设计过程中必须要注重实现生产效率和分配效率,即收费应该刺激管道系统运输能力,使其得到最大的利用;同时,还应最大限度地满足那些在天然气使用高峰期需要运输能力的用户的需求。此外,由于管道的资本密集型特点非常突出,运输成本中绝大部分是固定成本;并且由于在其他因素相同的情况下,管道运输能力越大,运输距离越远,天然气运输成本越高,相应的管道用户支付的费用应该越高,因此,在确定费率时需要根据所提供服务的成本结构,对用户进行分类,制定分类用户价格及分时段用气价格,以充分反映管道运输的上述特点。

d. 管输费率设计方法

根据发达国家的经验,目前世界上管输费率设计主要采用两种方法:服务成本定价法和价格帽定价法。

服务成本定价法在北美广泛采用,即将管道运价以合理的输气成本为基础,确定管输价格的方法。服务成本法认为天然气管道运输费的构成应该包括建设和运营成本,以及合理的利润(根据北美天然气市场的经验,其天然气运输管道的合理利润率最高不超过12%,一般是11%),且成本应该是经过监管机构认可的。

北美的天然气井口价已实现市场化，且下游领域也形成了高度竞争。图4-9显示了北美天然气市场运作模式。

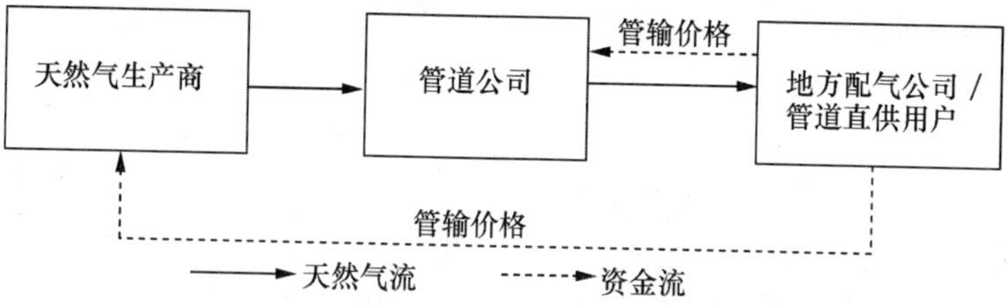

图4-9　北美天然气市场运作模式

在竞争性市场，实施服务成本定价方法是有其理论依据的。因为竞争市场的价格趋势等于平均成本。但是，与按监督回报率的方法确定收费标准的公司不一样，处于竞争性行业的公司不可能按价格与其成本相等的原则来收费。无论价格是多少，他们都必须接受，这样，那些成本相对较高的生产商将不能维持长期竞争。这就极大地鼓励了竞争性市场中的生产商尽可能提高效率，因为只有这样，他们才能在竞争市场上生存下来，进而增加他们的边际利润。

发达国家的实践经验表明，经过时间考验的服务成本分析法是实现运费设计目标的有效方法。该基本方法提供了有效的分析框架，世界上几乎所有成熟的第三方准入制度目前都采用了这一方法。服务成本法具体的运价设计方法包含如下五个步骤：

一是确定服务总成本。服务总成本即“成本基数”，反映了运输公司所要求的运营（提供运输服务和相关储存服务）收入，故又称收入要求。典型的服务成本基数包括投资回报、折旧、税收及运营和维护成本。在一定的管输能力和需求水平下，确定了这一项，就可以确定服务的总体收费水平。

二是将服务成本功能化。将成本分解到相应的各种非捆绑式服务中去，即将成本分解到生产、运输和储存、配送等功能性服务中。通常要为每一项功能确定一个单独的服务成本。

三是进行成本分类。将成本分类为固定成本和可变成本。固定成本是指与天然气数量或输送量无关的不变成本和费用，在较短时期内基本保持不变，主要包括人工费用、管理费用和与投资相关的成本，如设备投资、折旧、利息、投资回报和相应的所得税等，其中后三项（折旧、投资回报和公司所得税）构成了固定成本的绝大部分。这些成本通常称为“能力相关成本”，因为它们明显与运输公司提供运输服务的能力有直接关系。可变成本基本上与设施利用率或运输能力利用率成正比，一般与压缩业务或压缩站业务有关系。

成本分类是进行良好运费设计的基础。相对于对成本不加区分的天然气管输收费,对成本的分类使得运费设计更具经济有效性和财务可靠性。在竞争性市场上,价格通常由几部分构成,特别是其包括了"预先支付"部分,这种方法使提供某种服务的成本与价格更好地相互匹配,成本分类是将运输收费进行同样处理的方法。

四是成本分配。成本分配主要包含以下两项:首先是各类管网用户之间以各自使用的运能为依据进行成本分摊,这是决定高负荷和低负荷管网用户支付最终运费的关键步骤。其次是将固定成本和可变成本分别分摊到按运输能力和按天然气商品收取的费用中。为了实现经济的高效率,一般是把固定成本分摊到运输能力中去,因为发生这些成本主要是为了在高峰日(或高峰时)提供运输服务。而将余下的可变成本分摊到运输的商品中去。

因此,成本分摊的核心在于,向管网用户提供其所决定采取的使用方式需要支付的相应成本。

通常,按运输能力分摊的成本可以从固定的年预订费用中回收,年预订费与高峰时的运输能力需求(该需求是预订的或预留的)有关,不随输送的天然气数量而变化——其计算单位是"货币单位/高峰日立方米"。按天然气商品分摊的成本可从按输送量收取的费用中回收——其计算单位是"货币单位/立方米"。

这种方法增强了管道企业获得收入的确定性,并使需求负荷系数较低的管道用户也承担了与运输能力相关的成本。但是多数情况下,这些管道用户是向低负荷系数的居民消费者和商业消费者供气的配气公司。而这种方法要求这些管道用户为运输能力支付费用,这些运输能力它们每年也许只用几天。如果存在这样一种机制,即允许它们在非高峰期出让这些运输能力,并从中获得收入以支付其部分按能力分摊的成本,则更为合理。但是,建立这种出让机制需要较长的时间。通常在过渡期内,允许成本分摊在效率和公平上有所折中。

五是费率设计,即按照公里数或地区、季节、负荷系数、输送量和长期边际成本对成本进行进一步的分配,以及将成本分配到为用户提供的各种服务中去,形成适用于不同地区不同服务的收费费率。费率设计可以采用一部制或两部制费率结构。一部制费率结构是指以单一的气费量(按输气量向用户收取费用)回收全部的固定成本和可变成本。目前国外通常采用两部制运价率设计法。其主要思路是:天然气管输的大部分成本属于固定成本,这些成本是为了形成天然气管输能力而发生的,与这一能力是否被利用无关。另外,管输能力不能储存且管输容量的占有具有排他性,用户一旦预定了容量,即使不使用管输容量也不能被存储。为了不浪费管输容量,管道公司只能用来提供低等的管输服务即可中断服务。这些特点决定了管输费要采取两部制:通过收取预约容量费来回收固定成本,这一费用的收取与用户预定的管输容量有关,与用户是否实际使用无关;通过管输使用费(或商品费)回收变动成本,因为这一成本与实际管输量有关,所以管输使用费的收取基于用户实际使用的管输容量。两部制运价率设计的主要优点是能够提高管输利用率,降低单位输气量的成本,从而提高天然气的价格竞争力。

但是服务成本定价方法也有其局限性。例如在垄断领域中,由于没有竞争,采取对收入和利润进行规定的监管方式,鼓励被监管企业提高生产效率的激励作用就要小得多。此外,调整费率是一个高成本和高对抗性的过程,要采用让监管机构作为仲裁人参与费率制定过程的方式,根据向监管委员会提交的申请制定和更改费率。而且,监管委员会在公开听证之后才能作出决策,往往造成拖延并带来不满。因此,采用规定回报率的方法制定费率,既不能提高管道的生产性效率,也不能实现监管过程的高效率。

基于服务成本定价法的这些缺陷,目前,英国等已经倾向于采取一种新的基于业绩的监管方法——价格帽定价法,这种定价方法是在服务成本法基础上的一种改进。管道公司对一定时期内(通常是5年)的价格变化用价格帽公式进行调节。价格帽方法的原理是管输价格的增长等于预期增长的年度运行成本减去预期增长的生产率。在确定管道公司初始运价时,仍采用服务成本法,但用价格帽来限制一定时期的管道运价水平。

其具体运价设计方法是:监管委员会与公用事业单位进行协商,在考虑扩建和资本设备更新需要的前提下确定基准费率。在一定年限内(通常是5年),这个收费基准与每年的指数因子挂钩。每年的指数因子是经济的总体价格指数(零售或消费物价指数——RPI)减去一个"X"值,"X"表示的是监管委员会对公用事业单位在这段时期内每年要达到的效率或生产率潜力的估计。这个机制被简单称为"RPI - X"。每5年的时间段结束时,监管委员会将为随后几年的时间段重新评估收费基准,并设定一个新的"X"值。其目的是使费率随时与实际情况保持一致。管输费率主要采用"入口/出口"的费率结构,即托运方需要分别支付入口容量费、出口容量费以及从入口到出口两地的管道容量费或使用费。

价格帽方法是对管道公司提高效率和降低成本的一种激励机制。对公用事业单位的激励在于,如果他们使自己的成本低于监管委员会的规定,可以提留差价。

当然,除了以上两种,还有一系列其他的管道运费的监管方法。各方法的简单描述和优缺点比较如表4-3所示。

表 4-3　不同管输收费监管方法比较

监管类型	控制形式	方法名称	方法描述	优点	缺点
成本加成监管	成本控制	投资回报率监管法	通过收入和实际成本的平衡消除超额利润。允许被监管企业收取包含经营成本的运费,并规定企业应该获得的合理占用资本回报率	消除了企业对超额利润的期望;降低资本成本	不能激励企业降低成本;会鼓励不必要的投资或低效投资
激励性监管	利润控制	带式投资回报率法	如果企业的投资回报率或成本下降率超出了特定的限制带,监管委员会就会通过确定边际补偿率,来确定转移给用户的成本节省或增加比例,是对投资回报率方法的改进	鼓励企业削减成本	仍不能完全消除企业过度投资的动机
		滑动数值监管法	是对企业收取的价格设定限制,形成了这样一种机制,即按特定比例与用户共享企业节省的成本。节省成本的方案包括"股利共享"和"与价格相关的利润征用"。通过这些方案,企业与用户之间有某种形式的利润共享,但企业可以通过价格自由决定共享水平	"股利共享"方案使用户和股东之间有效地共享了成本增减获得的损益;"与价格有关的利润征用"方案较强地鼓励了效率提高,激励被监管企业选择有效的资源投入组合	"股利共享"方案要求所有额外的股权资本通过新股的发行来筹集,限制了公司的融资选择;"与价格有关的利润征用"方案中,企业可能通过改变非现金会计科目来操纵利润,给监管委员会的审计工作带来负担
		定期审查最高限价法(RPI-X法)	要求被监管企业的价格增长率低于(或等于)特定的一般物价指数(如CPI)减去X个百分点后的数值。如果X是正数,那么价格的增长率将低于该指数(CPI)X个百分点。最高限价水平反映了企业未来的经营成本和预测的投资水平,并依据效率业绩确定了合理的资产回报率	鼓励被监管企业提高效率,长期来看,通过降低价格,确保用户能够获得提高效率所带来的好处	允许运输企业自主决定运费结构的同时,要求监管委员会继续对此进行监控,必要时发布指导意见

（续表）

监管类型	控制形式	方法名称	方法描述	优点	缺点
	收入控制	永久性最高限价法	涉及的是以前的运费水平，将提高效率而获得的所有好处都留给了运输企业	促使被监管企业降低成本	被监管企业的获利水平可能长期超过监管委员会期望的水平；这一最高限价不可能长期维持

资料来源：世界银行、国务院体改办经济体制与管理研究所，*China: Economic Regulation of Long-Distance Transmission and Urban Gas Distribution*，2002，笔者整理制表。

③ 存储价。天然气储存业务与运输服务一样，也会具有垄断特征，这主要是因为地质条件不允许几个储库同时为同一个天然气市场服务，这就需要政府采取监管措施。在竞争市场，例如美国、加拿大等国家，由于管道公司已经实行第三方准入机制，因此天然气的存储服务不再像垄断市场那样将储气作为管道供气系统的一部分捆绑收费，用户此时可以单独购买管道公司的储气服务，因此有必要对天然气的存储单独定价。

a. 天然气地下储气库的作用

天然气储存作为天然气工业中一个重要的技术领域，自1915年加拿大建成世界上第一座地下储气库，地下储气库建设已有近百年的历史。目前，地下储气库已成为世界储存天然气最主要的方式。在世界天然气储存设施总容量中，地下储气库的容量已达到90%以上。

天然气地下储气库的功能和作用开始主要是平衡天然气消费量和资源量之间的关系，例如在夏天将一部分生产的天然气存储起来，到了冬天再提供给市场。随着多年的发展，天然气地下储气库的作用也越来越多，在天然气供气调峰、战略储备和贸易租赁等方面都发挥了重要作用。具体来说：

首先是供气调峰和结构优化。因各类用户对天然气需求量的不同和负荷变化，天然气供气系统产生了供气不均衡性，供气量和用气量往往在时间分布上不平衡。这使得天然气的输配系统需要某种规模的储气设施，在用气高峰，由储气设施补充供给，在用气低谷，将剩余气体储存起来。地下储气库是一种有效的、经济的调峰设施。当供气量大于用气量时，多余的天然气进入与输气管线相连的地下储气库，反之，则由地下储气库来补充。用于调峰的地下储气库一般建在用气中心附近或输气管道的末端。例如，在美国的北方地区，每年由地下储气库提供的气量约占年销售量的20%，严寒季节则可达50%—70%。法国历史上最大日供气量的60%是由地下储气库提供的。地下储气库维护天然气生产系统的操作和输气管网的运行,可以保护系统免受消费峰谷起伏的影响,实现均衡性生产和作业,提高天然气输气系统的利用系数和输气效率,输气成本得到进一步降低。

其次是有助于天然气战略储备。因各种原因,在供气系统上游的气源是供气中断的不稳定因素之一,此时,地下储气库可以作为应急供气系统,保证系统的连续供气,提高供气的可靠性。供气的保障程度是抵御各种风险的重要保障之一,因此世界各国都在积极建立天然气战略储备库。

b. 地下储气库分类

目前世界上已有地下储气库的类型可归为两大类型,即孔隙型和洞穴型。孔隙型地下储气库的基本特征是储气区域为多孔岩层,包括枯竭油气田型、含水层型。洞穴型储气库的基本特征是各种形状的封闭洞穴,包括岩穴型、岩洞型、废弃矿井型[①]。

c. 地下储气服务的种类

地下储气服务通常包括两种:固定储气服务和可中断储气服务。

固定储气服务。这是指在夏季期间固定接收和注入气体到气库以及在冬季期间从气库中固定采出和向用户交付气体的一种储气服务。固定储气服务是一种约定储气服务,要求储气服务方可获得的足够的、未指定用途的储气容量,并且根据用户安排指定注入气库和采出的气量,包括最大日注入量和采出量以及最大储气量。最大日注入量是指储气服务方被要求在任何一天为用户注入气库的最大气量。最大日采出量是指储气服务方被要求在任何一天从气库中为用户采出的最大气量;最大储气量是指在任何冬季,储气服务方有义务从气库中向用户交付的最大气量。

可中断储气服务。它是以可中断为基础,向用户提供从夏季的接收和注入用户的气体到气库以及在随后的冬季期间从气库中采出和向用户交付气体的一种储气服务。如果由于可中断储气服务活动使得储气服务方不能完成它的固定义务,那么用户将被要求在储气服务方发出通知后的30天内,采出它已储存气体的全部或任何部分,在30天期限内任何没有被采出的气量将无偿地变为储气服务方的财产,免于任何索赔或偿还。

d. 地下储气服务价格生成

第一,成本分配。储气服务收费价格的设计与管输服务收费的价格制定方法大体相同,包括以下四个步骤:第一步是确定提供储气服务的成本;第二步是将储气服务成本划分为固定和变动两个部分;第三步是成本分配,通常的做法是将50%的固定成本分配给容量部分,50%分配给采出流量部分,因为固定成本发生

① 王艳,天然气地下储气库的应用与发展[J].石油库与加油站,2008年第4期。

于这两种功能的每一部分上[①],可变成本被分配给注入(采出)部分;第四步是针对不同种类的服务形成不同的收费价格。

第二,固定储气服务收费价格的生成。固定储气服务的收费价格由以下三部分组成:

采出流量费。气库每日采出的气量受限于它的最大日采出流量,因此用户必须预订采出流量。用户预订的采出流量称为用户的最大日采出量,它通过合同约定。用户要为预订的最大日采出量按月支付采出流量费。用户每月支付的采出流量费等于该用户所适用的采出流量费率乘以它的最大日采出量。

容量费。气库在冬季向用户提供的储气量受限于它的工作气容量,因此用户必须预订储气容量。用户预订的储气容量称为最大储气量,它也要通过合同约定。用户要为它预订的储气容量支付容量费。用户每月支付的容量费等于该用户所适用的容量费率乘以它的最大储气量除以12。

注入(采出)费。储气服务方每月代表用户向气库注入或采出气体,用户需按该月向气库实际注入或采出的气量支付注入(采出)费。用户每月支付的注入(采出)费等于注入(采出)费率乘以由储气服务方代表用户在该月份向气库中实际注入(采出)的总气量。注入(采出)费用于回收变动储气成本。

第三,可中断储气服务收费价格的生成。可中断储气服务的收费价格由以下两部分组成:一是储存费。可中断储气用户要为它每月在气库中的平均储气量支付储存费。用户每月支付的储存费等于储存费率乘以用户在该月份的平均库存量。平均库存量取该用户在该月份最高库存量与最低库存量的平均值。二是注入(采出)费。储气服务方每月代表用户向气库注入或采出气体,可中断储气用户需按该月向气库实际注入或采出的气量支付注入(采出)费。用户每月支付的注入(采出)费等于注入(采出)费率乘以由储气服务方代表用户在该月份向气库中实际注入(采出)的总气量。注入(采出)费用于回收变动储气成本。

(3)天然气配气领域的价格监管

天然气配气业务是天然气下游领域的主要活动之一。与管输环节一样,这一领域也具有比较明显的自然垄断特点,因此政府有必要对配送管道进行监管,因为它们是垄断设施,具有市场权力。如果不对其进行监管,配气公司就可能会以高于其资本成本和经营成本加正常利润率的水平收费,而其管道能力的利用水平就会低于经济效率所要求的水平,天然气运输量也会更少。

通常,政府会授予天然气配售企业垄断地位,以便有效利用资本,并减少城市管网拥挤。当然,在授予专营权的同时,要求企业承担向配气专营地区的消费者

① 徐博,国外天然气储备建设的经验及对我国的启示,中国石油经济技术研究院工作论文。

提供天然气并维持管网连接的义务。本节主要讨论天然气配气领域的监管和定价问题。

① 垄断和竞争情况下配气领域监管概述。在天然气行业发展早期阶段,小用户从上游生产商和销售商那里直接购买天然气是不合算的。此时由城市配气公司提供捆绑式运输和配送服务,即天然气商品供应加配气服务效率较高。在这种情况下,监管机构除了要监管配气公司的运输业务外,还要对配气公司向消费者收取的天然气商品最终价格实行监督。监管的重点是保证有足够的配送盈利,以确保企业有适当的资金对业务进行必要的拓展。这是基于投资者公平回报原则和以成本为基础的费率原则。

随着管道系统的相互连接增多,以及天然气购买者数量的增加,天然气商品市场的竞争也会日益激烈,从而为批发竞争创造了条件。当这种情况出现时,天然气商品市场对监管的需要将会减弱,监管机构只需监视天然气商品市场的运行,检查是否有人滥用市场优势地位或市场权力。但是,在运输和城市配送管道的收费和准入条件方面,仍然需要积极的监管。

最后,当天然气行业已经比较发达时,例如有些国家已经实行了配气零售领域的公开准入,即允许用量最小的天然气用户绕过城市配气公司直接从上游生产商或销售商那里直接购气。此时公司需要把配送系统的财务核算与天然气供应及销售服务相剥离,还必须制定相应的行为规范、运营规范、配送服务协定和配送费率。在这个发展阶段,对城市配气公司和运输公司的监管内容还是一样的,也就是将会继续监管他们的收费和准入条件,但将会减少对他们从事天然气买卖业务的监管。

如果不存在竞争,但存在引入竞争的可能性,监管的任务就是促进竞争的引入,并鼓励其发展;如果不存在竞争,也不存在引入竞争的可能性,监管的任务就是试图再现竞争带来的结果。随着天然气生产、运输和配送环节竞争程度的提高,监管的范围和程度也会减少。

② 价格监管技术。目前,城市配气公司的服务模式分为捆绑式服务和非捆绑式服务两种。这两种服务都需要政府实施必要的监管控制。

a. 非捆绑式配送服务运费设计

目前世界上大多数国家配送服务用户接受的是捆绑式配送服务,只有在英国,配送服务成本和天然气供应成本得到了完全分开,这使得英国的所有天然气消费者都可以自由选择供应商,即达到了“零售业的完全竞争”。在北美,部分州或省也开始逐步推广“零售业的完全竞争”。

如果采用服务成本法设计运费,前四步可以按照与管输服务相同的方法进行。但是,天然气配送系统与运输系统在某些方面仍然有所区别。天然气运输系统有可能确定系统用户所需的运输能力，然后在运输企业与系统用户之间的合同（运输服务协议）中对此加以规定。而配送系统则往往不可能确定这些问题。另外，配送系统的经营和发展倾向于以普通运输为基础，扩建投资是根据预测的需求进行的，而不是以合同承诺的方式为这些增加的运输能力付费。因此，运输服务和配送服务的收费设计必须有所差别。

在北美的许多地区，提供捆绑式服务的地方配气公司按照一种被称为“递减批量”的原则对其服务定价。即当消费量超过了某个最初限量后，消费者承担的单位价格会根据预先确定的消费数量或批量相应有所减少。虽然不同的地方配气公司采用不同的门槛量和批量，但其思路是相同的。

这个方法的原理基于以下思路：所有配送系统都有数个压力等级，虽然不同配送系统的压力等级范围不同，但总的压力结构相同。向小规模消费者供应天然气，需要使用更多的从中压到低压等级的管道系统，单位输送量的服务管道和仪表的固定成本很高。而大规模消费者将连接到较高的压力等级上，这种连接（服务管道和仪表设备）的单位成本随消费数量的增加而降低。

地方配气公司在设计非捆绑式配送服务的收费过程中，对这种方法进行了修改和再利用。但是，这种批量收费方法不利于效率的提高，因为它鼓励那些消费量恰好低于门槛量的消费者增加其消费量，以获得较低的价格。

英国配送服务所采取的方法则与北美略有不同。BG Transco 确定收费方法的原则是，收费应该反映一定规模的消费者使用管网的典型情况，而不是特定消费者的实际使用情况。这主要是因为依据特定消费者实际使用情况的方法太复杂，不能作为收费的可行依据。BG Transco 的分析表明，消费者的消费规模与出口的压力等级之间存在较高的相关性。大规模消费者的供应通常需要较高的压力等级，而小规模消费者可由较低压力等级供应。这种方法可能避免出现这样一种矛盾，即相同消费规模的邻近地点实际上被连接到不同的压力等级上。

这种方法计算配送系统中每个主要的压力等级的平均使用成本。将平均成本与某负荷对相应压力等级的使用概率结合起来，就得出了该负荷使用该压力等级所应收取的费用。将这些按压力等级计算得出的费用加起来，就得出了该负荷使用配送系统的总费用。这种方法采用平均成本而不是边际成本来反映使用配送系统的总成本。总成本按运输能力和天然气商品分别分摊 50%。

从最小规模到最大规模，天然气消费者被分为 12 个消费量（或负荷）档次。根据连接到 BG Transco 管道系统的具体供应点处的压力等级或子等级的调查结果，加上管网分析，对于向某规模等级的消费者供应的单位天然气，就有可能估计其通过配送管网中各种压力等级或子等级的概率。

将使用概率应用到配送高峰日输送量上，就可以估计不同负荷档次对各压力等级运输能力的利用程度。将使用概率应用到每个负荷档次的预测高峰需求量上，就可以计算出主要压力等级的能力利用数据。

与能力有关的成本除以能力总使用量，就可以计算出高峰日每单位使用能力中由每个压力等级或子等级提供的能力的成本。对于每个负荷档次的消费者而言，以某特定压力等级或子等级的单位使用成本乘以该消费者使用该压力等级的概率，就可以计算出该消费者使用该压力等级的平均成本。为了给不同规模的单个消费者的收费提供可操作依据，需要确定使用配送管网的平均总成本。某个适用于各数据点的函数可以使误差项降到最低。目前，这个函数是单一的对数函数，对小于 7 500 立方米的居民负荷档次是一条直线。当这个函数应用于与 BG Transco 管网相连的所有供应点时，必须要重新标度，以获得所希望的目标收入。

目前这种方法在原则上得到了广泛的认可，相比起北美的定价方法比较优越，但也存在一些不足，主要包括：缺乏成本对应性；不能为系统的新连接和天然气的使用提供正确的经济信号；没有恰当地按能力和按天然气商品分别分摊费用；错误地鼓励了绕过 BG Transco 的系统；缺乏透明度。

b. 捆绑式配送服务运费设计

目前，大部分国家的城市配气公司提供的是捆绑式配气服务。这些提供捆绑价格的城市配气公司有必要受到监管当局的正式监管。这就需要为那些没有资格选择竞争性供应商的消费者制定一种关于天然气供应价格的控制方法，也需要制定管道服务价格的控制方法。在制定这种价格控制方法时，除了非捆绑配送服务价格之外，监管委员会还需要考虑天然气购买、运输和储存服务、公共服务的义务（PSOs）、消费者服务和利润等方面的成本。

3. 管道天然气的交易方式

在竞争市场环境中的天然气市场的交易方式也就更为复杂，长期合同逐渐让位给短期合同和现货交易，天然气的市场价格具有更大的灵活性，对市场供求关系的反应也更为及时。

(1) 合同机制

在竞争性市场中，长期合同虽然不再是交易的主要形式，但是不同类型的交易者也会选择不同期限的合同进行组合，以获取收益最大化。短期合同一般用于以年或季度为基础的负荷平衡或者满足需求上的突然变化，中长期合同则用于保障供气来源的稳定，中期合同的期限一般为 1—3 年，长期合同一般为 3—10 年。比如，地方配气公司就会寻求短期合同和中长期合同的组合，以便在保证市场最低需求的同时，利用短期合同的灵活定价以降低其长期运营成本。

(2) 现货市场

现货市场通常是指以固定气量和价格进行的30天以内的短期交易,属于场外交易。目前,在北美洲和欧洲,现货市场通常位于天然气产区的管道干线入口或不同管道的交汇点,或者管网调度枢纽。现货市场的出现不仅增加了天然气市场的流动性,也提高了市场效率。现货交易合同包括三种类型,即可停输气合同、基准量合同和连续输气合同。可停气合同也称为"摆动交易"(Swing),合同对交易双方不具有法律约束力,双方都没有义务交割或接收交易的气量,相当于只是交易意向;基准量合同则约定交易双方不能限制对方的交割或接收行为,必须尽量交割或接受,合同的法律义务相对宽松;连续输气合同则是真正的具有法律效力的合同,相当于短期的"照付不议"合同。

(3) 期货市场

相对于长期合同,短期合同和现货交易具有更大的价格波动性,而这正是产生天然气衍生金融产品的主要原因。1990年4月,纽约商品交易所(NYMEX)开始交易天然气合约,交割地点设在路易斯安那州的Henry Hub。随后,指数交易、互换合约、期权等天然气衍生金融产品纷纷出现。目前,北美洲和欧洲的天然气长期合同的价格不再是以竞争性替代燃料的价格建立指数化关系,而是主要和现货、期货价格建立指数化关系,然后在每月交割时,相应的价格就可以在合同规定的参考基准的基础上,根据公布的现货或期货价格进行灵活调整。

(二) LNG价格的形成机制①

整个LNG产业链的上游包括开采、净化和液化等环节,中游包括运输、终端接收和再气化等环节,而下游的最终用户大部分可以通过天然气管网供气或者通过冷储罐车运输再气化供气。整个产业链的项目投资主要集中在上游和中游的相关设施,而LNG供应的成本则主要由天然气开采费用、净化和液化费用、运输费用以及接收和再汽化等费用构成。根据资源状况、运输距离等的不同,各项费用所占比例变化范围很大。

1. 传统的LNG长期贸易合同

20世纪70年代,传统的LNG贸易合同的突出特点是合同期限长,往往带有"照付不议"、固定交货地等条款,交易风险大部分由买方承担。首先,出于保证LNG项目投资回收和供气稳定的目的,合同的期限通常在20年以上,这是因为对LNG供应方而言,LNG项目在初始阶段的投资大、风险高、融资难;而对LNG购买方而言,接收和再气化等下游设施的建设也面临相同的问题,而且还要保证向终端用户稳定供气,所以必须以长期合同的形式确保双方的利益。其次,照付不议

① 林伯强、黄光晓,能源金融[M]. 北京:清华大学出版社2011年版。

条款可以确保买卖双方分别获得稳定的资源供应和现金流。合同气量中可下浮气量比率非常低（通常只有5%），而照付不议系数往往达到100%，买方基本上承担了全部的价格和供气风险。再次，目的港船上交货[①]（DES）、离船价结算等条款则严格控制LNG的流向，在“目的地条款”的约束下，买方不得自行向第三方转卖过剩的LNG，避免对市场产生冲击。最后，采取与原油价格直接挂钩、按等热值计算的定价机制，LNG价格随原油价格波动而被动波动。

2. LNG国际中长期贸易

进入20世纪八九十年代后，LNG市场出现供大于求的趋势，LNG贸易逐步由卖方市场变成买方市场，LNG贸易合同也开始发生变化。首先，合同期小于10年中期合同逐渐取代长期合同，而合同的条款也开始变得更为灵活。其次，合同中的DES条款逐渐被装运港交货[②]（FOB）条款取代，货物的运输费用和风险由买方转向卖方。这种形式的转变一方面是由于LNG船舶的造价不断降低，运费和运输风险也随之下降，另一方面是由于在买方市场中，FOB贸易方式可以使买方在调度船队上掌握主动权和灵活性[③]。再次，价格机制采用双期权方式，以原油价格的长期预期均价为基准，LNG价格固定在一个浮动区间，通过嵌入期权，以控制价格波动风险。此外，LNG中长期合同的条款也更趋灵活，大大降低了买方风险。例如，在合同中设定3—5年的时间间隔进行价格条款的重新回顾；在合同中，提高可下浮气量比例，放松与买方相对应的限制，从而相应加强卖方的补提义务；取消“目的地条款”（欧盟已明确规定合同中禁止采用），允许买方自主销售过剩天然气，以规避“照付不议”条款带来的供应过剩的风险。

3. 新兴的短期贸易机制

20世纪90年代中期，LNG短期贸易开始出现，随后迅速发展起来并开始成为LNG国际贸易的主流。短期贸易能够在短时间内获得迅猛发展的主要原因包括：LNG生产商出现产能过剩；欧洲和美国的LNG接收站建设持续增长，开始出现处理能力的过剩；市场短期需求出现缺口，尤其是欧洲和美国由于管道天然气供应不稳定，在用气高峰期需要紧急在市场采购LNG进行调峰，及时满足终端用户需求以平衡市场供求；随着单船容量的扩大、船只推进系统效率的提高、船队的扩编，全球LNG的运输条件大幅提高，而LNG合同更为灵活的目的地条款，也为短

---

① 目的港船上交货（Delivered Ex Ship，DES），按DES术语成交，卖方应将出售的货物运至约定的目的港，并在船上交货，买卖双方责任，费用和风险的划分，以目的港船上办理交接手续为界，卖方承担在目的港船上将货交由买方处置前的费用和风险，买方承担此后的费用和风险，包括卸货和货物进口结关手续。

② 装运港船上交货（Free On Board，FOB），按FOB术语成交，由买方负责派船接运货物，卖方应在合同规定的装运港和规定的期限内，将货物装上买方指定的船只，并及时通知买方。货物在装船时越过船舷，风险即由卖方转移至买方。卖方负担风险和费用，领取出口许可证或其他官方证件，并负责办理出口手续。

③ 郝郁，国际LNG贸易合同及定价研究[J]. 国际石油经济，2004年第12期。

期贸易的发展提供了市场环境。

短期贸易主要是为了解决买方的短期需求过量和卖方的短期供应富余问题进行的、合同履约期限在3年内的交易。具体的短期贸易形式包括:

(1) 合同期在2年内每笔多船的短期合同或合同期在1年内每笔单船的现货交易;美国能源部定义的LNG"现货交易"为1年以内的单船LNG交易;"短期合同"为2年以内每笔两船以上的LNG交易。国际LNG进口商组织(GIIGNL)统计的LNG"现货交易"和"短期合同",则包括1年以内的单船LNG交易和4年以内的每笔两船以上的LNG交易①。

(2) 在买方之间或卖方之间进行的一船或多船的LNG互换交易。所谓的"互换交易"通常是指气量交换,一般不考虑价格因素。互换交易有两种情况:一是为了缩短船运距离,包括在两个不同出口终端的卖家之间进行的交易和两个不同接收终端的买家之间进行的交易,交易各方交换货物以减少各自的船运成本,并且释放出多余的船运能力;二是满足买方之间互补需求,比如,一方按长期合同中"照付不议"条款购入量存在过剩,而另一方此时LNG需求量大,存在供需缺口,两者进行跨期互换,以消除双方在提货时间上的差异,增加市场灵活性。

(3) 在长期合同许可的"上浮宽限量"范围内,买方额外提取一船或多船LNG以满足市场需求;卖方根据市场的变动,将一船或多船LNG转往其他市场销售的转卖交易。在实际操作中,LNG贸易中的买方往往把短期贸易与中长期合同相结合,互为补充,对于基本LNG需求量,采用中长期合同以保证供应,而对于额外需求或季节调整等需求,通过中短期合同或现货交易来满足,从而降低"照付不议"条款下的风险。

在LNG国际贸易中,买方通常采取把中、短期合同与长期合同相结合的方式,对基本需求量采用长期合同,以"照付不议"形式进行交易,而对于额外需求或季节调峰等需求,则通过中、短期贸易合同来满足。

4. LNG的定价机制

LNG的定价机制与市场的发展演变关系非常密切,尤其是与市场规模大小、流动性密切相关。由于LNG的全球市场规模仍不够大,流动性也不是很强,因此,目前LNG的贸易价格以单位英国热值计价(美元/MMBtu,即美元/百万英热),与竞争燃料价格和区域天然气价格相挂钩,并通过定价公式来进行调整。LNG的贸易价格参照的区域天然气价格体系主要是日本对外公布的LNG到岸价、美国

① 郑洪弢,LNG现货贸易:全球的发展与我国的尝试,http://www.sinosure.com.cn/sinosure/xwzx/rdzt/ckyj/hqcy/5879.html。

Henry Hub[①]交易中心的现货价格和英国国家平衡点[②]（National Balancing Point, NBP）的现货价格，三者共同构成了世界天然气贸易参考价格体系。这一体系也是国际 LNG 价格水准的最重要参考基准和价格涨跌的风向标。将来随着全球市场规模的扩大，LNG 将会形成更加独立的定价机制和价格体系。

北美地区由于拥有完善的国内天然气管网及健全的市场化交易体制，目前进口的 LNG 主要供应现货市场，LNG 合同的价格主要是 Henry Hub 的现货价格。欧洲地区进口 LNG 主要是为了实现能源供应的多元化，因此短期合同价格主要参考英国的 NBP、比利时的 Zeebrugge 和荷兰的 TTF 三个交易中心的现货交易价格，长期合同则通常参考低硫民用燃料油、汽油等竞争燃料价格。亚太地区进口 LNG 则是以保障天然气长期稳定供应为目的，LNG 贸易以长期合同方式为主，主要与日本进口原油综合价格[③]（JCC）挂钩，现在也有部分是与印尼官方石油价格即印尼出口原油价格加权平均值（Indonesian crude oil price, ICP）挂钩。但是，亚太地区仍缺少国际权威的能源定价中心，使得 LNG 进口国的议价能力较弱，大部分长期合同仍采用 DES 贸易方式，价格要比欧美地区高出 1 美元/MMBtu 左右。

由于早期的世界 LNG 贸易的主要买方市场在亚太地区，因此而形成的议价方式对后来 LNG 的定价机制产生了很大影响。LNG 进口价格公式从早期单一与原油直接挂钩的公式发展到现在的直线价格公式、S 曲线价格公式，是一个不断演变的过程。

（1）直接挂钩

1975—1986 年，日本 LNG 进口价格采取与原油价格直接挂钩的方式，按等热值计算，即：

$$P_{\text{LNG}} = AP_{\text{oil}} \tag{4-1}$$

其中，P_{LNG} 为 LNG 进口价格；P_{oil} 为原油价格；A 为与原油挂钩系数，按等热值原则进行换算，比如当 1 桶原油高热值取 5.81MMBtu 时，A 为 17.2。

（2）直线价格公式

1986 年后，日本 LNG 进口价格开始发展出直线价格公式，LNG 价格不再 100% 与原油价格挂钩，但挂钩幅度通常比较高，即：

---

① Henry Hub 位于美国南方的路易斯安那州，是 16 条州（州际）天然气管道系统的交汇点，并在此形成了美国最大的天然气现货交易中心，同时也是 NYMEX 的天然气期货的交割地点。

② 国家平衡点是英国国家电网公司的一个虚拟现货交易中心，也是欧洲最大的天然气交易点，其天然气现货交易价格也是 ICE 天然气期货合约参照基准。

③ 日本原油综合价格（Japan crude cocktail price, JCC）是日本进口原油均价，也称为日本原油鸡尾酒价格，是采用日本及进口原油 CIF 报关价作为基础加权计算获得的。

$$P_{LNG} = AP_{oil} + B \tag{4-2}$$

其中,P_{LNG}为 LNG 进口价格;A 为与原油挂钩系数;B 为调整量,谈判确定。另外,在合同中,往往规定了公式适用的油价范围,如果油价超出此范围,则另行谈判调整。

(3) S 曲线价格公式

20 世纪 90 年代以来,为了避免国际油价剧烈波动对 LNG 价格的影响,澳大利亚和日本的 LNG 贸易合同开始采用 S 曲线价格公式。2000 年后,欧洲进口 LNG 合同也开始采用这一定价模式。

$$P_{LNG} = AP_{oil} + B + S \tag{4-3}$$

其中,S 代表油价过高或过低时的曲线部分。由于合同中规定了公式适用油价范围,如果油价超出此范围,则另行谈判调整。S 曲线部分能有效保护合同各方免受油价高幅震荡带来的影响。按照此公式,当油价过低时,LNG 价格高于直线公式价格,以保护卖方的利益;而当油价过高时,LNG 价格则低于直线公式价格,以保护买方利益;当油价在中间幅度时,LNG 价格等同直线价格公式。具体的合同谈判的焦点是油价区段的划分和调价常数的确定。2000 年后许多欧洲合同也都采用了这个模式。[①] 此外,目前有的地区还出现了所谓的电力价格指数公式,即与电力挂钩的计算公式,以电力价格作为 LNG 价格的参照。该方法主要适用于 LNG 与电力竞争的地区。直线价格公式、S 曲线价格公式、电力价格指数公式各有其特点,适应的对象有所不同,使用时应根据当地的主要竞争能源进行选择。

一般来说,直线价格公式参照原油、燃料油等价格的比重较大;S 曲线价格公式参照煤炭、管道天然气等其他能源价格的比例相对大一些;而电力价格指数公式则参照电力的价格指数。三者比较,很难直接判断哪个公式对买卖哪一方有利。由于直线价格公式与 S 曲线价格公式相对来说更能满足买卖双方对减少 LNG 价格波动的要求,因此,目前的 LNG 贸易中普遍采用这两种形式。

第二节 美国天然气价格的市场化改革

一、美国的天然气工业

作为全球第一大天然气消费国,美国不仅天然气资源丰富,而且也是世界最主要的天然气市场。美国国内的天然气市场经过几十年的发展,已经形成了竞争型市场模式。

1. 储量与资源分布

美国天然气资源量丰富,2008 年美国的天然气探明可采储量为 6.37 万亿立

① 郝郁,国际 LNG 贸易合同及定价研究[J]. 国际石油经济,2004 年第 12 期。

方米，占世界总储量的 3.6%，居世界第 6 位。美国天然气资源分布广泛，天然气大气田主要分布在新德克萨斯油气区、新墨西哥州东南部油气区、墨西哥湾油气区、加利福尼亚油气区和阿拉斯加油气区（见图 4-10）。天然气探明储量主要集中分布在德克萨斯、墨西哥湾、新墨西哥州和怀俄明，这几个地区拥有的天然气探明储量分别占美国全国天然气探明总储量的 23.7%、14.8%、9.8%和 9.2%，其次为科罗拉多、路易斯安那和阿拉斯加。

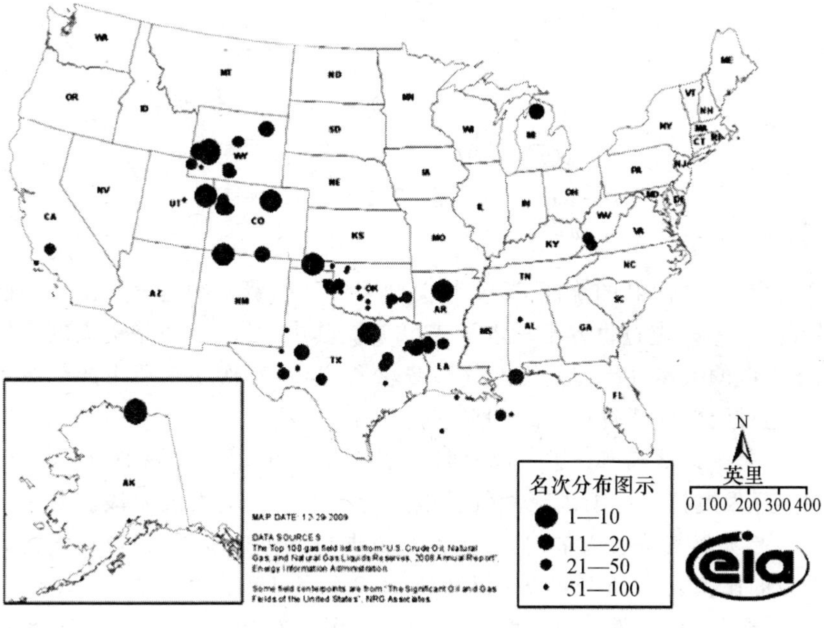

图 4-10　2008 年美国探明储量排名前 100 名的天然气田

资料来源：EIA，U. S. Crude Oil, Natural Gas, and Natural Gas Liquids Reserves, 2008 Annual Report。

2. 天然气供给

近年来美国的天然气产量一直稳步增长，2008 年，美国生产天然气 5 822 亿立方米，当年储采比 11.6，占世界天然气总产量的 19.3%，仅次于俄罗斯。而在 2009 年，美国天然气产量超越了俄罗斯，成为了世界最大的天然气生产国。根据 EIA 预测（见图 4-11），今后美国本土 48 个州的常规天然气产量将逐渐减少，但非常规天然气开采量将逐步上升，2007—2030 年参考情形下天然气的总产量仍将突破 4 万亿立方英尺（约合 1 132 亿立方米）。

3. 天然气消费

在美国，大约 160 家管道公司经营着 28.5 万英里的管道，其中大约 18 万英里

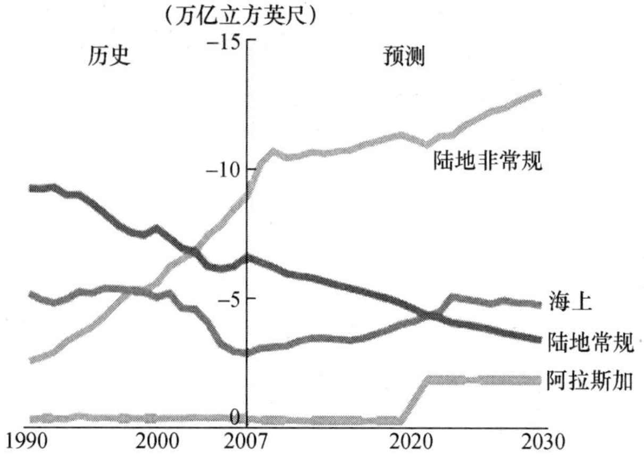

图 4-11 美国天然气历史产量及未来预测

资料来源:EIA, Annual Energy Outlook, 2009。

是跨州管道。根据 BP 的统计,2010 年美国天然气消费量约占全美国一次能源消费总量的 27.2%,超过世界平均水平 23.8%。其中,发电部门是最大的天然气用户,用于发电的天然气已超过天然气消费总量 31%,其次是工业生产领域和居民用气,均超过天然气消费总量的 21%。

目前,美国天然气市场进入成熟期,民用气和商业用气发展平稳,天然气消费增长主要靠发电拉动。美国天然气发电经历了两个快速发展阶段。第一个快速发展阶段是天然气快速发展时期,天然气发电得到迅速发展,发电用气占天然气总消费量的比例从 1935 年的 9% 提高到 1972 年的 18%;第二个快速发展阶段是 1987 年美国政府解除发电和大型工业用户使用天然气的限制之后,1998 年发电用气超过居民用气,比例不断攀升。

表 4-4 美国天然气消费结构变化 单位:%

年份	工业用气	发电用气	居民用气	商业用气
1955	46.6	15.8	29.0	8.6
1965	43.7	17.1	28.6	10.6
1975	39.7	18.0	28.0	14.3
1985	37.3	19.3	28.0	15.4
1995	43.6	16.3	24.7	15.4
2000	38	24	23	15
2005	32	29	24	15

资料来源:EIA, Annual Energy Outlook, 2009。

4. 天然气管网

截至 2008 年年底,全美共拥有输气干线管道约 50 万公里,配气管道约 300 万公里,这个网络系统由 210 个以上的天然气管道、超过 1 400 个用以保持天然气管网压力、确保天然气供应连续不断的天然气压缩站,以及超过 11 000 个传输点、5 000 个接收点和 1 400 个联网点组成(见图 4-12)。

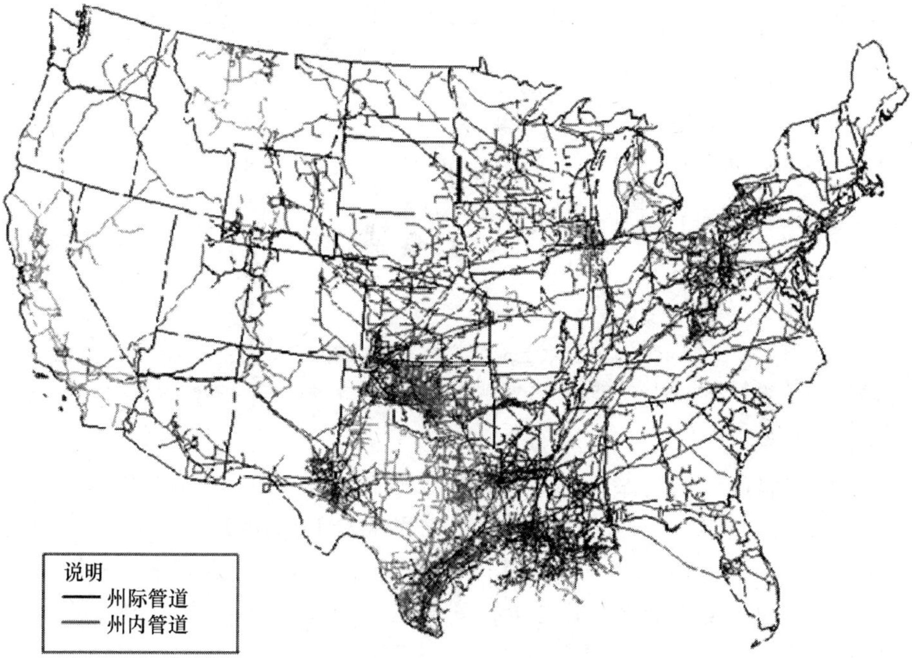

图 4-12 美国州际及州内天然气管网分布图

资料来源:EIA, Office of oil&gas, Natural Gas Division, Gas Transportation Information System, 2009。

虽然美国的天然气基础设施已非常成熟,但是仍在加紧投资。仅 2008 年一年,美国本土 48 个州至少完成了 84 个天然气管道项目和将近 4 000 公里的天然气管道建设工程,向全国天然气管网增加新输送能力约 43.9 亿立方英尺/天,耗资约 116 亿美元。

美国还高度重视天然气储备,地下储气库与管网同步建设。目前,美国的地下储气库数量居世界第一,共有 415 个地下储气库,库存量约占全年消费量的 1/3。图 4-13 显示了美国本土地下天然气储气库数量及分布情况。储气库主要分为三种类型,即枯竭油气田、含水层、盐穴。其中枯竭油气田储气库占 86%,集中在美国的东部、中部和西部;含水层储气库占 10%,主要集中在美国中部偏东地区;盐穴储气库占4%,多位于美国南部。

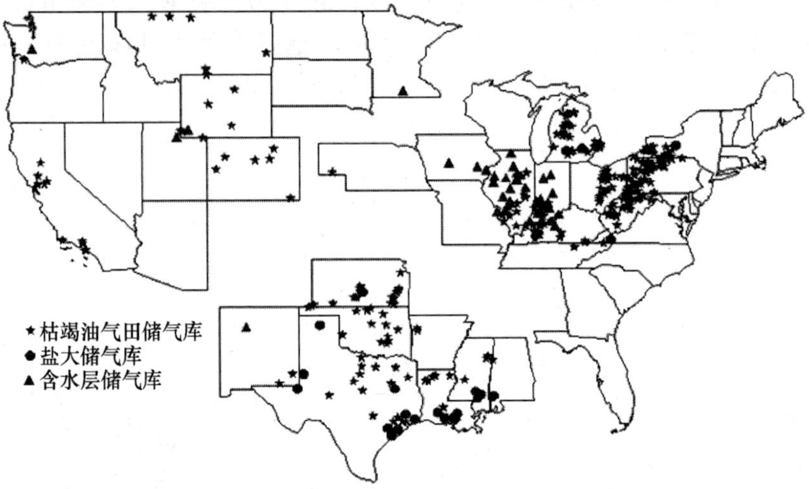

图4-13 美国本土地下天然气储气库数量及分布

资料来源:EIA, Office of oil&gas, Natural Gas Division, Gas Transportation Information System,2009。

另外,美国还有49个管道天然气进出口港口,8个LNG进口接收站和100个LNG调峰设施。近年来,美国油气公司还加大了对LNG接收站等基础设施的投资,计划在大西洋沿岸、墨西哥湾沿岸和太平洋沿岸分别建设6座、14座和1座LNG接收站,总容量将近250亿立方米。目前,这些LNG设施已经开始进行改造,以供美国向亚太和欧洲出口非常规天然气生产的LNG。2012年4月16日,美国联邦能源管理委员会(FERC)正式批准了韩国Cheniere能源公司的LNG出口项目申请,这将是美国40多年来的首个天然气出口项目。

二、美国的天然气市场

经过100多年的发展,美国的天然气市场已经较为成熟,并逐渐形成了竞争型天然气市场交易的运行模式。在解除价格管制后,美国天然气市场完全开放且极具竞争性。目前美国天然气产业已经形成四大市场主体,主要包括生产商、管道商、储气库、当地配气商以及经纪公司、大用户和终端用户。

1. 天然气生产商

目前美国有超过6 300余家的天然气生产商和约530家天然气加工商,其规模由家庭"作坊"到全球性大企业不等。独立的天然气公司(而非主要的一体化公司)钻探了大约85%的气井。该行业中有包括英荷皇家壳牌公司、英国石油公司、埃尔帕索天然气公司等在内的二十几家主要的生产商。

一旦气井投产,生产商或收集商就将建设管线,与单个气井联系起来,并通过该管线将天然气销售给可能的买家。气井附近的一家处理厂或工业用户会购买此天然气,跨州的或州内的管道公司也可能收购天然气用于异地销售。另外,独立的天然气购买方将购买的天然气集合后销售给跨州或州内天然气管道公司。

2. 管道运输商

管道在天然气分配中起关键作用,因为它们通常具有双重角色。作为批发商,管道公司从生产商处购买天然气,将其从井口运送到销售地,并批发给销售地的分销公司或零售给当地的工业用户。管道公司运输和销售其所拥有的天然气的业务被称为捆绑业务。这部分天然气的买方支付的价格包括天然气的采购成本和管道运输成本。此外,管道公司也提供单一的运输服务,即仅作运输商,为生产商或收集商与工业用户或分销商之间提供商业运输服务。目前,美国由大约160家管道公司经营28.5万英里的管道,其中大约18万英里是跨州管道。

3. 地方配气商

向居民、商业和工业用户分配天然气是由当地分销商完成的。这些分销商通常是私有的公用设施公司,按照州公用设施委员会规定的费率,向天然气最终用户收取服务费用。因此,这些分销商提供的是传统公用设施公司的服务。他们具有为规定地域提供服务的义务,其收费必须是公平、合理和非歧视性的。美国有大约1 200家天然气分销公司,其中由投资者拥有的此类公司占有90%—95%的市场份额。与地方性的输配电公司一样,地方性的天然气分销公司的规模通常不大。

4. 储气库

美国储气库的经营者也分为三类:一是州际管道公司;二是地方配气公司和州内管道公司;三是独立的储气库服务商。政府在储气库建设方面的职责是关注环境保护、市场需求等。联邦能源监管委员会(FERC)则负责控制储气库费率、监管储气服务收费;美国国家环境保护局(EPA)的职责是监管储气库环保。

5. 经纪公司

天然气经纪公司是美国天然气工业的重要组成部分。经纪公司代表天然气生产商、管网公司、配气公司和销售公司进行天然气的买卖。经纪公司通过尽力减少交易费用、供应和价格风险使其他市场参与者得到实惠。它们将市场参与者的供需意向汇集起来并为他们选择适宜的合约。这种结果使买家和卖家不必自己寻找适合的最佳合约,减少了交易的费用。同时经纪公司通过汇集所有供需合约,使每个合约的供应和价格风险都不一样。由于经纪公司能够汇集所有合约来处理某一笔业务,它们能够更好地降低风险。

近年来,美国天然气行业结构重整引起了两项值得关注的重大发展:一是出现了天然气中心市场和运输枢纽,就管道公司仅作为运输商(而不是批发商)的业务而言,中心市场和运输枢纽为天然气客户(也被称为运输商客户)提供不同管道公司之间运输链接和短期供应平衡等原本由管道公司提供的服务;二是出现了现货市场,成为继长期合同和短期合同交易方式后的新交易模式。

三、美国的天然气市场化改革历程

美国的管道天然气市场化改革大体上经历了四个阶段。

1. 第一阶段:形成和初步发展阶段(20 世纪 30 年代以前)

这一时期美国天然气市场处于形成和发育阶段,早期天然气主要用于民用照明,以后逐渐扩展到灶具、供暖等领域。当时政府对天然气市场管理非常松散,联邦政府没有统一的管理规定,只有一些州或市立法部门向天然气公司颁发执照和特许证,也就是默认天然气配送环节为自然垄断,政府通过授予特许经营权、设定天然气零售价格来管理市场。

2. 第二阶段:加速发展阶段(20 世纪 30 年代初期至 40 年代末期)

以 1931 年建成的德克萨斯潘汉德至芝加哥(长度超过 1 600 公里)的输气管道为标志,美国迎来了天然气第一次管道建设浪潮,随着长距离输送取得突破,天然气逐步取代煤制气成为城市和工业生产的主要燃气,跨州的天然气贸易也开始迅速发展起来。1938 年美国出台了《天然气法案》(Natural Gas Act,NGA),联邦政府开始直接介入跨州天然气贸易的管理。该法授权联邦动力委员会(FPC)负责监管天然气行业,包括从勘探开发、管道铺设到输配送等环节,并为跨州的天然气贸易制定价格体系。NGA 的出台打破了天然气州际贸易的壁垒,但事实上,行业的市场准入制却使管道公司发展成为天然气的垄断经营者。NGA 规定天然气价格必须公平、合理,但并没有对各环节的价格进行明确的规定。这一阶段,美国政府采取低价政策来促进天然气消费,培育天然气市场。1945 年,天然气在美国一次能源消费中已占 14.1%,而管网也不断拓展,输气能力大幅提升。

3. 第三阶段:快速发展阶段(20 世纪 50 年代初期到 70 年代末期)

第二次世界大战后,随着天然气工业的发展,基础设施不断完善,开始了持续到 50 年代中期的第二次管道建设浪潮,完成了连接产气区和东西岸天然气消费市场的横跨美国大陆的天然气管道建设,美国天然气市场进入迅速发展的阶段。而 50 年代末到 60 年代中期的第三次管道建设浪潮,完成了连接加拿大和墨西哥天然气产区的跨境输气管道建设,并发展成了北美天然气区域市场。1967 年美国天然气探明储量达到历史高峰,1972 年美国天然气消费量和产量达到了历史高峰,天然气占一次能源消费的比例达到 35.9%。但是美国的天然气储采比在 1945 年达到高峰后开始迅速下降,开始大规模从加拿大和墨西哥进口天然气。这一时期,美国天然气消费结构也一改以前以工业用户为主的局面,天然气发电和城市燃气在天然气消费中的比例不断提高，尤其是电力部门，成为这一阶段推动美国天然气市场发展的最主要力量，在 1970 年，天然气发电达到高峰，占全美总发电量的 24.7%。

这一阶段，美国政府进一步加强了对天然气市场的管理。以 1954 年美国最高法院对菲利浦斯石油公司的判决①(Phillips Decision)为基础，联邦政府加紧了对天然气价格的管制，FPC 推出以服务成本法为基础的天然气产供销价格体系，对生产价格(井口价)、运输价格(城市门站价)和零售价格(城市配送价)都进行了严格规定。这一时期美国天然气市场的运行模式是价格管制下的长期合同模式，即管道公司先与天然气生产商以受管制的井口价(Wellhead Price)签订长期合同，通过"照付不议"②(Take or Pay)条款保证天然气供应，管道公司再以 FPC 许可的管制费率(Rate Base)按城市门站价(City Gate Price)销售给地方配气公司，而地方配气公司拥有各自专属市场，以当地政府许可的城市配送价零售给消费者，一般终端用户可选择的余地有限或者根本没有选择。

美国政府的管制政策对于稳定天然气价格起了一定的作用，推动了天然气市场的发展。但是天然气管道公司的垄断地位，导致天然气市场运行效率较为低下，而 FPC 对井口价实行的较低定价政策，打击了生产商的积极性，导致美国在 20 世纪 70 年代末出现天然气供应能力严重不足的情况。

在 20 世纪 80 年代以前，天然气价格一直低于煤炭价格。井口价格的控制使得整个 20 世纪 60 年代，天然气价格都被冻结在 1959 年的水平。而同一时期其他替代燃料的价格增长幅度则为 10%—25%。这一方面导致了天然气生产商的利益受到很大损失，生产积极性下降；另一方面，较低的价格促使天然气消费快速上升，出现严重的供不应求局面。1976—1977 年冬季，天然气严重短缺时 9 000 家工厂被迫停产，有些州的学校甚至因无气供暖而被迫停课，这是美国天然气行业发展史上一直引以为教训的"失败时代"。为此，美国政府吸取教训，在 20 世纪 70 年代末取消价格管制，天然气价格开始缓慢上升，但是由于天然气的供不应求，天然气消费量从 20 世纪 70 年代初开始下降，直到 20 世纪 80 年代中期需求量才开始回升。

4. 第四阶段：市场化转型阶段(20 世纪 80 年代至今)

美国联邦政府又通过一系列法令和相关法案，逐渐放松天然气价格管制，并

① 菲利普斯石油公司(Phillips Petroleum)是全美最大能源跨国公司之一康菲(Conoco Phillips)石油公司的前身。1954 年，美国联邦最高法院对菲利普斯石油公司诉威斯康星(Wisconsin)案进行裁定，判决要求联邦电力委员会必须对天然气的井口价格进行管制。

② 天然气市场供应合同中所谓"照付不议"(Take or Pay)的条款，是指当市场发生变化时，付费不得变更，用户用气未达到此量，仍须按此量付款；供气方供气未达到此量时，要对用户作相应补偿。

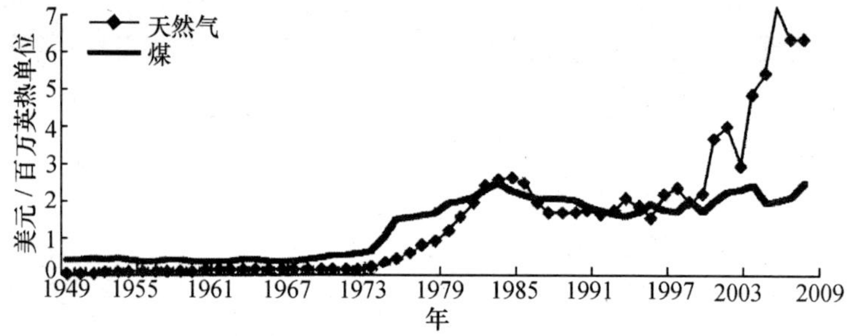

图 4-14 1949—2009 年美国天然气和煤炭价格对比

资料来源:张祁、张卫忠,美国天然气行业发展的经验及启示[J]. 国际石油经济,2009年第6期。

进行了两次产业结构重组。第一次结构重组针对的是销售环节,在 NGPA 颁布后,逐步解除了对天然气井口价的管制,同时迫使天然气管道公司放弃对市场的垄断,建立"气对气"的市场机制,允许地方配气公司和大用户直接与天然气生产商签订长期合同或者从现货交易中心购买同时允许其他的经销商(包括营销商、地方配气公司和生产商)进入二级销售市场。第二次结构重组针对的是管道输送和配送环节,通过引入"第三方准入"原则,建立"管对管"的市场机制,实现天然气运输与销售分离,由不同的经营者单独进行,管道公司主要从事天然气承运业务,并且对所有托运人提供无歧视的运输服务。图 4-15 显示了两次结构重组前后的美国天然气市场结构。

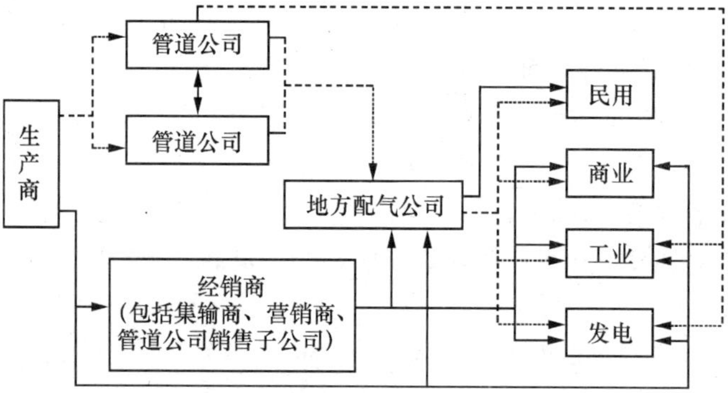

图 4-15 两次结构重组前后的美国天然气市场结构

注:实线代表结构重组后,虚线代表结构重组前。

1989 年美国完全解除了对井口价的控制,并逐步建立起"气对气"的市场定价机制。目前美国联邦能源监管机构侧重于维护一个竞争性的市场,而不直接干预价格。由图 4-16 可以看出,完全放开井口价格并没有造成天然气价格的大幅上升,相反,竞争性市场机制的建立使得美国的天然气价格在整个20世纪90年代保持在一个稳定的水平,相比之下市场消费量则稳中有升,从这里可以充分看出价格改革的成果。进入21世纪之后,由于替代能源石油价格的上升,带动了天然气价格的又一轮上涨。但是,随着2009年以后美国非常规天然气开发的逐步成熟,国内天然气市场开始出现供应过剩的局面,其国内天然气价格远低于国际天然气价格,这对于提升美国能源安全具有非常重要的意义。

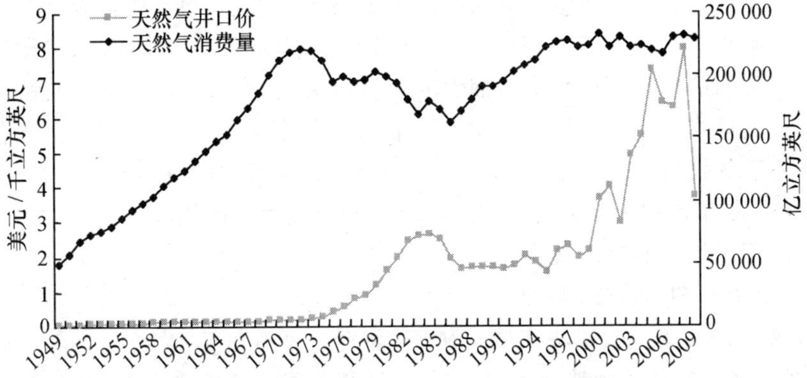

图 4-16　美国天然气井口价与天然气消费量对比

四、美国天然气工业的两次重组改革

(一) 第一次重组:解除井口价格控制

美国天然气工业井口价控制的解除是从1978年国会通过的《天然气政策法案》(Natural Gas Policy Act,NGPA)开始到1989年的《井口价格解除管制法案》结束,共历时21年。

1. 1978年《天然气政策法案》

1978年国会通过的《天然气政策法案》授权成立联邦能源管制委员会(FERC),接替联邦动力委员会(FPC)来管理天然气市场。NPGA首先改变了井口价管制的形式和范围,建立天然气井的分类体系,为各类别的气井规定了新的井口价,并确定了解除管制的时间表;其次规定取消了生产者向管道公司销售天然气的许可证制,但保留长期合同机制;再次颁布《发电厂和工业燃料使用法案》(Fuel Utility Act,FUA),规定提供给电力和工业用户的新气井采取"增量定价",而对普通用户则采取新、老气井的均价。《天然气政策法案》加速了天然气市场化改革的进程,其监管思想主要体现在以下几个方面:确立唯一的国家天然气市场;根据需求确定供应;允许根据市场的力量确定天然气的价格。

《天然气政策法案》允许更多的价格竞争的出现,但是许多产业链上的企业并没有为需求减少而做好准备。而且该法案并未改变的是,州际管道公司仍然可以维持其从生产者那里购买天然气进行二次销售的垄断地位,这导致了预料之外的天然气过剩。

管网公司习惯于天然气短缺的状况,迅速地签署了"照付不议"协议。根据协议,管网公司不管是否输送了协议规定的天然气量,都要按照协议的规定支付固定数量天然气的价格。《天然气政策法案》刺激了发掘新的天然气资源的愿望,提高了天然气的价格,管网公司尽量地输送尽可能多的天然气,这些都导致了天然气的超额供应。这种超额供应的情况产生了很多的影响,包括管网公司根据照付不议合同必须支付固定数量的天然气价格给生产商,尽管实际需求并没有那么多。管网公司的用户不得不支付捆绑的价格购买天然气,天然气的价格中包含了管网输送的价格。这时管网公司的用户们发现直接从生产商购买天然气然后通过管网输送的价格,比从管网公司直接购买天然气的价格更加合算。由于天然气的高价格,80年代初大量的工业用户不再使用天然气而改用其他的能源。例如电厂不再使用天然气而改用煤炭。

2. 1984年FERC 380号令

1978年的天然气政策法案(NGPA)主要对天然气价格、生产及运输等做出规定,但对地区销售公司则涉及不多。1984年联邦能源监管委员会(FERC)发布第380号令,其核心是:"免除地区配送公司必须向管道运输公司购买天然气的义务,允许其在现货市场上直接向生产商购买天然气,但是,管道运输公司仍被要求兑现与生产商签订的长期照付不议合同中的销售给地区销售公司的气量。"

第380号令解除了地区销售公司与管道输送公司长期购销合同中存在的最小交易量限制条款,即要求地区销售公司必须支付管道输送公司一笔固定的费用。此令实施后,地区销售公司可以在天然气现货市场上随行就市购买天然气。在20世纪70年代的天然气短缺时期,管道公司和地区销售公司为了确保天然气的供应,通常与生产商签订长期购销合同。进入80年代初期,天然气价格下降,合同中的价格就比开放市场的价格高得多,同时还要求买家支付一个门槛气量,无论其是否消费了全部合同量(称为照付不议)。管道运输公司的收入在某种程度上,从与地区销售公司合同中的最小量条款得到补偿,合同还同时要求下一级顾客有一个基本支付额,而不管其是否消费了天然气。管道运输公司的收入还可以通过FERC在1983年通过的一个市场特殊程序得到保障,该程序允许工业用户在天然气生产商同意出让等量的管输容量的条件下,直接向生产商购买天然气而通过管道公司运输。然而,在已有合同中,地区销售公司仍被要求兑现照付不议条款。为了改变这种状况,FERC发布了380号令,免除地区销售公司必须向管道运输公司购买天然气的义务。

380 号令允许地区销售公司在现货市场上直接向生产商购买天然气。但是，管道运输公司仍被要求兑现与生产商签订的长期照付不议合同中的销售给地区销售公司的气量。此外，华盛顿特区上诉法院于 1985 年裁定，特殊市场程序中存在对其他不能直接购买天然气和通过管道运输获取天然气的客户的歧视。剧烈的照付不议危机导致了随后的 436 号令、500 号令和最终的 636 号令的出台和进一步的监管改革。

3. 1985 年 FERC 436 号令

1985 年 10 月 9 日，FERC 出台了一个具有里程碑意义的法规——436 号令，它标志着管道公司销售和输送天然气的捆绑式服务已经结束。436 号令的核心是要求管网公司对所有天然气用户（包括下游的销售公司、分销商以及各类终端用户）开放输送天然气的功能，允许用户直接和生产商商定价格并且与管网公司签订输送服务合同将无歧视输气转变为公开准入输气，包括现有用户和未来的潜在用户。输气用户之间只有服务成本的差别，而没有销售量、终端用途或利用替代燃料能力的差别。436 号令要求按照“先到先服务”的原则分配输气能力。

4. 1986 年 FERC 451 号令

1978 年的天然气政策法案中虽然规定了解除对新气的控制，但 1938 年天然气法案还是给予了 FERC 某些权利，管制那些天然气政策法案未完全解除管制的老气。1986 年 6 月 6 日，FERC 颁布 451 号令，将全部老气的最高限价涨至 2.58 美元/千立方英尺，并根据每年的通胀水平进行调整。这一现价明显高于现货价格，有些气甚至是天然气政策法案中最高限价的几倍。控制消除了老气的优势，使得天然气卖方之间的竞争是基于其实际成本的，451 号令结束了管道公司作为二次销售商所拥有的任何优势，加速了他们向输气商的转型。

5. 1987 年 FERC 497 号令

在 436 号令出台之后，照付不议的问题依旧存在。这促使管道公司或其关联公司继续向那些需要输气服务的用户二次销售天然气。这些参与竞争的不受管制的关联公司在天然气销售中会获得管道公司各方面的优惠待遇，招致了许多生产商和销售商的不满。

为解决管道关联公司的区别服务问题，1987 年 6 月 1 日，FERC 颁布了 497 号令，规定禁止没有一揽子输气许可证（根据 436 号令颁发）的管输公司对其关联公司实行输送费率折扣。持有许可证的公司必须向 FERC 报告其关联公司的折扣费率，并会受到 FERC 的质询。同时，管道公司不得给与其关联公司在计划安排和减量方面的优惠，并不能与其共享任何市场敏感信息，且必须向所有托运人报告他们从关联公司获得的敏感市场信息。同时，497 号令禁止管道公司和其关联公司在组织上完全分离,只能实行业务分离。

6. 1988 年 FERC 500 号令

为解决天然气合同的照付不议问题,作为对法院的临时回应,FERC 在 1988 年 8 月 7 日颁布了 500 号令。500 号令保留了 436 号令未受法院发还影响的内容,同时还增加了交叉补偿机制,要求那些需要管道公司为其输送天然气的生产者,用输送天然气补偿承运管道公司的照付不议责任。管道公司可用此选择清偿任意一项照付不议责任。

7. 1989 年《天然气井口价格解除管制法案》

与最高法院批准的 451 号令同步,1989 年美国国会通过了天然气井口价反控制法案,宣布 1993 年 1 月 1 日起不再控制所有天然气的一次售价,允许完全根据市场状况自由地制定价格。天然气反控制法案规定"第一次销售"可以不受任何联邦法案对价格的规定。关于"第一次销售"的定义如下:销售给管网公司;销售给当地的配气公司;销售给最终用户;联邦能源委员会规定的其他"第一次销售"。

"第一次销售"所没有包含的是管网公司和当地的配气公司销售的天然气。

(二) 第二次重组:市场公开准入

美国天然气工业的第二次重组始于 20 世纪 90 年代初,目的是把竞争市场的定价机制及组织结构扩大到天然气输送和配送环节。这次改革采取的是较为缓和的调整方式,并没有进行取消管制这样的根本性改革。

1978 年《天然气政策法案》颁布后,在 20 世纪 80 年代的 10 年间,多数管道公司从对天然气二次销售拥有近似垄断权力的地位转变为仅负责天然气输送服务的服务商。同时,其他(非管道公司)二次销售商,包括天然气生产商、地方配气商和独立销售商等,接替了为地方配气商和大用户直接供气的业务。在主要的天然气产区、大管道的交汇点和城市门站,形成了天然气零售网,交易方采取现货交易、短期合同和长期合同等多种灵活方式进行天然气资源的调配。

1. 1992 年 FERC636 号令

第二次重组浪潮最著名的标志是 FERC1992 年 4 月 8 日出台的 636 号令。它是对跨州天然气工业放松管理的最终结果。如果说 436 号法令的实行使得管道公司的运输业务与其他业务分离成为可能,那么 636 号法令则对此作出了强制性规定。该法令要求管道公司解除对运输功能和销售功能的捆绑,禁止管道公司从事天然气销售业务,并且管输公司提供的输送服务必须是无歧视的,遵照"先到先得"原则。法令中还要求管输公司设立面对所有用户的"电子公告板",及时公布运输服务信息。636 号法令的主要条款包括:

① 公开运输准入。完成始于20世纪80年代的州际管道公司的角色转换,即从垄断的天然气二次销售商变成为其他用户提供"公开准入"的天然气输送商。不管天然气是直接从管道公司购买的,还是从生产商或销售商处购买的,管道公司必须提供质量相同的运输服务。这增加了在天然气工业中的井口竞争,以至于所有的天然气商被给予同等的运输机会和服务。

② 公开储气准入。在美国,天然气存储对天然气的有效配送来说是非常重要的方面。如果天然气需求超过了天然气生产和管道运输能力,就可以使用储存的天然气,这种情况在天气寒冷的时候尤其典型。FERC的636号令特别要求扩大和公开对洲际地下储气能力的进入。目前气体运输用户可以获得州际储气能力的90%,剩余的10%由管道公司自己用于气体平衡服务。

③ 重新设计管输费率结构,以确保管道公司回收期历史性固定成本,并消除费率扭曲经营决策和市场价格的倾向。这是一个引起争议的条款,争论的焦点在于根据FERC的促进在天然气供应者之间竞争的目标,怎样将提供运输服务的成本在用户之间进行分配。为达到这一目标,636号令采取直接固定变动(SFV)费率设计方法,即要求管道公司仅通过向固定用户收取容量预订费,回收与运输服务有关的固定成本,只有在市场条件允许的情况下,某些固定成本才可以从可中断用户回收。固定用户按月被收取基于他们要求在高峰期预定每日容量的预订费。可中断用户不预定每日容量,也无须预订费。可变成本通过以实际运输气体量为基础的使用费来回收。

④ 容量转让。这是636号令对气体运输灵活性提供的一个新举措。容量转让是指公开准入管道对固定运输和储气容量的权利的永久性或临时性再出售。替代托运人也就是容量受让人可以再转让容量,只要最初转让条款许可。容量的二次交易有效地促进了管道容量二级市场的建立,通过向出价最高的托运人重新分配容量,增加了天然气运输的效率。管道公司会从中获益。为促进容量转让市场的发展,FERC要求管道公司建立电子公告牌,以便向托运人提供平等的、及时的运输服务信息。

⑤ 发展市场中心。636号令鼓励使用和发展市场中心。在市场中心,几条管道系统交汇,许多买者或卖者在此交易天然气,这增加了天然气交易的机会,增加了天然气工业的可靠性,促进了价格信息的交换。

可以说,第636号法令完成了管网输送服务与天然气商品分开的最后一步,是最后的反控制的法令,它是过去20年中所有的放松监管政策发展的最终结果。这个法令从根本上改变了管道公司的运行方式,强制性地要求管道公司分离它们的销售及运输服务,保证其他天然气供应者也能够得到从前只有管道公司自有的天然气才能享受到的相同质量的服务。这就在天然气供应者之间增加了竞争,消除了管道公司的市场优势。另外,随着天然气供给的日趋稳定,新开采的天然气售价通常低于长期和约价格,长期和约不再受人欢迎。经过不到20年的时间,“照付不议”协议基本退出了历史舞台。

2. 2000年FERC637号令

2000年,FERC通过了637号法令,进一步精简了保留的管道管理规定,同时处理了运输能力开放计划和无效率问题。637号法令,旨在提高天然气运输市场的效率,更好地保护市场参与者的利益。637号法令的内容包括:提高燃气公用企业转让其持有的管输能力的价格上限;允许管输公司调整用气高峰与低谷的收费率;管输公司要与公用企业共享其利润超过FERC规定标准的部分,以补偿后者为顺利出租管输业务所支付的成本。这些监管主要是为了防止大的垄断集团滥用它们的权力,保证天然气市场平稳高效的发展。

五、美国的天然气定价机制

(一) 管道天然气

在竞争市场条件下,无论对于企业还是用户来说,天然气管输费率的制定都十分重要。目前在美国,天然气管输费在终端用户消费价格中的比重相当大,其中不同终端用户的天然气管输费占到天然气井口价格的40%—60%。因此,有必要对美国天然气管输价格的定价机制及其演变进行详细介绍。

1. FERC对州际天然气运输的规定

根据1938年《天然气法》的授权,联邦能源管理委员会(FERC)对州际天然气设施建设和运输实行监管。FERC规章第284部分提出了对州际天然气运输的监管要求。主要内容如下:

(1) 关于固定运输服务

FERC指出,州际管道公司必须提供固定运输服务,而且这种服务须和其他销售服务分离。即这种服务不受另一客户或另一种服务优先权的限制,对任何其他种类的固定服务有同等的优先权。州际管道公司提供的固定运输服务必须平等无歧视,不得有优先权的区分,无论是输气服务质量、服务期限、种类、价格还是运输天然气的数量和客户分类,都不得有区别对待。另外,无论托运人的天然气是从管道公司还是其他途径购买,管道公司提供的服务质量必须相同。用户购买固定运输服务,管道公司可以向托运人收取预订费。一旦收取,管道公司必须回收用于这种固定运输服务的全部固定成本,除非FERC允许回收部分预定成本,不用于固定运输服务的任何可变成本或固定成本都不予回收。

(2) 关于州际管道运输容量的转让

FERC指出,在固定基础上提供运输服务的州际管道公司必须在其运输条款中包含向托运人提供转让固定运输能力的机制,以便固定托运人可以以固定运输为基础转让固定容量。必须准许固定托运人长期或短期地转让它们的全部或部分容量,并且不受转让条款或条件的限制。当然,一个固定托运人可以指定一个替代托运人获得其想要转让的容量。但是它必须将转让条件、它所指代的托运人姓名及该固定托运人提出的条件告知管道公司。管道公司得到这些信息后,必须在互联网上及时通报对转让或购买容量提出的报价、报价条件及替代托运人的姓名。管道公司还必须将转让容量分配给满足以上所有转让条件且出价最高的报价者。如果出价最高且满足条件的人数多于 1 人,那么转让的容量可以根据管道公司对外公布的运价规则及运输条款进行分配。如果被固定托运人指定的替代托运人出价最高,那么容量则必须分配给这个指定的替代托运人。最后,如果没有特殊情况,托运人转让容量的合同将是完全有约束力和有效的,由转卖给替代托运人所得到的收益用于补偿转让人的预订费。

(3) 关于可中断运输服务

FERC 指出,提供固定运输服务的州际管道公司还必须提供可中断运输服务,而且这种运输服务要与任何销售业务相分离。所谓可中断运输服务是指用于提供这种服务的运输能力受到另一用户或另一类服务优先权的限制,从而得到比另一用户或另一类服务较低级别的优先权。固定运输服务中的无歧视待遇和合理操作条件条款都对可中断运输服务适用,且不向可中断运输服务收取预订费。

(4) 关于费率

FERC 提出的内容主要包括适用性、费率目标和费率设计三个方面。

首先是适用性。要求为运输服务收取的任何费率必须建立在一个费率明细表的基础上,该费率明细表在开始提供服务之前要提交委员会批准并符合前述规定。

其次是费率目标,要求设计的高峰期和非高峰期最大费率必须达到以下 3 个目标:高峰期运输服务费率应该反映预定容量;非高峰期固定运输服务费率和所有时期可中断运输服务的费率应该使管输量达到最大;管道公司分配给固定运输服务与可中断运输服务的收入要求应以高峰期和非高峰期各种服务的预计服务量和最大费率为基础。

最后是费率设计,主要包括以下 5 项要求:

① 气量费率。除了预订费,任何用于回收成本的费用都是根据预计的实际服务量计算的,必须设计成气量费率,可以不包括需求费、最低付款、最小费率或任何其他保证收入的条款。这种费率必须区分出分配给运输、储气和集气成本。

② 费率设计必须基于预计的服务量来回收服务成本。单位预订费的计算

主要是根据分配给预定容量的固定成本，结合管道公司已收到的用户预定容量来计算。剩余的固定成本和所有的可变成本应该根据预计输气量确定气量费率。

③ 任何服务费率必须合理反映由于服务时段(高峰期或非高峰期)和运输距离的不同而产生的服务成本的变化。

④ 任何最大费率必须被设计成通过单位费率方式，仅回收分配给该费率所适用服务的成本。任何最小费率必须以分配给该费率所适用服务的平均可变成本为基础。

⑤ 费率弹性。本条款的任何费率都必须有最大费率和最小费率，管道公司可以向个别用户要求在最大费率和最小费率之间的费率。管道公司可以不提出用于回收在以前有效费率中未回收成本的修订费率或新费率。

⑥ 管道公司以经过折扣的费率提供固定或可中断运输服务，必须在计费期结束15天内呈报折扣报告，折扣报告须包含以下内容：给予折扣的托运方的法律全称、承运方与托运方之间的公司关联关系、最大费率或费用、在计费期实际收取的费率或费用。本款要求不适用于非永久性与容量转让有关的折扣。

2. 天然气管输费的影响因素

美国管道运输公司在提供跨州输气服务时，管输费多采用传统的服务成本法。决定管输公司管输费的主要因素包括：

① 基础费。基础费是传统的实物资本成本。通常，计算基础费是用在用净资产(天然气管输公司的在用总资产+在建工程-累计折旧、折耗和摊销)加上预付款和存货减去累计递延所得税。

② 许可收益率。许可收益率(即资本成本)是管输公司的债务成本和净资产收益率(由管理办法规定)的加权平均数。各个管输公司的许可收益率都须由FERC核准。在决定某一管输公司的收益率时，FERC要考虑许多因素，包括资本构成、风险条件及其他因素。修改管输公司的核定收益率将改变其总服务成本，从而使管输费发生变化。

③ 操作与维护(O&M)支出。这是维持管线系统运行及维护管线设施的直接成本。O&M成本是价格听证会要审查的内容之一。

④ 负荷特征。管输用户的负荷特征是通过该用户的负荷系数来反映的，即用户管输气量的平均值(常作年度平均数)与用户预定的最大管输能力之比。通常说，负荷系数相对较大的输气客户具有比较高的负荷特征。在计算管输费时，负荷特征对固定成本的分摊方式有影响。一般地，对低负荷系数用户收取的平均运费要比高负荷系数的用户高。

⑤ 预定输气能力。预定输气能力是指用户向管输公司预定的最大输气量。

如果一个用户在 1 月份要求的日输气量是 100 万立方米,那么这个用户必须在这年的每一天,都要求管线预留 100 万立方米的输气能力。向用户收取的管输能力预定费按每单位预留管道容量计算,而不论该容量使用与否。

⑥ 预期可中断输气量。尽管可中断供气的管输费比连续供气的管输费低,但可中断供气量也分担了一部分固定成本。在决定管输运费时,固定成本依据连续和可中断输气服务各自对管线的负荷,在二者之间分摊。可中断输气量的减少会增加连续供气用户的管输费。

⑦ 管输费设计。连续供气用户须支付预留管输能力的预定费和实际输气量的管道使用费。费率设计是指如何在这两种收费项目中分摊和收取固定成本。1988—1991 年,修正固定变动(MFV)费率设计被广泛使用,在这种制度下,固定成本在费率的需求部分和商品部分之间分配。FERC 的第 636 号令固定使用直接固定变动(SFV)费率设计,在这种方法下,所有的固定成本被分配给预订费,而变动成本被分配给商品或使用费。费率设计的这种变化使低负荷系数用户负担的费率趋于增加,而高负荷系数用户负担的费率趋于降低。当然,容量转让以及可中断收入补偿机制可以缓解由于费率设计方法的改变对低负荷系数用户造成的不利影响。对于小用户,也可以采用单一的一部制。

⑧ 管线扩容成本。因为分摊要持续许多年,所以扩容成本通常要转移给所有用户并将继续影响输气费。

以上所列因素中,对管输费影响最大的因素应该是管输费设计,它决定了成本如何分摊以及如何从不同的用户中收回。美国从 1985 年 FERC 颁布 436 号令起,开始对天然气管输费设计进行改革,费率水平逐年下降。到 1992 年 FERC636 号令颁布实施后,美国主要天然气管输公司的天然气长距离管输成本从 1988 年的 31.78 美元/千立方米降至 1994 年的 20.83 美元/千立方米,这其中包括天然气管输业体制改革、允许第三方进入、行业间竞争加剧等客观因素的影响,同时也离不开管输公司加强内部管理、降低成本和提高劳动生产率等的主观努力。

3. 天然气管输费的制定过程

美国 1938 年《天然气法案》授权了联邦能源管理委员会管理州际天然气销售与运输。联邦能源管理委员会通过主持运费听证会保证运费合理且无歧视。在费率听证会期间,管输公司被要求提交其成本数据及服务水平(供气量和需求量)等方面的详细资料,以证明其提出的运费是合理的。在判定适当成本和服务等级并以此确定管输公司运费之前,所有相关单位都有机会向 FERC 提供证据。具体来说,管输费率的制定程序包括以下五个步骤:

① 确定应通过运费收回的服务总成本。通常,FERC 采用历史成本的运费制定法。即以最近 12 个月期间发生的实际成本作为基础期,再根据基础期结束后

的9个月内的实际变化进行调整,从而建立起一个包括管输公司提供服务的全部成本(其中包括政府审定的合理投资回报率)在内的“实验期服务成本”。

② 将“实验期服务成本”按管线功能分开,这是一个将管道公司的服务总成本在它所提供的各项服务功能之间进行分配的过程,如集气、输气、储气和配送。

③ 将“功能化”成本按需求部分和商品部分进行分类。根据FERC的运费制定方式,可变成本(即根据管输气量多少而变化的成本)被划为商品成本,固定成本(或不变成本)被划为需求成本和(或)商品成本。由于天然气管输业属于资本高度密集的行业,因而总成本中大部分为固定成本。

④ 在管输公司的服务项目中,将需求部分和商品部分进行分配。传统上,需求成本是按用户的预定输气量(或能力)来划分的,而商品成本则是依据实际消费或使用的气量来划分的。划分时也可结合将天然气输送到用户的输气距离加以考虑。

⑤ 设计单位输气费率。单位输气费即用已分配的需求成本和商品成本分别除以它们的输气量而得。管输费的结构可以设计为一部、二部或三部。一部制费率结构是指按用户消费或运输的气量一次性回收需求成本和商品成本,即用户的费用是根据其消费或输送的气量单位收取的。而在两部和三部制费率结构中,则用管输量预定费率回收需求成本,用实际用气费率回收商品成本。

输气费的设计可以反映管输公司的服务质量。例如连续供气服务的需求成本高于可中断供气服务。因此,在运能紧张的情况下,连续供气用户具有按合同能力供气的优先申请权,而可中断供气用户则可能受到影响。因此,可中断供气用户通常采用一部制输气费,因为这种输气费一般较低且只包含少部分需求成本。

尽管上述管输费制定程序看起来似乎简单明了,但为了实现其与现行市场相适应的政策目标,FERC还可以影响和改变管输费的制定程序。如FERC就曾采用成本分类型管输费制定方式,把固定成本或者划分为需求成本,或者划分为商品成本,或者是二者的某种结合。

自1938年FERC被《天然气法》授权管辖州际天然气管道运输之后,出于不同的政策目的,其先后采用的管输费率制定方法也不断变化(见表4-5)。

表 4-5　美国天然气管输费率设计方法变动历程

时间	方法名称	设计目标	方法描述
1952 年前	固定变动法(Fixed-Variable Method)	促进天然气充分利用,提高天然气相比于替代能源的竞争力	将所有固定成本分配给费率的需求部分; 所有变动成本分配给费率的商品部分
1952 年	大西洋海岸法(Atlantic-Seaboard Method)	不断减小固定成本在费率需求部分的比例,从而提高单位天然气的运输成本,降低天然气相比于替代能源的竞争力,减少工业用户的用气量	将固定成本的 50% 分配给费率的需求部分; 其余 50% 固定成本和全部变动成本分配给费率的商品部分
1973 年	联合法(United Method)		将 25% 的固定成本分配给费率的需求部分; 其余 75% 固定成本和全部变动成本分配给费率的商品部分
1983 年	修正固定变动法(Modified Fixed Variable Method)——两部需求费	逐渐提高固定成本在费率需求部分的比例,直至全部固定成本都分配给费率的需求部分,从而促进天然气行业竞争,降低天然气供应成本,提高供应水平	除权益资本收益及相应的所得税以外的所有固定成本被分配给费率的商品部分; 在费率的需求部分中,50% 通过高峰日需求量收取,50% 通过全年需求量收取
1989 年	修正固定变动法(Modified Fixed Variable Method)——一部需求费		除权益资本收益及相应的所得税以外的所有固定成本被分配给费率的需求部分; 权益资本收益及相应的所得税及所有的变动成本被分配给费率的商品部分
1992 年	直接固定变动法(Straight Fixed Variable Method)		所有的固定成本分配给费率的需求部分; 所有的变动成本分配给费率的商品部分

资料来源:西气东输价格研究课题组,美国天然气管道运输价格制定方法[M]. 北京:石油工业出版社 2002 年第 1 版,笔者整理制表。

4. 管道运输服务成本的构成

在上述费率设计步骤中,第一步就是要确定管道公司向其用户提供服务所需回收的服务总成本,这包括以下五个方面:

① 在费率基础上的收益。这一收益用管道公司的费率基础乘以许可收益率计算得到。一般来说,费率基础 = 工厂的设备净值(= 工厂设备总投资 + 在建工程 - 累计折旧 - 累计折耗 - 摊销) + 运营成本 - 累计递延所得税。费率基础是公司赚取利润和融资成本的基础。

② 运营与维护支出。这一项包括管道公司日常运营所需要的人工成本和材料支出等付现性支出。它与公司的产输配运等功能相关,还包含了用户服务成本、行政管理和一般性支出。

③ 折旧、折耗和摊销支出。这一部分代表一定时期内,由于资产价值的损耗而需要从收入中得到补偿的费用。

④ 所得税支出补偿。它为管道公司提供了一种通过用户回收联邦及州所得税账面成本的方法,一般等于公司赚取利润乘以所得税系数。

⑤ 其他营业支出。这一部分包括除所得税外其他的纳税支出、收入贷项调整和一些杂项支出。

在上述成本项目中,任何一项的变动都会对平均单位费率施加变动的压力。当然,这些项目对平均单位费率变动的影响能力取决于其在服务总成本中所占的比重。

(二) LNG

在美国这样市场发展比较成熟的地区,LNG 定价方法取决于市场供需情况,由市场决定。其价格一般参考该地区长期管道天然气合同以及 Henry Hub 短期天然气价格合同而定。

在美国,一般 LNG 主要与管道天然气相竞争,具体的 LNG 价格公式可以表示为:$P_{LNG} = A \times HH \pm B$

其中,A 是一个小于 1 的常数;B 是常数;协议的 HH 是亨利中心的定价基准;例如纽约商品交易所交割月份的结算价格。

还有一种净回值定价方法,用公式可表示为:

市场价格 = HH ± 地方价格差异 - 终端费用 - 买方保证金 = 到岸价(CIF) - 船运成本 = 离岸价(FOB)

以尼日利亚进口到美国莱克查尔斯(Lake Charles)的 LNG 为例,如表 4-6 所示,可以看出这种定价方法的具体计算过程。

表 4-6 净回值定价方法举例

	美元/百万英热单位
Henry Hub 价格	6.00
减去 L. Charles 与 Henry Hub 的价格差异	-0.15
减去买方保证金	-0.20
Lake Charles 终端出口价	5.65
减去终端成本	-0.42
Lake Charles 终端的 LNG 到岸价	5.23
减去尼日利亚到 Lake Charles 的船运成本	-1.2
尼日利亚 LNG 离岸价	4.03

资料来源:David Ledesma, LNG Pricing, 2009。

六、美国的天然气金融

1990 年 4 月,纽约商品交易所(NYMEX)推出交割地点在路易斯安那州的 Henry Hub 的天然气期货合约;1992 年 10 月,NYMEX 上市了 Henry Hub 天然气期货期权合约;2003 年,NYMEX 又推出了 Henry Hub 天然气的日历价差期权合约(Calendar Spread Options)。近年来,NYMEX 的 Henry Hub 的天然气衍生金融产品交易量不断攀升,目前 Henry Hub 天然气期货合约已经成为全球第二大的能源期货品种,其价格走势成为国际天然气价格的标杆。1990 年 8 月,美国堪萨斯城商品交易所(KCBOT)也推出了交割地点在西德克萨斯的 Waha Hub 的天然气期货合约,但是相对于 NYMEX 的 Henry Hub 天然气期货交易,其市场规模和影响力都非常小。1997 年,伦敦国际石油交易所(IPE)才引入天然气期货合约。2009 年 5 月,芝加哥商品交易所(CME)在其电子交易平台 Clear Port 上推出了基于英国国家平衡点(NBP)和美国 Henry Hub 交易中心的天然气互换期货和期权合约。

第三节　欧盟及俄罗斯天然气价格的市场化改革

欧洲市场以天然气管道贸易为主,欧盟一半以上的天然气依靠进口,且主要来自挪威(北海油田)、俄罗斯和阿尔及利亚等国。为了保证能源供应安全,降低对俄罗斯天然气的依赖,欧盟一直致力于建立统一的管道天然气市场,希望通过引入市场竞争机制,拓宽天然气供应渠道,降低天然气价格。可以说,欧盟的天然气市场改革代表了管道天然气国际贸易未来的发展方向,对未来天然气市场的发展具有非常重要的指导意义。

一、欧盟天然气价格市场化改革

(一) 欧盟的天然气工业

欧盟 2009 年的天然气储量达到 6.3 千万亿立方米,占世界总储量的 33.7%;生产总量达到 9 730 亿立方米,占世界生产总量的 32.5%;消费储量达 1.06 万亿立方米,占世界消费总量的 35.9%。需要指出的是,欧洲的非常规天然气资源也比较丰富,其中页岩气储量约为 15 万亿立方米,德国、法国、波兰、匈牙利等国都有丰富的页岩气。

欧盟的天然气生产主要来自英国和新西兰,占欧盟天然气总生产量的 70% 左右。在 2004 年,欧盟的天然气产量达到一个高峰,但随后欧盟的天然气产量以每年 10% 左右的速率下降。所以欧盟的天然气进口将成为其满足国内的天然气需求的重要手段,目前欧盟的天然气进口主要来自俄罗斯、挪威、波兰等。

天然气的使用对于欧盟能源供应多样化的能源政策的形成有很大作用,天然气的使用占一次能源使用总量的比例在不断上涨,1973 年占 10%,1990 占 18%,2009 年占 34.6%。在 1990—2005 年的 15 年时间里,天然气的消费量就增长了 50%。其中,英国、德国、意大利的天然气使用量较大。欧盟的天然气在发电领域得到越来越多的使用，从天然气发电占发量总量的比例看，1990 年，天然气发电只占 7%，2000 年占 16%，2010 年接近 25%。天然气发电成为继煤炭发电之后的第二重要的发电材料，超过核能。

欧洲天然气管网具有以下的特点：第一，集成控制，英、法、德等主要欧洲国家建立了多个管网控制中心，通过预测管道流向流量，平衡用户与各中心之间的气量，进行运力分配，保障天然气的灵活调度。第二，双向输送，欧洲天然气管网中，不少联络线管道具有双向输送功能，从而大大提高了天然气调配的灵活性，天然气的流向取决于管道两端市场的气价、资源、市场和应急情况等因素，对于平衡天然气市场的短期供需，扩大地区间贸易具有重要作用。第三，高储备率，欧洲天然气管网基本形成以地下储气库为主、多种储气方式共存的调峰模式；整体的储备率较合理，多数欧洲国家的天然气储备率都达到了 15%—25%。第四，统一的质量标准体系，欧洲天然气管网的气源呈现多元化，既有北海生产的天然气，也有来自俄罗斯和北非的管道天然气。各种气源的质量不同，但要进入欧洲天然气管网中，就需执行统一的管输天然气质量标准。第五，多样化的运营模式，目前欧洲主要天然气消费国天然气管网的运营模式各不相同，市场化程度不一。

俄罗斯是欧洲最大的管道天然气供应国，目前主要有三条线路通往欧洲，一是由东至西横穿乌克兰的多条管道组成，这些管道经乌克兰后，向西通往斯洛伐克、捷克、德国和奥地利，向南通往摩尔多瓦、罗马尼亚、保加利亚，年输气量为 1 200 亿立方米；二是绕过乌克兰，由东至西穿越白俄罗斯和波兰，进入德国的“亚马尔—欧洲”管道，年输气量为 300 亿立方米；三是经过乌克兰东部，由北至南穿越黑海至土耳其的“蓝溪”管道，年输气量为 160 亿立方米。此外，俄罗斯还在积极修建绕开乌克兰和白俄罗斯的“南溪”和“北溪”两大管线，前者从俄黑海岸边城市新罗西斯克市开始，向西跨过黑海至保加利亚，此后分两路经过巴尔干半岛通向意大利和奥地利，计划年输送量为 300 亿立方米；后者是从俄列宁格勒州经波罗的海后抵达德国北部，计划年输送量为 550 亿立方米。按俄罗斯的计划，到 2020 年，俄罗斯每年向欧洲供应的管道天然气可达 3 300 亿立方米。

虽然俄罗斯一直宣称会保证欧洲的能源供应安全，但是同时也要求欧洲许多国家接受其苛刻条件：签署长期供货合同，附带“照付不议”条款，且将天然气价格与石油价格挂钩，定期调整。这种状况显然是欧洲所不能接受的，欧洲多年来一直在试图摆脱对俄罗斯的依赖性，寻找能源供应多样化的途径，以确保能源供应的安全。欧盟一方面减少了从俄罗斯天然气工业公司购买的天然气（2009 年比 2008 年减少了 14%，在欧洲天然气市场上的份额从 25% 降到 22%），同时增加了从挪威国家石油公司（Statoil）和卡塔尔天然气公司（Qatar Gas）的购气量；另一方面，积极推动纳布科输气管线项目，从中亚—里海地区和中东海湾地区获取新的

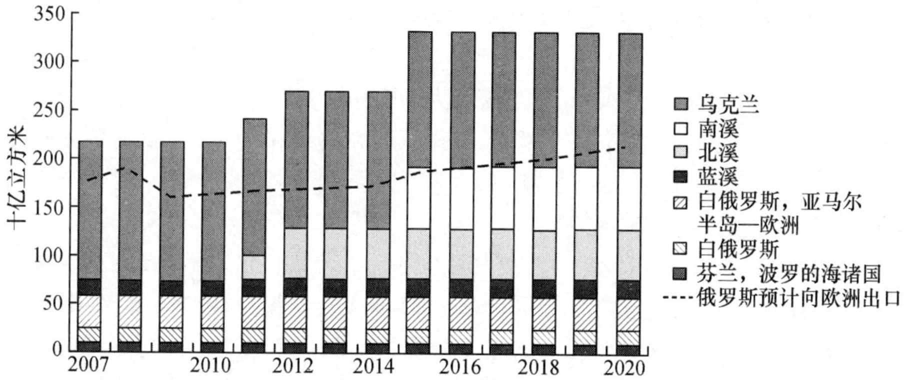

图 4-17　俄罗斯通往欧洲的主要管道输气现状及预测

资料来源：IEA, World Energy Outlook, 2009。

管道天然气供应来源。近年来北非的阿尔及利亚、利比亚、埃及，中亚的土库曼斯坦、哈萨克斯坦等国的天然气产业发展极为迅速，铺设通往欧洲的天然气管道正是这些新兴天然气出口国的优先发展策略。这将对俄罗斯和卡塔尔等欧洲传统天然气供应国产生非常大的市场竞争压力，也有利于欧洲市场打破对少数几个天然气供应国家的过度依赖，实现供应来源的多元化，也使价格趋向合理（见图 4-18）。

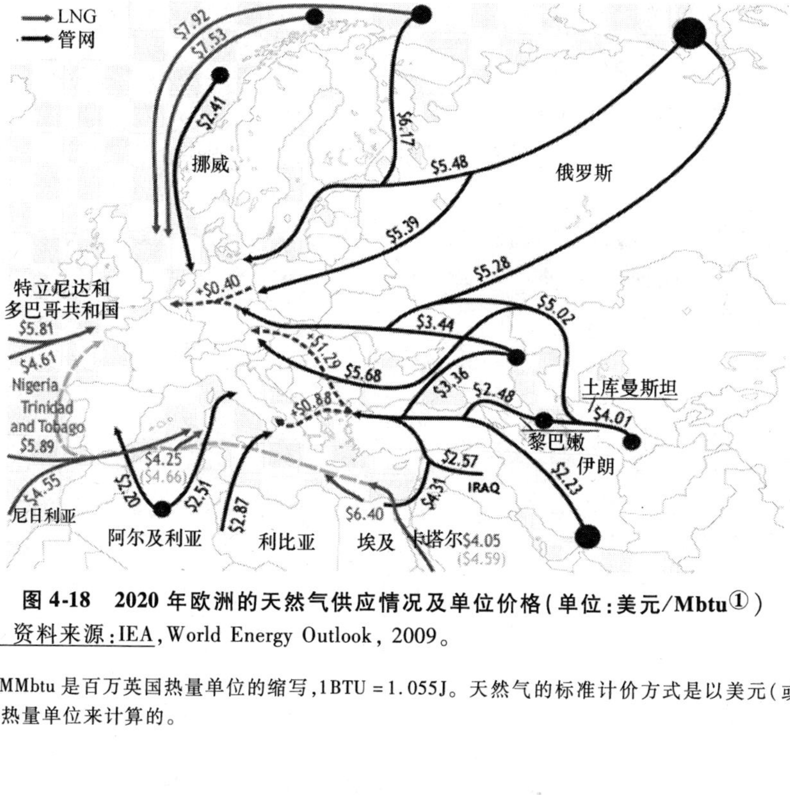

图 4-18　2020 年欧洲的天然气供应情况及单位价格（单位：美元/Mbtu①）

资料来源：IEA, World Energy Outlook, 2009。

① MMbtu 是百万英国热量单位的缩写，1BTU = 1.055J。天然气的标准计价方式是以美元（或美分）/百万英国热量单位来计算的。

（二）欧盟主要国家国内天然气价格市场改革

1. 英国

英国天然气市场是目前欧洲规模最大、市场化程度最高的国内天然气市场。1986年之前，依托北海油气田的开发，英国天然气上游市场基本形成多家跨国石油公司竞争的局面，但天然气运输、储存和配气等下游领域的业务则完全由国有英国天然气公司[①](BG)独家垄断。

1986年，英国通过《1986年天然气法案》改革天然气市场，将其划分为批发市场(Wholesale Market)、合同市场(Contract Market)、零售市场(Tariff Market)。批发市场是天然气生产商向天然气供应商批发天然气的市场，天然气供应商不但有BG，还有其他的托运商、独立供气商等；合同市场是大用户[②]以合同的形式购买天然气的市场，大用户有权直接向天然气生产商购买，也可以自由选择BG或其他托运商、独立供气商等作为供气方；收费市场由BG按照定期调整并公布的监管价格向中小用户供气。英国政府还成立了专门的天然气行业管理机构——天然气供应办公室(OFGAS)，负责具体的监管工作。

1994年，BG经过内部重组将输气管道及配气管网运营、储存业务与贸易、供应等业务进行了分离，并根据OFGAS的价格上限公式确定运输和收费市场费率，定期公布固定及可间断供气费率。

1995年，英国通过《1995年天然气法案》，引入管网系统的“第三方准入”机制，并确立了以许可证为基础的行业监管框架。新法案授权监管机构为下游企业发放三种许可证，即天然气管道公司的经营许可证，托运商的管网使用许可证和供气商的供气许可证，并根据规定和实际需要对这些许可证的延期进行审批。凡是符合国家法定行业经营资质要求的潜在参与者都有权申请上述许可证。获得许可证的经营者必须依照许可证的规定开展相关业务，并接受天然气与电力市场办公室(OFGEM)的监督检查。英国天然气市场解除管制后，整个市场结构如图4-19。

英国国家电力供应公司[③](National Grid Transco, NGT)统一负责天然气干线管

---

① 英国天然气公司(British Gas, BG)成立于1969年，其前身是英国燃气理事会(后改组为英国天然气署)，1986年私有化改革后，变成英国天然气股份公司；1999年经过资产重组后，变成英国天然气集团；2000年英国天然气集团再次一分为二，将天然气运输、电信、技术服务等业务划归新成立的上市Lattice公司，仅仅保留了天然气勘探、生产、储存、配气和国外天然气市场下游市场领域的业务。

② 英国政府规定年用气量25 000btu以上的为大用户。1992年降低了门槛，2 500btu的用户即可进入合同市场。

③ 2002年4月27日，英国国家电网公司(National Grid)和原属于英国天然气集团(BG Group)的Lattice公司合并，创建了英国最大的公用事业公司——英国国家电力供应公司(National Grid Transco)。

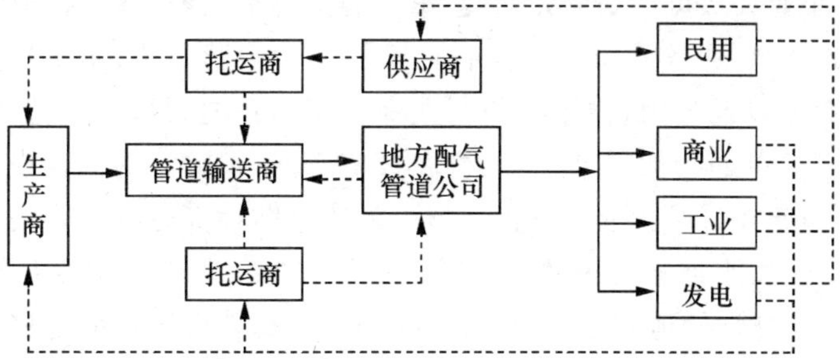

图 4-19 英国天然气市场结构

注:实线代表天然气流向,虚线代表现金(收费)流向。

道的管理和运营,配气管网则主要由 6 家公司[①]管理和运营(租借国家电力供应公司的管网);托运商是生产商和供应商之间的桥梁,供应商从托运商购买天然气后转卖给终端用户,大用户也可以直接向托运商或生产商购买天然气;此外,市场上还有经营储存设备的储存商和在现货市场上提供流动性的贸易商。

2. 法国

法国的天然气资源有限,主要依靠进口来满足国内消费需求。法国一直被认为是欧盟统一天然气市场的最大障碍,其天然气市场开放程度仍是欧盟最低的。1946 年,法国成立国有的法国燃气公司(GDF),几乎垄断法国天然气的进口、输送、分销等各个环节。1998 年,欧盟开始天然气市场改革后,法国才被迫开始引入市场化机制。2000 年 4 月,GDF 被重组为服务、分销、基础设施、贸易和勘探开采五个业务部门。目前,法国天然气市场的生产、贸易和销售领域基本对外开放,但是天然气管网,无论是干线还是配气管网,基本上都是由国有的法国燃气苏伊士集团[②](GDF Suez)经营(法国 96% 的天然气流量是由其子公司——法国燃气公司分销部分配的,此外还有 23 家特许经营商或所有的地方配送服务商),存储则是以第三方身份进入市场,不受监管。天然气的传输和分配依然受管制,由法国能源监管委员会(CRE)制定管网准入、运作规则,规范管网运输费率的设置。

3. 德国

1989 年两德统一后,德国天然气管网建设发展迅速,并迅速完成了以天然气置换煤制气的进程。现在的德国是全球第二大管道天然气进口国,其天然气行业不仅基础设施完善,而且基本实现了供应多元化和市场自由化。目前,德国从事天然气生产、进口、运输和配送业务的国内外企业多达 750 家,所有公司都属于私

① 即英国天然气集团(BG Group)、法国燃气苏伊士集团(GDF Suez)、英国煤气公司(Npower)、苏格兰电力集团(Scottish Power)、德国意昂集团(E. ON)和苏格兰及南方能源公司(SSE)。

② 2008 年法国苏伊士集团(Suez)与法国燃气集团(GDF)组建法国燃气苏伊士集团(GDF Suez)。

营性质,这些企业大致可以划分为三类:第一类主要是四家[①]从事天然气生产和进口供应业务的公司,这类公司大多拥有自己的长输管网系统,属于集生产、进口、贸易和运输业务以及电力、供水等跨行业经营于一身的大型上下游一体化公司,而且由于各自进口的天然气来源、质量和热值不同,长输管网的建设和输气标准也各有差异,因此在自己的管网覆盖区域内具有垄断性经营地位。第二类是国内天然气跨区域性长距离运输配送企业,主要有15家,负责向地区性供应企业输气。第三类是区域性的地方配气公司,这些公司都有各自固定的配气管网和配送服务区域,并在该区域内具有垄断地位。2005年7月,德国批准了一项新的能源法案,授权德国联邦网络管理局(BNA)监督管理天然气行业。

(三)欧盟统一天然气市场进程

欧盟从50年代开始,就开始了煤炭市场一体化的进程,天然气作为欧盟重要的能源之一,其市场一体化的进程对于欧盟来说也至关重要。1990年,欧共体理事会颁布了《关于改善产业最终用户天然气和电力价格透明度的指令》(90/37/EC),拉开了建立统一的天然气和电力市场的序幕。

1. 第一个天然气法令

1998年,欧共体理事会同时发布第30号指令(98/30/EC),制定了欧盟天然气进口优化的最初规则。欧盟试图通过引入"第三方准入制度"来增强市场竞争,创建一个开放和统一的欧洲天然气市场。所谓第三方准入是指赋予生产商、配气商和大用户自由进入现有输气管网、配送管网和液化天然气接收站的权利。欧盟鼓励政府设立天然气的管制机构,管网运营商与纵向一体的公司要进行财务分离,从而确定所有的供应商都能提供一个透明的、非歧视的管网准入。第一个天然气指令规定的天然气开放进度是:1998年开始开放20%的零售供应市场份额,2003年开放28%,2018年再开放33%。

在欧盟颁布了这一天然气指令后,一些成员国选择将"规定的第三方准入"纳入本国法律,并采取了一定措施促使天然气管道公司进行业务分离,但是实际效果并不理想。在2001年、2002年,欧盟委员会出版的关于天然气和电力的内部市场标准化报告中显示,欧洲天然气市场的自由化进程进展缓慢,主要问题有:市场集中程度高;地区间的天然气输配价格差距很大;天然气市场信息缺乏透明度;天然气生产和进口业务集中在少数公司,新的市场进入者很难以合理的条件买到大量天然气;缺少以市场为基础的供求平衡机制,等等。所以在2003年之前,欧盟

① 这四家公司分别是德国意昂集团(E. ON)(欧洲最大电力公司,2000年由德国联合电力与矿业股份公司和德国联合工业企业股份公司合并组建,后又并购了鲁尔天然气股份公司)、Wingas、Ruhrgas、Wintershall。

天然气自由化的进程发展非常缓慢。

2. 第二个天然气法令

2003 年 6 月,欧洲议会和欧盟理事会发布《关于内部天然气市场共同规则的指令》(2003/55/EC),宣布废止 1998 年第 30 号指令(98/30/EC),重新确立关于天然气内部市场的规则。第二个燃气指令主要是针对市场开放和管道公司的天然气业务分离,具体规定如下:到 2004 年 7 月,欧盟各成员国的天然气市场应当对欧盟内所有工业用户开放,输气公司从 2007 年 7 月起要成为独立的法人;到 2007 年 7 月,各成员国的居民用户市场要开放,配气公司要成为独立法人。

欧盟委员会 2004 年、2005 年的第三、第四份调查报告指出,主要有如下因素影响了欧盟天然气市场的自由化运作:由于缺少内在的联系,新的供应商很难进入市场,天然气也很难从一个供应点向另一个供应点传输;欧盟的进口商垄断了进口市场,供应商之间很难产生真正的竞争;欧盟的天然气价格并没有像期待中那样下降,受监管的终端消费者的价格扭曲了市场的调节功能;天然气工业结构过于集中,管网运营商并没有成为真正的独立运营商。

欧盟在 2005 年 8 月发布的 1775/EC 的管制中指出:在第三方接入服务和容量分配的透明制的原则上,还应当要引入相应的技术规则。截至 2006 年 10 月,欧盟 25 个成员国中有 7 个成员国完全开放了市场,新入盟的 10 个成员国的市场开放度都未达到 100%。天然气输配公司的独立性也未达到标准,截至 2004 年年底,欧盟 25 个成员国中只有 11 国实现了天然气输送公司的法定分离,不到规定的一半;而就独立的配气公司而言,有 72% 的国家还需要按照欧盟指令要求进一步将其从竞争业务中分离出来。

具体分析欧盟天然气市场改革难以取得突破的主要原因在于:

第一,上游供应来源有限,被少数天然气供应商垄断。2009 年,从欧盟天然气市场的供给份额来看,俄罗斯天然气工业公司(Gazprom)占 28.4%,挪威国家石油公司(Statoil)占 18.5%,阿尔及利亚国家石油天然气公司(Sonatrach)占 13.1%。这三家天然气供应量占欧盟天然气市场总供应量的 60% 以上,使得欧盟天然气的相关指令无法真正改变上游市场的供气结构,而通过这一指令,上游生产商可以进入下游市场,这样反而会带来上下游市场不对称,以及市场势力失衡的风险。

第二,上游企业开始纵向兼并下游企业,以获得更大的垄断利润,那么下游企业为保护自身利益也开始横向兼并以获取更大的市场份额,这带来了上下游的兼并浪潮,使得欧盟下游市场被少数大企业控制,不但没有促进竞争反而加剧了垄断。

第三,欧盟成员国之间的天然气管道存在着瓶颈,尤其是英国、比利时、荷兰等国天然气短期交易中心(Gas Hub)的网络堵塞现象更加严重,这不仅制约了欧盟内部天然气贸易量的提高,而且使得管道公司获得类似垄断的地位,从而人为地提高天然气运输的价格。

第四,欧盟对天然气市场缺乏有效监管措施和违规制裁,欧盟各成员国的天然气监管体系和相关法律存在较大差异,监管机构的权力和独立性也有限,无法对天然气市场的实际情况和市场透明度进行及时有效的监控。而欧盟对天然气市场改革的相关指令并没有赋予监管机构或其他有关机构实施违规制裁的权力,所有违规处理都必须提交到欧洲法院,由其决定制裁的方式。

第五,欧洲的天然气交易通常采用长期合同的方式,在出口国和进口国之间分担风险,进口国为了稳定天然气供应,一般将合同期限设定在15—25年,而出口国为了确保巩固市场份额,一般还设定了最终目的地条款,限制转卖。欧盟的天然气市场改革之前签署的长期合同目前仍有效,到2010年这些长期合同仍可满足欧洲市场90%的需求。这种刚性的贸易联系导致了天然气市场改革进程受阻。

3. 第三个能源内部法案

2007年的欧盟委员会的调查报告指出:除爱尔兰、西班牙和英国有一半以上的市场开放了,其他大多数欧盟成员国75%以上的天然气市场份额仍被少数公司控制着;欧洲天然气市场的价格要高于其他OECD国家,且各国的价格参差不齐,市场仍处于一种分割状态。为促进欧盟的天然气市场自由化,欧盟积极寻求新的气源,如增加挪威新油田的开发,从中亚—里海地区进口天然气,加大对LNG基础设施的投资等,以减少对俄罗斯天然气的依赖度,减少上游市场的垄断。欧盟也积极致力于内部的管网建设,2007年9月,欧盟委员会提交新的能源市场开放的草案,提出"对达到要求的能源基建投资项目,可以免除规定的第三方准入条款"的建议,以鼓励从原有能源大公司中独立出来的管道输配公司兴建新的天然气输配网络以满足市场需要。2009年,欧盟发布了第三个能源内部法案2009/28/EC,要求给予用户以更多的保护,让用户能够从尽量低的能源价格中获益。

在欧盟各成员国的共同配合下,欧盟的天然气市场有很大的发展,其大部分成员国都在不同程度上开放了天然气市场,其中一些国家(如爱尔兰、西班牙、英国、德国等)的天然气市场已陆续走向完全自由化的阶段。欧盟建立了越来越多的天然气贸易中心,其跨国天然气贸易规模越来越大,对实现供求有效平衡有着重要的作用。当然,由于欧盟各成员国的发展条件不同,各成员国的天然气市场开放程度还有所不同,一些国家的燃气市场还是区域性质的。

欧盟天然气市场改革难以取得突破的主要原因在于:

第一,上游供应来源有限,被少数天然气供应商垄断。欧盟天然气市场上有超过一半的天然气来自俄罗斯天然气工业公司[①](Gazprom)、挪威国家石油公司[②](Statoil)和阿尔及利亚国家石油天然气公司[③](Sonatrach)(三家公司2009年在欧洲市场上所占的份额分别为28.4%、18.5%和13.1%),而且这种依赖性还呈现加剧的趋势。这种局面决定了欧盟天然气市场的相关指令和法规无法有效改变上游市场结构,而且还面临上下游市场不对称带来的市场势力失衡的风险,即上游生产商可以通过欧盟指令的实施进入下游市场,强化其市场势力,而下游销售商却无法自由进入被少数外国公司所控制的资源市场。

第二,面对上游企业开始纵向兼并下游企业以获得更大的垄断利润的局面,下游企业为保护自身利益也开始横向兼并以获取更大的市场份额,这就使得少数大企业控制了大部分欧盟下游市场,加剧了垄断。

第三,欧盟成员国之间的天然气管道存在着瓶颈,尤其是英国、比利时、荷兰等国天然气短期交易中心(Gas Hub)的网络堵塞现象更加严重,这不仅制约了欧盟内部贸易量的提高,而且使得管道公司获得类似垄断的地位,从而人为提高天然气运输的价格。

第四,欧盟对天然气市场缺乏有效监管措施和违规制裁,欧盟各成员国的天然气监管体系和相关法律存在较大差异,监管机构的权力和独立性也有限,无法对天然气市场的实际情况和市场透明度进行及时有效的监控。而欧盟对天然气市场改革的相关指令并没有赋予监管机构或其他有关机构实施违规制裁的权力,所有违规处理都必须提交到欧洲法院,由其决定制裁的方式。

第五,欧洲的天然气交易通常采用长期合同的方式,在出口国和进口国之间分担风险,进口国为了稳定天然气供应,一般将合同期限设定在15—25年,而出口国为了确保巩固市场份额,一般还设定了最终目的地条款,限制转卖。欧盟的天然气市场改革之前签署的长期合同目前仍有效,到2010年这些长期合同仍可满足欧洲市场90%的需求,这种刚性的贸易联系导致了天然气市场改革进程受阻。

为了解决目前天然气市场改革中存在的诸多问题,欧盟从以下几方面进行了政策调整。

---

① 俄罗斯天然气工业公司(Gazprom),是苏联解体后在原苏联天然气工业部的基础上建立起来的俄罗斯最大的天然气生产企业,也是世界最大天然气公司。主要从事天然气勘探、开发、生产、加工、储运以及销售,欧洲进口的天然气中有近1/4是其提供的,目前俄罗斯政府持有40%的股权。

② 挪威国家石油公司(Statoil)是挪威国有综合性的石油和天然气公司,是世界第三大原油出口商和北海最大的原油生产商。挪威国家石油公司是英国最大的天然气供应商,也是欧盟最主要的天然气供应来源。

③ 阿尔及利亚国家石油天然气公司(Sonatrach)成立于1963年,是阿尔及利亚唯一的国有综合性的石油和天然气公司,主要从事油气勘探、生产、油、气与化工产品销售、运输、LNG和LPG营销等业务。

首先,积极寻找新的天然气供应来源,以改变天然气供应过度依赖俄罗斯的情况。筹建中的纳布科天然气管道将把中亚—里海地区甚至海湾地区的天然气输送到欧洲,同时由于挪威和俄罗斯在2010年签订了关于巴伦支海划界协议,欧盟计划逐步减少从俄罗斯购买天然气,同时增加挪威巴伦支海新油气田开发。

其次,加大对LNG基础设施的投资,利用其可远距离运输、储存效率高等优点,缓解欧盟由于管道拥堵对内部天然气贸易的影响,减少上游市场垄断。

再次,加快欧盟内部管网建设,2007年9月,欧盟委员会向欧洲议会和欧洲理事会提交新的关于能源市场开放的草案,其中就提出了"对达到要求的能源基建投资项目可以免除规定的第三方准入条款"的建议,以鼓励从原有能源大公司中独立出来的管道输配公司兴建新的天然气输配网络以满足市场需要。总之,只有在各成员国的天然气市场逐步完善基础设施建设,并形成自由竞争市场环境后,欧盟才有可能实现真正的统一的天然气市场。

二、俄罗斯天然气价格市场化改革

(一)俄罗斯的天然气工业

俄罗斯为世界天然气资源最为丰富的国家,产量居世界首位,消费量居世界第2位。2005年其天然气储量、产量和消费量分别占世界总量的27.5%、21.6%和14.7%。2007年俄罗斯的天然气储量为44.65万亿立方米,占全球天然气总储量的25.2%,储产比为73.5。2007年俄罗斯出口天然气总量为1 910亿立方米,比2006年同期减少了5.8%。其中俄罗斯向独联体以外国家出口1 536.7亿立方米天然气,比2006年同期减少了5%。俄罗斯向独联体国家出口373.2亿立方米天然气,比2006年同期减少了2.3%。俄罗斯管道天然气的主要出口地是欧洲诸多国家,2007年从俄罗斯出口到德国的天然气达到了355.5亿立方米,出口到意大利的天然气达到了238亿立方米,出口到土耳其的天然气出口量达到了231.5亿立方米。

俄罗斯天然气工业股份公司年报统计数据显示,2005年俄罗斯天然气产量为6 410亿立方米。其中俄罗斯天然气工业股份公司为俄罗斯最大的天然气公司,同时也是全球范围内天然气领域的龙头企业,产量为5 479亿立方米,占俄罗斯天然气总产量的85.5%,占世界天然气总产量的19.8%;俄罗斯第2大天然气生产公司为诺瓦泰克公司,天然气产量为254亿立方米,占俄罗斯天然气总产量的4.0%;其次为苏尔古特石油天然气公司(Surgutneftegaz)和俄罗斯石油公司(Rosneft),天然气产量分别为144亿立方米和130亿立方米。在前面小节中,我们已经知道2006年和2007年俄罗斯天然气产量增速有所放缓。在国内市场销售方面,2005年俄罗斯成为仅次于美国之后的世界第2大天然气消费国,消费量达4 051亿立方米,占世界总消费量的14.7%。在俄罗斯一次能源消费构成中,天然气占

53.6%、石油占19.1%、煤炭占16.4%、核电占5.0%、水电占5.9%。天然气的主要消费领域是发电和居民消费。2007年俄罗斯天然气消费量为4 388亿立方米,占世界总量的15.1%,在该国能源消费结构中,天然气所占比例为55.2%,比世界平均水平高出31.5个百分点。

在2008—2009年,由俄罗斯提供的天然气价格增加将被控制在25%以内,在2010年将被控制在30%以内。具体来讲,2008年增加25%,2009年增加20.3%,2010年增加28%,而到2011年时将增加40%。2015年前,俄罗斯的天然气开采量将达到年产7 400亿立方米,出口2 900亿立方米。西西伯利亚地区的天然气开采量将稳定在目前水平,因此,天然气开采量的增长将由东西伯利亚、远东、北部海域大陆架和远东海域大陆架的新气田来提供。东西伯利亚和远东地区有大量的天然气资源,从理论上讲能够在这一地区建设起新的天然气开采中心。

2006年6月,俄罗斯国家杜马(议会下院)通过的联邦"天然气出口法"规定,俄天然气出口业务将全部由国有公司承担。这一法律实际上确立了国有的俄罗斯天然气工业股份公司对本国天然气出口的垄断地位。也就是说,俄罗斯天然气工业股份公司成为俄罗斯唯一的天然气出口企业,毫无疑问,这样消除俄罗斯公司之间在天然气出口方面的竞争,从而避免了俄罗斯天然气出口价格的大幅度下降。

作为世界上最大的天然气生产、储备和出口国,俄罗斯在世界LNG市场上却是个后来者。俄罗斯在该领域中的开发、生产和出口状况均明显落后于其他产气国。目前,俄罗斯已认识到自己在LNG领域的落后状态,希望后来居上,占领世界LNG贸易中的有利位置。俄罗斯在2008年进入世界LNG市场,主要是从萨哈林通过"萨哈林-2号"项目供气。同时,俄罗斯还成立了相应的协调委员会,该委员会负责研究生产与销售LNG的可行性计划以及LNG的供应线路、出口方向、目标市场和供气方案。

(二)俄罗斯的天然气市场化改革

1. 国内天然气定价机制

俄罗斯国内近70%的天然气由俄罗斯天然气工业股份公司(Gazprom)供应。该公司及其联营企业的天然气批发价格(干线输气管道出口价格)依据三年期的社会经济发展水平预测,实行政府定价,每年年底由俄罗斯联邦费率局颁布法令,公布下一年的气价,称为受控气价。此外,俄罗斯对国内天然气价格实施分区定价,虽然区域价格相差不大,但区域划分越来越细。2005年,俄罗斯将天然气价格区域由6类改为11类,现在达到60类,几乎每个州都单独成为一类。

俄罗斯国内天然气价格水平较低,Gazprom天然气销售量的一半左右供应本国内市场,但从中得到的销售收入仅占公司总销售收入的21%。2008年,Gazprom

在俄罗斯国内的天然气平均销售价格仅为其出口到欧洲的天然气平均销售价格的 21%。

Gazprom 一直强调，过低的气价会造成浪费，不利于能源消费结构的优化，并且给天然气开采企业带来亏损，使企业无法筹措足够的资金进行气田的勘探与开发。在 Gazprom 的积极游说下，俄罗斯政府开始逐年提高国内天然气价格，提价幅度很大。2006—2009 年，俄国内工业用户和民用气价年均上涨幅度均高达 20%（见表 4-7）。按照俄联邦费率局 2008 年年底公布的数据，2009 年俄罗斯天然气工业用户的平均批发价格为 2 001 卢布/千立方米（约 68 美元/千立方米），民用天然气批发价格平均为 1 530 卢布/千立方米（约 52 美元/千立方米），价格分别是 2000 年的 5.4 倍和 6.6 倍。提价幅度虽然高，但相对于出口价格来说，俄国内气价还是非常低的。例如，2008 年和 2009 年上半年俄罗斯出口德国的平均边境气价分别为 420 美元/千立方米和 293 美元/千立方米。

表 4-7　2006—2009 年俄罗斯国内天然气批发价格（不含增值税）

用户	气价	2006 年	2007 年	2008 年	2009 年			
工业	卢布/千立方米	1 174	1 355	1 713	1 815	1 936	2 065	2 187
	美元/千立方米	40	46	58	62	66	70	74
民用	卢布/千立方米	883	1 019	1 293	1 383	1 479	1 582	1 678
	美元/千立方米	30	35	44	47	50	54	57

资料来源：俄罗斯联邦费率局；卢布兑美元的汇率统一根据俄联邦中央银行 2009 年 1 月 1 日公布的汇率数据进行折算，1 美元 = 29.3916 卢布。

2. 国内天然气价格改革进展

（1）开放电子交易平台

在保持国内天然气价格持续上涨的同时，俄罗斯政府也在逐步放开对天然气价格的控制。2006 年 9 月，俄政府颁布决议，允许 Gazprom 和独立天然气生产商采用电子交易平台的形式自由销售少量天然气（非受控气价）。2007 年和 2008 年，Gazprom 和其他独立生产商通过电子交易平台销售的天然气量分别为 70 亿立方米和 61 亿立方米，价格分别比受控气价平均高出 37% 和 38%。

（2）允许价格浮动

2007 年 5 月，俄政府颁布决议，对于 2007 年 7 月 1 日后首次与 Gazprom 签订购气协议的用户，以及超过 2007 年合同规定气量的用户，允许购销双方在最高和最低气价范围内协商确定供气价格。最低价格由俄联邦费率局确定，最高价格则在受控气价的基础上逐年按比例提高，提高幅度：2007 年为 60%、2008 年为 50%、2009 年 1 月 1 日起为 40%、2009 年 7 月 1 日起为 30%、2010 年 1 月 1 日起为 20%、2010 年 7 月 1 日起为 10%。2007 年和 2008 年，Gazprom 在上述规定范围内销售的天然气量分别为62亿立方米和159亿立方米，价格分别比受控气价平均高出35%和40%。

（3）实施新的价格公式

2007年7月，俄联邦费率局批准了《天然气批发价格公式规定》，要求从2011年开始，工业用户的天然气批发价格依据国内和国外销售同等收益的原则，按价格公式进行计算。这将大幅提高俄罗斯国内工业用户的天然气价格，但政府保留对居民用气的价格控制。

俄联邦费率局批准的俄国内工业用户天然气价格 P_{De} 公式为：

$$P_{De} = \left[\left(P_{Ex} \times \frac{100\% - C_{m,n}^{T}}{100\%} \right) - \frac{\sum_{i=1}^{3} \mathrm{TC}_i}{\sum_{j=1}^{9} V_j} - F_{Ex} - \Delta T_B^A \right] \times K_i^k \tag{4-4}$$

其中，P_{Ex} 为非独联体国家出口气价（卢布/千立方米）；$C_{m,n}^{T}$ 为有效出口关税税率（%）；TC_i 为基期第 i 季度海关费用（卢布）；V_j 为非独联体国家基期第 j 月份出口气量（千立方米）；j 为基期月份序号；i 为基期季度序号；F_{Ex} 为向非独联体国家供气有关的（输送、储存、国外销售）单位费用（卢布/千立方米）；ΔT_B^A 为从开采地到俄边境的平均输气价格和从开采地到俄境内消费者的平均输气价格的差（卢布/千立方米）；K_i^k 为价格区域系数。

非独联体国家出口气价 P_{Ex} 的计算公式为：

$$P_{Ex} = \frac{\sum_{j=1}^{9} B_{m,n}^{T} \times K_j}{\sum_{j=1}^{9} V_j} \tag{4-5}$$

其中，$B_{m,n}^{T}$ 基期第 j 月非独联体国家天然气销售收入（美元）；K_j 为基期第 j 月最后一天美元兑卢布的汇率；V_j 为非独联体国家基期第 j 月份出口气量（千立方米）。

根据上述公式分析，今后俄罗斯国内气价将采用出口气价挂钩的方式，倒推计算国内气价。为使天然气市场参与者了解定价机制发生变化后的气价水平，俄联邦费率局定期根据新的价格公式计算出当前的国内气价，并在官方网站上进行公示。根据俄联邦费率局的数据，如果按照批准的气价公式进行测算，2009年天然气工业用户的平均批发价格可达6 774卢布/千立方米（约230美元/千立方米）（见表4-8）。

从表4-8的数据来看，如果按照新的气价公式进行计算，2009年工业用户的天然气价格是目前政府控制气价的3.4倍，差距悬殊。如果这一政府命令能够按期实施，则2011年以后，俄罗斯国内气价将大幅提升。

表4-8 2006—2009年俄罗斯国内天然气批发价格

气价	2007年		2008年				2009年			
季度	三季度	四季度	一季度	二季度	三季度	四季度	一季度	二季度	三季度	四季度
卢布/千立方米	3 812	3 713	3 773	3 862	4 309	4 875	5 636	6 784	7 622	7 052
美元/千立方米	130	126	128	131	147	166	192	231	259	240

3. 俄罗斯天然气出口面临的主要问题和应对策略

(1) 出口问题

俄罗斯天然气出口面临以下几个主要问题：

① 俄罗斯与乌克兰、白俄罗斯不时发生天然气争端、乌克兰境内输气系统老化等问题严重影响俄罗斯向欧洲供气的安全性。近年来，俄罗斯与乌克兰、白俄罗斯多次发生天然气供应冲突。冲突的直接结果是导致18个欧盟成员国或其他欧洲国家的天然气供应受到影响，高度依赖俄罗斯天然气供应的东欧国家情况尤其严重。“斗气”风波刺痛了欧洲的能源“软肋”，若俄罗斯与乌克兰、白俄罗斯的冲突不能从根本上解决，俄罗斯可能还会遭受到重大损失。面对这一情况，俄罗斯希望通过“直通欧洲”，进一步巩固并提高俄罗斯天然气在欧洲的市场份额，并借助能源增强对欧盟的影响。

② 欧洲国家要求进口多元化，提高市场竞争力。欧盟为了自身能源安全着想，迫切需要寻求资源供应的多元化，绕过俄罗斯，直接获取中亚或伊朗的天然气。在这一背景下，包括纳布科管道在内的多条天然气管道项目积极推进。纳布科管道由欧盟和美国提出，管道东起土耳其与格鲁吉亚、伊朗的边界，西至奥地利，途径土耳其、保加利亚、罗马尼亚、匈牙利，全长3 300公里，计划2011年开工，2014年开始供气，建成后，每年可向欧洲供气260亿—320亿立方米。纳布科管道最关键的问题是气源，其潜在的资源基地包括伊朗、阿塞拜疆、土库曼斯坦、和伊拉克等国家的气田。

③ 中亚国家要求出口多元化，力图摆脱俄罗斯限制，直接出口欧洲。俄罗斯和土库曼发生天然气管道爆炸事件之后，俄罗斯从中亚进口的天然气气量减少，中亚各国开始寻求出口多元化，力图摆脱俄罗斯的限制。此外，一些大型国际能源企业加大中亚天然气开发项目的投资，客观上加快了中亚出口多元化的进程。天然气资源丰富的中亚，开始着眼出口欧盟和中国。

(2) 应对策略

为解决天然气出口面临的被动局面和问题，俄罗斯采取以下措施：

① 新建管道绕开乌克兰直接进入欧洲。为保持和扩大对欧洲能源出口,实现对欧输气线路的多元化,确保对欧输气畅通,同时扭转因斗气冲突导致冷淡的俄欧关系,俄罗斯近年来积极推动南北两条新管线。由俄罗斯主导的北溪和南溪管道项目分别经波罗的海和黑海,直接向欧洲供应天然气。新建的管道将绕开乌克兰直接进入欧洲。

② 俄罗斯谋求在欧洲进一步扩大出口气量,直接参与一些国家的下游天然气销售。俄罗斯在积极铺设对欧管道的同时,还力求获得欧洲的天然气下游市场。2009 年,Gazprom 直接向英国和法国终端用户销售 16 亿方气。Gazprom 同奥地利 OW 石油天然气公司签署协议,获得了后者旗下中欧天然气枢纽中心 50% 的份额。俄罗斯通过该交易平台向欧洲输送的天然气占其对欧洲天然气总供应量的 1/3。此外双方还在奥地利边界地区联合建设地下储气库。

但是,金融危机以来,欧洲用气量大幅减少,国际天然气市场供大于求导致现货气价远低于欧进口俄罗斯的长期合同气价。欧洲各家公司纷纷要求 Gazprom 修改照付不议的长期合同。尤其是 2010 年 11 月,意大利 Edison 公司起诉了 Gazprom,希望能取消长期合同方式,因为按照长期合同比市场高很多的价格购买天然气将给公司造成亏损。这表明,以长期购销合同确定天然气价格的方式受到了冲击,未来时间里现货贸易价格可能会在一定程度上代替长期购销合同价格。

③ 控制包括波罗的海三国、乌克兰和独联体在内等国家过境管道合资的比例,进而控制气量。苏联解体后,俄罗斯为使自身天然气顺利出口到相关独联体国家,并为落实长期天然气出口计划提供保证,始终由 Gazprom 出面,在波罗的海三国、独联体、乌克兰等国组建合资企业,以控股、参股或签署长期协议等方式掌控其他独联体国家的输气系统。Gazprom 在摩尔多瓦、亚美尼亚,以及拉脱维亚、立陶宛、爱沙尼亚的天然气管道运输公司中都占有股份。

Gazprom 通过与独联体相关国家组建合资企业并以控股或参股的方式,直接或间接控制着独联体国家 14.5% 的输气管网,如果俄罗斯再得到白俄罗斯和乌兹别克斯坦输气系统的控股权,那就将直接或间接控制独联体国家 40.3% 的输气管网。

④ 进一步控制中亚的资源,参与中亚国家气田开发,控制上游。近年来,Gazprom 凭借自己在中亚国家中的优势地位,力图掌控更多的天然气资源,使中亚成为俄罗斯的天然气原料基地。同时,俄罗斯用控制重要气田开发的方式来控制上游开采。例如,俄罗斯与哈萨克斯坦国家石油天然气公司建立"俄哈天然气"公司,垄断哈天然气的生产、加工与销售;与乌兹别克斯坦签署沙赫帕赫德、乌斯秋尔特等油气田的开发协议,已成为 Gazprom 按产品分成协议开采天然气的引领项

目。下一步,Gazprom 将详细研究制定勘探和开发乌兹别克斯坦乌斯丘尔特区的更大型天然气项目的方案。同样,2008 年 Gazprom 在塔吉克斯坦和吉尔吉斯分别获得两个进行地质勘探的区块。

⑤ 计划向中国出口天然气。Gazprom 在欧洲市场严重受挫。为开辟新的市场,Gazprom 不得不考虑加快东西伯利亚和远东地区的开发,扩大与中、日、韩合作,特别是加快中国市场的开发,以扭转出口被动局面。2009 年 6 月中俄签署《关于天然气领域合作的谅解备忘录》,2009 年 10 月又在北京签署《关于俄罗斯向中国出口天然气的框架协议》,并制定中俄天然气合作的路线图。此后两国授权企业积极开展供气商务谈判和天然气化工领域合作的谈判,并取得阶段性的成果。

第四节　亚太地区天然气价格的市场化改革

一、日本天然气价格市场化改革

(一) 日本的天然气工业及市场

1. 天然气工业结构

日本国内能源匮乏,主要的能源资源都大量依赖进口。20 世纪 70 年代爆发的世界石油危机,使得日本作为中东地区的主要石油进口国,必须减少对石油的依赖。日本的天然气快速发展即在多元化其能源进口的背景下展开的。

与石油工业相同,个别大公司获得了日本天然气工业的区域垄断地位,日本国际原油开发株式会社(Inpex)和前日本国家石油公司重组的公司是日本上游天然气领域的主导者。除了 Inpex,其他的日本公司,包括日本三菱(Mitsubishi)商事化学株式会社和日本三井(Mitsui)物产株式会社,都积极加入以海外市场为主的天然气勘探和生产领域。虽然国内大约有 234 家天然气公用事业单位、173 家私有单位、60 家国有单位,但是大阪燃气公司、东京燃气公司和东邦燃气公司这三家日本最大的天然气零售商,占据了日本 75% 的天然气零售市场。目前,日本的天然气零售公司也开始直接参与 LNG 上游项目。图 4-20 显示了日本天然气工业结构。

在优惠政策方面,为鼓励企业在国内外开发天然气和发展天然气资源,政府通过资本投资、贷款、债务担保和各种税收优惠等措施为私人企业提供援助。援助大部分将通过日本石油天然气金属矿产资源机构(JOGMEC)得以实施。

2. 天然气生产

由图 4-21 可以看出,日本国内天然气产量极少,根据美国油气杂志报道,截至 2008 年 1 月,日本的天然气产量为 1 320 亿立方英尺,比 2006 年的 1 740 亿立方英尺下降了 24%。

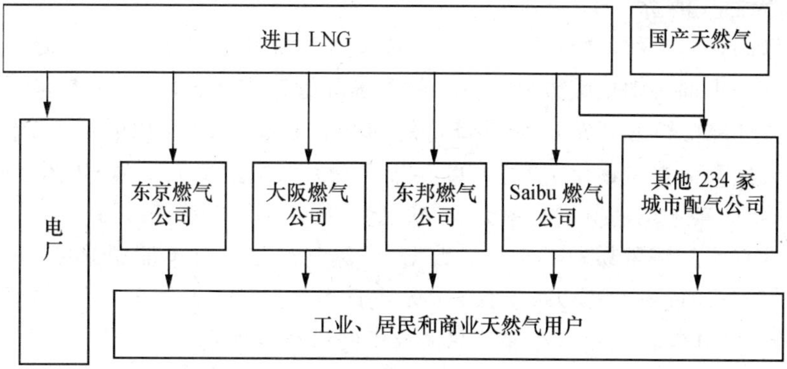

图 4-20　日本天然气工业结构

资料来源:APERC,APEC Energy Pricing Practices: Natural Gas End-use Prices,2001(3)。

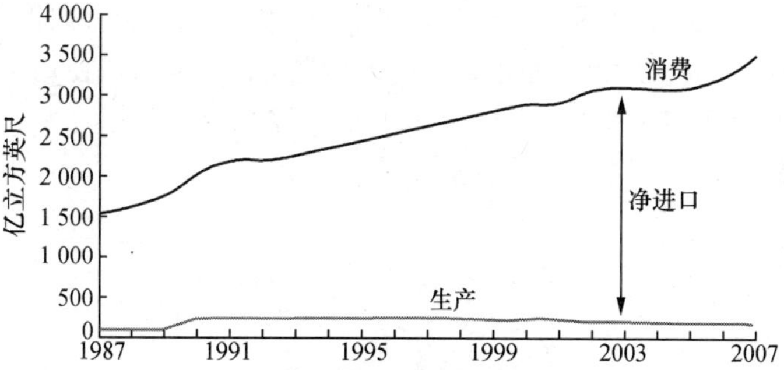

图 4-21　1987—2007 年日本天然气产销量

资料来源:U. S. Energy Information Adminnistration。

天然气勘探开发的监管方面,日本主要的天然气资源勘探和生产的法律有1952 年通过的《石油和可燃天然气资源发展法》、1950 年通过的《矿产资源法》、1949 年通过的《矿产资源安全法》、1954 年通过的《燃气公用事业法》和 1951 年通过的《高压天然气监管法》五部法律。

《石油和可燃天然气资源发展法》主要是为石油和天然气资源开发,考虑到它们的特殊性质,促使天然气开发,以确保其可以沿着公众满意的方向合理地发展,处理诸如防止入侵、井间距、油气比率、开采方法、二次提取、补贴、能源组合等问题。根据《石油和可燃天然气资源发展法》第 14 条规定,国家通过给天然气资源开采权所有者发放补贴,鼓励天然气发展。

另一个相关法律是《特别措施法》,这项法律是根据日韩两国的一项条约制定的,规定日、韩两国在勘探和使用日韩大陆架之间的资源时需要获得特别采矿权。

3. 天然气消费

尽管国内的天然气资源有限,日本的天然气需求量却非常大,因此几乎所有的天然气需求都必须依赖进口。由于缺乏国际管道连接,日本目前是世界上最大的 LNG 进口商,约占世界 LNG 进口量的 40%。由图 4-22 可以看出,二十多年来日本的天然气消费量逐年上升,2008 年日本的天然气消费大约为 90 亿立方英尺,过去 20 年的年平均消费增长率为 5.5%。

根据日本经济贸易和工业部的数据,天然气满足了日本能源总需求的 14%,而 1973 年石油危机时这个数字只有 2%。日本希望能够继续多元化其能源供给,并计划到 2030 年将天然气在能源总需求中的份额增加到 17.8%。

从消费结构来看,电力部门是日本最大的 LNG 消费者,其天然气需求量的上升是日本天然气需求增长的主要驱动力。为了弥补工业部门的燃料替代,日本的 LNG 消费一直在上升,而由于维修停产和严重的地质损坏,水电装机容量和核电装机容量都在下降。2007 年,在日本天然气总消费量中,电力部门占 61%、工业部门占 13%、居民部门占 12%,发电部门的天然气使用占天然气使用总量的份额从 1970 年的 1% 上升到了 2006 年的 24%(见图 4-22)。

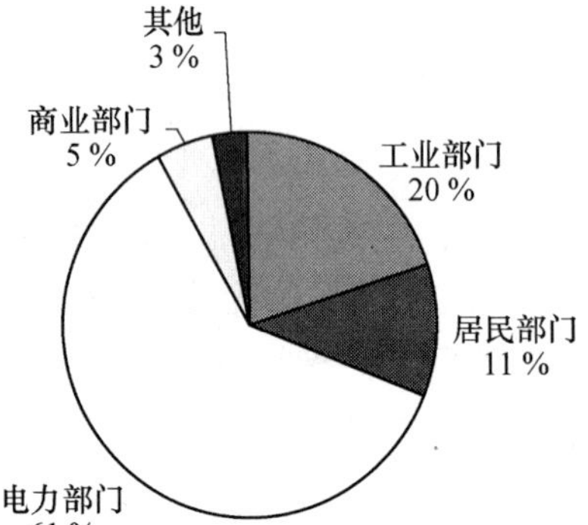

图 4-22 2007 年日本部门 LNG 消费比例

资料来源:FACTS Global Energy Insights, 2008(3)。

4. 天然气贸易

日本大部分的天然气消费都来自 LNG 进口,没有天然气进口管道。日本是目前世界上最大的 LNG 进口国,其 2008 年 LNG 进口量约为 921.3 亿立方米(见图 4-23),约占世界 LNG 贸易总量的 40.6%。日本从 1969 年开始从美国的阿拉斯加进口 LNG,是世界上第一个开展 LNG 贸易的国家。由于环境限制,日本政府鼓励天然气只在国内消费,而没有天然气出口。进口量的逐年增加减少了国内对石油的进口依存度。1980—2008 年,日本的 LNG 进口量翻了一番。

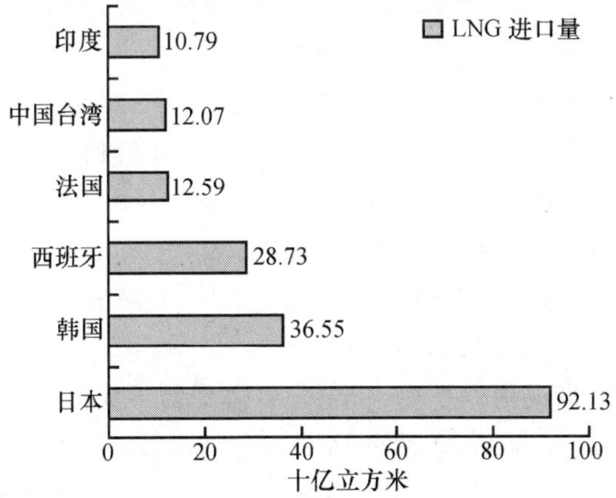

图 4-23　2008 年 LNG 进口量较大的国家及地区

资料来源:BP 全球能源统计 2009。

从进口来源看,日本的天然气进口来源比石油更加多元化，2008 年,日本的 LNG 进口来源国有 14 个国家,如图 4-24 所示,其最大的进口来源国是印尼、澳大利亚和马来西亚。从这三个国家进口的 LNG 约为 522 亿立方米,占 LNG 进口总量的 56％ 。日本还和俄罗斯萨哈林 2 号项目签署了天然气进口协议。

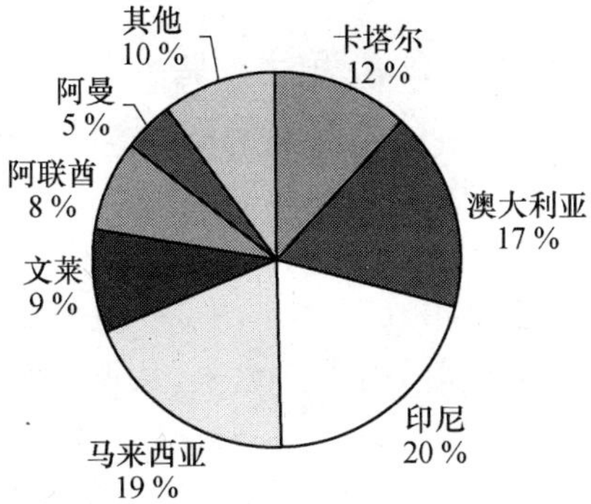

图 4-24　2008 年日本 LNG 进口来源国

资料来源:BP 全球能源统计 2009。

日本的天然气进口主要依靠长期合同,除长期合同之外,日本还有大量的天然气现货交易。即期和长期货源的价格差异已经表现出来,2008 年天然气现货价格约为长期合约价格的两倍。尽管价格更高,2007—2008 年还是有大量的 LNG 现货进口。这主要是因为日本刈羽核电站持续不断地发生问题,因此需要进口的 LNG 数量增多。

在贸易政策方面,日本的监管允许私人公用事业公司和天然气配气公司与外国签署 LNG 供给合约,但现货进口除外。目前最大的 LNG 供给合约由东京燃气公司、大阪燃气公司、东邦燃气公司、中部电力公司和东京电力公司持有。合同对象主要是东南亚国家和中东地区。日本现存的大部分 LNG 合同都可以追溯到 20 世纪七八十年代,当时的合约条款灵活性较低,而且价格一般都与原油价挂钩。随着这些合约续订期的到来,日本公司将会寻求更有利于买方的条款,包括数量的变动和减弱价格与原油价格的关联程度。日本许多 LNG 合约在未来十年即将到期,一些产业分析家认为这促使日本公司为保证未来的 LNG 供给,将兴趣转移到收购国外 LNG 项目的股权上来。

进口合同对日本来说依然重要,特别是日本与其最大的 LNG 供给者印尼之间签订的合同。在 2008 年年初,印尼和日本方面统一续签 2010—2011 年即将到期的 LNG 合同。但是由于印尼天然气面临减产,合同数量可能会比先前的合约有所减少。

随着各类 LNG 项目的实施,新的供给贸易正在开展。例如,东京燃气公司和日本关西电力公司与澳大利亚 WPL 公司签署了 2010—2025 年每年 375 万吨的 LNG 供给协议。2008 年,这两家公司各获得了澳大利亚 Pluto 项目 5% 的股份。东京电力公司和日本国际原油开发株式会社在 2006 年上马的产能为 350 万吨/年的澳大利亚 Darwin LNG 项目中共同拥有 20.5% 的股份。

5. 基础设施建设

虽然日本是最大的天然气消费者,国内却基本没有天然气管输系统,而是依赖大量的 LNG 进口终端。这一部分原因是垂直垄断的天然气公用事业公司和城市配气公司因为其区域垄断特权都不愿意建设管网。天然气供给因此仅限于通过管道相连的 LNG 终端区域,约占日本城市面积的 20%,总面积的 5%。同时也由于地理方面的原因,管道成本在日本非常高,约为欧洲或北美的 4—6 倍。1995—1999 年的改革在天然气部门引入了竞争,从那时起,许多新的私人公司都进入了天然气行业。

图 4-25 显示了日本天然气基础设施分布情况。截至 2008 年年初,日本有 27 个 LNG 终端,都属于私人天然气公司所有,大部分都靠近独立的发电厂。大部分的 LNG 终端位于东京、大阪、名古屋等一些主要的人口密集区域。国内的燃气发电厂都拥有许多 LNG 设施,一般都会有天然气配气公司参与。这些公司拥有许多的 LNG 船队。最近 Inpex 计划投资 9 亿美元,在直江津港建设 150 万吨/年的 LNG 终端,预计 2014 年投运。终端一般都会选择建在天然气需求可能增长的地方,而不是从有能力的终端扩建天然气管道。这些终端大约每年可以进口 1.95 亿吨的 LNG。目前,坂出市(Sakaide)还有一个终端正在建设,另外有超过三个终端正在计划中。

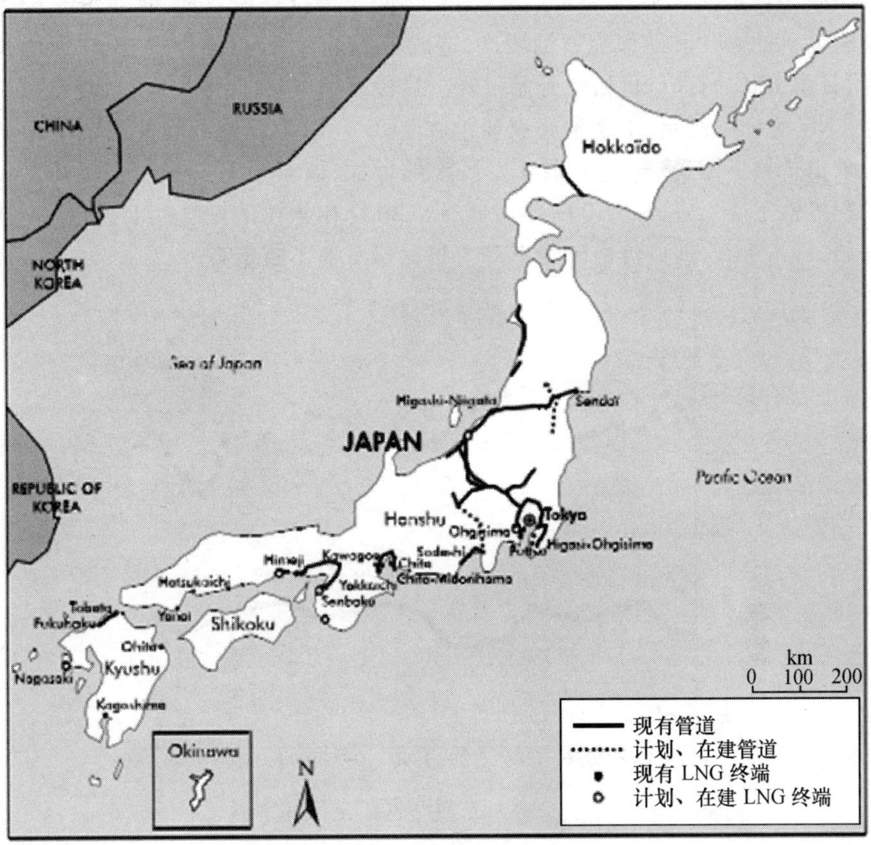

图 4-25　日本天然气基础设施分布

资料来源:IEA and METI,Natural Gas Information 2002,IEA/OECD Paris,2002。

6. 天然气价格

日本各消费群的天然气用户价格一直以来都是 IEA 成员国里最高的,其中一个原因是日本的 LNG 供给成本比其他国家使用管道气的成本要高。另一个原因是日本天然气基础设施的建设成本高,这可部分归因于该国的地形和地震多发的特征。进一步说,日本的天然气工业在过去没有经历过竞争,这将迫使该国通过寻求提高效率的可能性来降低价格。

由图 4-26 可以看出,日本 LNG 到岸价在 1987—1997 年相对稳定,基本在 3.2—3.6 美元/百万英热单位之间波动。1991 年日本 LNG 到岸价骤升为 3.99 美元/百万英热单位,这主要是因为 1990 年伊拉克入侵科威特所造成的海湾危机引发了世界石油价格的快速上涨。随着第一次海湾战争的迅速结束,LNG 进口价格也迅速降到了战前水平。在海湾战争后的 6 年内,日本 LNG 的进口平均价格维持在一个较为稳定的水平。1998 年和 1999 年两年为价格波谷期,这主要是因为亚洲金融危机的爆发和欧佩克石油增产,造成 1998 年世界石油供过于求,原油价格骤降,日本 LNG 的进口价格也开始下降。这段时间 LNG 价格的走低,直接影响了当时 LNG 的价格谈判,出现了买家要求在 LNG 合同中设置上限并取消下限的情况。取消价格下限,意味着上游开发风险的增加,以至于不少石油公司开发天然气的积极性下降。在经历 1999 年的低谷和 2000 年年初的恢复性上扬后,从 2000 年开始,日本 LNG 进口价格随着 JCC 价格的攀升而不断走高。

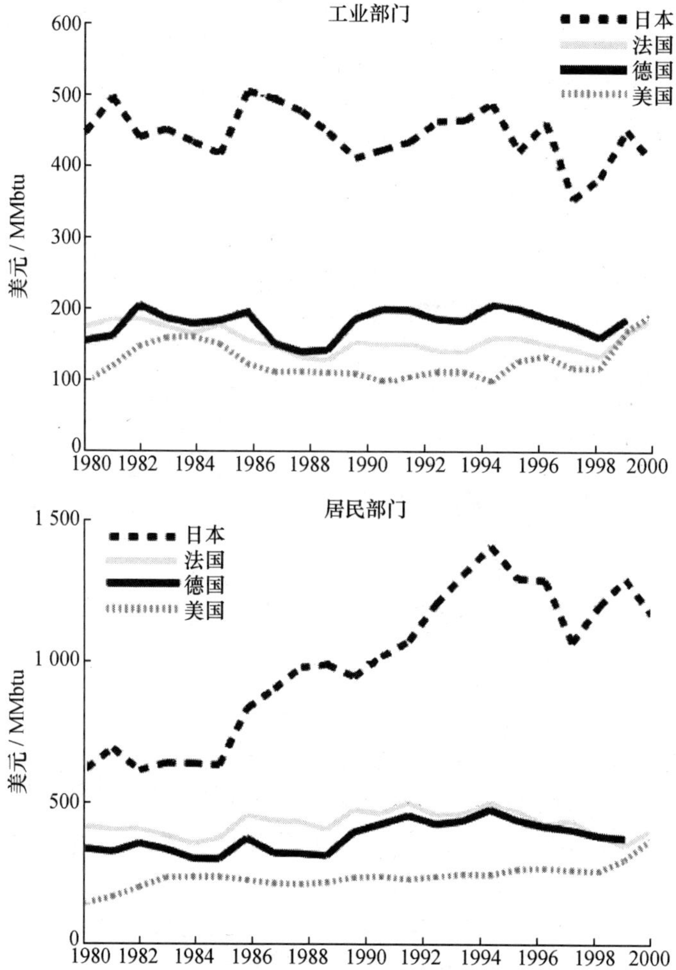

图 4-26　1980—2001 年日本和 IEA 其他国家工业和居民部门天然气价格(单位:美元/MMbtu)

资料来源:IEA,Energy Prices and Taxes,IEA/OECD Paris,2003。

日本 LNG 到岸价与美国的 Henry Hub 价格、欧洲的 NBP 价格共同构成了世界三大 LNG 价格体系,这三大价格体系是国际 LNG 价格水准的重要标尺和价格涨跌的风向标。其中,日本 LNG 到岸价一般作为衡量亚洲地区 LNG 交易价格水平的重要参照。

由于日本大多数的 LNG 供给合同价都与进口原油价(JCC)相挂钩,因此总体来说,日本的 LNG 价格基本与 JCC 价格走势基本相同,二者呈现明显的正相关关系,换算成相同的单位后,两者的价格基本一致。当 LNG 价格低于原油价格时,由于二者存在替代关系,LNG 价格会迅速上升;而当 LNG 价格高于原油价格时,则会拉低 LNG 的价格。LNG 价格基本与原油价格相同,围绕油价上下波动,但不会距离油价太远。但 LNG 价格与原油价格也不完全一致,由图 4-27 中可以看出,LNG 的价格波动较 JCC 相对平缓;在低油价区间,日本 LNG 平均进口价格高于 JCC 价格。这主要是因为 LNG 在日本主要是作为燃料油的替代品,在使用过程中,LNG 比燃料油更加清洁,热效率更高。另外,LNG 在生产初期成本较高。在高油价区间,则由于 LNG 技术进步和规模经济效应,加上相当一部分 LNG 合同设置了价格上限和下限,或者采用了"S 曲线",LNG 价格显得相对便宜。近年来,随着原油价格的不断走高,LNG 价格也随之走高。但是也应该看到,近年来国际原油价格大幅上涨,日本进口一揽子原油价格从 2005 年的 10 美元/ MMbtu 上升到了 2008 年的 23 美元/MMbtu,涨幅达 130%。而同一时期进口的 LNG 价格从 2005 年的 6 美元/ MMbtu 上升到 2008 年的 12.55 美元/ MMbtu,涨幅明显小于油价涨幅(见图 4-27),这正是定价机制保障气价不随高油价剧烈增长的结果。

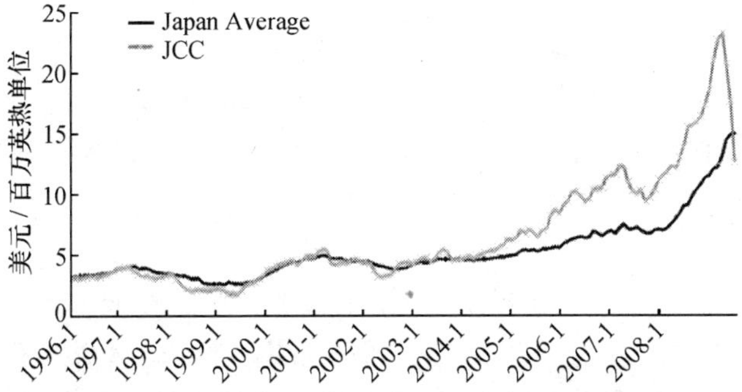

图 4-27 1996—2008 年日本 LNG 价格与 JCC 油价比较

资料来源:David Ledesma,LNG Pricing,2009。

7. 天然气监管法规

天然气商业活动由《燃气公用事业法》(Gas Utilities Industry Law)监管,这部法律对天然气基础设施、第三方准入以及其他天然气商业活动进行了详细规定。

① 基础设施。对天然气基础设施的规定主要包括以下几个方面:a. 现存的天然气运输管道是私人天然气公司所有而非政府所有,政府通过提供低利率贷款、土地使用权和其他激励来鼓励保持例如管道一类的天然气基础设施。b. 建设天然气基础设施需要给日本经济产业省提交一份报告或获得经产省的单独授权。c. 日本大部分的天然气管道是私人所有,在公路地下建设,根据"燃气公用事业法"第42条,政府授权天然气公司使用这些土地。在其他情况下,天然气公司则只能租用土地或在自己的土地上建设基础设施。如果私人土地所有者不同意交出其土地使用权,在该项目有显著公共收益和给予土地所有者补偿的情况下,"征用法"允许管道开发商征用土地。d. 既然私营天然气公司拥有管道,因此进入管道和相关基础设施需要在合同基础上进行。另外,日本的天然气管道并没有连成网络,独立的、未整合的管道占了管输系统的大部分。政府在考虑是否有必要将LNG基础设施和地下储气设施整合起来。

② 第三方准入。2003年修订的《燃气公用事业法》将第三方准入其管道的义务扩大到所有普通天然气公用事业公司。以前只是规定前四大公司有这个义务。2003年的改革包括为天然气管道业务创造新的类目,定义了通过自我维持和自主经营的管道供给天然气的业务。它排除了天然气公用事业,包含了国内天然气生产者和拥有管道的电力公司。2004年4月,该修订生效,除了天然气公用事业公司,任何人在通报日本经济产业省之后,都可以经营天然气供给业务。《燃气公用事业法》第16条和37-6条规定,天然气公司没有正当理由不得拒绝第三方进入。可能批准的拒绝第三方准入的理由包括天然气的特性不同、管道没有多余的容量或请求方的信用不足。

根据《燃气公用事业法》第3条和37-2条,经营普通天然气业务或社区天然气业务必须获得日本经济产业省的许可。在提供大量的天然气供应时,天然气管道服务提供商应该报告经济产业省天然气接收方名称和法律规定的其他事项。如果天然气公司为运营分销网络建设天然气设施,则必须向经济产业省提交建设计划。

《燃气公用事业法》第10条规定,除非经济产业省授权,不允许整体或部分的天然气业务转移,也不允许天然气公司的合并和拆分。《燃气公用事业法》第22条还定义了天然气委托销售系统,委托销售是指通过其他公司管道收到天然气的天然气公司,可以通过委托销售系统给委托方供气。如果天然气公司在没有正当理由的情况下拒绝委托销售,经济产业省大臣可以强制天然气公司执行。

③ 反垄断监管。日本并没有特别管制天然气行业的竞争,但是,日本公平交易委员会(JFTC)对反竞争行为有一定的监管。是否存在反竞争的行为是根据《禁

止私人垄断与维护公平交易法》裁定的,日本公平交易委员会负责出台相关指导意见。

日本公平交易委员会已经签署了合适的天然气交易指导。这些指导覆盖了天然气供给、批发供给、委托供给、零售监管和鼓励 LNG 设施第三方准入方面的内容。现存的监管主要包括私人垄断、不公平低价、拒绝交易、歧视性定价、歧视性待遇、干涉竞争对手的交易、用不公平利益引诱顾客、滥用优势谈判地位和搭售销售等。

为了对反竞争行为进行调查,日本公平交易委员会可以采取以下措施中的任意一种:a. 命令与案件有关的人员或证人出庭接受问询;b. 命令专家出庭作证;c. 命令持有会计账簿和其他相关文件的人员提交资料或保留这些需提交的资料;d. 进入与案件相关人员的营业场所或其他必要场所,检查经营条件,财产、会计账簿、文件,以及其他资料。

《禁止私人垄断与维护公平交易法》第 9 条禁止通过持有日本其他公司的股票,避免出现市场权力过度集中的公司,同时也禁止收购或持有日本其他公司的股票,避免经济权利的过度集中。但是,法律上并没有预先核准的程序。

8. 保障供应安全

由于日本的天然气供给大部分依赖进口,因此供给安全极为重要。为防止天然气供给的中断,日本采取了一系列的措施保证天然气供给安全。

a. 供给多元化。目前日本的 LNG 供给来源有 8 个国家,日本的天然气公司都有不止一个气源,例如大阪天然气公司,就有来自 6 个供应商的 9 个独立合同。

b. 长期合同。天然气供给者和消费者是相互依存的,而供给安全是其共同利益。通过长期合同可以将买卖双方的利益联系起来。

c. 组合式供给系统。在日本,天然气生产和液化工厂都包含一系列独立的单元;每个天然气合同中都包含几个 LNG 船;大多数进口公司都有不止一个终端;每个终端都有不止一个码头。

d. 供给弹性。大多数天然气供给合同都会在合同中注明 5%—10% 的弹性。

e. 供给分享。虽然日本几乎没有天然气管网,但是天然气和电力公司分享一系列的终端。进一步说,船运容量标准很高,天然气的额外供应量通常可以运输到面临困难的另一家公司。

f. 燃料转换。日本 40% 的燃气发电装机是双燃料的,原油和燃料油是天然气的主要替代能源。这种弹性在未来将会在一定程度上下降,因为新的燃气电厂将会是单燃料联合循环蒸汽轮机(CCGT)电厂。城市燃气则弹性比较小,因为没有可中断合同。只有大约 20% 的大城市燃气用户有双燃料,而且这一比例正在下降。

g. 天然气存储。虽然日本几乎没有天然气地下存储能力，但是为应对供给波动，有大量的天然气地上存储能力（约73亿立方米）。

（二）日本天然气市场改革历程

1. 日本天然气市场自由化改革

日本的天然气市场主要由天然气公司和电力公司运营，这些公司在进口LNG方面具有垄断地位。为了降低LNG价格与原油价格挂钩的比例，日本开始改革天然气和电力市场，引入市场竞争机制。

日本主要的天然气监管法规是《燃气公用事业法》，自1954年《燃气公用事业法》颁布以来，该法令主要是对燃气费用制定及市场准入进行监管，从而保护用户，防止滥用垄断权力。然而，自该法令1954年颁布和1970年首次修正以来，城市燃气工业的商业环境发生了巨大变化。例如，1965年城市燃气的主要用户是居民，居民用气量占燃气销售总量的59.6%，接下来是商业用户，占销售总量的21.4%，工业用气量占12.7%，其他用户占6.3%。但随着商业和工业用户需求量的日益增加，城市燃气用户的组成结构发生了重大变化。环保高标准和技术创新也进一步推动了城市燃气的利用。例如，1998年居民部门的用气比例减少到39.8%，而工业用气增加到36%，商业用气减少到16.4%，其他领域则为7.8%。

对于大型用户，例如工业和商业用户，燃料价格和供应条件是非常重要的。大型用户经常在燃料选择上有一定的弹性。因而，大型用户提倡对《燃气公用事业法》进行修正以允许城市燃气公司为它们制定一系列不同需求模式的燃气费用。同时，为了获得对供气商的选择权，它们强烈要求对《燃气公用事业法》进行修正以取消供气区域专营权。

考虑到这些需求，能源咨询委员会下属的研究燃气公用事务的专业机构——城市热能委员会提交了《燃气公用事业法》修正案的阶段性报告。报告建议以市场自由化促进城市燃气公司间的竞争。这将导致燃气费用的降低，从而有利于消费者，同时促使城市燃气工业通过寻求提高效率来增强其竞争力。

作为对这份阶段性报告的回应，1995年，日本政府对《燃气公用事业法》进行了修正。法令允许合同量超过200万立方米/年的大型工业用户直接与供气商进行价格和条款的谈判。修正内容还包括以下规定：a. 燃气公用事业公司能够向专营区域外的用户提供服务；b. 允许非城市燃气供应商向大型工业用户供气；c. 原则上，燃气费用不受监管。

如上所述，大型用户的压力下，《燃气公用事业法》进行了修正。由于城市燃气费用上的差异，其他领域的用户也要求降低燃气费用。表4-9列出了1994年一些国家间城市燃气费用的差异，尤其突出了日本的燃气高价格。另外，从各国当时城市燃气费用的价格结构来看，日本的城市燃气总成本仍然远高于美国、英国和法国。

表 4-9　1994 年工业和民用城市燃气价格的比较　　单位：美元/MMBtu

	日本	美国	英国	德国	法国
工业	11.6	2.8	3.5	4.6	3.5
民用	32.7	6.2	7.7	10.9	11.5

资料来源：EIA。

如表 4-10 所示，燃料费以外的其他费用严重增加了城市燃气总成本。然而，日本每户居民的燃气年销售量比美国、英国和法国少 1/3 到 1/6，这导致了较高的单位用气成本。

表 4-10　1994 年各国城市燃气成本的比较　　单位：日元/立方米

	日本	美国	英国	法国
燃料费	23.2	15.4	22.4	11.1
营业费	48.2	9.5	6.8	12.6
折旧费	8.5	1.5	1.2	3.4
人工费	16.0	2.9	2.3	4.0
其他费用	23.8	5.1	3.4	5.2
总成本	71.4	24.9	29.3	23.7

资料来源：Institute of Energy Economics，Japan。

考虑到这些因素，为了改善城市燃气工业的运营效率，从而降低城市燃气费用，日本采用了三种方法。这三种方法是：a. 标准评价法。标准评价法主要是为了在允许区域垄断的同时，在城市燃气公司间创造一个竞争性环境。这种方法是在城市燃气公司重新制定燃气价格时，对公司间的管理效率水平进行比较。另外，考虑到改善效率对城市燃气公司的重要性，日本要求城市燃气公司必须确定目标并公之于众。标准评价法成功实现了燃气费用的降低。1996 年 1 月—1997 年 1 月，日本三家最大的城市燃气公司将它们的燃气费用降低了 0.47%，并且将燃气费用下调的城市燃气公司达到了 201 家，占城市燃气公司总数的 80%。在降低燃气费用的同时，城市燃气公司宣布了自己在提高管理效率方面的目标。b. 原料成本调整。是指根据汇率和原料价格的波动，城市燃气公司被要求每三个月对原料成本进行一次修正，从而使燃气费用能够反映原料成本的变化。c. 负荷调节体系。城市燃气公司鼓励锅炉用户、空调用户和用城市燃气作物料的用户将燃气利用时间调整为低燃气费用时间，从而减少冬夏季和日夜负荷曲线的差异。为了达到这个目的，城市燃气公司提议将合同分类，以更精确地反映负荷特征。这四类合同对象是小型空调用户、夏季空调用户、空调用户和其他用户。

在 1995 年对《燃气公用事业法》进行修正后，日本仍打算进一步降低城市燃气费用。1996 年，日本政府采用一种所谓“经济结构改革行动计划”的方案来解决“泡沫经济”崩溃后产生的经济衰退问题。该方案打算采取一些措施来创造新产业从而增加就业率，并纠正目前导致高成本的经济结构。方案的目标之一是“2001 年城市燃气公司所提供服务应具备与国际标准的可比性”。这一改革方案导致了 1997 年 5 月燃气工业结构改革研讨会（FGISR）的召开，研讨会是由 METI 公用事业部领导的一个专业研究论坛。

1997 年 5 月—1998 年 9 月，FGISR 对城市燃气工业现状进行了调查，并就如何使燃气工业更具有竞争性提出了自己的建议。主要观点包括：a.《燃气公用事业法》修正后，用气大户的状况；b. 燃气运营服务状况和如何提高服务质量；c. 如何发展负荷调节合同并简化其程序；d. 在天然气公用事业法的框架下简化管理程序。

1999 年 2 月，能源咨询委员会属下的城市热能委员会在听取 FGISR 的建议后提议对《燃气公用事业法》做进一步修正，并递交了阶段性报告。1999 年 5 月，议会通过了再次修正的《燃气公用事业法》。在对其他相关法令进行修正后，《燃气公用事业法》于 1999 年 11 月开始生效。

1999 年天然气公用事业法修正案主要想达到以下目的：a. 进一步自由化天然气市场；b. 通过扩大用户对燃气供应商的选择范围来增加用户利益；c. 确立燃气公司的自主经营权；d. 将 METI 和其他监管机构的行政干预最小化。

1999 年 5 月，《燃气公用事业法》第二次修订，修正案内容大致可以分为两类：a. 对城市燃气费用制定过程的修正；b. 对市场准入监管的修正。其特点是：如果燃气费用降低，则取消费用审批过程中 METI 的直接干预，而采用公告制度。如果城市燃气公司计划增加燃气费用，在具体实施前，新燃气费用仍必须通过 METI 的审批。同时，将可直接谈判供应合同的大型用户确定为用气量超过 100 万立方米/年的用户，并且允许零售目的的第三方进入日本四家最大的天然气公司的管道。这四家公司是东京燃气公司、大阪燃气公司、东邦燃气公司和 Saibu Gas 公司，法律规定它们必须在告知经济产业省之后在网页上公布其燃气费率修订的标准评价方法。

2000 年 3 月，政府第三次修订《燃气公用事业法》，将市场开放率提高到了整个天然气市场的 37%，经济产业省成为天然气市场的监管当局。天然气市场部分自由化之后，陆续有 11 家公司进入市场。这些公司供给的天然气数量占到了整个市场供给的 2%。自由化还导致了被俘获用户的价格下降。例如，东京天然气公司从 1999 年 11 月开始，价格下跌了 5.2%，大阪天然气公司从 1999 年 1 月开始，价格下跌了 8.7%。另外，除了气与气的竞争，天然气与电力的竞争，天然气与石油的竞争等新的竞争形式也在商业和工业领域发展起来。

日本经济产业省在2001年1月建立了天然气市场改革的非官方研究小组，研究天然气部门进一步的改革问题。2002年4月，该小组在报告中建议，强制性的第三方准入应该扩展到所有的管道，鼓励LNG终端的协议第三方进入，并且将市场进入主体扩展到了小型天然气用户。研究小组的调查结束后，2002年9月，政府建立了城市热能小组委员会，对未来天然气的监管框架进行审查并提出了建议。小组委员会由20人组成，分别代表学界、消费者和天然气工业，包括新进入者。2003年2月20日，组委会建议出台，指出有必要发展天然气供给的有效基础设施，鼓励其高效率运作，同时将市场自由化扩展到小用户。

监管规定将受管制的第三方准入扩展到所有天然气管道。还鼓励在LNG终端协议第三方准入，但是此前没有第三方准入的义务。管道所有者有义务准备标准的第三方准入合同，并向经济产业省报告其准入条件。同样，LNG终端所有者也必须发布关于LNG终端第三方准入的一般指导。从天然气业务中将运输和配气会计分离是有必要的，非天然气公用事业公司与天然气公司有同等的机会和条件建设天然气管道。为了激励新管道的建设，组委会建议免除新管道所有者条款、费率和第三方准入条件的告知和公布义务，同时在一定时间段内允许其在设置第三方准入费率时获取更高的收益率。

2. 日本天然气价格监管机制

(1) 天然气终端用户价格的确定

为了确定一个合理的天然气价格，从而保护小用户免受垄断力量的歧视性待遇，日本《燃气公用事业法》在城市燃气费用方面规定了三个原则：a. 应当根据所提供服务的成本决定价格；b. 应当按照获取公平合理回报率的原则来确定价格；c. 在考虑了用户对燃气的不同用途和服务条件后，用户应被提供一个公平的价格。

具体来说，第一个原则说明，在以下两个条件被满足后才能确定一个合理的天然气价格：a. 天然气销售总收入 = 天然气供应总成本；b. 每个用户的城市燃气价格 = 每个用户的供应成本。这意味着在为用户提供合理、可靠和高质量服务的同时，城市燃气公司应当确定一个反映总成本的天然气价格。第二个原则表明，应当按照有利于公司未来健康发展所需的合理经营成本和收入来确定回报率。第三个原则意味着，应根据对用户所提供的不同服务和负荷特点来确定价格。也就是说，第三个原则涉及天然气定价的基础，即只有能反映出因服务条件不同而造成的成本差异的合理天然气价格才是公平的。

在向日本经济贸易和产业省(METI)提出燃气价格申请前，城市燃气公司首先要通过以下步骤进行成本分摊：对总成本进行预测，根据用途分摊总成本(功能性成本分摊),根据用户和需求类型分类并制定燃气费用清单。将这份清单送至日本经济贸易和产业省审批。在向专家咨询后,METI通常会在新费用不严重影响整个经济体系价格水平的前提下批准该计划。

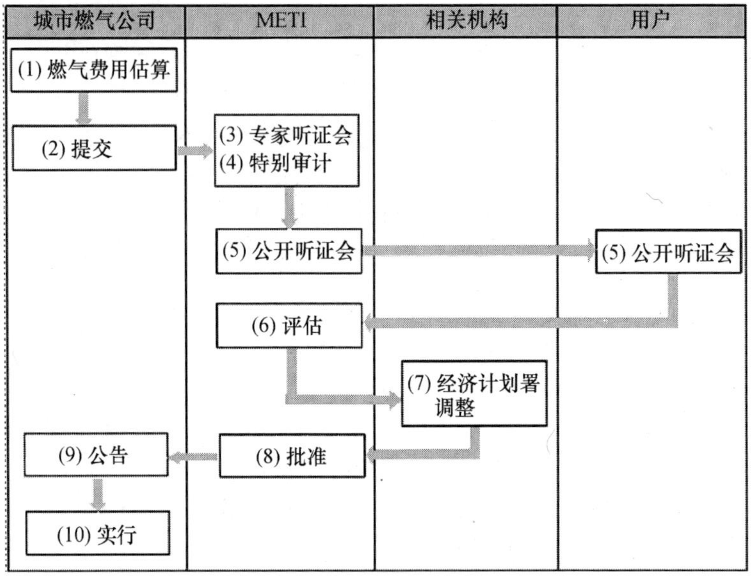

图4-28 日本城市燃气收费批准过程

资料来源:APERC, APEC Energy Pricing Practices: Natural Gas End-Use Prices,2001(3)。

图4-28显示了日本城市燃气收费批准过程。分为四个部分:

总成本预测。分为以下3个步骤:a. 预测未来1—3年的需求总量,并将其分解到各类用户中。另外,还需预测一些功能性成本分摊所需的数据,例如需求高峰期的用气量、最大小时流量和需计量的住宅数等。b. 根据需求量预测,制定天然气生产、采购、基础设施建设、资金和人员等方面的计划。c. 根据这些计划,按照各种成本和回报率进行总成本预测。

功能性成本分摊。总成本被分成4类:原料成本,包括天然气成本和水电费;生产成本,包括基础设施建设费用和运营成本;天然气供给成本,包括管网建设费用和运营成本;安全和服务成本,包括计量和安全管理的劳动力成本等。

制定燃气费用清单。对非大型用气合同,城市燃气公司根据用气量和使用类型将用户划分为3类:A类用户,月用气量为0—25立方米,主要满足居民用户的烹饪需求;B类用户,月用气量为25—500立方米,主要满足居民和商业用户的供暖和生活热水需求;C类用户,月用气量大于500立方米,主要为商业用户。对大型用气合同,城市燃气公司将用户分为小型空调用户、夏季空调用户、一般空调用户和其他用户。

审批过程。为审查燃气费用清单是否合理地反映了成本,日本经济贸易和产业省将与城市燃气公司进行商讨,在有必要的情况下对其进行特别财务审计。之后,为了审查燃气费用清单是否公正,日本经济贸易和产业省将举行公开听证会,相关利益方和专家将对燃气费用清单提出意见。如果燃气费用清单符合《燃气公用事业法》的规定,经产省将予以批准。而对于大型燃气公司,由于其制定的燃气价格对用户影响较大,经济计划署将举行有专家和用户代表参加的会议,调整燃气价格水平。通过这一系列的评估,燃气价格才会最终获批。

(2) 城市燃气供应费评估标准的变化历程

1957—1972 年,日本政府允许固定的普通股本回报率。允许发行债券的城市燃气公司获得 8.22% 的回报率,其他城市燃气公司获得 8.62% 的回报率。权益回报率被设置为 7.7% 。这是基于定期存款 6% 的利率。扣除了 5% 的利息税之后,净利率约为 5.7% 。再加上 2% 的风险溢价,使得权益回报率达到 7.7% 。对发行公司债券的公司,可以有 9% 的债务返还,对其他未发行公司债券的公司,这个比率为 10% 。回报率采用加权平均权益回报的方法计算,债务使用标准估定比率,权益和债务比为 60:40,因此发行债券的公司回报率是 8.22% ,而其他公司这一数据是 8.62% 。

1972—1995 年,在未反映城市燃气公司实际财务结构的情况下,债权标准固定比率从 60:40 改为了 30:70。8% 的资本权益报酬率根据以下四项的简单算术平均计算得到:一年期定期存款利息率(5.5%);优先股股息收益率(6.858%);除去 1966—1970 年城市燃气部门之外所有产业的税后资本权益报酬率(11.69%);最佳股息收益率(11%)。直到 1988 年,主要城市燃气公司的资本权益报酬率降低到了 7.2% ,一些较小的公司由于利息率低,资本权益报酬率降到了 7.82% 。

从 1995 年开始,资本权益报酬率开始设置为以"除去城市燃气工业所有产业的平均资本权益报酬率"五年的加权平均作为上限,以"公司债券利息率"作为下限,债务报酬率设置为前一年所有城市燃气公司的平均债务报酬率。标准固定债权比变成了 35:65。

(3) LNG 进口定价方式的演变

日本进口 LNG 的方式主要分为三种:现货贸易、中期合同(5 年左右)与长期合同(10 年以上)。其中长期合同是日本最主要的 LNG 进口合同方式。以下主要就长期合同的定价演变加以讨论。

① 早期价格公式。1967 年,日本东京燃气公司和东京电力公司这两家公司与美国阿拉斯加液化天然气生产商马拉松石油公司(Marathon Oil)和当时的菲利普斯石油公司(Phillips Petroleum)签订了一份 LNG 购销协议(SPA)。这份购销协

议既是日本签订的最早的 LNG 购销协议，同时也是亚洲最早的 LNG 购销协议。此份 LNG 购销协议从 1969 年开始执行，合同期限为 15 年。当时日本购买 LNG 的主要目的是作为燃料油的替代产品，给发电厂提供燃料，同时减少环境污染。1983 年协议到期后，合同期又被顺延了 5 年。在 1988 年顺延期到后，再次续签了 15 年，并附带了 5 年延期选择的权利。

这份协议采用固定价格的定价方式，买方和卖方定期对 LNG 价格进行价格回顾。合同中 LNG 的价格被固定在 0.52 美元/百万英制热量单位，而合同签订时的原油价格按热值换算后约为 0.33 美元/百万英热单位，高于当时的原油价格。

② 与产油国原油价格相挂钩的定价方式。1975—1986 年日本在 LNG 贸易中主要使用此定价方式。1973 年 10 月，第四次中东战争爆发，为打击以色列及其支持者，石油输出国组织的阿拉伯成员国把石油作为战略武器，从而引发了第二次世界大战之后最严重的全球经济危机。原油价格从 1973 年的 3.29 美元/桶，骤升到了 1978 年的 14.02 美元/桶，到 1979 年进一步飙升到 31.61 美元/桶。在此情况下，为了保证天然气资源国的利益，LNG 卖方要求 LNG 合同价与油价挂钩，即采取与产油国政府销售价格（GSP）直接挂钩的方式。其挂钩公式一般可以表示为：$P_{\text{LNG}} = A \times P_{\text{原油}}$，式中：$P_{\text{LNG}}$为 LNG 价格，单位是美元/百万英热单位；$A$ 是单位换算常数，即将美元/桶换算为美分/百万英热单位的系数；$P_{\text{原油}}$为适用原油价格，单位是美元/桶。

第一次石油危机过后，日本中部电力公司、关西电力公司、九州电力公司、大阪燃气公司和日本钢铁公司等几家公司与印度尼西亚签订了第一个 LNG 购销合同，协议量为每年 750 万吨 LNG。合同从 1977 年开始执行，定价方式如下：LNG 到岸价与印尼出口的一揽子原油价格挂钩，挂钩系数约为 90%，挂钩的一揽子原油价格为印尼官方确定的一揽子原油平均价格。为保护开发商的利益，在这个合同中，出现了亚洲购买 LNG 最早的“地板价”，即价格下限，也就是说即使适用原油的价格不断下跌，也要保证 LNG 价格不能低于这个下限。LNG 价格下限的出现为 LNG 的生产商提供了更多的保护。不仅如此，该项目开发所需的 16 亿美元投资中，有 14 亿美元来自日本银行的融资。

1977 年，日本开始从阿联酋的阿布扎比进口 LNG，合同量为 200 万吨/年。尽管在阿布扎比的 LNG 项目中，日本的两家公司（三井公司、三井液化气公司）占有一定的股份，但该项目仍然采用与阿布扎比出口原油的离岸价（FOB）挂钩的定价方式，这种定价方式进一步保证了卖方出口 LNG 能得到的利益不少于其出口原油的能得到的利益。

1981 年，日本与印尼签订了第二份 LNG 长期购销合同，年进口 LNG 量 650 万吨。此时 LNG 定价方式又做出了更进一步有利于卖方的更改。合同规定，定价方式为 LNG 出口离岸价(FOB)与印尼出口的一揽子原油价格挂钩，挂钩系数从 90%提高到 100%。日本与印尼签订的第一份 LNG 购销合同在价格条款上也据此进行了改动。第二份合同中还规定:日本公司要成立一个总额达 18 亿美元的基金，作为购买 10 年 LNG 的预付款。1988 年 2 月，挂钩的原油价格由官方一揽子原油平均价格改为一揽子原油的实际销售价格。

由以上合同可以看出，经历 1973 年和 1979 年两次石油危机以后，日本与 LNG 资源国签订的购销合同对卖方利益的保护在不断增强。

③ 与 JCC 价格相挂钩的定价方式。随着日本进口 LNG 数量的不断增多和国际原油市场供求关系的变化，从 20 世纪 80 年代初开始，日本从世界各地进口的 LNG 开始出现与日本一揽子进口原油(JCC，Japanese Crude Cocktail)价格相挂钩的趋势。例如 1980 年日本与文莱的 LNG 合同价格，1982 年日本与阿布扎比的 LNG 合同价格，以及 1982 年日本与阿拉斯加的首份 LNG 购销合同价格都改为与 JCC 价格挂钩。之后的价格公式又经历了以下四阶段的演变过程。

a. 直线价格公式

LNG 价格与 JCC 价格挂钩后，在 20 世纪 80 年代初，LNG 长期购销合同中大都使用直线价格公式，为了减少受油价剧烈波动的影响，LNG 价格不再完全与原油价格挂钩，但挂钩幅度还是比较高，LNG 与 JCC 价格挂钩系数大约为 85%，再加上一定的常数，公式表示如下:$P_{LNG} = A \times JCC + B$，式中:$P_{LNG}$ 为 LNG 价格，单位是美元/百万英热单位;A 为系数，等于与原油挂钩比例和单位换算的乘积;JCC 为日本进口原油综合价格，单位是美元/桶;B 为常数，由谈判确定。

公式中规定了适用的油价范围，如果油价超出这个范围，就需要双方进行谈判。由于合同中的常数需要买卖双方谈判，因此常数的取值对最后的价格起重要作用。

一般情况下，公式中的参数要随着油价水平的变化而变化。20 世纪 80 年代油价下降时，公式中的参数 A 增大，提高了与原油的挂钩比例，这样就避免了气价过低，保证生产商能够收回投资。从 20 世纪 90 年代初到 2001 年(1998 年油价下降除外)，总体油价上升。高油价带来的压力使得参数 A 减小，降低了与原油的挂钩比例，这样可以避免气价上涨过高，保证用户能够承受气价。

b. “S”曲线价格公式

直线价格公式虽然降低了与原油价格挂钩的比例，但实际上气价受油价影响仍然非常大。特别是当油价剧烈波动时，气价也随着波动，而买卖双方都希望 LNG 价格能够相对稳定。

到了 20 世纪 80 年代后期，随着油气产量的回升和原油价格的下跌，LNG 的价格也随之一路下跌。在油价不断下跌的情况下，天然气市场逐渐转入买方市场。随着 LNG 购买方在资源谈判中地位的提升，为了避免油价波动对 LNG 价格的影响,保护上下游利益,出现了 S 曲线价格公式,即 LNG 买卖双方在资源采购谈判的基础上,设置了一定的价格区间:低价区间保护上游资源开发的投资回收,高价区间抑制 LNG 价格上升得过高,保证 LNG 购买方的利益。具体公式如下:

$$P_{\text{LNG}} = A \times P_{\text{原油}} + B + S \tag{4-6}$$

其中:P_{LNG}代表 LNG 价格,单位是美元/百万英热单位;$P_{\text{原油}}$代表日本原油价格,单位是美元/桶,一般每月调整一次;A 是系数,同直线公式;B 是常数,由谈判确定;S 是油价过高或过低时的曲线部分。

合同中也规定了公式适用油价范围,如果油价超出此范围,则另行谈判确定价格。这种定价方式能够有效保护各方免受油价剧烈振荡带来的影响,有利于使整个 LNG 产业在一个较为平稳的价格区间内运行。由于在不同的价格区间,LNG 价格相对于 JCC 价格的斜率有所不同,就形成了所谓的“S”曲线(见图 4-29)。当油价过低时,LNG 价格高于直线公式价格,保证卖方可以收回投资;当油价过高时,LNG 价格低于直线公式价格,保证买方的承受能力;当油价在中间幅度时,LNG 价格同直线价格公式。合同谈判的焦点是油价区间的划分和常数的确定。随着 LNG 生产技术水平的提高与 LNG 生产规模的不断扩大,LNG 生产成本不断下降,这使得 LNG 市场更加有利于买方。在亚洲签订的一些 LNG 长期购销合同中,LNG 价格与 JCC 价格的挂钩系数逐渐减弱,从 85% 左右减为 50%;“S”曲线也进一步演变,曲线的高价区间和低价区间分别成为 LNG 价格的上限和下限。

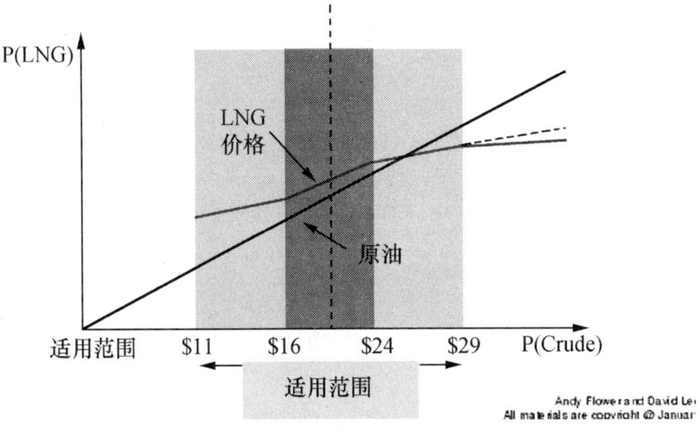

图 4-29　日本“S”曲线定价公式示意图

c. 重回直线价格公式

从 2005 年开始,随着国际油价持续上升并居高不下,LNG 的生产原料、人工成本也大幅上升,导致同期大部分拟建和在建的上游液化工厂推迟投产,再加上国际新增 LNG 需求的不断增多,世界 LNG 市场再次迅速从买方市场转向卖方市场,LNG的定价方式也随之调整。主要表现为LNG价格与油价的挂钩系数越来越大,并且在能源价格普遍看涨的形势下,LNG价格公式再次回归到直线公式。

二、韩国天然气市场化改革

(一)韩国天然气工业

1. 天然气工业结构

图4-30显示了1986—2008年韩国LNG消费占一次能源消费总量的比例,这一比例基本呈逐年上升的态势。韩国使用天然气主要是出于三方面的目的:首先是能源安全的需要,韩国是一个能源匮乏的国家,因此引进天然气,多元化其能源供给,对能源安全有着重要的意义;其次是出于环境方面的考虑,即减少由于煤电带来的严重空气污染;除此之外,还有经济增长等方面的考虑。

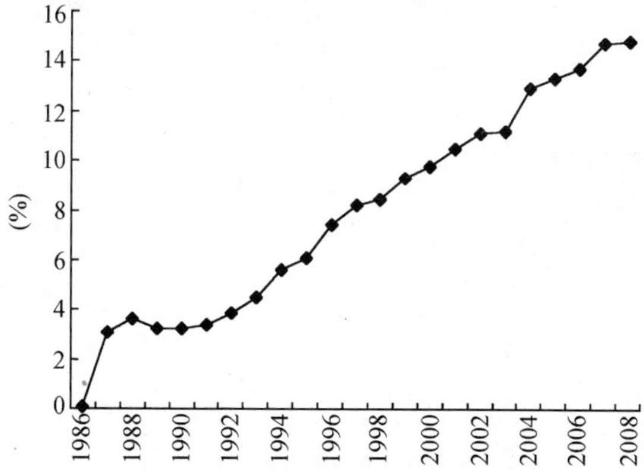

图4-30 1986—2008年韩国LNG消费占一次能源消费总量比例

资料来源:Korea Energy Economics Institute, Year energy statistics 2009。

韩国天然气公司(KOGAS)是韩国唯一国有垄断的天然气公司,该公司是从韩国电力公司分离而来,任务是规划、经营和管理进口及运输LNG所需的基础设施,在天然气的进口、存储、运输和批发市场都占有垄断地位。韩国天然气消费分为城市燃气和发电两部分用途,城市燃气公司和发电厂从韩国天然气公司购买天然气,再分销给其他终端用户(见图4-31)。

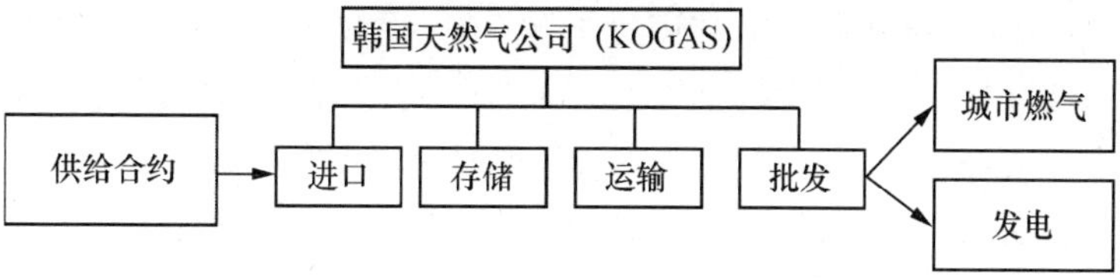

图4-31 韩国天然气工业结构示意图

资料来源:Ki-Ho Lee, Korea's Natural Gas Industry,2007。

2. 天然气贸易

韩国国内的天然气需求主要靠进口 LNG 来满足。1983 年，韩国国有垄断的天然气进口商韩国天然气公司(KOGAS)成立之后，韩国从 1986 年开始进口 LNG，并于当时同印尼签订了 20 年期每年 230 万吨进口量的照付不议合同。到了 2000 年，韩国有 7 个照付不议合同，每年 LNG 的进口量达到 1 686 万吨。这些合同的第一期于 2007 年到期，续签的合同将于 2024 年到期。

为满足韩国不断增长的天然气需求，韩国天然气公司的天然气进口大幅度增加，进口来源也越来越多。作为韩国 LNG 垄断供应商，韩国天然气公司 2008 年进口 LNG2 232 万吨，使得该公司成为世界最大的 LNG 进口公司，韩国也因此成为世界第二大 LNG 进口商。

目前韩国天然气公司主要依靠长期合约进口 LNG，韩国的 LNG 来源趋于多元化，卡塔尔、印尼、马来西亚、阿曼、文莱、澳大利亚和俄罗斯都是韩国 LNG 的进口来源地。韩国目前主要从卡塔尔、印尼、马来西亚和阿曼进口 LNG(见图 4-32)，另外从文莱和澳大利亚也有部分进口。

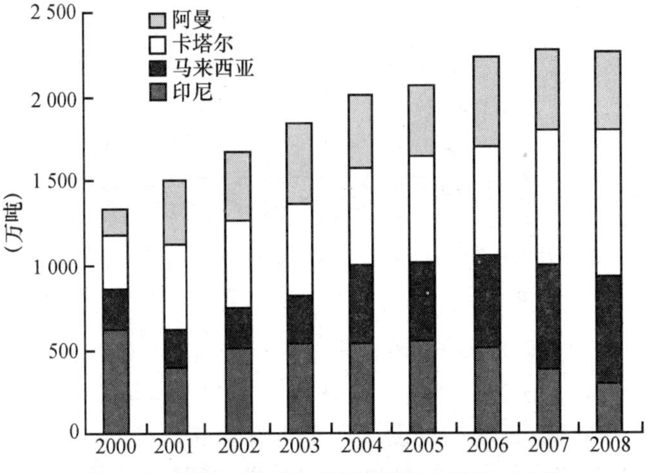

图 4-32 2000—2008 年韩国主要 LNG 进口来源

资料来源：Korea Energy Economics Institute, Year energy statistics 2009。

卡塔尔从 2001 年开始成为韩国最大的 LNG 进口国，之前这一位置一直为印尼所有。韩国进口 LNG 的长期合约主要来自卡塔尔、阿曼和也门，而且韩国天然气公司购买了阿曼 LNG 合资有限公司 5% 的权益、拉斯拉凡液化天然气公司 5% 的权益，另外还有也门液化天然气供公司 6% 的股权。通过海外项目的股权参与，韩国进一步保障了其天然气供给安全。

韩国冬季的天然气高峰需求量是夏季最小天然气需求量的四倍左右，为了管理天然气需求的季节波动特征，韩国天然气公司还与进口国协商确定了冬季的进口优惠和夏季的最小进口量，从现存的中东和东南亚长期供给合约中建立了年度交割计划。

2004 年韩国与马来西亚和澳大利亚签署了中期冬季基础合约，该合约规定韩国从马来西亚和澳大利亚购买 200 万吨 LNG，韩国天然气公司开始有能力在冬季保证持续的天然气供应。另外，韩国天然气公司还与马来西亚和卡塔尔签订了短期合约，以保证未来冬季天然气的供给安全。

为扩张海外业务，韩国天然气公司 2001 年建立了国际项目组，并在其已积累的在建或投运的天然气设施区域利用和商业化其技术。国际项目组大力寻找机会为海外项目提供咨询和培训服务，并投资于海外项目的 LNG 终端或管输建设等。韩国天然气公司领导了巴布亚新几内亚发展项目，该项目位于伊尔库茨克，是一个连接北伊尔库茨克 Kovytinkskye 气田到中韩天然气供应管道的大规模项目。韩国天然气公司还通过投资于缅甸的 A-1 天然气田开发和在越南进行一项高利润的天然气和电力咨询服务项目获得了在东南亚天然气市场的立足点。为拓展其业务范围，韩国天然气公司还建立了其他地区的业务，提供尼日利亚 Cawthorne Channel 天然气工厂伴生天然气的采集项目培训，因而提升了韩国天然气公司作为天然气设施领域先进的技术出口国的资格。另外，韩国天然气公司参与了一体化的 LNG 整合系统项目，一体化 LNG 整合系统通过整合两个不同的能源循环来发电，以增加生产效率。这个系统采用气涡轮机循环，在第一阶段利用燃气轮机循环，第二阶段则利用蒸汽循环。余热回收蒸汽发生器从燃气轮机的废气中收集能量。目前，一体化 LNG 整合系统的能效大约为 50%，预计不久后可以提高到 60%。

3. 天然气供给和需求

韩国的天然气消费增长非常迅速。1990 年，韩国 LNG 消费量仅为 232.8 万吨，2008 年已经增长到了 2 725.9 万吨，年均消费量增长 59.5%。从比例来看，1990 年 LNG 只占韩国一次能源消费比例的 3.2%，但是到了 2008 年，这个份额已经增加到了 14.8%。韩国主要的天然气消费者是城市燃气公司，它们代表了居民、商业部门和工业部门的天然气需求，而发电厂代表了电力部门的天然气需求。

韩国天然气公司是韩国天然气批发市场的垄断供给商，城市燃气公司在天然气零售市场拥有垄断权力，而韩国天然气公司是大多数城市燃气公司的供气渠道。从图 4-33 可以看出，1990 年至今，韩国民用和发电两方面的天然气需求都在不断增长。在 1990 年，天然气总消费量的 75% 用于电力生产，而城市燃气仅占

25%。随着韩国政府迫于环境而制定的燃料使用法规不断出台，城市燃气消费量快速增长，到1996年，城市燃气和电力生产所消耗的天然气比例已相近，从1997年开始，民用天然气的需求量开始大于电力部门，这主要是由于替代能源油价的上升和天然气需求的增加。2005年，韩国天然气公司共计卖出天然气2 280万吨，其中1 400万吨卖给了城市燃气公司，占天然气总消费量的61.4%，电力生产消耗的天然气比重降到了38.6%。电力部门与居民商业部门、工业部门天然气需求的比例在2008年年末约为76∶100。

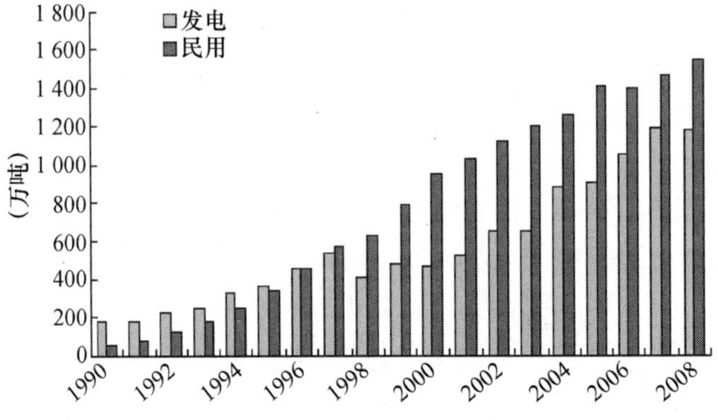

图 4-33 1990—2008 年韩国民用和发电用 LNG 消费量

资料来源：Korea Energy Economics Institute, Year energy statistics 2009。

从民用燃气的消费构成看，2005年，韩国民用燃气方面共计销售了1 780万吨天然气，其中卖给居民或商业部门的天然气为1 250万吨，卖给工业部门的为470万吨。1995年，居民商业部门的份额为82.3%，工业部门的份额为15.4%。2005年，这个份额变到了70.2%和26.1%，这说明1995—2005年，工业部门消费天然气的增长速度快于居民和商业部门。

4. 天然气基础设施建设

韩国天然气运输基础设施的发展紧跟天然气需求增长的脚步，天然气配气网络发展良好。目前除了一些人口稀少尚未铺设天然气管道的农村地区，城市燃气公司的服务范围几乎覆盖了所有的经济领域。

为了满足天然气需求的增长，韩国天然气公司2002年酝酿开始运营第三个LNG终端，计划在平泽和仁川扩张现存的LNG设施，并且计划在平泽建设新的LNG终端，同时扩张了现存的LNG终端和管网。该LNG终端主要是增加了统营LNG终端的14亿升存储罐数量，并且增加了到韩国中部额外的60.4公里的天然气管道。截至2008年年底，韩国天然气公司在其三个终端拥有261万吨的天然气存储能力，而且预计到2017年，这一能力可以增加到389万吨。图4-34显示了韩国LNG终端及天然气管网分布。

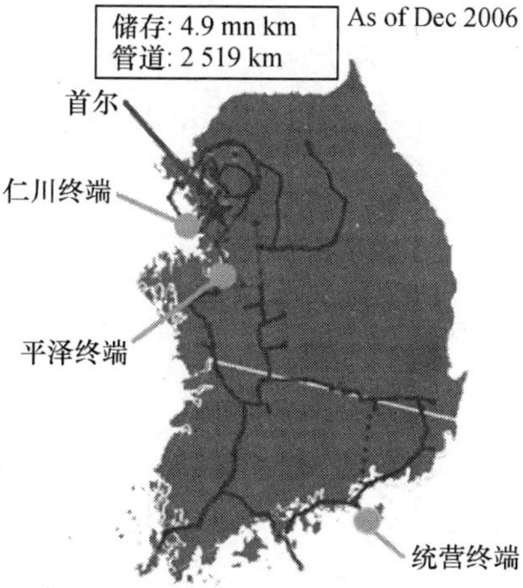

图 4-34　韩国 LNG 终端及天然气管网分布

资料来源:Ki-Ho Lee, Korea's Natural Gas Industry,2007。

表 4-11　韩国 LNG 终端

终端地点	运营时间	存储能力(1 000 kL/罐)	输出能力(吨/小时)
仁川(Incheon)	1996 年 10 月	3 480(18)	3 690
平泽(Pyeongtaek)	1986 年 11 月	1 000(10)	3 016
统营(Tongyeong)	2002 年 9 月	1 400(10)	1 350
总计		4 880(38)	8 056

资料来源:Ki-Ho Lee, Korea's Natural Gas Industry,2007。

韩国国内现存的天然气运输管网,包括所有的 LNG 终端和天然气管道,都由韩国天然气公司所有和运营。1999 年,韩国天然气公司将 39% 的股份公开发行,在这之前韩国天然气公司完全国有。其私有化的最初目的是减少管道和 LNG 设施方面公共资金对财政投资的需求,提高成本和质量控制效率,多元化 LNG 设施并协商竞争型合同条款。28 家私有城市燃气公司负责韩国天然气公司提供的 LNG 的销售和配气。这些公司在指定的区域都拥有专营权。

韩国政府有很多针对新管道设施的投资激励。韩国天然气公司被允许回收所有的管道和 LNG 终端成本,包括借贷成本,还可以加上 2% 的溢价。目前,只有韩国天然气公司可以投资天然气管输基础设施。出于制定费率的目的,天然气运输成本被分为 5 个功能分类,即装卸、储存、再气化和注入、管道、气门站。每个分类的成本都会在发电公司和城市天然气供给公司之间分配。城市配气管道的投资激励也比较充分。城市燃气公司的配气成本是根据成本加成法计算的价格。每个城市配气公司的价格都必须被当地政府承认。

5. 天然气价格

韩国天然气工业由进口和销售天然气给地方公司的批发市场和供给终端用户的零售市场构成。韩国天然气公司每月还供给终端用户和韩国电力公司(KEP-CO)超过10万立方米的天然气。城市燃气公司、韩国电力公司和大终端用户的价格须由韩国产业资源部(Ministry of Commerce, Industry and Energy)批准。韩国产业资源部在与财政经济部协商后,有权批准批发费率的变化。省长或市长有相似的权利来调整区域零售价格的收费。收费由两部分组成,即与国际价格挂钩的LNG进口成本和LNG供给成本。

对于发电用气,进口价格每月调整一次。民用燃气的终端用户零售价根据进口气价格和当时的汇率而变化。民用燃气价格每季度调整一次,但是调整范围必须在之前价格的3%之内。

韩国的天然气价格在20世纪80年代末和90年代的大部分时间都一直在稳定下降。对于工业用户,2000年以美元计的实际价格下降了26%,从1990年的333美元/吨降到了2000年的246美元/吨。居民部门的实际价格在这期间也下降了18%,从521美元/吨下降到了427美元/吨。这主要是因为根据韩国天然气公司的长期进口合同条款下的国际LNG价格趋势,2000年年初韩国平均天然气进口价约为288韩元/立方米,如果加上手续费、关税、消费税及附加,电力用户的天然气价格大约为326韩元/立方米,其他用户的天然气价格大约为335韩元/立方米。2001年年底,韩国平均天然气运输价约为78韩元/立方米,包括LNG终端成本,管输到城市门站的成本和地方配气成本。因此,直接和间接的LNG成本大约占据了天然气平均交货价格的4/5。进口LNG的成本变化改变了天然气整体交货价格。表4-12显示了1990—2005年韩国民用燃气价格。

表4-12 韩国民用燃气价格 单位:韩元/立方米

年份	平均价格	居民部门	工业部门	商业部门
1990	224.9	284.9	200.5	214.4
1995	238.5	297.2	196.7	236
2000	389.3	461.3	291.8	406
2005	461.4	485.6	296.1	502.6

资料来源:Shenoy, Bhamy, and Gülen, Gürcan, 2007, Electricity and natural gas sectors in Korea: a synthetical overview and recent developments, *KIET Industrial Economic Review*。

最终的价格会反映一系列因素,包括:LNG的购买和海上运输成本,这部分大约占最终供给成本的75%;管道运输、再气化、管理和保存成本;另外还包括增值税、进口关税、再气化进口附加费、LNG到岸价特别消费税等各种税收。例如,城市天然气公司需要安全管理和进口费。此外,发电部门、城市燃气和地区零售价格的天然气费率存在交叉补贴。根据区域零售价格,地区成本差异能否包含在价格中还值得讨论,表明任何区域价格差异或者是主观地或者是真实地反映了社会目标。对于不同类的消费者,零售价格也有所区别。这包括居民烹饪、居民取暖、商业、一般用途的制冷制热、工业、建设热电联产和区域热电联产。价格的不同反映了成本和社会权益目标的不同。

6. 天然气监管法律体系

韩国的城市燃气工业监管主要有三部法律,即《城市燃气工业法》、《石油工业法》和《高压天然气安全管理法》。另外还有一部特别的法律对四家主要的公用事业公司(其中一家即韩国天然气公司)的高效管理和私有化进行了特别规定。

《城市燃气工业法》为城市燃气工业规定了基本框架,包括天然气的进口许可、天然气基础设施建设、天然气供给条款、安全管理和土地收购等事项。

《石油工业法》管理天然气进口的相关事宜。该法律将天然气看做石油资源的一种,将天然气进口商看做石油进口商。这就可能在《石油工业法》和《城市燃气工业法》这两部法律的解释之间造成混淆。例如当韩国浦项钢铁公司获得进口许可,它有权转售进口的天然气还是只能进口天然气用于自身消费?法律的最终解释是浦项钢铁公司只能在《石油工业法》的许可下进口天然气用于自身消费,而不是出于《城市燃气工业法》的授权,因为《城市燃气工业法》允许将进口的天然气转售。

《高压天然气安全管理法》规定了在高压天然气使用过程中和建设天然气供给设施的过程中出现的安全问题。这部法律中与天然气供给和消费相关的内容是当局和韩国燃气安全公社(KGS)的活动程序。公社在这部法律的基础上建立,对高压天然气的处理颁发牌照,监督天然气基础设施安全和天然气供给商、建设承包商和天然气消费者的安全活动。

特别法律于 1997 年 10 月 1 日生效,该法律主要关注四大公用事业公司的管理效率和私有化,防止这些公司通过持股造成市场权力过度集中。这项法律在公司结构治理裁定方面的效力高于其他法律。

(二) 韩国天然气市场改革历程

1. 天然气工业改革历程

(1) 天然气工业改革计划

因为韩国所有的天然气都依靠进口,韩国的天然气生产很明显地与天然气管输业务分开,而且韩国的天然气管输与配气业务也是分开的。但是,配气和零售则是捆绑的,因为 28 家城市配气公司将这两项业务垄断。

韩国目前基本没有天然气管输领域的第三方准入。韩国天然气公司控制了所有的天然气进口,因此它只对自身提供配气管道和 LNG 设施的准入。地方公用事业公司也只对韩国天然气公司提供的天然气提供配气管道的准入。此外，从2001年开始，韩国天然气公司以外的公司被允许为自身消费的目的进口LNG，前提是该公司拥有LNG存储设施或者可以从其他公司获取LNG存储权。为了利用这个机会，韩国浦项制铁公司（POSCO）和韩国SK集团2002年开始在统营建立LNG终端。

1999年，政府倡导“天然气工业基本重建计划”，旨在通过引入竞争改善资源配置效率，以促进天然气工业的发展，提高服务质量和增加消费者选择。政府的目的是通过从终端运营和管输公司拆分进口和销售行为，为接收终端和运输网络建立一个公开准入体系，从而引入气与气的竞争。根据这个计划，韩国天然气公司原定到2002年要实行私有化。1999年12月韩国天然气公司33%的股权公开发行。

重建计划的主要目的是扫除阻碍竞争的因素，将韩国天然气公司私有化后重建天然气工业。根据基本的重建计划，在2002年4月前，韩国天然气公司将被分为两个公司：一个负责设备运营，另一个负责LNG的进口和批发。后一个公司将会根据长期LNG购买合同进一步被分为三个独立的机构。三个独立的贸易公司将会从韩国天然气公司中脱离出来，从事天然气进口和批发贸易，从韩国天然气公司手中接管现存的天然气购买合同，并在今后自由签署新的购买合同。韩国天然气公司仍旧保留其LNG、管道和天然气存储设施，但不再拥有天然气供给职能。这三个机构中的其中两个将低价出售给私人投资者实现私有化，另一个在被卖出之前还属于韩国天然气公司控制。计划在2002年年底之前，完成四个韩国天然气公司的子公司的私有化，并外包其服务，从而实现韩国天然气公司完全私有化。为确保这三个公司之间进口和批发业务透明、公平的竞争，LNG购买协议将会被分类。公开准入系统原计划在所有的终端和韩国天然气公司的管输网络中应用。

到了2002年年底，大多数韩国天然气公司的政府所持股份被卖掉，出于该公司公用事业性质的考虑，政府保留了一部分股权。韩国配气设施的竞争从2000年之后被允许，任何被授权的公司都被准许在尚未提供配气服务的区域建设和运营配气设施。在规定期限内将LNG船运提供的天然气供给服务引进到配气管网不能服务到的区域。

通过三个步骤在天然气零售服务中引入竞争：首先，在大用户中引入竞争型供给，根据1999年公布的改革计划，2003年韩国天然气公司应对其所有的天然气设施（包括终端和管输网络）实行公开和无歧视准入。所有的竞争型天然气供给商都应该可以使用这些设施进口天然气，并且将气体运输给可以直接和天然气运输管道相连的大用户。为了帮助确定韩国天然气公司是否以非歧视方式对待其他竞争性供给商，准入中将会剥离与天然气管输无关的功能；其次城市燃气供给被分为设施运营和天然气销售两部分；最后将供给竞争延伸到小天然气用户。

允许大的天然气消费者自主选择天然气供给商。然后,公开准入体系将会被扩展到天然气配气领域,区域配气垄断会被解除捆绑,拆分成独立的配气和零售公司。最后,零售商被允许给小用户销售天然气。竞争型供给商将可以通过非歧视条款使用配气管网,将天然气提供给小的私人和商业用户。这将会是一个十分重要的步骤,因为韩国天然气市场的小天然气用户占到了整个市场的4/5。

针对天然气行业的整体监管目标,会建立一个独立的监管实体,而且目前的监管结构会被重新界定和加强,以适应重建计划。

以上介绍了重建计划的大多数日程和相关时间表。但是,将韩国天然气公司完全私有化和竞争性准入的计划遭遇了失败,原因是由于2002年的相关立法没有在韩国国会获得通过。2004年中韩国电力工业的重组延迟影响了天然气工业重组的进展。目前韩国天然气工业重组和韩国天然气公司的私有化面临着不确定的未来。

(2)对韩国未来天然气市场模式的预测

韩国天然气市场似乎十分符合批发市场的竞争模型,虽然其市场竞争程度还相当有限。韩国天然气公司从许多竞争性的国外生产商购买天然气,并且和成本最低的投标人签订购买合同。从这个意义上来说,韩国是批发市场的竞争模式。但是所有的国外生产者在其国内都采取垂直一体化的运作。而且既然所有主要的进口合同都基于长期照付不议合同的基础,那么对于其他生产商来说,竞争是十分有限的。虽然大的天然气用户被允许以自身使用为目的独立进口LNG而非从韩国天然气公司购买,在这个意义上韩国存在一些潜在的零售业竞争,但是直至2002年年底还没有这样的案例。

不过在未来,韩国可能会更加符合消费者选择模型。因为国内的天然气需求一直在增长,市场会从更多的生产者那里吸纳进口。LNG终端、天然气存储设施和高压管道的公开准入,正如天然气工业改革计划中所设想的,将会允许大工业用户和发电用户之间的有效竞争。随后,配气管道的公开准入将会允许小用户之间的有效竞争。

韩国的天然气和电力市场目前还具有明显的垂直一体化特征,这不仅是因为天然气是通过单一的供给商提供给所有的发电厂,还是因为天然气在发电中的比例非常大,长期天然气供给合同被掌握在一个特定的发电厂商手中。天然气的大部分都是被独立的发电用户使用,天然气发电占据了发电能力的14%。韩国天然气公司在发电部门没有经济利益,因此在原则上它希望在无歧视的基础上给所有的竞争性发电商提供天然气。但是,在2006年之前,韩国电力公司都有义务按照照付不议合同从韩国天然气公司购买规定量的天然气。虽然照付不议的数量可以协商,但是这种安排很显然比在严格的最小化环境成本约束情境下需要在电力生产中使用更多的天然气。因此,这可能会将韩国电力公司置于一个相对不利的境地,虽然这同样也约束了其他发电商可获得的天然气供给。

在韩国电力公司的照付不议义务结束后,韩国天然气公司和电力市场之间会进行大规模整合,以往韩国天然气公司仍然是韩国国内垄断性的天然气供给商。如果所有的发电用户都有义务从同一家公司获取天然气,他们的天然气成本就会非常接近,所以燃气电厂竞争的有效范围将会仅限于资本和运营成本。如此大份额的燃气发电能力,发电厂应对高价格而改用其他燃料的弹性也会非常有限,因此韩国天然气公司有着相当的市场力量通过涨价来解决在天然气采购、船运、处理和 LNG 设施和管道的建设运营中出现的低效率问题。

在长期,随着天然气市场竞争性供给商的出现和独立发电商在电力市场的地位越来越重要,天然气和电力市场的一体化将会开始瓦解。根据韩国国会通过的电力行业重组计划,将会在 2004 年之后和 2009 年之后分别开始提供电力传输网络和配电网络的公开准入。因此韩国将很快出现向配电商出售电力的发电商之间的批发竞争,而且不久会出现向终端用户售电的发电商之间的零售业竞争。因此如果市场改革计划可以实行,韩国将会出现与发电商交易的天然气生产商之间的零售业竞争,节约的天然气成本应该传递给电力部门的生产者和消费者。

2. 国内天然气价格监管机制及价改历程

(1) 批发价格

韩国天然气公司(Kogas)的天然气批发价格由原料费和供应费两大部分组成。原料费包括七类费用,分别是进口价格、进口处理费、进口关税、特许经营税、损耗、进口附加费、安全管理附加费。其中,进口附加费和安全管理附加费仅适用于城市燃气用户。由于 LNG 进口价格与原油价格成指数关系,因此为了反映出进口价格和汇率的波动,电力用户的原料费每个月调整一次。相反,为了避免频繁的价格变化,每季度对城市燃气用户的原料费每季度予以调整,但只有在原料费变化幅度超过 ±3% 时才可以调整。

批发供应费用每年进行计算和调整,该费用由接收站费用和输送费用两部分组成。对于电力用户来说,可以采用三种季节性价格,即冬季、夏季和其他季节。对于城市燃气用户,供应费根据终端用户的种类不同而有所差异。城市燃气终端用户分为 5 类:住宅/供暖(包括烹饪、供暖、商务所供暖)、制冷、商业、工业、建筑物的热电联供和区域供热。除了建筑物热电联供和区域供热根据三种季节性价格进行调整,其他每一种类的用户都全年采用各自的统一价格。

表 4-13 和表 4-14 分别列出了截至 2000 年 1 月 1 日的原料费和供应费的组成。为了使能源资源多样化并尽快推广天然气的使用,韩国天然气的原料费和供应费一直较低,尤其是在 LNG 进口早期。虽然缺少政府对天然气的直接补贴,但

天然气在税收方面一直有所优惠。LNG 的进口税率仅 1%,而原油和 LPG 的进口税率为 5%。向替代燃料征收的其他费用,如进口附加费、特许经营税以及安全管理附加费,直到 1994 年以后才向 LNG 征收。此外,进口附加费方面的收入作为"石油商业基金",向天然气管网建设提供低息贷款,这些与其他措施一样也有助于保持天然气与其他能源相比供应的低费用。

表 4-13　天然气批发原料费组成　　单位:韩元/立方米

费用名称	电力	城市燃气	备注
进口价格	184.24	184.24	合同价格
进口处理费	0.27	0.27	进口额外费用
进口关税	1.87	1.87	到岸价格(CIF)的 1%
特许经营税	32.31	32.31	30 韩元/立方米时的固定费用(Flat amount)
损耗	2.04	2.04	0.9% 的 CIF 进口价格和进口处理费
进口附加费	—	5.58	5.23 韩元/立方米时的固定费用
安全管理附加费	—	3.90	3.90 韩元/立方米的固定费用
原料总费用	220.73	230.21	

注:截至 2000 年 1 月 1 日;每年的第一季度允许对已发生变化的进口价格进行调整,但在上一年的价格中不反映出来。在 2000 年,1999 年定价的应收账款是 8.61 韩元/立方米。因此,在减去应收账款数值后,电力和城市燃气行业的实际原料价格分别为 212.12 韩元/立方米和 221.60 韩元/立方米。

表 4-14　批发供应费　　单位:韩元/立方米

终端用户种类		冬季	夏季	其他季节	备注
电力行业		53.72	25.56	39.64	
城市燃气	住宅/供暖	107.76			
	制冷				5 月—9 月
	商业	59.96			
	工业	27.12			
	建筑物热电联供和区域供热	75.18	13.23	42.6	

注:截至 2000 年 1 月 1 日;城市燃气用户的平均供应费为 91.64 韩元/立方米。

(2) 韩国供应费的历史变革

韩国第一次提出供应费的概念是在 1987 年 2 月 2 日。当时,韩国天然气公司的供应费被固定在一个可以使其回收总成本的水平。但是为了利用规模经济的优势,韩国天然气公司通过以下三项方式积极开拓市场,寻找天然气需求:① 燃气低价;② 1987—1989 年三年的供应费估计期;③ 零资产收益率。总的供应费在电力部门和城市燃气部门之间分配,这是基于城市燃气消费的总价格与使用液化石油气与空气混合物作为原料的城市燃气的价格相等这一假设。城市燃气消费用户的供应费等于液化石油气与空气混合物的城市燃气终端用户价格减去零售毛利润和原料成本,而其余所需的收入则分摊到电力行业。

韩国政府三个月后修订了供应费评估期,从三年修改为五年,目的是逐步调整城市燃气的使用比率,使之与其他燃料相比有竞争力。之后不久,国内石油产品价格平均下降10%,城市燃气的竞争力减弱,政府进一步减少了城市燃气供应费,以恢复城市燃气的价格竞争力。1987 年 12 月,政府修订了供应费的分摊方法,采用平均成本法而没有按用途类别细分供应费用。城市燃气和发电用户的天然气供应费以总体的平均供应费用确定,都是 40.89 韩元/立方米,城市燃气批发供应费用减少了 17.09%。

1988 年,韩国国内石油产品价格先后两次下降,再次减少了使用天然气的优势。另外,从 1988 年 9 月开始,韩国首都汉城减少污染的政策限制了液体燃料的使用,并提出减少城市燃气费率的收取。考虑到由于国内石油产品两度价格下降造成的发电成本减少,政府将城市燃气供应费减少了 22.72 韩元/立方米,而发电部门的供应费则增加了 7.05 韩元/立方米。另外,1989 年 1 月,由于天然气热值从 11 000 千卡/立方米减少到了 10 500 千卡/立方米,天然气供应费因而减少了 5%。

从以上过程可以看出,批发供应费的估定方法明显存在交叉补贴的现象。但韩国政府认为,保持城市燃气价格相比于其他燃料价格的竞争力比将天然气价格维持在实际成本水平更加重要。抛开实际存在的交叉补贴问题,考虑到其他燃料价格对城市燃气用户收取供应费,但是不反映其诱发成本,证明了直到当时交叉补贴还没有被重视。

由于城市燃气方面的天然气需求上升很快,城市燃气公司的供给成本在减少,从而大大改善了其财务状况,经济实力不断上升。为了纠正批发费用的扭曲,1989 年 6 月,政府将解决交叉补贴问题作为调整重点,其目的是减轻本该由城市燃气部门承担,现在却由发电部门承担的成本负担。因此,发电部门的供应费降低,而城市燃气部门供应费开始上升,从而更准确地反映了这两个部门的成本。

随着 1987—1991 年成本评估期的结束,1992 年 7 月供应费被再度进行评估。政府对城市燃气使用的扶持大大减少,原因是天然气的供应成本随着天然气消费的大幅上升而趋于稳定。供应费评估期再次改为三年(1992—1994 年),税后资本回报率被设定为 10%。另外,考虑到韩国天然气公司在成本评估期相对于投资成本的资金筹措能力低下导致了天然气费用的上升,"投资资源"科目被包含在费率基础之中。

城市燃气需求的快速上升使得韩国有必要调节季节性负荷,发电用户的季节差别供给费体系于 1994 年 1 月开始建立起来。但是,发电部门和城市燃气部门的供应费制定仍采用原来的平均供应费方法,交叉补贴的问题仍然存在。

1998 年,韩国政府采取措施以更好地反映由于发电用户和城市燃气用户负荷因子之间的差异而产生的费用。同时,发电部门的投资资源免于征税。供应费也因此而调整,这部分纠正了交叉补贴问题。1999 年 10 月,韩国采取进一步的调整措施。电力用户的供应费减少了 4.44 韩元/立方米,而城市燃气用户的供应费递增了 13.33 韩元/立方米。

(3) 供应费的分摊方法

目前,供应费用根据回收平均记账成本来估算,具体实施步骤为:首先,总费用分成五个功能性费用,即卸货、储存、再气化/输出、管线和调压站。其次,再根据其平均消费模式将每个功能性费用在电力和城市燃气用户之间进行分摊。每个环节的费用分摊要素如下:

① 卸货费——年消费量;

② 储气费——维持对每类用户供气所必需的储气量;

③ 再气化/输出——最大月输出量;

④ 管线——将电力行业专用管线和城市燃气专用管线资产进行分离(总费用根据负荷系数进行分解:月平均消费量/负荷系数);

⑤ 调压站——与管线相同。

韩国天然气公司采用的这种费用分摊方法更好地反映了各类用户发生的费用。因此,由于消除了明显的费用转移现象,反映了实际发生的费用,交叉补贴问题得以有效缓解。

但是,如果采用的这种方法不够精确,导致价格没有反映供应费用差别,交叉补贴仍有可能出现。从这个意义上讲,让各方都满意的客观的成本分摊标准显然不存在,目前的分摊方法还不能达到反映实际发生成本的理想程度,尤其是不能将一些隐藏的成本因素反映出来,如所节省的储气成本和不同的服务方式。

由于电力用户的需求特点,城市燃气用户在储气成本方面节约许多。如果没有电力用户的用气需求,有可能需要建设更多的储气罐以满足城市燃气需求。所节省的储气罐费用应当在价格上合理地反映出来。另外,如果在用气高峰季节出现管输能力或天然气缺乏现象,电力用户可能会被要求临时性停止用气以缓解管输能力/燃气存储问题。事实上,电力用户是可间断用户,而城市燃气用户是固定用户。但这一服务方式上的差异也没有在价格中合理地反映出来。

(4) 零售价格

城市燃气公司的零售价格包括原料费和供应费。前者就是韩国天然气公司向城市燃气公司收取的批发费用(门站价格)。根据外汇汇率和 LNG 价格的变化,LNG原料费每季度调整一次。城市燃气公司的供应费中还要加10%的增值税(VAT)。定价采用成本加成方法,即投入资本税后收益率的10%。每个地方政府在其权限内对城市燃气公司的燃气价格进行审批。如果在其管辖区域内有多个燃气公司运营,那么原则上,终端用户价格将按照所有公司的平均供应费确定。原则上价格可以每年修正一次。而地方政府在考虑了燃气价格稳定性和物价水平等因素后,可以在三年区间内自主确定燃气价格修订时间。

由于地方政府决策和终端用户种类上的差异,燃气价格各不相同。在韩国首都终端用户分为9类,即居民烹饪、居民加热、Ⅰ类商业用户、Ⅱ类商业用户、建筑物加热、建筑物制冷、工业、建筑物热电联供、区域供热。

以上分类中没有包括季节差异的费用。但是,因为城市燃气消费用户的负荷因子比发电用户的低很多,城市燃气部门的操作弹性更高,因此城市燃气领域很难维持供需平衡,特别是在冬季。在经过长时间的争议后,1996年2月,韩国天然气公司与城市燃气公司签署了负荷调节合同,该合同鼓励城市燃气公司对其业务内的负荷进行管理。合同规定,如果城市燃气公司的燃气提取量超出规定合同量的±10%,城市燃气公司将为此支付罚款,罚款额为超出允许提取量部分乘以韩国天然气公司供气价格的2%。罚款期限频繁变化:1996年没有罚款;1997年按季度对罚款进行评定;而从1998年开始则按月对罚款进行评定。但在特殊气候条件下,提取量可以通过谈判解决。

如上所述,韩国首都首尔在费用制定时采用平均供应费方法。在该地区有5家城市燃气公司,其中有4家公司的燃气用来供应首尔和邻近地区。在制定费率方面,首尔市政府将5家公司看成是一家大型公司,即单位供应费由5家公司总收入除以预计供气总量而得。因此,如果其中一家城市燃气公司的供应费低于平均值,则该公司就可获益,这一措施有利于激励城市燃气公司提高经营效率,但由于忽视了各公司的不同终端用户结构,因此该措施也有不当之处。

如表4-15所示,韩国终端用户间的供应费差异较大。居民供暖和建筑物制冷方面的供应费较低,而居民烹饪和商业Ⅰ类用户方面的供应费较高。尤其是区域供暖方面的供应费最低,仅为7.72韩元/立方米,低于工业用户供应费的一半。然而,由于居民供暖、建筑物供暖和区域供暖这三类用户的天然气消费量占城市燃气消费总量的比例超过80%,且它们的峰谷差较高,因此有理由怀疑这些用户并没有支付它们应付的供应费。另外,虽然区域供暖消费量较大,但其负荷曲线与居民供暖用户的类似(冬高夏低)。这意味着区域供暖用户支付的天然气供应费过低。根据经验判断,存在其他类用户给这三类用户的交叉补贴现象。

表 4-15　韩国城市燃气批发价格和零售价格差额　　单位:韩元/立方米

		用户价格	批发价格	零售差额
居民烹饪		470.34	365.13	105.21
居民供暖		412.08	365.13	46.95
商业Ⅰ		406.45	305.61	100.84
商业Ⅱ		362.83	305.61	57.22
建筑物供暖		422.95	365.13	57.82
建筑物制冷		198.18	161.59	36.59
工业		296.84	278.5	18.34
建筑物热电联供	冬季	366.13	327.83	38.3
	夏季	293.51	255.21	38.3
	其他	328.50	290.20	38.3
区域供暖	冬季	335.55	327.83	7.72
	夏季	262.93	255.21	7.72
	其他	297.92	290.2	7.72

注:以上数据截至 2000 年 1 月;商业Ⅱ包括蒸汽浴、垃圾焚烧等;冬季为 1、2、3、12 月,夏季为 5、6、7、8 月,其他季节为 4、9、10、11 月。

韩国城市燃气价格的另一个特点是其他用户对商业建筑物制冷用户存在交叉补贴。在某些特定时间,建筑物制冷用户所支付的天然气价格甚至低于燃气成本,这意味着他们支付的供应费为负。换句话说,是交叉补贴产生了这种现象。由于所有燃气成本和供应成本都转移给了用户,因此批发供应商和零售公司并不因此蒙受损失。不管市场环境如何变化,这类用户的零售毛利实际上固定在 40 韩元/立方米左右。如果假设市场环境没有变化,有可能会认为 5—9 月建筑物制冷用燃气的边际成本大约为 40 韩元/立方米。然而,其他大用户,例如工业用户和区域供暖用户所获得的零售毛利比建筑物制冷用户更低,这意味着 40 韩元/立方米的供应成本并不是非高峰期的边际成本。

韩国采用上述定价方式的根本目的是:通过消除季节性的负荷曲线来减少燃气储气设施的建设成本;减少单位供应成本从而实现规模经济;用天然气替代其他化石燃料以改善空气质量。然而,通常情况下,反映政府对天然气市场政策的天然气批发市场价格信号并不总是能够传递给终端用户。批发和零售市场的价格审批权限是分开的,零售供应成本结构根据各地方天然气市场的发展阶段和地方政府的政策不同而有所不同。

3. LNG 定价

韩国的 LNG 贸易定价采用与日本相同的计价公式,合同价也是与 JCC 原油价格挂钩,从图4-35可以看出,过去十几年间,日韩LNG价格走势基本相同,价格水平也非常接近。

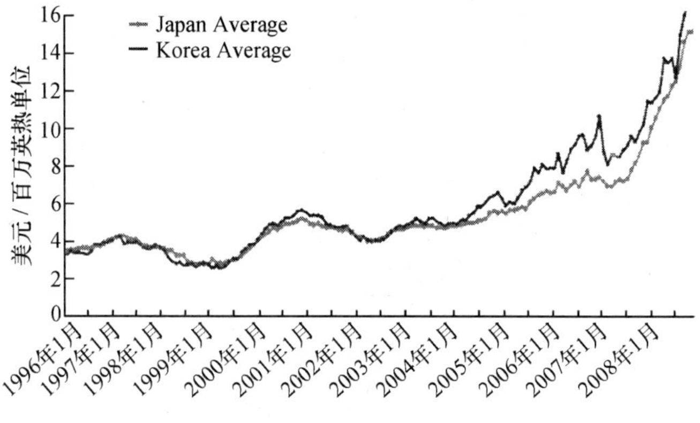

图4-35 1996—2008年日韩LNG价格比较

资料来源:David Ledesma, LNG Pricing, FSR Training Course on Natural Gas Markets, 2009。

参考文献

[1] 国外天然气经济研究课题组编译,美国天然气工业与天然气交易[M]. 北京:石油工业出版社2004年版。

[2] 王国梁主编,周明春、贾忆民副主编,天然气定价研究与实践[M]. 北京:石油工业出版社2007年版。

[3] 林伯强主编,黄光晓副主编,能源金融[M]. 北京:清华大学出版社2011年版。

[4] 张祁、张卫忠,美国天然气行业发展的经验及启示[J]. 国际石油经济,2009年第6期。

[5] 周茂荣、祝佳,论欧盟天然气市场改革:现状、障碍和前景[J]. 资源科学,2008年第30卷第4期。

[6] 李晓东,英国天然气工业的改革发展及对我国的启示[J]. 国际石油经济,2004年第11期。

[7] 李晓东,德国天然气工业发展现状及对我国的启示[J]. 国际石油经济,2005年第3期。

[8] 宦国渝、何晓明、李晓东,OECD国家促进天然气行业竞争及监管改革的经验[J]. 国际石油经济,2005年第2期。

[9] 胡奥林,国外天然气价格与定价机制[J]. 国际石油经济,2002年第2期。

[10] 郝郁,国际LNG贸易合同及定价研究[J]. 国际石油经济,2004年第12期。

[11] Guy Maisonnier、王艳,天然气价格与原油价格的关系及其发展趋势[J]. 国际石油经济,2006年第6期。

[12] 王震,全球液化天然气定价机制:演进、趋势和基准价形成[J]. 价格理论与实践,2009年第8期。

[13] 华贲,LNG 产业链的成本分析及定价策略[J]. 国际石油经济,2007 年第 3 期。
[14] 刘国光,天气预测与天气衍生产品定价研究[J]. 预测,2006 年第 6 期。
[15] 宦国渝、何晓明,天然气行业的经济监管[J]. 城市燃气,2007 年第 6 期。
[16] 王艳,天然气地下储气库的应用与发展[J]. 石油库与加油站,2008 年第 8 期。
[17] 李岳、付永明,浅谈天然气工业中地下储气服务的价格生成[J]. 中国物价,2004 年第 12 期。
[18] 华贲、罗家喜,国际 LNG 市场价格走势分析[J]. 天然气工业,2007 年第 1 期。
[19] 郝郁,国际 LNG 贸易合同及定价研究[J]. 国际石油经济,2004 年第 12 期。
[20] 胡奥林,国外天然气管输费的构成与调控[J]. 国际石油经济,2000 年第 11 期。
[21] 何晓明,加拿大与美国的能源监管及对我国的启示[J]. 天然气经济,2003 年第 2 期。
[22] 徐强、高爱茹,国外天然气管道运输成本的监管[J]. 国际石油经济,2007 年第 8 期。
[23] 谢治国,日本液化天然气到岸价二十年走势分析[J]. 国际石油经济,2008 年第 6 期。

第五章 煤炭价格市场化改革

早在20世纪60年代,石油就取代煤炭成为世界最主要的能源,但是在目前国际石油价格高涨的情况下,煤炭仍然是全球能源消费中重要的组成部分,而且随着诸如清洁煤等新一代煤炭利用技术的出现,煤炭与其他化石燃料的比价优势开始逐步体现,重新成为国际能源市场的关注焦点。对于新兴市场国家,尤其是油气资源相对贫乏(人均拥有量和相对可开采量)的中国和印度来说,煤炭对其能源安全更是具有非常重要的战略意义。

煤炭的特点是价格相对低廉,但是由于体积较大,运输成本较高,运费占整个煤炭价格的比重较大,因此国际煤炭市场具有非常强的地域性特点。根据目前的全球煤炭生产消费格局,可以将国际煤炭市场分为北美、欧洲和亚太三个主要区域市场。传统上国际煤炭市场交易多以长期协议为主,但是由于近年来国际原油价格持续上涨,现货贸易开始出现,并随着网络电子交易平台的发展和普及逐渐成为市场的主流交易方式。

一直以来,煤炭都是中国能源市场的主要能源品种。作为一个经济高速增长的发展中国家,中国的能源需求不断增长,煤炭发挥着更加举足轻重的作用。从资源禀赋的构成以及成本的角度来看,未来相当长一段时期内,煤炭在中国一次能源消费结构中仍将占据主导地位。因此,煤炭价格市场化改革是关系中国煤炭产业结构调整和可持续发展的重大问题,也是关系中国能源安全和经济稳定发展的深层次问题。

本章首先对国际煤炭市场的形成及其运行机制进行全面阐述和分析,然后选择美国、俄罗斯和印度三个产煤国作为研究对象,分别对其国内煤炭市场的价格形成机制进行探讨。其中,美国是世界第一经济强国,也是世界上煤炭资源最丰富的国家,其煤炭市场体系完善、发展成熟,代表中国未来煤炭市场的发展方向;而俄罗斯是世界上煤炭资源数量仅次于美国的国家,同时又是从计划经济向市场经济转型的国家,与中国的市场化改革之路有相似之处,其煤炭市场化改革的经验教训值得借鉴;印度是发展中国家,人口众多,并且印度的煤炭资源丰富,但是其他能源相对短缺,煤炭消费占整个能源消费的比重超过50%。中国同样具备上述特点,发展过程中面临着人口、资源和环境的压力,两国的煤炭市场化改革有许多共通之处。

第一节　国际煤炭市场

一、国际煤炭市场的形成与发展

(一)煤炭的种类与资源分布

1. 煤炭的种类

煤炭分类方法很多,按成煤的原始物质和条件不同,自然界的煤可分为腐植煤、残植煤和腐泥煤等；按加工程度[①]可分为原煤、精煤、洗选煤和焦炭等；按煤的煤化度[②]可分为泥炭、褐煤、烟煤、无烟煤等。煤炭的用途十分广泛，主要分为两类：主要用于发电、锅炉和燃料等的动力煤（Steam Coal）和主要用于钢铁行业炼制焦炭的炼焦煤（Coking Coal）。

由于各地区出产的煤炭的物理化学特性差异较大，目前，国际通行的煤炭分类标准是2005年2月国际标准化组织（ISO）属下的国际煤分类工作组（ISO/WG 18）的《国际煤炭分类标准草案》[③]（ISO/ CD 11760），其中将原煤的种类分为三大类和十个亚类。

2. 煤炭资源分布

世界煤炭储量主要集中在北半球，北半球的煤炭资源居绝对优势。世界92%以上的煤炭地质储量和89%以上的经济可采储量都集中在北半球。相比之下，南半球的煤炭资源则要少得多，煤炭地质储量和经济可采储量分别仅占世界的8%和11%。北半球北纬30—70度是世界上最主要的聚煤带，这一地区的煤炭储量占世界储量的70%以上，其中又以亚太和北美地区最为丰富，分别占全球地质储量的31.4%和29.8%，欧洲的煤炭储量仅占全球地质储量的8%左右。图5-1显示了世界主要产煤国烟煤（含无烟煤）、次烟煤和褐煤的已探明储量。

（二）煤炭工业

煤炭在世界范围内分布比较广泛但不均匀，而且各国煤炭资源禀赋不同，煤质差别较大，煤炭工业发展水平也不一样。

美国是世界上煤炭资源最丰富的国家，也是最主要的煤炭生产国和出口国之

① 原煤（Raw Coal）是指从地下或地下采掘出的毛煤经筛选加工去掉矸石、黄铁矿等后的煤。煤矿生产出来的未经洗选、未经加工的毛煤也叫原煤。精煤（Clean Coal）是经过精选（干选或湿选）后生产出来的。洗选煤（Washed Coal）是指经过洗选和筛选加工后的原煤，已除或减少了原煤中所含的矸石、硫分等杂质，并按不同煤种、灰分、热值和粒度分成若干等级。焦炭（Coke）是烟煤在隔绝空气的条件下，加热到950—1 050℃，经过高温炼焦制成，主要用于高炉冶炼、铸造和气化。

② 泥炭（Peat）又称草炭、泥煤。泥炭的氮和灰分元素含量较低，略显酸性或强酸性。由于质轻、持水、透气和富含有机质，被广泛应用于生产绿色有机复合肥。褐煤（Lignite；Brown Coal）块状，黑褐色，质地疏松，挥发分在40%左右，燃点低，易着火，燃烧快，火焰大，冒黑烟，含碳量与发热量较低。烟煤（Bituminous Coal）为粒状、块状或粉状，黑色有光泽，挥发分在30%左右，燃点不太高，易点燃，含碳量与发热量较高，燃烧快，火焰长，有大量黑烟，燃烧时间较长，有黏性，燃烧时易结渣。无烟煤（Anthracite）为煤化程度最深的煤，粉状或小块状，碳含量高（80%以上），挥发分含量低（10%以下），低硫、灰分不多，水分少，发热量高，燃点高，不易着火，发热量高，火力强，火焰短，烟少，燃烧时间长，黏结性弱，不结渣。

③ 国际煤炭分类标准主要包括：a. 对什么是煤进行了限定。干基灰分 $Ad < 50\%$，水分 $Mt < 75\%$，以及镜质组平均最大反射率 $Rv\ max < 810\%$ 的可以界定为煤；b. 按煤的变质程度（由镜质组反射率来表征）将煤分为3个大类（低阶煤、中阶煤和高阶煤）和10个亚类（褐煤C、褐煤B、次烟煤、烟煤D、烟煤C、烟煤B、烟煤A、无烟煤C、无烟煤B和无烟煤A）；c. 按煤的岩相组成（以镜质组含量表示）将煤分为4类：低镜质组含量煤、中等镜质组含量煤、中高镜质组含量煤和高镜质组含量煤；d. 按煤的无机物含量（以干基灰分产率表示）将煤炭分为5类：特低灰煤、低灰煤、中灰煤、中高灰煤、高灰煤。

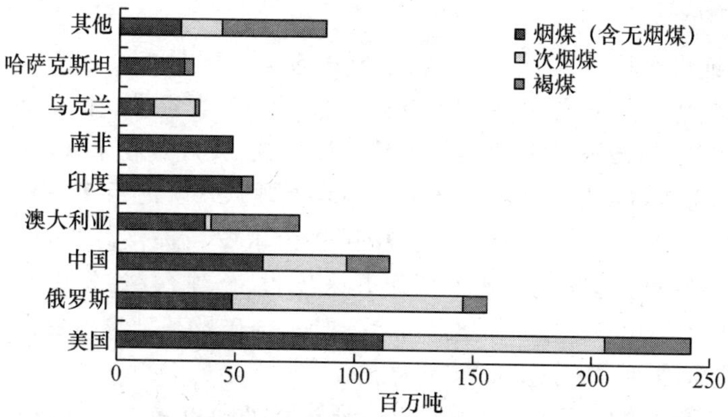

图 5-1　主要产煤国烟煤(含无烟煤)、次烟煤①和褐煤的已探明储量

资料来源:IEA,World Energy Outlook 2008。

一,其煤炭工业的发展代表了世界煤炭工业发展的趋势。尽管美国的石油产量在20世纪70年代达到高峰后开始下降,但是美国并没有放松对煤炭工业的管理与扶持。美国的煤炭工业发展政策的重点是对煤炭资源进行有效保护和合理、均衡地利用开发,通过提高煤炭产业技术水平、规范管理机制,借助并购重组的手段,实现煤炭工业的规模化、集约化发展。

1990年美国颁布了《大气修正法案》,实施污染控制措施,这对煤炭工业的生产和销售产生了非常大的影响。大部分发电厂不愿再燃用硫分高的煤炭,致使东部高硫煤地区煤产量在总产量中的比重大幅下降,而且,不适合大规模开采或转让的小块煤储量也被逐步淘汰,煤矿生产集中化和大型化的趋势更加明显,到了90年代末,美国占矿井总数11%的大型矿井就控制了全国3/4的煤炭产量。美国出现大型煤炭企业兼并联合浪潮,大型化、集团化的煤炭企业成为美国煤炭工业的主流。到2002年,美国最大的20家煤炭公司的产煤量已经占到了全国总产量的80%左右,而其中最大的5家煤炭公司(皮博迪能源、阿齐煤炭、肯塔基能源、鲁尔美国煤炭、固本能源)的产煤量更是占到了总产量的50%以上。与此同时,美国煤炭工业百万吨死亡率下降到了0.027,人均年煤炭产量达到13 000吨以上。

（三）市场发展及演变

目前国际煤炭贸易已经形成了包括长期协议、现货交易、期货交易和场外交易在内的多层次市场体系。亚太、欧洲和北美三个区域市场都有各自煤炭价格指数体系以体现市场影响力,而目前实际运作的煤炭期货市场只有美国纽约商业交易所(NYMEX)和英国伦敦洲际交易所(ICE)两家。

---

① 次烟煤(Sub-bituminous Coal)是挥发分含量较低的烟煤。一般发热量在每千克4 100大卡左右,挥发份为25%左右,含硫量小于1%。

1. 长期协议

为了保证煤炭长期、稳定的供应，主要煤炭消费国与煤炭生产国政府之间会通过签订长期协议的方式，以一定的互惠条件开展煤炭贸易。比如2010年9月，中国政府和俄罗斯政府签署的煤炭贸易长期协议，就规定在未来25年合作中的前5年，中国每年将从俄罗斯进口至少1 500万吨煤炭。之后20年，每年的进口煤炭量将增至2 000万吨。与此同时，中国将为俄罗斯提供总共60亿美元的贷款，帮助俄罗斯发展远东地区矿产资源开采项目，修建铁路、公路等煤炭运输通道，购买矿产挖掘设备，建立合资公司，在探矿、选矿及基础设施建设领域加强合作，共同开发远东地区的煤炭资源等。

除了政府间长期协议外，企业间也会通过长期协议建立长期、稳定的贸易关系，尤其是在发电、钢铁等用煤大户和煤炭企业之间的长期协议，对于保障用煤大户的稳定生产和煤炭企业避免短期价格波动，实现投资收益的长期稳定，都具有非常重要的意义。为了控制成本，这些用煤大户往往还采取联合招标议价的形式，即通过多家煤炭企业之间的竞争来降低采购价格。

2. 现货市场

目前国际上的煤炭现货市场分布与全球煤炭生产消费格局一致，主要集中在欧洲、亚太、北美等地区的煤炭消费国和澳大利亚、南非等煤炭出口国的港口，以及国际航运中心（新加坡等）或国际金融中心（伦敦等）。现在的煤炭现货市场一般都是在公开撮合报价的电子交易平台上进行现货议价和交易。比如，总部设在伦敦的全球煤炭市场公司①（GCM）于1998年5月推出的“全球煤炭”（Global Coal）电子交易平台，通过采取“招标采购”和“供应商拍卖”相结合的机制，为煤炭生产企业、贸易商、电力企业等提供不具名的即时交易服务。而随着电子交易的发展，交易的合约等开始逐渐实现标准化，为市场参与者提供现货交易服务。

3. 期货市场

全球煤炭期货的发展历史并不长，目前真正有影响力的只有美国纽约商业交易所（NYMEX）和英国伦敦洲际交易所（ICE）两家上市交易的煤炭期货合约。2001年，纽约商业期货交易所推出中部阿巴拉契煤炭②（CAAP）期货合约，但是上市初期的交易情况并不理想，交易极不活跃，在全球范围的流动性更差。该合约很大程度上只是反映和影响美国煤炭市场的供求关系，并不能为全球煤炭市场提供价格发现和风险规避的手段。2006年7月，洲际交易所（ICE）推出了两种煤炭

① 全球煤炭市场公司（Global Coal Market，GCM）成立于2001年，其控股股东均为国际能源、矿业巨头，包括力拓、英美矿业、E. ON、嘉能可、必和必拓等，以及一些国际投行和主要煤炭市场经纪商。

② 美国中部阿巴拉契山脉（Central Appalachian）是全世界最后几处出产优质炼焦煤和动力煤的地方之一，这里也是美国煤炭的主要产区，其煤炭产量占全美煤炭总产量的50%以上。

期货合约，分别是以荷兰鹿特丹（Rotterdam）和南非理查德湾（Richards Bay）两地动力煤为标的物，并参照 Argus/McCloskey 煤炭价格指数以现金方式进行结算。2008 年，ICE 和 GCM 合作开发了新的煤炭期货合约，分别是以澳大利亚新南威尔士州纽卡斯尔港（Newcastle）动力煤为标的物、针对亚太地区的煤炭期货合约和以阿姆斯特丹、鹿特丹和安特卫普三个港口的（ARA 地区）动力煤为标的物、针对西北欧的煤炭期货合约，两者也都是以现金方式进行结算。IEA 还计划在 Global Coal 发布的一种指数的基础上开发煤炭价格指数期货合约。2009 年，澳大利亚证券交易所①（ASX）也宣布计划开发针对亚太市场的煤炭期货合约，该合约也是以新南威尔士州纽卡斯尔港（Newcastle）出口煤炭为标的物，但以现货交割方式进行结算。中国大连商品交易所（DCE）在 2010 年推出焦炭期货合约，未来还将有望推出炼焦煤期货和动力煤期货。天津渤海商品交易所（BCE）也计划推出焦炭期货。

此外，全球范围内的煤炭场外交易市场（OTC）也有相当规模，包括隔月合约、远期合约、价差合约等在内的煤炭场外衍生金融产品的交易也很活跃。目前，国际煤炭市场已经形成了以中长期合同为主导，招标采购为辅，现货和期货等其他交易形式为补充，场内、场外多种交易方式并存的局面。但是由于现有交易体系仍存在较大的局限性，目前还未能形成一体化的全球煤炭价格形成机制。

二、国际煤炭市场的现状与格局

（一）煤炭生产和消费

煤炭资源的分布状况决定了国际煤炭市场的格局。美国煤炭储量最多，品质也最好，煤炭产量相对稳定；俄罗斯和中国的煤炭储量紧随其后，但俄罗斯资源丰富，煤炭在其能源消费结构中的比例不大，以出口供应欧洲地区消费为主；中国则由于油气资源相对不丰裕，煤炭是最主要的能源供应来源，其在能源消费结构中的比重在 70% 左右；澳大利亚、南非、印度的煤炭储量也较为丰富，但前两者都是以出口为主，后者则主要供应本国。2008 年，全球煤炭消费增幅有所减缓，为 3.1%，低于历年平均水平，但煤炭仍旧连续六年成为增长最快的燃料。考虑到清洁煤等技术的发展和石油、天然气价格的上涨，IEA 预测未来 20 年全球煤炭的产量仍将维持较快的增长，且主要集中在动力煤的生产上（见图 5-2）。

① 澳大利亚证券交易所（Australian Stock Exchange，ASX）于 1987 年 4 月 1 日成立，是澳大利亚唯一的金融交易所。

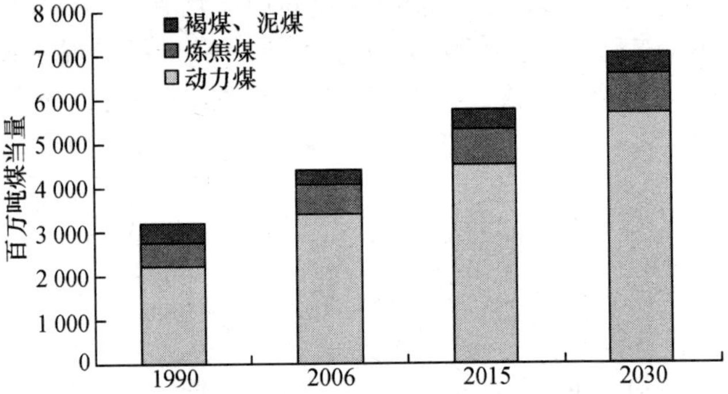

图 5-2 全球煤炭产量及预测(单位:百万吨煤当量①)

资料来源:IEA,World Energy Outlook 2008。

据世界煤炭协会(WCI)统计,2008 年全球硬煤贸易量为 9.38 亿吨,其中海运贸易量为 8.49 亿吨。虽然目前煤炭贸易仍以两大区域市场进行划分,但是有些国家存在特殊需求或出于保证国家能源安全需要,也会进行跨区域的煤炭贸易。这种跨区域的煤炭贸易规模不大,一般只有在供给充裕、煤炭价格高且海运费低廉的时候才会进行,一般由南非充当跨区域的中转市场。亚太地区是目前世界煤炭贸易最活跃的区域。据 WCI 统计,2008 年亚太地区的硬煤贸易量为 4.84 亿吨,占全球硬煤贸易量的 51.6%,占全球煤炭海运量的 60% 以上。2008 年,印尼的动力煤出口量全球第一,达到 1.73 亿吨,占国际动力煤市场份额的 25.6%;澳大利亚退居第二,动力煤出口量 1.15 亿吨,市场占有率为 17.1%,紧随其后的国家是俄罗斯、哥伦比亚和南非,分别占国际动力煤市场份额的 12.7%、10.9% 和 9.1%。日本是全球最大的煤炭进口国,进口量为 1.28 亿吨,中国、韩国和中国台湾紧随其后。欧洲地区的主要进口国家是英国和德国。2008 年,炼焦煤贸易总量略有增长,达到 2.61 亿吨,澳大利亚、印尼和美国是主要供应国。亚太地区仍是炼焦煤贸易最活跃的地区,也是增长速度最快的地区,占全球炼焦煤贸易总量的 46.6%,日本、印度、韩国是主要进口国。欧洲市场占全球炼焦煤贸易总量的 27.3%,但贸易量有所下降,英国和德国仍是主要的进口国,而且传统煤炭出口国波兰也开始从俄罗斯进口煤炭。

在 2003 年之前,中国一度是全球第二大煤炭出口国。但是随着中国开始对煤炭征收出口税②和国内需求的不断增加,2009 年中国首次成为煤炭净进口国,当

① 煤当量(Coal Equivalent)是按标准煤(Standard Coal)的热值计算各种能源量的换算指标。按 1 千克标准煤的热值为 29.27MJ(7 000 千卡)来计算,不同品种煤炭可以直接换算成相应的煤当量。

② 自 2007 年 1 月 1 日起,中国开始对炼焦煤和动力煤征收 5% 的出口税;自 2008 年 8 月 20 日起,煤炭出口税率提高到 10%,焦炭的出口税率由 25% 提高至 40%;2008 年 1 月 1 日起,取消煤炭进口关税。

年煤炭进口就达到了1.25亿吨(主要是发电用动力煤),仅次于日本的1.56亿吨,显示了巨大的进口潜力。由于中国煤炭出口量不断减少,而进口量持续增长,两者之和接近国际贸易量的10%左右,使得原有国际煤炭贸易均衡被打破,直接导致了煤炭贸易流向的大转变。亚太地区其他主要煤炭进口国被迫从南非进口煤炭以平衡市场供求,这就意味着航行时间的延长、船队效率的降低和运输费用的增加。这也是自2007年以来,国际煤炭市场价格大幅飙升的原因之一。

2000—2006年,硬煤的国际贸易年均增长5%以上,而根据IEA的预测,未来20年硬煤的国际贸易增长率将保持在年均3%左右,到2030年将达到13.54亿吨标准煤,比2005年增加一倍以上。气煤①将占到硬煤贸易增长的绝大部分。亚太地区仍然是最大的煤炭净进口地区,其中,中国的净进口将出现显著增长,到2030年将达到0.89亿吨标准煤,但也仅占中国总煤炭需求的3%,亚太地区贸易总量的9%;印度的进口量将增长6倍,达到1.97亿吨标准煤,占国际煤炭交易总量的18%。美国出口稳步增长且将以炼焦煤为主,到2030年将达到0.27亿吨标准煤。澳大利亚的生产成本在全球范围内最低,仍将是全球煤炭最大的出口国(3.57亿吨标准煤),而澳大利亚煤炭价格也就成为国际煤炭价格的风向标。

（二）国际煤炭市场的格局

煤炭作为价格较低、体积较大的大宗能源商品,运输成本较高,这一成本占煤炭价格的比重较大。国际煤炭贸易主要是硬煤贸易,但贸易量相对于消费量而言规模很小,主要依赖远洋运输来进行,部分国际煤炭贸易也通过内陆边境贸易的方式通过铁路进行运输。随着煤炭在世界能源结构中的变化,全球煤炭贸易发展也随之经历了几次较大的波动。第二次世界大战以后,随着全球煤炭生产消费格局的演化和远洋航运市场的发展,逐渐形成了太平洋和大西洋两大区域市场。

目前绝大部分国际煤炭贸易是通过干散货船远洋运输来进行的6万—8万吨级的中型干散货船是煤炭远洋运输的绝对主力,而1万—3万吨级的小型干散货船方便灵活,可被小型海港接纳,因此使用数量也不少。煤炭海运的主要流向从图5-3可以看出:① 太平洋:从澳大利亚东海岸运往东亚国家等;从美国东海岸横渡太平洋运往东亚国家;从中国东部沿海向日本、韩国运输。② 大西洋:从美国西海岸横渡大西洋运往欧洲。③ 印度洋:从南非越印度洋运往亚太地区或由澳大利亚越过好望角运往欧洲。

---

① 气煤(Gas Coal)是煤化度较低的烟煤,能结焦,可用作炼焦原料,但因黏结性弱,热分解时产生大量煤气和煤焦油,焦炭收缩度大,裂纹较多,必须配入焦煤、肥煤等,以提高焦炭质量。气煤是炼焦配合煤中的组成部分之一,还可以作为动力煤、气化用煤和化工用煤等。也可用作气化和低温干馏等工业的原料。

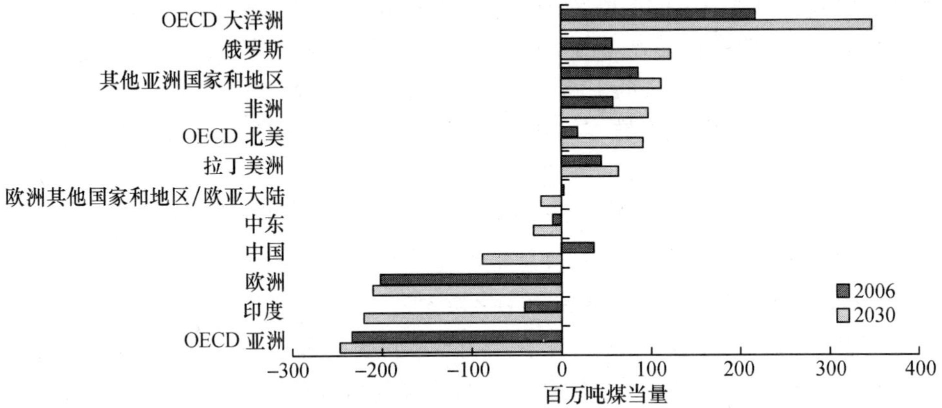

图 5-3 2006 年全球硬煤净贸易量及 2030 年预测

资料来源:IEA,World Energy Outlook 2008。

1. 太平洋市场

太平洋市场主要是指亚太地区,传统上主要进口国家及地区是日本、韩国、印度、中国台湾、中国香港、菲律宾和马来西亚等;主要的出口国家有澳大利亚、印尼、中国、俄罗斯、美国、越南和朝鲜等。

2. 大西洋市场

大西洋市场的主要进口国家是英国、法国、德国、意大利、荷兰、比利时、丹麦和希腊等欧盟国家,主要出口国家是北美的美国、加拿大,南美的哥伦比亚、委内瑞拉以及俄罗斯和东欧的波兰,此外南非、澳大利亚也向欧洲出口煤炭。欧盟煤炭进口的来源一直以美国为主,其次才是南非和澳大利亚。但是,近年来美国由于煤炭价格竞争力下降及其发电用煤需求的增加,开始减少煤炭出口,使得欧盟加大了从澳大利亚和加拿大的进口。此外,欧洲也通过陆路从俄罗斯、乌克兰、哈萨克等独联体国家和波兰、捷克等东欧国家进口煤炭。

一直以来,大西洋市场都是全球动力煤贸易及海运市场持续增长的基础,尤其是由于欧盟各国的煤炭采购采取各自独立决策的方式,由出口国与进口国各自达成贸易协议,所以一直是全球主要产煤国竞销的目标市场。但是,随着近年来欧洲经济衰退,环境政策日趋严格,碳交易市场、碳税等控制温室气体排放的政策不断出台,加上天然气价格下跌,欧洲地区天然气以及新能源和可再生能源对煤炭的替代加强,欧洲地区煤炭进口在价格上的比较优势有所削弱,欧洲的煤炭进口量也开始逐年下降,导致国际煤炭贸易重心开始向亚太市场转移。

三、国际煤炭市场的价格形成机制

(一) 世界各国国内煤炭定价政策

由于不同国家的制度环境、经济发展阶段、能源生产和消费结构、能源部门发展现状存在较大差异，能源价格政策也就表现出一定的差异性。但是从发展的角度来看，市场化改革的取向是一致的，即最大限度地发挥市场机制在资源配置方面的基础性和指导性作用，在规范和透明的制度环境下，让价格杠杆来调节市场供求关系，让竞争机制和合同关系来约束、规范企业的市场交易行为。

相对于其他能源产品，世界各国对煤炭价格机制的改革方向虽然也是以市场化为主导，但是真正完全由市场化配置决定价格的国家不多，对煤炭价格的政府宏观管制还是主流。总结起来，世界各国的煤炭价格政策可以分为四类。

1. 国家统一计划价格

部分国家在计划经济模式下，对煤炭价格采取国家统一定价的方式，主要是苏联和东欧各国。20 世纪 90 年代以前，这些国家实行高度集中的计划经济制度，绝大部分商品价格由国家管制。由于国内普遍实行低工资、低物价政策，政府为了稳定物价从而对物价进行管控，导致商品价格变化缓慢，特别是煤炭等能源产品的价格偏低，供给不足，需要国家给予大量的补贴。这些国家中，以苏联的定价方式较为典型。苏联实行的是区域价格政策，根据不同地区的平均成本确定该地区的煤炭价格，然后对地区内的各个生产企业使用该地区级差的核算价格。

但是，20 世纪 90 年代后，随着苏联东欧地区国家社会主义经济体制的解体，国家统一计划价格模式开始逐步被取消。

2. 国家直接定价

国家直接定价是指煤炭的市场交易价格由国家直接制定，可以分为单一价格和上下限价格两种。如英国、巴西、印度等国家，动力煤价格完全由国家统一制定，属于前一种模式。而菲律宾则采用最高和最低限价的方式来控制煤炭的市场价格，允许煤价在限定的范围内自由波动，属于后一种模式。采用直接定价模式的这些国家，煤炭生产成本都较高，通过国家直接定价可以防止煤炭生产企业因为成本过高、煤价过低而亏损，有利于保护企业的利益，虽然都采用直接定价模式，但是不同国家的具体操作方法也有所不同。英国煤炭生产是由国营企业控制的，且 80% 的煤炭又由国营企业消费，私人部门只占煤炭消费量的 20%，这就决定了政府补贴实际上是在内部进行划拨。巴西的情况正好相反，巴西的煤炭都是由私人生产者生产，同时也是由私人消费者消费的。巴西政府为了推动煤炭生产，按 20% 的资金利润率来确定煤炭的坑口价格，再加上较高的运输费用，如果以此确定煤炭市场价格，消费者难以承受。为此，巴西政府组建了一个国营公司，按照各个煤田或地区的生产成本所确定的不同价格收购全部煤炭，然后由国家统一负责运输，并以较低的价格赔本销售。印度的煤炭定价是以公司为单位，根据各个公司各自的平均生产成本，制定出不同公司的煤炭产品价格。

与中国长期实行的统一计划煤炭价格相比,国家直接定价模式主要有三点不同。首先,国家直接定价只是制定煤炭价格,并不干涉具体的交易及交易方向;其次,国家制定的价格因具体的经济形势而变化,同一个国家不同时期、不同地区的定价方法不同;再次,国家直接定价以煤矿生产成本为基础,往往要高于煤炭生产企业的平均边际成本。

3. 政府监管下煤炭供求双方协商定价

在煤炭开采条件较差,生产成本较高的一些国家,如德国、摩洛哥、日本等,通常采用政府监管下煤炭供求双方协商定价的价格政策。这些国家的煤炭价格也实行市场化定价原则,由供求双方在一定的市场条件下协商决定,但是国家对煤炭价格的形成进行监管。政府一方面要使煤炭价格高于煤炭企业的生产成本,以保证本国煤炭行业的生存发展;另一方面又不能使国产煤炭价格太高,导致消费者难以承受,从而转向进口煤炭,刺激煤炭的大量进口,打击国内煤炭生产行业。因此,这些国家就采用财政补贴的手段来调和这两方面之间的矛盾。例如,经合组织成员国的补贴金额按照“生产者补贴换算法”计算,也就是以国内煤炭生产、销售成本与国际市场价格之间的差额作为补贴额度。对于进口煤炭,这些国家则完全采取市场化定价原则,根据国际市场行情自由定价,政府不予干预,对国内生产和国外进口煤炭实行双重价格政策。

通过实施内外双重价格政策,在政府的监控下形成煤炭价格,既可以有效地防止煤炭价格的波动,又能保证煤炭生产企业的生产成本得到补偿,使本国煤炭生产者真正受益。从长期发展的趋势来看,随着国内煤炭生产条件的日趋恶化,这些国家的煤炭生产成本将不断升高,政府财政补贴也将不断地增长。

4. 完全市场化定价

在煤炭生产条件较好、生产成本较低,且煤炭生产经营者众多、市场竞争程度较高的国家,一般采取完全自由市场化的定价方法,如美国、南非、哥伦比亚等国家。

美国的煤炭生产者和消费者都是私营部门企业或个人,国家没有管制煤炭价格的激励,煤炭价格完全由市场决定。完全市场化的定价有许多好处:首先,向煤炭生产者提供了准确的生产信号,使生产者能够清晰地把握市场动态,做出正确的生产投资决策;其次,也向煤炭消费者提供了准确的消费信号,使消费者能够根据市场情况选择他们最优的消费量,促进能源消费结构的合理化;再次,完全市场化的价格使得市场配置资源的有效性最大化,促进了煤炭资源的有效利用和对其他能源的合理替代;最后,市场化可以保持煤炭价格平稳运行,避免大起大落对经济发展造成的不良影响。

（二）国际煤炭价格的形成机制

1. 国际煤炭市场的特点

作为全球性的能源大宗商品，煤炭和石油的现货交易相比有较大的差异，具有一定的特殊性。煤炭贸易存在着标准化、运输、库存等诸多问题。第一，标准化问题。由于煤炭的品种多样、品质复杂，不同矿井甚至同一矿井不同煤层产出的煤炭品质不同或不稳定，所谓煤炭的主要品种，如动力煤、炼焦煤等的划分只是根据用途进行分类和初步筛选，谈不上深加工转换，也无法通过生产过程的质量控制达到品质统一。因此，在现实的国际煤炭现货贸易中，一般是按批按质进行交易。第二，运输瓶颈问题。煤炭国际现货贸易中，海路运输受制于国际航运市场干散货运输能力和市场供求情况，特别是近年来国际航运价格对国际经济形势的反应较强烈，运费波动较为剧烈；陆路运输也同样受制于铁路、公路的运能和季节性需求之间的矛盾。煤炭现货贸易中，运费不仅构成煤炭价格的重要组成部分，而且还需要根据交割地点确定相应的升贴水标准。第三，库存问题。煤炭堆放时间过长，容易产生氧化、自燃、热值降低等问题，因此生产和消费双方都存在库存不够或不足的情况。对生产商而言，因为经济上和生产安全上的限制，难以根据市场需求量及时地调节供应量，会陷入被动。而对煤炭用户而言，特别是电力企业的需求一般会呈现计划刚性，常通过长期协议保证稳定供应，但是一旦发生特殊情况，就要进行临时采购，也会陷入被动。

因此，与国际石油市场不同，国际煤炭市场的价格形成机制更为分散，没有一个较为权威的、有效的体系。长期协议的形成主要是交易双方谈判的结果，并不能适用于其他交易，仅具有一定的参考价值。现货市场的交易存在产品品质不能标准化的问题，加上运输瓶颈问题，其交易价格的参考性有限。煤炭期货市场的交易也才开展了几年，在全球范围的流动性不够强，交易不够活跃，加上开展煤炭期货业务的国家只是少数，而且各自的交易标的不同，也就是说这些煤炭期货市场很大程度上反映和作用的是区域性的煤炭供求，并不能对世界范围的煤炭供求及相关情况进行反应。

2. 国际煤炭价格指数

目前，对全球煤炭贸易价格的形成最具影响力的是各类国际煤炭价格指数。国际煤炭价格指数是在20世纪80年代产生的，最初是对各类煤炭交易价格的历史记录的原始反映形式。进入90年代后，许多国际机构开始设计编制国际煤炭价格指数，以反映国际煤炭贸易的价格水平和变化趋势。

(1) 煤炭价格指数的发布主体

煤炭价格指数发布机构大致可以分为四类：一是能源信息、咨询和服务公司，例如巴洛金克公司（Barlow Junker）和普氏公司（Platts）；二是直接从事煤炭贸易的经纪公司或贸易商,如传统财务公司(Traditional Financial Service,TFS);三是提供煤炭贸易服务的公司,如GSM等;四是政府部门,如德国联邦经济局发布进口煤炭价格指数。[①]

(2)煤炭价格指数的适用范围

煤炭价格指数根据适用的场合可分为三类:一是供煤炭现货交易进行实物交割的现货价格指数,如BJ指数;二是供场外交易市场用的指数,如环球公司的互惠交易指数RB1和普氏远期合约价格指数;三是供期货合约作为标的物的价格指数,如纽约商品交易所煤炭期货价格指标。这一分类标准并不是绝对的,部分指标既可以作为现货市场实物交割的参考指标,也可以作为场外交易的参考指标。亚太市场基本上是现货交易市场,其指标体系大多是第一类指标;欧洲市场以现货交易为主、场外交易市场为辅,故基本采用第一、二类指标;美国市场体系发育比较齐全,三种指标在美国都得到广泛采用。

(3)煤炭价格指数的数据来源

根据严国荣(2003)的总结,煤炭价格指数的原始数据主要来自三个方面:第一类是官方的统计数据,这是实际发货价格历史记录,一般比较真实,但时间滞后;第二类是对煤炭买卖双方、中间贸易商和经纪人的调查数据,调查可以通过电话、传真等形式获得;第三类是交易平台即时实际采集到的成交数据,如环球公司根据其电子平台记录的实际成交合同价和买卖竞价未成交部分,并用加权平均方法处理得到有关煤炭价格指数。每个煤炭价格指数都与其固定的标准合同和成立条件相对应,这些条件主要包括产地和交货口岸、煤质指标(发热量、灰分、硫分等)、交货时间(一个月、90天等)、付款时间和条件等。

(4)煤炭价格指数的构成模式

目前现在国际煤炭价格指数大致有三种构成模式:实际发货价或当期合同价或两者的组合;历史交货价、合同成交价和预期价格(政府指导价等)的加权平均价;远期合约价格[②]和期货合约价格。

3. 主要的国际煤炭价格指数

目前,世界上三个主要的煤炭贸易市场都有在本区域范围内产生影响的煤炭价格指数,由于各类指数的基础构成不同,因此不同的价格指数就为不同的煤炭

---

① 《国际煤炭价格指数发展情况及主要的煤炭价格指数》,http://www.lzcbc.cn/zszx/mtzs/2011/05/11452.shtml。

② 这里的远期合约包括一年之内交货的现货合约和更长时间内交货的远期合约。远期合约中指定的价格等于将来货物实际交割的价格,但如果远期合约在OTC市场流通,则合约本身还有价格。根据两种不同的合约形式,可以得出不同期限的远期合同价格,这种价格既可以作为实物交割价,也可以作为OTC市场合约价。

贸易方式提供定价依据。

（1）全球性能源信息机构发布的指数

Argus/ McCloskey 指数。英国阿格斯能源咨询公司（Argus Media）以日报、月报、年报的形式，提供较为全面、权威的国际煤炭市场报价，比如《每日美国煤炭市场报告》公布美国本土五个主要产煤区有代表性的煤种在一年之内交货的现货合同价格，交货一般以离岸价为基础，同时列出最高价、最低价和加权平均价。

普氏（Platts）煤炭价格指数。普氏公司发行两份周刊《煤炭展望》和《普氏国际煤炭报告》，两份日报《普氏煤炭贸易商》和《普氏国际煤炭贸易商》，并发布相应的煤炭价格估价和指数信息。《普氏煤炭贸易商》每日公布美国煤炭场外交易市场的估价，对即期现货煤炭、三个季度远期和一年远期煤炭价格进行估计，用来指导套期保值和实物交割市场。

环球煤炭市场公司（GCM）价格指数。GCM 以 Global Coal 电子交易平台为基础，按周或按月发布三个主要国际煤炭贸易市场的煤炭价格指数。NEWC 指数为澳大利亚新南威尔士洲纽卡斯特港设计了出口动力煤价格指数，该指数把本周实际发生的交易价格和买卖双方当时对远期期望的煤炭价格加权综合起来考虑。该指数以离岸价、标准煤炭合同为计算基础，以周指数和月指数的形式发表。

传统财务公司（TFS）指数。TFS 指数也称为 APis 指数系列，是目前欧洲煤炭场外交易所采用的主要指数之一。APis 系列与 RB 指数不同之处在于，RB 指数是根据实际交易后的数据计算出来的，而 APis 系列是根据估计的交易数据间接计算出来的。其中，APi1 是静态美式合约，该指数没有真实实物交易；APi2 是以目的地为 ARA 地区的进口煤炭合同 CIF 价格为基础估算的；APi3 是以装运港为澳大利亚纽卡斯尔港、澳大利亚港的出口煤炭合同 FOB 价格为基础估算的；APi4 则是以装运港为南非理查德港的出口煤炭合同 FOB 价格为基础估算的。价格数据来源于发布在《煤炭周刊》、《南非煤炭报告》、《国际煤炭报告》上的合约价格（标准煤炭合同），每周和每月都会发布一次。

（2）地区性能源信息机构发布的指数

亚太地区。BJ 指数①：澳大利亚巴洛金克公司（Barlow Junker）发布的 BJ 指数是新南威尔士州动力煤现货合约的离岸价，发货港是纽卡斯特港，目的港不定，每周发布一次，现在已经成为指导澳大利亚和东亚国家煤炭交易的重要参考价格依据；NA 指数：NA 指数反映的也是从澳大利亚新南威尔士州出口的，目的地为日本、韩国和中国台湾地区的动力煤的加权平均离岸出口价，价格来源为国家统

① 资料来源：百度百科。

计局提供的已经发货的合约价格,包括现货合约和长期协议,指数每月发布一次。

欧洲地区。南非现货煤炭价格指数:南非现货煤炭价格指数(SACR)以南非出口的、并经鹿特丹港由驳船转运至欧洲内陆的驳船离岸价为基础,每月发布一次;欧盟电煤价格指数:欧盟电煤价格指数是以欧盟电厂的到厂煤炭价格为基础,每季度发布一次;WEFA 月度现货煤炭价格指数:沃顿计量经济学预测联盟[①](WEFA)提供从南非、哥伦比亚和澳大利亚出口到欧洲的动力煤离岸价格指数,该指数是以三个月之内发货的现货合约为基础计算得来的;标准欧洲煤炭协议价格指数(SECA):1999 年推出的基于欧洲标准煤炭协议(European standard coal agreement,ESCA)的价格指数,是在标准合同(对煤质、数量、付款等都有严格要求,这种合同既被实物交割市场应用,也被煤炭衍生品市场采用;既可以作现货合约,也可以作远期合约的标准合同)的基础上,以欧洲平均动力煤等级(折算为6 000kcal/kg 标准煤)为煤炭级别标准,并以 ARA 地区离岸价为基础计算获得的。

第二节 美国煤炭价格的市场化改革

一、美国煤炭成本构成要素分析

煤炭成本是指煤炭企业为生产煤炭产品所支出的各种费用。根据市场经济和完全成本的理念,一般以商品煤作为研究煤炭成本的对象。美国对于煤炭基本开采成本的定义为开采吨原煤的费用,这其中包括基本建设费用、生产费用、矿区使用费、管理费和税收。

基本建设费用包括勘探费、可行性研究费、煤矿开发费、车间建设费、设备购置费、健康和安全生产设备费用、煤矿现场基础建设费、设备更新改造费和其他费用。生产费用包括劳动力成本、设备及材料费。其中,劳动力成本又包括煤矿职工的工资和附加福利,设备及材料费又包括材料费、电费、间接费用和保险。矿区使用费是获得煤炭开采权以及地面和水资源使用权所需缴纳的费用。管理费通常隐含在基本建设费用和生产费用内。税收是国家和当地政府向煤矿征收的各种税费。

归纳起来,美国煤炭成本的构成要素可以分为资源管理成本、煤矿建设成本、劳动力成本、环境保护成本、税费成本五项。

---

① 沃顿计量经济学预测联盟(Wharton Econometric Forecasting Associates,WEFA)成立于 1969 年,是全球领先的经济预测与咨询机构,也是宾夕法尼亚大学沃顿商学院的控股公司。

1. 资源管理成本

(1) 煤炭资源的管理

美国全国的煤炭资源由联邦政府实行管理,内政部土地管理局负责煤炭资源的租借,国家资源保护委员会控制煤炭资源的使用,地质调查局和矿物管理服务局则对所出租煤炭资源的市场价格和最大经济回收率进行评价。

大约三分之一的美国土地归联邦政府所有,从1920年起,联邦政府根据《矿物租借法》开始出租归属政府所有的埋藏煤炭资源的土地。此外,美国农业部和国防部的土地也允许租借给由政府经营的电力公司生产发电用煤。根据法律规定,国家公园、野生动物保护区、原始景观、休耕地、沼泽地等不准租借。《露天开采控制与复田法》(1997年)中限制露天开采的相关标准多达20项,对矿井的开采也有多项禁止条款。

从煤炭工业的管理角度上来讲,美国联邦政府及州政府的主要职责是对煤炭资源进行评估、审核颁发采矿许可证、制定收取税收等,政府不直接参与煤炭的生产经营,但考虑环保要求,也会对煤炭资源的使用进行一定程度的管理。

(2) 煤炭资源的租借

在美国,煤炭资源的出租主要有两种办法:对于已经勘探并完成评估的矿区,通过招标的办法确定开采者;对于资源尚未探明且并未作评价的矿区,实行勘探、开采申请优先的办法,由最早递交申请的人进行勘探、开采。在开采之前,政府要对勘探出的资源进行价值评估,确定合理的资源价格。在美国,每一个产煤区都有一个地区性的煤炭协商组,负责与州和联邦政府机构进行联络协商,并指导煤炭资源的租借活动。

(3) 联邦煤炭资源税

资源税有两类:第一类是相当于级差地租性质的资源税;第二类是相当于绝对地租性质的资源补偿费,一般也称为矿区使用费。

美国对级差收益的具体规定为:其一,煤矿建设时,要向政府或私人购买或租用煤炭资源。煤炭资源的租金和售价是根据资源的优劣条件决定的,露天矿要比井工矿高。政府所有的煤炭资源,在未开采之前收取的费用为10元/km^2,开采之后则按煤炭销售额的12%收取。租金由联邦政府收取,其中50%交由州政府。对于私人拥有的资源,出租(出卖)合同一经签订,就按一定的比例收取租金,一般期限为20年。其二,缴纳煤炭开采特别税(土地剥离税),即由于采煤等原因剥离土地而缴纳的税收,税率一般为2%—5%,也有的高达15%。具体税率的高低根据煤炭资源的优劣、开采条件、运输条件以及市场状况确定。

在美国,矿区使用费是开采矿产资源必须缴纳的一项专业税。租借联邦土地的煤矿要缴纳矿区使用费。美国法律规定,采矿公司应向政府租用矿地,政府根据该矿地的资源贫富、开采效益、所在地区的销售情况以及开采方式等条件,按财政年度向承租矿地的采矿者征收矿区使用费。《矿地出租法》(1920年)规定吨煤税率为5美分,而1976年的《联邦煤矿租赁修正法》将原法案第7条规定的税率改为按煤炭产值征收。州政府所有的土地征收矿区使用费的方法为:根据竞争性投标出价,按坑口售价的12.5%—18.75%征收,且不得少于3.3美分/吨。各个煤矿的具体税率由承租者与征税机构协商议定。这种税率只以原煤产量为基准,对经加工的二次产品的增值不征税。征收的权利金,50%返还给各州,另外的50%留给联邦政府用于自然资源保护以及建立复垦基金、环境保护基金等。

上述资源税的征收方式是美国煤炭资源有偿使用的一种表现,也是美国政府宏观调控煤炭资源的管理手段。由于对优劣资源区别对待,提高了企业的生产积极性,使企业注意提高采出率,减少了资源浪费现象。同时,这种做法也使国家积累了一定的专项资金用于资助煤炭的工业发展。

(4) 煤炭资源费用

一般来讲,煤炭产品的销售收入扣除开采成本、运输成本、税收及社会平均利润后,剩下的就是煤炭的资源成本。

在美国开采煤炭,需要缴纳三种资源费用:① 土地使用费,即土地的租借费;② 权利金,即矿产资源费,依照净收入的百分比进行缴纳,露天矿交12.5%,井工矿交8%;③ 红利,主要用于调节资源的级差收益,不同的煤矿缴纳的数量不同,煤炭资源条件好的矿区多交一些,资源条件较差的少交或者不交[①]。

2. 煤矿建设成本

(1) 煤矿建设管理

煤矿建设由煤炭企业根据市场和自身的情况自行决定。首先,矿主在取得煤炭资源租借权后,向露天开采局提出勘探申请,得到批准后,对该地的煤炭资源进行详细勘探。在完成勘探的基础上,再进行可行性研究和初步设计,并与用户签订长期合同。然后,向露天开采局申请开采许可证,获得批准后就可以正式进行设计和建设。但是,美国的煤炭建设项目审批程序相当严格,煤矿开采许可证的审批不但要考虑环境保护的要求,同时也要考虑经济和技术方面的问题。

(2) 基础建设投资

美国煤矿基建投资的基本原则可以概括为:分期建设,以矿养矿。美国大型煤矿建设和项目改造的资金,一般都是通过向银行贷款来获得的。煤炭公司在研究确定项目的可行性后,就会立项申请审批,同时向银行申请贷款,筹集资金。煤

① 资料来源:中华商务网,http://www.mtw001.com/channels/168-127/127951.htm。

炭企业获得银行贷款后，为了尽快取得经济效益、偿还贷款，都会加快煤矿开发建设的速度，以利于尽早投产销售获利。因此，尽管美国新矿的审批时间较长，但煤矿的投资建设周期都较短。

美国的煤炭企业为了尽早还清贷款并获利，一般都在煤矿建设开工后先挖掘出一套直达主采煤层的井下系统（平硐或斜井），然后采煤销售，利用销售所得资金进行周转，再逐步扩大开采范围。最后才进行地面建设，盖办公室和厂房。一般来说，一个大型地下矿井或露天矿，只需要 1 年左右的时间，便可以投入生产并取得经济效益，3—5 年后即可还清所有贷款。

（3）新增生产能力

美国煤矿企业主要通过三种方法拓展生产能力：一是对现有的煤矿进行改造和扩建；二是重新开发闲置的煤矿；三是建设新的矿井。其中，对现有煤矿的改造和扩建是美国煤炭工业新增生产能力的重要组成部分。

（4）投资成本

由于资源条件、生产规模和技术装备的不同，再加上基础设施建设（铁路、选煤厂、装运站、竖井、斜井等）的不同，美国煤矿新增生产能力的投资成本变化范围较大。如果建设一座使用“长壁开采”方法作业的中等规模矿井，包括选煤厂及其他所有地面设施在内，吨煤投资一般在 25 美元以上。而在已有选煤厂、装运及其他基础设施的情况下，建设一座使用连续采煤机的中等规模矿井，吨煤投资一般只有 5 美元左右。当这些基础设施均需新建的情况下，吨煤投资一般为 20 美元。

3. 劳动力成本

由于矿井的工作条件较为艰苦，加之美国矿工工会组织的长期斗争，美国煤矿工人的工资待遇较为优厚，生活水平较高，已经达到中产阶级水平。因此，美国煤炭生产的劳动力成本较高。例如，1996 年，美国矿工的年平均工资约为 47 600 美元，位居各行业平均工资之首。

4. 环境保护成本

美国联邦政府根据相应的环保法规对煤炭资源开采企业进行环保监督和管理，其中以《露天采矿控制与复田法》和《洁净空气法修正案》最为重要。《露天采矿控制与复田法》规定露天煤矿开采后要恢复原来的地貌，如地形、水源、动植物生态环境等。对于井下矿井开采，要求防止地面下沉，不再使用的井口要封闭，煤矸石尽量回填井下，矸石山保持稳定等。《洁净空气法修正案》以技术标准作为依据，制定各种有害污染物排放标准，以及改善空气质量的目标和时间表。

为了保证环保和复田工作的顺利进行，《露天采矿控制与复田法》设立了一系列基金，如废弃矿山复垦基金、水土保持基金、水质保护基金、复垦基金、能源研究实验室基金等。此外，该法案还规定，因采矿而占用的土地，采矿企业要向政府交纳复田保证金，保证金数额必须足够支付预计的全部复田费用。露天开采复田保证金烟煤为35美分/吨，褐煤为10美分/吨，井下开采的煤炭为15美分/吨。这些保证金被存入银行保管并根据完成情况按比例归还，具体为土地整治完毕后归还40%，复完表土归还22%，完成植被归还20%，其余部分根据10年后的生态恢复情况，经农业部验收合格后归还。

5. 税费成本

在美国，大多数煤炭企业为私营企业，政府不直接参与企业管理，主要通过税收手段来进行宏观调控。美国税收制度为联邦政府、州政府、地方政府三级分税制。政府对煤炭企业征收的税收可以分为两类：一类是企业税，即社会各类企业一般都需要交纳的税收；另一类是针对煤炭企业征收的特殊税费。

企业税主要由州政府和地方政府征收，大致有五种：① 销售税，由企业按照所购买的材料、设备价格的0.3%—2%缴纳；② 公司财产税，房地产和设备按市场价值的20%计征，州政府的税率为0.65%，地方政府的税率为4%左右；③ 营业税，煤矿称为开采税，平均吨煤约为22美分；④ 公司所得税，按所得收益的15%—36%缴纳；⑤ 社会安全福利费，企业按工资总额的7.5%、个人按工资的7.5%缴纳。

煤炭企业的特殊税费主要由联邦政府及资源所有者征收，可分为五种：① 黑肺病税，这是煤矿工人的安全保健税，对一般露天矿每吨煤征收0.61美元、井工矿每吨煤征收1.21美元，褐煤矿免征；② 煤矿采空区土地税及土地复垦保证金，在煤矿复垦后政府会将保证金退还给企业；③ 土地租金；④ 权利金，在煤矿正式投产开采后交纳，与中国的资源税类似；⑤ 红利。

二、美国煤炭的定价机制

一般来说，煤炭产品的销售收入扣除采矿成本、运输费用、税收及社会平均利润后，剩下的就是煤炭资源的价格。市场经济国家中，煤炭企业与其他企业一样，享有充分的自主经营权力，煤炭资源完全由市场机制配置，价格由市场来决定。在美国，政府不干预煤炭企业的生产运营，完全放手由企业自主决策，同时企业自担风险、自负盈亏。政府依法对煤炭产业进行宏观调控，但一般情况下并不干预市场价格和企业的定价行为。

（一）政府调控机制

1. 税费调控

在美国，政府不直接参与煤炭企业管理，而主要通过税收手段进行宏观调控，实行联邦政府、州政府、地方政府三级分税制。美国对煤矿企业征收的税收可分为两类:一是企业税,即所有各行业企业一般都需缴纳的税;二是煤炭企业的特殊税。根据美国煤炭的资源管理成本,企业开采煤炭在资源方面要缴纳三种费用:第一,土地使用费,即土地的出租费;第二,权利金,即煤炭资源费,无论资源条件优劣都需要缴纳,可以称为绝对资源地租,按净收入的百分比交纳,露天矿交12.5%、井工矿交8%;第三,红利,也称为相对资源地租,不同煤矿缴纳的数量不同,资源条件好的多交一些,资源条件差的少交或不交,这一部分费用主要用于调节资源级差收益。在这三种费用中,煤炭资源的价格(成本)主要体现在权利金和红利上。

2. 资源评估

美国对煤炭资源价格的确定是在煤炭资源评估的基础上进行的,评估由联邦政府内务部地矿部门及土地部门负责。

首先,在煤炭资源开采之前,由联邦政府对已经勘探完成的煤炭资源进行评估,大体经过技术评估、经济评估和确定资源价格三个阶段。技术评估主要是对勘探资源的技术状态进行评价,以确定哪些煤炭资源适合井工矿开采,哪些适合露天矿开采。其中,适合井工矿开采的,再对采用的采煤方法进行评价,如长壁式、房柱式等。经济评估主要用来确定哪些资源会受到河流、周围建筑及资源条件的影响,使得从经济角度考虑不可采,从而确定出经济可采储量。确定煤炭资源价格是在经济评估的基础上完成的,需要对煤炭的质量、数量和最大经济回收率及可能获得的售价进行评估,还要评价煤炭开采的难易程度及开采成本,并要考虑地产价值、银行利率、税率及社会平均利润水平(一般按15%计算)。这样,煤炭产品的销售收入扣除成本、税费、土地租金和15%的社会平均利润等,剩下的就是煤炭资源的价值。在此基础上,再扣掉8%或12.5%的权利金,就是红利。

概括起来,资源评估的主要内容包括煤炭资源储量、煤质、开采方式和技术、最大的经济回收率、开采成本,以及地产价值和银行利率等。在资源评估的基础上确定煤炭资源价格,通常采用两种方法:第一种是售价类比法,即根据已经销售、可以比较的资源的价值对被评估资源进行价值评估;第二种是收益现值法,通过将计划的年现金流量作为现值来评估煤炭资源的净现值。

3. 公平市场价格

美国的煤炭定价策略是完全市场化:由供需双方协商决定煤炭价格,定价主要依据市场供求关系、生产成本及各种税费,同时考虑一个合理的利润率。其价格又称为公平市场价格,其定义是"煤炭储量所有者(联邦政府、州政府或私人)愿意而非被迫出售(或出租)给愿意而非被迫购买(或承租)的买方价格"。

公平市场价格一般采用支付现金或其当量值的形式。在煤炭出售公告发布之前，美国地质调查局和矿物管理服务局负责对即将出租煤炭资源的进行市场发布，并对最大经济回收率进行评价。公平市场价格的评价标准以类似的市场交易为基础，考虑因素包括煤炭资源的质量和数量、采出的煤炭运到销售地的价格、采煤成本、通行利率、地产价值以及最大经济回收率的开采方法等。

（二）电煤市场

美国约有90%的煤炭用于发电，煤电占美国发电总量的比例高达50%[①]，煤炭在美国电力市场中发挥着最主要的作用。因此，美国的煤炭价格主要是指电煤价格，研究美国的煤炭价格就必须研究美国的电煤市场，理清两个市场之间的相互关系和相互作用。

美国主要依靠市场的力量来保持煤电价格稳定。在电力市场化改革环境下，美国如何在维持经济平稳增长、保证企业利益前提下处理好煤电之间的关系，保证煤炭和电力行业平稳发展，是一个值得探讨的问题。

直到20世纪70年代初，美国的电煤市场均用长期合同来锁定价格，保证煤炭企业的收益。然而在1973—1978年，随着两次石油危机，石油和天然气不断提价，煤炭价格也随之上涨，以合同形式供应的煤炭和实时交易的煤炭价格上涨幅度更大。较高的即时市场价格，使得许多煤炭企业纷纷毁约，而将大量煤炭投入到零售市场以获取更大利润，从而加剧了煤电企业之间的矛盾。

70年代末起，美国开始不断调整和改革电力市场。从经历煤电之争，到目前电煤市场基本平稳，美国采取的具体措施主要有：实施电力集团“煤电一体化”战略，大力兴建坑口电厂；引进竞争机制；放宽政府限制；建立开放公平竞争的煤炭市场，煤炭和电力行业均实现高度市场化。改革逐步改善了煤炭和电力企业之间的紧张关系，使得电力行业成为打破地区垄断、发电与供电分开、竞争有序的大市场。一些历史上电价居高不下的地区可以从价格较低的地区购电，迫使当地电力生产商采取措施降低生产成本，进而降低电价以求生存。根据美国电煤市场及其对我国的启示[②]，我们着重从以下几个方面谈。

1. 煤电市场结构

合理的煤电市场结构是美国解决电煤争端的一项重要举措。美国的电力企业改革与煤炭工业发展同步。20世纪70年代，美国开始放松对电力产业的管制，从而可以引入竞争，打破原有的垄断格局，形成了跨州的电力市场。同时，美国的煤炭产业也加快了调整的步伐，煤炭企业和发电企业的交易通过市场完成，形成

---

① 资料来源：http://news.xinhuanet.com/focus/2004-12/08/content_2340805.htm。

② 资料来源：http://www.cqcoal.com/news/N13/42440_4.html。

了规范化的市场调控机制，两个行业也出现了新型的合作方式，如战略联盟、“煤电联合”和“能源互换”等形式。

美国煤炭产业的市场化程度很高，煤炭企业不断朝规模化、集中化方向发展。在这个进程中，美国积极实行优胜劣汰机制，对效益不佳的煤炭企业实行破产或兼并，至20世纪80、90年代，美国的煤矿企业数量大大减少。

2. 电煤交易机制

为保证煤炭市场的平稳运行，美国制定了标准的煤炭交易合同，供需双方必须签订标准的煤炭交易合同，而后才能进行交易。在交易时，供需双方必须遵守相应的管理规定。另外，煤炭交易市场还会对参加交易的企业进行信用等级评定。同时，美国还建有完善的煤炭期货市场，并实施了一种特殊的交易安排，即“优先回购权”。所谓“优先回购权”，是指购买期货煤的发电企业，在一定条件下，可以把期货煤卖给另一个发电企业，但是，一旦该发电企业出现缺煤的情况，该企业拥有优先回购权，即可以把卖出的期货煤以略高的价格再购买回来。这些规定对稳定煤炭市场价格、提高电煤交易效率、保证发电企业煤炭供应起到了很好的效果。

根据合同周期的不同，美国煤炭市场的煤炭交易可以分为几个不同的类型，包括现货市场交易、短期合同和长期合同交易。

3. 现货市场

在美国一些地区，存在大量的煤炭供应商，有不同质量的煤炭可供选择，灵活性高，并且有大量电力公司购买煤炭，电力公司在订购煤炭的同时确定运输工具和计划，并与铁路方面和船舶公司制定各种运输协议。

对于部分电厂来说，开展煤炭现货市场交易是一种经济的选择。通常，现货交易只需要签订不超过1年的煤炭供应合同，且进行现货交易的单个合同的煤炭采购数量通常都较小。在现货市场交易中，不同的地区有不同的煤炭量交易，在东部地区的所有交易方式中，煤炭现货市场交易占了绝大多数，而在西部地区，则基本上不存在煤炭的现货市场交易。

4. 短期合同市场

在美国的某些地区，存在一定量的煤炭供应商，煤炭供应弹性较高，交易时有多种选择，多个电力公司可选择性地购买煤炭，铁路运输存在两种或两种以上的不同路径，这种情况下，煤电企业一般采取短期合同交易方式。

对于某些电厂来说，超过1年的煤炭短期合同交易与现货市场的煤炭交易相比，在交易形式、交易实现及价格等方面的差别很小，开展短期合同交易也是经济可行的。

5. 长期合同市场

如果电厂只能从一到两个特定的煤矿获得煤炭供应,并依赖一到两条铁路运输煤炭,一般就会采取长期合同交易。对于某一地区,短期内来自其他煤矿的煤炭供应量相当有限,发电企业和煤炭企业之间一般签订超过5年的长期供货合同,以控制煤炭价格变动,减少价格波动带来的风险。相关研究表明,美国发电企业约有60%的煤炭供应是通过5年以上的长期合同来保证的。

交易产品的多样化可以有效地稳定煤炭的供应和市场价格、缓解电煤矛盾。在电力行业引入竞争以后,发电企业为了规避风险,在煤炭供应地区、供应商、运输商的选择上采取了多元化的战略。同时,为了减少库存、缩短合同期限、增加现货市场的煤炭采购,煤炭企业也采取了多元化的战略,具体包括扩大销售地点、对顾客实行多元化、不再依附于特定电厂、利用出口调节煤炭市场供应、采用多元化价格等。

6. 煤电一体化

在火力发电厂的所有煤炭供应只来自一到两个相邻煤矿,或者煤矿与电厂共存的情况下,又或者依赖唯一的铁路线路运输煤炭或几乎不存在运输问题,一般会采取煤电一体化的运营机制。其中,坑口电厂采用煤电一体化运营模式的较多,否则需要签订一些附加的合同,以缓解由长期合同产生的煤炭供需矛盾。

煤电一体化的运营机制在美国西部的煤矿被广泛采用。通过煤电一体化,可以保证煤炭企业有计划地组织生产,并能促使投资得到有效的利用。通过采用先进生产技术提高煤炭产量和质量,制定开采规划,加强电厂与煤矿的协作等手段,还能更有效地满足电厂对煤炭的需求,有利于降低发电成本,提高企业效益。

7. 建设坑口电厂

建设坑口电厂能够最大限度地降低燃料运输成本,保证煤炭的供应来源。坑口电厂发出的电能够通过大容量输电线路输往人口密集的负荷中心。

20世纪90年代中期,美国开始实施洁净大气法,并且由于煤炭来源多样化,再加上已建坑口电厂的煤炭资源逐渐枯竭,煤炭生产条件和煤炭市场形势发生了变化,坑口电厂的优势逐渐减小。在新建或改建坑口电厂时,美国充分考虑了上述几个因素的影响,采取不同的经营策略,通过充分发挥合同效力、合理选择厂址、安装环保洁净装置等措施,保证坑口电厂的市场竞争力。

在20世纪90年代初,美国坑口电厂的装机容量超过29GW,每年消耗4亿吨煤炭,约占美国燃煤发电总量的10%。这些电厂中,约有三分之一的电厂采用煤电一体化运营机制,其余的坑口电厂利用20—50年的合同来调控其与煤矿的买卖关系。

三、美国的煤炭金融

近年来,由于国际原油市场价格急剧波动,国际煤炭的行情走势也是颠簸起伏。现在国际煤炭市场体系不是很完善,加上中间的流通环节较为复杂,至今也没有形成一个较为有效的定价机制来反映市场的供求情况,所以国内煤炭价格很大程度上是在国际原油价格的影响下跟涨跟跌。煤炭金融的核心也是希望通过金融市场来完善国际煤炭市场的价格发现和风险规避功能,目前煤炭金融发展的重点是煤炭期货市场的建设,以期为国际煤炭市场提供一个更加完善、有效、透明的定价基准。

目前美国纽约商品交易所(NYMEX)上市交易的中部阿巴拉契(CAPP)煤炭期货合约是全球最具有代表性的煤炭金融产品,而场外交易中最活跃的煤炭金融产品是欧洲煤炭互换合约。

1. 场内交易

美国是全球煤炭储量最丰富的国家,其煤炭产量也曾居于世界首位,而且美国煤炭的质量较高,尤其是中部阿巴拉契地区出产的煤炭(烟煤),是世界上少有的最优质的动力煤。在美国,90%左右的煤炭被用做发电燃料,煤炭市场与电力市场密切相关。传统的煤炭交易一般都是以中长期协议的形式来完成的,但是进入21世纪后,由于煤炭价格的波动较大,交易双方更愿意以现货方式进行交易。现货市场一般采取的是“招标采购”和“供应商拍卖”的交易机制,前者是指煤炭需求方发出一份列有具体数量、交割规格、交割时间(支付和交割的时间跨度可以达到1年)和地点要求的标书,由市场上的煤炭供应方进行竞价交易;后者是指煤炭供应方将一定数量、规格的煤炭在市场上以拍卖的形式进行交易,以图获取最大收益。由于现货市场主要是以场外交易的方式进行,而交易的煤炭没有统一标准和规格,而且交易的时间跨度较大,所以总体风险较大。

1996年,NYMEX推出了一系列电力期货合约,为重组后的电力行业提供了风险管理工具。由于煤炭是美国最主要的发电燃料,其价格的波动也会对电力价格产生较大的影响。重组后的电力企业更倾向于通过现货市场采购来减少煤炭库存成本,因此,市场上就有了利用煤炭期货进行套期保值的需求。2001年7月,NYMEX正式开始中部阿巴拉契(CAPP)煤炭期货合约的交易。考虑到煤炭的规格、品质存在较大的区别,NYMEX对合约标的物做了严格的规定:热量至少要达到12 000 btu/lb;灰分不能超过总重量的13.5%;硫分不能超过总重量的1%(允许有0.05%的误差);水分不能超过总重量的10%;挥发分不能低于30%;硬度不能低于41HGI(Hardgrave Index,HGI)等。同时,考虑到煤炭交易还存在着运输问题,NYMEX对合约的交割也进行了规范,不仅指定交割地点,而且还规定实物交割按FOB条件进行,也可以进行EFP交易。该合约全天24小时在NYMEX的

ClearPort电子交易系统进行交易，场外交易可以通过NYMEX的ClearPort电子交易系统中的结算网站进行结算。

从2001年CAPP煤炭期货合约上市交易以来，除了2008年，由于国际原油价格暴涨到100美元/桶以上的那段时间内出现过合约价格的暴涨情况外，合约的交易都较为平稳，和原油价格的比价也处于一个较为稳定的水平（见图5-4）。

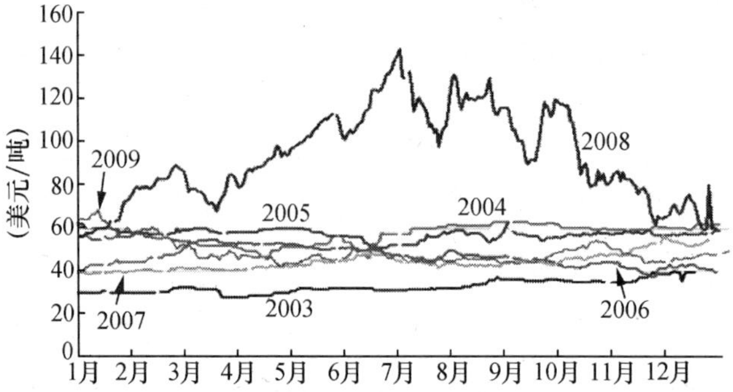

图5-4 CAPP煤炭期货合约的价格走势（2001—2009）

资料来源：EIA，http://www.eia.doe.gov/cneaf/coal/page/nymex/nymex_historical.html。

2. 场外交易

美国煤炭市场上也有场外交易的互换合约，其参考的浮动价格则主要是Argus/McCloskey指数的API系列。芝加哥商品交易所（CME）在2010年9月开始交易推出4种煤炭互换期货和期权合约，作为国际煤炭市场的风险对冲工具。这些合约主要是针对ARA地区煤炭CIF价格与API2指数的互换期货、期权合约，以及针对理查德湾FOB价格与API4的互换期货、期权合约。这些合约也将在NYMEX进行交易，并遵循相关的规章制度。从图5-5可以看出，虽然总体上煤炭场外衍生品交易量还较低，但是其发展非常迅猛。

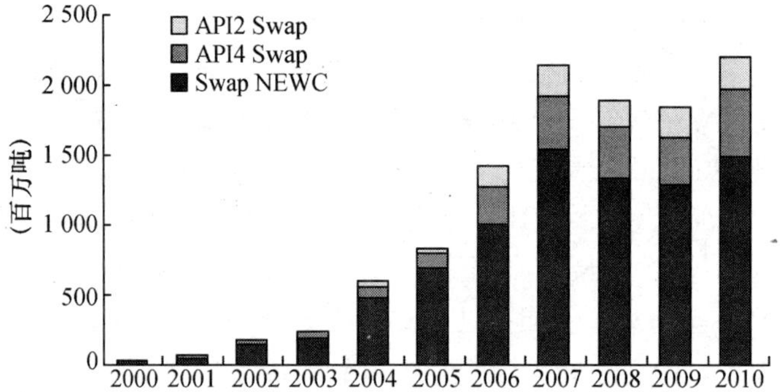

图5-5 煤炭场外衍生品交易情况（2000—2010）

资料来源：Global Coal，http://www.coalservices.com/。

第三节　俄罗斯煤炭价格的市场化改革

一、俄罗斯煤炭成本构成要素分析

1. 资源管理成本

俄罗斯的矿产资源归国家所有，为了促进矿产资源的合理开发利用，俄罗斯政府采取了若干措施，矿产资源的用户必须按照国家规定缴纳许可证费、矿区使用费、资源补偿费和资源消费税。

（1）许可证制度

根据矿物资源法的许可证条款规定，勘探许可证的有效期为5年，采矿许可证的有效期为20年。如果将两种许可证合二为一，则有效期可延长到25年。许可证到期时，许可证拥有者可以请求更新许可证。

采矿许可证通过拍卖和招标两种形式发放。拍卖通常适用于小矿床，使用权一般是无条件赋予的，在拍卖中提出最高报价的投标人获得该矿产资源的使用权。招标是一种许可证的竞买活动，中标者应满足经营和支付条件以及投标的其他条件，并对资源和社会经济的发展提出技术与环境方面的最佳方案。标书由俄罗斯矿物资源委员会和地方政府共同指定的专家委员会负责审查。

（2）矿区使用费

矿区使用费是矿产资源的开采者向土地资源的所有者支付的一种补偿。矿区使用费的计征标准是开采矿物的市场价值，根据开采成本确定不同的费率。根据规定，勘探的矿区使用费为勘探成本的1%—2%，开采的矿区使用费则随矿物种类而异，其中开采煤炭的矿区使用费为开采资源价值的3%—6%。在上述费率范围内，实际的矿区使用费率是在拍卖或招标过程中确定的。在确定实际费率时，管理机构将综合考虑矿床的类型、数量与质量、经济、地理和工艺条件以及风险程度等因素。

目前，俄罗斯还存在另外一种形式的矿区使用费，即级差消费税。该税种按一次能源的单位产量或产值向生产者征收，对许多天然气生产公司和大部分石油公司按固定的税率计征。

（3）能源特别税

俄罗斯的煤炭企业必须向政府缴纳多种能源税，这些税收合计为一个全额税率，按单位产量或产值计征，其税额要远远高于其他国家。

在俄罗斯，由于煤炭销售价格要受到国内、国际市场价格的限制，并非所有的能源生产者都能把他们的税费负担转移到价格中去。生产成本高于销售价格的煤炭生产企业，难以承受沉重的能源税负担，如果要避免亏损，就必须放弃生产，而过早地关闭成本较高的煤矿，往往会导致低回收率，造成煤炭资源的浪费。

1993年,俄罗斯煤炭工业向中央财政缴纳的各种能源税收高达12亿美元,占总产值的8.7%,占总生产成本的7.8%。其中大部分本应该由煤炭的消费者来承担的税收,如能源消费税等,全都由生产者缴纳。

① 矿物原料基地再生产税。在俄罗斯,矿物资源属于国家所有,开采矿物的生产者需要向国家缴纳矿物原料基地再生产税。矿物原料基地再生产税的课税基础,是实际开采矿产资源所取得并已销售的经过初步加工的初级商品的价值。根据1995年《矿物原料基地再生产提成税率法》的规定,该税的税率是由实际开采矿产所取得并销售的初级商品价值的百分比确定的,其中煤炭的税率为5%。该税款纳入联邦预算,且一部分纳入联邦主体预算,用于国家地质矿产研究工作和矿物原料基地再生产拨款。

② 地下资源使用税。根据俄罗斯地下资源使用税简介①,地下资源使用税属于联邦税。根据俄罗斯《地下资源法》的规定,地下资源使用税是针对矿床勘探、矿床开采、采矿和加工生产的废料使用、与采矿无关的地下设施开发和建设而征收的。该税在各级预算之间进行分配,按法律规定的比例纳入联邦预算、联邦主体预算和相关的地方预算。

根据不同的情况,地下资源使用税有不同的规定,例如:矿藏勘探的税率以勘探工程整个工期内的定期纳税形式加以规定。税率从工程年预算造价3%的最低税率到5%的最高税率不等。地下资源使用税的征收形式有四种:一是货币支付;二是所开采矿产原料的一部分数额或矿藏使用者所生产的一部分其他产品的数额;三是完成的工程或提供的劳务;四是冲抵应交税款,作为纳税人对矿山企业法定基金的投资。开采的煤炭价值的计算方法应根据企业价格计算(不包含增值税)。

2. 矿井建设成本

(1) 基建投资

在苏联时期,俄罗斯实行的是高度集权的计划经济体制,煤炭工业基建投资全部由国家财政拨款。苏联解体以后,俄罗斯进行了政治和经济体制改革,扩大了企业自主权,建立了企业生产发展基金,用于弥补国家投资的不足。目前,俄罗斯的基建投资主要来自财政拨款和企业自有资金两个部分。企业的自有资金主要包括提取折旧、企业出售报废和多余设备的收入、利润留成等。其中,折旧部分约占2/3,有的企业为3/4,出售多余和报废设备的收入所占比例很少,不足10%。

目前,俄罗斯煤炭工业的投资政策是以能够获得较大经济效益的专项投资计

① 资料来源:俄罗斯地下资源使用税简介,http://www.clr.cn/front/read/read.asp? ID=159591。

划为主。基建投资中一大部分来自企业的自有资金,同时,这一领域也注重吸引外资。1993年,企业自有资金仅占基建投资的5%,1996年则达到66%。为了使有限的投资获得更大的经济效益,俄罗斯把当前的投资重点放在开发东部地区的煤田上。1997年,俄罗斯用于西西伯利亚的投资达到投资总额的52%,远东地区占12%,而中央地区仅占5%。到2000年,东部地区的投资比重达到了81%,2010年又增至83%—85%。

(2)新增生产能力

20世纪80年代以来,俄罗斯每年报废的生产能力超过其投产能力的两到三倍。1989—1993年,共报废生产能力88 Mt(百万吨),而投产能力仅为31 Mt。由于基本建设资金不足,旧井改扩建工程进展缓慢,大部分矿井多年来没有进行过改造。为了更好地促进经济发展,满足国民经济用煤需求,俄罗斯将煤炭工业发展的重点放在东部地区。1996—2000年新建和改扩建企业的投产能力总计约为87 Mt,相比之前有了大幅度的提高,2001—2005年约为69 Mt,2006—2010年约为110 Mt。

3. 环境保护成本

根据1991年《自然环境保护法》的规定,俄罗斯对煤炭开采征收自然环境污染税,所征收的税款纳入国家生态基金,用于自然保护行动。凡不按规定标准或超标准向周围环境排放污染物质、置放废弃物和从事其他污染环境活动的企业,均需要缴纳自然环境污染税。纳税标准基本是按排放或所抛弃污染物的重量为单位计算①。

二、俄罗斯煤炭的市场化改革历程

(一)改革的目标

1993年7月1日起,俄罗斯联邦政府开始对煤炭工业进行大规模重组,而在这之前,该国的煤炭工业完全属于国有。虽然在重组之初,煤炭工业的所有权改革是各界广泛探讨的重点问题,但是在1997年年底之前,煤炭工业的国有属性几乎没有改变。之后的四年时间里,煤炭工业的私有化进程迅速推进,到2001年底,私营煤炭公司的产量占整个煤炭工业产量的77%。截至2008年年底,俄罗斯私人煤矿产量已超过总产量的90%。

俄罗斯煤炭工业改革的主要目标是:扩大煤炭再生产能力,建立具有市场竞争力的高效煤炭企业,在减少国家财政负担的前提下保证国民经济的用煤需求,从根本上改善煤矿的安全生产状况,同时通过各级政府的努力,提高矿工的生活水平和社会保障程度。自1993年煤炭工业改革政策出台以来,政府资助煤炭工

① 资料来源:郭英杰,中外煤炭资源分配管理体制之比较[J].中国外资,2009年第2期。

业的联邦预算已经由国内总产值的1.4%降到0.13%,并且企业偿还亏损费用的比重以及与工会达成的税率协议条件执行结果下降了71.4%。

俄罗斯煤炭工业改革不仅解决了一系列的社会经济问题,同时还考虑了煤炭在俄罗斯能源系统中的地位及地区结构的变化,以及整个煤炭行业的结构调整等问题。

改革涉及社会和生产两个领域。在社会领域的改革包括:第一,对于因为改革而下岗的职工,政府向他们提供社会保障;第二,对职工进行培训,提高职工技能;第三,完善矿区社会基础设施建设。在生产领域的改革包括:第一,创建赢利企业,提高企业生产效率和竞争力;第二,关闭严重亏损和无发展前途的煤炭企业;第三,将不直接从事主要生产的非煤企业从煤炭公司中分离出去;第四,加速技术革新,调整科技结构;第五,深化所有制改革进程;第六,改革煤炭工业管理体制。

1. 改革的必要性和目标

苏联解体以后,乌克兰境内的顿巴斯和卡拉干达两大矿区不再属于俄罗斯所有,再加上社会、政治环境不稳定,经济体系遭到破坏,煤炭产量大幅下滑,1993年的产量降至2.946亿吨。在俄罗斯煤炭工业开始重组时,一半以上的井工矿已经开采了40年以上,只有18座井工矿相对较新(还有最多20年的服务年限)。多年来,有109座井工矿没有进行任何改造工作,大部分井工矿的生产能力不超过0.6百万吨/年。因此,重组俄罗斯煤炭工业的必要性非常明显,只是长期以来都没有找到解决问题的好办法。

俄罗斯煤炭的工业改革是在联邦政府、地区管理机构和煤炭工业管理机构之间合作的原则上进行的,目的是中和这些机构因重组的严重影响而造成的社会和经济环境的恶化。当前改革阶段的主要目标有两个:第一个目标是满足国内煤炭需求,包括提高劳动生产率,进而减少补贴,最终使得煤炭工业在无补贴的情况下能够正常运作。第二个目标是提高煤矿运转效率,按时为富余人员提供社会资助,防止他们的生活水平下降。

2. 煤炭工业管理体制

苏联时期,俄罗斯煤炭工业实行二级管理体制,即苏联煤炭工业部和煤炭生产联合公司两个部门。苏联解体以后,受政治和经济变化的影响,俄罗斯煤炭工业的管理体制和机构发生了较大的变化,由原有的二级管理体制转变为三、四级管理体制,即俄罗斯燃料动力部、俄罗斯煤炭公司、煤炭生产联合公司和企业四个部门。为了适应国内经济改革的需要,经俄罗斯联邦政府批准,于1993年初成立了俄罗斯煤炭公司,并确定了煤炭工业各企业股份制和私有化的基本原则。

目前,俄罗斯煤炭工业的管理机构包括:第一,俄罗斯燃料和动力部,下设煤炭工业局。其主要职能是保证国民经济发展对燃料的需求，有效和稳定地发挥燃料动力综合体的职能，对燃料动力综合体各企业的工作实行国家调控，发放矿产使用许可证。第二，俄罗斯煤炭公司。其主要职能是向煤炭工业各企业合理地分配国家扶持资金，为经济发展提供所需的煤炭、确保煤炭供应量，形成市场机制，对属于俄罗斯联邦所有的股份实行商业管理，制订发展规划和投资政策，合理确定煤炭部门的各级管理机构。

为了进一步完善煤炭工业的管理体制，俄罗斯联邦总统于1997年11月20日颁布了第1243号总统令，撤销俄罗斯煤炭公司，把煤炭管理的职能全部集中到俄罗斯燃料和动力部。根据该总统令，俄罗斯燃料和动力部撤销了原有的煤炭工业局，并重新组建两个新的煤炭司局——煤炭工业体改司和煤炭工业生产经营调节司，其目的是增强国家对煤炭工业的调控能力。

(二) 煤炭工业的重组

1. 重组的三个阶段

1993—2000年，大约50%的重组资金由俄罗斯联邦预算拨款，其余的50%依靠私营企业和引资，其中，引进的资金主要来自世界银行。俄罗斯煤炭工业的重组计划得到了世界银行的大力支持，除了提供资金贷款，世界银行还为其提供了政策指导。

第一阶段(1990—1994年)主要是为煤炭部门的最终私有化打下基础，做好准备工作。第二阶段(1995—1997年)由于为富余人员提供社会保障的措施落后于煤矿关闭的进度，因而爆发了罢工和社会骚乱。在这一阶段，大部分资金用于支持亏损企业和补贴沉入成本，只有不到10%的资金用于亏损煤矿的关闭以及失业矿工的社会保障。第三阶段从1997年年底开始，社会保障和关矿工作相互协调成为决策者考虑的重点。俄罗斯政府在能源部内部成立了一个专门机构SotsUgol，授权其管理煤炭工业重组过程并改进与之相关的社会事务。这种新办法大大改变了政府对煤炭部门的补贴分配。1998年，有超过60%的资金用于亏损煤矿的关闭以及失业矿工的社会保障，而从1999年起，政府向煤炭工业提供的补贴中大约有70%用于煤矿关闭和社会保障。充足的资金使几个因受到关闭煤矿影响的工人、家庭和地区建立完整社会保障网的计划得以实施。

2. 重组的基本措施

(1) 补充养老金

由于在煤炭工业重组期间，约有25%的矿工已经达到退休年龄，因而自愿退休成为减少工人数量的一个主要手段。俄罗斯政府出资组建了保险公司Geopolis和一个非政府的养老基金Ugol，引入了一项私人养老保险计划，该计划为达到退休年龄并自愿离职的矿工提供终身补充养老金。由企业负责向Geopolis和Ugol

缴纳这些补充养老金所需的费用,然后这两家机构再投资于证券市场。每位矿工的补充养老金数额由各个采矿企业组建的特别委员会规定,并取决于工龄、个人生产能力、所获奖励等因素。特别委员会通常包括工会代表、企业管理人员和法律服务机构,并由工会和其他非政府组织进行管理。数年的实践经验证明,补充养老金在煤炭工业重组和社会保障问题上发挥了卓有成效的作用。

(2) 再就业计划

在由于煤炭工业重组而导致较高失业率的地区,俄罗斯制订了地区发展和就业计划。这些计划的目的是帮助失业矿工能够在其他经济部门重新找到工作,主要包括职业培训课程、小型商业支持计划、临时社会工作以及为在煤炭行业以外创造工作机会提供资金。在1998—2000年,有6万多名煤矿工人从下岗前的咨询中获益,这些咨询为工人简要介绍了他们的权利和工作机会,最终有七千多名前矿工参加了专业培训。与此同时,地区发展计划创造了24 000个新的工作岗位,3 620个矿工家庭得到重新安置,经济上得到了保障。

(3) 保险机制

对于因工伤残的矿工,俄罗斯建立了可靠的保险支付机制,为他们提供帮助。最初,这些资金由政府资助的社会保险基金提供,后来逐渐转变机制,最后改为由煤矿企业提供经费。

(4) 监督委员会

俄罗斯煤炭工业的成功重组,是基于各个利益相关方面的良好合作而实现的。俄罗斯在所有实施煤炭企业关闭和发展计划的地区都建立了监督委员会,委员会成员包括市政代表、就业服务机构、工会、非政府组织、煤炭企业以及商业、财政等对解决煤炭工业重组问题感兴趣的其他组织。监督委员会用来确保政府补贴的透明度,控制补贴的使用,监督地区发展计划的实施,评估它们的社会影响以及在为中、小型企业建设良好的投资环境和商业基础设施中提供帮助。

3. 对于重组的评价

通过各方面的共同努力,俄罗斯煤炭工业的生产力水平得到了明显的提高,1994—2000年增长了72%,政府补贴从1994年的27.6亿美元减少到2000年的2.8亿美元,减少近9成。

现在,俄罗斯已经完成了将煤炭企业转变为股份制公司的工作,并且政府通过出售国有股份,实现了煤矿的私有化。建立了失业人员社会保障系统,使失业人员的经济利益能够及时、全额地得到保障。制订长期发展计划,该计划对煤炭企业发展和创造就业机会非常有效,并使采煤地区普遍从计划中受益。

除了煤炭销售收入,联邦预算补贴已经成为大多数俄罗斯煤炭企业的另一个主要资金来源。俄罗斯政府通过逐步增加投资金额,减少用于补贴煤矿生产损失的资金，使得联邦预算补贴的结构和规模渐趋合理化。作为煤炭工业第二阶段成功重组的结果，俄罗斯对煤炭工业的补贴已从占 GDP 的 8% 减少到 1%，有效地减轻了国家预算的负担。补贴在企业资金中所占的比率发生了明显的变化，在改革初期的 1993 年，补贴占企业资金的比率为 77%，而到了 1999 年，则减少至 12%。

在世界银行的帮助下，俄罗斯修改了改革战略，并将该战略载入《俄罗斯煤炭工业改革重组要点指南》这一文件中。通过借鉴国际改革重组经验，俄罗斯新的改革战略的核心是将经营状况良好的煤矿私有化，建立新型的盈利企业，关闭亏损的、不安全的煤矿。重组工作使煤矿生产效率得到了明显的提高，煤炭产量完全满足了市场的需求，并且随着需求的增长，产量还可以进一步扩大。

目前，俄罗斯已经完成了将煤炭企业转变为股份制公司的工作，成立了许多股份制煤炭公司。随着市场化改革的进程，这些公司停止了亏损煤矿的生产，开始在市场经济条件下取得经济效益、扭亏为盈，并且能够满足国内对廉价燃料的需求。此外，俄罗斯当局还努力改进采煤技术和经济指标，特别是提高年人均煤炭产量，2003 年年人均煤炭产量为 682.6 吨，到了 2005 年增加到了 917 吨，增长了 34%。通过改革重组，俄罗斯将煤炭工业转变为能够盈利的工业，进一步保证了国内的能源供应。

（三）煤炭市场化改革

1990 年苏联解体以后，俄罗斯社会便开始了由高度集中的中央计划经济向市场经济的全面过渡。而在这一重大的历史转变过程中，能源工业的改革远远滞后于其他部门。特别是 1992 年 1 月，俄罗斯政府在全面放开非能源产品的价格以后，仍然对能源产品实行高度的计划价格控制，导致能源工业成本急剧上升，亏损日益严重。因此，能源工业的改革，特别是价格制度、税收制度的改革成为重中之重。

1. 税收制度改革

在苏联时代，预算资金主要通过征收流转税和征收标准利润以上部分的所得税筹集，不征收地区税。苏联解体之后，俄罗斯政府主要通过 14 个税种筹集预算资金，其中最主要的来源是增值税（1992 年税率为 28%，1993 年为 20%，1994 年为 23%）、个人和公司所得税（1993 年税率为 32%）。对某些特殊产品，比如能源产品，征收特别消费税和进出口税。

除了财税基本制度的改革，俄罗斯还引入一些能源特种税，但与西方国家有本质的不同，俄罗斯的能源特种税大部分由能源生产企业承担。在市场经济国家，向一次能源生产者征收的能源税只有矿区使用费一种，该费率一般为 6%—16%。除了矿区使用费，发达市场经济国家所有其他的能源税都是向能源消费者征收的，例如消费税和二氧化碳排放税等，而俄罗斯却是向最初的生产者征收。

俄罗斯的一次能源生产者必须支付多种能源税，这些能源税合计为一个全额税率，按单位产量或产值计征，其税额远远高于其他国家。由于煤炭售价要受到国内和国际市场价格的限制，所以生产者并不能把所有的税费都转移到售价之中，那些生产成本高于售价的生产者，如果要避免亏损，就必须放弃生产，而过早地关闭高成本煤矿，往往会导致资源浪费。

苏联时期，能源工业还是政府财政拨款的最大获益者，而在预算体制改革后，能源工业成了向财政预算净付出最多的工业部门。由于俄罗斯国内的能源价格低于国际市场的价格水平，因此对于能源出口，俄罗斯除了实行出口许可证制度外，还征收出口税。此外，由国家统一管理能源出口的数量，以避免国际市场对国内消费市场形成不良冲击。但是，出口税和配额制只对石油和天然气等部门有效，对煤炭工业而言，因为煤炭价格完全放开后，煤炭生产企业只有在政府补贴下才能维持生产，其价格在国际市场上已经失去竞争性，故已不起任何作用。

与其他能源部门相比，煤炭工业与生产有关的税负严重偏低。1993 年年底，煤炭工业的矿区使用费只有3%—5%，地质费也只有5%，而石油工业的矿区使用费和地质费则分别为6%—16%和10%。只有 10 个盈利的煤炭联合公司才需要缴纳特别消费税，而且是根据各矿区的开采成本与平均成本的差异程度分别确定计征额。

2. 补贴制度改革

1993 年 3 月，俄罗斯开始对煤炭企业实行一定程度的分散经营，允许个别企业私有化。一开始，大多数煤矿资金匮乏，难以获得新的投资，但是为了避免引发社会动荡，政府并未采取关闭矿井的做法。俄罗斯政府采取了在向煤炭工业支付亏损补贴的同时向煤炭用户支付煤价补贴的方法，特别向市政、农业和房产部门支付了煤价补贴。1994 年，地方财政的补贴约为 3 400 亿卢布。

当时，俄罗斯有 40 个煤炭联合公司，但是在 40 个煤炭联合公司中，只有 10 个能够盈利，其余均处于亏损状态。1994 年，俄罗斯将原来由联邦政府支付的社会性费用补贴改为由地方政府支付。并且，随着煤炭价格的放开，亏损补贴的办法也被重新调整，新的办法试图不加区别地以每吨煤炭为基础对每个企业的亏损给予全部补贴。

俄罗斯政府将 30 个亏损的煤炭联合公司分成 3 种类型，对不同类型的公司采取不同的治理方法。第一类有 2 个公司，对其给予必要的财政支持，以提高其生产能力。第二类有 15 个公司，对其不仅给予提高生产能力的补贴，还根据全行业的工资协议给予工资补贴。第三类有 13 个公司，补贴范围扩大到原材料的供应。对于第一类和第二类煤炭联合公司，俄罗斯政府进行严格管理，要求其降低成本并削减产量，同时将需要继续给予工资补贴的第二类公司置于严密的审查和监督之下。对于第三类公司,俄罗斯计划关闭的矿井有42座,约带来40 000名失业工人。

1993年下半年,随着俄罗斯政府开始放开煤炭价格,出口税被取消了。尽管取消了出口税和配额制,煤炭的出口也不会增加,因为只有少数几个煤矿的生产成本低于国际市场价格。1993年,俄罗斯煤炭工业的亏损额达270亿美元,其中大部分已由政府给予补贴。实际上,联邦政府支付的补贴总额还要更高,因为除了亏损补贴以外,政府还要为一些社会项目和关闭煤矿支付补贴。部分社会项目的补贴从1994年起改为由地方财政支付。由于煤炭价格的完全放开,补贴占煤炭生产总成本的比例从1993年下半年的60%降到1994年的40%以下,联邦政府的负担也随之有所减轻。

3. 煤炭价格改革

在苏联实行的中央计划经济体制之下,能源工业的大部分投资来自政府拨款,能源产品一直是国家高度垄断的物资,产品由国家统一分配,亏损也由政府给予财政补贴。

苏联解体以后,俄罗斯对煤炭价格制度进行了一系列的改革和尝试。1991年开始,俄罗斯的所有产品价格在保持计划控制的前提下,均做了必要的上调。考虑到煤炭在国民经济中的特殊地位,煤炭价格上调的幅度低于其他产品。

1992年1月,俄罗斯政府宣布对所有非能源产品实行自由的市场价格。由于非能源产品的价格大幅度上涨,再加上能源问题关系重大,俄罗斯政府担心能源价格放开后,会进一步加剧通货膨胀,影响其他工业部门的私有化和向市场经济转轨的进程。因此,俄罗斯政府同时决定,暂不放开能源产品的价格管制,继续对煤炭、石油、天然气和电力价格实行计划管理。该政策导致了煤炭产品的相对价格迅速下跌,使得煤炭工业的发展陷入了困境。在随后的几个月时间里,其他工业部门的产品价格在原有水平上增长了3—4倍,煤炭生产所需的材料、设备价格上涨,煤炭生产成本迅速增长,亏损日益严重。与此同时,煤炭生产企业还要面对财政补贴逐步削减和税赋增加的严峻局面。

对于煤炭价格的计划管理,俄罗斯实行了煤炭价格“双轨制”。对计划外的煤炭产品征收特别税,用于补贴计划内煤炭产品的价格,但这只能使两部分价格接近,却无法抑制煤炭相对价格下跌的趋势。煤炭价格“双轨制”并不能帮助俄罗斯煤炭工业摆脱原有的困境,并且“双轨制”迅速被高达5位数的通货膨胀率所瓦解。

从1992年9月起,俄罗斯开始对能源产品实行成本加价法,目的是使企业生产的煤炭的价格能够弥补生产成本和税收的增加。所谓成本加价法,是指在核定的社会平均成本基础上,加上一个标准利润以构成产品价格。其中,煤炭的标准利润率为20%—25%。从实际执行的效果来看,新的价格政策并未能阻止煤炭产量的继续下滑。新的定价方法对于解决煤炭工业所面临的困境也是远远不够的,煤炭工业经营状况持续恶化、生产性投资严重缺乏的局面没有得到改善。而且,从1993年上半年的情况来看,"成本加价法"的执行过程中面临着许多操作上的困难。

1991—1993年的3年时间内,俄罗斯煤炭企业间的债务问题愈演愈烈,煤炭工业的应收货款数额远远高于给其他部门的应付货款,煤炭工业承担着比其他工业部门更沉重的债务负担。此外,除了债务危机,更大的危机还在于结构调整所遇到的困难。俄罗斯的煤炭工业只有关闭大量的无效益矿井,才能从根本上改善经营状况。由于国内煤炭价格过低,煤炭工业吸引投资能力不足,煤炭工业必须依靠政府才能够生存。1993年的情况表明,新的价格和出口政策并不能从根本上改变煤炭生产部门的亏损局面。

到了1993年夏季,俄罗斯政府废除了"成本加价法",同时解除了对煤炭价格的计划控制,完全放开了多年来一直受到国家严格管制的煤炭价格。但是,在放开煤价的初始阶段,俄罗斯大多数煤炭生产者的生产成本均高于国际市场的平均水平,大多数煤炭企业仍然需要依靠政府的补贴才能维持正常生产。

俄罗斯煤炭工业如果要走出困境,唯一的选择只有在取消财政补贴的同时,调整煤炭工业结构,坚决关闭低效、亏损的煤矿,进一步推进税收和价格制度改革,在供需双方均能够获利的情况下,使煤炭产品的价格能够迅速接近国际市场的价格水平。同时,通过改革,使俄罗斯煤炭工业摆脱多年以来的债务问题,最终扭亏为盈,进而成为盈利和出口创汇的行业。

4. 对俄罗斯煤炭价格机制改革的评价

俄罗斯政府对煤炭价格税收和补贴制度进行了一系列改革,取得了很大的成效,但要使煤炭工业彻底摆脱之前的困境,还需要对已经实施的改革措施继续加以完善和改进。

在煤炭税收改革方面,所采取的税收政策,应该有助于减少煤炭生产和出口部门的亏损,增强企业活力。首先,应进一步地完善矿区使用费的征收办法。矿区使用费的税率,应该在矿区开发之前,通过招标的方式确定,以选择最适合的经营者并获得最高的租金。一旦矿区投入生产营运,无论之前对开采成本估计得过高或过低,都不得修改。其次,对于煤炭级差消费税分类的确定,由于相当困难和复杂,应尽可能做到细致、准确和科学。向煤炭行业上游企业征收的以利润额为计税基准的税赋,比如矿区使用费和环境税等,应限定在合理的范围之内。再次,政府应与煤炭资源开发企业签订服务合同,以合同的形式取代政府向企业收取的地质勘探费,避免政府不必要的行政干预。最后,对国内企业和外资企业所采取的不同的税收减免标准和优惠做法,应予废止。

对于投资方式,强制性投资方式应被逐渐限制在国家开发的投资市场之内。通过适当的价格改革和税收政策等经济手段,鼓励私有部门对煤炭部门进行投资。负利率的政府贷款,最终应由私人投资市场的贷款所取代。

目前,俄罗斯的煤炭价格已经完全放开。煤炭价格放开使得煤炭工业扭亏为盈,吸收投资的能力大幅提高,成为最大的受益者。对于煤炭消费部门,煤炭价格的上涨可以减少浪费,提高资源利用率,促使煤炭消费部门采用各种提高煤炭使用效率的技术和方法,以达到节约能源的目的。同时,在节能方面,将会创造出更多的投资机会,用于这方面的投资将比投资于新增生产能力创造出更高的效益。

第四节 印度煤炭价格的市场化改革

一、印度煤炭成本构成要素分析

1. 煤炭资源管理成本

(1) 实施勘探许可证和采矿租约

按照《1957 年矿山与矿物(开发与管理)法》,印度对煤炭资源勘探和开采实行勘探许可证制和采矿租约制,1999 年 12 月,印度再次对该法案进行了修订。

在进行采矿作业前,煤炭企业必须先获得允许煤炭资源勘探和煤炭开采的采矿租地。获得采矿租地以后,必须依据政府所制定的法律条款和条件报相关部门审核,经地方邦政府核准并颁发勘探许可证或开采许可证,而后才能进行勘探或者开采活动。

采矿租约的时间为 20—30 年,经申请和政府批准,租约时间可再延长 20 年。未获得采矿租约、勘探许可证或开采许可证的任何人不得在任何地区进行勘探或开采活动。获得采矿租约的承租人,按照租约和相关矿产的税率向中央政府缴纳矿产转让或资源税,向邦政府缴纳固定税。承租人自租约实施之日起,一年之内没有进行采矿活动,或者虽然已经开始采矿活动,但在一年内终止了采矿活动,采矿租约自实施之日起的第 2 年终止。

(2) 煤炭使用许可证制和自由销售计划与登记制

在印度,煤炭属于管制商品,政府除了对煤炭销售实行统一管理、计划分配、国家定价、储存管理、煤炭加工许可、进口计划配额制度以外,还实行煤炭使用许可制和自由销售计划与登记制。煤炭使用许可证制是指,煤炭者的使用者应向政府归口管理部门(如铁路应向铁道主管部门)提出申请,报计委审核批准,由煤炭部颁发煤炭使用许可证,并由煤炭部列入煤炭分配计划,通过计划分配才可以使用煤炭。自由销售计划与登记制是指,在政府计划放开销售的煤炭数量范围内,拟购买并使用煤炭的用户应先到上述计划内分配到销售额的煤矿登记,经主管部门审查批准,可以按市场价格购买不超过5 000吨的煤炭。

(3) 权利金

根据《1957年矿山和矿产(开发和管理)法》,印度中央政府有权提高或降低任何矿产的权利金率,但该法案还规定,调整的时间间隔必须大于三年。

1971年,印度不同煤质的煤炭的权利金率为1.5—2卢比/吨。在这以后,印度政府分别于1975年、1981年、1991年、1994年和2002年对煤炭权利金率进行了多次调整,目前执行的权利金率最高为250卢比/吨,最低为65卢比/吨。

(4) 矿区租用费

《1957年矿山与矿物(开发与管理)法》中就有相应的法律条款,对矿区租用费的征收做出了规定。该法的内容中没有对矿区租用费率的提高或修改周期做出具体的规定。印度曾于1981—2002年期间,四次提高煤矿区租用费率。现行的煤矿区租用费率是于2002年8月16日制定的。硬煤矿区租用费是按照煤炭的分类征收,吨煤矿区租用费从90卢比到250卢比不等。对褐煤矿区租用费的征收,则按照褐煤的有效热值(UHV)计算,褐煤为2.5卢比/吨。征收的矿区租用费支付给煤炭开采活动所在邦的地方邦政府。

2. 煤矿建设成本

印度煤炭公司是印度国内最大的煤炭生产企业,到2012年底,预计其煤炭产量将达到4.6亿吨,其中,老矿将提供0.2亿吨,完工项目提供1.4亿吨,在建项目提供0.5亿吨,新项目提供2.5亿吨。

尽管印度80%的煤矿为露天矿,但是单个矿区的产量均不高,大部分露天矿的煤炭年产量低于5百万吨。印度的煤炭工业,尤其是印度煤炭公司仍要承担并开发效率低下的井工矿。目前,一些年产5百万至1千万吨的矿山已经或者正在建设,未来还将建设更大的露天煤矿,以提高露天矿的产量。

二、印度煤炭价格的形成

同中国一样,煤炭是印度最重要的能源资源。长期以来印度政府一直使用计划手段对煤炭的勘探、生产、销售等各个环节进行管制,建立了具有明显计划经济特征的管理制度。同时,为了兼顾各方面的利益,设立了多个委员会,降低了制度的运行效率。

近年来,印度政府开始对这些管理制度进行调整,这些调整以提高煤炭行业的市场化程度、扩大企业自主权为主要特征,如放开自用煤炭区块的详细勘查管制、解除价格管制、以供需双方签订《燃料供应协议》的方式来替代原有的分配方式等。但是,长期计划管理所形成的大型国有煤炭企业高度垄断的产业格局、政企交叉的管理方式以及相关产业的市场化程度偏低等因素,使得印度煤炭管理体制的调整面临着许多困难,煤炭行业改革的道路还很漫长。

1. 煤矿国有化①

20世纪70年代初期,由于当时的煤矿私有制在一定程度上阻碍了煤炭工业的发展,印度中央政府决定对私有煤矿实行国有化。

印度煤矿的国有化过程分为两个阶段:第一阶段,1971—1972年的焦煤矿山国有化;第二阶段,1973年的非焦煤矿山国有化。1971年10月,印度中央政府颁布《1971年焦煤矿山(紧急规定)法案》,该法案授权政府接管尚未国有化的焦煤矿山和炼焦厂的管理权。1972年,颁布了《1972年焦煤矿山(国有化)法案》,根据这一法案,印度政府于1972年5月1日将除塔塔钢铁有限公司和印度钢铁有限公司所属矿山以外的焦煤矿山和炼焦厂全部收归国有。1973年,颁布《1973年煤矿(接管管理)法案》,该法案进一步扩大了印度政府的权力,使其得以接收七个地方邦的焦煤和非焦煤矿山的管理权。

随后于1973年5月1日又颁布了《1973年煤矿(国有化)法案》,将这些矿山全部归为国有,该法案成为当前决定印度采煤业发展的主要法律。煤炭矿山的国有化是当前印度煤炭管理制度的基础。

2. 煤炭生产及区块分配

(1) 煤炭生产分类

根据《1973年煤矿(国有化)法案》,绝大多数煤矿的开采权属于印度的国有企业。而后,该法案又分别于1976年和1993年经历了两次修正,该法案有关煤炭开采的主要规定有:

① 可以进行煤炭开采而不受"仅供自用"限制的实体:一是中央政府、政府所属企业(包括邦政府所属公司),中央政府拥有、管理和控制的公司;二是从上述企业获取二级租约的私营公司,但仅限于开采一些不经济的、不需要铁路运输的孤立小块资源。

② 政府将一些行业确定为"最终使用"行业,从事这些行业的企业为满足其内部需求可以进行煤炭开采。"最终使用行业"最初只包括钢铁和发电行业,随后陆续又增加了水泥、煤炭气化、煤炭液化行业。

因此,印度的煤炭开采可以分为两种:一是商业性开采,其产品可在市场销售;二是自用性开采,其产品只能供自身消费。印度的政府企业控制了绝大部分的商业开采,而从事自用性开采的既有政府企业,也有私营企业。目前,印度从事商业性煤炭开采的政府公司有三家,分别是印度煤炭公司、辛格雷尼煤矿有限公司和奈维利褐煤公司。印度煤炭公司是印度最大的煤炭公司,其煤炭产量超过印度总产量的80%;辛格雷尼公司为印度第二大煤炭公司,其煤炭产量占印度总产

① 李建武,印度煤炭管理制度研究[J]. 中国矿业,2009年第8期。

量的 9% 左右；私营公司及国有公司自用性产量约占总产量的 7% 左右；奈维利褐煤公司则专门从事褐煤的开发①。

（2）引进外资

近年来，为了加快煤炭资源的开发和利用，印度政府开始允许外资进入煤炭开发领域，从事煤炭资源的生产。根据相关规定，外国公司可以以 100% 的股份在印度直接投资，建设私营燃煤电厂和矿山，但是所生产的煤炭必须全部用于发电厂内部消费。外资可以直接投资建设选煤厂，但不能将选后的洗精煤产品在市场上公开销售，而应将洗精煤产品出售给原煤供应部门。外国公司可以 100% 的股份投资煤炭勘探和开采，但所产煤炭只能用于印度国内的钢铁和水泥生产。印度该行业的国外直接投资比重可达到 74%。

（3）区块分配

印度政府对煤炭生产的控制始于含煤区块的分配阶段。所谓含煤区块，是指经过区域勘查确认的潜在含煤区域。印度政府为保证国有煤炭公司的后备资源，将大量区块分配给了印度煤炭公司，剩余的区块则作为“自用区块”分配给各“最终使用行业”公司。国有企业的“自用区块”主要通过政府直接分配的方式获得，而私营公司则需要向煤炭部提出申请，经筛选委员会磋商讨论后做出最终决定。该筛选委员会的主席为煤炭部部长，由钢铁部、电力部、工商部、铁道部、印度煤炭公司及相关的邦政府代表组成。

3. 印度的煤炭分配政策

在 2007 年 10 月 18 日之前，印度中央政府根据各煤炭用户在国家经济发展中的作用，将其分为核心部门和非核心部门两类，前者包括电力、钢铁、水泥、国防、化肥、出口铝、铁路等部门，是印度主要的煤炭消费部门。其中电力、钢铁和水泥部门所需的煤炭由常设联络委员会负责分配。常设联络委员会分为长期需求委员会和短期需求委员会。长期需求委员会从计划阶段开始考虑，安排这些用户的长期需求，确定其供应来源。短期需求委员会每季度召开会议，根据煤炭产量和运输条件决定电力和水泥部门用户的煤炭供应量。在焦煤管制时期，钢铁企业的焦煤供应量由煤炭部的煤炭监督员机构决定，对焦煤的管制解除之后，现由各个煤炭公司自行决定。

2007 年 10 月 18 日，印度政府公布了新的煤炭分配政策，其主要内容有以下几点：第一，取消将煤炭用户分为核心部门和非核心部门的做法，而是根据各用户的价值以及现行的管理规定区别对待。第二，通过签订《燃料供应协议》替代原有的联络委员会制度。第三，对于国防部门和铁路部门的煤炭需求，将按照所公布

① 李建武，印度煤炭管理制度研究[J]. 中国矿业，2009 年第 8 期。

的价格全部予以满足。第四,电力部门(包括独立电厂和内部电厂)和化肥部门用户正常需求的100%,其他部门用户正常需求的75%,由印度煤炭公司通过《燃料供应协议》,按其公布的固定价格满足供应,其他部门用户另外25%的需求缺口可以通过电子竞拍或进口渠道予以解决。第五,钢铁企业的焦煤供应以《燃料供应协议》为基础,价格以进口平价为基准,根据煤炭的质量进行调整。第六,对于年消费量小于4 200吨的中小用户,其煤炭供应由邦政府、中央政府的代理机构或邦政府指定的工业联合会负责分配。这些机构可以自行制定分配机制,但应以公正透明、有利于建立公众信任为原则。煤炭公司向这些机构收取与其他用户相同的价格,这些机构可按实际情况向用户收取运费和5%的利润。第七,对于无法通过现有制度机制获得煤炭的用户,煤炭部门将通过电子竞拍的方式满足其需求。

4. 煤炭价格的基本政策①

现阶段,印度政府主管部门对煤炭价格的基本政策主要有:① 对可出口的优质炼焦煤和动力煤按出口的平均价格销售。② 推行煤炭电子拍卖与电子营销政策,20%的煤炭产量应通过电子拍卖方式销售。煤炭电子拍卖与电子营销计划面向能够参与并能够通过网络支付所需煤炭货款的消费者,包括核心部门和非核心部门。煤炭生产子公司和相关拍卖机构会在网站上提供所有相关的拍卖信息,有意参与煤炭电子拍卖的买主只要事先在相关的拍卖机构进行注册登记,就能够通过网络购买所需的煤炭资源。③ 除了电子拍卖,其余的煤炭产量应该根据长期燃料供应和运输协议(FSTAs)销售。④ 根据长期燃料供应和运输协议规定的井口煤炭价格,应由煤炭调节部门每年度进行一次调整。2007 年 12 月,印度煤炭部批准煤价上调 10%。这是在过去近 3 年半的时间内,印度煤炭部第一次同意批准上调所有从 A—G 等级煤炭的价格。

5. 煤炭价格的确定

2000 年 1 月 1 日之前,根据 1945 年《煤矿管理条例》第四条和 1955 年《基本商品法案》,印度中央政府被授权全面管理并制定煤炭价格,由煤炭部统一负责。印度中央政府对管制的煤炭价格进行的最后一次修订是在 1994 年 6 月 17 日。之后,印度中央政府开始逐步解除对煤炭的价格管制,放开煤炭价格。

根据工业成本和价格委员会(BICP)的建议,自 1996 年 3 月 22 日起,印度政府解除了对所有等级炼焦煤和 A、B、C 等级非炼焦煤的价格管制。随后,根据综合煤炭政策委员会(CICP)的建议,印度政府又解除了对软焦炭、硬焦炭和 D 等级非炼焦煤的价格管制,该决定自 1997 年 3 月 12 日起开始实行。印度政府同样决定,允许印度煤炭公司(CIL)和辛格雷尼煤炭公司(SCCL)每六个月一次,按照工业成

---

① 董维武,印度煤炭工业现状和发展趋势[J]. 中国煤炭,2008 年第 11 期。

本和价格委员会(1987年)出台的规则和计算方法,更新煤炭价格指数,自行确定E、F、G等级非炼焦煤的价格。

根据最新的《煤矿管理条例(2000年)》规定,2000年1月1日起,印度政府彻底解除了对煤炭价格的所有管制,中央政府不再具有煤炭定价权力。然而,由于担心大型煤炭公司利用垄断地位大幅提高煤炭价格,进而引起电力价格上涨,对国家经济发展造成不良影响,印度能源部要求国家成立一个独立的监管机构,对价格的制定进行监督。考虑到上述情况,印度政府让关税委员会参与到电力部门的煤炭价格制定中来,指导发电用煤价格的确定,并对其他行业用煤的定价提出建议。

通过对以上三个国家的分析,可以看出,虽然各国煤炭工业的具体情况不同,所处的发展阶段也不一样,但改革的方向是一致的,即向完全市场化的方向发展。总体来说,作为发达经济国家,美国的煤炭市场化体系已经完全形成,市场在煤炭价格形成、优化资源配置方面起绝对主导作用;俄罗斯在苏联解体以后,通过一系列社会经济改革,由计划经济迈向市场经济,目前也已经取消管制、放开煤炭价格,同时煤炭企业的私有化工作也基本完成,依靠自由市场化力量的煤炭价格形成机制正逐渐确立;印度作为发展中国家,其煤炭产业集中度高,虽然在2000年之后,中央政府放开了对煤炭价格的管制,不再拥有煤炭定价权,但是由于历史遗留问题,以及其在煤炭价格形成上仍然有一些相关的政策约束和指导监督机构,其煤炭价格形成的市场化改革才刚刚起步,煤炭行业改革还有很长的道路要走。

综上所述,以市场机制为主导的煤炭价格形成机制,是当今时代合理的制度选择,而在确立市场对煤炭价格的主导作用的同时,也必须辅之以国家干预的手段,以弥补市场失灵、满足国家发展战略等需要。对于处于经济转轨时期的国家,还必须注意改革中国家干预的程度和方式问题,正确处理体制改革与经济发展之间的关系。相应地,国家从对煤炭工业的直接控制中撤出,转而依靠市场机制对煤炭资源进行优化配置,建立以市场为主导的煤炭价格机制,也必须注意到培育良好的煤炭市场和相关领域内的政府职能重建问题。

参考文献

[1] 雷仲敏、杜铭华、郭明、傅经纬,中国煤炭期货品种开发研究[M]. 北京:中国金融出版社2007年版。

[2] 林伯强主编,牟敦国副主编,高级能源经济学[M]. 北京:中国财政经济出版社2009年版。

[3] 〔美〕阿兰·V. 尼斯、詹姆斯·L. 斯维尼主编,李晓西、史培军等译,自然资源与能源经济学手册第3卷[M]. 北京:经济科学出版社2010年版。

[4] 林伯强主编,黄光晓副主编,能源金融[M]. 北京:清华大学出版社2011年版。

[5] 林伯强,为什么煤电需要联动[J]. 中国电力企业管理,2008 年第 1 期。
[6] 张同功、雷仲敏,煤炭价格波动的影响因素分析[J]. 中国能源,2005 年第 12 期。
[7] 彭成,美国煤炭工业发展趋势[J]. 中国煤炭,2005 年第 31 卷第 10 期。
[8] 潘慧峰、吕文栋、郑建明,全球煤炭供求格局与价格变动趋势分析[J]. 山西大学学报(哲学社会科学版),2008 年第 31 卷第 4 期。
[9] 李忠民、杨晓红,亚太煤炭贸易格局变化对中国煤炭市场的影响[J]. 中国煤炭,2007 年第 33 卷第 9 期。
[10] 巩学刚,关于煤炭价格机制的思考[J]. 中国煤炭,2005 年第 11 期。
[11] 刘新民,段治平. 煤炭全成本定价应体现煤炭价格稳定成本[J]. 中国煤炭,2007 年第 4 期。
[12] 杨秋媛,基于煤炭完全成本的煤炭定价[J]. 中国煤炭,2009 年第 9 期。
[13] 王可,煤炭定价策略的制定与实施[J]. 煤炭经济研究,2008 年第 8 期。
[14] 王源昌,王宁,煤炭定价方法研究[J]. 煤炭经济研究,2007 年第 9 期。
[15] 曹海霞,煤炭价格市场化改革历程及发展趋势研究[J]. 经济问题,2008 年第 9 期。
[16] 何国家,国外煤炭行业管理和政策对我国的启示[J]. 中国煤炭,2007 年第 1 期。
[17] 董维武,国外煤炭资源的管理[J]. 中国煤炭,2001 年第 9 期。
[18] 彭成,美国煤炭工业发展趋势[J]. 中国煤炭,2005 年第 10 期。
[19] A. 霍布斯,美国百年煤业回顾[J]. 中国煤炭,1998 年第 12 期。
[20] 王庆一,美国政府如何管理小煤矿[J]. 煤炭经济研究,2005 年第 3 期。
[21] 陈丽萍,美国煤炭资源立法概览[J]. 国土资源情报,2007 年第 4 期。
[22] 华辉,高文亮,马运水,俄罗斯煤炭工业的现状和市场开发战略[J]. 2007 年第 6 期。
[23] 邹秀婷,俄罗斯远东煤炭工业现状[J]. 西伯利亚研究,2003 年第 5 期。
[24] 李亚琴,俄罗斯的私有化改革及其对我国国有企业改革的启示[J]. 商业研究,2005 年第 9 期。
[25] 李建武. 印度煤炭管理制度研究[J]. 中国矿业,2009 年第 8 期。
[26] 刘伟. 印度煤炭工业的近期改革措施[J]. 国土资源情报,2007 年第 7 期。
[27] 董维武. 印度煤炭工业现状与发展趋势[J]. 中国煤炭,2008 年第 11 期。
[28] 董维武,中印两国煤炭工业发展对比分析[J]. 中国煤炭,2010 年第 1 期。

第六章
电力价格市场化改革

电力系统是能源系统中最重要,也是最复杂的组成部分。电力行业一直以来都被认为是带有较强自然垄断性质的基础产业,多数国家基本上实行的都是发电、输送、配送、销售垂直一体化垄断的市场模式。这种模式对于电力行业的发展曾经起到积极作用,但是随着社会经济的发展和技术水平的提高,垂直一体化的垄断市场结构已经越来越不能适应电力行业发展的需要。

20 世纪 90 年代以来,世界各主要发达国家都开始对电力行业进行改革,通过放松对电力行业的管制,引入竞争机制、提高市场效率,在电力系统中的电力生产、输配电服务、辅助服务等各环节,形成更为公平、灵活的电价机制,以适应社会经济发展的需要,缓解电力供需矛盾。

电力价格的市场化改革区别于其他能源价格市场化改革之处在于,电力市场的定价机制不仅关系到电力行业的效率问题,而且还关系到整个电力系统的安全、稳定运行问题,既要强调引入竞争机制,又不能忽略协调机制的重要性。所以,电力价格的市场化改革进程中必然会遇到许多制约和风险,为了有效规避和防范电价波动带来的影响,确保电力系统的稳定运行,欧美等西方发达国家开始出现电力衍生金融产品的交易,并逐渐形成现货交易、期货交易和价差合约交易等多层次的电力金融市场,为电力市场参与者解决由于电能不能进行大规模有效存储而导致电价剧烈波动和出现尖峰特性的问题提供了规避风险的工具和手段。

中国的电力市场化改革对中国的电力行业而言既是机遇也是挑战。中国的电力市场尚未成熟,仍处于改革的初级阶段。目前已初步完成了厂网分离的任务,未来将逐步加快在电力调度、电网分拆、交易机制等方面的改革进度,力图将竞争机制从发电环节推广到输电、配电、零售等各个环节。

本章首先对目前电力工业和电力市场的技术经济特性进行了概述,对市场化的电价形成机制进行了分析,重点对实时电价、负荷预测与电价形成、输电服务和辅助服务的定价机制以及需求侧竞价等问题进行介绍;其次,对以英美、欧盟和俄罗斯、日本、韩国、印度等为代表的不同地区和不同发展阶段的国家的电力价格市场化改革经验进行了分析和总结,探讨了电力价格市场化的一般规律和发展方向,以期为中国电力价格市场化改革提供借鉴和参考。

第一节　电力市场

一、电力行业的发展与演进

(一) 电力技术

19 世纪末,电力从居民照明领域逐渐转向被广泛运用到工商业领域,电力工业的雏形开始显现。大型输电网络和发电厂的出现,不仅使得电力系统的供电范围和供电量不断扩大,也促使电力行业向发电、输送和供应一体化的方向发展。

1895年,美国建成了尼亚加拉复合电力系统,确立了交流输电[①]技术在电力系统中的主导地位,并形成了50赫兹和60赫兹两种电力输送技术标准。随着交流输电技术的发展,输电线路的电压不断提高,输电容量不断扩大,输送距离不断加长。从最初的1万伏左右电压、输送几十公里距离、几千千瓦功率发展到目前的765千伏电压、超过1 000公里的输送距离、200万千瓦以上的功率。

第二次世界大战以后,随着世界经济重建对电力需求的不断增加,电力行业走向规模化和大型化的黄金发展阶段。由于当时的煤炭价格低廉,发电成本较低,火电成为发电行业发展的主要方向,而在输电领域,发展的重点主要是大装机容量[②]机组和远距离输电网络的建设。

20世纪80年代,世界各国的电力行业基本上采取的都是垂直一体化的垄断经营模式。这种模式在电力行业发展初期对电力系统的规模化、快速化发展具有至关重要的作用,但是随着社会经济发展和技术进步,这种模式也越来越不能适应社会经济发展的新形势。进入20世纪90年代,由于微机处理和控制技术开始在电力系统得到广泛应用,整个电力行业面貌发生了很大变化。在发电方面,火力发电厂设备和规模已经基本定型,热效率提高已接近极限,从技术上已没有更多措施降低成本,也不再有更多的规模经济效益;而能够快速调整峰负荷的燃气蒸汽联合机组、小型热电联产机组受到青睐,靠近负荷中心的小型化、离网化发电方式开始流行。在输电方面,集中调度和监控技术日益成熟,调度中心收集各发电厂和变电所供需电量资料,从经济调度的角度,根据计算结果每隔数秒就发布指令,协调各发电厂发电生产,以适应电力需求的变化,并达到电力系统资源的最优化配置。在配电方面,带微处理机的自动电表替代了传统的机械表,任何时段的用电量、负荷都可以被记录下来,并通过通信网络和配电系统联结。配电中心不仅可以监控线路、侦测事故、隔离故障和快速转供、缩小停电范围外,而且可以利用自动记录的各时段用电量和负荷,实现需求侧管理(DSM)。这一时期,原有垂直一体化的垄断经营模式的弊端也日益突出,西方发达国家纷纷开始电力市场化改革,通过引入竞争机制,进一步提高电力行业的效率。

进入21世纪后,全球电力系统掀起了新一轮技术变革。以1 150千伏和1 500千伏的特高压输电技术[③]为代表的新一代输变电技术,使得超大功率的远距离输

① 19世纪末三相制交流电逐渐确立,交流发电机、变压器、感应电动机等技术的出现,使得各个不同电压的电力系统之间的变换、输送、分配和互联得以实现,并且较直流输电技术更加经济和可靠。

② 装机容量(Installed Capacity)是指发电设施实际安装的发电机组额定有功功率的总和,常用单位是MW。

③ 特高压输电技术是在超高压输电技术的基础上发展的,其目的仍是继续提高输电能力,实现大功率的中、远距离输电,以及实现远距离的电力系统互联,建成联合电力系统。据估计,1条1 150千伏输电线路的输电能力可代替5—6条500千伏线路或3条750千伏线路,节省包括变电所在内的电网造价10%—15%。

电和跨国电力系统互联[①]成为可能；而超临界、超超临界火电机组[②]及联合循环[③]等发电新技术的出现，使得火电和水电发电机组的容量和发电效率得到进一步显著提高；未来20年内新能源将占到全球电力供应能力的9%（见图6-1），而智能电网技术的发展将解决风电、太阳能等并网发电带来的稳定性问题，为电力系统提供更强的兼容性和更大的冗余性。

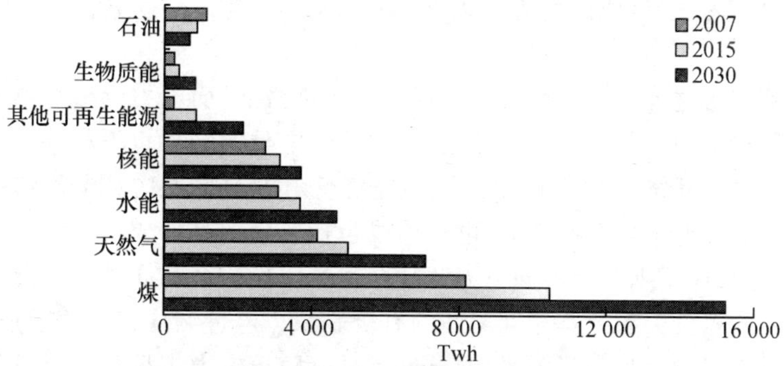

图6-1　未来20年全球发电装机容量和构成

资料来源：IEA，World Energy Outlook 2009。

（二）电力系统的经济特性

电力系统不同于其他能源系统，必须遵循严格的物理学定律。

首先，电力不能被大规模地、稳定地储存，电力的生产、传输、配送和消耗必须是同步的，电力的生产和消耗必须实现瞬间平衡，否则将引起电力系统的频率波动，破坏电力设备。但是，电力需求是会随着时间、季节和突发事件而产生波动的，这就要求电网留有适当的裕度应对负荷波动，也就迫使发电厂必须拥有能够实时应对用电需求变化的冗余发电容量（备用容量一般需达到装机容量的8%—10%）。

其次，电力系统的稳定运行依赖于生产、传输、配送和消耗等各个环节的密切配合，为了维持电力供求平衡和应对瞬间突发的电网事故，必须对整个电力系统

① 交流输电线路联结起来的电力系统有以下的特征：首先，要求所有的发电机保持同步运行并且有足够稳定性；其次，要求合理的无功分布和补偿来保证系统的电压水平；再次，对邻近的通信线路的危险影响和干扰比较严重。这些固有特征在超高压以上的交流输电中更加显著，成为发展交流输电必须解决的重要技术课题。

② 火电机组的超临界是指锅炉内工质的压力状态。锅炉内的工质都是水，水的临界压力是22.115 MP，临界温度是374.15℃；在这个压力和温度时，水和蒸汽的密度是相同的，即水的临界点，炉内工质压力低于这个压力就叫亚临界锅炉，大于这个压力就是超临界锅炉，炉内蒸汽温度不低于593℃或蒸汽压力不低于31 MPa被称为超超临界。超临界、超超临界火电机组具有显著的节能、提高热效率和改善环境的效果。

③ 联合循环就是将燃气轮机排出的“废气”引入余热锅炉，加热水产生高温高压的蒸汽，再推动汽轮机做功，形成能源梯级利用的综合系统，达到极高的热效率（约60%）。

进行实时监控和集中调度，以便及时进行电力调配和处理紧急情况，确保电力系统的安全。

再次，电力系统的投资巨大，但是从兼顾安全和效率的角度出发，电力行业一方面要考虑规模经济效应，另一方面也要考虑到效率问题。同时，由于电力供应对工业生产、居民生活影响巨大，因此电力企业的经营活动除了具有一般企业的共性外，还具有公用事业的特点。因此，政府必须对电力行业进行适度的宏观管理与监督。

电力系统的这种经济特性集中体现在电力价格上，而电力价格与电力系统的经营模式具有密切相关性。不同的经营模式下，电价的结构也不相同。电价结构直接反映了电力系统的运行机制和社会经济价值的目标取向。电价结构通常包括了电价构成和电价体系两部分，电价构成包括电力商品的成本、期间费用、利润等部分，而电价体系则是指不同电力商品之间的比价关系和同种电力商品在不同的流转环节的差价关系及其相互之间的有机联系。电价构成是电价形成的基础，是一种相对稳定的商品价值关系，而电价体系会随着电力市场化改革进程的演化而发生变化，与电力市场结构密切相关。

（三）电力行业的经营管理模式

1. 垂直一体化的经营管理模式

长期以来电力系统的管理模式都是采取垂直一体化的垄断经营体制，其主要特征是：对电力行业进行严格的价格管制和市场准入，在电力生产、传输和配送等环节实施一体化的垄断经营，并由政府通过法律或行政手段来维持这一体系；同时，一体化的电力企业多具有国有（公有）性质，电力系统的建设多由国家直接投资进行。

垂直一体化的垄断经营体制可以分为四种类型：① 按行政区域划分，由政府建立垄断经营的发电和输电企业，而地方政府自己组织进行配电服务，英国和大部分英联邦国家采取的是这种模式；② 全国性垄断经营模式，即由一家公司统一经营从发电、输配电到销售等所有环节，法国和大多数发展中国家采取的是这种模式，当然在计划经济国家，政府是直接经营电力行业的，而在法国等市场经济国家，电力企业和政府监管是分开的；③ 按区域划分，由若干家企业在各自区域内进行一体化垄断经营，日本采取的就是这种模式，即由十家私有化的电力公司按区域进行垄断经营；④ 按行政区域划分，由若干家企业在各行政区域内进行一体化垄断经营，美国采取的就是这种模式，当然，这样的垄断企业既有私营企业，也有政府控制的企业，其运营方式较为多元化。

垂直一体化的垄断经营体制容易导致竞争机制的缺失，存在明显的制度缺陷，难以有效提高整个电力行业的效率。其面临的主要问题包括：

① 电力供应难以满足社会经济发展对电力需求的增长,由于一体化的垄断经营模式下,电力系统的投资往往以国家为主,而政府投资的效率明显低于私营企业,特别是在发展中国家,往往存在电力投资滞后于经济发展的现象。

② 电力企业内部缺乏激励机制,而电力企业之间由于缺乏竞争,往往造成整个电力行业普遍的效率低下和服务质量低下,尤其是在输配电环节,往往由于设备老化导致线损严重,供电可靠性受到严重影响。

③ 由于政府对电价实行严格的管制,造成无法真实反映电力供求的情况。对于发达国家来说,电力供应存在一定的富余,但是电价水平却居高不下,造成社会福利损失;而对于发展中国家来说,电力供应存在较大的缺口,但是由于政府人为压低电价,不仅阻碍了电力行业的发展,而且造成严重的浪费,能源效率低下,加剧了电力短缺状况。

④ 由于政府直接对电力行业进行管理,往往忽略了电力行业污染造成的环境成本,导致电力企业不仅缺乏治理污染和节能减排的动力,而且严重依赖传统化石燃料发电技术,对新能源及可再生能源发电技术的推广和普及也缺乏动力,进一步阻碍了电力行业的发展。

随着电力市场的发展,电力商品也不再仅限于电力,围绕输电网络的阻塞管理和辅助服务形成的各种容量也成为电力商品的一部分,并且也是通过引入竞争机制来实现市场定价,进而优化资源配置,以更低的成本来维持系统的安全运行。

2. 电力市场下的经营管理模式

从传统的垂直一体化的垄断经营体制向电力市场转变是一个复杂和渐进的过程。虽然各国电力市场化改革的目标和具体途径,以及改革过程中遇到的问题会存在较大的差异性,但是电力市场化改革也存在一个基本框架。

(1) 传统的电力市场

传统的电力市场按系统运行环节可分为发电市场、输电市场和配售市场,其交易的对象是电力[①](Power),而系统运行成本则被加总在电力价格中,然后分摊给用户。电力市场化改革的目标是引入竞争机制,而竞争机制的核心则是电力交易制度的构建。目前电力交易方式有三种:电力联营模式(Power Pool Mode)、双边交易模式(Bilateral Trade Model)和混合模式(Mixed Model)。

---

① 电力代表电能,是一种能量流,采用的单位是 MWh(批发)或 kWh(零售),功率(出力)就等于在一定时间内电力系统输送的能量,比如 1MW = 1h × 1MWh。

(2) 电力联营模式

电力联营模式也称为强制电力库模式、单一购买者模式,是由电力库(Pool)进行电网的资源调度和运行维护,同时根据市场参与者的报价制定交易计划,计算系统的边际电价、输电环节的阻塞管理和辅助服务费用等。电力联营模式的初级阶段,一般先开放发电侧市场,发电商之间进行竞争,而调度中心是市场的唯一购电者,将系统运行成本与购电价格加总后再转售给配电商,分摊给终端用户。随着电力联营模式的发展成熟,在输配电环节也将逐步引入竞争,允许配电商与发电商直接交易购买电力,进一步还允许用户自由选择配电商或发电商。

(3) 双边交易模式

双边交易模式下,不再强制电力供购双方参与电力库,绝大部分的电力交易都是由供需双方协商完成。双边交易模式最重要的特征在于输电网络通常被分为两部分,由独立调度中心(Independent System Operator,ISO)负责输电网络的安全运行和实时平衡,由电力交易中心(Power Exchange,PX)负责电力交易,开放输电环节,输电商拥有输电网络所有权,但仅作为市场参与者之一向用户提供输电服务并收取使用费,不参与系统调度。

(4) 混合模式

混合模式采取的是电力联营和双边交易模式共存的方式,协调两者的运行,发挥各自的优势。其中,中长期交易采取双边交易方式,发挥其双向自由选择的优势;短期交易采取集中竞价的交易方式,同时整合调度功能,既满足市场参与者调整中长期合约偏差的要求,又兼顾系统实时平衡的需要,实现安全经济调度。

二、电力市场的改革与电力价格

(一) 电力市场化改革

从根本上讲,电力行业垂直一体化垄断经营格局是由政府干预一手造成的。电力市场的缺失或不完善,带来的不仅是行业效率的损失,更是社会福利的损失。随着电力技术尤其是电网技术的突破,解除对电力行业的管制,减少政府干预成为一种发展趋势,而电力市场成为电力行业重构和市场化运营的必然结果。

1. 电力市场化改革的顺序和重点

电力市场化改革是指通过在电力行业的发电、输电、配电和销售等环节引入市场竞争机制,通过价格杠杆来协调供求关系,优化电力系统资源配置,实现社会福利的最大化。从 20 世纪 90 年代开始,多数发达国家和部分发展中国家纷纷采取放松监管、产权私有化等措施进行电力市场化改革,通过建立电力批发市场和零售市场来引入竞争机制。

但是各国电力市场化改革的经验和教训表明,尽管电力行业不可能再回到过去垂直一体化垄断的经营模式,但是放松管制和私有化并不是引入竞争机制的唯一途径,电力市场化改革的关键在于充分考虑电力系统的技术经济特性,同时综合考虑和平衡各方面的利益,根据社会经济发展所处的不同阶段及电力技术发展水平,明确各阶段改革目标和市场模式,按照循序渐进的原则,逐步放松对电力行业的管制,建立起有序竞争的电力市场和完善的监管机制,协调电力行业的整体发展。需要注意的是,在电力行业中引入市场竞争机制会遇到规模经济与市场价值之间出现的两难选择。因此,竞争机制的引入要注意适度,既要防止垄断带来的电力行业无效率,又要防止过度竞争影响到电力系统的安全和稳定。

根据电力市场化改革涉及的电力系统环节及竞争程度的差异,电力市场可以分为三个发展阶段:

① 发电竞争阶段,即通过允许独立发电商(Independent Power Producer,IPP)参与市场竞争,打破发电环节的垄断经营模式,但是输、配电和售电环节仍采取垄断经营模式,拥有输配电网的电网公司是市场中唯一的电力购买者和销售者,即所谓的单一购买者。

② 电力批发阶段,即通过开放输电网络,提供有偿服务,允许配电商(及大用户)进入发电市场,从发电商(或进口电力的供电商)手中直接购买电力并通过输电网传送,配电或零售环节仍采取垄断经营模式,由独立的电网经营机构负责电网的运行调度和阻塞管理,组织辅助服务。

③ 零售竞争阶段,即开放配电网络,实现电力系统所有环节的产权与经营权分离,对所有市场参与者开放,用户可以直接选择供电商。目前,多数发达国家的电力市场已发育较为成熟,但是也仍是处于电力批发阶段,而多数发展中国家的电力市场化改革仍处在电力竞价上网阶段。

2. 电力市场化改革的基本框架

(1) 发电侧竞争

电力市场化改革首先是在发电侧引入竞争,即不同的发电商将其生产的电力以竞价形式提供给输电网络,再由输电网络转售给配送商,由其配送到终端用户或零售商(再转售给终端用户)。

(2) 输电网络竞争

发电侧引入竞争之后,将输电网络独立出来,由独立调度中心(ISO)负责进行对输电线路资源进行调度和分配。为了能实现更加精确和有序地调度,引入短期市场——电力批发市场,由发电商和配电商在系统运行前一日、前一个小时和实时(30分钟、10分钟、5分钟)提交交易计划和报价给ISO,由其进行交易撮合和安排调度计划。因此按系统运行时序,电力批发市场可以分为日前市场、小时前市场和实时市场,三者相互衔接。其中日前市场和小时前市场也被称为现货市场(Spot Market),允许进行双边交易,而实时市场(Real Time Market)也被称为平衡市场或平衡机制(Balance Mechanism,BM),由ISO自动撮合竞价交易。电力批发市场也有中长期(1年以上)的双边交易,配电商或大用户也通过场外交易市场同发电商签订长期供电合同,ISO在调度时为了保证这种稳定的供电关系,会把双边交易形成的长期供电协议的报价设置为0,优先撮合成交并安排调度。

(3) 辅助服务和阻塞管理

为了提高ISO分配和调度输电网络资源的效率,有必要对辅助服务和阻塞管理进行合理定价。因此又引入输电容量市场和辅助服务市场(按运行时序也可分为日前市场、小时前市场和实时市场)。输电容量市场的交易对象是输电容量,也就是输电线路在规定工作条件下允许输送的最大有功功率,但并不是直接交易输电容量,而是等同于输电容量的输电权(CRR)。辅助服务市场的交易对象是备用发电机组提供的发电容量,自动发电控制(AGC)提供的调频容量以及无功备用和电压支持等服务。

(4) 电力金融

为了克服短期交易市场价格信号不明晰对电力系统长期投资产生的负面影响,又引入了中长期交易,即发电容量交易和输电容量交易。发电容量交易的交易对象是发电机组未来所能提供的电力,采取的是期货交易或双边交易的方式。输电容量交易的交易对象是输电权,采取的是拍卖竞价交易的方式,但也可以通过双边交易进行转让,以增加市场灵活性和流动性。中长期交易为电力系统投资者和市场参与者提供了一个长期发展规划和规避投资风险的平台。

图6-2直观地显示了电力市场的基本框架。

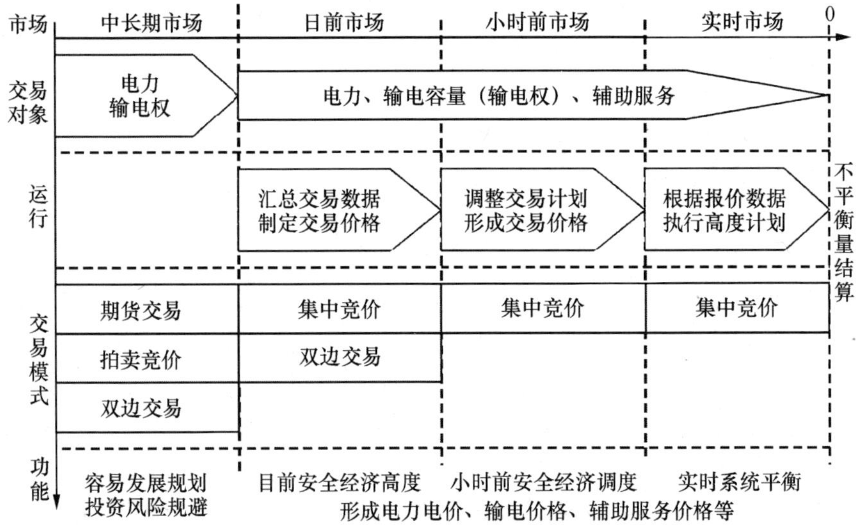

图6-2 电力市场的基本框架

（二）电价结构的演变

1. 传统的电价结构

在传统的电力行业管理模式和市场化初期的发电侧竞争市场中，电价结构可以分为供电电价、用电电价和调节电价三个层次，交易的对象是电力（Power）。供电电价是指供应侧电力企业之间的电力交易形成的价格。

（1）供电电价

根据交易主体不同，供电电价可以分为上网电价、网间电价和转供电价。上网电价是指发电厂向电网提供上网电量形成的交易价格；网间电价是指电网间互联互供形成的交易价格；转供电价则是电网提供输电设施为达成双边交易的供电和用电两方提供输电服务收取的补偿，按传输的电量结算。

（2）用电电价

用电电价也就是销售电价，根据终端用户对电力系统投资成本的分摊程度分为一部制电价、两部制电价和三部制电价。其中，一部制电价只与用户的用电量有关，适用于大多数用电量较少的居民用户；两部制电价由容量电价和电量电价两部分组成，容量电价①反映了供电固定成本的分摊情况，电量电价根据实际用电量来定价，反映供电可变成本的大小及回收情况；三部制电价是在两部制电价的基础上进一步将供电固定成本细分为电力成本和基本成本，电力成本仍为电力系统固定资产投资带来的固定成本，而基本成本是包括设施折旧、工资福利、办公费用等与系统容量和发电量没有直接关系的管理成本。

（3）调节电价

调节电价是在销售电价的基础上，根据需求侧改善用电负荷情况，制定调整电力峰谷的一种差别电价，具体包括峰谷分时电价（Time of Use Price）、季节性电价（Seasonal Price）等。

传统的电价结构中电价的计算主要集中在电力系统的成本问题上，采用的计算主要是综合成本法（Embedded Cost Method）和长期边际成本法（Long Run Marginal Cost Method）。综合成本法是根据计算期内的电力发展规划和投资计划，逐项核算供电成本，求和获得综合电力成本和电量成本，按平摊原则分摊给所有用户；长期边际成本法则是根据用户负荷增加时的供电边际成本来计算电价，容量电价等于容量成本的微增量除以容量微增量，电量电价等于电量成本的微增量除以用电量的微增量。但是上述两种方法都只能反映较长一段时期内（1 年以上）的生产成本和总体负荷水平，不能精确反映电力系统负荷平衡状况和供电成本变

① 即使用户没有用电，供电方也应做好相应的供电准备，包括发电容量、输配电网络等固定资产投资，从而产生相应的成本，由于这部分涉及系统容量资源，故称为容量电价。

动。而分时电价也只能反映一段时间内日负荷及供电成本的统计规律，无法精确地反映各时段的系统负荷及供电成本的变化。

2. 市场化改革后的电价结构

电力市场化改革的目标就是将竞争机制引入到电力系统的各个环节，通过建立电力批发市场、输电容量市场和辅助服务市场，进行电力、输电权（CRR）和辅助服务的现货交易和实时交易，来满足系统负荷平衡和优化输电网络资源配置的需求。市场化改革后的电价结构涉及发电、输电、配电和销售四个环节，由上网电价、输电电价和配售电价三个层次组成。

（1）上网电价

上网电价是由发电侧竞价上网形成的。传统的电力行业管理模式中，调度中心根据发电机组的费用曲线来进行经济调度或安全经济调度，而在竞争性的电力批发市场中，通常采取的是招投标竞价和双边交易两种交易方式，调度中心基于买卖双方的报价来进行经济调度或安全经济调度。其中招投标竞价由调度中心自动撮合，而如果发电商与用户（负荷）之间有双边交易，则发电商可以以零价格来确保双边合同能够在市场中实现。上网价格的形成基础是实时有功市场[①]产生的结算价格，目前国外电力市场采用的定价方法是节点边际电价（LMP）模型。

（2）输电电价

输电电价是指输电服务的价格，是为了将输电成本在所有的电网使用者之间进行合理分摊。输电成本由固定成本（电网设施固定资产投资、运行管理费用等）和可变成本（拥塞管理、电网损耗和辅助服务等）两部分组成。在垂直一体化的经营模式下，所有输电成本都是直接转嫁给终端用户；而电力市场化改革的最重要标志就是电网开放，通过输电网络所有权和经营权的分离，来实现输电服务的市场化定价，在所有的电网使用者之间合理分摊输电成本。输电成本分摊的基本原则是“谁使用、谁付费”，采用的定价方法主要有边际成本法、嵌入成本法和综合成本法等。此外，网损成本还可以独立计算，采用二次网损公式、网损微增量和潮流跟踪等方法在所有市场成员之间分配每条支路和整个网络的功率损失；阻塞管理也可以采取对销交易方式或输电权（CRR）交易方式来单独计算费用，阻塞管理通过市场化机制引导输电网络的合理使用，减少阻塞发生的风险，并在阻塞发生后对相关用户进行补偿；对于不同的电力系统，辅助服务的需求和定义也不同，目前尚无统一的标准，辅助服务的独立定价也是市场化改革的一个重要组成部分，其定价的方法需与主市场运行模式相适应，具体的模式包括统一调度、招投标竞价

① 电力批发市场中的实时市场，因其交易的电力属于发电机组的有功功率，故称为实时有功市场。实时有功市场形成的电力价格是电力现货交易、远期交易和期货交易的定价基础。

和双边交易。

(3) 配售电价

配售电价除了传统的计量电价、两部制电价及调节电价等机制外,最重要的是通过开放电力零售市场,进一步引入需求侧竞价(Demand-Side Bidding,DSB)机制来实现需求侧响应①(Demand Response),降低维持电力系统稳定的成本。

三、电力价格的形成机制

(一) 实时有功市场

1. 实时电价理论

实时电价(Real Time Price,RTP)是由 Schweppe(1980)提出的,即在极短的时段内(30min、15min、5min)根据负荷所在位置(节点)、系统潮流、网络拥堵等系统运行的实时信息,计算节点的发电边际成本进而获得电力的实时价格,指导发电机组调整发电出力,同时促进终端用户主动承担维持系统稳定运行的成本和合理用电。

Schweppe(1985)还建立了实时电价的数学模型,其表达式是:

$$p_{k,t} = \gamma_{F,t} + \gamma_{M,t} + \gamma_{QS,t} + \gamma_{R,t} + \eta_{L,t} + \eta_{M,t} + \eta_{QS,t} + \eta_{R,t} \tag{6-1}$$

其中,$p_{k,t}$表示第 k 个用户在 t 时段的实际电价;γ 为发电分量,变量依次为边际发电燃料成本、边际发电机组维护成本、发电质量分量和发电收支平衡项;η 为输电分量,变量依次为边际网损成本、边际网络维护成本、输电质量分量和输电收支平衡项。

实时电价模型将边际成本的概念引入到电力市场中,通过建立节点电价与时间、节点、用电量三者间的数学关系,反映了短期内由负荷变化而引起的系统运行成本的变化,明确了在同一时刻,不同节点间的电价应存在价差,以体现不同区域的电力需求和输电网络的运行情况。但是该模型是以垂直一体化垄断经营模式为假设前提的,解决的是经济调度和直流潮流基础上的实时电价问题。由于模型涉及的变量过多,计算繁复,而且简化了电网结构,忽略了无功功率的影响,也没有考虑输电容量及其辅助服务的费用,不能适应新的电力市场模式的需求。

2. 统一出清电价模型

在电力市场化改革的初期,电力批发市场的重点在于实现发电侧的竞价上网,因此实时电价采取的定价方法是统一出清电价模型。调度中心一般还兼具交易中心的功能,即所谓的联营市场模式。调度中心利用发电机组报价曲线进行经济调度或有安全约束的经济调度。调度中心一般要求发电机组提供递增的报价

① 需求侧响应(Demand Response)是指通过经济手段鼓励用户在系统可靠性存在风险或者系统出清电价过高的时候削减用电量来降低系统负荷,维持系统稳定运行。

曲线,如果发电机组与负荷有双边交易,则报零价格已确保合约实现。假设发电机组 j 的报价 p_j,令向量 p 代表所有发电机组报价,则系统发电成本为 $p^T P_G$,P_G 是发电机组从节点注入的有功功率矩阵。

不考虑安全约束的情况下,经济调度模型可以简化为:

$$\min p^T P_G \quad \text{s.t.}\ e^T P_G = P_D,\quad \underline{P}_G \leqslant P_G \leqslant \bar{P}_G(\text{用功功率约束}) \qquad (6\text{-}2)$$

其中,P_D 是负荷从节点上输出的有功负荷矩阵。

如果不考虑机组的技术参数差异,可以用排队法思路解决上述的最优化问题。即报价最低的机组先出力,再按报价高低依此安排机组出力,直到满足负荷需求为止,最后一台中标机组的报价就是系统电价(见图 6-3)。

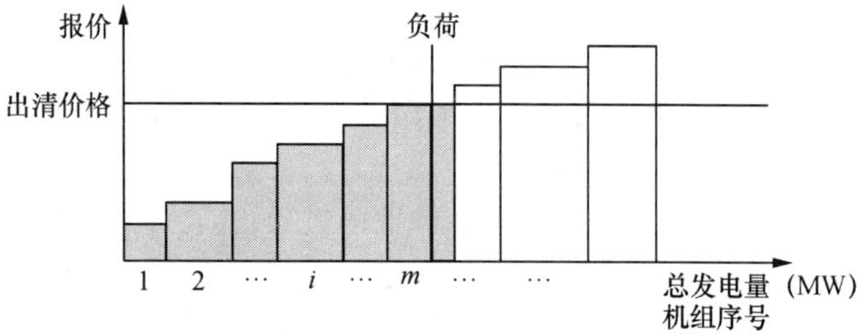

图 6-3 电力市场统一出清价格

采用拉格朗日函数求解上述带约束条件的最优化问题,即:

$$\Gamma = p^T P_G + \lambda(e^T P_G - P_D) + \sum_i \hat{\tau}_i(P_{G_i} - \bar{P}_{G_i}) - \sum_i \breve{\tau}_i(P_{G_i} - \underline{P}_{G_i}) \qquad (6\text{-}3)$$

最优化条件为:

$$\frac{\partial \Gamma}{\partial P_{G_i}} = p_i + \lambda + \hat{\tau}_i - \breve{\tau}_i = 0 \quad (i = 1,2,\cdots,N_G) \qquad (6\text{-}4)$$

一般只有一台机组的出力介于上限和下限之间,因此也称为边际发电机,设其序号为 m,根据库恩—塔克条件,则拉格朗日乘子 $\hat{\tau}_m = \breve{\tau}_m = 0$。

可得,

$$p_m = -\lambda \qquad (6\text{-}5)$$

$\rho = p_m = -\lambda$,被称为边际价格或出清价格(Clearing Price)。对于所有参与竞价上网的中标发电机组,调度中心以此价格根据其具体发电量统一支付给发电机组,也就被称为统一出清电价。对于出力已达到上限的满发机组,$\breve{\tau} = 0$,$\hat{\tau} > 0$,$p_i + \lambda + \hat{\tau}_i = 0$,$p_i < -\lambda$;对于零出力机组,$\hat{\tau} = 0$,$\breve{\tau} < 0$,$p_i + \lambda - \breve{\tau}_i = 0$,$p_i > -\lambda$。这样,从发电机组的角度,$\rho$ 是各方面都能接受的合理结算价格。

统一出清电价虽然简单易行,但是其模型假设过于简单,机组的技术参数差距往往会导致出清价格无效,而且模型也无法体现发电机组和负荷位置(节点)对系统潮流的影响和贡献,无助于阻塞管理和输电网络资源的优化配置。

3. 节点边际电价模型

由于不仅能够合理地反映节点负荷的发电边际成本,并且能够结合最优潮流(OPF)技术解决网络阻塞问题,节点边际电价(LMP)目前在主要发达国家电力市场中得到了广泛应用。

电力系统中的节点边际电价是指节点增加额外的单位负荷时,系统提供额外的有功功率所需的成本,也就是节点的发电边际成本。LMP 模型仍假设发电机组向调度中心提供递增的报价曲线,调度中心能够进行有安全约束的经济调度。

$$\min p^T P_G \quad \text{s.t. } e^T P_G = P_D, \quad T(P_G - P_D) = \bar{F}, \quad \underline{P}_G \leqslant P_G \leqslant \bar{P}_G \quad (6\text{-}6)$$

其中,T 代表线路对于发电机组的分布因子矩阵,$\bar{F}$ 代表系统的潮流约束。

采用拉格朗日函数求解上述带约束条件的最优化问题,即:

$$\begin{aligned}\Gamma &= p^T P_G + \lambda e^T(P_G - P_D) + \mu^T[T(P_G - P_D) - \bar{F}] \\ &\quad + \hat{\tau}^T(P_G - \bar{P}_G) + \breve{\tau}^T(\underline{P}_G - P_G)\end{aligned} \quad (6\text{-}7)$$

其中,λ、μ、$\hat{\tau}$ 和 $\breve{\tau}$ 为各约束条件的拉格朗日乘子,最优化条件为:

$$\frac{\partial \Gamma}{\partial P_{G_i}} = p_i + \lambda + \sum_k \mu_k T_{ki} + \hat{\tau}_i - \breve{\tau}_i = 0 \quad (i = 1,2,\cdots,N_G) \quad (6\text{-}8)$$

第 i 个节点的节点边际电价为:

$$\rho_i = -\lambda - \sum_k \mu_k T_{ki} \quad (6\text{-}9)$$

向量形式为:$\rho = -\lambda e - T^T \mu$。

其中,T_{ki} 代表线路 k 对于发电机组 i 的分布因子。T_{ki} 反映了节点净注入有功功率变化对支路潮流的影响。若 $T_{ki} > 0$,说明该节点的发电机组增加出力会加重网络拥塞,其节点边际电价会降低,以示处罚;与之对应,增加负荷会减轻网络阻塞,用户的节点边际电价将降低,以示奖励。若 $T_{ki} < 0$,情形正好相反。

对于边际发电机组 i,$\hat{\tau}_i = \breve{\tau}_i = 0$,$p_i = \rho_i$,即边际发电机组的报价 p_i 等于边际节点电价;对于出力达到上限的发电机组 i,$\breve{\tau}_i = 0$,则有 $p_i - \rho_i + \hat{\tau}_i = 0$,$\hat{\tau}_i > 0$,所以 $p_i < \rho_i$;对于零出力的发电机组 i,$\hat{\tau}_i = 0$,则有 $p_i - \rho_i - \breve{\tau}_i = 0$,$\breve{\tau}_i > 0$,所以 $p_i > \rho_i$。这样,从发电机组的角度,节点边际电价 ρ_i 是能够使各方面满意的合理结算价格。这样可以有效地解决电力系统的"窝电"问题。

节点边际电价能够实现系统总容量优化与技术组合优化,因此不仅能够解决电力系统的优化调度和实时市场的均衡问题,而且对于长期电力投资和市场均衡也起到重要作用。首先,节点边际定电价模型中,实时市场供应曲线就是发电商的边际发电成本,如果发电容量出现短缺,那么此时的短期市场出清价格将会上涨,可以吸引更多的投资,增加市场中的发电容量供应;如果发电容量过多,则效率低的机组将无法中标,市场出清价格将会降低,投资将会受到抑制。其次,在节点边际电价模型中,不同类型的发电机组得到的稀缺租金(即市场出清价格与边际成本之差)不同,一般效率高的机组,固定成本也越高,如果该类机组的容量占电力系统总装机容量的比例过高,则市场的出清价格长期来看将会下降,此类机组的容量水平也会随之下降,直至达到一个合理水平。如果它们的容量水平过低,那么投资此类机组将可以获得更多的收益,所以有理由相信投资者会建造更多的高效率机组。因此,在节点定价机制下,不同技术类型机组的容量组合将会处在一个最优水平。

(二) 输电服务价格

输电环节是电力系统中最基本、最重要也是最复杂的一环。输电服务包括了电力输送、阻塞管理和辅助服务。输电服务价格反映了电网在电力系统中的价值,必须覆盖电网建设投资及正常运行的成本,满足电网长期发展的需求。广义的输电成本由固定成本(电网输变电设施的固定资产投资和运行维护费用)和可变成本(阻塞管理、网损及辅助服务的费用)构成。输电服务的定价主要包括输电成本分摊、网损成本分摊和阻塞管理费用及辅助服务费用四部分。

1. 输电服务价格的定价

(1) 边际成本法

由于长期的电网建设成本和系统运行费用具有高度的不确定性,因此很少考虑计算长期边际成本。短期边际成本的计算则不考虑电网固定资产的折旧与回收,只考虑由电力交易导致的电网运行成本的微增量,涵盖网损、阻塞管理、辅助服务和运行维护等费用。短期边际成本法采用的是基于节点边际价差(LMP)的方法,即以实时电价理论为基础,借助最优潮流①(Optimal Power Flow,OPF)等手段计算出全网节点或区域的LMP,并将节点或区域之间的LMP价差作为相应的系统输电网络的边际成本,并按照各市场成员从每个输电设备获得经济效益的大小来进行分摊。短期边际成本法是竞争性电力市场中的一个基本方法,考虑到了系统的安全约束,具有较好的市场导向性,可以回收电网运行的可变成本部分。但是在输电服务的成本中,固定成本远高于可变成本,如果单纯采用市场化的边际成本法,无法回收所有的投资和运营成本,因此,仍需通过收取附加费才能收回输电服务的固定成本,而附加费本身会影响市场机制的发挥。

---

① 最优潮流(Optimal Power Flow,OPF)是指当系统的结构参数和负荷情况都已给定时,通过调节可利用的控制变量(如发电机输出功率、可调变压器等)来找到能满足所有运行约束条件的,并使系统的某一性能指标(如发电成本或网络损耗)达到最优值的潮流分布。OPF可以计算节点边际价格、输电容量和发电容量、阻塞管理费用,进而制定系统运行总成本最低的调度方案。

(2) 嵌入成本法

嵌入成本法是根据电网提供输电服务时的总成本,按一定的算法分摊到所有的电网使用者中。具体的输电成本分摊算法可以分为邮票法[①]、兆瓦—公里法[②]、潮流跟踪法[③]、合同路径法[④]等。嵌入成本法的优势是可以共同分摊和回收输电成本,价格稳定,易于实现,但是其本身不是市场化的电网资源配置手段。

(3) 综合成本法

综合成本法通过边际成本法和嵌入成本法的组合,来取长补短。其思路是:用短期边际成本法对输电的可变成本进行定价和收费,利用市场化手段来配置电网资源;用嵌入成本法对输电的固定成本进行分摊和回收。尽管综合成本法在一定程度上解决了输电服务的定价问题,但是也存在着一些不足之处,仍会在一定程度上扭曲边际成本法的市场价格信号。

2. 网损及阻塞管理费用

(1) 网损费用

输电网络的网损一般只占总电力交易量的3%—5%,电力市场对网损的处理方法有两种:一是采取节点边际电价模型进行实时市场分析,由于其已涵盖了网损成本,因而无需单独再对网损进行计算和收费;二是采用潮流二次网损法、潮流网损微增率法及潮流跟踪法等方法进行单独计算和分摊。

(2) 阻塞管理费用

传统的电力系统经营模式中,通常由调度中心直接重新分配发电机组的出力来改变潮流分布,以达到缓解线路潮流超限的目的。在电力市场环境下,则只能通过市场的行为来缓解阻塞,阻塞管理就是电网出现拥塞时所采取的处理措施和方法。阻塞管理的主要目的是协调各个区域间的输电网络使用者,对输电计划进行有效的调整,以实现网络资源的优化配置和有效利用。目前,北欧电力市场采

---

① 邮票法(Postage Stamp)是根据电网使用者的用电量或功率将整个电网的输配电成本平均分摊给所有用户的一种输配电价定价方法。该方法易于操作和计算分析,但未考虑输电的潮流分布及输送距离。

② 兆瓦—公里法(MW-Mile)是在计算直流潮流的基础上,得到某项输电交易的潮流在所有的线路上的分布,并根据输送功率与相应线路的长度乘积确定输电费用。

③ 潮流跟踪法(Flow Track)则根据交流潮流的计算结果,得到每个节点的注入或流出功率在电网各线路潮流中的分布情况,进而得出相应的输电费用。潮流跟踪法假设功率在全系统混合流动,潮流在各个节点上按照比例共享的原则分布,从而计算出输电线路的功率组成和发电机与负荷间的实际功率传输关系。因此到达交易一方的功率并不全是由另一方输送的。所以潮流跟踪方法适用于电力市场联营模式,而对双边或多边交易模式则很难直接应用。

④ 合同路径法(Contract Line)假定输电业务实际发生时,其电能只在合同规定的连续路径中流过,而电网中合同未规定的部分,则认为没有影响。合同路径是指从功率注入点(发电节点)到功率流出点(负荷节点)之间一条确定的连续路径,且该路径应有足够的可用容量。合同路径法忽略了输电潮流对电网其他部分的影响,特别是对与合同路径相邻部分的影响并未给予经济补偿。

用的是对销交易方式，而北美电力市场更倾向于采用输电权交易方式。对销交易就是当调度中心发现潜在的或者已经存在的危及电网安全运行的阻塞时，通过产生与形成阻塞的潮流相反的交易来削减阻塞。输电权交易主要是金融输电权(FTR)的交易，由 Hogan(1992)最先提出，拥有 FTR 的电力市场参与者也就获取了拥塞盈余①(Congestion Surplus)的权利，当电力网络在输配电过程中发生阻塞时，可以获得经济补偿，以保持输电服务价格的长期稳定性。FTR 交易一般采取拍卖的方式进行，可以表述为以下约束优化问题，并通过线性规划的方法求解。

假设市场参与者希望购买节点 i 到节点 j 的输电权数量为 $\bar{Z}_l$，希望的价格为 z_l，拍卖应是尽可能满足所有市场参与者的需求。令 N_Z 为输电权数目，Z_l 为中标量，拍卖的目的是使拍卖金额最大化，即：

$$\max \sum_{l=1}^{N_Z} z_l Z_l \quad \text{s.t.} \quad \sum_{l=1}^{N_Z} (T_{ki} - T_{kj}) Z_l \leqslant \bar{F}_k, \quad (k = 1, 2, \cdots, N_L)$$
$$0 \leqslant Z_l \leqslant \bar{Z}_l, \quad (l = 1, 2, \cdots, N_Z) \tag{6-10}$$

其中，$\bar{F}_k$ 表示第 k 条支路上的潮流约束。

(三) 辅助服务市场

辅助服务的市场模式取决于以下几个因素：① 系统协调方式，即是否有调度中心统一进行辅助服务的安排和协调；② 电力生产结构，不同类型的发电机组的技术参数不同，对辅助服务的需求也不同；③ 电网结构，决定对辅助服务的具体需求；④ 管理模式，电力市场结构不同，辅助服务的安排与定价方式也不同；⑤ 系统信息管理水平，辅助服务定价采用的具体算法取决于系统的测量及监视水平和对系统运行信息的处理能力。

现行的电力市场中，辅助服务所采用的市场模式主要有三种，即统一定价、招投标竞价和双边交易。在加州电力市场中，其提供的辅助服务包括 AGC、旋转备用、非旋转备用、替代备用、电压支持和黑启动，其中前四种服务可由 ISO 通过日前市场招投标竞价获得，后两种服务则以长期合同方式进行交易。在新英格兰地区电力市场中，辅助服务的调度与电力调度一样统一由 ISO-NE 安排，各种辅助服务必须事先报价，并采取招投标竞价方式进行交易。北欧电力市场中的挪威电力

---

① 竞争性电力批发市场采用的是节点边际电价，这会导致电力市场出现收支不平衡，如果电网出现拥堵情况，则会出现结算盈余，也被称为拥塞盈余(Congestion Surplus)。拥塞盈余大于零，这点可以用节点边际电价模型加以证明。

证明：$\text{Sur} = \sum_{i=1}^{NB} \rho_i (P_{D_i} - P_{G_i}) = \sum_{i=1}^{NB} (\lambda + \sum_k \mu_k T_{ki})(P_{G_i} - P_{D_i})$，因为 $\sum_{i=1}^{NB} \lambda (P_{G_i} - P_{D_i}) = 0$，而 $\sum_{i=1}^{NB} T_{ki}(P_{G_i} - P_{D_i}) = \bar{F}_k$，所以，$\text{Sur} = 0 + \sum_k \mu_k \sum_{i=1}^{NB} T_{ki}(P_{G_i} - P_{D_i}) = \sum_k \mu_k \bar{F}_k > 0$。

市场则是由电网公司兼负 ISO 功能，负责对电网进行调度和管理，其提供的辅助服务包括有功备用与频率控制、无功备用与电压控制及系统保护配置，这些服务被分为基本服务和额外服务两类，前者要求市场参与者（发电商、负荷等）必须提供，没有额外收益，后者由 ISO 提出额外的服务要求并给予提供者额外补偿。挪威电力市场采取统一调度模式的原因在于，挪威发电机组主要是水电机组，且其装机容量远大于尖峰负荷和备用容量的要求，ISO 一般要求各机组在最佳运行点上（各机组最大有功功率的 85%）运行，系统基本满足安全和稳定性需求，一般不需要额外的辅助服务。各国电力市场的结构和运行模式不同，对辅助服务的需求和定价方式也不同，但目前仍以招投标竞价为多。

（1）备用市场

备用市场的运行机制是，备用发电机组在日前或小时前向调度中心申报提供的备用容量及报价，调度中心每一个调度时段（一般是 5 分钟）采购一次备用容量，所形成的费用由所有用户分担（或包含在电价中）。电力批发市场与备用市场的统一优化调度能够在满足系统运行安全的约束条件下，使生产成本最小化。

假设 R 为备用容量，r 为报价，$\bar{R}$ 代表机组在调度时段提供的机组出力，D_R 表示备用容量需求，联合优化问题可以描述为一个最优化问题，即：

$$\min p^T P_G + r^T R \quad \text{s.t.}\ e^T P_G = P_D,\quad e^T R - D_R = 0,\quad \underline{P}_G \leqslant P_G,\quad P_G + R \leqslant \bar{P}_G \tag{6-11}$$

采用拉格朗日函数求解上述带约束条件的最优化问题，即：

$$\begin{aligned}\Gamma =& p^T P_G + r^T R_G + \lambda e^T(P_G - P_D) + \varphi e^T(R - D_R)\\ &+ \hat{\tau}^T(P_G + R - \bar{P}_G) + \breve{\tau}^T(\underline{P}_G - P_G) + \hat{v}^T(R - \bar{R}) - \breve{v}^T R\end{aligned} \tag{6-12}$$

其中，λ、φ、$\hat{\tau}$ 和 $\breve{\tau}$（与容量不等式对应）、$\hat{v}$ 和 $\breve{v}$（与机组爬坡速度不等式对应）为各约束条件的拉格朗日乘子，最优条件下，$\breve{v}_i = 0$，则：

$$\frac{\partial \Gamma}{\partial P_{G_i}} = p_i + \lambda + \hat{\tau}_i - \breve{\tau}_i = 0 \qquad \frac{\partial \Gamma}{\partial R_i} = r_i + \varphi + \hat{v}_i - \breve{v}_i + \hat{\tau}_i = 0$$

$$(i = 1, 2, \cdots, N_G) \tag{6-13}$$

市场出清时，电力价格和备用容量价格分别为 $-\lambda$ 和 $-\varphi$，可得：

$$-\varphi = r_i - \lambda - p_i + \hat{v}_i + \breve{\tau}_i > r_i - \lambda - p_i = r_i + l_i \tag{6-14}$$

其中，$l_i = -(\lambda + p_i)$ 为备用机会成本，表示电力批发市场出清价格减去机组发电报价，如果采取统一优化调度，备用机会成本将自动得到补偿。

（2）AGC（调频容量）市场

AGC 的调频容量分为上、下容量，同时 AGC 的投放还具有整数性质。假设 I 为所有在线运行的机组，对第 i 台机组，令 $w_i \in \{0, 1\}$，表示是否提供 AGC 服务，向

量 w 表示所有机组 AGC 运行状态。AGC 定价就是在调度时段内，确定系统的 AGC 调整需求和有功出力，并使得总成本最小的最优化问题，即：

$$\min \sum_i p_i P_{G_i} + \sum_i w_i a_i (A_i^+ + A_i^-)$$

$$\text{s.t.} \quad \sum_i P_{G_i} = P_D, \quad \underline{P}_{G_i} \leqslant P_{G_i} \leqslant \bar{P}_{G_i}（有功功率约束）$$

$$\sum_i A_i^+ \geqslant D_A, \quad \sum_i A_i^- \geqslant D_A（AGC 上、下调容量约束）;$$

$$0 \leqslant A_i^+ \leqslant 10 v_{A_i}, \quad 0 \leqslant A_i^- \leqslant 10 v_{A_i}（AGC 上、下调速度约束）;$$

$$w_i(\underline{A}_i^+ + \bar{A}_i) \leqslant P_{G_i}, \quad w_i(A_i^+ + P_{G_i}) \leqslant \bar{A}_i（提供 AGC 时的约束） \tag{6-15}$$

可以采用 0—1 混合整数规划法求解或序列优化法求解。

（3）无功市场

无功服务主要提供无功备用和电压控制，即通过发电机组或其他无功电源（调相机组、并联电容和电抗器、变压器等）向系统注入或吸收无功功率，以维持系统无功功率水平和各节点电压的平衡。无功服务一样需要固定成本和可变成本，不同性能（如调节速度）的设备提供的无功服务的成本也不同。无功服务市场通过竞价方式，从容量和功率两方面分别对无功服务固定成本和可变成本进行补偿。一般情况下，可采取无功有功联合调度的方式，确定有安全约束的联合调度的最优化问题，即：

$$\min p^T P_G + q^T Q_G \quad \text{s.t.} \ P_G - P_D - P(V,\theta) = 0, \quad Q_G - Q_D - Q(V,\theta) = 0$$

（潮流约束）；

$$\underline{P}_G \leqslant P_G \leqslant \bar{P}_G（有功出力约束）; \quad h(P_G, Q_G) = 0（无功出力约束） \tag{6-16}$$

采用拉格朗日函数求解上述带约束条件的最优化问题，即：

$$\Gamma = p^T P_G + q^T Q_G + \lambda_P^T [P(V,\theta) - P_G + P_D] + \lambda_Q^T [Q(V,\theta) - Q_G - Q_D]$$
$$+ \hat{\tau}^T (P_G \bar{P}_G) + \breve{\tau}^T (\underline{P}_G - P_G) + \zeta^T h(P_G, Q_G) \tag{6-17}$$

假设，$h(P_G,Q_G)$ 近似线性化，$h(P_G,Q_G) = \alpha P_G + Q_G (\alpha \geqslant 0)$，可得：

$$\frac{\partial \Gamma}{\partial P_{G_i}} = p - \lambda_P - \breve{\tau} + \hat{\tau} + \alpha\zeta = 0, \quad \frac{\partial \Gamma}{\partial Q_{G_i}} = q - \lambda_Q + \zeta = 0 \tag{6-18}$$

其中，λ_P、λ_Q 分别为节点有功和无功电价。

（四）需求侧竞价

需求侧竞价（DSB）机制是一种通过鼓励终端用户改变用电方式，在系统高峰期削减负荷（相当于向电力系统提供了电力）以改善系统平衡状况，并将由此产生的“负瓦”（Megawatts）资源并通过市场竞价形式获得经济补偿的需求响应实施机制。决定需求侧竞价效果的关键因素是电力需求价格弹性的大小，而需求响应对市场的稳定效应的作用主要表现在对长期需求弹性的提升上。

需求侧竞价的参与方式可分为两类:一是完全参与,即终端用户根据自己的用电特点,提供相应的竞价需求曲线与电力公司的竞价供应曲线匹配,寻求合适的价格,或者以长期合同的方式确定量价;二是部分参与,即终端用户只参与需求改变量的竞争,通过竞价来决定增加或减少负荷需求。需求侧竞价的形式多种多样,不同发展阶段的电力市场都可以找到与之相适应的需求侧竞价方式。

需求侧竞价的基本思路与发电侧竞价上网的思路是类似的,负荷向调度中心申报"负瓦"电力的竞价曲线,其成本被并入供电公司的供电成本中,以系统供电成本最小化为目标,建立有安全约束的经济调度模型,即:

$$\min \sum_{i=1}^{NG} c_i(P_{G_i}) + \sum_{j=1}^{NDSB} c_j'(P_{DSB_j}) \quad \text{s.t. } P_G + P_{DSB} = P_D(\text{潮流约束}),$$

$$\underline{P}_G \leqslant P_G \leqslant \bar{P}_G(\text{有功功率约束}), \quad \bar{P}_{DSB} \leqslant P_{DSB} \leqslant \underline{P}_{DSB}(\text{负瓦约束}) \tag{6-19}$$

其中,c'是"负瓦"电力的成本,P_{DSB}是"负瓦"电力提供的有功功率。

采用拉格朗日函数求解上述带约束条件的最优化问题,即:

$$\Gamma = p^T P_G + p'^T P_{DSB} + \lambda e^T(P_G + P_{DSB} + P_D) + \sum_i \hat{\tau}_i(P_{G_i} - P_{G_i})$$

$$- \sum_i \breve{\tau}_i(P_{G_i} - \underline{P}_{G_i} + \sum_j)\hat{\omega}_j(P_{DSB_i} - \bar{P}_{G_i}) - \sum_j \breve{\omega}_j(P_{DSB_i} - \underline{P}_{G_i}) \tag{6-20}$$

最优化条件为:

$$\frac{\partial \Gamma}{\partial P_{DSB_i}} = p_i + \lambda + \hat{w}_i - \breve{w}_i = 0 \quad (i = 1,2,\cdots,N_{DSB}) \tag{6-21}$$

可以获得需求侧参与竞价的电力市场价格。

四、电力金融

(一) 场内交易市场

1. 电力交易所

世界各国在电力市场化改革进程中,在建立了较为完善的电力现货交易体系后,都不约而同地引入电力期货交易,通过期货市场的价格发现功能为电力市场的中长期交易提供更好的参照基准。

从各国电力金融交易的组织形式来看,基本上有两种模式:在传统的商品期货交易所中进行电力衍生金融合约交易的协作模式和电力现货与期货交易并存的一体化电力交易所模式。

目前,国际上开展电力衍生金融产品交易的传统商品期货交易所包括美国的纽约商品交易所(NYMEX)、芝加哥商品交易所(CBOT)、英国的国际石油交易所

(IPE)、澳大利亚的悉尼期货交易所和阿德里亚能源交易所等(见表6-1)。在这种协作模式下,传统的商品期货交易所通过选择特定电力市场的电力商品,以此为基础设计出电力期货、期权合约,并负责组织交易、进行现金交割及结算。

表6-1 从事电力期货合约交易的商品期货和能源交易所

交易所	电力市场	开始交易时间
纽约商品交易所(NYMEX)	加州电力市场; PJM电力市场	1996
芝加哥商品交易所(COBT)	芝加哥联邦爱迪生公司①; 田纳西流域管理局②	1996
北欧电力金融交易所(Nord Pool)	北欧四国	1996
阿姆斯特丹电力交易所(APX)	荷兰	1999
英国电力交易所(UKPX)	英国	2000
欧洲能源交易所(EEX)	德国	2000
波兰电力交易所(PPX)	波兰	2000
伦敦国际石油交易所(IPE)	英国	2000
自动化电力交易所(APX)	英国	2001
悉尼期货交易所(SFE)	新南威尔士	2002
澳大利亚阿德里亚能源交易所(EXAA)	澳大利亚	2002

资料来源:施泉生、李江,电力金融市场[M]. 北京:中国电力出版社2008年版。

一体化模式则往往是由电力市场中的电力调度机构或电力交易中心根据市场发展的需要,开发出相应的电力金融衍生品,并在其交易平台上进行交易、交割和结算。欧洲的电力衍生产品交易采取的大多是一体化模式,包括北欧电力交易所(Nord Pool)和英国电力交易所(UKPX)等。

一体化模式下,电力期货价格可以采用物理交割方式,其交易过程一般是先由用户提交用电计划,由发电商和供电商根据需求制订并提交发电计划或供电计划,经过调度中心计算达成动态平衡后,用户与发电商分别下电力期货订单和提交电力期货合约,在交易所进行竞价成交,在交易最终确认前允许期货合约的转手。在交易截止日期到达前某一时刻规定终止期货合约的转手,调度中心开始编排输电计划,在期货合约的规定交货日期实现电能的交付使用,并进行必要的结

① 联邦爱迪生公司(Commonwealth Edison,ComEd)拥有全美最大的电力及燃气供应商Exelon Corporation,是伊利诺伊州最大的电力供应商,主要为芝加哥和北伊利诺伊地区提供电力。

② 田纳西流域管理局(Tennessee Valley Authority,TVA)成立于1933年5月,位于美国田纳西州诺克斯维尔,是负责整个田纳西河流域(即田纳西、弗吉尼亚、北卡罗来纳、佐治亚、亚拉巴马、肯塔基和宾夕法尼亚7个州中的4万平方英里土地)的水土保持、粮食生产、水库、发电、交通等的特殊行政机构。

算工作。

表 6-2 列出了几种典型的电力期货合约。以 NYMEX 推出的基于 PJM 电力市场的期货及期权合约交易为例,其合约分为峰荷合约和谷荷合约,交易峰荷日的浮动价格是 PJM 西部网络中心峰荷日中 16 个交易峰荷时段的当地边际价格的加权平均,交易峰荷时段是 PJM 当地时间上午 7:00 至晚上 11:00。峰荷日是周日至周五,不包括北美电力协会(NERC)的假期。非峰荷时段是从周一到周五的午夜至次日上午 7:00,晚上 11:00 至午夜,还包括整个周六和周日以及北美电力协会的假日,所有时间均指当地时间。当地边际价格是指在网络中某地每增加一个单位需求所需要增加供应的边际成本。运输系统中需要考虑边际成本以及实际情况。在 NYMEX 的 ClearPort 电子交易平台就可以进行该期货合约的交易,场外交易的合约可以单独进行结算。期权交易时间是在公开叫价阶段,交易可单独提交给 NYMEX 的 ClearPort 电子交易系统进行结算。

表 6-2　典型的电力期货合约

期货产品	NYMEX PJM 峰荷月度电力期货	Nord Pool 日、周基荷期货 月、季、年基荷远期	EEX 月、季、年峰荷及基荷期货
负荷曲线	峰荷日 7:00am—11:00pm;峰荷日为周一到周五,扣除北美电力可靠性委员会规定的假期	每日 24 小时,每周 7 天	基荷:每周 7 天,每日 24 小时;峰荷:周一到周五,8:00am—20:00pm,包括假期
交割功率	2.5MW	1MW	1MW
参考电价	PJM 互联电网公布的峰荷日峰荷时段 PJM,西部电力交易中心各节点区域边际电价的算术平均值	Nord Pool 系统现货市场电力价格	峰荷合约:交割月 EEX Phelix 峰荷电价指数; 基荷合约:交割月 EEX Phelix 基荷电价指数
合约最长期限	3 年	4 年	6 年
结算方式	逐日盯市,现金结算	期货:逐日盯市,现金结算;远期:到期后分解为期货合约	现金结算(也可申请物理交割),季、年合约分解为月度合约交割

2. 电力期货、期权合约

(1) 电力期货合约

电力期货合约是指由交易所统一制定的标准化合约,在将来某一特定的时期内和某一节点按已确定的价格及负荷曲线等条件交割一定额度的电力(功率)。

电力期货的特点包括:

① 交易对象:由于电力不同于其他商品,不仅不能被大规模、低成本地存储,

而且电力消费必须与电力生产同步,因此电力合约的实物交割不可能一次全部集中进行,只能在交割月份分批量交付,而且出于电力系统调峰和运行安全的考虑,需要根据一定的负荷曲线(日、周、月等区间)分别设计峰荷合约(一般规定峰荷为日用电高峰的16个小时)、谷荷合约(谷荷为每日用电低谷的8个小时)和基荷合约(全天交割)及多时段合约等。

② 参考电价:一般是在电力现货市场价格的基础上,由交易所结合市场主体的需求确定具有代表性的系统电价作为参考价格。

③ 交割方式:为了规避电网技术条件的限制,并吸引投资者,主要采取现金交割方式,在系统运行的条件下,一体化的交易模式也可以由系统调度中心安排物理交割。

图6-4反映了电力期货市场逐日盯市及现金结算机制。

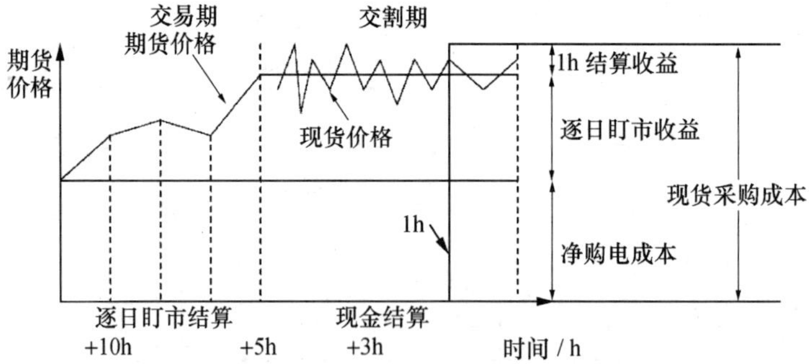

图6-4 电力期货市场逐日盯市及现金结算机制

(2) 电力期权合约

电力期权合约是赋予合约的购买者在支付一定数额的权利金之后,拥有在一定时间内以事先确定好的某一价格购买或出售一定数量的电力商品或电力期货合约服务的权利,在电力期权合约的有效期内,购买者可以行使、转卖或放弃这一权利。电力期权合约的出售者在收取一定数额的权利金之后,则必须履行在未来一定时间内提供或购买一定数量的电力商品的义务。电力期权有亚式期权和欧式期权两种,前者的盈亏由现货电价决定,后者的盈亏由到期日相应的电力期货价格决定。目前,唯一开展电力期权场内交易的交易所是Nord Pool,其采用的是欧式期权。

(二) 场外交易市场

1. 一般产品

(1) 电力互换合约

在电力互换合约中,双方在一定的时间间隔中(按月或季度等),一方根据固定电价与某一浮动电价(可以是某一浮动电价指数)之间的差价支付(或收取)另一方现金流。在电力市场化改革初期,由于缺乏市场运行的经验和数据,电力互换合约为电力市场中长期合同的固定电价与短期现货交易的浮动电价之间提供了交换价差收益现金流,规避价格风险的工具。按照惯例,电力互换合约的卖方,表示出售一个固定电价的电力,而承担浮动电价的风险;合约的买方购买一个固定电价的电力,而规避浮动电价的风险。合约的价格与固定电价之间有一个价差,作为补偿卖方承担浮动电价风险的补偿。

(2) 电力远期合约

电力远期合约是指在未来某一时间以某一事先约定的价格、数量和交割方式购买或出售电力商品的合同,可以通过双边交易或拍卖竞价方式进行。随着电力批发市场的发展,远期与期权开始结合,出现带有期权性质的可选择远期合约。远期合约原来是必须履行的合同,但是可选择远期合约中,如果是双方可选择的远期合约给予了合约卖方在现货市场电价高于合约电价时中断给买方的供电,而将电转卖给电力市场的权利,同时也给予买方在现货市场电价低于合约电价时拒绝卖方供电,而从电力市场购电的权利,该远期合约当然会对拒绝购电和中断供电时的惩罚量或补偿量等做出相应的约定和说明。

(3) 电力差价合约

为满足尽可能多的市场主体的交易需求,增强流动性,电力期货一般采用包含多个相对独立区域的较大范围的系统现货电价作为参考电价。考虑到由于不同区域间存在输电阻塞,会造成系统现货电价的区域价差,为了规避这一风险,差价合约应运而生。差价合约是以未来电力市场系统现货价格与合约敲定价格(Strike Price)之间的差价为交易对象的期货合约,一般适用于电力市场的电力库模式,在英国、澳大利亚、北欧等国应用较为广泛。

差价合约有单向与双向两种类型。单向(One Way)差价合约①相当于是为交易中一方提供规避风险的机会,同时保留从现货价格与敲定价格之间的价差中获利的机会,对于配电商(或用户)来说,相当于买入看涨期权(Call),而对于发电商

① 第一种情况是当合约交割时的现货价格高于合约敲定价时,则配电商(或大用户)仍以现货价格从联营体(Pool)买电,但发电商需要把现货价格与合约敲定价之间的差价支付给配电商(或大用户);而当合约交割时的市场价格低于合约敲定价时,则配电商(或大用户)以市场价向 Pool 买电结算,但不需要把差价支付给发电商。第二种情况是当合约交割时的市场价格低于合约敲定价时,则发电商仍以现货价格将电卖给 Pool,但配电商(或大用户)需要把差价支付给发电商;而当合约交货时的市场价格高于合约敲定价时,发电商以现货价格向 Pool 卖电,但不需要把差价支付给配电商(或大用户)。

来说，相当于买入看跌期权（Put）。双向（Two Way）差价合约[①]等价于一个合约价格为敲定价的固定的远期合约，对于配电公司（或用户）来说相当于买入看涨期权、卖出看跌期权，等价于买入一个远期；而对于发电商来说，相当于买入看跌期权、卖出看涨期权，因而等价于卖出一个远期。如果差价合约不止一个敲定价格，而是设定了两个敲定价格（高位敲定价和低位敲定价，即区间价差），则相当于买电方买入一个看涨期权，期权的执行价格为区间价合约的高位敲定价格，同时卖出一个看跌期权，期权的执行价格为区间价合约的低位敲定价格；卖电方卖出一个对应的看涨期权，同时买入一个相应的看跌期权。如果高位敲定价格和低位敲定价格满足一定的关系，两项期权费则相互抵消。

2．特殊产品

虽然一般电力衍生金融产品可以帮助市场参与者在一定程度上规避电价波动的风险，但是如果衍生品交易投机过度，交易价格容易被人为控制，超过用户或发电商（供电商）能够承受的范围，进而扰乱正常的电力生产消费活动。奇异期权中路径依赖型期权（即期权的最终结算根据基础资产价格在一段时期内的变化来确定，而不是根据到期日的价格来决定）就可以在一定程度上避免标的资产（电力商品）价格无限制的上涨或下跌，防止过度投机。

（1）电力障碍期权（Barrier Options）

电力障碍期权又分为敲出期权（Knock-out Option）和敲入期权（Knock-in Option）两种类型。对于敲出期权，正常运作与普通期权一样，但当电力价格上涨达到设定的障碍水平时，该期权作废；对于敲入期权，只有当电力价格达到一个特定的水平时，该期权才生效。这样，电力障碍期权预先设定了电力价格水平区间，等于是为期权买卖双方提供了一个缓冲空间。

（2）电力回望期权（Lookback Options）

电力回望期权的收益依附于期权有效期内电力价格所达到的最大值或最小值，及其期权持有者可以以其持有期内对其最有利情形来确定其期权的收益率。电力回望期权又分为回望看涨期权和回望看跌期权，前者的实质是期权持有者能够按照期权有效期内所能达到的最低电价购买电力；后者则是允许期权持有者能够按照期权有效期内所能达到的最高电价出售电力。

---

① 双向差价合约也是买电的配电商（或大用户）与卖电的发电商之间的一种远期合约。当合约交货时的市场价格高于合约敲定价时，则配电商（或大用户）仍以市场价与联营体进行买电交易结算，但发电商需要把市场价与合约敲定价之间的差价支付给配电商（或大用户）；而当合约交货时的市场价格低于合约敲定价时，则发电商仍以市场价向联营体卖电结算，但配电商（或大用户）需要把市场价与合约敲定价之间的差价支付给发电商。

(3) 电力亚式期权(Asian Options)

电力亚式期权就是在到期日确定期权收益时,不是采用标的资产当时的市场价格,而是用期权合同期内某段时间标的资产价格的平均值的期权,由于其收益依附于期权有效期内的电力平均价格,可以避免短期价格急剧波动带来的风险。

(4) 电力远期期权

电力远期期权是将电力远期合约直接作为标的物的期权合约。基于远期的期权是一项权利而非义务,持有者可以在指定日期之前以确定的远期价格取得远期合约。看涨远期期权持有者拥有按指定价格获得远期合约的权利;看跌远期期权持有者拥有按指定价格出售远期合约的权利。电力远期期权合约给予了合约买卖双方更大的自由选择权,当到期看涨远期期权被执行时,执行期权的收益就等于即期的远期价格减去期权的执行价格;当到期看跌期权被执行时,执行期权的收益就等于期权的执行价格减去即期的远期价格。远期期权到期日通常是标的远期合约的最早交割日的前几天或者同一天。

第二节　英美电力价格的市场化改革

英美两国的电力市场化改革是走在世界前列的,被称为典范,其市场成熟度和运作效益都充分体现了电力市场化改革的灵活性和持续性,同时也为两国的电力行业可持续发展提供了基础。

一、英国电力价格的市场化改革

第二次世界大战后,英国实行的是电力行业国有化政策,由中央电力局(Central Electric Generation Bureau,CEGB)控制绝大多数的发电厂、国家电网及位于英格兰和威尔士的12个区域配电部门、2个位于苏格兰的电力公司[①]以及1个位于北爱尔兰的电力公司,实行垄断经营;另由电气委员会(Electricity Council)负责电力政策和法规的制定以及相关事务的处理。1989年,英国颁布电力工业白皮书,提出将电力企业私有化和实行自由竞争的改革政策;同时还通过了《1989年电力法》(*Power Action*),成立了独立的电力监管机构——电力监管办公室(OFFER)。就此拉开了英国电力改革的序幕。

从20世纪90年代开始,英国的电力工业主要经历了三个阶段的改革。

(一) 电力库模式(Power Pool)

首先,英国政府依据行政区域和地理位置,将电力系统分为英格兰和威尔士、

---

① 英国电网包括英格兰和威尔士、苏格兰和北爱尔兰三个独立电网,后两者的用电量仅占全英的10%。苏格兰电力公司(Scottish Power)、苏格兰和南方能源公司(Scottish and Southern Energy)一直分别在苏格兰南北两个区域实行纵向一体化垄断经营。它们控制了该地区的发电、输配送网络,还通过垄断苏格兰—英格兰之间的联络线路,操纵向英格兰和威尔士出口的输电容量。

苏格兰及北爱尔兰三部分。其中,英格兰和苏格兰两个系统已经联网,英格兰和法国电力系统之间通过一条直流输电线路相连。英国的电力改革实际上是从1990年开始,首先是在英格兰和威尔士地区,把原中央发电局分成3个发电公司和1个输电公司,将原有的12家地区供电局实行了私有化,成立了独立的地区电力公司。在苏格兰地区,通过对电力公司的纵向整合最终形成了两家公司:苏格兰电力公司(Scottish Power)、苏格兰和南部能源公司(Scottish and Southern Energy)。此外,还组建了苏格兰核电公司,该公司在1996年英国电力机构重组中与英格兰核电公司共同成为英国能源公司的一部分。

整个CEGB就此被分解成三个部分:

① 发电方面,分割后组建三个独立经营的发电公司,即国家电力公司(National Power,NP)、国家发电公司(Power Gen,PG)、国家核电公司(Nuclear Electric,NE);

② 输电方面,组建国家电网公司(National Grid,NG),掌握275千伏、400千伏的输电网和调度中心,并控制与法国、苏格兰的电网互联及两个抽水蓄能电站(约占总装机容量3.59%);

③ 配电方面,组建了12个地区性独立经营的配电公司(Regional Electricity,RE),拥有240伏—132千伏的配电网络,负责对2 200多万用户提供配电和售电服务。

其次,为了推动市场竞争,防止少数发电公司垄断市场,规定任何发电公司的总装机容量不能超过系统总容量的25%—30%,同时鼓励独立供电商(IPP)进入市场。

再次,从对大用户开放供电交易再到向所有用户开放,开放的对象从最初的年耗电量10 MW,到1 000 kW、100 kW,再到1998年取消功率限制,原则上所有用户都可自由选择供电商。

最后,采取电力联营模式,建立电力库(Pool),所有的电力交易必须通过电力库完成,电力库就是一个现货交易市场,提前一天确定市场的用电量(负荷情况),并确保有足够的发电量以满足需求。

电力库模式由NGC来承担ISO的职责,负责发电机组的择优排序和调度,使得发电和负荷在合理的价格之下达到供求平衡,并组织各种输电所需的辅助服务。而Pool承担了市场中介的角色,维持了电力市场平衡。图6-5表示出了电力库模式下的英国电力市场结构。

电力库模式运行的法律基础是《联营及结算规程》(Pooling & Settlement Agreement,PSA),具体交易流程如下:

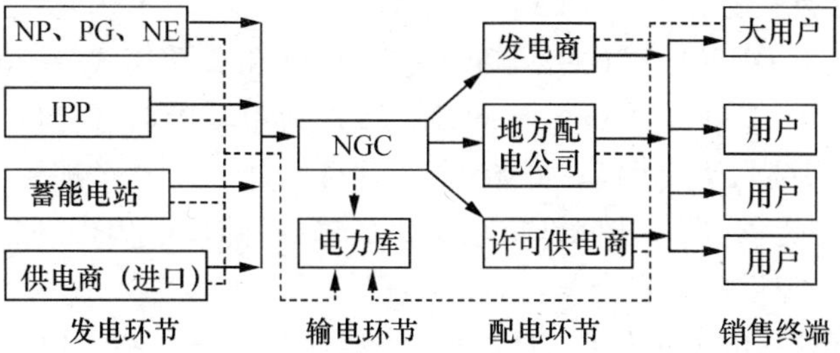

图 6-5　电力库模式下的英国电力市场结构

注：实线代表实际电流流向，虚线代表资金流向。

资料来源：林伯强、黄光晓，能源金融[M]. 北京：清华大学出版社 2011 年版。

首先，地方配电公司等配电商须向电力库购买电量，提前一天提交电量需求；其次，Pool 根据市场用电量需求向发电厂进行招标，并按购电价（Pool Purchase Price，PPP）收购，购电价等于系统边际价格（System Marginal Price，SMP）加上容量费用（capacity element）；最后，Pool 在购电价的基础上加上容量费用及辅助服务费用后以销售价（Pool Sale Price，PSP）再批发转售给配电商。

在实际运作中，发电商和配电商之间也可以进行双边交易，虽然交易也是通过电力库来实现的，但是合同价格是长期稳定的，不同于电力库价格是实时的，而且可以通过价差条款来实现对实时价格波动的风险规避。实际上，在电力库模式下，电力交易的 70%—80% 都是以双边交易的形式进行的。

电力库模式的实施取得了较大的成功，使得电力行业的竞争局面得以形成，降低了整体用电价格，提高了电力市场的透明度，保证了电力系统运行的稳定性，提高了电力行业的整体效率。但是，电力库模式下的交易制度也存在一些弊端，主要包括：① 限制了用户和需求侧的参与，竞争仅在供电商之间进行，供电商和用户无法参与；② 供求双方的双边合同并未直接进行议价，而是围绕电力库的定价进行协调，市场无法分享其交易信息，使得整个交易体系缺乏灵活性和透明性，定价中的竞争也非常有限；③ 输电容量及辅助服务费用由 NGC 确定，但供电商可以利用前一天申报的可用容量和实际当天可用容量之间的差值来影响容量费率，而 NGC 没有具体的制约手段，这就影响到了普通用户与其他供电商的利益；④ 在电力库模式中，占市场份额较大或影响系统运行的供电商，可以形成市场势力，控制发电投标竞价过程，从而削弱整个电力批发市场的竞争性和有效性。

（二）新电力交易协议（NETA）

1998年7月，OFFER提议引入新的市场机制和交易模式——新电力交易协议（New Electricity Trading Arrangement，NETA），为市场参与者提供更多的选择机会。2000年12月起，NETA模式开始运行，其目标是引入需求侧参与市场定价，促进供应侧的公平竞争，进一步降低市场势力的影响，降低电力市场批发价格，并保证即时及长期电力供应的安全与稳定。

新一轮改革中，电力市场结构也发生了相应的变化。在发电方面，供电商数目不断增加，并形成了足够多的发电市场竞争主体。

在输电方面，进一步削弱NGC的功能，NGC的调度中心只负责平衡市场（实时市场）和诸如系统备用、频率调整等辅助服务市场的运转，不再集中统一对电力系统进行调配，供电商可以自行调度所属发电机组。电力市场的供求平衡与交易结算工作由独立的ELEXON清算公司管理，所有参与市场的交易者都必须签署《平衡和结算规则》（Balancing and Settlements Code，BSC），并支付系统平衡服务费。

在配电方面，根据2000年通过的《公用事业管制政策法》（PURPA），由9个持有配电许可证的配电商（Distribution Network Operator，DNO）负责运营12个配电区域，通过对无功功率的收费来促使用户提高功率因素，减少从配电网中吸收或倒送无功功率；在销售方面，所有持有售电许可证的公司都可以销售电力，售电商可以利用其他配电商的电网在任何地区售电，但需要向当地配电商支付费用，售电商通过与其他供电商签订供电合同以确保电力供应。

NETA模式采取实时交易和双边交易两种交易方式，其中大多数电力交易以双边交易方式进行。电力交易主要在三个电力交易中心（PX），即英国电力交易所（UKPX）、自动化电力交易所（APX）和国际石油交易所（IPE），其中，UKPX和APX进行实时交易，UKPX和IPE进行双边交易。三个电力交易中心每天24小时开放，可通过互联网接入，所有的市场参与者都可以通过信息系统了解每日具体交易信息。

NETA交易体系是以双边交易为基础，由远期市场，现货市场和平衡市场三级体系构成（见图6-6）。

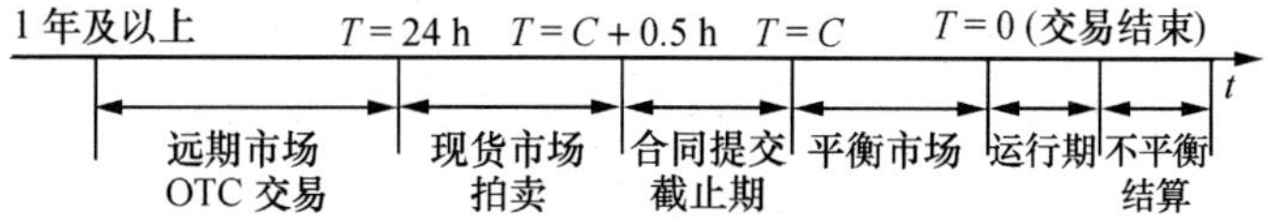

图6-6 NETA的交易模式

资料来源：林伯强、黄光晓，能源金融［M］．北京：清华大学出版社2011年版。

远期市场针对的是1年期以上的长期交易，交易双方基于对年度基本负荷的预测，以电力合同或价差合约(CFD)方式进行场外交易(OTC)，交易量占整个电力市场的大部分份额，对稳定电价具有决定性作用，而且逐步向标准化合约(期货、期权)交易过渡。

在远期市场和现货市场之间是基于季度、月或周的基本负荷的中期交易。中期交易是双边交易，以拍卖的方式在OTC或PX进行，交易量较大，交易产品相对标准化。

现货市场是短期交易可以细化到半小时(或以半小时为单位的组合)的交易时段。在NETA实施之初C被设定为3.5小时，后来随着运行经验的积累，并根据市场参与者的要求，到2002年7月2日C已减少为1小时。C时刻前的半小时被称为截止期(Gate Closure)，在截止期内，市场参与者向调度中心(SO)和结算公司ELEXON提交合同位置、发电方和需求方的有功功率大小等数据。现货市场参与者很多，但大多数交易量不大，交易产品标准化，一般在PX进行双边交易。双边交易在T=C时刻关闭，转入平衡市场进行实时交易。

实时交易的目的是使系统调度中心能够按照不同位置的供电商和售电商的负荷及报价情况，进行自动撮合，调整发电和负荷，从而维持系统平衡和安全运行。平衡市场的运作流程为：市场参与者在前一天的11时向SO提交已经签订的第二天每半小时的计划交易合同量及其他技术参数，称为初始报告(Initial Physical Notifications，IPN)，随后可以不断调整修正，直到闭市前提交最终报告(Final Physical Notifications，FPN)；在平衡市场开始前一个小时，市场参与者根据实际情况，向调度中心申报增减负荷及报价①(包括竞买价和竞卖价)，由其根据市场参与者提交的FPN和报价，以实现系统平衡成本最小化为目标，在交易时段前一个小时内做好各种平衡安排，包括各种辅助服务；平衡市场的交易时间为半个小时，交易量很小，由于调度中心不具有直接控制发电机制的权力，只能根据市场信息来平衡系统；当交易时段(半小时)过去后，调度中心将根据市场成员的FPN、被接受的报价，市场参与者的实际发电量和耗电量，对平衡市场的不平衡电量②和不平衡费用进行结算。

① 竞买价(Bid)是指售电商增加负荷需求或发电商减少发电供给而使得系统冗余度变小的报价，竞卖价(Offer)是指发电商增加发电供给或售电商减少负荷需求而使得系统冗余度变大的报价。

② 不平衡电量产生的原因主要是负荷预测误差、发电设施突发事故、发电设施或负荷未能执行调度指令、输电约束、频率响应等。不平衡电量=实际测量电量-最终交易计划电量(FPN)。

另外,不平衡电价[①]取决于系统买电价格(SBP)和系统卖电价格(SSP),前者是指以成交电量为权重的加权竞卖价,后者则是以成交电量为权重的加权竞买价。

NETA 交易体系的实施进一步推动了英国电力市场化改革的进程,不仅吸引了新的、有竞争力的市场参与者加入,增加了市场的竞争性,而且通过平衡市场的有效运作,为电力供应平衡提供了更好的保障,增加了系统的稳定性。最重要的是通过鼓励需求侧参与平衡市场交易,有效地减少了系统平衡费用的支出。由于PX 提供了详细的市场交易信息,大大增加了市场透明度,NETA 交易体系运行过程中,电力价格未出现大的波动,电价稳步下降。但是,NETA 交易体系也带来了供应侧过度竞争的问题,供电商的利润很低,甚至亏本经营,打击了其长期投资的积极性。

另外,由于平衡市场强调事前的计划,存在应对突发事件的能力不足问题,会影响到电力系统的安全运行。

(三) 英国电力交易和传输机制(BETTA)

1. 背景

英国的电力私有化使英格兰和威尔士地区发电公司从 1990 年的 3 家增至 36 家,发电市场、售电市场都产生激烈竞争,从而带来电力价格的持续下降,终端用户从两地电力市场的显著发展中受益。

与此同时,苏格兰的电力体制改革却相对滞后,苏格兰电力公司、苏格兰和南方能源公司以及英国能源公司三家公司基本垄断了大多数的市场。发电市场中,苏格兰电力公司与苏格兰和南方能源公司的发电量占苏格兰总发电量的 98%,在输电市场中,苏格兰电力公司与苏格兰和南方能源公司也基本控制了苏格兰与英格兰和威尔士地区的输电网络。

苏格兰地区的这一电力体制不但使苏格兰地区的电力市场缺乏小型发电商和用户的积极参与,阻碍了苏格兰地区电力市场竞争机制的形成,也限制了苏格兰地区与英格兰和威尔士地区的电力交易。这一市场体制导致的结果是苏格兰地区的电价居高不下,每年有 70% 的电量剩余,电力供需极不平衡。

对英国政府和电力市场监管机构 OFGEM 来说,苏格兰的电力结构有两大不利后果:一是由于苏格兰电力竞争发展和用户选择权不充分,OFGEM 不得不采用审批的方式去直接调控那里的电价,这与市场经济的原则严重相悖,影响了苏格

① SBP = [($TAQ + BCA)/(TAQ + BVA)] + BPA;SSP = [($TAB + SCA)/(TAB + SVA)] + SPA。其中,$TAQ 和 TAQ ($TAB 和)TAB 是 SO 接受的竞卖价(竞买价)总费用(收入)和总数量,BCA、BVA(SCA 和 SVA)为 SO 买入(卖出)系统服务的费用和数量,BPA(SPA)为订购的买进(卖出)容量的单位价格。

兰地区的电力工业发展；二是苏格兰独立发电企业如欲并网发电并向整个英国范围售电面临重重阻力，这不仅妨害了市场竞争，而且阻碍了政府有关可再生能源发电的政策目标（在2010年前可再生能源发电量达到总发电量的10%）的贯彻实现。

与苏格兰电力工业存在的问题相比，实行第二次电力工业改革（NETA）后，英格兰和威尔士电力市场的运行情况已经显示了该次改革取得了成功。根据2001年英国政府和监管机构OFGEM的报告，NETA取得的成效包括：① 基荷与峰荷的远期电价逐年下降，到2001年时已分别比NETA前共下降6%和20%，尽管作为主要发电燃料之一的天然气价格在逐渐上升；② 次日电力市场的价格与之前的电力库Pool模式相比更趋平稳；③ 各类电力交易市场迅速发展，参与交易的合同量增长了3倍，电量则增加了5倍；④ 价格信息服务机构的涌现，大大改善了价格透明度；⑤ 已有迹象表明需求侧参与实时平衡市场、提供平衡服务正在涌现。另外，NETA的其他诸多收益必须在较长期内才能体现出来，譬如更加高效率的价格信号将带来的发电侧投资形式和水平。

当然，与此同时，苏格兰电力市场也具备了一定的推动变革的有利因素，如：

① 苏格兰英格兰联网线路的增容，英格兰北部网络的加强缓解了苏格兰向英格兰和威尔士出口电力的瓶颈问题；苏格兰北爱尔兰联网线路的建设，使得苏格兰的发电容量冗余从私有化时的48%降低到2003年的17%。

② 1990年私有化时签署的一系列合同的有效期即将结束。比如，国有核发电公司向两大苏格兰电力公司出售其全部发电量的合同将在2005年3月31日到期终止。

③ 2000年颁布的《公共事业法》（*Utilities Act 2000*）的实施，导致苏格兰两个电力公司依照发电、输电、配电和供电业务许可证的条款要求，已各自设立4个相应的法律主体。

但是，改革最重要的有利因素是竞争性的市场机制能够给用户带来的利益，这些已被NETA的改革经验所证明。数据显示，1990年私有化前苏格兰民居电价比英格兰和威尔士低7%，而到了2001年比英格兰和威尔士反而要高9%。

2. 改革措施

因此，建立合理的供需关系是极为重要的，历经十余年电力改革的英国，为了进一步缓解电力供需矛盾，必须在苏格兰地区开展一场彻底的电力市场改革。2000年，英国天然气和电力管理办公室（OFGEM）提出了新的改革设想，通过对苏格兰电力机制进行改革，建立统一的英国电力交易和输电制度（British Electricity Trading and Transmission Arrangements，BETTA），将NETA交易体系在全英国范围内推行，进一步完善电力批发市场，促进电力市场的良性竞争。

BETTA 的主要内容包括以下几个方面:① 在英国全国建立以英格兰和威尔士地区的 NETA 交易模式为基础的统一电力贸易、平衡和结算系统;② 在英国全国建立以英格兰和威尔士地区的 NETA 交易模式为基础的统一电力传输定价方法和电网使用合同体系;③ 建立一个独立于发电和供电的统一的系统操作机构(GB System Operator, GBSO)。

2001 年,为了取代原有的《电力库及结算规程》,英国政府先后出台了《公用事业法》和新的《平衡和结算规范》。NETA 作为市场化程度更高的交易制度,其发展基础是发电商、供电商、中间商和用户均自愿参与的双边交易市场,可以提供更精确的成本目标和更灵敏的成本激励机制以控制市场的风险。事实证明,NETA 的实施有力地促进了市场竞争机制的形成。

2004 年,《能源法 2004》(Energy Act 2004)通过,为进一步开展电力市场化改革提供了一个基本的法律框架。该法案所提供的相关法律条件主要有以下几方面:

① 授予贸工大臣修改电力业务许可证的权力,从而可以统一定义全英国的输电网,并且建立一个负责全英范围的输电系统的操作机构,构建基于 NETA 模式的全英统一的电力交易市场和输电网准入与使用机制。

② 重新在法律上定义未经业务证授权,被法律禁止的输电业务活动,将其功能拆分为两个部分: 一是在全英范围内协调和管理电力传输,也就是系统调度者的功能;二是在规定范围内提供作为全英输电网一部分的资产的角色,也就是输电资产所有者的功能。

③ 授予贸工大臣指令监管机构颁发输电业务许可证的权力。

④ 修改 1998 年《电力法》所指定的电力业务证授权范围, 以反映上述的输电业务功能拆分,修改 1998 年《电力法》,以反映新的全英统一电力市场及输电网使用机制。

⑤ 制订一个业务许可证颁布方案,以便现有的输电业务许可证转换成反映被修改的法定输电业务功能的新许可证。

⑥ 制订一个资产转移方案,如果原有的各输电公司之间无法达成相关协议,可通过法律使系统调度机构能够拥有必要资产(不包括主要输电资产如输电线路和变压器等),以有效地执行它的职能。

2005 年,英国开始实施电力交易和传输机制(BETTA)。BETTA 的目的是将批发电力交易和输电制度在英国推广开来,从而建立全英范围内的电力市场批发机制,进一步增强电力市场的良性竞争。通过制定了新的《平衡和结算规则》、《线路与系统使用规范》、《电网规范》等法规,统一了定价方法和电网使用合同;在 NETA 交易体系的基础上,建立了统一的电力交易、平衡和结算系统;将 NGC 的调度功能转移到新的系统运行机构——大不列颠系统调度中心(Great Britain System Operator,GBSO),由其统一负责电力调度分配和系统平衡,而NGC只是作为输电网络所有者(TO)参与市场交易。

3. 改革绩效

BETTA的运行加快了苏格兰地区的电力改革步伐,使当地的电力资源在NETA的基础上得到了更好的运用,发电成本得以降低,市场规模进一步扩大。在大的层面上,BETTA促进了英国可再生能源发电事业的发展,使欧洲电力市场的大门得以进一步打开。

其改革带来的正面影响包括以下几个方面:

(1) 消除了垄断

英国早前的电力市场改革没能真正意义上地消除电力市场的垄断现状,国家电网公司不断垄断了当地的输电网,同时负责英格兰和威尔士地区电力系统的运行。而在BETTA的市场改革,建立了一个独立于市场的系统运行机构,代替国家电网公司负责英格兰和威尔士地区电力系统的运行,国家电网公司仅作为英国输电系统的所有者之一参与英国电力市场的发展。

(2) 扩大电力交易范围

新的BETTA时期,电力交易的规则并没有发生太大的变化,而电力交易的范围扩大到整个英国。所有市场参与者都可以同英国地区内任何地方的另一个市场参与者签订电力电量的合同,使苏格兰地区的发电商、供应商都可以进行自由的电力交易,解决了苏格兰地区的电力浪费问题;同时,其他地区的发电商、供电商也都可以参与苏格兰地区电力市场的竞争,从而促进苏格兰地区电价的合理化。所有英国发电商在使用苏格兰与英格兰之间的互联线时,不需要签订复杂的输电线使用和交易合同,减少了交易成本,这使得市场竞争更加激烈,使电力消费者能从市场竞争中得到更大的利益。

原来苏格兰地区的可再生能源发电只能出售给苏格兰电力公司、苏格兰和南方能源公司,在BETTA模式下,苏格兰的可再生能源发电商可以方便地通过Anglo-French将电力销售到欧洲大陆,扩大了英国与其他国家的电力交易范围;可以与整个英国的供电商直接交易,从而降低可再生能源发电的成本,促进可再生能源的发展。

(3) 促进竞争

提高英国批发电力交易市场的竞争程度,所有市场参与者都可以同英国地区内任何地方的另一个市场参与者进行自由的电力交易。特别是苏格兰地区的电力供应商可以在一个更大、更具流动性和竞争性的批发电力市场购买电力,其发电商也可参与到英格兰和威尔士的批发电力市场的竞争中。

对于英格兰可再生能源发电商而言，有了更多的选择，可以与整个英国的供电商直接交易，而不是仅仅将电力出售给苏格兰的两大电力公司，这将在很大程度上提高发电量和发电设备的利用率，从而降低可再生能源发电的成本，促进可再生能源的发展。

BETTA 对于整个英国电力市场而言，其经济效益是非常显著的。

第一，可以在苏格兰地区的发电和供电领域加强竞争，主要包括以下内容：保证发电和供电都独立于输电系统；使所有的发电商和供应商面对以市场为基础的平衡收费，且收费相同；通过鼓励独立供应商寻找廉价的发电产品，替代依靠被调控的价格来降低成本的方式；使苏格兰地区拓展贸易的交易和学习费用减少。根据估算，这一进步带来的经济效益相当于将把苏格兰电力零售价降低 0.5%，即每年 800 万英镑。

第二，可以加强苏格兰地区平衡服务领域的竞争，具体的内容包括：保证所有平衡服务都得到公平对待；提高全英平衡服务提供者之间的竞争水平；通过向市场参与者们提供明确的平衡费用信号，激励改进管理对平衡服务的需求。根据估算，这一进步带来的经济效益相当于苏格兰每年平衡费用的 5%，即每年 250 万英镑。

第三，对发电厂、有选址灵活性的用户和输电容量提供者提供区域性输电价格信号。BETTA 采用全英统一协调的区域价格信号进行输电收费，以此代替原有的 4 种输电收费（即 3 个输电公司各自的输电收费和苏格兰—英格兰联网线路使用收费），从而使得输电定价收费更好地反映输电成本，取消了原有输电收费机制中存在的无效的交叉补贴。根据估算，这一进步带来的经济效益相当于苏格兰每年输电设施投资支出的 5%，即每年 200 万英镑。

第四，带来输电系统操作中的规模经济效应。BETTA 将北苏格兰、南苏格兰、英格兰和威尔士三地区分别设立的系统操作机构和市场结算系统三合一，根据估算，这一进步带来的经济效益预计能有每年 100 万英镑左右。

第五，通过取消苏格兰—英格兰联网线路特行商业机制，将联网线路有关资产归于全英输电网的一部分，这样每年可以节省运行成本 50 万英镑左右。

合计以上各项收益，BETTA 的总经济收益估计是每年 1 330 万英镑，按每年 6% 的折现率折算，20 年的收益所得总现值为 15 260 万英镑。与此同时，政府和监管机构的联合报告对实施 BETTA 的成本进行了估算。主要预计费用包括：

第一，中央操作系统的发展、建立和运行费用，这是占额最大的部分。输电系统操作机构的主要费用用于对 NETA 机制相应的 IT 系统进行扩展，这是机制的基石，包括苏格兰发电和负荷的数据转换和系统检验。该项费用预计是 2 000 万英镑。同时由于在 BETTA 实施的前 18 个月，英格兰和苏格兰新旧两套结算系统必须交替并存(后者运行费用为每年400万英镑),所以需再加上600万英镑的一次性费用。

第二,新建输电系统操作机构(GBSO)和三个输电资产拥有机构(TO)之间的界面系统。每个TO都将需要开发并维护与GBSO的商业往来和合同关系。在两种输电功能未分解时,这些系统运行和资产拥有之间的关联费用由三个输电公司内部吸收。建立新界面系统的费用预计约是一次性400万英镑以及持续性每年150万英镑的维护费用。

第三,市场参与者为BETTA做准备的费用,包括参与BETTA设计的公共咨询费,约为250万英镑;英格兰和威尔士市场参与者的有关合同安排及对IT和商务系统需要进行相应调整产生的费用,约100万英镑;苏格兰市场参与者须新建并运行与BETTA中央系统相容的一系列操作系统的费用,约一次性400万英镑以及持续性约每年50万英镑。

第四,监管机构OFGEM用以设计和协调BETTA发展实施的费用,估计一次性是在800万英镑左右。

第五,政府贸工部DTI用以制定和实施有关立法的费用,估计是20万英镑。

上述各项费用共计一次性4 570万英镑及每年200万英镑。按每年6%的折现率折算,20年总成本现值为6 860万英镑。由此可见,BETTA的总收益超过总成本的两倍,纯收益现值为8 400万英镑。

4. 政策配套

与此同时,为了更好地完成BETTA所预期的市场目标,OFGEM在NETA的基础上对一些规定进行了相应的修改:

制定了一套统一的英国电力系统运行规则,允许所有的市场成员平等地进入统一的BETTA市场,允许所有的市场参与者在整个英国进行自由电力贸易,要求所有的电力公司在获得新的电力业务许可证的前提下在参与全英范围内的市场竞争。

取消了关于英格兰和苏格兰之间的电力输送联络线的规定,使整个英国电力系统按照统一的输电条款提供接入和使用服务。网络阻碍的取消使英国的输电网络得以充分连接,新建立的英格兰/苏格兰高压电力输送网络的电力输送能力得到了很大的提高。

制定了《系统运行机构与输电网所有者协议》,明确界定系统运行机构与输电网所有者的职责分配,使苏格兰的市场可以向更多的市场参与者开放,为英格兰的电力公司提供更多的机会。

制定了《英国联络线与系统使用规范》,制定一个单一的、受监管的输电定价制度,并对输电系统使用权合同条款进行了明确的规定。

制定了《英国电力平衡与结算规范》,建立一套单一的电力交易、平衡和结算机制,以促使降低电力市场运行、管理和监管的成本。

建立了一个英国系统运行机构,以负责电力系统的平衡,保障供电质量和系统安全,这一系统运行机构完全独立于市场。

制定了《英国电网规范》,代替原有的《国家电网公司电网规范》和《苏格兰电网规范》,重新规范了对电网运行技术方面的要求。

二、美国电力价格的市场化改革

美国是最早进行电力市场化改革的国家,其电力市场的改革进程是以一系列法案的颁布和实施为标志的。

1978年,美国就颁布了《公用事业管制政策法案》(PURPA),允许企业建立热电联产电厂及可再生能源电厂并出售给地方公用电力公司,并且地方公用电力公司必须收购,该法案等同于开放了发电市场。

1992年的《能源政策法案》(EPA)则对大用户开放了输电网络,并要求在电力批发市场引入竞争。1996年,美国联邦能源管理委员会(FERC)颁布了第888号令和第889号令,明确要求进行厂网分离,开放电力批发市场。具体改革方案及进度由各州根据电网实际情况自行确定。一般由州公用事业管理委员会向州议会提出改革方案,通过后再分析实施,改革方案大多以原有大公司为基础实施厂网分离,具体的电力交易方式也应因地制宜根据各州情况自行确定。

1999年,FERC颁布了第2000号令,提出建立区域输电组织(Regional Transmission Organization,RTO)的设想,并要求拥有跨州输电设施的电力公司必须提出组建或参加RTO。FERC赋予RTO进行输电网络管理的责任,包括系统调度、潮流计算[①]、区域阻塞管理等,同时还负责电力批发市场的管理和监督,但RTO只有输电网络的经营权,没有所有权。

2002年7月,FERC又推出了标准电力市场设计方案(Standard Market Design,SMD),试图为美国各区域电力市场建设提供一套标准化的设计方案。

美国电力市场一直都是由以私营企业为主体的多种模式的垄断电力公司控制的,联邦及地方政府所有的电力企业不以营利为目的,美国政府会给予一定的优惠政策,但大都局限在发电领域,且规模有限。私营电力公司不仅广泛参与到发电、输电、配电和营销等各项业务中,而且控制了全美的主要输电网络,即东部电网、西部电网和德州电网。由于三大电网之间各自为政,存在不同的技术标准,

① 电力系统在运行时,在电源电势激励作用下,电流或功率从电源通过系统流入负荷,分布于电网各处,称为电力潮流。从电的产生到被负荷消耗,流经输配电线、节点电压电流等数据的计算就叫潮流计算。潮流计算是电力系统安全经济调度的基础。

主要通过电力可靠性组织(Electric Reliability Organization,ERO),实施电网互联及协调的监管职能,保证全美电网的可靠性、充裕度和安全性。美国电力市场化改革是各州采取自愿组合的方法,建立区域性的电力批发市场。因此,美国各州电力市场化改革进程及采取的市场模式相差很大,最具代表性的是加州电力市场、PJM 电力市场、德州电力市场和新英格兰地区电力市场。

1. 加州电力市场

加州是美国电力市场化改革的先驱。改革之前的加州电力行业由实施垂直一体化垄断经营的40多家电力公司组成,主要包括3家私营电力公司和2家市政专营机构,由加州公用事业委员会(CPUC)和加州能源委员会(CEC)进行监管。1996年,加州通过关于电力市场化改革的方案,重点包括:成立加州电力交易所(PX)和加州独立调度中心(CAIPO),作为独立的、非营利的市场中介机构和电力系统管理机构;要求实现竞价上网,用招投标的办法确定各供电商的分时上网电量,并按节点边际电价[①](Locational Marginal Price,LMP)确定批发电价;售电商必须100%从电力批发市场购电,不得与IPP签订长期购电合同;原有的一体化经营的电力公司必须将输电网络控制权移交给CAISO,所有权仍归电力公司所有;鼓励电力公司放弃其发电业务,削弱可能形成市场势力的条件,要求三家私营电力公司除核电和水电外,必须将50%的发电资产转让出去;允许以缴纳竞争过度费的形式回收搁置成本,并建立一项独立收费项目用于研究开发可再生能源和节能项目及帮助低收入用户;在还清搁置成本前冻结销售电价等。1997年3月,加州解除对电力市场的管制,电力市场化改革随之展开。

2002年前加州电力批发市场的市场结构如图6-7所示,按运行时序可分为日前市场、小时前市场和实时市场。加州电网(GC)拥有全州75%的骨干输电网络,负责电网运行及输电规划,并收取过网费用;配电公司从计划协调者(Scheduling Coordinator,SC)或PX批发电量,并向用户供电;CAISO负责生产排序、电网调度、系统运行及提供辅助服务,并执行PX和SC提交的电量计划。采取的交易模式是电力库和双边市场结合的混合模式。其中,PX负责进行日前市场及小时前市场,CAISO负责实时市场和相关的辅助服务交易及区域间阻塞管理,SC负责撮合供求双方的双边交易及与CAISO协调输电计划。

CAISO负责实时市场和相关的辅助服务交易具体的过程是:SC在日前的上午10点前向ISO提交参与日前阻塞管理市场的平衡电量增减竞价报价,CAIPO对于系统阻塞的管理主要是针对区域间的阻塞(Inter-zonal)进行的,即保证所有日前

① 节点边际价格(Locational Marginal Price,LMP)是指系统向该节点(负荷所在位置)供应额外单位功率所带来的供应成本增加费用。节点边际价格 = 发电边际成本 + 输电阻塞成本 + 边际网损成本。

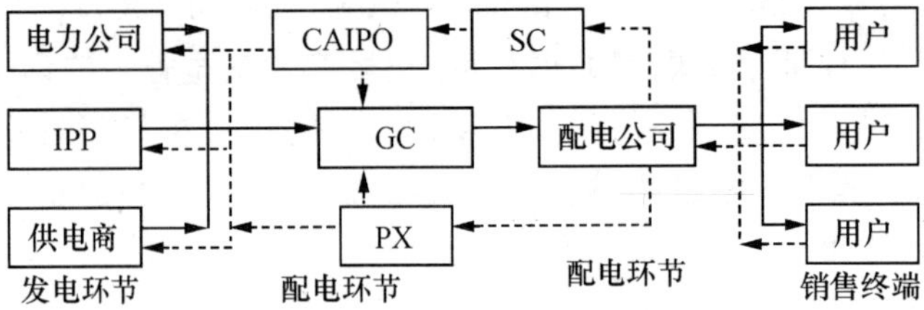

图 6-7 2002 年前加州电力市场的市场结构

注:实线代表实际电流流向,虚线代表资金流向。

资料来源:林伯强、黄光晓,能源金融[M]. 北京:清华大学出版社 2011 年版。

提交的输电计划不会造成区域间的传输阻塞。其基本原则是,如果 ISO 需要调整任何一个 SC 的输电计划来解决阻塞,那么这个调整必须不破坏已有的平衡,采取的方法是根据 SC 提交的报价按高低顺序调整,直到阻塞解决为止。最后一个被调整的 SC 的电量的投标价将决定该输电阻塞的价格。

2000 年爆发的加州电力危机①暴露了加州电力市场存在的问题。由于市场结构过于复杂,难以实现有效的协调运作,而气候等外部因素又加剧了制度设计带来的问题,最终导致了大规模停电等事件的爆发。加州电力市场存在的内在制度缺陷,主要表现在三个方面:① 市场层次的设置不合理,加州电力批发市场只有现货交易,不允许供需双方签订长期合同,导致市场价格信号不明晰,影响发电方面的投资建设,严重制约了供电能力的提升;② 市场体系的构建不匹配,由于仅仅解除了对电力批发市场的管制,而终端零售价格长期保持不变,而当供应紧张时,上网电价不断攀升,而增加的电力批发成本又不能转嫁给终端用户,造成配电公司的长期亏损;③ 供电商凭借市场势力,利用跨市场价差进行套利,导致系统供求失衡,由于日前交易和实时交易存在价差,导致发电厂在 PX 进行日前交易时,拒绝供电或抬高出价以确保没有人能接受,而从实时交易中获得较高的溢价。

2002 年,CAIPO 提交了"市场全面设计计划"的市场改革方案,对加州电力批发市场进行深化改革。包括从 2002 年 8 月开始实施的"自动削减市场势力程序"②(Automated Mitigation Procedure,AMP)项目,从 2004 年 10 月开始实施实时市场改进措施(实时经济调度和机组组合计划)和"调度偏差惩罚机制"(Unin-

---

① 2000 年夏季到 2001 年上半年,加州出现电价暴涨和电力紧缺的情况,经历了第二次世界大战以来首次强制性的分区轮流停电,上百万户居民受到影响,严重影响了加州的社会经济发展和稳定。2001 年 1 月,PX 宣布停牌,终止日前市场和当日市场的交易,从 2001 年 3 月起大幅提高电价(涨价幅度 40% 以上)。

② 自动削减市场势力程序(Automated Mitigation Procedure,AMP)是指在每个运行小时前,系统根据各个 SC 提交的参数及负荷预测来估算该小时每 10 分钟的电量需求及价格,如果市场批发价格超过估价,则启动 AMP,用一个历史平均价格代替这个报价。

structed Deviation Penalty,UDP),及2007年开始实施的“市场重新设计及技术更新计划”(MRTU),参照SDM构建发电容量和输电容量市场,引入期货合约及金融输电权(FTR)等创新交易机制。

2. PJM电力市场

PJM是美国东部宾夕法尼亚州、弗吉尼亚州、马里兰州的头字母缩写,PJM电力市场主要为美国东岸和中部5个州(上述三个州和新泽西州、特拉华州)及哥伦比亚特区供应电力。2002年4月,PJM被FERC正式接受为RTO,2003年PJM与中西部独立系统调度中心(MISO)签订合营协议,两大系统的服务范围扩大到美国22个州、哥伦比亚特区及加拿大部分地区。PJM的联网办公室①(Office of Interconnection,OI)是负责PJM电力市场具体运营管理的执行机构,同时也负责整个电力系统集中控制与调度,其职能具体由市场成员签订的四个协议②来规范。

PJM采取搭积木式的渐进式改革,通过不断创新,逐步引导电力市场走向成熟和完善。1997年3月,PJM开始运营美国第一个基于投标竞价的区域电力批发市场;1998年,PJM转化为IPO,并创建了容量信用市场机制(Capacity Credit Market,CCM),进行发电容量和输电容量交易;1999年,PJM又率先将金融输电权③(Financial Transmission Right,FTR)的概念引入到容量信用市场机制中,同时还和纽约商品交易所(NYMEX)合作,推出了相关的电力期货、期权合约;1999年,PJM还开放了宾夕法尼亚州的零售市场,并逐渐向其他地区推广。2007年,PJM又对CCM市场机制进行改革,引入可靠性定价模型机制(Reliability Pricing Model,RPM),进一步提高容量市场价格的稳定性和系统的可靠性,并促使现有的装机容量与未来规划中的装机容量之间进行竞争。目前,PJM电力市场已经发展为较为成熟、完善的市场体系,按系统运行环节分为发电容量和输电容量市场、电力批发市场和零售市场(仅限于宾州)。其中,电力批发市场的运营方式与其他区域电力批发市场类似,按运行时序可为日前市场和实时市场。

---

① PJM由管理董事会、成员委员会和联网办公室组成。管理董事会和成员委员会对PJM的运作实行双重控制和管理。管理董事会由成员以外的代表组成,负责对联网公司的运作进行监督和控制,保证电网安全可靠运行和电力市场有效运行;成员委员会负责监管联网办公室的业务运作和修改相关的规则等。

② 《联网运营协议》:PJM联网公司的设立、组织结构及职能,成员资格、权利和义务等。协议中还包含了市场中各种交易的运营规则以及区域输电扩展规划协议;《可靠性协议》:输电资产所有者权利和责任;《输电网络所有者协议》:供电企业之间签订的协议,规定供电企业在规划期和运行期必须按照规定的可靠性标准拥有足够容量的发电机组控制权,以及供电企业之间支援及协调的原则;《输电服务开放价格协议》:提供的输电服务种类、条件、定价方法、计量和结算以及费用在各电网公司之间的分配等事项。

③ 金融输电权(Financial Transmission Right,FTR)也称为固定输电权,是一种事先购买的权利,市场参与者可以事先购买它,可以在输电网络发生阻塞时,输送电力时只需支付固定的输电费用,而不用支付由于阻塞而产生的阻塞费用,从而规避了阻塞的风险,使得输电的价格具有稳定性。

根据 PJM 电力市场的《可靠性协议》,供电商必须拥有一定的发电机组控制权来满足其相应的供电责任,所需的供电能力(发电容量)等于其正常的供电负荷加上规定的备用容量,如有不足则需支付罚金(数额为新建调峰机组的成本)。发电容量市场是为了保证供电商获得充足的供电能力,以应对出现供电设施故障的情况。发电容量市场向区域内外的成员开放,其成员包括发电商、供电商以及其他的电力交易商,采取的是 CCM 机制,即通过拍卖竞价的方式,为供电企业通过日前、月度和多月双边交易来履行发电容量义务。CCM 机制中只有不到 10% 的系统要求发电容量是通过拍卖方式进行的,其余部分主要是由双边交易或备份发电来完成。从 CCM 实施的结果来看,除了少数用电尖峰以外,其交易的电力价格在平均水平上低于 LMP。

PJM 提供的输电服务包括点对点传输服务①和网络综合传输服务②,按不同的服务类型设置服务的优先等级,并依此收费。为进行输电阻塞管理,PJM 还引入了输电容量市场,采取 FTR 的模式来避免阻塞成本③波动所导致的 LMP 不稳定状况。FTR 是由物理输电权④(PTR)演化而来的。而 FTR 通过赋予其持有者在系统阻塞时获得经济补偿权(输电送达节点和注入节点间 LMP 中阻塞成本差额对应的财务收益)来代替物理输电容量使用权。FTR 可以通过拍卖⑤或双边交易来获得,其价格一般是基于日前市场的 LMP 计算而来的,当 FTR 指定的输送路径与实际阻塞方向一致时,FTR 的持有者获得收益,反之如果方向相反,则 FTR 持有者受

① 点对点传输服务(Point to Point Transmission Service)又分为固定点对点传输服务和非固定点对点传输服务。固定点对点传输服务又有长期和短期之分;固定点对点传输服务的预定遵循“先来先服务”的原则,将每个传输用户的预定请求按申请时间先后排序;固定点对点传输服务比非固定点对点输电服务有更高的预定优先级别。点对点传输服务采用固定费率制,传输用户根据预定的输电容量按月交纳输电服务收费。

② 网络综合传输服务(Network Integration Transmission Service)是指网络综合传输用户可以在系统中指定多个发电资源和多个负荷为该用户的网络资源和网络负荷,在输电系统可能的情况下,还可以把购自非指定资源的电能传送到网络负荷节点,不需要另外付费。

③ PJM 利用每隔 5 分钟计算 1 次的节点边际价格(LMP),并对输电阻塞进行管理,管理方式是:发电机以其节点处的 LMP 结算;负荷方以其负荷节点处的 LMP 支付;负荷需求方要支付阻塞成本,阻塞成本等于负荷需求方与发电供给方两地的 LMP 差值。

④ 物理输电权(Physical Transmission Right,PTR)表示不管市场中网络的拥挤程度如何,都能保证给定区域中某特定机组所产生电能的绝对输送通道。PTR 实际定义和分配了使用端口的输电容量的权利,但由于输电系统是一个网络,电流在线路中的流动服从基尔霍夫定律,因此不会按合同指定的物理路径流动。PTR 为供电商保留输电通道的绝对控制权,可以减小网络阻塞带来的不确定性,但是由于其强调的计划优先性与实时市场的经济调度相矛盾,难以保证系统安全和可靠运行,同时还会造成输电容量的浪费。

⑤ FTR 拍卖的目标是基于市场成员的报价来确定输电权的市场价格,报价中包括 FTR 类型、申报的容量、对应的注入和流出节点。年度 FTR 拍卖包括 4 轮,每轮提供 25% 的传输容量,在第一轮年度拍卖中购得的 FT R 可以在随后的轮次中出售。月度市场只进行一轮,供 FT R 的拥有者重新组合其输电权,用户也可以购买在年度拍卖市场未分配的 FTR。

损，需补足差额。

由于CCM没有反映出区域输电约束[①]对容量的需求，并影响到系统的安全性，2007年6月，PJM用RPM机制代替CCM机制。RPM机制规定：① 强制要求所有区域内有可用自然容量（Unforced Capacity）的现有机组必须参加基本拍卖市场，区域外的机组、规划筹建的机组、现有或规划中的负荷资源，获得审批的输电升级计划可自愿选择是否参加基本拍卖市场。② 将CCM提前1年进行的发电容量基本拍卖扩展为提前3年。拍卖交易在每个容量交付年[②]（Delivery Year）的前3年的5月份举行，电网公司可以通过拍卖获得足够的容量，并通过地区可靠性费用（Locational Reliability Charge，LRC）将容量购买费用按负荷大小分摊给区域内的供电商。在每个容量交付年之前，RPM还通过3次追加拍卖（分别在容量交付年前23个月、13个月和4个月举行）来修正和协调市场变化的需要。③ RPM允许供电商通过双边交易购买发电容量，以自供给（Self-supply）的形式来满足自身需求，但必须向PJM申报，除了允许供电商参与双边交易市场外，还允许获得审批的输电升级计划（Qualifying Transmission Upgrades，QTU）、规划中的装机容量参与竞争。④ 存在输电约束的区域[③]，必须以较高的发电容量价格刺激某些机组继续服务，吸引新的电力供应来源，以保证该地区内有足够的装机容量。RPM将整个输电区域分成一些子区域，并根据各区域是否为受输电约束的区域而为其确定需求曲线和满足可靠性要求的目标容量水平。⑤ 考虑各约束地区由于容量清算价高于系统容量清算价而产生的不同地区加价，RRM还引入容量输送权[④]（Capacity Transfer Right，CTR）的概念来分配这部分差额。

3. 德州电力市场

德州电力市场是美国五大电力市场之一，也是最早开放电力零售市场的州，由德州电力管理委员会（ERCOT）管理。1995年，德州修订《公共事业管理法案》（PURA），要求各电力公司开放电网，以促进电力批发市场的改革；1996年，德州

---

① 输电约束是指由于网络阻塞导致的用电需求曲线变化。当输电区域内存在输电约束时，会导致从整个区域角度看有较多的容量剩余和相对低的容量价格。这个市场信号会使一些成本较高的发电机组退役和一些电源投资项目延期或放弃，但这些电源的减少将会引起某些受电约束地区的可靠性问题。

② PJM将每年的6月1日至次年的5月31日，定义为一个容量交付年。

③ PJM为每个子地区设置目标输电容量（Capacity Emergency Transfer Objective，CETO）和输送容量极限（Capacity Emergency Transfer Limit，CETL）来判断是否出现输电约束，前者是满足子地区可靠性目标所需的输入容量，而后者表示在目前的网络结构下，最多可以向该子地区输入的容量。在RPM中，若一个LDA的CETL值小于CETO值的1.05倍，则被认为是受电约束地区。出于某些可靠性方面的考虑，PJM有时也将一些CETL值大于CETO值1.05倍的LDA认为是送电约束地区。

④ 容量输电权（Capacity Transfer Right，CTR）以MW为单位，总量为受电约束区域的可受电容量，按负荷比例大小分配给本地区的供电商。CTR的经济价值等于容量输出与注入地区的价格差值乘以容量（MW）。

公共事业管理委员会正式指令ERCOT组建ISO,这也是美国第一个ISO;1999年,德州通过第7号法案,要求建立电力零售市场,授权ERCOT成为德州电力系统和电力市场的唯一独立管理机构,同时还要求电力公司按业务分拆为各自独立的发电公司、输电配电公司和电力零售公司。2002年1月,德州电力零售市场投入运行,成为全美最早开放的电力零售市场。

德州电力批发市场的特点是采取分区电价制,报价单位可以由多个机组或负荷组合而成,整个电网系统分为5个阻塞区域,区域之间设有传输边界约束,市场参与者可以通过购买FTR来降低阻塞费用。德州电力批发市场按运行时序可分为日前交易、调整阶段、实时前交易和实时运行阶段。

具体的交易过程是:日前阶段是在运行前一日的0点到下午18点。ERCOT在6点前公布系统情况及负荷预测、辅助服务计划、阻塞管理的平衡电量增减等参数;11点前各市场主体必须提交平衡的电量计划和辅助服务计划,并给予15分钟的协调调整时间,ERCOT使用仿真模型检查,并将可能发生的区域间阻塞、潮流计算及其他情况通知各市场主体供其进一步调整计划;下午1点前,提交最后计划;1点30分开始辅助市场交易,并公布相关数据;下午4点前,各市场主体提交机组计划和报价;下午6点开始运行机组组合交易(针对区域间阻塞、局部阻塞及系统容量不足所需的机组服务),并计算出市场价格。日前下午6点后进入调整阶段,进一步进行机组组合服务报价调整。运行时段前1小时为实时前交易调整阶段,各市场主体可以更新其该运行时段或者之后时段其电量计划及报价,运行时段前15分钟开始实时交易,交易成功后信息将被传达给各市场主体。每个电力用户有一个电力服务登记号(ESI-ID),如果要转换其零售商,可以通过电话或上网等方式通知其选定的新零售商,由其代表向ERCOT发出转换请求,并附上相关信息。ERCOT确认后,向电力用户发出确认通知,该电力用户在10天内可以撤销转换请求,同时向输配电服务公司发出转换通知。

德州电力零售市场中,电力用户可以自由选择自己的电力零售商[①]或供电商,而电力公司或电力零售商也可以向不属于自己领域的电力用户售电。零售商的电力来源可以是自备机组,也可以向其他发电商或供电商购买,输配电公司提供输配电服务。输配电公司拥有输配电线路,负责线路的修建、维护和具体操作,不被允许参与电力零售市场,同时在未经允许的情况下任何其他公司不得在其领域

---

① 每个电力用户有一个电力服务登记号(ESI-ID),如果要转换其零售商,可以通过电话或上网等方式通知其选定的新零售商,由其代表向ERCOT发出转换请求,并附上相关信息。ERCOT确认后,向电力用户发出确认通知,该电力用户在10天内可以撤销转换请求,同时向输配电服务公司发出转换通知。

电量计划和相应的报价。ITP 确定系统中每个节点的 LMP,并据此进行结算。在充分考虑系统和机组安全约束的基础上,以追求社会效益最大化为目标,计算日前交易计划以及相应的输电计划。

实时市场:主要用来解决电力市场的实时平衡和负荷预测偏差问题。市场参与者需要在日前计划基础上,申报计划电量、所在节点以及交易时段等相关经济数据和技术数据。ITP 每 5 分钟利用最优潮流程序,计算一次各节点上的实时电价。SMD 建议采用"事后"(Ex-post)方式计算市场出清价格。

(3) 标准辅助服务市场

SMD 建议辅助服务市场也采用日前市场和实时市场两种交易模式。

日前市场:交易标的物为次日每个时段的辅助服务。发电机组通过申报其辅助服务可用容量和价格,参与市场交易。ITP 应在考虑机组和网络安全约束的基础上,以总购买费用最低为原则,确定日前市场的交易计划。结算价格应该等于每种服务的边际成本,也就是所接受最高报价的发电商申报成本。

实时市场:主要是针对日前调频辅助服务计划进行必要的调整。ITP 可以在实时市场中,按照实时价格买回日前市场计划中高成本机组提供的辅助服务,同时转售给低成本机组。此外,因为日前计划中的辅助服务可能与实际需求量不同,或者提供辅助服务的机组可能有意外故障发生,所以 ITP 还需要在实施市场中对辅助服务的偏差部分进行交易。

(4) 市场监控和市场势力平抑机制

电力市场势力的主要表现形式包括:在日前计划的负荷低平段故意不发电,以便抬高高峰时段电价,牟取超额利润;几个发电商合并成为一个超过系统容量 20% 的大发电商,以便合谋操纵现货市场和长期合同的电价;为了低谷时段不停机,低报电价,然后仍以市场边际电价售电;人为造成线路阻塞,并故意通过已阻塞的线路多送电,以抬高部分区域的 LMP。

为了平抑市场势力,可以采取的措施包括:如果无法获得足够的需求侧响应,可以设定报价上限;市场运营者通过确认各发电机组的运行可靠性,有效监控发电商使用市场势力的程度;并限制发电商报价变动的灵活性,主要用在启动和空载报价上。

总体而言,SMD 是目前最先进的电力市场设计方案,但是在实际执行过程中,并没有获得很好的效果。这主要是因为原有电力市场的既得利益集团不愿意放弃其市场优势地位,而且,各方利益难以协调。

第三节 欧盟及俄罗斯电力价格的市场化改革

一、欧盟电力价格的市场化改革

（一）欧盟统一电力市场的构想

作为基础产业，电力行业在欧盟一体化进程中启动最晚，推进的难度最大。欧盟推进电力市场化改革的目的是要消除各成员国电力行业之间的壁垒，建立统一的欧洲电力市场，引入竞争机制，优化电力资源配置。欧盟通过一系列的指令来指导和规范各成员国的电力市场化改革。1996年，欧盟委员会颁布《关于电力市场化改革的指令》(96/92/EC)，对各成员国电力行业的改革目标作了具体的规定，要求在1999年2月必须开放电力市场，允许第三方进入和用户自由选择。2001年，欧盟又颁布了《关于在内部电力市场促进可再生能源电力生产的指令》(2001/77/EC)，建立“绿色准入制度”，确保绿色发电在电力市场的推广。2003年6月，欧盟又颁布了《关于内部电力市场共同规则的指令》(2003/54/EC)，取代96/92/EC，重新对成员国的电力市场化改革提出了硬性规定，并要求在各成员国的电力或能源相关法律中有所体现。

1. 欧盟电力市场化改革的框架

欧盟提出的电力市场化改革的具体途径和措施涵盖了发电、输电、配送和零售等环节，还涉及了跨国电力交易机制。

(1) 发电环节

欧盟2003/54/EC指令对新建发电设施的建设设置了严格的审批制度和招标程序。审批的内容包括技术、安全、环保、公众卫生与健康、土地规划利用等方面；同时要求对发电设施的建设进行公开招标，并规定了具体的招标流程、文档规格和监管原则。此外，欧盟还规定输电网络必须客观、公平地对待接入电网的发电设施，不得歧视。为了保证供电安全，成员国可以要求输电网络优先考虑利用本地一次能源燃料的发电设施，但规定了一定的数量限制。为了鼓励新能源和可再生能源发电，欧盟2001/77/EC指令还规定输电和配电网络必须优先调度和使用绿色电力，保证给予绿色电力足够的输电容量。

(2) 输电环节

欧盟2003/54/EC指令对输电环节作了如下规定：一是要求各成员国必须对电力批发市场开放设立了明确的时间表；二是对电力市场主体独立性做出明确要求，要求在保证电力供应安全的基础上，一体化垄断经营的电力公司必须进行业务分离，输电和配电环节分别成立独立法人；三是组建独立的输电系统运营机构(TSO)负责输电网络的电力调度、阻塞管理和日常维护。

（3）配电环节

欧盟 2003/54/EC 指令规定各成员国为每个区域的配电系统指定一个配电系统运营机构（DSO），负责配电系统的运行、维护、发展及与输电系统的互联。配电公司必须按照有关监管机构确定的价格、条款和条件为终端用户提供接入服务，并承担一定的公共服务义务。

（4）售电环节

欧盟 2003/54/EC 指令规定各成员国必须从 2004 年 7 月 1 日开始允许全部非家庭电力用户拥有购电选择权，从 2007 年 7 月 1 日开始允许全部电力用户（包含家庭用户）拥有购电选择权。购电选择权允许电力用户自行选择是向本地配电、售电公司购电，还是向发电企业直接购电。

（5）跨国电力交易

欧盟法律一般不允许限制跨国收购电力企业或对跨国电力投资，但是欧盟委员会会对电力企业的跨国并购是否违反市场竞争原则进行审查，一旦发现有违规行为可以命令有关企业停止相关行为，并采取必要措施恢复竞争。为了规范电力跨国交易中的跨国输电行为，提高经济效益和促进竞争，于 2004 年 7 月 1 日生效的 1228/2003 法规确定了入网费率的制定、有关阻塞管理和提供可用容量信息等跨国输电入网规则，并提供了在公平、透明和无歧视条件下进行跨国输电的监管框架。此外，欧洲电力和天然气监管机构（ERGEG）于 2005 年颁布了关于输电收费和阻塞管理的导则草案。

2. 欧盟统一电力市场的推进情况

为了进一步推动统一电力市场的建设，欧盟重点在以下三个方面开展工作：一是加快泛欧输电网络建设的进程；二是推行统一的输电交易、辅助服务和阻塞管理机制；三是促进成员国深化市场化改革，推动各成员国电力市场之间的连接和融合，建设泛欧洲电力市场。

（1）泛欧输电网络建设

1996 年，欧盟就出台了泛欧跨国能源传输系统建设计划，提出到 2005 年各成员国拥有的跨国输电容量应该达到该国总发电容量 10% 的目标。2003 年欧盟对该计划进行了修改，提出了一些优先考虑的电力联网项目，并将新加入欧盟的 10 个国家的跨国联网项目也考虑进来。根据欧盟建议的跨国输电和输气计划的建设项目，2007—2013 年期间，在这一领域的投资将达 280 亿欧元。

（2）市场机制构建

在统一输电阻塞管理机制、跨国输电交易机制等方面，欧盟要求各系统调度机构加强协作，逐步完善输电容量市场，包括采用明确的容量拍卖机制等，跨国输电成本分摊以及相应的定价机制也正在研究中。

(3) 市场体系建设

在推进各国电力市场融合方面,欧盟提出建立区域电力市场,并逐步向统一的泛欧电力市场过渡的目标。目前欧盟已经建成包括欧洲能源交易所(EEX)、英国电力交易所(UKPX)、荷兰电力交易所(APX)、北欧电力交易所(Nord Pool)等在内的14个电力交易所。欧盟提出通过增加和扩大电力现货市场中日前交易的范围和流动性,推动电力交易所的合并,同时还加紧完善现货市场和平衡市场的连接,以便更有效地促进跨国之间的交易。

3. 统一电力市场的推进面临挑战

由于欧盟各成员国的社会经济发展水平不同,电力工业结构和电力技术水平差别较大,各国电力市场化改革进程及开放程度也存在非常大的差异。欧盟委员会定期对各国电力市场化改革进程和相关指令的执行情况进行评估。

2005年的欧盟年度电力市场评估中指出,欧盟各成员国电力市场之间仍缺乏有效的整合,表现在两个方面:一是各成员国之间的电价差异很大;二是跨国交易水平较低。

阻碍欧盟统一电力市场发展的主要原因包括:一是成员国电力市场的集中度仍较高,市场仍存在准入壁垒;二是没有建立起有效的市场化机制来合理安排跨国输电容量的使用,使现有的一些基础设施使用不足;三是各成员国之间电网互联规模较小,成为统一电力市场发展的最大障碍。

(二) 北欧电力市场化改革

北欧四国(瑞典、芬兰、丹麦、挪威,挪威不是欧盟成员国)之间的电力结构具有互补性,存在较大的跨国电力交易潜力,而且北欧地区的电网非常发达,以上四国均实现了电网互联,因此,经过10多年的发展,北欧四国建立了北欧电力市场,并形成了较为完备的市场体系和制度框架。北欧电力市场不仅是欧盟区内发展最为成功的区域电力市场,也是世界上第一个跨国统一电力市场。

1. 电力市场结构

北欧四国电力批发市场的基本模式是:充分放开用户的购电选择权,买卖双方可以签订双边合同,也可以在北欧电力交易所(Nord Pool ASA)中进行电力交易(包括现货交易和期货交易),但必须参与所在国的平衡机制结算。各国电网公司的调度中心(TSO)负责各自系统的安全运行与调度控制,通过平衡市场、备用市场来解决系统实时平衡问题,而辅助服务则通过合同交易来进行。

北欧电力零售市场已经向全部的电力用户开放。其中,工业、商业和服务业等大用户通常会通过双边市场和电力零售商,或直接与发电商签订购电合同;而普通居民用户则主要是在零售市场中选择自己满意的零售商和电力类型。

北欧电力交易所是北欧电力市场的核心，负责整个北欧电力批发市场的交易和清算，以及二氧化碳排放权的交易活动。其中，北欧电力现货交易所（Nord Pool Spot ASA）负责现货市场交易，而 Nord Pool 拥有其 20% 股份；北欧电力金融交易所（ELBAT）负责期货、期权、差价合约等电力衍生金融产品的交易，由 Nord Pool 全资拥有；北欧电力市场咨询委员会（Cousulting AS）则主要负责为政府公共当局、监管机构等提供管理咨询服务，由 Nord Pool 全资拥有。北欧电力芬兰公司（Nord Pool Finland Oy）负责实时市场交易，由北欧电力现货交易所全资拥有。此外，北欧电力清算所（Nord Pool Clearing ASA）负责金融和实时市场的清算工作。

北欧电力市场没有一个统一的 TSO，各国的 TSO 是独立运作的机构，主要负责电力系统的发展、安全稳定运行和各自调度范围内的电力实时平衡。北欧四国的 TSO 都是 Nordel（北欧四国加上冰岛的 TSO 合作组织）成员，由其编制北欧输电系统的发展规划（包括电网投资）；交换电力系统运行、安全和供电方面的可靠新信息；协调管理电网运营阻塞；制定输电定价和辅助服务定价的方式；推进北欧输电系统运营者的国际合作；保持和发展与各国政府电力部门和监管机构之间的联系；编制和发布有关北欧电力系统和电力市场的信息等。

2. 电力批发市场

北欧电力批发市场包括现货市场和实时市场。由于电力交易中广泛采用了金融技术，北欧电力批发市场也逐渐开始实现与电力金融市场的对接。

（1）现货市场

由日前市场和小时前市场两阶段组成。日前市场主要是对第二天各个交易时段（以小时为单位）的电量进行竞价交易。交易的品种主要有小时（Hourly）合同、分段（Block）合同和灵活小时（Flexible Hourly）合同。三种合同的主要区别在于申报方式的不同，小时合同即常规的 24 个交易时段合同；分段合同即一个连续几个小时组成的报价内包含若干组电价和电量的数据对；灵活小时合同相对于常规的小时合同，可以申报 24 个交易时段中某几个交易的数据。

交易价格的形成则采取系统定价（System Pricing）与分区定价（Area Pricing）相结合的方式，即首先在不考虑电网输送容量和阻塞问题的前提下，根据所有电量计划和报价信息，计算出系统电价；如果按无约束条件计算出来的所有网络潮流都不超过 TSO 给出的输送容量限制，系统电价就是现货市场的唯一价格，反之，则要按输电约束区划分，形成分区电价，以调整输电计划，解决区域阻塞问题。分区电价用于现货市场的结算，而系统电价则作为北欧电力金融市场结算的参考电价。小时前市场主要是为市场参与者提供调整电量计划的机会，市场全天 24 小时连续竞价，通过基于 Web 方式的电力系统或电话备用系统，对符合自己意愿的购售电出价申报反向的购售电报价。

(2) 实时市场

北欧电力市场采用分区控制方式,实时平衡由四国的 TSO 分别负责,因此有关实时平衡的规划也各不相同。从 2002 年开始,四国的 TSO 通过相互协调,开始逐渐向单一控制区方式过度,将所有的实时报价进行统一排序,实现全系统实时平衡,并采用相同的定价机制和结算方法。实时市场也提供辅助服务的交易,比如当系统频率波动超过 50 ±0.05 赫兹时,由 TSO 启动平衡市场,反之则通过辅助服务(备用容量交易)来保持频率稳定;当出现输电阻塞时,由 TSO 进行对销交易,不影响实时电价,但 TSO 须承担由阻塞引起的不平衡费用。

3. 电力金融市场

北欧电力金融市场中的交易是无约束电力交易,即不考虑电网阻塞、输电容量限制和辅助服务费用等问题,主要是为了实现电力价格发现和套期保值。北欧电力金融交易所挂牌交易的电力金融产品包:① 期货合约,交易的期货合约依据时间长短区分为周(Weeks)、期间(Blocks)及季度(Seasons)等不同期限组合,而期限最长的合约可达三年;② 期权合约,期权合约将允许市场参与者在未来一定期间内,拥有购买或出售电力双边合同的权利;③ 价差合约,期货合约结算时所用的参考价格是系统电价,一旦网络发生阻塞,现货结算价格就变成分区电价,市场参与者就会面对系统电价与分区电价之间的差价带来的风险,而价差合约是以这一价差为标的物的期货合约。

由于北欧四国地处气候寒冷的北欧地区,居民用电量很大程度上受短期气温变化的影响,而且需求具有很大的刚性,因此配电商与供电商的电力交易多借助金融手段来规避价差波动风险;商业用户则更多地采用现货交易来适应短期天气变化,并辅以固定价格的双边合同来降低电力支出成本;而工业用户由于电力需求相对稳定,更多地采用固定价格的双边合同来控制用电成本,辅以现货交易,以保持一定的灵活性。

二、俄罗斯电力价格的市场化改革

(一) 俄罗斯的电力工业

1992 年,俄罗斯成立了统一电力系统,全国 77 个地区电网中的 68 个组成了 7 个联合电网,即西北地区电网、中部地区电网、北高加索地区电网、伏尔加地区电网、乌拉尔地区电网、西伯利亚地区电网、其中远东地区电网未与全国联网。

俄罗斯电力行业按区域划分主要有欧洲部分、西伯利亚地区和远东地区。欧洲部分的装机容量占全俄的 72%,主要由火电站和核电站构成;西伯利亚地区电网相对薄弱,并与其他地区相对独立,主要是水电站;远东地区装机容量占全俄份额较小,仅为 7%,只有几个小的火力发电厂,且电网是独立的。从燃料使用的构成上看,天然气主要应用在欧洲部分 80% 的火电站,煤炭在西伯利亚和远东地区

85%左右的火电站中使用。从发电量和装机容量方面来看,作为全球第四大电力市场,2009 年俄罗斯发电总量超过 9 930 亿千瓦时,总装机容量超过 2.12 亿千瓦。其中,火力发电占 67.5%、水电占 21.3%、核电占 10.9%。俄罗斯 69%的火电厂以天然气为燃料,29%以煤为燃料,以燃油为燃料的仅为 2%。

2000 年以来,俄罗斯经济一直保持 5%—8%的较快增长水平,用电需求随之持续增长;但由于电力建设严重滞后,供求矛盾日趋加剧。根据俄罗斯国有联邦电网的能源预测机构 EFA(Energy Forecasting Agency)2010 年的预测,从电力需求方面来看,自 1998 年经济危机后,俄罗斯的电力需求平均每年都保持了 2%—3%的持续增长。工业部门是电力需求的大户,是电量增长的主要原因,其占总需求的份额达到了 56%。另外,居民家庭用电占 11%,交通和通信用电占 8%,损耗为 11%,其他为 14%。随着社会经济的不断发展,俄罗斯电力需求也将不断增大。按现阶段电力需求年增长 2.2%的速度,预计到 2030 年,俄罗斯的电力需求将超过 15 930 亿千瓦时;如果按照电力消耗的最大增长率 3.1%计算,则预计到 2030 年,最大电力消耗将超过 18 600 亿千瓦时。根据俄罗斯目前的年发电量计算,俄罗斯将存在 6 300 亿—9 000 亿千瓦时的缺口。

俄罗斯政府声称将扩大核能和水电的比例,以满足国民经济发展的需求并实现扩大电力出口。俄电力行业基本生产设备都是在几十年前安装的,大多数都属超期运转。根据统计,1992—2006 年 15 年间,俄罗斯发电装机只增加 300 万千瓦,电网建设年均增速仅为 0.4%,工程造价则是其他国家的两倍。电力设备设施严重老化,约有 2/3 的发电设备运行时间超过 30 年。发电利用小时从 1995 年的 5 600 小时上升到 2007 年的 7 100 小时,已接近发电设备的极限。设备老化问题在未来将表现得越来越明显,到 2010 年,正在运转的设备将有 50%左右的机组超过服役年限。以上状况提高了电力工业生产的危险系数,造成突发事故及技术故障,影响电能和热能的供应。

俄罗斯面临着电力需求和现有装机机组更新需求不断增加及电力投资不足的问题,为了解决这些问题,俄罗斯政府进行了一系列的电力市场调整措施。这些措施主要体现几个方面,首先,努力提高电力行业投资的热情。经过几年努力,电力投资已从 2004 年不足 2 000 亿卢布(折合 68.2 亿美元)提高到 2010 年的 8 000 亿卢布(折合 272.9 亿美元)。其次,调整装机结构,努力实现清洁化发展。根据俄罗斯计划,到 2030 年,电力总装机将达到 3.24 亿千瓦(见表 6-3),重点发展核能和再生能源发电。到 2030 年,可再生能源占总装机容量的比重将达到 15.2%,而核能发电占总装机容量的比重将达到 3.9%;热点和水力发电将有大幅度的下降,占总装机容量的比重分别降为 64.4% 和 16.5%;再次,提高能效,加大研发力度,采用高新科技,加快更新换代步伐。

表 6-3 俄罗斯电力发展规划

目标指标	2008	2020	2030
核能发电、水力发电和再生能源占整体能源结构的比例	32.40	32	36.50
煤占热电站燃料的比例	28	30—31	31—35
由煤作为热电站燃料的平均能源效益	34	>38	>41
由天然气作为热电站燃料的平均能源效益	38	>50	>53
核能发电的平均能源效益	32	>34	>36
三氯乙烯的排放(包括固体、一氧化碳、二氧化碳和二氧化硫)	10	6.4—6.9	6—6.3
电网损失	11	≤10	≤8

资料来源:谢文心,略论俄罗斯电力市场化改革与中国投资应对举措[J]. 经济问题,2010年第10期。

但是,如果以电量消耗的增长底线年增长2.2%来预测,所需的新的发电机组也将超过1.73亿千瓦。虽然俄罗斯每年在电力市场上的投资不断增加,资源配置不断调整,但这些调整仍然不能满足其日益增长的电力需求。原因主要有:首次,俄罗斯电价无论是居民用电还是工业用电都相对较低,导致电力部门收益较低,电力投资的预期效益无法保证。另外,部分居民用电回收较慢,也导致电力投资资本回收较慢。其次,俄罗斯发电成本较高。其原因是设备老化,缺乏规模效益。再次,俄罗斯输配电系统损耗较高。由于俄罗斯广阔的国土面积,输配系统损耗较高在所难免,20世纪90年代的经济萧条后,落后陈旧的电网设备更是急需大规模修理和新的投资,这都使俄罗斯输配电过程中损耗巨大,损耗率超过11%,远远大于其他国家和地区。最后,俄罗斯政府对外资进入国内市场态度保守。政府一直对向国外投资者出售天然气股份抱有警惕态度,所以即使拥有各种丰富的燃料,也无法与国外投资商形成完善成熟的气电联合或煤电联合的产业链。国外资本的进入十分困难。

为满足不断增长的需求,吸引新的投资进入其电力市场将成为俄罗斯政府迫切需要解决的问题。如何有效地推动和促进俄罗斯电力行业发展、提高电力行业的整体效率,保障电力系统的平稳运行和可靠供应已成为俄罗斯必须尽快解决的重要课题。因此,这将促使俄罗斯政府重整电力市场,出台新的投资和更为有效的保障政策,以吸引新的资金投入电力产业,加速发展电力市场,满足持续增长的电力需求。

(二)俄罗斯电力市场化改革的历程

1991年苏联解体后,俄罗斯就开始探索电力工业的新体制,参照国际和中国改革实践,1991—1992年,俄罗斯进行了一次“激进式”的电力改革。主要做法是,撤销电力工业部,组建俄罗斯统一电力系统股份公司(RAO)。这相当于中国撤销电力部,组建国家电力公司。所不同的是,俄罗斯对 RAO 进行了整体改制,由国家控股,外国投资者、国内投资者(包括大用户和供电公司)、私人分别占有部分股份,并成功上市。统一电力公司拥有 100 万千瓦以上的火力发电厂、30 万千瓦以上的水力发电站以及地区联合电网之间联络线路 100% 的股份,还拥有全俄 71 家地区电力公司 50% 的股份。电力系统的科研单位、设计单位和建设单位、各大区的调度所也完全归统一电力公司所有。从所有制构成上看,国家股份占 51.6%、私人股份占 5.5%、外国投资者占 30.7%、国内投资者占 11.2%。以此为基础,俄罗斯形成了两个电力市场,即批发市场(趸售市场)和零售市场。批发市场的卖方主体是火电厂、水电厂和有电力富裕的地区电力公司;买方主体是有电力需求的地区电力公司和工业大用户。买卖双方通过批发市场订立趸售合同,由联邦调控委员会负责审核和调控。零售电价由地区调控委员会负责调控。

从结果上来看,这次改革从形式上实现了政企分开,但是究其本质,仍然没有改变 RAO 的垄断地位,却通过资本纽带使得这种垄断地位进一步加强。实际上 RAO 还是电力工业部,并没有失去垄断力量和集中的权力,其只是进行了股份化而已,混乱的股权还为一些个人和财团谋得了私利。这种情况造成发电、供热效率逐年下降,热力价格提高,电力价格上扬,也使地区公用公司的利益受损。基于这种情况,俄罗斯政府对电力体制的改革也在不断讨论和改进中。

1997 年,俄罗斯政府以总统令的形式公布了新的改革方案,但由于论证不充分,方案没有付诸实施。其内容包括,要求竞争性业务与电网业务分离,要求发电企业私有化,电网公平接入,逐步取消电力补贴,提高国家代表在董事会中的地位等改革主张。

2000 年,俄罗斯政府又提出了一个改革方案。其中有诸多设想,例如提出组建独立的发电公司(核电除外),国家只保留电网和调度控制权,鼓励国内外私人投资,停止国家干预电价的行为,在发电和售电环节引入竞争,促进发电企业竞价上网。这次改革方案也未能实施,其主要反对原因是两个。一是对放开电价是否会带来通货膨胀的担忧;二是资产对外出售是否危及国家电力安全、造成国有资产流失的困扰。

2001 年 5 月,经 11 个部门联合协商、反复论证,俄罗斯终于确定了一个在国家控制下逐步向竞争性电力市场平稳过渡的电力市场化改革方案。这 11 个部门包括科学院、州政府、电力工业部、原子能工业部等。该 11 个单位受到 8 人总统顾问委员会的委托,提出了 11 个改革方案,在这些改革方案的基础上,政府充分考虑了电力工业改革工作中各不同利益集团的诉求,制订了最终的方案。

这一方案以国家利益为根本出发点,推动在电力供应系统能够可靠运行的基础上能效的提高,以满足经济和社会的能源需求,保证经济和社会的稳定。为此,俄罗斯政府打算在2004年前撤销统一电力公司和其下属的地方电力公司,放弃对电力价格的国家控制,成立新的联邦电网公司、电力调度公司和发电公司。同时,俄罗斯政府计划通过竞争机制在电力生产者中形成大的电力批发商,并准备建立电力交易所。

改革计划分三个阶段进行,第一阶段为2001—2004年,主要工作是起草和采用一揽子法律规范文件,对电力能源组织进行改革,以及建立电力市场的竞争机制,建设相应的基础设施,为电力市场的运行创造条件;第二阶段为2004—2006年,主要是在欧洲、乌拉尔和西伯利亚地区设立电力能源批发和零售市场,停止对电力能源价格的调节,继续对电力输送费和服务费的调节;第三阶段为2006—2009年,要保证投资资金进入电力领域的竞争部门。

该改革计划强调坚持两个原则和两个步骤,两个原则是指坚持政府对电力工业的控制,坚持国家对垄断环节的影响。而两个步骤是,第一步完善市场结构,打破地方主义和地区垄断,按照竞争性和垄断性业务在RAO内部进行资产重组;第二步是要求RAO退出电力生产和销售领域,建立批发市场和现货市场,逐步放开电价,形成市场运行机制。具体内容为:由RAO直接控制的电厂将合并成5—7个发电子公司,由地区控制的电厂将合并成50—60个子公司。所有输电网将统一由一个单一的联邦网络运行机构管理。地区和联邦调度部门将统一成一个单一的联邦调度单位。整个电力市场化改革计划在8—10年完成,最终实现批发及零售电力市场的完全自由化。

2001年7月11日,俄罗斯政府发布第526号文件《俄罗斯联邦电力工业重组》,明确了改革的各项目标。即将俄罗斯统一电力公司进行拆分,将下属电厂重组为发电公司出售;开放电力市场,吸引国内外私人投资;发展竞争机制,自由定价,国家只保留对电网和调度的控制等。2002年10月,俄罗斯政府向议会提交了电力改革一揽子方案,包括《电力法》、《供电法》、《联邦能源系统法》、《能源安全法》和《自然垄断法》等法案。2003年俄罗斯通过《电力法》,将2008年7月1日确定为改革的结束期限,同时规定电力市场开放有3年的过渡期。从2011年起,电力将按照自由价格出售。

近几年来,在俄罗斯政府的强力推动下,俄罗斯电力市场化改革平稳有序地进行,市场结构日渐清晰。《电力法》颁布后的5年中,逐步实施了电力行业的结构调整,重组发电公司和电网公司,出售政府股权,启动了电力批发市场和零售市场。2008年7月1日,俄罗斯统一电力系统股份公司(RAO)正式宣告退市,停止运营,标志着俄罗斯电力体制改革取得了突破性进展。

（三）俄罗斯电力市场化改革后的市场结构

1. 监管机构

"改革后俄罗斯的电力管理结构非常复杂。联邦反垄断服务局（FAS）负责监视市场与减少市场力；交易管理机构（ATS）负责市场规则的制定与实施，调解市场争议；联邦技术检查部门（FTAS）负责建立技术与安全标准，监督服务质量；联邦定价部门（FTS）负责对国家一级的垄断服务定价，并监督配电服务价格；区域电力委员会（RECs）负责设定配电价格，但是必须事先与联邦定价部门、经济发展与贸易部（MEDT）及地区政府部门交换意见；经济发展与贸易部负责制定规则和价格形成机制。"①

2. 电力行业结构

改革后的俄罗斯电力行业，可以分为基础性部门和竞争性部门。其中，基础性部门包括作为市场运营机构的交易系统管理公司、联邦电网公司及其下属的骨干电网分支机构和地区骨干电网公司、跨区配电网公司、系统调度公司；竞争性部门包括核电公司、水电批发发电公司、6 家火电批发发电公司、14 家地区发电公司、其他发电公司、远东发电公司、垂直一体化的独立地区电力公司、售电公司和检修公司。国家控股比例超过 75% 的有联邦电网公司、系统调度公司、核电公司；控股比例为 50%—75% 的有跨区配电网公司、水电批发发电公司、远东发电公司、独立地区电力公司；其余国家控股比例都小于 50%。

（1）发电环节

RAO 的发电资产重新整合为两种类型的跨区发电公司：批发发电公司（WGC）和地区发电公司（TGC），此外还包括国有独资的核电公司、远东发电公司以及各垂直一体化的独立地区电力公司所属的发电企业。2005 年 3 月，批发发电公司成立，这 7 家公司的主要业务是发电，有 6 家公司由火电发电公司形成，剩余的 1 家由水电公司组成，这 7 家公司业务范围不受限制。2005 年 8 月，地区发电公司成立，主要由热电联产的发电厂组成。改革要求将水电批发公司 40% 的股份出售给私人投资者、俄上市公司和外国企业，同时，火电批发发电公司 50% 以上的股份以及地区发电公司的全部股份也将出售。到 2008 年 1 月，重组目标已部分实现，其中水电批发发电公司的组建进入了第一阶段，所有火电批发发电公司和地区发电公司的原定重组目标都已完成。

（2）输电环节

成立于 2002 年的俄罗斯联邦电网公司（FGC）是 RAO 的全资子公司，负责全国主干电网的运营。2008 年 7 月 1 日，俄罗斯联邦电网公司成为独立的公司。联

① 栾凤奎、郭磊、马莉、魏玢、柴高峰，俄罗斯电力改革进程及分析[J]. 电力技术经济，2009 年第 2 期。

邦电网公司主要负责所有高压(220千伏及以上)输电设施的运行。其资产来自原来属于各地区电力公司的输电资产,主要通过融资或国家贷款的方式购买而来。根据改革方案,联邦电网公司76%的股份由国家持有,私人投资者、俄上市公司和外国企业拥有其余24%的股份。目前联邦电网公司的组织结构如图6-8所示,共拥有8个骨干电网分支机构,分别是中心区骨干电网、南方骨干电网、伏尔加骨干电网、西北骨干电网、乌拉尔骨干电网、西西伯利亚骨干电网、西伯利亚骨干电网和东方骨干电网。8个骨干电网分支机构下设36个地区骨干电网公司。另外,联邦电网公司还拥有电力科技中心股份公司、电力通信股份公司、电网专业股份公司、电网服务总股份公司、电力建设与供应股份公司、工程管理股份公司等直属子公司和附属公司。联邦电网公司的主要收入是收取输电费,市场监管机制和电价体系是否公平,投资回报率是否合理是其运营的关键所在。

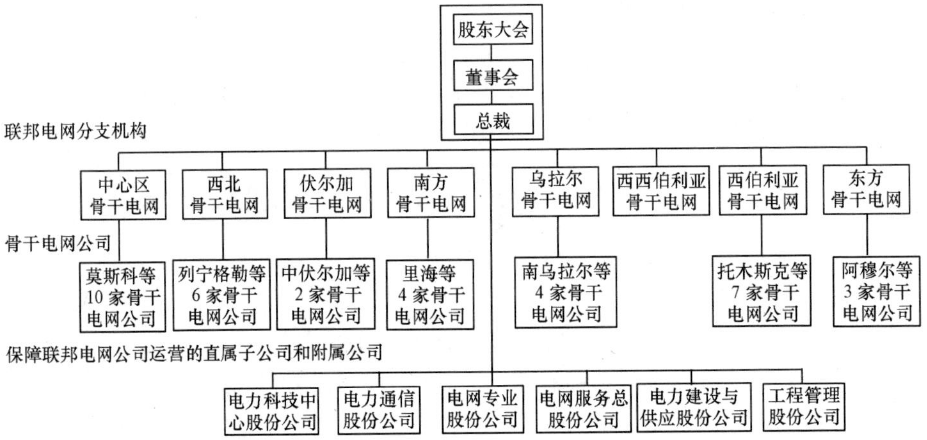

图6-8 改革后的俄罗斯联邦电网公司股权结构

通过改革,俄罗斯的电网投资迅速恢复,电网建设呈现蓬勃的活力。根据俄罗斯政府通过的电力工程项目建设的总体规划,2008—2010年计划建设的输电线总长1.4万千米,变电容量6864万千伏安。

(3) 配电环节

11个跨区配电网公司(IDGC)由各地区电力公司的配电网资产重新组建(除远东IDGC外),并下设57个地区配电公司(DGC)。按照改革方案,由跨区配电网控股公司代表国家持有超过50%的股份,其余将出售给投资者。2007年,跨区配电网公司的股份委托联邦电网公司暂时管理,目的是更好地运营配电网,保证电网的可靠性。在2008年5月21日,跨区配电网公司的管理权转给了俄罗斯统一电力公司内部成立的跨区配电网控股公司。跨区配电网控股公司在统一电力公司被拆分后,成为独立公司,负责电网的运行。

（4）售电环节

售电公司的主要业务是从批发和零售市场购电，以向其他各方出售电力。其部分由地区电力公司改组而成，部分由其他公司出资成立。按照改革方案，改革完成后，所有股份都将出售给私人投资者、俄上市公司和外国企业，国家将不再持股。每个地区的责任供电商（Supplier of Last Resort）将为辖区内的任何电力用户提供电力服务。这种责任供电商由地方政府指定，作为保底供电商存在。

（5）调度机构

系统调度公司作为一个独立的公司，其主要业务是负责对全国电力系统进行调度。在俄罗斯设立7个联合调度局（各个联邦区各占一个），7个联合调度局下设57个地区调度局。为了保障电力系统安全，俄罗斯政府正考虑将系统调度公司和联邦电网公司二者合并。

（6）交易机构

俄罗斯交易管理机构（ATS）成立于2001年，是市场的运营机构，是一个非营利性质的合伙企业，国家所持股份少于50%。主要职责是管理现货交易，现在负责过渡性“5—15”市场的运营①。金融结算中心是交易系统管理公司的全资子公司，不仅负责组织批发市场的合同交易，同时还负责签订市场成员间的财务协议。交易管理机构是资本化的，包括俄罗斯统一电力公司、其控制下的发电公司以及其他包括某些大用户在内的公司等28个合法组织，这些组织拥有相同的股份。4个发电商/供应商、4个用户/销售者及4个公众代表（2个来自联邦能源委员会（FEC）或类似机构，2个来自杜马）构成了交易管理机构的咨询/监视部门，该部门可以通过某些方式影响某些技术环节，但大多数的政策决定仍由且只能由28个所有者组成的股东大会做出。截至2007年12月31日，共有227家市场成员参与该交易体系。

3. 电力市场建设

俄罗斯电力市场建设包括建立批发电力市场和零售电力市场。

（1）批发电力市场

2003年10月24日，俄罗斯批发电力市场在欧洲区和乌拉尔区正式开始运行。全国统一的电力市场模式被俄罗斯所采取，用于批发电力市场建设。在批发电力市场中，从卖方看，其可将发电量的15%在市场中进行交易，买方则可以从市场购买相应的电量，但是存在一个限额，这个最高份额不超过其供电量的30%。2005年5月1日，“5%—15%”自由交易量的过渡批发电力市场模式在西伯利亚

① 5—15市场是指实际上采用了类似市场的机制，并允许占总量5%—15%的电力在其中进行交易的市场的简称。

统一电力系统内启动。至此,俄罗斯批发电力市场形成了欧洲价区(包括乌拉尔在内)和西伯利亚价区2个价区。

2006年9月1日,俄罗斯新的电力批发市场和零售市场开始运行。电力价格由国家监管逐步向由市场竞争决定过渡,是新的批发电力市场的主要目标。

按照电力市场建设的规划,日前集中竞价交易和自由交易的电量将逐步增加,并最终取代受监管的合同交易,逐渐摆脱新的批发电力市场建立初期,电力交易主要以受监管的合同交易为主,日前集中竞价交易和自由交易为辅的局面。

(2)零售市场

零售市场主要由用户、责任供电商、售电公司、发电企业和其他组织等构成。2006年9月,零售市场正式运行,其售电价格存在市场价格和管制价格两种。市场价格主要随批发市场价格的变动而变化,并设有最高和最低价格。在电力市场建设的过渡期,向居民用户售电采用的是管制价格,这种价格主要由政府根据批发电力市场的价格制定。

(四)俄罗斯电力市场化改革的特点和经验

俄罗斯电力体制改革的核心和基本目标可以概括为:保证实力雄厚的俄罗斯电力工业继续提供可靠、长期而充足的电力供应以及合理的环境标准;形成市场化电价制定机制,促进电力行业提高效率,改进管理和服务,使公众从中获得利益;提高俄罗斯整体经济效率,进而提高俄罗斯的国际竞争力。

为了实现这一改革目标,俄罗斯从四个方面进行了改革:

(1)彻底拆分电力工业的各个环节

通过改革,打破垂直一体化结构,彻底拆分了RAO的发、输、配、售环节的业务,成立调度机构、交易机构、检修和研究设计机构等独立公司。推进民营化,对原有的国有电力企业实行股份制改革,打破垄断局面,试图形成众多平等的竞争性的电力市场主体。

(2)私有化电力竞争环节

俄罗斯通过吸引大量投资来推动俄罗斯落后的电力基础设施改建。新一轮改革将水电批发发电公司40%的股份、火电批发发电公司50%以上的股份以及地区发电公司的全部股份和所有售电公司进行出售,筹集建设资金。

(3)国家控制输配电网

继续保持国家对输电、配电等垄断环节的控制。国家在联邦电网公司中的股份在75%以上,在跨区配电网公司中的股份也超过50%,其余股份实现多元化,为电网建设筹集资金。

(4)逐步扩大市场范围

打破行政区划界限,在基础设施较为完善的欧洲部分建立电力批发市场,以建立全国统一的电力市场为目标,不断扩大电力市场范围。首先由欧洲部分的中央、西北、南部、伏尔加河沿岸、乌拉尔5个联邦区开始运行批发电力市场,然后在西伯利亚区逐渐开展电力交易。俄罗斯政府综合考虑了各联邦区不同的经济状况、电力消费、气候条件等,根据各区间的输电能力强弱,输电成本高低,采取分阶段、逐步建设的步骤。

与中国推进电力市场化改革十分相似,俄罗斯一样处于经济体制转轨时期,电力工业需要快速发展;一样是幅员辽阔,具有区域性电力公司;一样是要改变传统的计划经济体制,建立电力市场运行机制。因此,俄罗斯改革实践为我们提供了许多新鲜经验和重要启示。

(1) 政府推行有力

俄罗斯的电力体制改革是在政府的强有力的推动下实行的。在方案确定之初,由普京总统亲自组织电力工业改革工作组,组织专家顾问委员会,调整各利益集团的意见,可见其重视程度。政府也多次召开高层相关专题会议进行讨论,议会上下两院积极参与,提出建议。其后改革方案的执行也离不开政府强有力的推动。

(2) 立法先行

通过立法,为电力市场化改革进程提供保障。在法案中明确改革的步骤和预期,既可增加人们对改革的信心,也在一定程度上保障改革的效果。2003年,普京总统签署了包括拆分RAO、放开电价、建立竞争性电力市场等方面在内的五项法案。其中提出了电力体制改革的长期目标及过渡性方案。长期目标是到2008年,完成电力资产重组,建立合理的电力市场结构;到2011年,建立比较完整的电力市场运行机制。

(3) 明确目标,不断推进

建立适合电力行业特点的市场运行机制,是俄罗斯推进电力改革的目标。在改革进行中,所有的改革措施都是围绕着这一明确的目标进行的。坚持将高压输电、低压配电和电力调度界定为垄断性业务,并由国家所有和控制;将发电、售电、维修服务等界定为竞争性业务,坚持推进产权私有化。通过分别组建输电、配电、供电公司,成立系统交易系统管理所和系统操作公司,鼓励大用户直接购电,建立了一套较为合理的运行机制,为建立有效的电力市场奠定了良好的基础。

(4) 进行电价改革

电力体制改革的核心是电价改革,理顺电价形成机制是电力市场化取得成效的关键所在。在电价改革方面,俄罗斯政府允许燃料成本根据通货膨胀的变化进行相应调整,但是仍然进行价格管制,并且规定发电企业与供电企业之间的双边合同可以一年一订。随着市场化改革的不断推进,价格管制将被逐渐放松,居民电价将根据情况适度提高,交叉补贴将减少。电力买卖双方可以进行自由定价、签署长期合同,通过现货市场进行实时交易与平衡,而国家只承担规定最高限价和进行监管的责任。

第四节 亚太地区电力价格市场化改革

一、日本电力价格市场化改革

(一)日本的电力工业

日本是世界上电力工业最发达的国家之一。装机总容量和年发电量均居世界第三位。作为一个国土面积不大的岛国,其本土能够用于发电的资源尤其缺乏,处于发电燃料完全依赖进口的状态。从1951年实行电力工业重组的半个世纪以来,日本政府为发展电力工业,支持本国经济,密切关注世界能源局势的变化和发展趋势,从国情出发,不断调整本国电力工业政策与改革思路,使电力工业逐步发展起来。

90年代,其他国家和地区的电价并没有降低,也并没有加大核电投资的趋向,然而,日本的电力工业一直在逐渐地取消管制,目的在于降低电价;同时,政府鼓励使用核电,通过核燃料的再利用来降低日本对进口电力燃料的依赖。考虑到过去几十年中发生的一系列核电事故,核电投资的安全性关系本国人民的切身利益,而日本政府并没有通过研究和投资等措施加强核电站的安全性,甚至通过一些手段掩盖核电站的不安全性。这些为2011年3月发生的"福岛核事故"埋下了伏笔。

1. 电力工业管理

1951年,日本建立了九个电力公司,即东北、北海道、东京、北陆、中部、关西、四国、"中国"①和九州电力公司。九大电力公司与冲绳地区的冲绳电力公司一起,分别管理全国十个区域的发电、输配电建设和运营业务,成为十大电力公司。1952年和1957年,日本又先后建立了电源开发公司(EPDC)和原子能开发公司(JAPCO),从事水电、煤电和核电的开发。EPDC公司和JAPCO公司是仅次于十大电力公司的公用事业单位。

2. 电力的生产

由于能源匮乏,日本的能源利用率一直较高。1973年石油危机之前,日本全国发电量年增长率一直保持在10%以上,发电量由1951年的473.5亿千瓦时增长到1973年的4 703亿千瓦时,总装机容量由1 084万千瓦增长到9 550万千瓦,年发电量和总装机容量仅次于美、苏两国。石油危机发生后,日本迅速调整了能

① "中国"为日本对其中部地区的称呼。

源政策，逐步摆脱了过分依赖石油的局面，使电能生产又出现了稳步增长的势头，发电量年平均增长率为5%左右。调整能源政策后，能源结构发生了变化，油电比重从1973年的72.0%，降低到1980年的44.8%。70年代中期，日本开始大量进口天然气，使天然气发电比重从1973年的3.0%增加到15.0%。到1989年，日本发电总量达7 988亿千瓦小时，总装机容量达18 623万千瓦。日本发电用能源占一次能源消费的比重达32.3%，每美元产值的能源消费仅为0.7千克标准煤，是世界上能源利用率最高的国家之一。

3. 电力系统

随着日本发电装机容量的迅速增长和全国联网的需要，在超高压交、直流输电技术方面，日本发展很快。1985年，日本全国拥有500千伏线路6 841公里，变电容量为9 867万千伏安；275千伏等级线路24 697公里，变电容量为8 994万千伏安。电力系统的发展以九大电力公司电力系统为基础，并于1980年形成了全国统一的电力系统。统一系统采用500千伏主干线。东、西部电力系统分别以50赫兹和60赫兹运行，由两个直流背靠背[①]变频站互联，北海道和本州之间采用直流海底电缆互联，最终采用双极±250千伏输电线路。日本超高压输电的特点是输送距离较短而输送容量大，500千伏输电距离一般在100—200公里，采用耐热铝合金导线双回路，可输送1 000万千瓦以上电力。大城市电力系统均采用500千伏、275千伏环形供电线路，并以275千伏或154千伏高压线路引入市区，广泛采用地下电缆系统和六氟化硫(SF_6)变电站。由于大容量输电的需要，日本对1 000千伏特高压输电中的绝缘配合、避雷器、杆塔和导线布置等装置做了非常深入的研究。此外，日本中央电力研究所在的盐原实验场，通过模拟试验评价了±500千伏输电特性、经济性、环保特性等技术因素。

4. 电力市场情况

日本政府在1995年12月对发电市场实施了趸售自由化，允许新的发电商进入电力市场，并确定了零售供电商参与的条件，设立电力零售企业。2000年3月，进一步实施了对特大用户零售自由化的改革政策。2003年6月对电力事业法进行了修订，保护电力用户利益，增加了用户选择供电商的自由，确保电力供应。这

---

① 背靠背：直流背靠背作为高压直流输电的一种特殊方式，将高压直流输电的整流站和逆变站合并在一个换流站内，在同一处完成将交流变直流，再由直流变交流的换流过程，其整流和逆变的结构、交流侧的设施与高压直流输电完全一样，具有常规高压直流输电的最基本的优点，可实现异步联网，较好地实现不同交流电压的电网互联，将两个交流同步电网隔离，能有效地隔断各互联的交流同步网间的相互影响，限制短路电流，且联络线功率控制简单，调度管理方便。与常规直流输电比较，其优点更突出：(1) 没有直流线路，直流侧损耗小；(2) 直流侧可选择低压大电流运行方式，以降低换流变压器、换流阀等有关设备的绝缘水平，降低造价；(3) 直流侧谐波可全部控制在阀厅内，不会产生对通信设备的干扰；(4) 换流站不需要接地极，无需直流滤波器、直流避雷器、直流开关场、直流载波等直流设备，因而比常规的高压直流输电节省投资。

些措施为日本电力市场化的改革指明了方向。在2004年4月,日本对500千瓦以上的用电大户又扩大了电力零售市场的自由化程度,实施更为宽松的政策。

日本在2003年以前对大用户进行零售市场部分改革,允许装机在200万千瓦以上的电力企业作为"趸售电力企业",将其所发电力出售给电力公司,并且要求电力公司在购买趸售电力企业电力的同时,对一定规模以上的稳定趸售电力,必须通过招标方式筹措电源。同时,"趸售电力企业"可利用电力公司的输电线路向其他电力公司送电。"特定规模电力企业",简称PPS,是指按特定规模需求供电的企业,它没有自己的电网,必须借助电力公司的电网进行供电,主要对象是自由化用户。

日本要求大用户的电价由供电者与用户协商决定,政府不干预。但对某些无法达成交易的大用户,则由该区域的电力公司供电,执行保障条款中规定好的价格。这些"趸售电力企业"向其他电力公司趸售供电时,或者由PPS向自由化用户零售供电时,需要借助电力公司的电网。电力公司制定上网输电条款,呈报给通产大臣,以保障电力公司与PPS之间的公平竞争。上网托送需要扩建设备超过一定数额的,则由PPS负担。

当越来越多的PPS通过电网输电,更多的用户要求扩大大用户直供的范围,使得日本电力市场化改革的进一步深入,最重要的特点就是设立中立机构,这些机构负责制定透明的规则,并对电网运行情况进行监督。日本还成立了电力交易所,所有的电力交易都通过这个交易所进行,而这个交易所的性质不是国家机构,而是独立的民间组织。

根据2003年修订的《电力事业法》,在2004年年底,日本用电合约规定,电压在50千伏以上、容量在500千瓦以上的必须由用户进行自由选择。2007年4月以后,零售竞争范围扩大到居民用户。

5. 电源结构

日本电力生产以火电和核电为主。2001年,大约33%的电力来自核电。近年来,日本核电出现了一些问题,但仍计划在未来建设更多的核电容量。2011年的核电站事故给日本的核电发展造成了很大的影响。

一直以来,日本都在积极发展可再生能源,特别是风能和太阳能。2002年4月,日本政府通过了建立可再生能源最佳组合标准的立法,2002年底,风电装机容量已达340兆瓦,远远超过了1999年20兆瓦的总容量。

6. 日本的电网

除冲绳以外,日本以九大电力公司管辖区域为基础形成了九大电网。从1960年开始日本开始实施电网互联工作,目前已基本上实现全国联网。日本的电网系统由50赫兹和60赫兹两部分构成,其中北海道、东北和东京三个电网使用50赫兹的系统。东京和东北两电网之间用500千伏输电线互联,东北和北海道两电网用一条±250千伏的海底直流输电线路互联起来。中部、北陆、关西、中国和四国及九州的电网使用60赫兹系统,内部采用500千伏输电线路互联。两个不同频率的系统之间通过佐久间(300兆瓦)和新信浓(600兆瓦)变频站连接,这两个变频站分别由电源开发公司和东京电力公司负责运行。

日本目前运行中的超高压输电线路有5种电压等级,分别为500千伏、275千伏、187千伏和132千伏。东京电力公司目前正在继续修建1 000千伏的输电线路,这条线路的一部分已经按500千伏投入运行,在21世纪初将电压提升至1 000千伏并将整条线路投入运行。

7. 电力企业

在20世纪初,日本大概有700家电力公司。这些公司在第一次世界大战后合并为仅有的5家。在第二次世界大战期间,日本政府将这5家电力公司合并为一个发电公司(Nihon Hassoden KK)和九个配电公司。战争期间电力设施破坏严重,但是战后的电力生产很快增长起来。在1951年,日本还部分处于美国的占领之下,依照美国的国家管理—私人拥有的垄断模式,日本的电力工业进行了重组。日本被划分为9个地区,每个地区有一个私营的企业被授予特权供给公用电力(1972年,日本收回冲绳岛时,供给公用电力的公司(GEUs)增长到10个)。这些公司以一种垂直一体化的模式发电、输电、配电、售电。

(1) 北海道电力公司

北海道电力股份有限公司,于1951年3月1日建立,资本额为114 291百万日元,员工总数为6 044人。北海道电力公司位于日本北海道地区,总面积为83 451平方公里(约22.1%的日本的总陆地区域)。每年电源供应量约270亿千瓦时,分配到370万个家庭(约570万人)。其电力传输线路线总长8 193公里,支撑架构数为47 244座,电力配电线线路总长为66 515公里,支撑架构数为1 440 984座。

(2) 东北电力公司

东北电力公司成立于1951年5月,成立时资本金为9亿日元,到1995年年底,资本金达2 514亿日元,为成立时的279倍。公司为日本东北地区最大的企业,供电面积约为日本总面积的1/5,供电人口约占全国人口的1/10。公司本部设在日本东北最大的城市——仙台市。

(3) 东京电力株式会社

东京电力株式会社(简称“东电”)创立于1951年5月1日,是一家集发电、输电、配电于一体的巨型电力企业。资产总额达14万亿日元,员工人数4万余人。日本东京电力株式会社是日本九大电力公司之一,也是世界上最有名的电力公司之一。东电企业规模占日本全国电力行业的三分之一,电网主要覆盖东京及周边

8县。共拥有发电站188所，总装机容量为5 884万千瓦。其中火力发电站24所，装机容量为3 303万千瓦；原子能发电站3所，装机容量为1 731万千瓦；水力发电站160所，装机容量为851万千瓦；风力发电站1所，装机容量为500千瓦。此外还拥有1 542座变电站。东电还拥有若干子公司，业务范围涉及设备维护、燃料供应、设备材料供应、环保、不动产、运输、信息通信等行业。东京电力公司供应和服务的用户超过2 400万，是世界上最大的私人电力企业。

（4）中部电力公司

日本中部电力公司成立于1951年，总部设在日本中部地区的Nagoya市（日本第四大城市），为中部地区5个县的1 660万人口提供电力，是日本第三大电力公司。

（5）关西电力集团

关西电力集团成立于1951年5月1日，日本电力工业组织也成立于同一年。1957年为研究开发原子能发电，设立原子能部。1961年鸣门海峡横渡送电成功。1963年黑四发电所竣工。1970年关西电力集团最早的原子能发电所美浜发电所1号机运行。1981年最先把TQC（全面质量管理）导入电力业。2000年修改《电气事业法》，开始电力的小卖部分自由化。关西电力是日本最大的能源公司之一，为整个大阪、京都、奈良、和歌山辖区及岐阜等部分辖区供电，供电面积达到28 700平方千米。最大输入为1 579.91亿千瓦时。公司利用核工业的发电量大约占到了其全部发电量的50%。

（6）九州电力公司

九州电力公司拥有水力发电厂138家、地热发电厂5家、原子发电厂2家。供电地域包括福冈县、佐贺县、长崎县、大分县、熊本县、宫崎县、鹿儿岛县。

日本的批发电力市场主要由上述电力公司GEUs占据（75%），但是还有一部分由其他电力公司供应，称为批发电力公司（Wholesale Electric Utilities），其中最大的是电力发展公司J-Power，1952年由政府创建，其目的是增加全国性的电力供应，因为当时十大电力公司没有足够的财力满足电力需求。它是由政府拥有的并且由政府出资建造的输电线路，在运行的发电站总共有67家。

另外，主要的电力批发企业是日本原子电力公司（Japan Atomic Power Co（JAPC）），1957年与GEUs，J-Power合资创立，主要为了提高行业利益，促进核电商业化，进口核电反应堆。它拥有52个发电站（其中一个已经不再运行）中的4个。另外，在日本战后高增长的时期，GEUs、钢铁企业和其他工业企业合资建立了许多热电厂。市政府也经营自己的发电企业，尤其是水力发电企业。

1994年GEUs供应了日本零售电力市场的90%。另外的10%是由自产电力者生产的。这些自产电力者包括造纸工业、化学工业、钢铁和石油精炼工业，通常是使用它们在生产过程中产生的蒸汽来发电。工业用户大概生产了它们用电需求的28%来降低生产成本。

特别供应项目供应了大概3%的电力直接给特殊用户。这些特别供应项目包括市政委员会为它们自己的公寓供应电力,公司为它们自己房屋和建筑物供应电力,还有关系密切的公司之间的电力供应。

直到1995年,在《电力工业法》(1964年由自然资源和能源公共事业部颁布)的作用下,电力工业得到严格管理。严格管理的目的在于保护公共利益,保护国家安全,防止污染,促进电力部门的发展,保证私营的电力公司不利用垄断的权利去敲诈消费者,保证公众用电安全。虽然这些条例并不保证GEUs的垄断,但是要求GEU保证它能供应足够的电力去满足一个地区的需求并且不增加已存在的电力容量。这些从本质上保证了地区间竞争企业的建立。

反过来说,这些电力公司就不得不满足由国际贸易和工业委员会(MITI)核准的利润要求。这个要求是建立在一个回报的标准利率水平上,就像美国的电力公司的例子一样。这十个电力公司通过交换和彼此间及时的供应电力来保证电力需求的满足。地区间的网络通过彼此连接来满足这个要求。同时,电力公司也进行合作以研发新技术和建设电力采购系统。

除去水电,日本几乎没有用来发电的本土资源,所以对于进口的依赖性很强。日本主要的发电原料在1970年之前都是石油、煤和天然气。日本在20世纪50年代之前主要依靠天然气发电,之后石油使用开始扩大,因为那个时代石油价格很低,并且石油发电站可以很快地建立起来以跟上战后经济增长的速度。1973年石油发电供给达到顶峰,占到整个电力的74%,然后随着第一次石油危机的出现而很快地下滑。

受1970年石油危机的影响,石油成为一种昂贵的燃料资源,日本开始采取电力燃料多样化策略,更多地依赖核能和液态天然气(LNG)。除了冲绳电力公司以外,所有的电力公司都在建造核电设施。现在,水力发电、核电、煤炭和天然气发电被用作中低负荷时的燃料承担电力供应,同时,石油被用作电力需求高峰的燃料并补充水力短缺时的发电。日本正在运行的52个核电反应堆供给了日本三分之一的电力,使得日本成为世界第三大核电装机容量国家,第一和第二分别为美国和法国。据预测,到2012年核电将提供日本41%的电力。但是2011年的核电站事故使得这个预测发生了改变。

(二)日本电力价格市场化改革的历程

1. 日本电力市场化改革

2003年,日本电力工业的规模处于世界第三位,全国共有18 000多座电厂,总装机容量为2.35亿千瓦,其中火电占61%、水电占19%、核电占20%。除冲绳外九大区域性电力公司的电网之间实现互联。

一直以来,日本实行的是各电力公司分地区发输配售的垂直一体化体制,日本的电力公司全部属于私有(民营)企业。1995年,日本的电力市场化改革开始进行,此前,日本一直实行传统的电力管理模式,即各区域电力公司分地区垄断进行经营,属于发输配售一体化的企业组织形式。不仅国际电力市场化改革潮流对日本电力市场化改革产生了影响,日本国内各界对高电价的不满,通信、金融等行业放松管制的成功,也对电力市场化改革起到了重要的促进作用。

截至2005年,日本已完成了三个阶段的电力改革。自改革十年来,日本全国平均电价下降了27%,如果剔除燃料价格变动因素,电价也下降23%。从1995年起,日本引入IPP,到1997年开始讨论大用户开放供电问题。从2000年开始,用电负荷2000千瓦以上的大用户均可自由选择供电商,这部分大用户占到电力总需求的30%左右。从2004年4月开始,500千瓦以上的大用户可自由选择供电商;2005年4月开始,50千瓦以上的大用户可自由选择供电商,这部分大用户包括除家庭用户以外的所有大用户,大约占电力总需求的三分之二。

在日本,明确输配电价是用户可以自由选择供电商的前提,也就是“过网费”。虽然日本各大电力公司都实行垂直一体化体制,但是在一体化公司内部,发输配售四个环节都分别实行严格的财务分离制度,这个制度就为后来改革时各环节明晰成本和合理确定“过网费”提供了基础。如何确定“过网费”呢?由政府制定规则,再由输配电企业遵照规则进行测算,最后报政府批准执行。

日本经历了三次电力市场改革。第一次电力改革从1995年开始,主要措施是放宽发电市场准入,发展独立发电商IPP,同时开放部分电力用户,改革电价制度,IPP可以进入售电市场直接向用户售电。

四年后,日本实行了第二次电力市场改革,主要措施是进一步开放用户,2000千瓦及以上用户可以自由选择电力公司购电,这部分用户约占30%。同时开放电网的代输电业务,促使电力公司展开竞争。

开放五年后,即2004年,日本实施第三次电力市场改革,扩大销售环节的市场化,参与市场的用户达到63%,设立中立的电力系统利用协议会和电力趸售交易所,以保证输电网络的无歧视开放及公平使用,实行统一的输电收费制度。用户和发电企业(或电力企业)商定日本大用户的电价,并按相关规定缴纳过网费;对于小用户,电价由政府管制,电力公司提价要报政府审批,降价要求向政府备案。同时,政府对电力企业内的输配电网络的经营实行成本管制制度。

日本电力市场改革的具体内容:

(1) 在发电环节引入独立发电商IPP

由于日本国内要求解决电力高成本和缩小国内外电价差距的呼声不断,以及国际上对电信等垄断行业放松管制,进行改革的潮流产生了广泛影响,20 世纪 90 年代初开始,日本正式讨论电力行业的自由化问题。到 1995 年,日本修订了电力法,确立了独立发电企业的法律地位,初步放开了发电侧准入的大门。

(2) 逐步实行售电侧放开

1999 年,日本修改了电力法,开放大宗用户的零售竞争市场。2000 年 3 月允许容量 2 000 千瓦及以上且供电电压 20 千伏以上的用户自由选择供电商,这部分用户主要是大型工厂、商场和写字楼,占到总用户比例的 26% 。2003 年 6 月,日本又对电力法进行了修订。2004 年 4 月,允许合同容量 500 千瓦以上且供电电压 6 千伏以上的用户自由选择供电商。这时,可以自由选择供电商的用户的用电量占总用电量的比例达到 40% 。2005 年 4 月,允许合同容量为 50 千瓦以上且供电电压达到 6 千伏以上的用户自由选择供电商,可以自由选择供电商用户的用电量比例达到 63% 。

(3) 废除调拨供电费制度

2005 年 4 月,为了促进跨区交易的发展,实现用户可以不受供电服务区域的约束来选择供电公司,日本政府废除了“调拨供电费制度”,相当于中国的过网送电费。这项政策性措施降低了中间成本,加速了市场化进程。

(4) 建立输配电中立监管机构

按照 2003 年 6 月修改后的电力法的规定,2004 年 2 月成立日本电力系统利用协会(ESCJ),该协会于 2004 年 6 月被政府指定为日本唯一的“输配电等业务支援机构”,成为中立监管机构。为确保输配电业务的公平性、透明性和中立性,日本电力系统利用协会由中立者(主要是教授、学者)、PPS、一般电力公司、电力批发公司、自备电厂等成员组成。日本电力系统利用协会的日常管理工作主要由来自九大电力公司轮流派往的人员负责。

日本电力系统利用协会主要开展的工作包括五个方面:制订电网扩建计划、电网运营及阻塞管理等方面的指导性规则;跨区联络线的剩余容量管理、阻塞管理;处理输配电业务方面的纠纷和投诉;公布联络线剩余容量、潮流、故障等信息;制定并发布全国的电力供求状况和电力可靠性评价报告书。

(5) 建立日本电力批发交易所

按照 2003 年 2 月日本经济产业省综合资源能源调查会电力事业分会的报告,日本电力批发交易所(JEPX)于 2003 年 11 月正式成立。日本电力批发交易所主要开展现货交易及长期合同交易,建立的目的主要是形成并公布电力批发交易价格信号,建立有助于电力企业进行电源投资判断的机制,建立各电力企业调剂余缺交易的平台。

日本电力批发交易所于 2005 年 4 月开始运行,根据报告,截至 2006 年 3 月,完成市场交易电量合计10.88亿千瓦时，为日本同期售电量的0.13%。其中，现货交易为9.38亿千瓦时，占86%；长期合同交易为1.5亿千万时，占14%。参与交易的主体必须首先成为日本电力批发交易所的交易会员。截至2006年5月，日本电力批发交易所的交易会员达到29家。

经过电力市场化改革，日本电力工业结构变化明显。在发电环节，趸售供电企业、独立发电企业、电力公司和特定规模电力企业通过电力批发交易市场进行交易，发电侧市场初步形成了竞争；在输配电环节，由九大电力公司负责运行全国的输配电网，提供公平、公开的电网准入和过网送电服务；在售电环节，九大电力公司负责向各自区域内部50千瓦以下的管制用户供电，本地电力公司、其他地区电力公司、特定规模电力企业都可对50千瓦以上的自由化用户供电，初步形成了零售竞争市场。如图6-9所示。

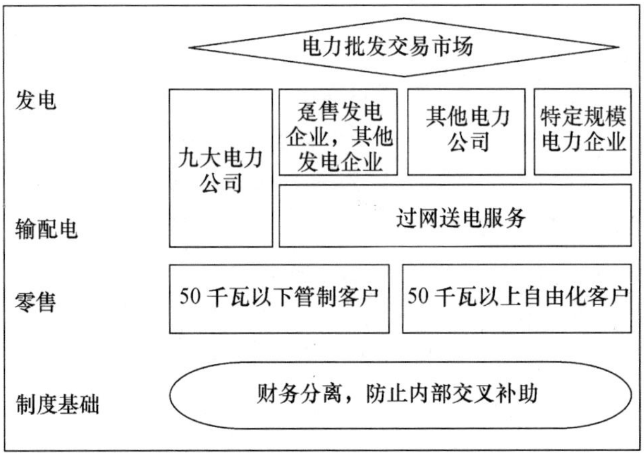

图6-9 日本目前电力工业结构图

资料来源：阙光辉，日本电力市场化改革最新进展及启示[J]. 电力技术经济，2007年第3期。

从日本电力市场化改革的内容和进展来看，在维持九大电力公司发输配售一体化的同时，日本在发电侧和售电侧形成了市场竞争。

首先，改革同时维持九大电力公司发输配售垂直一体化的体制。维持九大电力公司垂直一体化体制是日本电力市场化改革的一个重要特点。其目的主要在于：一是确保日本电力稳定供应。从数据来看，日本的电力负荷全天变化幅度很大，日本政府认为垂直一体化的电力系统更有能力应对这种负荷的剧烈变化。另外，日本属于串联型电网系统，联络线上通过较大电流时容易出现不稳定问题，电力公司之间的大规模电力输送受到很大限制，这就要求各电力公司需要各自保持供需平衡。而且，由于日本电厂和输电线路建设周期较长，缺电时无法及时追加供电能力，日本电力行业业内认为保持垂直一体化体制有利于确保安全稳定供电。二是确保日本本土能源安全。日本的能源自给率非常低，能源消费的超过80%依赖进口，因此日本政府一直在鼓励核电建设。政府认为，保持垂直一体化体制有利于保持供电稳定，在这个前提下有利于促进核电的发展。三是可以协调厂网规划，同时提高输电线路的利用效率。保持发输配售垂直一体化体制可以比较好地协调电厂和电网的建设规划，有利于开展有计划的、整体的发电和电网建设投资，同时有利于昂贵输电线路的有效利用。比较而言，日本输电线电流的密度很大，是其他国家的2—3倍。

其次，改革时进行了改革的量化分析。在电力自由化改革的过程中，日本很重视量化分析，日本电力中央研究所对日本各电力公司垂直一体化体制的经济效益进行了较详细的量化分析。结果表明，相较于厂网分开体制而言，发输配售垂直一体化体制可以节省4%—14%的费用，九家电力公司的数据显示费用节省比例平均为9%。这个量化分析结果对日本选择电力改革方向起到了决策参考作用，一定程度上影响了电力市场化的改革。目前为止，日本是唯一对电力改革的各种模式做过量化分析的国家。

再次，立法先行，再进行改革。在售电侧市场逐渐放开的过程中，日本在1999年和2003年两次对电力法进行了修改，都是经过一年之后，2000年和2004年才分别开始实施具体的改革内容，从立法角度确保了电力市场化改革的权威性和合法性。由于日本本土能源资源非常匮乏，所以日本政府对电力市场化改革的态度也非常谨慎，每次实行电力市场化改革之前均对电力法进行修改，随后才实行相关的改革。两次改革可见一斑。

日本的电力取得了比较明显的效果，可以概括为四个方面：一是日本的电价明显下降，工业用户的电价下降十分明显；二是促进了日本电源的多样化，电力效率和环保等情况都有明显改善；三是在引入竞争的过程中的安全性，电力运行安全稳定，改革十年过程中没发生一起大面积停电或其他事故，电力可靠性获得提高；四是电力市场主体对改革目标的认同，电力企业自律程度比较高，尊重电力消费者权益。

2. 日本的电力市场改革取得了比较明显的效果

(1) 用户电价获得一定程度的降低

虽然发电燃料成本及国际能源价格不断上升，日本实施电力市场化改革以来，日本的电价却获得较大幅度的下降。从数据来看，东京电力公司2005年的电价水平比1996年的电价水平下降了约27%。同时，由于东京电力公司采取积极措施降低过网送电费，与2000年3月相比，东京电力公司2005年的高压用户过网送电费下降了约23.2%，中压用户过网送电费下降了约13%。横向比较来看，

1999 年在售电侧市场放开之前,日本工业电价为美国的 3.7 倍、韩国的 3.12 倍、德国的 2.5 倍、英国的 2.22 倍、意大利的 1.66 倍。在电力市场化改革之后,2003 年日本工业电价仅为意大利的 0.83。相对于其他国家,日本的工业电价也有不同幅度的降低,可见电力改革取得了一定的成果。由图 6-10 可见,日本的电价不断下降,自电力市场改革以来,下降趋势更加明显。电力改革对电价的作用可见一斑。

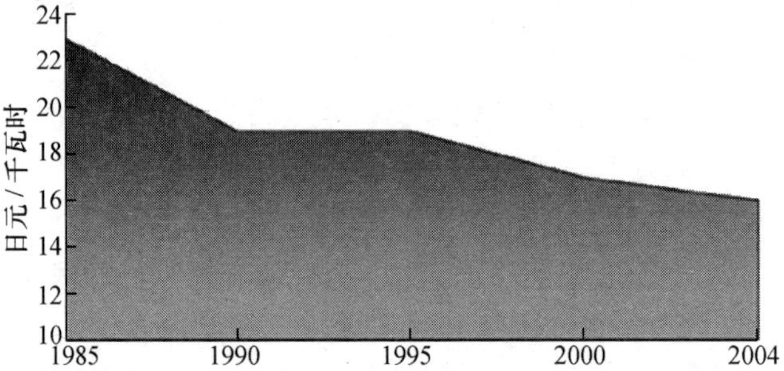

图 6-10 日本历年平均电价水平

资料来源: Minoru Takahashi. The Current Status of Electric Power Industry Deregulation in Japan and the Influence of the California Crisis. *Japan and the World Economy* 14, 2002, p. 343; David Pilling. Tepco Pre-Empts Dereguation with Price Cut. *Financial Times*. 1 October 2004, p. 9.

1999 年,日本规定从 2000 年起实行新的供电政策,任何电力公司都可以以超过 2 兆瓦的电力参与市场竞争,向消费者提供电力,但是总量不能超过市场的 30%。1999 年以后日本电价大幅降低,可以归功于低利率的刺激,也可以看做从 1985 年以来的一种长期的下降趋势的积累,但是电力改革的作用不容忽视。

(2) 日本的供电可靠性保持在较高水平,但其并没有因改革而忽视安全性和可靠性

电力市场化改革以来,日本供电可靠性继续保持较高水平。以东京电力公司为例, 2005 年的户均年平均停电时间为 7 分钟,年停电次数为 0.1 次。电力市场化改革并没有影响供电可靠性,相反,一定程度上促进了安全性和可靠性。

(3) 促进了电力公司与 PPS 之间的竞争

2000 年以来,日本 PPS 售电量逐渐增大,至 2005 年 12 月份,PPS 的售电量已达到约 10 亿千瓦时。其中,PPS 在东京电力公司经营区域的市场份额最高,达到 4.11%。从用户电压等级看,九大电力公司和 PPS 对 20 千伏以上高压用户的争夺尤其激烈,东京电力公司经营区域内有 8.27% 的高压用户(主要是商业用户)由 PPS 供电。电力市场化改革后,日本九大电力公司面临的来自 PPS 的潜在竞争威胁越来越大。对东京电力公司来说,自售电侧市场逐渐放开以来,脱离东京电力

公司的用户一直在增加。截至2006年9月1日,共有1 500家用户、240万千瓦的负荷脱离东京电力公司。目前,东京电力公司已有30%的商业用户选择由PPS提供电力供应。

(4) 改革后客户满意度逐渐提高

九大电力公司的调查结果显示,2005年度,自由化电力用户的满意度为52.2%,受管制电力用户的满意度为47.7%,全体用户的满意度达到50.6%。从结果看,售电侧市场放开是提高客户满意度的原因。

(5) 日本政府对改革的评价

2005年10月,日本经济产业省综合资源能源调查会电力事业分会编写了日本电力自由化改革评价报告,主要结论包括:

对稳定供电的评价。评价委员会认为,虽然日本九大电力公司的电力建设投资自1995年以来持续下降,在日本电力供需基本平稳的条件下,电能质量没有受到显著影响。但同时,评价委员会认为,电力改革后,由于PPS不负责电力供需的实时平衡,这将可能导致电力公司的备用不足,PPS应该和电力公司一起构筑能够确保稳定供电的供应机制。评价委员会同时建议进一步讨论目前向日本电力公司提供供需失衡补偿的问题。

对电力效率的评价。电力市场化改革后,日本电价出现明显下降。评价委员会通过计量经济学的定量分析数据得出,日本电价的下降有40%来自电力市场化改革,电力效率明显提高。

对低碳和环保影响的评价。电力市场化改革后,日本二氧化碳排放量并没有大量增加。为了削减电力行业的二氧化碳排放量,日本九大电力公司、日本电源开发公司、日本核能开发公司等12家公司还制订了"电力事业的环保行动计划"。

(三) 日本电力价格的定价机制

电力收费属于公共收费体系的一部分。公共收费是指由政府和地方公共团体等公共机构直接决定的公用事业和公益事业服务的收费或价格,具体包括以下五个大类:能源(电力收费、燃料收费等);交通通信(交通、电话、邮政收费等);市政服务(水费、垃圾清理费等);教育服务(学费、教材费等);行政服务(行政服务收费、印章证明手续费等)。日本的公共收费体系比较完善,涉及能源、公共卫生、交通通信、教育以及行政五大领域,具有比较好的收费机制。

日本公共收费的历史。战后很长一段时期里,日本在制定公共收费时一直采用"完全成本定价法",即根据商品或服务必要的成本来确定收费标准,企业经营所需费用通过收入来补偿,不再接受外部的补贴,也就是独立核算。这里所说的成本,是在努力推进经营效率的前提下,根据有效经营测算的成本。如果经营主体是民营企业,则还应包含适当的利润。随着近年开展的规制改革的深入,许多公共事业领域进入限制在不断放宽。为了促进公共事业的发展,充分发挥市场竞争的作用,日本逐渐改变"完全成本定价法",推行符合市场竞争要求且更有弹性的收费制定方式。

电力收费变动对于家庭经济产生了较大的影响,这一点可以从日本总务省发布的居民消费价格指数(CPI)中主要公共收费的比重的变动情况来分析(见表6-4)。

表6-4 日本主要公共收费在居民消费价格指数中的比重变动一览表

项目	1975	1985	1995	2000
公房租赁费	19	49	52	27
电力收费	191	269	267	294
城镇煤气收费	93	117	88	88
自来水收费	49	82	83	100
下水道费		19	36	45
清扫费	17	26	20	20
诊疗费	148	119	123	163
铁道运费	137	233	220	154
公交费	45	41	29	29
出租车费	44	36	25	24
航空运费	11	24	38	26
道路收费	8	25	29	44
驾照手续费	3	6	8	2
汽车保险费	34	82	144	180
邮政收费	15	16	15	15
固定电话通话费	183	187	175	180
移动电话通话费				74
运输费		11	19	17
授课费	38	61	61	59
烟草	150	115	72	69
公共收费	1 729	1 903	1 646	1 854
CPI综合	10 000	10 000	10 000	10 000

资料来源:吴著,李咏涛,许光建,日本的公共收费形成机制及其变动趋势[J]. 价格理论与实践,2004年第1期。

从数据可以看出,日本电力收费在CPI中的比重逐年上升,在家庭支出中的比例是最高的。电力价格对家庭支出的影响十分明显。

根据电力的用途划分，日本的电力可以分为以下类型：以居民为对象的家庭用电，以工业为对象的高压电，大规模工业企业用的特别高压电，以办公楼、商店等为对象的商务用电等。日本电力收费制度改革方面的措施主要包括：实施供电合同收费确定申请备案制；燃料费调整；引入地域间竞争；大规模用户供电零售收费自由化；供电合同收费下调申请备案等。日本电力市场准入制度的改革主要表现在扩大电力市场自由化领域方面，包括取消发电企业许可制度，实施特定规模供电企业制度，实施一般供电企业采购招标制等。

目前来看，对商业大厦、大规模工业企业等特定单位的用电收费管制已经逐渐放开，实行自由化对象用电收费的政策；而对家庭、商店、医院、办公楼、普通企业等用电收费仍然实行比较严格的管制，称为非自由化对象用电收费政策。

1. 用电收费自由化对象方式

1995年12月，日本经济产业省制定了称为"特定电力事业制度"的收费方式，主要针对大规模工厂等具体到一个机构、一处建筑的特定单位，收费水平由供求双方达成协议确定，同时需要向经济产业大臣申请备案。2000年3月开始，日本政府对电力收费实行部分零售供给自由化政策，对大规模工厂特别高压用户可以由十大电力公司以外的供电企业提供电力供应，供电价格由用户和供电企业协议决定，决定权交给双方企业。

2. 用电收费非自由化对象方式

这种方式一般采用两部制定价方法，主要针对家庭等非自由化对象，由和用电量无关的基本收费和根据使用量收取的从量收费两部分叠加组成。对于家庭收费采取分档累进两部制，主要划分为120千万时的每月生活必须使用量即一档电量，120—300千瓦时的二档电量和300千万时以上的三档电量。目前中国开始试行的阶梯电价即参考非自由化对象方式，第一档基本水平电价较低，二档按平均水平收费，三档是较高的惩罚性电价。这种累进方式的制度用电量越多，单位电价就会越高。

普通收费目录中，还有时间差别和季节差别等不同种类，比如对夜间用电或者夏季以外的季节用电，收费会相对较低。除了促使人们节约用电，这种方式还能达到维持电力负荷、削峰填谷等目的，从而减少电力成本，进而降低电价。除此以外，为增加电力公司的收入，减轻成本费用压力，如果用户有个性化的需求，经过向政府经济产业大臣申请备案后，还可根据实际情况制定多样化收费目录，比如对扩大用电量，面向特殊条件用户的优惠措施，全电气化住宅收费优惠、账户划转优惠等，可以制定相应的收费目录。

日本十大电力公司通过地域垄断了家庭等非自由化对象的供电，为防止过度垄断带来的高收费损害消费者的权益，这种收费标准在制定和上调时必须经经济产业大臣批准。日本经济产业省制定了标准查定政策,防止十大电力公司恶意提高收费。十大电力公司之间的竞争关系是间接竞争,有时提高收费标准的目的会比较隐蔽。日本经济产业省对电力企业成本进行标准查定的内容包括发电成本、送电成本、一般费用三个指标,根据十大电力公司的效率水平核查其应该达到的效率标准,进而确定电价是否合理。通过效率核查,对十大电力公司进行横向比较,有利于提高电力公司的效率,改善企业状况。当然从公平核查的角度,需要考虑不同区域、不同条件、不同结构的电力公司的情况,区别对待,并进行标准的调整。标准核定后,经济产业省确定的收费标准应该由符合效率经营基础的适当成本加上适当利润构成,在不进行价格歧视的条件下,保证供电企业持续供电的成本,获得适当利润,采用完全成本定价法确认收费水平,制定电价标准。

3. 燃料费调整制度

由于日本资源匮乏,发电企业极度依赖国外石油与天然气的进口,燃料进口价格变动对十大电力公司经营业绩有着决定性的影响。为使非自由化对象部分的电力收费制度能够快速反映出原油价格、汇率变动等影响,1996 年 1 月,日本政府推出了燃料费调整制度,对应于燃料费的变动,电力收费每 3 个月进行一次自动调整。每次调整以海关统计所公布的上上季度各种燃料进口价格 3 个月平均值为依据。例如:某年度 10—12 月的电力收费价格反映的是 4—6 月的海关统计价格水平。另外,此制度还规定,为了避免收费价格频繁地小幅度调整,根据燃料进口价格计算后的电力供应价格相比于原价格的变动幅度在 5% 以内时,不进行调整。这个制度有点类似于我国当前的成品油价格机制。同时,为了防止供电价格的过度波动,经济产业省规定了调整的上限,无论燃料进口价格变动幅度多大,供电价格一次调整的上限为 50%,以保证电力消费者无法负担燃料价格过度上涨。

4. 电网“托送”收费确定的定价方式

考虑电网成本,由于电网设备行业投资巨大,新进入的供电企业一般难以承担如此高额的电网投资费用,而且各自建网容易造成重复投资,浪费经济发展资源,因此,日本经济产业省规定新进入的供电企业必须使用十大电力公司电网进行供电,被称为电网“托送”。

日本经济产业省规定电网“托送”的合同必须得到经济产业大臣的核准,以防止十大电力公司依靠电网垄断,制定高昂的“托送”价格,影响电力行业效率的提高。具体而言,十大电力公司所制定的“托送”价格和其他“托送”合同条款都必须向经济产业大臣申请备案,然后向社会公布。另外规定,十大电力公司不能在此合同的基础上再附加任何条件,如果该电网“托送”合同条款对某些企业产生了不适当的差别对待行为,经济产业大臣应该命令其改正。日本经济产业省规定:电网“托送”收费的确定也采用两部制方案,由与托送电量无关的基本收费,再加上根据托送电量计算出来的从量收费组成。新进入的供电企业对十大电力公司所支付的托送费用,应该根据该托送所必需的费用来确定,费用确定不仅要参考过去的费用实际情况,还要将预期经营效率提高、技术革新、可预见需求变化等因素考虑进来,综合确定合理费用。

日本经济产业省一直在抓紧研究、出台各种政策法规,以保证十大电力公司的电网“托送”合同条款公平、中立,价格合理,尽可能地解决十大电力公司与新进入的供电企业之间,以及营运者之间的冲突和纠纷。相关的政策法规包括向经济产业大臣申述权益制度、《电力业务指南》、《电力业务纠纷处理办法》等。到2002年3月,“托送”业务已涉及10家新进入的供电企业,它们的供电总量在所有自由化对象用电总量中的比重达到0.5%。总体运行情况较好。

5. 日本电力收费水平和电力改革进展

由于1986年起日元不断升值导致原油进口价格降低、1996年实施的燃料费调整制度、电力自由化政策引入了电力公司之间的竞争等,日本电力收费水平出现了不断降低的趋势。根据相关数据,十大电力公司的电费在1996年1月下调约6.3%;1998年2月下调4.7%;2000年10月下调5.4%;2002年4月,东京电力公司下调7.0%;同年7月,东北电力公司也再次下调7.1%。2000年10月,日本国内十大电力公司电价差额中,照明电收费为1.06倍、动力电收费为1.16倍。纵向比较来看,虽然日本国内十大电力公司间的收费标准还存在着一定的差距,但是差距并不大。产生差距的原因有很多,其中1996年1月推出的“标准查定”政策,是导致国内价格差缩小的原因之一。

横向来看,和其他发达国家相比,日本的电价水平还存在一定差距。根据日本内阁府调查研究数据显示,日本标准家庭每月用电量为280千瓦时,从所需费用的内外价格差来看,日本与美国的电价水平差别不大,与英国、法国、德国相比依然较高。2002年,日本总务省以2001年11月为调查的基期,对日本东京的公共收费与欧美主要城市的内外价格差进行调查研究,结果如表6-5所示。

表6-5 2001年11月公共收费的内外价格差(日本东京为100)

种类		美国纽约	英国伦敦	法国巴黎	德国法兰克福
能源类	电力(280 kWh)	94	55	46	68
	煤气(55万 kcal)	47	27	43	47
	上水道	44	90	66	171
	下水道	119	99		217

（续表）

种类		美国纽约	英国伦敦	法国巴黎	德国法兰克福
通信类	国内信件	52	59	56	76
	国内明信片	51	95	89	111
	包裹	185	226	91	78
	市内通话	243	260	225	113
	长途话费(100 km)	76	129	157	101
	国际电话	57	94	57	107
	公用电话	102	70	89	111
	移动电话	66	105	70	83
	ISP	118	132	100	167
	ADSL	134	131	101	124
交通类	普通机票价格	190	130	179	125
	优惠机票价格(最低)	79	25	69	49
	铁路特快票价	246	125	44	96
	铁路普通票价	70	253	110	127
	地下铁票价	115	165	88	77
	公交票价	92	88	71	62
	出租车收费(5 km)	52	74	35	62
公房租赁费		68	39		

资料来源:吴著、李咏涛、许光建,日本的公共收费形成机制及其变动趋势[J]. 价格理论与实践,2004年第1期。

6. 日本的绿色电能批发交易①

在当前低碳全球化和能源问题日益突出的情况下,针对低碳经济的发展和新能源开发利用的要求,日本推行了绿色电能交易批发机制。

根据日本经济产业省2008年11月11日发布的《关于在日本电力批发交易所开展绿色电能交易的规定》,绿色电能交易是指对作为资源的核能、风能、太阳能等产生的电能进行交易。一般公认的"绿色电能"是利用太阳能、风能、生物质能、水能、地热能等资源产生的电能。在日本电力批发交易所开展的绿色电能交易主要包括两大类:核能发电交易与新能源发电交易。2009年4月,通过清洁发展机制实现零排放的火力发电企业也能参加绿色电能交易。

绿色电能批发交易是指以日本电力批发交易为平台或中介,十大传统电力公司或其他新能源公司委托交易所公示招标文书,看到招标文书的买方在交易所的斡旋下与卖方达成购买合同,购买绿色电能。

① 王峰峰,日本绿色电能批发交易及对我国的启示[J]. 中国新能源,2010年第1期。

日本建立绿色电能批发交易主要有两个原因。

第一,出于能源安全的考虑。日本虽然国内资源特别贫乏,却是世界第4大能源消耗国,一次能源的80%以上依赖于进口,从而导致日本的能源供应链特别薄弱,进口依存度非常大。出于能源安全的考虑,日本必须在国内大力开发新能源来替代一次能源并开展新能源方面的交易试点,研究交易机制。2002年,按照《针对电力企业的新能源利用特别措施法》(简称RPS法)的要求,日本开始面向电力企业实施带有一定强制性的绿色配额制度,简称RPS(Renewable Energy Portfolio Standard)。

第二,日本碳减排的需要。根据1997年国际制定《京都议定书》的框架协议,日本温室气体的削减目标是2008—2012年温室气体排放量在1990年的基础上削减6%。日本电力企业二氧化碳排放量约占全国温室气体排放总量的1/3以上,电力行业节能减排是日本面临的最为紧迫的问题,而扩大新能源的利用范围成为减排主要的途径之一。2007年日本主要电力企业自主制定了"碳减排行动计划",并采取了部分减少单位电量二氧化碳排放量的方法。

日本《针对电力企业的新能源利用特别措施法》的主要内容包括:

① 新能源的种类范围。根据日本RPS法第2条第2款的规定,新能源主要包括风能、太阳能、地热能、水能、生物质能,其中水能专指径流式1 000千瓦以下的中小水力发电。

② 绿色配额的义务主体。根据日本RPS法第2条第1款的规定,绿色配额的义务主体包括传统电力公司(一般电气事业者)、特定电气事业者与特定规模电气事业者。

③ 新能源电能利用目标值的设定。根据RPS法第3条的规定,经济产业省大臣根据"综合资源能源调查会"的意见,每4年确定将来8年全国范围内的新能源利用目标值。

④ 配额设定。根据RPS法第4条的规定,供电企业要求每年6月1日前,根据经济产业省行政法规的规定和事先确定的"每年度的新能源电能利用目标率",将当年4月1日到次年3月31日间的配额量算出,并上报经济产业省核准。经济产业省确定该企业配额标准时需要考虑的因素包括:该电力企业前一年度的供电量是基础因素;下一年度新能源利用目标值、引入新能源发电所需的发电设备的普及情况及其他情况是相关辅助因素。

⑤ 完成配额的途径。供电商完成配额可以选择以下两种途径:供电商自己通过新能源发电来完成相应的配额,或者向其他绿色配额主体购买绿色电能配额,即自己发展新能源或者购买相应配额。

日本绿色电能批发交易机制主要由交易主体、交易品种、交易流程、交易单位、交易手续费五部分构成。

① 交易主体。RPS规定,买方仅限于日本电力批发交易所的会员单位。截至2008年11月,电力批发交易所的会员达到40家,这些会员主要由十大传统电力公司与特定规模电力企业(PPS)构成。卖方不仅仅限于这40家会员单位,还可以是非会员的生产上述绿色电能的其他电力企业,如独立发电企业(IPP)、国营水力公司等新能源发电企业、自备电厂等。

② 交易对象。交易对象主要是不排放二氧化碳的绿色电能,包括核能、太阳能、风能等,通过清洁发展机制(CDM)实现零排放的火电电能也包括在内。

③ 交易方式。日本的绿色电能交易是一种批发交易,交易的主体仅限于电力企业。这意味着日本的十大传统电力公司或其他新能源公司以日本电力批发交易所为平台,委托日本电力批发交易所公示招标位数,看到招标文书的买方在交易所的斡旋下与卖方达成购买合同,购入绿色电能。日本绿色电能在JEPX通过电子交易牌交易。电子交易牌公示交易信息,买卖双方根据交易信息进行招投标活动,按照招投标的程序,报价最高的投标方最终中标。

④ 交易手续费。每个月末,日本电力批发交易所会向绿色电能交易双方寄送交易手续费支付请求书,要求支付两项费用:即投标者中标书送达日起,买卖双方根据所记载的买卖电量按0.01日元/千瓦时(税后)的标准向日本电力批发交易所支付手续费。买卖合同送达日本电力批发交易所之日起,买卖双方根据买卖合同约定的售电量,以0.02日元/千瓦时(税后)的标准向日本电力批发交易所支付手续费。

⑤ 取得的成效。数据显示,2003年以来,日本电力企业不仅完成了该年度的配额任务,而且还经常超过该年度目标值。2007年新能源年度配额目标为60.7亿千瓦时,大约占2006年供电总量的0.65%。而2007年新能源实际发电量为74.3亿千瓦时,约占2007年供电总量的0.79%。

7. 面向太阳能发电的固定价格制度

2009年8月,日本正式实施《关于促进能源供应企业扩大非化石能源利用及提高化石能源利用效率的法律》,并从2009年11月1日开始,要求十大传统电力公司用市场两倍的价格收购用户剩余的太阳能电力,即实施了所谓的固定价格制度,简称FIT制度。

绿色配额制度实施已取得较好成绩的情况下,日本政府针对太阳能发电实施专门的固定价格制度,主要由于以下原因:第一,考虑到日本资源匮乏,太阳能是非常重要的国产能源,但发电成本还很高。日本内阁2008年决议通过的《低碳社会行动计划》中明确提到,“日本可再生能源当中,太阳能的潜在利用量特别大,对能源自给率低的日本来说,是非常重要的国产能源”。第二,日本提出的太阳能利用目标较高,考虑到成本和可行性,需要制度作支撑。日本《低碳社会行动计划》中规定,"2020年太阳能利用率是2008年的10倍,2030年是2008年的40倍。利用3—5年的时间,将太阳能发电成本降低一半"。第三,发展太阳能有利于日本经济与产业发展,相应政策显得非常重要。发展太阳能发电有利于推动太阳能电池及相关产业的快速发展,而日本在这些相关产业方面具有很大的技术优势,有利于促进日本地方经济的发展,同时可以在一定程度上缓解日本越来越严峻的就业压力,缓和社会矛盾。

固定价格制度内容较详细,对日本十大电力公司根据政府定价全额收购用户剩余的太阳能电力的事项进行了明确规定。主要内容包括:第一,明确了收购主体,即剩余太阳能电力的收购主体是十大电力公司,不包括PPS、电力批发商等其他电力企业。第二,明确了收购对象。日本将剩余太阳能电力的回购对象分为"家庭用户"与"非家庭用户",非家庭用户不包括以营利为目的从事发电业务的电力批发商、PPS等电力企业。第三,明确了收购价格。向"家庭用户"与"非家庭用户"的收购价格分别是48日元/千瓦时和24日元/千瓦时,是市场价格的两倍。第四,明确了收购时间。考虑到家庭用户10—15年可收回投资,将收购时间设置为10年。第五,明确了由电力用户而非全社会均摊收购费用的转嫁原则。在供用电合同条款中,将收购费用作为"促进太阳能发电的附加金",并作为电费的组成部分,由电力用户公平承担,而不是由全社会承担。

(四)日本的电力市场监管①

日本的电力市场监管机构主要是日本电力系统利用协议会,前文也提到过这个机构。此外,日本另有自律性行业协会组织,即日本电气事业联合会。日本电力系统利用协议会主要承担电力系统各种规则的制定和监管等任务,依据日本2003年颁布的《电力事业法修正案》,该机构于2004年2月正式成立,同时成立的机构还有日本批发电力市场交易所。经过一年多的准备,日本电力系统利用协议会于2005年4月正式开始运行。经济产业大臣指定日本电力系统利用协议会为日本唯一的"输配电等业务支援机关",即所谓中立机关,它以公平性、透明性和中立性为宗旨,核心工作主要包括五项:一是制定有关规则;二是争议处理;三是负荷调度运营业务协调,电力系统利用协议会专设了电力系统监控协调计算机终端,负责此项实时业务;四是信息服务;五是调查研究和宣传活动。人员构成,日本电力系统利用协议会由学术界中立人士(如大学资深教授等)、特定规模独立发电企业、各大电力公司、自备发电企业代表、电力批发公司组成,按照电力企业营业规模征收会费,作为日本电力系统利用协议会的经费来源。

① 阙光辉,日本电力市场化改革最新进展及启示[J]. 电力技术经济,2007年第3期。

二、韩国电力价格的市场化改革

(一) 韩国的电力工业①

韩国是个能源资源极度匮乏的国家,其电力工业主要依靠进口石油和天然气,发电原料的进口依赖度达到90%(加上进口核原料)。韩国的电力系统由多个电压等级构成,是一个统一独立的输电网络,没有和其他国家实现互联。韩国的输电网电压等级包括154千伏、345千伏和765千伏,配电电压等级22千伏。1961年,韩国通过合并三家区域电力公司成立了韩国电力公司,简称KECO。韩国电力公司属于国有电力公司,负责韩国电力工业的规划、资金筹集、建设,以及发、输、配、售电等业务的开展。

1960—1980年,韩国电力的装机容量稳定增长,基本上保持每十年翻一倍的速度。而同时期的韩国GDP年均增长8.6%,总能耗年均增长7.7%,但售电量年均增长率达到19.1%,电力增长率明显快于GDP增长率。1982年,韩国电力公司更名为韩国电力集团公司(KEPCO),之后韩国政府进一步鼓励电力行业的发展,其中核电的发展最为迅速。同时,韩国要求电力公司在原料采购上支持本国煤炭工业的发展,并向出口工业提供廉价的电力,韩国政府给予补贴。为支撑这一低电价发展政策,韩国政府把接近一半的外债投放给了韩国电力集团公司。1989年,韩国电力集团公司将其拥有的21%政府债券卖给了公众,从而使其从一个纯国有公司变成一个公众公司。

从韩国发电公司的组成结构来看,韩国水电与核电有限公司(KHNP)占29.4%,韩国东南电力公司(KOSEP)占11.6%,韩国中部发电公司(KOMIPO)占12.9%,韩国西部发电公司(KOWECO)占11.7%,韩国南部发电公司(KOSPO)占12.2%,韩国东西电力公司占13.7%,其他独立发电商占8.4%(见图6-12)。根据韩国电力交易中心月度市场报告,2006年5月,最大需求时段可用功率为57 108兆瓦,备用容量为8 624兆瓦,裕度是17.8%。从韩国能源构成的发展看,天然气发电和核电将逐步替代煤电和油电的份额,发电机构在不断发生变化,这与韩国政府对电力燃料的支持政策密切相关。韩国政府和电力公司十分重视利用电力进行通信的技术,不断研究以"输电线路信息传播"技术手段对传统的电力网进行改造的方法,希望实现在现有的电力线上传输数据、语音和视频,尽快达到"四网合一"的目的。韩国是世界上首个成功实现了电线通信的实用化的国家,2001年韩国开始试行输电线上网,实现输电线路信息传播。根据韩国对这项技术的预期,信息传播速度期望达到10 Mbps,部分替换信息网络。

---

① 傅胤荣、胡义华、潘永雄,韩国电力市场的改革及对我国电力工业的启示[J]. 电力信息化,2007年第1期。

图 6-11　2006 年 5 月韩国发电商构成

（二）韩国的电力市场化改革

垄断一体化带来的低效率，是促使韩国电力加工业进行改革的主要原因。改革前，韩国电力工业的发、输、配电是一个整体，由国家电力公司一家垄断经营。不可否认，垄断模式在一段时期内对电力工业的资金积聚、集中力量办大事、大规模的滚动发展和避免重复设施、统一电网规划和建设起到了非常积极的重要作用。然而随着电力供应范围的扩大，垄断经营模式使投资效益、经济效率、运营效益低下的弊端都逐步暴露出来，改革迫在眉睫。

具体来看，韩国电力市场化改革的直接因素包括：韩国国内普遍认为国有制和垄断是导致经济效率低下的原因，对国家电力集团公司的效率产生怀疑；对于零售电价的管制造成资金的缺乏；为满足韩国未来的电力需求，在 2015 年前需再增加 45 000 兆瓦的发电机组，大约需要 560 亿美元；1997 年的亚洲金融危机造成资金不足。由于以上原因，电力公司需吸纳更多的民间资金和外国投资，而国际能源资源价格上涨，原料大量依赖进口的韩国政府无法支撑补贴低电价政策的持续执行。

由于以上原因，1999 年韩国工商能源部公布了《电力行业重组基本计划》。这个计划将韩国电力改革的目标确定为：引入竞争，提高韩国电力工业的效率；确保电力供应的长期性、低电价和电力运行的稳定性。电力公司通过提供多种选择来向消费者提供更多的便利和服务。改革计划分为四个实施阶段，如图 6-12 所示。

第一阶段是准备阶段，为 1999 年年初—1999 年年底，主要进行发电公司的内

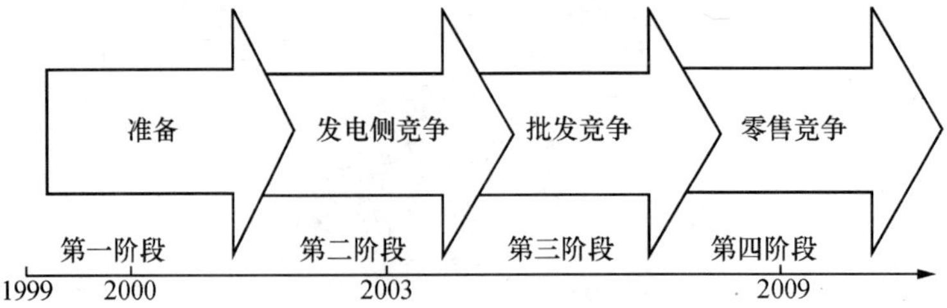

图 6-12 韩国电力行业改革方案

部分离，并建立“基于成本的电力库”作为初步的电力批发市场。第二阶段是2000—2002 年，主要进行发电公司的资产剥离，并通过合理的程序对其进行出售；允许发电公司向大客户出售限定的电量；建立起较成熟的电力批发市场，能产生半小时电价；同时，成立独立的电力管制机构，负责电价监管，确保竞争的公平性。第三阶段是 2003—2009 年，建立起发电公司和配电公司双边竞争的批发市场，允许发电公司向用户直接售电。第四阶段是 2009 年之后，准许消费者根据市场规则选定向任何一家配电公司或电力经纪商购买电力，将选择权交给消费者。

韩国电力市场化改革进展情况。1993 年开始，韩国政府开始对电力部门进行机构改革和私有化，当时韩国电力集团公司将 8% 的股份出售给了外商。1994 年7 月—1996 年 6 月，韩国产业经济研究院和两家会计公司主持的对韩国电力集团公司的评估认为，韩国电力行业应当逐步重组并实现私有化。1997 年 6 月，韩国成立了电力产业重组委员会，着手准备重组工作。1999 年，韩国工商能源部公布了电力工业改革方案。2001 年 4 月，韩国电力公司开始重组，从韩国电力集团公司中剥离出六家发电公司成为全资子公司，同时，成立独立的电力交易中心。韩国电力集团公司本身只负责输电、配电和售电业务。2001 年 4 月，“基于成本的电力库”开始运行。“基于成本的电力库”中包括两个电力市场：一个是为燃煤电厂和核能电厂准备的基本负荷型市场，另一个是非基本负荷型市场。根据需求预测，电力库计算出次日 24 小时贸易的系统边际价格。韩国要求所有的发电商和零售商必须通过“基于成本的电力库”开展电力贸易，发电商的发电容量通过拍卖程序竞标获得。韩国电力集团公司是市场的单一买家，允许符合条件的大客户直接从电力库中购买限定的电量，部分电力经纪商可以不参与该市场。每个发电机组根据预计成本决定调度计划。韩国电力交易中心的发电成本评估委员会定期评估每个发电机组的可变成本、工程费用、固定成本。电力系统采用容量费的方法来促进发电容量的投资和补偿现有机组的成本回收。

2003 年 4 月，由于缺乏公众的理解和支持，韩国政府在电力市场改革进展到第二阶段即发电侧竞争运作两年后，也即金融危机解除后，暂停了改组工作。

2003年8月14日发生的北美大停电事故加重了韩国民众对竞争市场环境下供电产业风险的忧虑,对此,政府建立了一个特别委员会,对当前电力改革方案进行评估。2004年7月17日,特别委员会建议,暂停电力销售系统的改革。同时,政府宣布中止进一步私有化。电力改革被搁置。图6-13显示了韩国电力市场的现状。

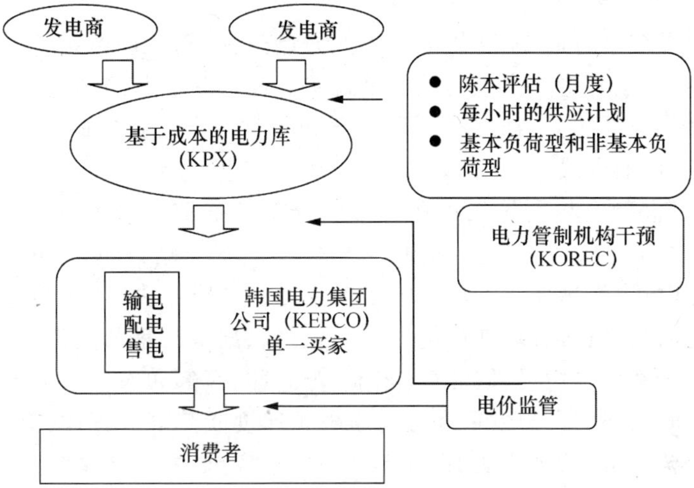

图6-13 韩国电力市场现状

(三)韩国电价

韩国电力改革的整个进程中,总体电力价格变化不明显,但不同行业的分配出现了明显的倾斜。韩国电价的制定过程是:首先由韩国电力公司提出申请,然后经电价专门委员会审查,最后在工商能源部与财政经济部协商基础上通过。电价的制定遵循依据成本、保证适当的投资回报率以及公平三原则。韩国电力公司的电价由基本电价和容量电价两部分组成,并按不同用途和不同电压等级制定,分为居民电价、工业电价、农业电价、商业电价等。在改革阶段,韩国工业及居民电价低于经济合作发展组织各国的平均水平,可见改革对降低电价有一定的成效。表6-6中的数据是2000—2004年韩国电力改革的电价水平。

表6-6 韩国电力改革的电价水平 单位:美分/千瓦时

年份	居民	商业	教育	工业	农业	路灯	合计
2000	8.40	9.40	7.99	5.17	3.82	5.84	6.62
2001	8.12	9.57	8.22	5.46	3.86	6.04	6.83
2002	7.71	9.10	7.91	5.23	3.76	5.76	6.55
2003	7.80	8.92	8.00	5.35	3.85	5.83	6.62
2004	8.06	8.59	7.89	5.52	3.72	5.79	6.61

韩国工商能源部计划把修改电价的着重点从目前的不同用途变为不同电压等级，使未来的竞争更加公平。在这种制度下，居民电价有所下调，工业电价相应上涨。工商能源部计划在今后几年中逐步推广这种制度，进行适度改革。

三、印度电力市场化改革

（一）印度的电力工业

英国殖民统治时期，印度的电力工业开始建立，第一座电站于1899年建于加尔各答，第二座有电力供应的城市是孟买。几家私有公司随后在印度各城市建立了电力供应系统。当时来看，印度还处于世界电力技术的前沿，1902年建成78千伏高压输电线——Shivasamudram水电工程至Karnataka Kolar金矿输电线路，是当时世界上相同等级电压的最长的输电线路中最长的。印度在1948年颁布了《电力法》，各邦成立邦电力委员会，负责新增发电、输电和配电的管理，形成联邦电力管理体制。印度电力工业可以分成中央、地区和邦三级管理。邦设有邦电力局，负责管理邦内绝大部分发、输、配电工程的建设及运行。印度全国设有五个地区电力局，即北部、东部、东北部、西部和南部电力局，负责协调和管理有关邦之间的电力发展和运营事务。印度联邦电力管理，有五个与电力直接相关的监管机构，即电力部、煤炭部、核电部、非常规能源部和中央电力管制委员会。非常规能源部负责25兆瓦以下水电、风电、太阳能等新能源的开发和利用。

（二）印度的电力体制改革

印度的电力体制最初也是一体化的管理模式。1948年颁布的《电力法》规定，1950年印度的电力企业由中央和邦政府共同管理，电力行业管理实现垂直一体化模式。这一模式保持了多年。1991年开始，在世界银行的指导下，印度开始进行自由化和私有化的电力体制改革。改革主要包括两方面内容：一是对外开放，鼓励外国投资建设独立发电厂，吸引全球主要电力供应商等到印度投资建厂，提供巨大的市场需求，以政府担保作为优惠条件，以满足印度严重短缺的电力需求；二是进行电力工业重组，成立电力管理委员会，拆散垂直一体化的垄断电力管理模式，将发、输、配电分开，成立独立的输电公司，逐渐取消用电补贴等，实行电价的合理化。印度进行这些电力改革的目的非常明确，主要大量引进外资投资建立独立发电厂，解决印度一直以来的电力供应不足的问题。印度进行电力工业重组的目的是提高效率、满足经济发展和公众需求，并降低电价。

印度电力体制改革前后的发电机组装机容量的统计情况如表6-7所示。

表 6-7　1990—2001 年印度发电机组装机容量统计　单位：千兆瓦

年份	总计	热电	水电	核电	地热发电
1990	74.70	54.35	18.76	1.57	0.03
1998	107.39	81.57	22.50	2.23	1.09
1999	112.54	84.76	23.88	2.68	1.23
2000	114.50	86.85	23.92	2.50	1.23
2001	121.89	91.45	26.31	2.72	1.42

印度的电力工业也进行了重组，其中以奥伦萨邦电力公司重组为典型。奥伦萨邦是印度最早进行电力改革的地区之一，具有很强的代表性。主要进程如下：1994—1995 年起草改革法案；1995 年实行发电与输电职能分离；1996 年分解为邦电网公司和邦水电公司；1998 年实行配电公司区域专营化；1999 年实现私有化。大约五年时间基本完成改革。

印度电力改革法案的主要内容包括三个部分内容：一是成立发电、输电、配电公司；二是实行私有化改革，允许私人资本进入发、输、配电领域；三是成立邦电力管制委员会，委员会独立于政府和电力公司之外。这些改革引起各方面的广泛关注，褒贬不一。主要问题在于，员工担心失业和自身福利降低；电力用户担心电价提高，服务质量下降；政府担心丧失政治影响和控制力，而且影响农村电气化进程。针对这些不利因素，印度政府实施了相应的配套措施：不进行裁员，公司内部为员工提供岗位；保证员工的福利至少维持现有水平不降低；将公司 10% 的股权转让给员工信托基金；逐渐停止招收新员工；采用老员工退休后，其岗位自然取消的方法来减少员工指标；允许用户参与电价的制定；推行公司达标制度；政府公布 2000 财政年度电价法令，来补偿电力公司由于执行该计划所造成的损失等。

从结果来看，电力公司的重组与期望结果存在较大差距。政府希望通过电力改革吸引社会资本尤其是国际资本的注入，但结果显示该目的难以达到，反而由于配电公司过度私有化和过于追求利益，使得计划中的农村电气化进程严重减慢。对于用户而言，对改革的预期是降低电价，但政府为了弥补成本的上升反而不得不提高电价，同时，为了调整电价结构，使得居民电价的上涨幅度反而高于工业电价，电力改革带来电价降低的预期失效，反而使得居民电价上升。电力公司运行中存在低效、内部腐败、利益相勾结现象，电力监管委员会的独立性、公正性受到质疑，降低线损的目标同时落空。可以说改革是失败的。

安得拉邦电力公司改革带来的财政危机。安得拉邦电力公司成立于 1998 年，由原来的安得拉邦电力委员会一分为三，成立了负责发电的安得拉邦电力公司、负责电力传输的输电公司和负责配电的安得拉配电公司。安得拉邦电力公司主要经营水电和火电发电，总发电量达到 5 千兆瓦时，属于印度最大的国营邦级电力公司。根据2003年12月13日的印度媒体报道,安得拉邦电力公司向管理当局和邦首席部长提交了紧急报告,要求其拯救该公司。报告指出,按照邦政府现行的定价政策,2006年公司亏损将超过200亿卢比。公司成立后政府没有支付应该给原安得拉邦电力委员会的250亿卢比的补助,只用其抵消了140亿卢比的工程贷款,公司正常运行无法进行,需要举债经营。公司还需要负担1999年以前原安得拉邦电力委员会的所有雇员的准备金和年金本息,不堪重负。准备金、年金利息以及公司自身债券的利息预期在2003—2006年期间将达到35亿—40亿卢比,这些利息应该通过收取电费来偿还,但邦政府不愿意中断改革。目前安得拉邦电力公司通过提取折旧准备金来支付债券利息,用股本收益来支付准备金和年金利息。

改革导致电力部门负债累累。印度大部分的电力销售和发电机组由印度国家电力局控制。1990年以来亏损额不断上升,2003—2004年的亏损更是超过50亿美元。印度电力部门债务重重,29家邦电力局中有28家亏损,而且没有一家能充分供应电力。2003年10月16日印度《金融快报》报道,印度电力资金回收状况有所改善,11个邦的电力委员会在过去两年中减少亏损达870亿卢比,即便如此,电力资金回收状况改善后,各邦的年亏损仍然在100亿—450亿卢比。为何会有如此高的亏损负债?原因是多方面的,虽然地方政府对本地区电力补贴的金额非常大,约占GDP的1%,电力公司仍然入不敷出,经营困难。印度输电的线损率很高,主要是因为设备落后、管理不善、偷电严重等,在新德里、奥里萨邦和查谟克什米尔地区,线损率高达50%,窃电现象严重。不仅穷人窃电,城市的许多中产阶级和工厂主也通过贿赂电力公司的官员窃电。在整体腐败的情况下,窃电竟然受到供电局工作人员的默许。反之,正常用户则需要承受高电价。在这种情况下,电力公司如何盈利?电力服务如此糟糕,因此在印度,电力服务问题可用于政治家的竞选,比如在旁遮普邦和安得拉邦等地区,承诺免费向农民供电,已经成为竞选者标准的竞选口号。

印度外资融资失败,发生了大博电厂撤资事件。20世纪90年代初,亚洲各国兴起了一种浪潮,利用项目融资吸取民间资金,用来开办基础项目。香港和黄集团在中国深圳、马来西亚、菲律宾的诸多发电项目的成功,使得外围投资环境很好。印度为解决本国电力严重短缺的问题,提高电力系统的效率,吸引外资,也开始大力推行电力融资改革。印度当时的国大党政府批准了一系列利用外资和新技术的重大电力项目,大胆地启动新的自由化计划,希望能够尽快完成改革。由于缺乏经验,急于看到成果,对很多项目的前期可行性研究、项目成本分析、资金回收和风险分散等基本问题都未予以认真考虑,就由政府保证项目的高回报率。面对如此优厚的条件,美国安然公司迅速注资。1995年,印度政府批准了大博电厂的项目合同,大博电厂开工建设。按照售电协议,电厂发出的电力全部由马邦电力局收购,按照保证投资人最低投资收益和电厂的正常运行的标准制定最低的定购电量,售电协议的履行除了需满足安排和保证常规的电费收支等财务条件外,还由马邦政府对售电协议提供担保,印度联邦政府对马邦政府提供的担保进行反担保。协议约定电价按美元计算。然而1997年东南亚金融危机使得卢比对美元的汇率迅速贬值40% 以上,金融危机对印度经济造成了严重的影响,同时也大大影响了大博电厂工程项目的推进,印度国内政策变动拖延了工程进度,很大程度上增加了电厂建设方的费用。电价按美元计算,这对马邦电力局来说,无疑是雪上加霜。

卢比贬值如此严重,使马邦电力局不得不以接近两倍于当前市场电力价格来购买大博电厂生产的电力。2000年世界能源价格大幅上涨时,这一价格差别更是上升到4倍。按原来合同规定,如果马邦电力局不按协议购电,将按一固定费率给大博电厂支付购电费。2000年11月,马邦电力局,印度最大的邦电力局已面临破产的危险,不得不拒付购电费给大博电厂。电费纠纷使矛盾加深,最终安然公司决定撤资,导致大博电厂停产。随之引起连锁反应是外国公司纷纷撤资。这个事件损害了印度经济改革的形象,由于该项目是印度联邦政府反担保的,也严重影响了印度联邦政府的信誉。独立发电厂的建立是印度电力改革的重要一环,大博电厂事件使印度电力改革计划遭到沉重打击,实际上已经失败。

电力短缺和电源质量问题使得备用电源和稳压器成为最热销商品。2005年5月,印度最大的工业邦马邦政府宣布,政府准备在城市每天实行3小时的电力管制,来缓解电力短缺问题,包括大城市孟买附近的一些地方。面对商家和居民等用户的反对,邦政府决定在农村地区实行每天9小时的电力中断。愤怒的农民发生了骚乱,他们对马邦电力部门的办公地点进行了围堵甚至纵火。最后邦电力公司被法院要求对城市和农村实行统一的限电政策。在2003年之前的7年里,印度曾发生5起大停电事故,电力短缺,无序拉闸成为常态。不同经济能力的人,可选择柴油发电机、蓄电池或其他备用电源自保。工程项目必须准备备用电源,这一点在印度被普遍认同。电源质量令人担心,烧电器是常事,电能质量不稳定,经常处于电压370—460伏(印度的标准电压为415伏)、频率47—52赫兹的波动状态。在这种情况下,备用电源和稳压器成为当地的热门商品,供应都无法保障,何谈改革?

印度的电力行业改革,计划不周全,条件不成熟,急于求成,从而在改革中产生了更多的问题。2003年5月印度颁布了新《电力法》,废止三部旧的电力法。新《电力法》内容包括:强制每家每户使用电能表;对偷电行为以刑事罪论处;允许客户直接向发电公司买电;奖励及时收款的电力公司;推进电力企业的私有化改革,允许私营公司管理国营电力公司。新《电力法》鼓励外资进入印度电力市场,然而,大博电厂事件的教训在先,政府政府又严重失信,备受损失地撤出印度电力市场的外国电力公司,很难重拾对印度电力市场的信心,再度进入。由此而看,对一个国家而言,良好的法律和战略规划对于改革的重要性是不言而喻的。

印度的电力改革暂时失败了,印度政府需要首先处理好电力行业内部的腐败、窃电、短缺等问题。2012 年 8 月发生的印度大停电事故说明印度的电力市场改革任重而道远,首先要解决基本问题,也许一体化发展是必经的阶段,盲目改革、急于求成必然带来更多的问题。经济发展是改革的前提条件,也许印度应该向中国汲取一些经验,先保证经济发展再考虑电力市场化。对于任何改革,必须做好规划,循序渐进。在经济全球化的今天,国际形势的影响有时是致命的,必须全面考虑国际环境的影响。同时政府的公信力对改革的成败有决定性影响,如果政府失信,改革则必将失败。

第五节　建立煤电联动机制,解决煤电矛盾*

煤炭在我国一次能源消费结构中占到了 70%,煤炭发电提供了 80% 的电量,因此煤炭是确保我国能源供应和电力供应最重要的能源资源。局部电力短缺频发,说明近年积累的煤电矛盾已经到了一个可能导致电力短缺的关键点。近期,政府调高了上网电价和限制煤价。但是,解决电力短缺,救急的事情可以交由地方政府,中央政府需要着眼长效机制(如煤电联动),以及解决煤电联动机制下的相关问题,包括补贴和抑制煤价上涨过快等。

一、为什么需要煤电联动?

目前,中国煤、电行业定价机制存在差异,即煤炭价格基本由市场决定,而电力价格由政府行政确定。一个产业链,某个环节实行计划价格,某个环节实行市场价格,称为“纵向价格双轨制”。煤电产业链上的纵向价格双轨制,不但造成电力行业严重亏损,还导致日益严重的“软缺电”问题。除了缺电本身对经济社会的负面影响,“软缺电”还造成了电力装机的浪费。煤电产业链包括煤炭、发电和电网,每个环节都需要关注,需要理顺。如果有的环节赚钱,有的不赚钱,结果就是电力短缺。一个电力产业链,某个环节实行计划价格,某个环节实行市场价格理论上行不通,实践中也不可持续。经验告诉我们,三个环节必须兼顾,必须有一个价格机制把产业链有效地串联起来。煤电联动可以理顺煤电产业链。

电力过剩与短缺都会有经济损失。电力短缺的成本远大于电力过剩的成本,在电力装机不缺的情况下限电(软缺电),成本更大。如果发电企业到了需要“集

---

* 林伯强,长江学者特聘教授,厦门大学中国能源经济研究中心

体突围"寻找其他发展来盈利的境地,那么我们今后可能面临更大的行业矛盾和成本。最后,"计划煤"和"市场煤"的较大差价导致不稳定的电煤契约,难以保证稳定的供应。我国煤炭运输主要靠计划安排,没有稳定的煤炭合同,就很难安排运力。只要有比较大的差价,就一定有中介,就会产生交易成本。因此,价格机制扭曲的煤电市场,将导致更大的浪费、更高的成本和电价。然而,由于对能源价格改革的诸多影响难于把握,改革一再推迟,造成价格扭曲长期存在,供需失衡不断出现,例如缺电。

中国政府曾经于2004年实施煤电联动政策,以缓解煤价上涨对电力行业形成的成本压力。之后由于煤价上涨过快,政府担心提高电价将对经济社会产生不良影响,而中断实施煤电联动。煤电联动是现阶段解决煤电矛盾的可行措施。煤炭是电力的主要燃料来源,煤电之间的矛盾焦点在价格,即"计划电"和"市场煤"的问题。如果不尽快解决煤电问题,电力供需平衡将非常脆弱,"电荒"将会由不同原因引发(包括煤电矛盾、异常气候等等)而频繁出现。要理顺煤电产业链上的价格关系,可以有三个选择:① 全部实行市场化:这是最终的改革目标,但现阶段显然行不通;② 全部行政定价:对已经相对市场化定价的煤炭行业来说,这是由市场向计划的倒退;③ 煤电联动:这是中庸之道,即通过相对市场化的机制设计,要求产业链上的每个环节都消化一部分价格上涨压力,再辅之以税收、补贴等市场化的配套政策来影响市场并调控电价。这是目前最可行的价格机制,也符合整体能源价改市场化的发展方向。煤电联动的好处很多,主要包括:可控地理顺发电产业链;可以最小化社会影响;可以在不改变整体能源体制和能源价格体制的前提下进行。而且,它最简便易行——如果连煤电联动都无法启动,其他改革就更难。

二、如何设计煤电联动?

煤电联动可以理顺产业链。如图所示,煤电产业链包括煤炭、发电和电网三个生产阶段,涉及煤价、上网电价、输配电价和终端电价共四个价格环节,煤电联动可将各环节连接起来,理顺利益分配关系。除了合乎实际的联动计算公式,还可以考虑比较短的联动周期(如2—3个月),使得价格更贴近市场。同时,还可以设计一些配套政策以减少改革阻力,包括对消费者进行有目标的补贴,保障低收入人群的基本用电需求等等。当煤炭价格上涨过快时,可以考虑采取资源税或者特别收益金等相对市场化的措施进行调控,使煤炭部门承担一定的价格上涨压力,但仍然保持市场为主的定价机制。根据煤电联动流程图,实施煤电联动的相关问题可以从以下几个方面讨论:

第一,煤电联动下的终端电价可控性。在煤电联动的机制下,如果政府想将终端销售电价维持在一个目标水平,可以考虑将亏损集中在电网环节,进行财政

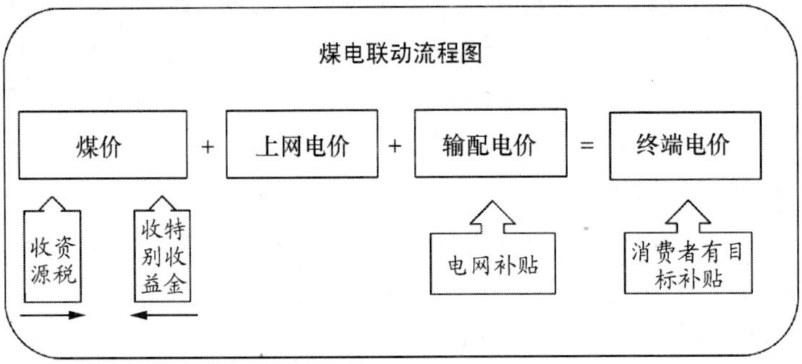

补贴。电网企业只有两家，相比分散的火电厂来说，实施补贴政策更容易、更准确，具体补贴形式可比照现行政府对石油的炼油补贴来设计。当然，电力补贴的成本不小。按目前的全社会用电量计算，每补贴一分钱电价大约相当于 420 亿人民币。因此，补贴需要慎重。

第二，上调终端电价和消费者有目标补贴。政府需要适当调高销售电价，减少补贴压力，并通过提高电价促进节能减排；同时，设计配套补贴政策，对目标群体（尤其是低收入家庭）进行直接补贴。这样做的好处是，既通过电价上涨促进能源利用效率提高，又通过补贴保障了社会公平。对于居民电价，其用电份额比较小（13% 左右），近几年居民电价都保持不动，但不可能长期不动，需尽快推出居民阶梯电价改革，更公平有效地进行消费者补贴。

第三，征收"特别收益金"，减少煤价上涨动力。对煤电联动的主要担忧是，煤涨，电涨，煤再涨，因此煤电联动得以实施的前提是抑制煤炭价格快速上涨的动力。如果出现 2008 年那样煤炭价格"疯"涨的特殊情形，可以效仿石油政策，对煤炭开采企业征收"特别收益金"。煤炭资源基本是国有的，煤炭开采以国有大型企业为主，产量相对集中。征收煤炭"特别收益金"，即通过测算煤炭资源的成本、各种费用以及利润空间，保证留给企业足够的收入用于可持续发展的开支后，计算出应征特别收益的超额收入。其实，煤炭"特别收益金"就是为了提供卖多而不是卖高的动力，不但可以缓解煤价上涨的压力，"特别收益金"的收入还可用于建立特别基金来补贴电网，稳定电价，避免电价大幅度波动。

第四，暂缓煤炭资源税改革。最近的资源税改革没有纳入煤炭，从煤电联动的角度看，短期可以考虑暂缓。现阶段我国煤炭市场基本上是卖方市场，煤炭资源税上涨意味着煤炭价格上涨，相应的新增成本会很快转嫁给终端消费者和下游行业，包括电力行业。当然，如果时机合适，煤炭资源税需要进一步改革，这是不言而喻的。

第五，减少煤炭运输"拥堵成本"，缓解煤价压力。我国的原煤生产高度集中，大约三分之二的煤炭来自于产煤大省,仅山西和内蒙古的煤炭产量就占全国煤炭总供给的40%。超过60%的煤炭需通过铁路运送到中国的其他用煤省份。2011年前六个月,全国累计消费了17亿吨煤炭,其中11亿吨是通过铁路运输的。煤炭运输成本可能高达其终端市场价格的50%,铁路运输又是最经济的运输方式,因此需要更有效地提高铁路运输能力。由于煤炭资源分布特征(煤炭远离市场),煤炭需求迅速增长,我国铁路运力不足长期困扰煤炭运输。虽然近年来铁路运输能力迅速提升,但依然不能满足煤炭需求的增长。1999—2009年年间,煤炭出矿价与秦皇岛价之间的价差不断扩大。价差包括煤炭运输所有的中间成本,该价差与正常所需运输成本①之差可称为“拥堵成本”。2008年,煤炭出矿价与秦皇岛价价差达301元/吨,拥堵造成的各种交易成本(中介)达到近159元/吨,占该价差的近50%,即实际发生的煤炭运输成本中一半是交易成本。运力不足,加上电煤与市场煤的差价,使交易成本难以避免。不合理的煤炭运输成本导致浪费和更高的电力成本。

第六,建设坑口电厂,通过输电替代输煤。由于经济较发达、用电需求高的地区集中于东南沿海,而能源资源丰富地区则更多位于西部,优化煤炭运输是解决煤炭供应和煤炭成本的一个重要方面。我国处于城市化工业化阶段,煤炭需求仍将大幅度增长,煤炭运输的“拥堵成本”可能不断上升,持续对电厂买煤和煤炭终端价格产生很大压力。因此,政府需要考虑通过输电替代输煤,优化输电输煤比例,减轻输煤压力,减少“拥堵成本”,从而缓解煤炭价格上涨压力。由于输煤的“拥堵成本”比较高,对输煤输电进行简单的“点对点”比较会低估输电的经济性。

三、煤电联动的研究结果和政策建议

如果2004年以来,政府按相关规则如期实施煤电联动,会产生何种经济与社会影响?我们对此进行了研究。我们首先测算了实施煤电联动带来的终端电价上涨幅度;其次,基于动态一般均衡模型,评价了电价上涨对中国经济、社会、能源与环境的影响。结果显示,煤电联动会对GDP和就业带来小幅的负面影响;但是,它有利于优化我国的产业结构和国际贸易结构,使之朝利于节能减排的方向调整,促进煤炭与电力行业可持续发展,从而带来积极的节能减排成果。结果说明,实施煤电联动的负面影响远低于政府的担忧,结合其正面影响,以及缓解电煤供应紧张、保障稳定电力供给和促进煤电行业可持续发展的作用,煤电联动是一个利大于弊的选择。

基于上述研究结果,我们提出重新启动煤电联动的政策建议:

煤电联动可以减少经济运行成本。缺电的社会经济成本远大于电力供应成

---

① 正常运输成本计算公式:整车煤炭每吨运价=发到基价+运行基价×运距。

本,如何保障电力供应是“十二五”期间必须面对的一个重要问题。如果电力短缺由缺煤造成,那么解决手段只有两个,煤电联动或者抑制煤价;如若要保持煤炭的市场化改革方向,那么煤电联动就是唯一的选择。进一步说,在电力价格改革不能到位的情况下,煤电联动可能是目前解决煤电矛盾的最有效手段。因为,没有明确的电价机制,价格的风险预期就不明确,煤企和电企就必然博弈,甚至与政府博弈、与消费者博弈。因此,要避免煤电的价格博弈影响经济运行和社会稳定,就需要寻找有效透明的价格机制,并且严格按照价格机制执行。设计合理的煤电联动,不仅可为割裂的“市场煤”和“计划电”之间建立一个连通机制,缓解电煤紧缺及电力供给不足的问题,还有助于消除目前煤炭行业过高的交易成本,提高市场效率。

以煤电联动为契机,进行主动的电价渐进性改革。我国在经济转型过程中,由于配套改革措施缺位,能源价格市场化很难一次性、整体性地完成跨越,因而选择渐进性的能源价格改革,符合中国的基本改革策略。但是,“主动的”渐进性改革是指有步骤、有计划、有目标的市场化改革。除了目标明确,还有时间要求,一旦确定改革,就坚定不移地推行。能源既是生产资料,也是生活资料。能源基本上与现代社会所有的经济活动和居民生活直接相关,这意味着能源改革的重要性、复杂性和敏感性,改革过程中会存在和面临较多的社会、经济问题。但是,过多权衡各方面利弊容易错失改革良机,或者因为追求其他政策目标而暂缓能源价格改革,都会造成能源价格改革被延误或搁浅。我们的研究说明,煤电联动对于推动产业结构调整、促进节能减排都有积极影响;而且,按照目前的煤电联动计算公式,电价上涨对经济发展和居民福利的负面影响其实不大。为了保证煤电联动顺利推出,可以考虑通过配套补贴政策来降低这些负面影响。

煤电联动可以成为电力价格市场化改革的一条主线。我们的动态研究说明,煤电联动的各种积极影响会随时间推移而逐步弱化,因此,它只能作为短中期解决煤电矛盾的政策选择。长期而言,电力市场化定价仍是改革的根本方向。以煤电联动为改革主线,电价市场化改革基本步骤大致可以分为时间界限不明的三段:首先,逐渐完善煤电联动机制,先在周期和联动幅度等方面使联动机制更为贴近市场,之后进一步将政府主导联动,改为一个由政府设定联动周期和幅度、企业自行联动的过程;其次,不断通过其他方面改革,如居民阶梯电价、简化电价结构、峰谷电价和分时电价等等,逐步完善电价体系,为市场化改革做好相应配套工作;最后,待时机成熟,完成市场化改革,将电价交给市场。

改革的时机很重要,可以影响改革效果和可接受程度。但是,除了改革时机本身的争议性,等待改革时机是个很不确定的事件。对于能源价格改革来说,最好的时机是能源价格低廉的时候,现在看来,这个时候可能很难等到。因此,改革不能以等待时机为前提。无论改革与否,电价都会逐步上涨。透明的定价机制是赢得消费者理解的关键,是为消费者参与电力定价留有一席之地的表现。当然,如何定价,都离不开加强能源企业财政廉洁建设并提高能源效率的努力。

第六节 “软缺电”的原因以及应对方案*

目前的缺电应该只是局部地区、短时间内的缺电,大多人不会受到影响。但是,现在淡季就缺电,到二季度迎峰度夏时,电力缺口会进一步拉大,届时我们可能会面临更为严峻考验。

缺电原因

我国目前处于工业化、城市化阶段,这个阶段的基本特征是经济增长快,能源、电力的需求快速、刚性增长。当 GDP 增长比较快,电力需求增长也比较快时,局部和短暂缺电是一个相对的、可能的现象,我们只能在成本允许的前提下做到尽量不缺。

对于目前的缺电原因,说法很多。从需求的角度看,电力需求增速加快。一季度全社会用电量同比增长 12.7%,3 月份单月同比增长 13.4%,其中五大高耗能行业一季度用电量同比增长就达到了 11.3%,比 1—2 月加快了 1.6 个百分点。快速增长的电力需求一方面说明了目前国内经济增长依然强劲,但另一方面也反映出去年下半年拉闸限的电,今年一季度又还回来了。从供应的角度看,水电出力不足,网输送能力不足,火电投资动力不足,风电在负荷高峰时无法起到支撑性电源的作用,缺乏灵活调节的能力,等等。应该说,有关供需的各种说法都对,现阶段电力需求增长快,对于电力平衡来说,每个环节、供应点的问题,都可能导致缺电。

迎峰度夏,电煤库存对于保证电力供应很重要。现在煤炭价格高,跑煤不容易,储煤量就上不去,这是一个急需解决的问题。

“电荒”可能导致“柴油荒”

政府需要尽快解决电力短缺,因为“电荒”可能导致“柴油荒”。因为面对限电,虽然柴油发电成本高,但一些中小企业,为了保订单,不得不使用柴油来发电。这在去年下半年限电时,我们已经看到过了。另一方面,地炼产能占据我国总产能的 20% 以上,近期国际油价大幅度走高,由于政府不能及时、到位地上调国内成品油价格,以前看到的批零倒挂,炼厂亏损出现了。在这种情况下,炼厂就会减产

---

* 林伯强,厦门大学中国能源经济研究中心

甚至停产,至少地炼会这么做。上述两个原因存在可能将导致国内很快面临“柴油荒”。

“软缺电”

就目前的“电荒”发展形势来看,这已经不是与经济增长相关的局部和短暂缺电,影响面积比较大,且愈演愈烈。以往“电荒”是由于装机容量不足的“硬缺电”,解决的办法比较简单,就是尽快增加电力装机。而目前是在电力装机充裕的情况下的“软缺电”,缺电的成本会更大。在真正电力短缺的 2004 年,火电平均设备利用小时数为 5 991 小时,而 2010 年才 5 031 小时,今年的第一季度的火电设备平均发电小时只有 1 292,同比增加 5 小时。

电厂越发越亏,发电积极性降低应该是此次电力供应紧张的根本原因。2010 年火电行业亏损面超过了 40%。造成火电企业亏损的原因主要是煤炭价格较 2005 年增长了一倍,而上网电价又无力消化燃料成本上升的压力。许多火电企业,煤的成本从占运行成本的 50%—60%,上升到近 70% 以上。并且按目前的煤炭价格增长的速度,这一比例今年有可能会接近 80%。

当然,由于电厂基本是国企,即使是亏损,也必须保证供应。但是,保障供应的积极性很重要,在电力需求增长比较快时,一旦电和煤的供应不积极,或者没法积极,或者手脚慢一些,就会很容易出现我们看到的局部和短期内的缺电。按理说,目前火电装机应该还算充裕。如果电厂像 2004 年那样拼命发电,应该不会出现缺电。需要注意的是,2004 年电力行业之所以愿意拼命发电,很大程度上是因为煤价便宜。因此,在目前短期内无法理顺电价的情况下,让发电企业发一度电,赚一点点,对于解决缺电问题,可能很重要。

煤炭行业的卖煤积极性也可能是缺电的原因。国家发改委要求主要煤炭企业维持煤炭价格稳定,电煤年度合同煤价不能变。在电煤限价,其他煤种不限价的情况下,电煤供应的积极性会降低。要求煤企按照限价按质按量供应电煤,本身就是一个很大的行政挑战。

解决方案

若把影响电力短缺的所有问题都列出来进行讨论,最终都会回归到价格的积极性上来,可以考虑短、中和长期的价格解决方案。

(1) 短期解决方案:增加供应方积极性

如果电力短缺主要原因是由于供应积极性问题,短期解决矛盾的关键就是如何保证积极性。急迫的解决方案有三个方法,就是提高电价和压煤价,财政补贴,还有行政引导。

首先,考虑到通货膨胀压力,短期有效的缺电解决措施是两头做,调电价和控煤价。政府适当提高电价,让电企每发一度电,挣一点点,至少不亏损。但是,调电价不能单单几个省调,必须要全国调,因为单单调部分省份,其他省份就可能“缺电”。另外,只调电价也是不够的,因为煤价可能会跟着电价涨。压煤价不能只针对电煤,而是需要对所有煤炭品种进行全面限价。这样的话,电厂就会成为煤炭的“好顾客”,因为电煤是大宗的,而且有资金保证。

其次,万一由于通胀等因素,政府认为提高电价有宏观风险,可以考虑补贴。由于发电厂太分散,可以考虑提高上网电价,终端电价不动,将煤电的矛盾集中在两个电网,通过补贴电网来把握可接受的终端电价调整限度,补贴的方式可以比照以往的石油行业补贴。但是,补贴存在着无法解决煤炭涨价的问题。

再次,采用行政引导的强制性的卖和强制性的买。比如发改委的“约谈”,甚至将产量与业绩挂钩,但这应该是一种非常时期的做法。

由于目前煤炭上涨的压力比较大,提高电价碍于通胀,可以考虑三种办法同时做,由于他们互相不冲突,可以避免短期给某一方面太大的压力,取得最好的效果。

(2) 中期解决方案:煤电联动

中期解决方案是煤电联动。在电力市场化改革不到位的情况下,切实推进“透明的”煤电联动是中期解决煤电矛盾的有效手段。

2004 年年底,为了缓解煤电之间的矛盾,政府启动了煤电价格联动政策。2005 年 5 月和 2006 年 6 月两次实行煤电联动。之后由于煤价上涨过快,考虑到对经济社会影响,联动机制被迫放弃。如果严格按政府规定进行煤电联动,对经济社会影响有多大?我们对此进行了研究。

如果联动,到 2010 年 3 月,需要分别提高上网电价与销售电价 7.79 分千瓦时和 8.34 分千瓦时。期间虽然未实施煤电联动,但经历了三次电价调整政策,扣除三次电价调整数,上网和销售电价还需分别调高 4.45 分千瓦时和 3.37 分千瓦时。研究结果表明,GDP 增长与就业水平会出现较微弱的负面影响,分别下降 0.03% 和 0.02%,没有像我们想象的那么严重。

但是,实施煤电联动还有调整产业结构的好处。我们的研究结果还说明,虽然电价上涨增加所有产业的生产成本,但是,由于各产业生产投入结构和能耗强度有明显差异,因此其受到的影响也明显不同。其中,工业、特别是重工业的产出受到影响最大,服务业和农业受到影响微小。另外,煤电联动还有利于节能减排。如果联动,我国单位 GDP 能耗和二氧化碳排放都有较大幅度地下降,碳排放将减少 1.12%,单位 GDP 能耗将减少 0.68%。

煤电联动的一个难题,或者是一个担忧是:电价涨,煤价接着涨。如果政府不想管制煤价,就需要抑制煤炭价格上涨的动力。我国的煤炭资源基本是国有的,产量相对集中,以国有大型煤炭企业为主。因此,当煤炭价格大幅度上涨,可以考虑像对石油一样,由中央政府对煤炭征收“特别收益金”,即通过测算煤炭资源的成本、各种费用以及利润空间,保证留给企业足够的收入用于可持续发展的开支后,计算出特别收益阶段。中央政府征收煤炭“特别收益金”可以提供了卖多而不是卖高的动力,从而缓解煤价上涨对电企造成的压力。另外,中央政府还可以用“特别收益金”的收入建立特别基金来稳定电价,避免电价大幅度波动。之所以“特别收益金”需要由中央政府征收,是因为地方政府可能有征后返回的动力。

在煤电不联动的情况下,较小幅度的煤价上涨可以迫使电力企业通过提高效率,降低成本来抵消煤价的影响。但是,大幅度煤价上涨可能会导致不利于效率的结果。也就是说,让电力短期亏损可以,长期亏损会迫使电力行业做出不利于效率的行为,包括其副业发展和将过多的精力投入电价的博弈,这些最终都可能增加电力供应成本。

对于能源行业发展,价格机制非常重要。没有一个有效的定价机制,价格、企业运行和投资都将充满不确定性。在缺乏价格机制的情况下,价格调与不调,两面说常常都有道理,权衡其中的利弊往往会使决策滞后,造成更大的损失,这也就是价格机制的重要性。

(3) 长期解决方案

我国煤、电、油、气、运供需中的突出矛盾和气荒电荒油荒,追根究底,原因都是价格问题,最经济的解决方案是建立长效机制。短期的解决方案是为了保证各方的供应积极性,应对由于市场扭曲而导致的不经济。煤电联动的本质仍是政府主导,不属于市场价格形成机制,还是有其不确定性,也会造成扭曲而不经济。因此,长期而言,根本的解决办法依然是市场化的价格机制的改革,我们可以采用“摸石头过河”的渐进性改革,但需要有步骤,有计划地进行。

在经济转型的过程中,由于市场化改革配套的缺位,我们不能进行一次性的、整体性的电价市场化改革跨越,渐进性改革符合我国基本改革策略。但是,渐进性改革可以分成两种:主动的渐进性和被动的渐进性。主动的渐进性改革应该是有步骤、有计划、有目标的渐进改革,它有时间要求,而且一旦确定改革,就应当坚定不移地推行;如果举棋不定,拖泥带水,改革就谈不上有步骤,有计划了,会沦为解决矛盾式的被动渐进性改革。事实上,至今能源价格改革,基本属于被动的渐进性改革,因为都是出现了问题才去改,或者矛盾积累过多,或者已经到不改革不行了,即使改革,常常是幅度尽量小,或者比预期小。这个现状需要改变。

改革基本步骤大致可以分为时间界限不明的三段,首先,以煤电联动为改革主线,逐渐完善联动机制,先在周期和联动幅度等方面使联动机制更为市场化,进一步由政府主导联动，改为一个由政府设定联动周期和幅度，企业自行联动的过程。其次，不断通过一些小改革，比如说，居民的阶梯电价，简化电价结构，采用峰谷、分时电价等等，逐步完善电价体系，为市场化改革做好相应的配套工作。再次，在时机成熟时，完成市场化改革，将电价交给市场。

等待改革时机是相对的，对于能源价格改革来说，最好的时机是能源价格低廉的时候，现在看来，这个时候可能非常难等到，也很可能等不到了。

参考文献

[1] 曾鸣、孙昕、张启平，电力市场交易与电价理论及其应用[M]. 北京：中国电力出版社 2003 年版。

[2] 杨昆、孙耀唯、梁志宏，电力市场及其目标模式[M]. 北京：中国电力出版社 2007 年版。

[3] 杜怀松、温布瀛，电力市场[M]. 北京：中国电力出版社 2008 年版。

[4] 施泉生、李江，电力金融市场[M]. 北京：中国电力出版社 2008 年版。

[5] 周四清，电力市场交易策略行为研究[M]. 北京：科学出版社 2009 年版。

[6] 井志忠，从垄断到竞争——日、美、欧电力市场化改革的比较研究[M]. 北京：商务印书馆 2009 年版。

[7] 林伯强主编，黄光晓副主编，能源金融[M]. 北京：清华大学出版社 2011 年版。

[8] 朱敏，英国第三次电力工业改革——BETTA 的实施[J]. 现代电力，2005 年第 22 卷第 3 期。

[9] 谢文心，略论俄罗斯电力市场化改革与中国投资应对举措[J]. 经济问题，2010 年第 10 期。

[10] 井志忠、宋宝锋，俄罗斯电力市场化改革解析[J]. 东北亚论坛，2005 年第 14 卷第 3 期。

[11] 熊昆、杨硕、张建勇，俄罗斯电力体制改革现状[J]. 中国电力企业管理，2004 年第 4 期。

[12] 苏康、张萌，俄罗斯电力市场改革发展现状[J]. 国际电力，2005 年第 5 期。

[13] 朱治中、谢开、于尔铿，俄罗斯电力改革中的市场设计述评[J]. 电网技术，2005 年第 25 卷第 14 期。

[14] 李咏涛、吴著、许光建，日本电力收费形成机制及改革情况介绍[J]. 中国物价，2004 年第 6 期。

[15] 王峰，日本绿色电能批发交易及对我国的启示[J]. 中国新能源，2010 年第 2 期。

[16] 王峰，日本新能源推进机制建设的最新动向及启示[J]. 中国新能源，2010 年第 4 期。

[17] 井志忠、刘月君，日、美、欧电力市场化改革分析[J]. 东北亚论坛，2004 年第 13 卷第 1 期。

[18] 王秀丽、宋永华、王锡凡，英国电力市场新模式——结构、成效及问题[J]. 中国电力，2003 年第 36 卷第 6 期。

[19] 王斌、江健健、康重庆、夏清，美国标准电力市场（SMD）的主要设计思想及其对我国电力市场设计的启迪[J]. 电网技术，2004 年第 28 卷第 16 期。

[20] 文福拴、A. K. David，加州电力市场失败的教训[J]. 电力系统自动化，2001 年第 20 卷第 3 期。

[21] 言茂松、李玉平、辛洁晴、李晓刚,从加州电力危机看稳健的当量电价体系[J]. 电网技术,2004 年第 25 卷第 6 期。

[22] 魏玢,美国 PJM 电力市场及其对我国电力市场化改革的启示[J]. 电力系统自动化,2003 年第 22 卷第 8 期。

[23] 魏玢、马莉,欧盟电力市场化改革最新进展及启示[J]. 电力技术经济,2007 年第 19 卷第 2 期。

[24] 杜立民、史晋川,电力市场中市场力的监测:一个综述[J]. 浙江大学学报(人文社科版),2007 年第 37 卷第 4 期。

[25] 张显、王锡凡,电力金融市场综述[J]. 电力系统自动化,2005 年第 29 卷第 20 期。

附　录

附录一　2011年中国能源发展大事记

（按时间先后顺序排序）

1. 能源工作会议定调“十二五”

2011年1月6日，全国能源工作会议在京召开，会议指出“十二五”能源发展将以转变能源发展方式、大力调整能源结构、合理控制能源消费为指导思想，推动能源生产和利用方式变革。会议同时指出力争到“十二五”末，大型煤炭基地产量占全国总产量的90%。“十二五”期间，中国将重点对山西、新疆等新矿区实施矿业权整合，形成10个亿吨级和10个5 000万吨级特大型煤炭企业。

2. 神华宁煤打造世界煤化工“硅谷”

2011年1月12日，神华宁煤集团表示，未来五年将投资1 300亿元，全力打造国家级煤、电、路、化特大型综合能源基地，煤制油煤化工项目投产规模达到500万吨，成为世界级煤化工“硅谷”。

3. 国家核电与西屋公司续签战略合作协议

2011年1月18日，国家核电技术公司与美国西屋公司在华盛顿续签了为期两年的战略合作协议。双方将继续在AP1000核电建设、维护服务、技术开发、战略投资以及合作开发海外市场等领域开展合作。

4. 工信部等三部委联合发布多晶硅行业准入标准

2011年1月24日，工信部、国家发改委、环境保护部联合发布《多晶硅行业准入标准》。在政府投资项目核准新目录出台前，新建多晶硅项目原则上不再批准，并要求太阳能级多晶硅项目每期规模大于3 000吨/年，半导体级多晶硅项目规模大于1 000吨/年。

5. 风机脱网事故频发

2011年2月24日，甘肃中电酒泉风力发电有限公司桥西第一风电场因一个开关间隔的电缆头故障绝缘击穿，造成三相短路，导致包括这个风电场在内的10座风电场的274台风电机组在系统电压跌落时脱网。该风电场风机脱网后引起系列反应，致使本次事故脱网风机达598台，损失出力占到事故前酒泉地区风电出力的54.4%，造成西北电网主网频率由事故前的50.034赫兹降至最低49.854赫兹。

4月1日，甘肃瓜州、河北张家口的风机再次脱网，事故均造成了较严重的后果。

6. 首个AP1000核电站稳压器下封头在中国制造成功

2011年3月12日，由中国一重研制的世界首个AP1000核电站——三门核电1号机组稳压器下封头的发运仪式隆重举行。该件产品在中国一重制造成功，意味着中国一重完全具备AP1000三代核电站核岛一回路所有锻件的生产能力，也标志着我国在AP1000三代核电站核岛一回路锻件的生产制造上完全实现了自主化和批量化。

7. “十二五”规划纲要明确提出合理控制能源消费总量

2011年3月14日第十一届全国人民代表大会第四次会议批准《中华人民共和国国民经济和社会发展第十二个五年规划纲要》，纲要中首次明确提出能源消费合理化，指出到2015年，我国非化石能源占一次能源消费比重达到11.4%。单位国内生产总值能源消耗降低16%，单位国内生产总值二氧化碳排放降低17%。并提出优化能源结构，合理控制能源消费总量，完善资源性产品价格形成机制和资源环境税费制度。

8. 内蒙古发布煤炭企业兼并重组方案

2011年3月15日，内蒙古自治区人民政府发布《煤炭企业兼并重组工作方案》。《方案》提出，“十二五”末期，内蒙古全区原煤产量控制在10亿吨，其中120万吨及以上井工矿、300万吨及以上露天矿产能占总产能70%。2013年年底，全区煤炭生产企业最低生产规模120万吨(有条件的地区，可提高到300万吨)。生产规模在120万吨以下的煤炭生产企业全部退出市场。

9. 重新审视核电发展路线

2011年3月16日，针对日本福岛核安全事故，国务院及时出台了“国四条”：一是立即组织对我国核设施进行全面安全检查；二是切实加强正在运行核设施的安全管理；三是全面审查在建核电站；四是严格审批新上核电项目。这四项决定的内容可以归纳概括为两类：基调重安全，主题求发展。

10. “十二五”能源发展政策取向主线确定

2011年4月12日，国家发改委副主任、国家能源局局长刘铁男出席“中国—巴西：超越互补 合作共赢”研讨会，并就中巴经济和能源合作作了主题发言。指出“十二五”政策取向主线是：着力“两个创新”，即科技创新和体制机制改革创新；推动“两个变革”，即能源生产方式变革和能源利用方式变革；实现“两个提高”，即提高能源加工转换效率，逐步构建现代能源产业体系，提高能源使用效率，合理控制能源消费总量。

11. 国家核安全检查团完成在役在建核电站安全检查

2011 年 4 月 15—8 月 5 日，由环境保护部（国家核安全局）、国家能源局、中国地震局联合组织的国家民用核设施综合检查团，对大亚湾核电站、岭澳核电站一二期、秦山一二三期、田湾核电站，以及方家山等在建核电项目进行了全面安全检查。

12.《中华人民共和国煤炭法》修改决定通过

2011 年 4 月 22 日，十一届全国人大常委会第二十次会议表决通过关于修改煤炭法的决定，修改后的煤炭法第四十四条规定："煤矿企业应当依法为职工参加工伤保险缴纳工伤保险费。鼓励企业为井下作业职工办理意外伤害保险，支付保险费。"修改后的煤炭法自 2011 年 7 月 1 日起施行。

13. "海洋石油 981"深水半潜式钻井平台顺利交付

2011 年 5 月 23 日，长江入海口上海外高桥造船有限公司码头。中国海洋工程装备制造业标志性工程、国家科技重大专项标志性装备之一——3 000 米深水半潜式钻井平台"海洋石油 981"，顺利交付给中国海洋石油总公司。这标志着我国海洋石油勘采由 300 米浅海正式迈入 3 000 米深海，海洋工程装备制造业实现了高端突破，长久以来在深水钻井特大型装备领域的空白终于得到填补。

14. 高端变压器接连取得突破

2011 年 5 月 31 日，青海—西藏 ±400 千伏直流联网工程首台换流变压器，在中国西电一次性通过各项试验。7 月 8 日，在新疆昌吉市特变电工基地，1 700 千伏特高压变压器顺利下线。

2011 年 12 月 5 日，由天威保变（秦皇岛）变压器有限公司自行研制，具有完全自主知识产权和核心技术的最高电压和最大容量 150 万千伏安/1 000 千伏单相特高压交流变压器样机顺利通过所有试验项目考核。这意味着我国输变电高端装备自主研发能力、检测手段，主要技术性能指标等迈上世界领先水平。

15.《国家煤炭应急储备管理暂行办法》发布

2011 年 6 月 1 日，国家发改委发布《国家煤炭应急储备管理暂行办法》，办法规定，国家委托煤炭企业、电力企业等在煤炭重要集散地、关键运输枢纽等地储备煤炭，用于应对煤炭供应中断和严重不足等紧急状况，增强在重大自然灾害和突发事件状态下的煤炭供应保障能力，保持经济社会平稳运行。

16. 渤海发生重大漏油事故

2011 年 6 月 4 日、17 日，中海油蓬莱 19-3 油田 B 平台和 C 平台分别发生溢油事故。7 月 5 日，负责监管的国家海洋局正式通报了溢油事故，称该事故对附近海域造成重大污染。7 月 6 日，中海油、康菲就溢油道歉，随后康菲被勒令停产。8 月 19 日，国家海洋局牵头，联合国土部、能源局等七部委组成联合调查组，彻查事故原因。11月12日,联合调查组认定该事故为责任事故。此次溢油事故导致840万平方公里海水降为劣四等。

事故发生后,康菲公司的赔偿问题引起高度的关注,但目前现行的法律对于责任人的最高赔偿为20万元,而对于生态环境破坏以及周边渔民的赔偿尚未取得进展。

17. 国家原子能机构秘书长:中国将继续坚定不移发展核能

2011年6月20日,国际原子能机构部长级核安全大会在维也纳开幕。出席会议的中国国家原子能机构秘书长王毅韧表示,中国将在确保安全的前提下,继续坚定不移地发展核能。

18. 中国正式启动700℃超超临界燃煤发电技术研发计划

2011年6月24日,国家能源局组织召开了国家700℃超超临界燃煤发电技术创新联盟第一次理事会和技术委员会会议,这标志着700℃超超临界燃煤发电技术研发计划正式启动。国家发改委副主任、国家能源局局长刘铁男表示,能源行业要树立高度忧患意识,下大力气推动科技创新和体制创新,实现能源生产和利用方式的变革,合理控制能源消费总量

19. 国土资源部正式启动页岩气招标

2011年6月27日,国土资源部建部以来首次就油气探矿权开展公开招标。7月7日,国土资源部公布了首批页岩气探矿权出让招标结果。中石化拿下渝黔南川页岩气勘查区块,渝黔湘秀山页岩气勘查区块探矿权则归属河南煤层气开发利用公司。7月18日国土资源部在北京举行了页岩气探矿权出让招标项目中标签约仪式。

20. 西气东输二线工程干线贯通投产

2011年6月30日,西气东输二线东段工程在广东从化正式投产,标志着中亚—西气东输二线工程干线全线贯通。该工程2008年2月动工,总投资1 422亿元,管线总长8 704公里,由一条干线和八条支线构成。起于新疆霍尔果斯,途径新疆、甘肃、宁夏、湖北、广东等15个省、自治区、直辖市,直达珠三角,终点抵达香港。

21. 全国农村能源工作会议在京召开

2011年7月9日至10日,国家能源局、财政部、农业部联合召开全国农村能源工作会议,这是近30年来,国家部委第一次围绕农村能源召开专题会议。会议明确了农村能源重点工作。明确了实现城乡能源一体化,公共服务均等化的最终目标。

22. 航油价格市场化改革开始

2011年7月12日,国家发改委发布了《关于推进航空煤油价格市场化改革有

关问题的通知》,今后航空煤油出厂价格将逐步实行市场定价。自8月1日起,航空煤油出厂价格每月调整一次,调价时间为每月1日。

23. 100千瓦级微型燃气轮机研制获重大突破

2011年7月14日,由中航工业哈尔滨东安发动机(集团)有限公司负责牵头实施的国家“863”计划重点项目——100千瓦级微型燃气轮机点火运行试验成功,达到额定工作转速。此举标志着我国具有自主知识产权的100千瓦微型燃气轮机研制取得重大突破。

24. 中石油大连发生多起事故

2011年7月16日,中石油大连石化分公司一炼油装置“三蒸馏换热器”发生泄漏起火。而2010年7月16日中石油大连保税区油库输油管线在油轮泄油作业时发生闪爆,引发管线内原油起火。国务院调查处理报告均认定事故为责任事故。

25. 实验快堆并网四代核能蓄势

2011年7月21日,我国第一个由快中子引起核裂变反应的中国实验快堆成功实现并网发电。该堆采用先进的池式结构,核热功率为65兆瓦,实验发电功率为20兆瓦,是目前世界上为数不多的大功率、具备发电功能的实验快堆,其主要系统设置和参数选择与大型快堆电站相同。

26. 国家发改委出台光伏发电标杆电价

2011年8月1日,国家发展和改革委员会网站发布《国家发改委关于完善太阳能光伏发电上网电价政策的通知》称,当年7月前核准建设、年底前建成投产且尚未定价的光伏项目,上网电价为1.15元/千瓦时;7月及以后核准的及7月之前核准但截至年底仍未建成投产的太阳能光伏发电项目,除西藏仍执行1.15元/千瓦时的上网电价外,其余省上网电价均按1元/千瓦时执行。

27. 国家能源局发布18项风电技术新标准

2011年8月5日,国家能源局发布“大型风电场并网设计技术规范”等风电产业发展急需的18项重要技术标准。8月26日,国家能源局公布拟核准的“十二五”第一批风电项目,总计2583万千瓦。明确要求“未列入表中的项目不得核准”。

28. 岭澳核电站二期全面建成投入商业运行

2011年8月7日,广东岭澳核电站二期2号机组完成168小时稳定运行验收试验,各项技术指标符合设计要求,正式投入商业运行。

29. 三门核电1号机组压力容器吊装成功

2011年9月22日12时18分,我国第三代核电自主化依托项目、世界首台AP1000核电机组——三门核电工程一号机组反应堆压力容器成功吊装就位,吊装历时1小时52分。

30. 两大电力辅业公司挂牌，电网主辅分离暂告段落

2011年9月29日，两大电力建设航母——中国电力建设集团有限公司、中国能源建设集团有限公司挂牌成立。国家电网、南方电网与两家新集团签订分离企业整体划转移交协议仪式也同步举行。

31. 国内油价16个月来首次下降

2011年10月8日，国家发改委宣布，自10月9日零时起下调成品油最高零售价格，汽柴油每吨均下调300元。其中，汽油下调0.22元/升左右；柴油下调0.26元/升左右。

32. 2011年我国多地出现油荒

2011年10月以来，江苏、安徽、浙江，成都、重庆、武汉，以及石家庄、济南均爆出加油站无油可加的消息，过万民营加油站面临柴油断油问题，成品油供应链遭到质疑。

33. 资源税改革推向全国

2011年10月10日，《国务院关于修改〈中华人民共和国资源税暂行条例〉的决定》已于9月21日国务院第173次常务会议通过，自2011年11月1日起施行。根据修改后的暂行条例，原油、天然气的资源税由从量征收，改为从价征收，税率为销售额的5%—10%。并将焦煤与稀土矿单独列出，增加征收标准，焦炭为8—20元/吨，稀土矿为0.4—60元/吨。

34. 中俄就管道原油贸易价格达成一致

2011年10月11日，中俄总理举行第十六次定期会晤，双方就管道原油贸易价格达成一致，并决定按照互利共赢的原则，积极推进在石油天然气领域的合作。此前由于报价的分歧，中俄一直没有能够就天然气合作达成协议。

35. 美国就中国出口太阳能电池板提出双反调查

2011年当地时间10月19日，美国SolarWorld Industries America Inc公司向美国国际贸易委员会和美国商务部提出申诉，要求对中国出口的太阳能电池板进行反倾销和反补贴调查。

36. 同煤入主漳泽电力 央企首退地方火电

2011年10月28日连续两年巨亏的漳泽电力资产重组方案最终敲定。山西同煤集团通过向漳泽电力注入其四家电厂及两家煤矿，从而取代央企中电投成为漳泽电力控股股东。这是五大电力集团将旗下深陷亏损的火电上市公司控股权出让的第一例，也是央企首次退出地方火电企业。

37. 世界最大功率采煤机问世

2011年10月28—31日举行的"第十四届中国国际煤炭采矿技术交流暨设备展览会"上，太重煤机·太矿展出的最新研制成功的世界最大功率3 000千瓦电牵

引采煤机引起了与会者的极大兴趣。这台具有完全自主知识产权的综采设备,可在井下采7.2米煤层、每小时产煤量4 500吨,不仅技术性能达到世界先进水平,而且价格仅为同类进口设备的2/3。

38. 我国首条管道输煤EPC总承包合同签约

2011年10月31日,陕煤化集团神渭管运公司和中煤科工集团武汉设计研究院正式签订了神渭管道输煤项目EPC总承包合同。神渭管道输煤项目年输煤量1 000万吨,线路全长727千米,是我国第一条输煤管线,将开创我国乃至世界长距离管道输煤的先河。

39. 国有大型煤炭企业矿难频发

2011年11月3日晚,河南省义马煤业集团发生矿难,导致多人死亡、数十人被困井下。这是短短一周内,继河南煤业化工集团有限责任公司导致18人死亡的矿难之后,河南省国有大型煤炭企业发生的第二起安全生产事故。除了河南之外,其他产煤大省的国有煤企也频发矿难。

40. "三桶油"均设立董事会提速央企改制步伐

2011年11月6日,中石油集团正式宣布设立董事会。至此,中石化、中海油和中石油三大油企都完成了董事长和总经理分设的架构调整。中石油表示,中石油集团正式建立规范董事会。从此公司的重大经营决策由董事会决定,经营层向董事会汇报,经营层与决策层相互制约。

41. 商务部积极推动《石油市场管理条例》出台

2011年11月8日,商务部发布了《关于"十二五"期间石油流通行业发展的指导意见》。《意见》提出,"将进一步加强石油流通行业法制化、规范化、现代化建设",并"积极推动石油市场管理条例出台"。

42. 煤炭"十二五"西部项目超七成

2011年11月24日,国家能源局副局长吴吟在中国煤炭工业协会三届五次理事会及行业发展改革大会上公开表示,"十二五"期间将严格落实规划。国家确定煤炭建设将控制东部,稳定中部,大力发展西部的总体布局。在新开工的规模中,西部占73%。

43. 中国大陆首座核电站安全稳定运行20年

2011年11月26日,我国大陆首座核电站——秦山核电站安全运行20年。这座被誉为"国之光荣"的秦山核电站,自1991年建成投产以来,掌握了多项关键技术,培育了一批优秀人才,构建了独特的核安全文化,积累了丰富的自主创新和安全运行经验,为中国核电的发展打下了坚定基础。

44. 我国最大商业石油储备基地开工

2011年11月28日,耗资70亿元的洋浦港油品码头及配套储运设施工程项目正式动工,预计2013年投入运营。项目总体建设规模为30万吨级油码头泊位2个、10万吨级油码头泊位2个、5万吨级油码头泊位2个和油品储罐500万立方米。

45. 发改委对全国电煤实施临时价格干预

2011年11月31日,国家发改委下发《关于加强发电用煤价格调控的通知》,在全国范围内对发电用煤实施临时价格干预措施,对合同电煤适当控制价格涨幅,同时对市场交易电煤实行最高限价。自2012年1月1日起煤炭企业供应给电力企业的合同煤价涨幅不得超过上年合同价格的5%,同时主要港口5 500大卡的市场电煤平仓价格最高不得超过800元/吨,而直达运输市场的电煤价格控制在不高于今年4月份的水平。

46. 国家发改委全面清理整顿涉煤基金和收费

2011年11月31日,国家发改委下发《关于加强发电用煤价格调控的通知》,通知中提出国家发改委要求全面清理整顿涉煤基金和收费,除国务院批准设立的矿产资源补偿费、煤炭可持续发展基金,以及依法设立的对煤炭征收的价格调节基金外,省级以下地方人民政府自行设立的涉煤基金和收费项目,必须在2011年年底前取消。

47. 天然气长输管道三大关键设备实现国产化

2011年12月6日,沈阳鼓风机集团股份有限公司生产的首套国产天然气长输管线20兆瓦电驱压缩机组正式装车出厂并通过国家级专家评审组验收,这一关键设备实现国产化,是我国大型离心压缩机设计制造技术的重大突破,填补了国内空白,打破了此类产品的国外垄断。至此我国天然气长输管道三大关键设备全部实现国产化,主要技术指标均达到国际先进水平。

48. 青藏直流联网工程投入试运行

2011年12月9日,青藏直流联网工程投入试运行。青藏联网工程建成和投运,结束了西藏电网长期孤网运行的历史,标志着我国内地电网全面互联,实现了北京国家电力调度中心对西藏电力的直接调度,为从根本上解决西藏城乡居民生活和工农业生产用电问题打下了基础。

49. 可再生能源"十二五"规划目标公布

2011年12月15日,国家能源局表示,正在制定可再生能源发展"十二五"规划,到2015年,风电装机将达到1亿千瓦,年发电量为1 900亿千瓦时,其中海上风电500万千瓦;太阳能发电装机将达到1 500万千瓦,年发电量为200亿千瓦时;加上生物质能、太阳能热利用以及核电等,2015年非化石能源开发总量将达到4.8亿吨标准煤。

50. 大亚湾核电站安全运行业绩居国际同类机组第一

2011年12月28日,大亚湾核电站1号机组实现无非计划停机停堆连续安全运行 384 天,在国际同类机组中高居第一。与美国核电运行研究所(INPO)最新统计结果对比,大亚湾核电站 1、2 号机组、岭澳核电站一期 2 号机组 2011 年一季度综合指数均为 100 分(满分),位列第一。

注:以上信息主要来自网易财经、新华网、新浪财经、百度新闻等新闻引擎,经过笔者加工整理而成。

附录二　中国能源领域的相关数据

一、碳排放

中、美、印二氧化碳排放总量

单位：百万吨

国家\年份	1980	1981	1982	1983	1984	1985	1986	1987	1988	1989	1990	1991	1992	1993	1994	1995
中国	1 460.20	1 451.63	1 519.50	1 606.67	1 739.09	1 873.52	1 987.46	2 120.56	2 259.37	2 294.40	2 293.39	2 401.36	2 475.26	2 640.75	2 855.77	2 903.39
美国	4 788.65	4 666.19	4 421.14	4 384.34	4 631.39	4 618.13	4 628.86	4 792.36	5 013.42	5 087.94	5 028.46	4 981.65	5 079.53	5 189.10	5 267.00	5 323.97
印度	324.2	359.3	364.1	383.0	405.4	429.8	462.0	499.8	539.1	588.4	581.4	612.2	650.8	670.1	700.4	765.5
国家\年份	1996	1997	1998	1999	2000	2001	2002	2003	2004	2005	2006	2007	2008	2009	2010	
中国	2 936.98	3 133.13	3 029.19	2 992.12	2 966.52	3 107.99	3 440.60	4 061.64	4 847.33	5 429.30	6 017.69	6 468.0	6 907.9	7 518.5	8 332.5	
美国	5 511.50	5 591.68	5 619.66	5 682.26	5 860.38	5 762.33	5 823.80	5 877.73	5 969.28	5 994.29	5 902.75	6 565.3	6 369.1	5 941.9	6 144.9	
印度	824.4	850.8	874.6	898.5	952.8	959.2	1 001.2	1 030.5	1 118.4	1 172.9	1 222.4	1 325.5	1 442.5	1 539.1	1 707.5	

资料来源：BP，Statistical Review of World Energy 2011。

2010 年各省 CO_2 排放量 单位:万吨

省份	煤炭排放	石油排放	天然气排放	总额
北　京	4 492.66	3 427.01	1 563.11	9 482.78
天　津	8 113.51	4 810.05	479.24	13 402.79
河　北	49 618.32	4 287.72	615.88	54 521.91
山　西	65 686.22	2 315.33	60.46	68 062.01
内蒙古	55 162.21	432.07	946.77	56 541.05
辽　宁	28 478.72	20 135.85	397.52	49 012.09
吉　林	18 762.40	2 885.71	460.01	22 108.11
黑龙江	27 868.51	6 467.05	624.91	34 960.47
上　海	8 919.69	6 528.36	940.71	16 388.75
江　苏	40 452.54	9 205.55	1 495.813	51 153.9063
浙　江	25 282.37	8 704.71	664.62	34 651.69
安　徽	25 494.00	1 466.14	260.83	27 220.97
福　建	12 659.12	3 505.14	608.19	16 772.45
江　西	10 582.47	1 442.65	80.26	12 105.38
山　东	71 591.85	17 171.74	982.30	89 745.88
河　南	50 331.82	2 190.12	802.83	53 324.7774
湖　北	16 645.59	2 750.05	327.60	19 723.24
湖　南	76 828.7	2 428.2	137.90	79 394.80
广　东	23 550.63	9 473.71	1 125.18	34 149.52
广　西	7 802.55	414.56	21.27	8 238.39
海　南	848.83	2 478.14	562.38	3 889.3509
重　庆	10 198.70	1 274.12	1 023.75	12 496.57
四　川	20 282.59	887.87	2 287.74	23 458.21
贵　州	20 107.86	1 340.88	99.54	21 548.28
云　南	14 605.94	2 041.94	110.88	16 758.75
西　藏	n/a	n/a	n/a	n/a
陕　西	16 607.92	5 488.31	1 083.6756	23 179.9073
甘　肃	8 037.69	4 336.46	252.21	12 626.36
青　海	2 429.00	339.62	480.95	3 249.56
宁　夏	10 293.69	571.46	231.00	11 096.15
新　疆	10 426.94	6 035.05	1 466.64	17 928.63

资料来源:笔者根据各省统计年鉴与中国能源统计年鉴相关数据计算而得。

2010 年各省碳强度

省份	碳强度(吨/万元)
北 京	0.67
天 津	1.45
河 北	2.67
山 西	7.40
内蒙古	4.84
辽 宁	2.66
吉 林	2.55
黑龙江	3.37
上 海	0.95
江 苏	1.23
浙 江	1.25
安 徽	2.20
福 建	1.14
江 西	1.28
山 东	2.29
河 南	2.31
湖 北	1.24
湖 南	4.95
广 东	0.74
广 西	0.86
海 南	1.88
重 庆	1.58
四 川	1.37
贵 州	4.68
云 南	2.32
陕 西	2.29
甘 肃	3.06
青 海	2.41
宁 夏	6.57
新 疆	3.30

资料来源:笔者根据各省统计年鉴与中国能源统计年鉴相关数据计算而得。

2010 年各省人均碳排放

省份	人均碳排放(吨/人)
北 京	4.83
天 津	10.32
河 北	7.58
山 西	19.04
内蒙古	22.87
辽 宁	11.20
吉 林	8.05
黑龙江	9.12
上 海	7.12
江 苏	6.50
浙 江	6.36
安 徽	4.57
福 建	4.54
江 西	2.71
山 东	9.36
河 南	5.67
湖 北	3.44
湖 南	12.08
广 东	3.27
广 西	1.79
海 南	4.48
重 庆	4.33
四 川	2.92
贵 州	6.19
云 南	3.64
陕 西	6.21
甘 肃	4.93
青 海	5.77
宁 夏	17.53
新 疆	8.20

资料来源:笔者根据各省统计年鉴与中国能源统计年鉴相关数据计算而得。

二、一次能源

历年中国一次能源消费

单位：百万吨油当量

国家\年份	1986	1987	1988	1989	1990	1991	1992	1993	1994	1995	1996	1997	1998
中国	551.6	592.3	633.2	663.1	680.6	713.5	741.9	798.3	847.9	913.2	931.2	953.4	964.7
国家\年份	1999	2000	2001	2002	2003	2004	2005	2006	2007	2008	2009	2010	
中国	1 009.8	1 038.2	1 072.5	1 140.4	1 313.5	1 531.3	1 691.5	1 858.1	1996.8	2 079.9	2 187.7	2 432.2	

资料来源：BP, Statistical Review of World Energy 2011。

历年中美日印俄一次能源消费量比较

单位：百万吨油当量

国家\年份	1986	1987	1988	1989	1990	1991	1992	1993	1994	1995	1996	1997	1998
中国	551.6	592.3	633.2	663.1	680.6	713.5	741.9	798.3	847.9	913.2	931.2	953.4	964.7
美国	1 762.5	1 823.3	1 907.5	1 961.8	1 968.4	1 966.1	1997.7	2 039.7	2 077.3	2 121.9	2 192.5	2 209.9	2 224.1
印度	142.2	151.7	164.5	180.1	180.7	190.7	201.1	206.3	217.4	236.1	251.6	260.9	272.3
日本	367.9	374.7	397.2	410.9	432.3	447.1	452.2	458.6	476.6	491.2	500.4	507.5	500.6
俄罗斯	828.0	857.3	871.8	875.6	861.7	850.6	809.6	759.2	692.4	663.9	641.8	606.7	606.5
国家\年份	1999	2000	2001	2002	2003	2004	2005	2006	2007	2008	2009	2010	
中国	1 009.8	1 038.2	1 072.5	1 140.4	1 313.5	1 531.3	1 691.5	1 858.1	1996.8	2 079.9	2 187.7	2 432.2	
美国	2 261.7	2 313.7	2 259.7	2 295.5	2 302.3	2 348.8	2 351.2	2 332.7	2 372.7	2 320.2	2 204.1	2 285.7	
印度	280.7	295.8	297.4	308.7	317.2	345.5	364.0	381.4	414.5	444.6	480.0	524.2	
日本	505.9	514.1	512.9	510.3	511.0	522.1	527.2	528.3	523.6	516.2	473.0	500.9	
俄罗斯	613.5	620.4	631.4	633.1	649.9	657.8	657.4	675.3	685.8	691.0	654.7	690.9	

资料来源：BP, Statistical Review of World Energy 2011。

中国历年一次能源消费结构变化

单位：百万吨油当量

	1986	1987	1988	1989	1990	1991	1992	1993	1994	1995	1996	1997	1998
石油	95.7	101.5	108.8	113.9	112.8	121.8	132.4	145.8	148.1	160.2	173.8	196.0	197.0
煤炭	437.4	466.8	499.8	519.9	529.9	555.5	573.5	610.6	648.2	694.6	729.4	700.2	651.9
天然气	12.4	12.5	12.9	13.5	13.7	14.3	14.3	15.1	15.6	16.0	16.6	17.6	18.2
核能	—	—	—	—	—	—	—	0.4	3.3	2.9	3.2	3.3	3.2
水力发电	21.4	22.6	24.7	26.8	28.7	28.2	29.6	34.4	37.9	43.1	42.5	44.4	47.1

	1999	2000	2001	2002	2003	2004	2005	2006	2007	2008	2009	2010
石油	209.6	223.6	227.9	247.4	271.7	318.9	327.8	347.7	364.4	380.3	404.6	428.6
煤炭	656.2	667.4	681.3	713.8	853.1	983.0	1 100.5	1 215.0	1 313.6	1 406.1	1 537.4	1 713.5
天然气	19.3	22.1	24.7	26.3	30.5	35.7	42.1	50.5	62.6	73.2	79.8	98.1
核能	3.4	3.8	4.0	5.7	9.8	11.4	12.0	12.4	14.1	15.5	15.9	16.7
水力发电	46.1	50.3	62.8	65.2	64.2	80.0	89.8	98.6	109.8	132.4	139.3	163.1

资料来源：BP，Statistical Review of World Energy 2011。

2010 年中美印日俄一次能源结构比较

单位：百万吨油当量

	总计	石油	所占比重（%）	天然气	所占比重（%）	煤	所占比重（%）	核能	所占比重（%）	水力发电	所占比重（%）
中国	2 432.2	428.6	17.62	98.1	4.03	1 713.5	70.45	16.7	0.69	163.1	6.71
美国	2 285.7	850.0	37.19	621.0	27.17	524.6	22.95	192.2	8.41	58.8	2.57
印度	524.2	155.5	29.66	55.7	10.63	277.6	52.95	5.2	1.00	25.2	4.81
日本	500.9	201.6	40.25	85.1	16.98	123.7	24.70	66.2	13.21	19.3	3.84
俄罗斯	690.9	147.6	21.36	372.7	53.95	93.8	13.58	38.5	5.58	38.1	5.51

资料来源：BP，Statistical Review of World Energy 2011。

各省能源消费量 单位:万吨标准煤

省份\年份	1990	1995	2000	2005	2006	2007	2008	2009	2010
北　京	2 709	3 518	4 144	5 522	5 904	6 285	6 327	6 570	6 954
天　津	2 071	2 569	2 794	4 085	4 500	4 943	5 364	5 874	6 818
河　北	6 124	8 990	11 196	19 836	21 794	23 585	24 322	25 419	27 531
山　西	4 710	8 413	6 728	12 750	14 098	15 601	15 675	15 576	16 808
内蒙古	2 424	2 632	3 549	9 666	11 221	12 777	14 100	15 344	16 820
辽　宁	7 856	9 671	10 656	13 611	14 987	16 544	17 801	19 112	20 947
吉　林	3 523	4 109	3 766	5 315	5 908	6 557	7 221	7 698	8 297
黑龙江	5 285	5 935	6 166	8 050	8 731	9 377	9 979	10 467	11 234
上　海	3 175	4 466	5 499	8 225	8 876	9 670	10 207	10 367	11 201
江　苏	5 509	8 047	8 612	17 167	19 041	20 948	22 232	23 709	25 774
浙　江	2 580	4 580	6 560	12 032	13 219	14 524	15 107	8 896	9 707
安　徽	2 761	4 194	4 879	6 506	7 069	7 739	8 325	15 567	16 865
福　建	1 451	2 280	3 463	6 142	6 828	7 587	8 254	8 917	9 809
江　西	1 732	2 392	2 505	4 286	4 660	5 053	5 383	5 813	6 355
山　东	6 830	8 780	11 362	24 162	26 759	29 177	30 570	32 420	34 808
河　南	5 206	6 473	7 919	14 625	16 232	17 838	18 976	19 751	21 438
湖　北	3 997	5 655	6 269	10 082	11 049	12 143	12 845	13 708	15 138
湖　南	3 821	5 426	4 071	9 709	10 581	11 629	12 355	13 331	14 880
广　东	4 065	7 345	9 448	17 921	19 971	22 217	23 476	7 075	7 919
广　西	1 309	2 384	2 669	4 869	5 390	5 997	6 497	24 654	26 908
海　南	121	303	480	822	920	1 057	1 135	1 233	1 359
重　庆			2 428	4 943	5 368	5 947	6 472	7 030	7 856
四　川	6 353	9 525	6 518	11 816	12 986	14 214	15 145	16 322	17 892
贵　州	2 133	3 183	4 279	5 641	6 172	6 800	7 084	7 566	8 175
云　南	1 954	2 641	3 468	6 024	6 621	7 133	7 511	8 032	8 674
陕　西	2 239	3 134	2 731	5 571	6 129	6 775	7 417	8 044	8 882
甘　肃	2 172	2 738	3 012	4 368	4 743	5 109	5 346	5 482	5 923
青　海	507	688	897	1 670	1 903	2 095	2 279	2 348	2 568
宁　夏	707	759	1 179	2 536	2 830	3 077	3 229	3 388	3 681
新　疆	2 063	2 830	3 328	5 506	6 047	6 576	7 069	7 526	8 290

注:1996年以前重庆包括在四川省内;由于折算系数的不同,故各地区相加数与全国数不等,以下同。

资料来源:笔者根据CEIC数据库相关数据制表。

分行业能源消费总量

单位:万吨标准煤

行业	1995 年	1996 年	1997 年	1998 年	1999 年	2000 年	2001 年	2002 年
农、林、牧、渔、水利业	5 505.20	3 688.79	3 692.86	3 685.75	3 779.82	3 913.77	4 115.20	4 331.18
工业	96 191.30	96 849.97	97 390.97	97 381.55	100 248.46	103 773.85	107 137.60	113 600.44
建筑业	1 334.50	1982.30	2 032.71	2 106.79	2 132.94	2 178.53	2 255.02	2 409.57
交通运输、仓储和邮政业	5 862.90	10 011.12	10 085.68	10 138.31	10 731.13	11 241.59	11 613.11	12 313.22
批发、零售业和住宿、餐饮业	2 017.80	2 726.06	2 746.87	2 778.78	2 878.53	3 047.63	3 170.23	3 373.17
其他行业	4 519.00	5 261.39	5 282.75	5 312.94	5 539.84	5 761.58	5 931.57	6 240.93
生活消费	15 744.80	14 672.23	14 677.15	14 779.82	15 258.10	15 613.91	16 183.07	17 162.46
行业	2003 年	2004 年	2005 年	2006 年	2007 年	2008 年	2009 年	2010 年
农、林、牧、渔、水利业	4 954.60	5 697.35	6 071.06	6 330.71	6 228.40	6 013.13	6 251.20	6 477.30
工业	131 167.92	152 506.51	168 723.53	184 945.45	200 531.38	209 302.15	219 200.00	231 100.00
建筑业	2 720.66	3 114.60	3 403.31	3 760.73	4 127.52	3 812.53	4 562.00	6 226.30
交通运输、仓储和邮政业	14 116.19	16 642.21	18 391.01	20 284.23	21 959.18	22 917.25	23 692.00	26 068.00
批发、零售业和住宿、餐饮业	3 914.93	4 484.09	4 847.75	5 314.05	5 689.38	5 733.58	6 412.30	6 826.80
其他行业	7 152.84	8 242.82	9 254.56	10 275.98	11 158.19	11 771.34	12 690.00	13 680.00
生活消费	19 764.66	22 768.41	25 305.43	27 765.16	30 813.90	31 898.32	33 843.00	34 558.00

资料来源:笔者根据 CEIC 数据库相关数据制表。

中国石油储量变化

单位:万亿桶

年份	1980	1981	1982	1983	1984	1985	1986	1987	1988	1989	1990	1991	1992	1993	1994	1995
中国	13.3	13.3	13.2	14.9	16.3	17.1	17.1	17.4	17.3	16.0	16.0	15.5	15.2	16.4	16.2	16.3
年份	1996	1997	1998	1999	2000	2001	2002	2003	2004	2005	2006	2007	2008	2009	2010	
中国	16.4	17.0	17.4	15.1	15.2	15.4	15.5	15.5	15.5	15.6	15.6	15.5	14.8	14.8	14.8	

资料来源:BP, Statistical Review of World Energy 2011。

中美俄石油储量对比 单位:万亿桶

国家和地区	1999年年末	2008年年末	2009年年末	2010年年末	比例(%)
中国	15.11	14.82	14.83	14.78	1.07
美国	29.67	28.40	30.87	30.87	2.23
俄罗斯	59.22	75.95	76.66	77.40	5.60
北美	69.49	73.26	74.64	74.35	5.38
非洲	84.72	128.13	130.33	132.08	9.55
中美洲和拉丁美洲	97.78	198.86	237.59	239.44	17.31
欧洲	107.80	138.92	139.24	139.66	10.10
中东地区	685.83	753.69	752.60	752.53	54.40
全球储量	1 085.55	1 334.63	1 376.56	1 383.21	100.00

资料来源:BP, Statistical Review of World Energy 2011。

中国石油消费增长趋势 单位:千桶/日

1991	1992	1993	1994	1995	1996	1997	1998	1999	2000
2 520	2 736	3 047	3 115	3 394	3 722	4 120	4 216	4 452	4 766
2001	2002	2003	2004	2005	2006	2007	2008	2009	2010
4 859	5 262	5 771	6 738	6 944	7 437	7 817	7 937	8 201	9 057

资料来源:BP, Statistical Review of World Energy 2011。

主要国家石油消费量 千桶/日

	1991	1995	2000	2001	2002	2003	2004	2005	2006	2007	2008	2009	2010
中国	2 520	3 394	4 766	4 859	5 262	5 771	6 738	6 944	7 437	7 817	7 937	8 201	9 057
美国	16 713	17 725	19 701	19 649	19 761	20 033	20 732	20 802	20 687	20 680	19 498	18 771	19 148
日本	5 339	5 725	5 530	5 394	5 320	5 413	5 238	5 334	5 203	5 029	4 836	4 391	4 451
印度	1 234	1 581	2 261	2 288	2 376	2 420	2 574	2 567	2 571	2 835	3 068	3 211	3 319
欧洲	22 809	19 666	19 582	19 769	19 750	19 966	20 198	20 356	20 498	20 271	20 358	19 448	19 510

资料来源:BP, Statistical Review of World Energy 2011。

2010年主要国家原油进出口情况

	原油进口(百万吨)	原油出口(百万吨)	总消费量(百万吨)	进口依存度(%)
美国	456.1	1.4	850.0	53.66
中国	234.6	2.0	428.6	54.73
印度	162.0	0.0	155.5	104.21
欧洲	465.1	19.3	922.9	50.40

资料来源:BP, Statistical Review of World Energy 2011。

2010 年我国石油主要进口来源地

	进口量(百万桶)	所占比重(%)
总量	294.5	100.00
中东	118.4	40.22
西非	43.7	14.85
其他亚洲国家	28.8	9.77
苏联各国	33.3	11.32
中美洲和拉丁美洲	24.1	8.18
东非和南非	12.7	4.30
北非	10.1	3.42
新加坡	7.0	2.39
日本	2.7	0.93
美国	2.5	0.86
澳大利亚	7.2	2.43
欧洲	1.3	0.43

资料来源:BP, Statistical Review of World Energy 2011。

中国历年石油进出口量

单位:百万吨

	进口量	出口量	贸易差额
1985	0.900	36.300	-35.400
1986	3.501	34.620	-31.120
1987	3.234	32.940	-29.700
1988	5.084	31.420	-26.340
1989	10.651	31.060	-20.410
1990	7.556	31.104	-23.548
1991	12.495	29.310	-16.810
1992	21.247	28.596	-7.349
1993	36.157	25.060	11.092
1994	29.033	23.800	5.231
1995	36.732	24.540	12.187
1996	45.369	26.960	18.409
1997	66.049	28.150	37.897
1998	57.387	23.260	34.122
1999	64.833	16.440	48.398
2000	97.485	21.720	75.764

（续表）

	进口量	出口量	贸易差额
2001	91.182	20.470	70.715
2002	102.690	21.390	81.302
2003	131.900	25.410	106.490
2004	172.910	22.410	150.510
2005	171.630	28.880	142.750
2006	194.530	26.260	168.270
2007	211.390	26.640	184.750
2008	230.150	29.460	200.700
2009	203.490	4.690	198.800
2010	234.560	2.030	232.520

资料来源：BP, Statistical Review of World Energy 2011。

我国煤炭消费增长趋势

单位：百万吨油当量

	1991	1992	1993	1994	1995	1996	1997	1998	1999	2000
生产量	566.3	582.4	599.3	645.1	711.0	731.6	741.8	718.9	750.6	762.5
消费量	549.2	565.6	602.6	642.8	690.2	692.7	693.6	698.5	731.0	737.1
	2001	2002	2003	2004	2005	2006	2007	2008	2009	2010
生产量	809.5	853.8	1 013.4	1 174.1	1 302.2	1 406.4	1 501.1	1 557.1	1 652.1	1 800.4
消费量	751.9	794.9	936.3	1 084.3	1 218.7	1 343.9	1 438.4	1 479.3	1 556.8	1 713.5

资料来源：BP, Statistical Review of World Energy 2011。

中国历年煤炭进出口量

单位：万吨

	进口量	出口量	净出口量
2002	1 081	8 384	7 303
2003	1 110	9 403	8 293
2004	1 861	8 666	6 805
2005	2 617	7 172	4 555
2006	3 811	6 327	2 517
2007	5 102	5 317	215
2008	4 034	4 543	509
2009	12 583	2 240	-10 343
2010	16 478	1 903	-14 575

资料来源：BP, Statistical Review of World Energy 2011。

中国煤炭基础储量　　单位:百万吨

年份	2002	2003	2004	2005	2006	2007	2008	2009	2010
煤炭基础储量	331 760	334 203	337 343	332 635	333 480	326 126	326 144	318 960	279 393

资料来源:CEIC 数据库。

我国天然气消费增长趋势　　单位:十亿立方米

	1991	1992	1993	1994	1995	1996	1997	1998	1999	2000
生产量	15.5	15.8	16.8	17.6	17.9	20.1	22.7	23.3	25.2	27.2
消费量	15.9	15.9	16.8	17.3	17.7	18.5	19.5	20.3	21.5	24.5
	2001	2002	2003	2004	2005	2006	2007	2008	2009	2010
生产量	30.3	32.7	35.0	41.5	49.3	58.6	69.2	80.3	85.3	96.8
消费量	27.4	29.2	33.9	39.7	46.8	56.1	69.5	81.3	89.5	109.0

资料来源:BP, Statistical Review of World Energy 2011。

中国历年天然气贸易量　　单位:百万立方米

	生产量	消费量	净进口量
1985	12 930	12 930	0
1986	13 760	13 760	0
1987	13 890	13 890	0
1988	14 260	14 360	100
1989	15 049	15 030	-19
1990	15 298	15 250	-48
1991	15 490	15 890	400
1992	15 790	15 880	90
1993	16 765	16 760	-5
1994	17 559	17 342	-217
1995	17 950	17 740	-210
1996	20 114	18 590	-1 524
1997	22 703	19 644	-3 059
1998	23 279	20 257	-3 022
1999	25 198	21 494	-3 704
2000	27 200	24 503	-2 697
2001	30 329	27 430	-2 899
2002	32 661	29 184	-3 477
2003	35 015	33 908	-1 107
2004	41 460	39 672	-1 788

（续表）

	生产量	消费量	净进口量
2005	49 320	46 763	-2 557
2006	58 553	56 141	-2 412
2007	69 240	70 523	1 283
2008	80 300	81 293	993
2009	85 170	88 700	3 530
2010	96 760.0	109 040.0	12 280

资料来源:BP, Statistical Review of World Energy 2011。

2010年我国天然气主要进口来源国

	进口量(亿立方米)	所占比重(%)
澳大利亚	52.14	31.88
土库曼斯坦	35.50	21.71
印尼	24.50	14.98
马来西亚	16.80	10.27
卡塔尔	16.09	9.84
也门	7.05	4.31
俄罗斯	5.05	3.09
尼日利亚	1.73	1.06
比利时	0.80	0.49
埃及	0.80	0.49
赤道几内亚	0.80	0.49
秘鲁	0.80	0.49
特立尼达和多巴哥	0.70	0.43
总量	163.53	100.00

资料来源:BP, Statistical Review of World Energy 2011。

中国历年天然气储量变化 单位:亿立方米

	1980	1981	1982	1983	1984	1985	1986	1987	1988	1989	1990
中国	7 028	6 994	8 591	8 731	8 898	8 720	8 650	8 940	9 221	10 228	9 990
	1991	1992	1993	1994	1995	1996	1997	1998	1999	2000	2001
中国	10 018	13 989	16 707	16 697	16 697	11 704	11 603	13 669	13 669	13 669	13 677
	2002	2003	2004	2005	2006	2007	2008	2009	2010		
中国	12 679.912	13 361.152	14 481.572	15 345.708	16 835.056	22 551	24 554	27 510	28 077.2908		

资料来源:BP, Statistical Review of World Energy 2011。

主要国家天然气探明储量变化情况 单位:万亿立方米

国家和地区	2000 年年末	2009 年年末	2010 年年末	2010 年年末在全球占比(%)
中东地区	59.15	75.67	75.80	40.51
俄罗斯	42.26	44.38	44.76	23.92
非洲	12.46	14.69	14.73	7.87
中美洲和拉丁美洲	6.88	7.47	7.41	3.96
美国	5.02	7.72	7.72	4.12
中国	1.37	2.75	2.81	1.50
欧盟	3.82	2.47	2.44	1.30
全球储量	154.25	186.59	187.14	100.00

资料来源:BP, Statistical Review of World Energy 2011。

三、电力

中国历年发电量变化 单位:亿千瓦时

年份	1990	1991	1992	1993	1994	1995	1996	1997	1998	1999	2000
发电量	6 212	6 775.5	7 539.4	8 115.9	9 278	10 065.54	10 813	11 045	11 635.06	11 974.71	13 556
	2001	2002	2003	2004	2005	2006	2007	2008	2009	2010	
发电量	14 808.02	16 540	19 105.75	22 033.1	25 002.6	28 657.26	32 815.53	34 668.8	37 146.5	42 065.4	

资料来源:BP, Statistical Review of World Energy 2011。

2011 年中国发电装机构成

	装机容量(亿千瓦)	所占比重(%)	较上年增长(%)
火电	7.6	71.970	7.9
水电	2.3	21.780	6.7
风电	0.47	4.451	43.7
核电	0.12	1.136	10
太阳能及其他	0.07	0.663	—
全部	10.56	100.000	9

资料来源:国家发改委,《2011 电力运行情况》。

2011 年中国全口径发电量构成

	发电量(亿千瓦时)	比重(%)	较上年增长(%)
火电	39 000	82.627	14.1
水电	6 626	14.038	-3.5
核电	974	2.064	16
风电	732	1.551	48.2
全部	47 200	100.000	11.7

资料来源:国家发改委,《2011 电力运行情况》。

2011 年分行业全社会用电量

	用电量(亿千瓦时)	增长率(%)
第一产业	1 015	3.9
第二产业	35 185	11.9
其中：工业	34 633	11.8
轻工业	5 830	9.3
重工业	28 803	12.4
第三产业	5 082	13.5
居民用电量	5 646	10.8
用电总量	46 928	11.7

资料来源:中国能源统计 2011。

2011 年电力投资构成 单位:亿元

	2010 年	2011 年	增长率(%)
电源工程投资	396 936	371 200	-6.5
水电	81 918	94 000	14.7
火电	142 614	105 400	-26.1
核电	64 757	74 000	14.3
风电	103 755	82 900	-20.1
电网投资	344 811	368 200	6.8

资料来源:CEIC 数据库。

全国发电设备利用小时 单位:小时

年份	设备利用小时数
1996	5 033
1997	4 765
1998	4 501
1999	4 393
2000	4 517
2001	4 588
2002	4 860
2003	5 245
2004	5 455
2005	5 425
2006	5 198

（续表）

年份	设备利用小时数
2007	5 020
2008	4 648
2009	4 546
2010	4 660
2011	4 731

资料来源:CEIC 数据库。

全国火电装机容量 单位:万千瓦

年份	火电装机容量
1997	19 240.8
1998	20 988.4
1999	22 343.4
2000	23 754
2001	25 313.7
2002	26 554.7
2003	28 977.1
2004	32 948.3
2005	39 131
2006	48 382.2
2007	55 607.4
2008	60 285.8
2009	65 107.6
2010	70 663
2011	76 000

资料来源:BP, Statistical Review of World Energy 2011。

全国水电装机容量 单位:万千瓦

年份	水电装机容量
1997	5 973
1998	6 506.5
1999	7 297.1
2000	7 935.2
2001	8 300.6

（续表）

年份	水电装机容量
2002	8 607.5
2003	9 489.6
2004	10 524.2
2005	11 741.6
2006	13 029.2
2007	14 823.2
2008	17 260.4
2009	19 629
2010	21 340
2011	23 000

资料来源：BP，Statistical Review of World Energy 2011。

全国风电装机容量

单位：万千瓦

年份	风电装机容量
2004	81.97
2005	105.83
2006	207.25
2007	419.89
2008	838.77
2009	1 759.9
2010	3 107
2011	4 700

资料来源：BP，Statistical Review of World Energy 2011。

中国及主要国家历年核电发电量

单位:亿千瓦时

	1993	1994	1995	1996	1997	1998	1999	2000	2001
中国	16.042422	147.60796	128.339376	143.40953	144.205022	141.023054	149.508302	167.406872	174.743076
美国	6 424.115789	6 741.473684	7 088.442105	7 102.410526	6 617.305263	7 091.6	7 665.831579	7 935.715789	8 092.905263
法国	3 682.509244	3 600.396792	3 772.974362	3 974.101256	3 955.495582	3 880.542558	3 943.165456	4 152.379852	4 211.46723
日本	2 486.177664	2 594.983292	2 878.531996	2 975.670408	3 217.54417	3 272.212148	3 177.018272	3 197.391706	3 210.959264

	2002	2003	2004	2005	2006	2007	2008	2009	2010
中国	251.331278	433.498946	504.69	530.88	548.43	621.3	684.1951219	701.3	738.8
美国	8 211.2	8 039.294737	8 300.294737	8 231.431579	8 286.515789	8 488.684211	8 486.4	8 407.842105	8 494.403158
法国	4 368.400124	4 411.798632	4 493.684211	4 526.315789	4 512.631579	4 406.315789	4 403.157895	4 105.252632	4 283.18512
日本	3 149.308634	2 304.230966	2 859.219218	2 930.4	3 042.8	2 790.1	2 517.5	2 746.4	2 923.55

资料来源:BP, Statistical Review of World Energy 2011。

全国历年核电装机容量

单位:万千瓦

年份	核电装机容量	年份	核电装机容量
1997	210	2005	684.6
1998	210	2006	684.6
1999	210	2007	884.6
2000	210	2008	907.8
2001	210	2009	907.8
2002	446.8	2010	1 082
2003	618.6	2011	1 191
2004	683.6		

资料来源:BP, Statistical Review of World Energy 2011。

2009 年下半年可再生能源发电项目补贴表

	补贴总额(万元)	装机容量(兆瓦)	补贴比例(%)
北京	2 848.20	84.13	0.57
天津	75.15	1.30	0.01
冀北	16 184.00	927.20	3.22
冀南	8 105.58	220.50	1.61
山西	3 982.60	186.00	0.79
山东	24 010.27	977.00	4.78
蒙西	208 541.98	3 177.00	41.55
上海	1 108.76	119.13	0.22
浙江	3 664.38	179.80	0.73
江苏	27 276.90	1 263.25	5.43
福建	11 987.52	502.92	2.39
安徽	3 914.23	117.93	0.78
河南	8 111.01	206.75	1.62
湖北	1 837.62	110.60	0.37
江西	1 500.95	67.37	0.30
四川	1 066.84	24.00	0.21
湖南	1 097.63	32.33	0.22
重庆	792.74	13.91	0.16
广东	2 268.59	283.88	0.45
云南	2 707.55	108.75	0.54
海南	730.14	51.50	0.15
吉林	26 657.45	1 457.50	5.31
辽宁	29 730.66	1 482.20	5.92
蒙东	41 402.12	1 431.00	8.25
黑龙江	27 892.17	1 134.90	5.56
宁夏	10 348.89	445.23	2.06
陕西	452.37	6.25	0.09
新疆	19 059.52	678.00	3.80
甘肃	14 590.40	697.90	2.91
西藏	2.48	0.10	0.00
总计	501 948.68	15 988.32	100.00

资料来源:《国家发改委、国家电监会关于 2009 年 1—6 月可再生能源电价补贴和配额交易方案的通知》。

2010 年各省电力消费量

单位：亿千瓦时

省份	北京	天津	河北	山西	内蒙古	辽宁	吉林	黑龙江	上海	江苏	浙江	安徽	福建	江西	山东
2009	739.15	550.16	2 343.8	1 267.5	1 287.9	1 488.2	515.25	688.67	1 153.4	3 314	2 471.4	952.31	1 134.9	609.22	2 941.1
2010	830.9	675.37	2 691.5	1 460	1 536.8	1 715.3	576.97	762.64	1 295.9	3 864.4	2 820.9	1 077.9	1 315.1	700.51	3 298.5
增长率（%）	12.41	22.76	14.83	15.19	19.33	15.26	11.98	10.74	12.35	16.61	14.14	13.19	15.88	14.98	12.15

省份	河南	湖北	湖南	广东	广西	海南	重庆	四川	贵州	云南	陕西	甘肃	青海	宁夏	新疆
2009	2 081.4	1 135.1	1 010.6	3 609.6	856.35	133.77	533.8	1 324.6	750.3	891.19	740.11	705.51	337.24	462.96	547.88
2010	2 463.5	1 417.8	1 353.3	4 060.1	993.24	158.17	625.04	1 549	835.52	1 004.1	859.22	804.43	465.18	546.77	661.96
增长率（%）	18.36	24.91	33.91	12.48	15.99	18.24	17.09	16.94	11.36	12.67	16.09	14.02	37.94	18.10	20.82

资料来源：CEIC 数据库。

2011年各省发电量

单位:亿千瓦时

省份	2010年	2011年	增长比例(%)
北京	268.8	262.8	-2.23
天津	589.08	592.2	0.53
河北	1993.1	2276.4	14.21
山西	2151	2253.6	4.77
内蒙古	2489.3	2952.2	18.60
辽宁	1295.1	1365.7	5.45
吉林	604.56	690.6	14.23
黑龙江	777.43	820.2	5.50
上海	876.19	943.7	7.70
江苏	3359.2	3744.8	11.48
浙江	2568.4	2716.9	5.78
安徽	1443.8	1632.8	13.09
福建	1356.3	1565.7	15.44
江西	664.45	676.9	1.87
山东	3042.7	3187	4.74
河南	2191.8	2570.1	17.26
湖北	2043	2019.1	-1.17
湖南	1226.3	1283.1	4.63
广东	3236.9	3577.6	10.53
广西	1032.2	1009.3	-2.22
海南	152.66	168.6	10.44
重庆	504.29	527.5	4.60
四川	1794.6	1844.2	2.76
贵州	1385.6	1343.8	-3.02
云南	1365	1365.4	0.03
西藏	21.02	21.6	2.76
陕西	1112.3	1211.3	8.90
甘肃	791.53	1023.5	29.31
青海	468.26	437	-6.68
宁夏	587.16	906.3	54.35
新疆	679.32	784.5	15.48

资料来源:CEIC数据库。

2010 年各省发电小时数设备平均利用小时数

单位：小时

省份	北京	天津	河北	山西	内蒙古	辽宁	吉林	黑龙江	上海	江苏	浙江	安徽	福建	江西	山东	河南
火电	5 055	5 260	5 462	5 211	4 562	4 916	4 514	4 385	4 751	5 647	5 203	5 235	4 300	4 392	5 178	5 071
水电	413	382	2 120	2 334	3 990	2 466	2 232	1 160	2 120	1 935	4 118	2 756	—	2 287	4 167	3 209
平均	4 261	5 237	5 091	5 060	4 157	4 639	3 776	4 086	4 735	5 573	4 894	5 085	4 224	4 129	5 041	4 856
省份	湖北	湖南	广东	广西	海南	重庆	四川	贵州	云南	西藏	陕西	甘肃	青海	宁夏	新疆	
火电	4 507	4 527	5 051	5 175	4 670	4 903	4 506	5 560	4 876	3 258	4 700	4 665	5 615	6 168	5 427	
水电	2 146	3 210	2 773	3 066	4 252	2 306	3 731	4 018	3 317	4 376	4 244	4 227	4 012	3 822	3 496	
平均	4 289	4 036	4 869	4 064	4 253	4 222	4 337	4 032	4 116	3 917	4 583	4 410	4 501	5 919	4 910	

资料来源：CEIC 数据库。

2010 年各省发电装机容量

单位：万千瓦

省份	北京	天津	河北	山西	内蒙古	辽宁	吉林	黑龙江	上海	江苏	浙江	安徽	福建	江西	山东	河南
装机容量	631	1 094	4 215	4 429	6 460	3 228	2 035	1 965	1 858	6 470	5 721	2 933	3 473	1 706	6 248	5 057
水电	105	1	179	182	85	147	427	94	114	0	969	169	1 111	404	107	365
火电	514	1 091	3 664	4 210	5 402	2 772	1 387	1 679	1 843	5 998	4 360	2 763	2 307	1 294	6 002	4 687
核电	0	0	0	0	0	0	0	0	0	212	367	0	0	0	0	0
省份	湖北	湖南	广东	广西	海南	重庆	四川	贵州	云南	西藏	陕西	甘肃	青海	宁夏	新疆	
装机容量	4 906	2 912	7 113	2 533	392	1 167	4 327	3 409	3 605	78	2 358	2 075	1 262	1 374	1 607	
水电	3 085	1 299	1 260	1 494	75	488	3 070	1 655	2 435	44	221	611	1 068	43	299	
火电	1 815	1 609	5 287	1 039	297	674	1 258	1 753	1 133	31	2 137	1 324	193	1 271	1 172	
核电	0	0	503	0	0	0	0	0	0	0	0	0	0	0	0	

资料来源：CEIC 数据库。

四、成品油价格

2009—2012 年国内油价调整情况 单位:元/吨

时间	汽油价格	柴油价格
2009 年 1 月 15 日	降 140	降 180
2009 年 3 月 25 日	升 400	升 400
2009 年 6 月 1 日	升 400	升 400
2009 年 6 月 30 日	升 600	升 600
2009 年 7 月 29 日	降 220	降 220
2009 年 9 月 2 日	升 300	升 300
2009 年 11 月 10 日	升 480	升 480
2010 年 4 月 14 日	升 320	升 320
2010 年 5 月 31 日	降 230	降 220
2010 年 10 月 26 日	升 230	升 220
2010 年 12 月 21 日	升 310	升 300
2011 年 2 月 20 日	升 350	升 350
2011 年 4 月 7 日	升 500	升 400
2011 年 10 月 9 日	降 300	降 300
2012 年 2 月 8 日	升 300	升 300
2012 年 3 月 20 日	升 600	升 600

资料来源:笔者根据国家发改委调整油价通知整理而得。

2010—2012 年上半年 90 号汽油零售价格走势(以北京市为例) 单位:元/吨

2010 年	4 月	8 620
	6 月	8 390
	10 月	8 620
	12 月	8 930
2011 年	2 月	9 280
	4 月	9 780
	10 月	9 480
2012 年	2 月	9 780
	3 月	10 380

资料来源:笔者根据国家发改委调整油价通知整理而得。

五、能耗

中国单位GDP能耗

年份	单位GDP能耗（吨标准煤/亿元）	各种能源所占比例（%）			
		煤炭	石油	天然气	水电、核电、风电
1980	2.594111937	72.2	20.7	3.1	4
1985	2.078056884	75.8	17.1	2.2	4.9
1990	1.683542815	76.2	16.6	2.1	5.1
1995	1.343682311	74.6	17.5	1.8	6.1
2000	0.974366444	69.2	22.2	2.2	6.4
2001	0.927650345	68.3	21.8	2.4	7.5
2002	0.910009668	68	22.3	2.4	7.3
2003	0.957641467	69.8	21.2	2.5	6.5
2004	1.005272196	69.5	21.3	2.5	6.7
2005	1.006622790	70.8	19.8	2.6	6.8
2006	0.996546550	71.1	19.3	2.9	6.7
2007	0.954135661	71.1	18.8	3.3	6.8
2008	0.864683917	70.3	18.3	3.7	7.7
2009	0.828458633	70.4	17.9	3.9	7.8
2010	0.805780390	68	19	4.4	8.6

资料来源：笔者根据中国统计年鉴和能源统计年鉴相关数据计算而得。

全国人均生活能源消费 单位：千克标准煤

年份	平均生活能源消费	城镇人均生活用能量	农村人均生活用能量
1980	112	332	60
1985	127	307	72
1990	139	298	83
1995	131	242	86
2000	124	210	76
2001	127	207	80
2002	134	210	87
2003	153	232	102
2004	176	256	119
2005	194	279	132
2006	212	298	145
2007	234	320	163
2008	241	319	173
2009	254	325	190
2010	258	315	204

资料来源：笔者根据中国统计年鉴和能源统计年鉴相关数据计算而得。